미국 MBA 비즈니스 윤리 교과서

기업윤리 가이드

미국 MBA
비즈니스 윤리
교과서

기업 윤리 가이드

린다 트레비노 · 캐서린 넬슨 지음
연세대학교 반부패준법센터 감수 | 노동래 옮김

Managing Business Ethics

조직 구성원들이 윤리적으로 행동하게 하려면
어떻게 해야 하는가?

연암사

추천사

조직 구성원들이 윤리적으로 행동하게 하려면 어떻게 해야 하는가?

오늘날 우리 사회는 입법·사법·행정부를 망라하는 정부와 공공 부문, 대학, 병원, 종교 기관, 기업, 문화계 등 모든 분야에서 하루가 멀다 하고 터져 나오는 비리 관련 뉴스들로 현기증이 날 지경이다. 우리 사회는 어디에서부터 잘못되었으며, 조직에서 비윤리적인 행동을 억제하고 조직 구성원들이 윤리적으로 행동하게 하려면 어떻게 해야 하는가?

『기업 윤리 가이드』는 이런 문제에 대해 탁월한 통찰력을 제공한다. 우리가 아주 어릴 때 윤리 도덕에 관한 기본 내용을 다 배웠기 때문에 조직에서 윤리를 관리하기는 쉬운 일이라거나, 조직 비리는 일부 사악한 개인들의 문제일 뿐이니 그런 사람들을 가려내기만 하면 된다거나, 요즘에는 과거보다 사람들이 덜 윤리적으로 되었다는 등의 오해부터 불식시켜야 한다고 저자들은 주장한다. 그리고 개인차와 인지적 편견이라는 개인의 특성과 집단 문화와 집단적 압력이라는 조직 문화는 조직의 특성이 개인의 윤리 인식에 영향을 주고, 이 인식이 윤리 판단에 영향을 줘서 윤리 행동에 이르게 된다고 지적하면서 이러한 요인들을 자세히 설명하고, 이러한 요인들이 조직에서의 윤리 관리에 어떤 함의가 있는지 설명한다.

예를 들어 우리는 자상한 가장이고 성실한 직장인으로 알고 있던 사람이 아주 끔찍한 짓을 저지르는 것을 보고 어떻게 그럴 수 있는지 의아해 할 수 있지만, 저자들은 사람에게는 다중 자아라는 것이 있어서 상황과 역할에 따라 얼마든지 다른 모습을 보일 수 있음을 보여주며 조직의 관리자들이 이런 요소를 알고 이에 대비해야 한다고 말한다. 그리고 우리들 대부분은 성인군자 수준의 도덕성을 보유한 것이 아니라 보통 수준의 사람들로서 주위에서 어떻게 하고 있는지, 특히 직장에서 상사들이 어떻게 하고 있는지에 따라 그에 일치하게 행동하기 쉽기 때문에 조직에서는 윤리적인 문화를 구축하고 상부에서부터 솔선수범해야 한다고 지적한다.

아울러 저자들의 오랜 기간에 걸친 연구와 실무 경험을 통해 차별·희롱·이해상충·고객 신뢰·회사자원 사용 등 사람 관련 이슈, 조직 문화 측면에서의 윤리 관리, 윤리와 컴플라이언스 프로그램, 윤리적 행동을 위한 관리, 매니저들의 윤리 관리, 윤리와 기업의 사회적 책임, 이해관계자·종업원·주주·공동체와의 관리, 글로벌 환경에서의 윤리 관리 등 실로 방대한 주제에 대해 탄탄한 이론과 생생한 사례, 실무에 적용할 수 있는 반짝이는 아이디어들을 제공한다.

이 책의 전체에 걸쳐서 조직에서 윤리는 개인 차원의 문제만이 아니라 조직 전반의 풍토와 문화, 리더들의 역할이 중요함을 강조한다. 우리 속담에 "윗물이 맑아야 아랫물도 맑다."는 말이 있듯이 확실히 상부에서의 올바른 기조의 중요성은 아무리 강조해도 지나침이 없을 것이다. 그리고 어떤 비리 행위가 발각되었을 때 위반자를 찾아내 그를 처벌하기만 하고 문제의 근원을 고치지 않는다면, 이는 마치 '외양간 보안이 허술해 소를 잃고도 외양간을 고치지 않은 채 계속 그 외양간에 소를 키우는' 격일 것이다. 조직에서 윤리가 작동하는 방식과 자기 조직의 약점을 알고 이를 개선하기 위한 노력을 기울여 자신의 조직을 윤리 면에서도 존경받을 수 있는 곳으로 만들기 원하는 리더라면 반드시 이 책의 저자들의 말에 귀를 기울일 필요가 있다.

연세대학교 반부패준법센터는 사단법인 한국준법통제원과 연세대학교 법학연구원이 반부패준법경영의 가치를 사회에 확산하고 실행하기 위하여 적절한 정책을 개발하는 데 밑거름이 되도록 양 기관이 상호협력협약서를 체결하여 연세대학교 내에 설립한 기관인 바, 이 책이 우리 센터의 이상과 목표를 실현하는 데에도 크게 기여할 것으로 생각하고 이 책을 적극 추천한다. 우리 센터도 앞으로 관련 교육과 윤리 준법 문화 확산을 위해 이 책의 내용을 적극 활용할 예정이다.

이 책은 다양하게 사용될 수 있다. 대학원의 기업 윤리 과목 교재로 더할 나위 없이 좋은 자료이며 기업 윤리에 대해 관심이 있는 학생, 일반인들에게도 좋은 참고 자료가 된다. 그리고 무엇보다도 한 조직을 윤리적으로 이끌기 원하는 조직의 수장과 관리자들, 특히 윤리 준법 부서 직원들에게 큰 도움이 될 것이다. 또한 윤리 준법 관련 컨설팅 서비스를 제공하는 컨설턴트들에게도 유용할 것이다.

아무쪼록 『기업 윤리 가이드』가 널리 읽히고, 이 책에 담긴 통찰력들이 조직에 적용되고 실천되어서 우리나라 기업뿐 아니라 모든 조직의 윤리 문화 개선에 크게 이바지하기를 기대한다.

연세대학교 법학연구원장 겸 반부패준법센터장

심영

역자 서문

미 MBA 과정에서 가장 많이 사용되는 비즈니스 윤리 교과서

컴플라이언스 관련 책들을 번역하면서 조직의 컴플라이언스 활동은 단순히 법규의 문자만 지키는 것이 아니라 옳은 일을 하는 것이어야 한다는 확신이 더 깊어졌다. 이런 이유로 나는 비즈니스 윤리 관련 책을 번역하고 싶어서 『비즈니스 윤리와 지속가능경영』을 출간했다. 『비즈니스 윤리와 지속가능경영』이 기업의 사회적 책임, 인사 관리, 환경, 마케팅 등 여러 측면에서 비즈니스 윤리에 관한 탁월한 통찰력을 제공해 주는 양서이기는 하지만, 유대·기독교 관점을 반영하고 있기 때문에 종교 색채가 없는 다른 책을 번역할 필요성을 느꼈다.

『기업 윤리 가이드』의 저자가 '미국 MBA 과정에서 가장 많이 사용되는 교과서'라고 소개한 글을 보고 원서를 읽어 보았는데, 과연 기대를 저버리지 않았다. 나는 번역을 하기 전에 책을 먼저 읽으면서 반드시 이 책을 우리말로 펴내서 직장생활을 시작하려는 내 자녀들에게 기념 선물로 줘야겠다고 생각했다.

이 책은 조직에서 개인이 윤리적으로 행동하지 못하게 하는 개인적인 이유들과 조직상의 이유들을 설득력 있게 제시하며 이를 극복하기 위한 실제적인 방법과 통찰력을 듬뿍 제공해 준다.

나는 이미 대학교 MBA 과정에서 이 책을 주교재로 사용하면서 비즈니스 윤리 또는 컴플라이언스 과정 교재로서의 유용성을 확인했다. 비즈니스 윤리를 가르치는 분들과 공부하려는 분들에게 이 책이 큰 도움이 되리라 확신한다.

비즈니스 윤리나 기업 윤리 교과서로 손색이 없는 이 책을 내기로 결정한 도서출판 연암사에 감사드린다. 길고 지루한 여러 번의 교정 작업을 꼼꼼히 챙겨준 이들의 헌신이 아니었다면 이 책은 세상에 나오지 못했을 것이다.

돈 벌 생각은 하지 않고 몸을 축내 가며 독자가 한정적인 책만 골라가며 번역해대는 나를 타박하지 않고 이해하고 응원해 주는 아내 문미라와 자녀 희중, 희찬에게 늘 빚진 마음이다. 이들에게도 감사와 사랑을 전한다.

내게 왜 고집스럽게 이 일을 하느냐고, 진정한 동기가 뭐냐고 묻는다면 나는 그것이 내가 믿는 하나님께서 내게 주신 소명이기 때문이라고 말할 수밖에 없다. 수십 년 전 내가 처음 기독교 신앙생활을 시작했을 때 나는, 인생의 목표는 하나님이 주신 재능으로 하나님과 사람을 섬기며 사랑하는 것이라고 배웠고, 금융기관에서 직장생활을 하는 동안 그 사랑을 우리나라 기업의 리스크 관리와 비즈니스 윤리 관리 향상을 위해 기여하는 것으로 표출하겠다고 다짐했다. 나는 그래서 이 일을 한다. 내게 이런 생각을 하게 하시고, 이런 기회를 주시고, 이 일을 할 재능과 용기와 힘을 주신 하나님께 감사드린다.

머리말

왜 또 다른 비즈니스 윤리 책이 필요한가?

유명한 경제지들은 기업 윤리 붕괴와 기업 비리가 비즈니스 리더와 그들의 조직에 대한 대중의 신뢰를 어떻게 잠식했는지에 관한 특집 기사들을 많이 다룬다. 우리들은 어릴 적에 신뢰와 평판을 쌓는 데에는 오랜 세월이 소요되지만, 무너지는 것은 한순간이라고 배웠다. 우리는 기로에 서 있다. 비즈니스는 현재 상태대로 계속될 것인가? 아니면 비즈니스맨들이 동료, 가족, 시민들의 신뢰를 회복하기 위해 전념할 것인가?

이러한 신뢰 위기에 대응해서, 전국의 대학교들은 앞 다퉈서 리더십, 소통 기술, 인적 자원 관리 기초와 윤리를 통합하는 새로운 과정을 개발하고 있다. 그래서 우리는 이 책을 썼다. 우리는 윤리 학습이 실제로 일하는 상황과 관련이 있기를 원한다. 우리는 비즈니스맨들이 지난 몇 년 동안 잃어버린 신뢰를 회복하도록 돕기 원한다.

이 책은 몇 가지 점에서 다른 비즈니스 윤리 책들과 다르다. 첫째, 이 책의 저자들이 특별하다. 린다 트레비노는 펜실베이니아 주립대학교 스밀 경영대학 경영 및 조직 행동학과의 조직 행동 및 윤리 석좌교수다. 조직 내의 윤리적 행동 관리에 관한 그녀의 많은 연구 논문들은 이 분야 최고 저널에 발표되었으며, 국제적으로 알려져 있고 참조되고 있다. 그녀는 25년 넘게 학생들과 임원들을 가르쳤으며, 윤리와 경영 문제들에 관해서 컨설팅과 강연을 해 왔다. 캐서린 넬슨은 필라델피아 소재 템플 대학교 폭스 경영대학 전임 교수진의 일원으로서 학부생들에게 경영학, 비즈니스 윤리, 인적 자원 관리를 가르치고 있다. 캐서린는 템플 대학교에 합류하기 전에 씨티코프, 메릴 린치, 머서 HR 컨설팅 등 다양한 회사의 전략적 조직 커뮤니케이션과 인적 자원 관리 분야에서 30년 넘게 일했다. 그녀 또한 윤리와 전략적 종업원 커뮤니케이션 전문 컨설턴트로 일했으며 많은 조직들의 윤리 프로그램을 만들었다. 우리는 이 책이 이처럼 다양한 이론과 실무가 결합하고 있어서 특별하다고 생각한다.

둘째, 이 책의 접근법은 실용적이다. 실용적 접근법은 우리가 학생, 종업원, 회사 임원들로부터 들었던 "책을 실제적으로 써라."는 불만과 제안에 대한 직접적인 반응이다. "사람들을 보다 효과적으로 관리하기 위해 우리가 알 필요가 있는 내용을 말해 달라. 어려워 보이는 주제들은 빼고 요점을 말해 달라." 이 책은 조직 내의 윤리는 해당 조직에 종사하는 인간의 행동에 관한 것이라는 가정에서 출발한다. 이런 인간의 행동은 여러 요인에 기인하는데 이러한 요인들 중 많은 부분이 매니저와 조직의 영향을 받는다. 따라서 이 책은 개인, 조직의 맥락에서의 관리, 보다 넓은 환경에서의 조직, 매니저들이 직면하는 윤리 딜레마들, 그리고 이 딜레마들을 어떻게 해결할 수 있는지에 관한 섹션들로 구성되었다. 이 책은 또한 의사 결정의 철학 및 심리 요인, 매니저들이 윤리 리더십을 통해 종업원들의 행동에 영향을 줄 수 있는 방법, 윤리적 행동을 장려하기 위해 기업들이 하고 있는 일과 기업의 사회적 책임, 그리고 국제적 비즈니스 윤리도 다룬다.

셋째, 우리는 전통적인 비즈니스 윤리 책에 나오는 사례들과는 다른 예들을 사용했다. 대부분의 책들은 상위 차원의 회사 딜레마들에 초점을 맞춘다. "상위 임원들의 보수 수준은 어느 정도여야 하는가? 이 산업은 중국에서 비즈니스를 해야 하는가? 외국에서 영업하는 미국 회사들에게 미국의 환경법이 적용되어야 하는가?"이러한 질문들이 흥미 있기는 하지만 대부분의 학생들과 종업원들은 결코 이러한 문제에 직면하지 않을 것이다. 그러나 그들은 양질의 상품과 서비스를 생산하고 고객, 벤더, 기타 이해관계자들을 효과적이고 공정하게 다룰 뿐 아니라 종업원을 채용 및 관리하고 성과를 평가하며, 징계 및 해고 조치를 취하고 동기를 부여해야 할 것이다. 그 결과 우리는 고전적인 기업 윤리 사례들도 어느 정도 포함시켰지만, 이 책의 많은 사례들은 대부분의 사람들이 직장 생활 중에 만나게 되는 문제에 초점을 맞춘다. 이 책에 나오는 모든 '가상' 사례들은 전 세계에서 일상적으로 벌어지고 있는 실제 이야기다.

넷째, 이 책은 여러 대학교에 다니는 학생들의 도움과 다수의 회사와 조직의 매니저들, 상위 임원들의 지도를 받아 저술되었다. 우리는 이 책에 윤리와 조직 행동에 관한 최근 리서치들을 반영했으며, 이 책에 나오는 많은 자료들은 대학교와 회사에서 검증을 거쳤다.

다섯째, 이 책의 내용이 유연하게 구성되었기 때문에 사용하기 쉽다. 이 책만으로 윤리 과정을 가르칠 수도 있고, 이 책을 보다 전통적이고 철학적인 교재의 보조 교재로 사용할 수도 있다. 이 책의 섹션들은 기본적으로 독립적이기 때문에 이 책의 순서와 상관없이 가르칠 수도 있다. 또한 이 책에 나오는 많은 사례들을 토론에 사용할 수도 있다.

학생들에 대한 주석

이 책은 여러분들을 위해 집필되었다. 우리는 여러분들의 불만과 희망사항들을 들었고, 이 복잡한 주제를 소화할 수 있는 크기로 줄이려 노력했다. 이 책에 나오는 사례들은 모두 딜레마에 대처할 준비가 되어 있지 않았던 사람들에게 일어났던 사례들이다. 여러분들은 이 과정을 마치면 그들과 달리 윤리 딜레마에 대처할 준비가 되어 있을 것이다. 여러분들이 이 책을 읽기 전에 한 가지를 조언하려고 한다. 여러분이 아무리 큰 조직에 들어가더라도 거대한 바퀴의 작은 톱니 하나에 불과한 것은 아니다. 여러분에게는 자신의 행동과 윤리에 대한 지식뿐 아니라 동료들의 행동과 지식도 변화시킬 힘이 있다. 그 힘을 사용하라. 그것이 당신의 일자리를 구하게 될지도 모른다.

또한 우리는 여러분이 다음 번 일자리를 구할 때, 가치를 귀하게 여기는 조직에 들어가라고 권하고 싶다. '직원 모집 자료에 윤리와 가치를 포함하고 있는가? 조직의 대표들이 인터뷰할 때 윤리와 가치에 대해 얘기하는가?' 여러분이 해당 조직이 윤리와 가치를 중시하고 있음을 어떻게 보여주는지 물어 보면 인터뷰 담당자가 열성적으로 반응하는가? 아니면 인터뷰 담당자가 그 질문에 대답하지 못함으로써 이 문제에 대해 생각해 보지도 않았음을 드러내는가? 나중에 비윤리적인 조직에서 나오려 하기보다는 애초에 윤리적인 조직에 들어가는 것이 훨씬 낫다.

감사의 글

책을 쓰려면 많은 사람들의 다양한 작업이 필요합니다. 먼저 우리는 공동으로 감사드린 후에 각각 감사드리고자 합니다.

우리는 이번 판과 이전 판들에 도움을 주었던 전·현직 임원들, 특히 래리 액슬린, 제프리 브라운, 재클린 브레바드, 어니 브로튼, 크레이그 캐쉬, 프랭크 댈리, 스리니바스 딕시트, 레이 드래브스키, 켄트 드루이베스테인, 킴 잉햄, 데니스 조게센, 존 오번, 케빈 오코노, 조 패터노, 로버트 폴, 조 피쩨, 셜리 피터슨, 빈 사르니, 칼 스쿠글룬트, 필 테니, 조지 래트니에게 충심으로 감사드립니다. 이들은 모두 귀중한 시간을 내서 조언해 주었는데 여러 번 조언해 준 분도 있습니다. 이 책 전체, 특히 6장에서 이들의 지혜를 만나볼 수 있습니다. 이분들은 비즈니스 윤리라는 주제에 생명을 불어넣어 주었습니다.

초판에서 우리의 철학 자문이 되어 준 (델라웨어 대학교의) 개리 위버와 핀토 화재 사례와 생각을 공유해 준 (펜실베이니아 주립대학교 동료 교수이자 귀한 친구인) 데니스 지오이아에게도 감사드리고 싶습니다.

존 와일리는 훌륭한 팀을 갖춘 좋은 출판사입니다. 이들은 계속해서 우리를 격려하고 자극해 주었습니다. 우리가 이 책을 성공적으로 집필할 수 있도록 도움을 준 와일리의 많은 분들에게 감사드립니다.

이 책의 이전 판과 이번 판의 검토자들도 이 책이 더 나아지는 데 지대한 기여를 했습니다. 이분들에게도 감사드립니다. 우리는 또한 학기마다 탁월한 피드백과 조언을 제공해 준 학생들, 특히 펜실베이니아 대학교 학부생, MBA 과정 학생들, 그리고 임원 MBA 과정 학생들에게도 감사드립니다.

감사의 글 _ 린다 트레비노

저는 항상 무엇이 사람들에게 옳은 일과 나쁜 일을 하게 하는지 궁금했습니다. 나치의 유대인 대학살 생존자의 딸이었던 저는 그런 이슈들에 대해 독특한 관점과 호기심이 있습니다. 부모님과 부모님의 가족은 독일이 유대인들을 몰살하기 전에 탈출했지만 외할아버지는 심하게 구타당했고, 친할아버지는 수용소(당시에는 작업 캠프라 불렸습니다)에 끌려갔습니다. 아버지의 가족은 전쟁이 발발하기 직전(1939년 봄)에 미국 망명을 허용하고, 할아버지가 수용되어 있던 수용소에서 풀려나도록 허락하는(아버지의 가족이 그를 찾을 수 있다면 말이죠.) 문서를 받았습니다. 친가와 외가 모두 뉴욕에 도착해서 순전한 투지와 인내, 그리고 아메리칸 드림에 대한 믿음으로 살아남았습니다. 가족들은 독일의 경험에 대해 자세히 말하지 않았지만 저는 평등하고 공정한 대우에 대한 특별한 감수성과 관심을 가지게 되었습니다.

저는 35년 전에 아버지, 오빠와 함께 독일에 다녀왔습니다. 그때 부모님이 태어난 작은 마을을 방문했는데 아버지는 그곳에서 자신들을 도와주었거나, 최소한 도와주려 했던 사람들을 만났습니다. 저는 외할머니의 친한 친구이며 상황이 나빠질 것으로 예상되니 독일을 떠나라고 재촉했던 한 할머니의 손을 잡고 마을을 걸었습니다. 또한 어린 아버지와 고모를 돌보고 독일에 모든 것을 남겨 두고 떠날 수밖에 없었을 때 남겨진 집을 돌봐주려고 했던 또 다른 할머니도 만났습니다. 이 할머니들은 특별한 분들이었고, 이분들과 만날 수 있었던 기회는 제 마음 속에 특별한 기억으로 자리 잡았습니다. 이런 배경과 가족이 제 마음에 준 영향을 완전히 이해할 수는 없지만 영혼으로 그 영향을 느끼고 있습니다. 그리고 무엇이 좋은 일을 하도록 하고 무엇이 나쁜 일을 하도록 하는지 이해하고자 연구하는 것은 그 영향과 어느 정도 관련이 있다고 생각합니다.

이 책을 쓰는 동안 많은 분들이 도움을 주었습니다. 먼저 텍사스 A&M 대학교 경영대학 박사 과정의 많은 멘토에 감사드리고 싶습니다. (현재 텍사스 기독교 대학에 재직 중인) 스튜어트 영블러드, (현재 반더빌트 대학교에 재직 중인) 돈 헬리겔, 리처드 우드맨, 딕 다프트, 메리 제이에게 감사드립니다. 이들은 제 초창기의 비즈니스 윤리 이론화 및 리서치를 격려해 주었습니다. 제게 육감이 시키는 대로 중요한 것을 하라고 말해 주었고 모든 단계들을 지지해 주었습니다. 펜실베이니아 대학교 경영 조직학과의 멋진 동료들도 모든 과정을 지원해 주었습니다. 그들은 제 논문을 읽은 후 더 열심히 생각하고 개선하라고 조언해 주었습니다.

여러 해 동안 함께 윤리와 관련된 리서치를 수행해 왔고 비즈니스 윤리에 관한 공부 파트너였던 동료들에게도 깊이 감사드립니다. 특히 가일 볼, 마이클 브라운, 켄 버터필드, 데론 비숍, 니키 덴 니우엔보어, 제임스 디터트, 데이빗 해리슨, 로라 하트만, 제니퍼 키쉬 게파트, 글렌 크라이너, 돈 맥카비, 바트 빅터, 개리 위버 등에게 감사드립니다. 이들과 함께한 공부가 이 책에 크게 기여했습니다.

저는 펜실베이니아 대학교의 교원이 된 직후에 친구이자 공동 저자인 캐서린 넬슨을 만났습니다. 저는 「월스트리트 저널」에서 캐서린이 씨티뱅크에서 한 일에 관한 짧은 논문에 호기심이 생겼습니다(이에 관해서는 뒤에 더 자세히 언급됩니다). 우리는 만나자마자 친해져서 비즈니스 윤리에 관해 얘기를 나누곤 했습니다. 우리는 같이 논문을 쓰기로 했고, 그 이후의 이야기는 캐서린이 말하는 바와 같습니다. 캐서린은 현장의 이야기를 들여왔고, 제가 너무 학문적으로 나아간다고 조언해 주기도 했습니다. 이 책을 함께 작업할 이

유가 점점 더 분명해졌습니다. 캐서린과 함께 작업했다는 것을 기쁘게 생각합니다. 고마워요, 캐서린!

우리는 그 논문으로 1992년 경영학회에서 책을 내자고 출판사에 제안했습니다. 얼마 지나지 않아서 와일리 출판사의 이전 발행인 빌 올드지가 제 사무실에 찾아왔습니다. 빌은 일반 서적보다는 대학 교재로 출간할 것을 제안했습니다. 빌의 특별한 제안에 감사드립니다.

펜실베이니아 대학교의 동료 교원, 직원, 기부자들은 비즈니스 분야의 오랜 제 노력을 지원해 주었습니다. 여러 해 동안 스밀 앤드 더 쿡 펠로우십의 비즈니스 윤리 지원에 대해 쿡 가문, 특히 고(故) 앤 쿡에게 감사드립니다. 해마다 비즈니스 윤리라는 주제에 대해 멋진 강사들을 초빙해 지원해 준 메르세데스 슈메이커(와 고인이 된 남편 앨버트)에게 감사드립니다. 마지막으로 저를 조직 행동 및 윤리 석좌 교수로 임명한 제임스 토마스 학장님께 특히 감사드립니다. 저는 윤리자원센터 펠로우 프로그램(www.ethics.org를 보라) 활동을 통해 대기업에서 윤리를 관리하는 임원들과 컨설턴트들, 그리고 비즈니스 세계(그리고 이 문제에 관한 한 그 이외의 세계)를 보다 윤리적인 곳으로 만드는 데 관심이 있는 정부 관계자들을 만났습니다. 이 활동을 통해 맺게 된 관계와 배움, 그리고 시간을 내주신 임원들께 감사드립니다. 이 그룹에서 임원들의 윤리적 리더십에 관한 리서치 수행 연구비를 지원해 준 것에 감사드립니다. 이 리서치들의 결과물들은 이 책에 수록되었습니다.

가족, 동료, 친구들에게 진심으로 감사드립니다. 이들은 저를 응원해 주었을 뿐만 아니라 이 책에 여러 모로 기여했습니다. 그들은 이 책의 검토자와 면담자가 되어 주었습니다. 또한 불필요한 부분들을 덜어 내고, 면담을 주선하고, 사례의 아이디어를 제공해 주었습니다. 그들은 제가 지쳤을 때 옆에서 힘이 되어 주었습니다. 그들에게 아무리 감사드려도 모자랍니다. 마지막으로 날마다 제게 영감과 사랑, 지원을 제공해 주며 제가 아는 가장 윤리적인 사람 중 한 명인 제 인생의 빛, 단에게 감사드립니다.

17

감사의 글 _ 캐서린 넬슨

저는 아주 어릴 때부터 '옳은 일을 하는 것'이 유일한 대안이었던 가정에서 윤리와 올곧음에 대해 배우기 시작했습니다. 저는 평판이 얼마나 값진 것인지, 그리고 언제나 평판을 지키고 이를 강화하는 방식으로 행동해야 한다고 들으며 자라는 복을 누렸습니다. 돌아가신 부모님 해리와 베르나넷 프렌더가스트 넬슨, 그리고 캘리포니아 주 파사데나에 사는 오빠 제임스 넬슨에게 감사드립니다. 부모님은 끊임없이 오빠와 제가 옳은 길을 가도록 했고, 오빠는 제가 윤리를 가르칠 뿐만 아니라 이 책을 쓰도록 열성적으로 지원해 주었습니다. (오빠는 투자은행가가 되어서도 높은 윤리 기준을 지닐 수 있음을 보여 주었는데, 저는 그런 오빠를 자랑스럽게 생각합니다.) 올케 수잔에게도 감사드립니다. 올케는 많은 격려의 말과 지원을 제공해 주었고, 우리 가문에 코노로 빈센트 넬슨과 제임스 패트릭 넬슨을 선물했습니다.

가장 친한 친구 데브라 베쉬, 로렌 하트, 로제 씨오타, 엘리자벳 다우, 캐롤 다이저트, 앤 프레지어 헤드버그와 가일 마틴의 우정과 사랑에 감사드립니다. 그리고 제게 가치에 관한 탄탄한 기초를 쌓아 준 뉴욕 주 유티카 소재 유티카 카톨릭 아카데미, 뉴욕 주 리버데일 소재 마운트 성 빈센트 칼리지에 감사드립니다.

가르치는 것이 얼마나 재미있는 일인지 알았더라면 더 빨리 학계로 옮겼을 것입니다. 제 교수 능력을 믿어 준 모쉐 포랏, 라잔 샨드란, 다이애나 브에슬린 누드슨 등 템플 대학교 폭스 경영 대학의 학장님과 상상할 수 없었던 방식으로 제 삶을 풍성하게 해 준 과거와 현재의 학생들에게 감사드립니다. 회사 생활을 하다가 대학교로 온 저를 환영해 주고, 멋진 대학의 일원이 되었다고 느끼게 해 준 동료들, 특히 놈 바글리니, 개리 블라우, 데비 캠벨, 디나 게데스, 테리 할버트, 존 맥클렌돈에게 감사드립니다.

자신만의 방식으로 비즈니스 윤리가 반드시 모순어법이 될 필요는 없음을 가르쳐 준 많은 임원들께도 감사드립니다. 뉴욕 소재 씨티코프에서 함께 일했던 크리스토퍼 요크, 돈 아미거, 피터 소프, 주디스 풀머, 제리 리버만과 제인 새넌에게 감사드립니다. 필라델피아와 보스톤의 머서 HR 컨설팅에서 함께 했던 유제니 딕, 찰리 스콧, 그리고 레아 피터슨에게 감사드립니다. 그리고 1970년 획기적인 저서 『기업 문화』(Corporate Culture)의 공저자 앨런 케네디에게 감사드립니다. 1985년 맥킨지의 컨설턴트로 씨티코프에서 일하고 있을 때, 앨런은 회사를 위한 윤리 게임 아이디어를 도와줘 저를 윤리 분야에 발을 들여놓도록 격려한 최초의 사람입니다.

아주 멋진 사람이며 날마다 영감을 주는, 나를 사랑하는 멋진 남편 스티븐 모건에게 가장 깊이 감사드립니다. 남편의 지원과 지혜, 격려가 없었다면 가르치는 일과 이 책을 쓰는 작업은 불가능했을 것입니다.

마지막으로 이 책의 공저자인 린다 트레비노와 함께 작업한 데 대해 깊은 감사를 드립니다. 린다와 집필할 때는 힘든 줄 모르고 작업할 수 있었습니다.

차례

PART 2 윤리와 개인

Chapter 2 무엇이 옳은지 결정하기: 규범 접근법

Chapter 3 무엇이 옳은지 결정하기: 심리 접근법

Chapter 4 개인의 보편적인 윤리 문제 다루기

PART 3 조직 윤리 관리

Chapter 5 조직 문화 측면에서 본 윤리

Chapter 6 윤리와 컴플라이언스 관리

PART 4 조직 윤리와 사회적 책임

PART 1
개요

Managing Business Ethics

Chapter 1

비즈니스 윤리에 관한 솔직한 이야기:
우리는 어디로 가고 있으며 그 이유는 무엇인가

개요

우리가 이 책의 초판을 쓰려고 했던 1993년에 사람들은 '비즈니스 윤리가 단지 일시적 유행이 아닐까' 라고 생각했다. 당시에 회사들은 신규 채용 오리엔테이션과 경영진 교육 프로그램에 윤리를 갓 도입하고 있었다. 학계에서는 비즈니스 윤리가 학문 연구 주제로 매력을 얻기 시작했고, 일부 경영대학들은 대학원생들에게 비즈니스 윤리를 필수 과목으로 요구하기까지 했다.

당시에 많은 전문가들은 비즈니스 윤리가 (시간 관리, 품질 분임조, 기타 당대의 경영 유행어와 마찬가지로) 20세기 말의 비즈니스 유행을 묘사하는 교재의 주석에나 등장할 것으로 생각하고 있었다. 오랫동안 여러 차례의 스캔들이 발생했음에도 불구하고 비즈니스 윤리는 일시적 현상으로 묘사되어 왔다. 예를 들어 「포춘」지에 기고하는 저명한 저자는 2007년에 '비즈니스가 돌아왔다' 라는 기사를 썼다. 다음은 그 기사에서 발췌한 글이다. "이제 수치는 끝났다고 봐야 한다. 기술 거품 붕괴와 영원히 그 시대를 정의할 레이(엔론의 전 회장)-스킬링(엔론의 전 CEO)-패스토우(엔론의 전 CFO)-에버스(월드콤의 전 CEO)-코즐로우스키(타이코의 전 CEO)-스크러쉬(헬스 사우스의 전 CEO)로 이어지는 5년 반 동안의 미국 기업들의 굴욕은 끝났다. 큰 타격과 조롱 뒤에 마침내 참회는 끝났다. (기업들은) 더 이상 대중의 멸시를 받지 않으며, 점점 더 옳은 일을 옹호하고 옳은 일을 하며, 다시 투자자들의 사랑을 받고 있고, 징계를 받은 뒤 많이 변화되었다. 이제 비즈니스가 돌아왔다."[1] 이보다 더 틀릴 수 있을까? 기업들은 겨우 1년 뒤에 수치 지수 기록을 갈아치웠다. 우리는 지난 25년간 윤리 붕괴가 주기적으로 발생하는 것을 봐 왔다. 그 결과 우리는 비즈니스 윤리가 결코 일시적 유행이 아님을 확신하게 되었다. 비즈니스 윤리는 더 잘 이해되고 더 잘 관리되어야 하며 비즈니스 종사자들이 더 잘 준비되어야 하는 지속적인 현상이다.

우리는 학생들에게 심각한 윤리 스캔들은 흔히 많은 사람들이 나름의 방식대로 크고 작은 기여를 해서 큰 재앙을 만든 결과라고 말한다. 이 책의 뒤에 나오는 2001년의 엔론 붕괴는 단지 엔론 임직원들의 실패만이 아니라 엔론의 감사법인, 이 회사에 돈을 빌려준 은행원들, 엔론의 사기에 대해 내부고발을 하지 않은 변호사들의 실패이기도 했다. 그러나 (엔론 스캔들을 포함한) 최근의 어떤 스캔들도 2008년의 금융 산업 와해에 필적하지는 못한다. 엔론 사태에서와 마찬가지로 이 거대한 실패에 많은 사람들이 기여했다. 그러나 이 금융 위기는 유례없이 범위가 넓었으며 우리 생애의 어떤 비즈니스 재앙보다 대중의 분노에 더 많은 기름을 끼얹었다. 이 여파로 전 세계의 사람들은 회사, 정부, 규제 당국, 신용평가 회사, 그리고 그곳에서 일하는 사람들에게 분노하고 그들을 믿지 못하게 되었다. 신뢰의 위기라는 것이 존재한다면 이 금융 위기야말로 그에 해당할 것이다. 이 위기는 또한 어떻게 많은 사람들의 행동들(그리고 부작위들)이 합작해서 거의 상상할 수 없는 재앙의 씨앗을 뿌릴 수 있는지를 보여주는 완벽한 예가 된다.

최근의 비즈니스 사례들은 비즈니스를 윤리나 가치와 분리시키면 큰 위

---

1) G. Colvin, "Business Is Back!" Fortune, 2007년 5월 14일, 40-48쪽.

험이 따른다는 것을 확실히 보여줬다. 2012년에 작고한 저명한 저자이자 사상가인 러쉬워드 키더[2]는 금융 붕괴와 그에 따른 대중의 분노에 대한 글을 썼다. 그는 자유시장주의자들이 어떻게 애덤 스미스의 『국부론』(Wealth of Nations)을 인용해서 규제를 회피하고 단기 이익에 초점을 맞추는 자본주의의 한 갈래를 정당화하는지 잘 묘사했다. 키더는 스미스가 자신의 유명한 저서 『국부론』 출간 17년 전에 『도덕 감정론』(The Theory of Moral Sentiments)을 썼음을 지적했다. 이 책에 주의를 기울일 가치가 있는 것은 애덤 스미스가 항상 이 두 책의 메시지들이 병행할 것으로 가정했기 때문이다. 스미스의 '도덕 감정'은 인간은 동정심이 있고, 다른 사람들에게 관심을 기울이며, 사랑과 우정에서 가장 큰 기쁨을 얻는다는 가정에 기초하고 있다. 그의 책은 다음과 같은 말로 시작한다. "사람이 아무리 이기적이라고 생각될지라도 사람의 본성에는 명백한 몇 가지 원칙들이 있다. 이 원칙들은 사람들에게 다른 사람의 운명에 관심을 기울이게 한다…."[3] 스미스는 좋은 삶은 물질적 부로부터 나오는 것이 아니라 '선행'의 표현에서 나온다고 믿었다. 그는 이기심(그는 자아 사랑도 인정했다)이 사람들에게 경쟁자를 이김으로써 자신의 상태를 나아지게 하도록 자극할 수 있다고 말했다. 그러나 그는 이러한 경쟁은 정보를 갖추고 있고, 윤리적이며, 공정한 관찰자가 판단하기에 공정하고 페어플레이 정신에 따라 이뤄져야 한다고 주장했다. 우리는 사회적 존재이기 때문에 다른 사람들이 어떻게 생각하는지에 대해 신경을 쓴다. 그러나 우리는 (단지 다른 사람들의 칭찬을 받기 위해서가 아니라) 옳은 일이기 때문에 그 일을 하려는 도덕적 존재이기도 하다. 스미스에 따르면 덕이 있는 사람들은 신중함(성숙한 자기애), 엄격한 정의, 자비심이 균형을 이루고 있으며, 이상

---

2) Rushworth M. Kidder, "Must Capitalism Be Moral?" 글로벌 윤리 협회 웹사이트 (www.globalethics.org)상의 윤리 뉴스라인 주석, 2009년 5월 4일.

3) Adam Smith, The Theory of Moral Sentiments. D. D. Raphael & A. L. Macfie가 D. D. Raphael and Andrew Skinner가 편집한 1790년판 The Glasgow Edison of the Works and Correspondence of Adam Smith(1권)에 기초하여 편집함. (Oxford: Clarendon Press, 1790[1976]).

적인 사회는 그런 사람들로 구성된다. 마지막으로 번성하고 행복한 사회는
정의와 사회 질서를 만들어 내는 행동규칙 위에 세워진다. 스미스는 인류
가 이처럼 긍정적인 윤리 상태를 향해 나아갈 것으로 확신했다. 그는 리더
들에게 권력의 오만을 피하고 덕이 있는 정치인이 되라고 촉구했다. 자본
주의는 도덕적 토대에 견고하게 연결될 때에만 성공할 것이라고 역설한 키
더는 (자유시장주의자들의 영웅인) 애덤 스미스가 이에 대해 어느 누구보다도 더 잘
인식했음을 상기시켜 준다.

  우리는 이에 전적으로 동의한다. 우리는 20년 전에 이 책을 쓸 때 기업
들과 비즈니스 종사자들이 윤리적일 때 비즈니스가 '더 잘' 될 뿐만 아니라,
좋은 윤리는 효과적인 비즈니스 수행에 필수불가결하다는 점을 확신했다.
인생에서 일은 필수불가결한데, 대부분의 사람들은 일정 형태의 기업에서
일한다. 일하는 방식과 일할 때 유지하고 있는 기준은 상거래에만 영향을
주는 것이 아니다. 비즈니스 수행과 관련된 행동들은 개인과 회사, 정치,
사회, 국가의 평판에도 영향을 준다.

  예를 들어 2008년 금융 위기는 전 세계에 걸쳐 영향을 주었지만 그 뿌리
는 미국에 있었고, 따라서 개인들과 기업들의 행동으로 인해 미국의 평판
이 손상되었다. 마찬가지로 유아식, (건축에 사용되는) 석고판, 아동용 장난감 등
과 같은 중국의 수출품에서 발견된 오염물질 때문에 중국의 평판이 손상되
었다. 결국 기업의 비리는 진공 상태에서 벌어지는 것이 아니며 그 결과 기
업의 평판만 손상되는 것이 아니다. 이러한 스캔들은 오랫동안 후유증을
남기며 산업 전체와 국가에 영향을 주기도 한다. 당신을 고용하고자 하거
나 당신과 거래하고자 하거나 당신의 제품을 사고자 하는 사람에서부터 당
신에게 돈을 꾸어줄 사람, 그리고 그보다 훨씬 더 많은 부분에 이르기까지
평판이 영향을 주는 복잡하고도 투명해진 세상에서 발생하는 기업의 비윤
리적 행위는 참으로 큰 문제다. 그러니 비즈니스 윤리에서 아주 중요한 사
건이었던 2008년 금융 시장 위기와 그 위기가 비즈니스 윤리와 어떤 관계

가 있는지를 보다 자세히 살펴보기로 하자.

2008년 금융 재앙

2008년 금융시장 폭발은 불법행위의 결과가 아니었다. 대부분의 경우 미국 경제와 전 세계 경제를 망가뜨린 활동들은 최소한 지금까지는 법률에 위배되지 않았다. (정부와 규제 당국은 흔히 기업들의 윤리 와해 이후 뒷북을 친다.) 그러나 많은 활동들은 궁극적으로 큰 피해를 끼쳤으며 책임성, 투명성, 공정성과 같은 여러 윤리 원칙들에 어긋났다는 점에서 비윤리적이었다. 먼저 미국에서 재앙의 토대를 닦았던 요인들 몇 가지를 살펴보자.

저렴한 차입 비용

첫째, 돈을 빌리기가 정말로 쉬워졌다. 2000년에 첨단 기술 회사들의 주가는 지속될 수 없을 정도로 높이 치솟았다가 결국 거품이 터졌다. 거품 붕괴가 미국 금융시장에 미치는 영향을 완화하기 위해 당시 연방준비제도이사회 회장 앨런 그린스펀은 준비이율(은행들이 서로에 대한 하루짜리 대출에 적용하는 이율로서, 우대금리를 포함한 단기 금리에 직접 영향을 준다)을 거의 0%로 내렸다. 당시에는 해롭지 않은 것으로 보였던 그 조치로 미국 금융 시스템에 막대한 자금이 투입되었다. 이로 인해 차입 비용이 매우 낮아져 소비자 차입 공급 과잉에 기름이 끼얹어졌다. 갑자기 신차, 대형 TV, 뒷마당 수영장, 더 넓은 집, 별장, 명품들을 구매하기 위한 금융비용이 아주 싸졌다. 흥청대기가 장려되기까지 했다. 2001년 9월의 테러 공격 뒤에 조지 부시 대통령은 사람들에게 경제에 도움을 주려면 물건을 사야 한다고 말했다. 그리고 사람들은 그렇게 했다. 가계 부채 수준은 2008년에 139억 달러로 증가했는데 이 수치는 2000년 가계 부채의 거의 두 배에 해당했으며 저축률은 마이너스가 되었다. 책임감이 있는 차입자라면 은행들이 얼마를 빌려줄지가 아니라 자신의 차입 능력이 얼마나 되는지를 생각해야 했다. 그리고 책임감이 있는 대출자들은 차입자들에게 돈을 빌려 주기 전에 그들의 상환 능력이 얼마나 되는지 확인해야 했다.

각광받는 투자 수단이 된 부동산

물론 사람들은 뭔가 안전한 곳에 투자하기를 원하는데 부동산보다 안전한 투자처가 있겠는가? 부동산 가치가 떨어진 적은 별로 없었고, 떨어진 경우에도 낙폭이 크지 않았고 하락 기간도 짧았다. 미국의 자랑 중 하나는 자가 보유율이 높다는 것이었다. 주택에 대한 투자는 전통적으로 매우 안전한 투자였으며 주택 가격은 아주 서서히 상승했다. 그러나 2000년대 초에 부동산 투자는 갑자기 돈벌이 수단이 되었다. 사상 최저 수준의 이자율을 배경으로 부동산 투자가 인기를 끌자 수요가 공급을 초과해서 부동산 가격이 치솟았다. 주택 가격이 폭등했다. 1년 전에 30만 달러에 팔리던 집이 다음 해에는 45만 달러에 팔렸다. 가격이 빨리 오르니 투기가 만연했다. 사람들은 거의 한 푼도 내지 않고 집을 사서 리모델링하거나 몇 달을 기다렸다가 되팔아 이익을 챙겼다. 많은 인기 TV 프로그램들이 시청자들에게 부동산에 '손을 대' 이익을 남기는 방법을 보여줬다.

차입 비용이 매우 낮고 주택의 자기 지분(주택 가격에서 대출금을 공제한 차액. 역자 주)이 매우 빠르게 증가하다 보니 많은 소비자들이 주택의 자기 지분을 담보로 차입해서 다른 부동산이나 새 차를 사고 호화 여행을 즐겼다. 예를 들어 누군가가 2003년에 50만 달러에 집을 샀다고 가정하자. 2005년에 그 집은 80만 달러로 가격이 상승했을 수 있다. 집 주인이 다른 금융기관에서 시가의 100%를 대출받아(집값은 계속 오르기만 할 것으로 생각하고서, 금융기관은 그런 대출을 해줬다) 기존 대출을 갚으면 30만 달러가 수중에 남게 된다. 이러한 관행이 유행했으며 이로 인해 2008년과 2009년 집값 폭락 때 커다란 재앙의 토대가 마련되었다. 앞의 집 주인이 30만 달러로 여름 별장과 스포츠카를 사고 자녀의 대학 교육비를 지불했다고 가정해 보자. 갑자기 주택 가치가 급락해서 집값이 30% 하락했다. 부동산 거품이 특히 부풀려졌던 캘리포니아, 플로리다, 네바다, 아리조나 주에서는 보편적으로 이 정도 하락했다. 부동산 거품이 꺼지고, 집값은 56만 달러가 되었다. 이제 그가 실직했고 모기지 원리금을 지불할 여유가 없어서 집을 팔아야 한다고 가정하자. 그는 집을 팔아도 은행에 갚아야 할 80만 달러를 받을 수 없다. 유일한 대안은 은행에 대출 갱신을 요청하거나(은행이 받아줄 가능성이 낮다) 파산을 선언하는 것이다. 많은 주택 소유자들이 파산을 선언했고, 그것이 바로 이 금융 위기의 핵심 요인 중 하나였다. 많은 사람들이 거품이 꺼질 가능성(또는 불가피성)은 생각하지 않은 채 거품 심리에 합류해 단기 이익을 챙겼다.

'사기 대출'을 판 모기지 대출자

2000년대 초에 주택 투자 인기가 높아지자 점점 많은 사람들이 이에 관여했다. 의회는 모기지 대출 취급 기관 프레디 맥(Freddie Mac)과 패니 매(Fannie Mae)에게 저소득층의 주택 소유를 확대하라고 촉구했다. 모기지 대출자들은 주택 구매자금 대출에 대한 과거의 규칙을 재고하기 시작했다. 1990년대까지만 해도 주택 구매 희망자가 모기지를 받을 수 있는 자격을 갖추려면 확실한 재직 증명서와 소득 증명서를 제출해야 했을 뿐만 아니라 추정 주택 가격의 5%에서 20%를 현금으로 납부해야 했다. 그러나 부동산의 인기가 높아지고 투자 수익률이 매우 빠르게 올라가자 모기지 대출자들은 이러한 '구식' 대출 제한을 완화하기로 했다. 2000년대 초에 모기지 대출을 받기 위한 규칙들이 느슨해졌다. 부동산 가치가 매우 빠르게 상승하다 보니 갑자기 차입자들은 한 푼도 내지 않고 집을 소유할 수 있게 되었다. 그들은 집값 전부를 대출 받을 수 있었는데 이러한 관행은 100% 차입으로 알려졌다. 또한 차입자들은 더 이상 재직 증명서나 소득 증명서를 제출할 필요가 없게 되었다. 은행들이 차입자가 모기지 신청서에 기록하는 내용의 '진실'을 확인하려 하지 않았기 때문에 이러한 대출들을 '무서류 대출' 또는 '사기 대출'이라고 불렀다.

이처럼 대출 기준을 완전히 포기하자 모기지 시장에 사기가 만연했는데 이는 비밀이 아니었다. FBI는 이 '전염병'이 금융 산업을 강타하기 4년 전인 2004년에 모기지 사기의 전염병을 경고했다.[4]

은행들이 독을 유동화해서 퍼뜨림

사기 대출이 유행하게 되었을 무렵에 또 하나의 새로운 관행이 모기지 시장에 들어왔다. 개발도상국 투자자들은 미국과 '안전'해 보이는 미국 시장에서 투자 기회를 찾고 있었다. 해외, 특히 각각 제조업과 석유에서 돈이 넘쳐난 중국과 러시아에서 미국으로 돈이 쏟아져 들어왔다. 월가의 은행원들은 이 새로운 돈에 투자 수단을 제공해 주기 위해 신상품들을 개발했다. 신상품 중 하나는 모기지 유동화와 관련되었다. (주. 구조화 금융은 1984년에 현재는 크레딧 스위스 그룹의 일원이 된 퍼스트 보스톤 코퍼레이션이 다수의 GMAC 자동차 채권을 묶어서 하나의 증권을 만든 것이 효시다.) 모기지 유동화는 다음과 같이 이뤄졌다. 모기지 대출을 취급한 은행이 모기지 만기까지 기다리는 대신 보다 대형 은행들에 모기지를 판다. 이를 사들인 대형 은행들은 다른 모기지들과 결합한다(최초에 대출을 취급한 은행으로서는 채무자가 이를 상환하게 할 유인이 줄어든다). 대형 은행들은 모기지 담보부 증권을 투자자들에게 팔았는데, 이는 당시에는 좋은 아이디어로 생각되었다. 부동산은 전통적으로 '안전'했으며, 모기지 '잘게 쪼개기'를 통해 리스크를 신용등급이 다른 조각들로 나누어서 분산시켰다.

물론 은행원들이 뼈저리게 배운 바와 같이 리스크는 이와 반대 방향으로도 작용한다. 모기지를 잘게 쪼개서 퍼뜨리는 방법은 높은 신용 리스크 전염을 확산시킬 수도 있었다. 그러나 2002년부터 몇 년 동안 사람들은 집값이 떨어질 거라고 생각할 수 없었다. 이 시스템에 돈이 많이 들어오고 모기

4) T. Frieden, "FBI Warns of Mortgage Fraud Epidemic," CNN Justice, 2004년 9월 17일 (www.cnn.com).

지 담보부 증권 상품에 대한 수요가 워낙 크다 보니 대형 은행들은 모기지 대출 취급자들에게 더 많은 모기지를 요구했다. 이런 상황으로 인해 주택 모기지를 받는데 전통적인 장벽이 더 낮춰졌다. 또한 이 투자 상품들은 아주 복잡한 수학 공식(및 오래전 수치)에 기초했는데 모두가 이를 믿었고, 이에 대해 이해하려는 사람은 거의 없었다. 많은 사람들이 이해하지 못하는 것에는 절대 투자하지 말라던 워렌 버핏의 현명한 충고를 따랐어야 했는데 그렇게 하지 않았던 것 같다.

위의 독에 비교적 새로운 신용 부도 스왑(CDS; credit-default swap)이 추가되었다. 이 복잡한 금융상품은 금융회사들이 유동화된 모기지와 같은 상품을 취급할 때 부담하는 리스크를 경감하기 위해 개발되었다. CDS는 채무자가 부도낼 경우 CDS 보유자를 보호해 주는 보험 계약이다. 대출 또는 채무증서를 소유하지 않아도 CDS의 보호를 받을 수 있으며, CDS 거래에 묶이는 자금은 다른 채무 증서 거래에 비해 아주 적다. 그래서 매도측과 매입측 트레이딩 데스크에서 CDS의 인기가 높아지게 되었다. 보험사 AIG와 다른 대형 은행들이 이 시장에서 큰손이었다. CDS 거래 상대방 회사들은 트레이딩 광란에서 한발 물러나 구조화 금융시장과 부동산 거품이 동시에 터질 경우(모든 거품은 궁극적으로 터지게 되어 있다) 무슨 일이 일어날지에 대해 생각해 보려 하지 않았다. 잔치가 끝나면 리스크 인수자(underwriter)들과 투자자들이 고스란히 피해를 떠안게 돼 있었다. 그리고 미국의 납세자들이 전체 금융 시스템 붕괴를 막기 위해 재무적으로 곤경에 처한 대부분의 회사들을 구제할 수밖에 없었다. 이 모든 일들이 사실상 규제되지 않았던 시장 부문에서 일어났음을 주목하기 바란다.

소비자를 보호해야 할 사람들이 보호하지 아니함

스탠더드앤푸어스, 무디스와 같은 신용평가 기관이 금융 재앙의 보호 수단 중 하나일 것이라 여겨지고 있었다. 그들은 유동화된 모기지 상품들을 포함한 증권의 안전성 또는 건전성에 등급을 매긴다. 신용평가 의견은 원금과 이자의 적시 상환에 등급을 매기는 의견이라고 정의된다. 그러나 다른 모든 사람/기관과 마찬가지로 신용평가 기관은 주택 가격 하락을 예상하지 못했고, 모기지 증권들에 최고 등급인 AAA 등급을 부여했다. 이는 신용평가 기관이 이 증권들이 매우 안전하다고 여겼음을 의미한다.

신용평가 기관들은 이 금융 위기에서 그들이 담당한 역할로 인해 많은 비판 대상이 되고 있다. 그들이 리스크 분석(그들의 책임)을 더 잘했더라면 이 위기의 많은 부분들을 피할 수 있었을 것이다. 그러나 많은 사람들은 신용평가 기관은 신용등급을 부여하는 상품들을 만드는 회사에 의해 고용되어 돈을 받기 때문에 이해상충이 야기되어 신용등급을 긍정적인 방향으로 치우치게 했다고 믿는다. 따라서 신용등급을 확인했으니 책임감 있게 투자했다고 믿은 사람들은 오도되었다.

금융권의 리스크 매니저들과 이사회 네트워크도 보호 장치의 하나였지만 이들도 실패했다. 이전에 성공적이었던 보험업계 거물 AIG의 400명밖에 되지 않는 한 사업부가 어떻게 세계 최대의 보험 회사를 무너뜨릴 수 있는 방식으로 투자할 수 있었는가? 그런 문제를 예상할 책임이 부여된 전문가들과 이런 문제가 다가오고 있음을 보지 못한 이사회 모두 리스크를 과소평가했다. 미국 정부(사실상 납세자들)는 AIG에 1,700억 달러의 구제금융을 제공했다. 씨티그룹, 메릴 린치, 리먼 브러더스, 베어 스턴스, 와초비아와 같은 다른 금융기관들의 리스크 매니저들과 이사회들도 마찬가지로 소경들이었다.

월가에는 이 금융 위기에 한 몫을 한 다른 요인들도 있었다. 먼저 은행 CEO들과 기타 임원들은 회사의 주가를 높은 수준으로 유지하라고 거액의 급여를 지급받았다. 회사가 손실을 내면 자신의 보수가 줄어들게 되어 있었다. 그 결과 은행 임원들은 장기 전략이나 조직의 전략을 배제하고 단기 재무 실적에 초점을 맞췄다. 보수 패키지가 회사 주가와 직접적으로 연계되었기 때문에 그들은 단기 이익을 늘리기 위한 노력에 대해 후한 보수를 받았다. 월가의 트레이더들도 이와 유사하게 보상받았다. 그들은 시장에서 거대한 리스크를 취하고서 수백만 달러의 보너스를 받았다. 회사의 단기 이익과 위험한 의사 결정을 내리는 사람들의 단기 보상이 가장 중요한 문제로 보였다. 트레이더들은 리스크를 취하고서 최소한 일시적으로라도 베팅이 성공적이면 수백만 달러의 보너스를 챙기고는 회사를 나갔다. 리스크를 취한 것이 장기적으로 어리석고 완전히 무책임한 짓이었다 해도 상관없었다. 보너스는 이미 지급되었다. 따라서 단기 실적을 강조하는 심리가 은행원, CEO, 이사회에 확고하게 자리 잡았다.

금융 위기의 결과 은행원들의 행태가 바뀔 것으로 생각했다면 오산이다. 2008~2009년 금융 위기 때 전문가들에게 리스크를 가장 잘 관리한 미국 은행이라는 평을 들었던 JP모건 체이스는 2012년에 런던 사무소의 한 사기꾼 트레이더에 의해 막대한 손실을 입었다. 최초에는 손실이 20억 달러로 추정되었지만 뒤에 최대 90억 달러에 이를 수도 있는 것으로 수정되었다. 이는 불과 몇 년 전의 금융 재앙을 낳은 것과 똑같은 유형의 투자였다.[5]

마지막으로 금융 위기를 살펴볼 때 규제 당국과 입법부의 역할에 대해 의문을 제기하지 않을 수 없다. 예를 들어 투자자 해리 마코폴로스는 10년 동안 버나드 매도프를 조사하라고 SEC에 여러 차례 촉구했지만 SEC는 금융 역사상 최대의 폰지 사기를 발견하지 못했다. 650억 달러의 사기는 매도프가 아들에게 이 사기를 인정하고 아들이 2008년 12월에 SEC와 뉴욕 검찰에 신고하고서야 알려졌다.

자신들의 최대 정치 자금 원천 중 하나였던 금융 산업의 규제를 완화한 미국 의회 의원들도 금융 위기에 책임이 있다. 그들은 무엇보다도 1929년 주식 시장 붕괴 이후 공격적이고 극단적인 리스크를 취하는 투자은행 문화

---

5) J. Silver-Greenberg and S. Craig, "JPMorgan Trading Loss May Reach $9 Billion," The New York Times, 2012년 6월 28일 (www.nyt.com).

로부터 상업 은행 고객들을 보호하기 위해 제정된 글래스 스티걸 법을 폐지했다. 이 법으로 상업은행과 투자은행이 분리되었으며 1998년에 씨티코프와 트래블러스가 결합해 씨티그룹이 될 때까지 분리가 유지되었다. 씨티코프와 트래블러스는 글래스 스티걸법은 낡고 너무나 제한적인데 오늘날의 금융시장은 현대적이고 정교하기 때문에 그런 보호가 필요 없다고 주장하며 의회에 이 법을 폐지해 달라고 청원했다. 그리고 의회는 이 청원을 받아들였다.

1930년대의 의원들은 상업은행(저축성 예금과 요구불 예금 계좌)의 성실하고 보수적인 문화와 혼란스럽고 리스크를 취하는 투자은행 문화가 같은 회사 안에 존재한다면 '승자 독식' 투자은행 문화가 득세하리라는 점을 이해했다. 과거에는 성실했던 상업은행이 '카지노'로 변했다고 말한 사람들도 있었다. 그러나 흥미롭게도 카지노들은 규제가 심하며 승자들에게 지불할 돈을 보유하고 있어야 한다. 우리는 이러한 위기로 이끌었던 행동들에 대해 뒤에서 더 배우게 될 것이다. 앞에서 언급한 바와 같이 모기지와 투자은행 업계의 규제 결여로 이러한 행동의 많은 부분이 합법이었다. 그러나 그 결과를 보라. 윤리 안테나가 보다 민감하기만 했어도 더 많은 사람들이 자신이 이해하지 못하는 상품에 의문을 제기하거나, 명백히 문제가 있는 관행에 대해 말하거나, 이러한 관행에 참여하기를 거절했을 것이다. 하나의 작은 예를 들자면 어느 누가 고객이 분명히 상환하지 못하리라는 것을 알면서 자신들이 사기 대출이라 부르는 상품을 파는 것이 (비록 합법적이었다고는 해도) 윤리적이라고 생각할 수 있었겠는가?

2010년에 미국 의회는 도드-프랭크 금융규제법을 통과시켰는데, 이는 금융 산업에서 가장 악명 높은 관행들을 억제하려는 시도였다. 금융기관 로비스트들은 규제 당국이 이 법의 복잡한 개혁을 시행하려고 하는 동안 이 법안의 효과를 희석하기 위해 끊임없이 노력하고 있다. 종합적인 금융 규제 개혁 면에서는 유럽 국가들이 미국보다 앞섰을지도 모른다.[6]

세계적으로 선도적인 금융기관들에 부패가 존재하며 때로는 이 기관들이 부패에 공모한다는 점이 점차 명확해지고 있다. 이것이 과장이라고 생각한다면, 2012년 여름에 터진 리보(LIBOR) 스캔들을 읽어 보기 바란다. 리보는 런던 은행간 대출 금리(London Interbank Offered Rate)로서 은행 간에 차입할 때 적용되는 금리다. 전 세계적으로 많은 모기지론, 자동차 대출, 기업대출 등이 이 금리에 연계되기 때문에 리보는 매우 중요하다. 전문가들은 수백조 달러에 달하는 금융 계약과 파생상품들이 리보에 연계되었을 것으로 추정한다.

몇 개 국가의 규제 당국은 많은 글로벌 금융기관들이 2008~2009년의 금융 붕괴 이후 실제보다 더 건강하게 보이려고 리보 조작에 협력했다고 비난했다. 이 책의 원고를 마감한 현재, 두 곳의 은행은 이미 리보 금리를 조작했다는 혐의를 해결했다. 금융 위기에서 자신들이 저지른 역할에 대한 대가로 바클레이는 미국, 영국, 스위스 금융 당국에 4억 5천만 달러를 지불했고, UBS는 15억 달러를 지급하기로 했다. UBS의 혐의는 자신을 더 좋게 보이려고 리보를 조작했을 뿐만 아니라 조작된 금리를 통해 돈을 벌기 위해 다른 글로벌 은행들과 공모했기 때문에 이 위기가 끝나려면 아직 멀었다. 이는 큰손들이 짜고 치는 게임을 했다고 인정한 거나 마찬가지다. 조사 중인 은행들로는 뱅크 오브 아메리카, JP모건 체이스, 모건 스탠리, 씨티그룹, 잉글랜드 은행 등 세계 최대 은행들이 포함되어 있다.[7] 월스트리트의 한 전문가는 이 스캔들을 이렇게 묘사했다. "그것은 온 세상이 유사(流砂)에 빠져 있는 꼴이다."[8]

6) V. McGrane, "Senate GOP Leaders: Repeal Dodd-Frank," Wall Street Journal, 2011년 4월 1일. (www.wsj.com).

7) H. Touryalai, "LIBOR Scandal Just Took a Nasty Turn, Collusion Findings Should Make Banks Very Nervous," Forbes, 2012년 12월 19일.

8) M. Taibbi, "Why Is Nobody Freaking Out About the LIBOR Banking Scandal?" Rolling Stone, 2012년 7월 3일.

이 스캔들과 이전의 스캔들이 만들어 낸 냉소주의에 관해 살펴보고 나서 당신이 앞으로는 다르게 행동할 수 있도록 이를 넘어서도록 하자.

냉소주의 극복하기

여러 차례의 비즈니스 스캔들 물결을 겪었으니 기업과 사회에서 기업의 역할에 관한 어느 정도의 냉소주의(일반적 불신)는 건전한 측면도 있을 것이다. 그러나 미국에서는 비즈니스에 대한 냉소주의가 만연해 있다. 공정을 기하자면 금융 산업은 엉망이 되었지만 다른 주류 회사들은 '건실한 재무제표와 지각 있는 비즈니스 모델을 갖고 회사를 경영하고 있음'에 주목해야 한다.[9] 대부분의 회사들은 책임감이 있고 이익을 내며 신중했다. 그들은 상당한 현금 유보액을 보유하고 있었기 때문에 실제로 많은 회사들이 최근의 위기들을 비교적 잘 견뎌냈다. 그러나 책임감 있게 운영되는 회사에는 관심이 덜했고 금융 부문과 이들의 무책임에 주의가 집중되었다.

이러한 냉소주의는 얼마나 심한가? 2012년 에델만 트러스트 바로미터[10](거의 3만 명의 전 세계의 대학 교육을 받은 사람을 대상으로 한 서베이)에 의하면 기업에 대한 냉소주의가 아주 심한데 미국에서 특히 심했다. (에델만은 전 세계에 53개 사무소를 둔 세계 최대의 독립 홍보 회사다. 이 회사는 기업들이 평판을 쌓고 유지하도록 도와주는 비즈니스를 하고 있다.) 에델만 연구는 소비자 신뢰가 급속히 떨어졌음을 보여준다. 절반이 넘는 응답자들이 4년 전(2008년)에 비해 기업을 덜 신뢰한다고 응답했다. 이러한 신뢰 하락은 특히 미국에서 심했는데 전통적으로 유럽 시민들보다 미국 시민들이 기업에 대해 좋게 생각해 왔다. 예를 들어 조사 대상 미국인의 35%만 은행이 윤리적이라고 믿었는데 이는 2008년에 비해 35포인트 하락한 수치다. 신뢰 수준이 하락하지 않은 곳은 소위 브릭스(브라질, 러시아, 인도, 중국)라 불리는 개발도상국들뿐이었다.

---

9) F. Zakariah, "Greed is good (to a point)," Newsweek, 2009년 6월 22일, 41-45쪽.
10) 2009 and 2012 Edelman Trust Barometer, www.edelman.com.

에델만 연구는 또한 소비자 신뢰의 중요성도 강조한다. 조직에 대한 소비자 신뢰도가 구매 양상과 다른 많은 부분에 직접적인 영향을 준다. 지난 1년 동안 소비자의 91%가 자신이 신뢰하는 회사의 상품이나 서비스를 구매했으며 소비자의 77%는 자신이 불신하는 회사의 제품이나 서비스를 구매하지 않았다고 말했다. 이 수치들은 회사의 평판이 소비자의 구매 패턴에 영향을 주며 명성 보호 조치를 취하지 않는 회사들이 순이익을 해칠 리스크를 무시한다는 것을 시사한다.

그러나 비즈니스 윤리는 일시적 유행이 아니듯이 비즈니스 윤리에 대한 대중의 냉소주의도 새로운 것이 아니다. 우리는 (1995년 이후) 이 책의 모든 판에서 이렇게 말해 오고 있다. 확실히 경제지와 저녁 뉴스에서 많은 부분을 차지한 일부 선도 회사들과 임원들의 눈에 띄는 행동이 최근의 냉소주의에 가장 크게 기여했다. 매 시간 그런 보도를 접하면서 어떻게 진절머리가 나지 않겠는가? 지난 몇 년간 그런 뉴스를 읽거나 보면서 냉소를 느낄 수밖에 없었을 텐데 경영대학원 학생들도 예외는 아니다. 기업만 수치스런 행태를 보이는 것은 아니다. 최근에 우리는 공무원의 기금 절도나 횡령, 학자의 리서치 결과 위조, 목사의 교회 돈 절도, 성직자의 아동 학대, 운동선수의 뇌물 수령 또는 금지 약물 복용 등을 목격했다. 사회의 어떤 부문도 비리에 면역되어 있는 것 같지 않다.

많은 독자들은 경영대학원 학생, 현재 또는 미래의 기업 매니저들이다. 조사 결과에 의하면 경영대학원 학생들이 (비즈니스를 장래의 직업으로 선택했으면서도) 비즈니스에 대해 놀라울 정도로 냉소적이다. 학생들은 출근할 때 회사 출입문에 개인 윤리를 내려놓고 사무실에 들어가도록 기대되거나 성공하기 위해서는 자신의 윤리 기준을 타협하도록 압력을 받으리라고 생각할 수도 있다.[11] 어느 큰 대학교에서 발생했던 이 시나리오를 고려해 보라. 어느 교수가 자기 수업을 듣는 학생들에게 도덕적으로 혐오스러운 경영진의 행태를 열거해 보라고 요청했다. 학생들은 간신히 한 가지를 생각해 냈다.

교수는 다른 반 학생들에게 강에 발암 물질을 버리겠냐고 물어 보았다. 학생들은 자신이 하지 않는다면 다른 누군가가 할 것이기 때문에 그렇게 하겠다고 동의했다. 교수가 학생들에게 참으로 냉소적인 그런 환경에서 살기를 원하느냐고 묻자, 학생들은 이미 그렇게 하고 있다고 대답했다. 당황한 교수는 학생들의 태도는 자기 수업을 수강 신청하기 훨씬 전에 형성되었다고 믿었다. 그는 다른 연구자들과 마찬가지로 문제는 기업과 경영대학원을 넘어서며 돈과 물질적 성공을 강조하는 우리 사회가 젊은이들을 어떤 대가를 치르고서라도 성공을 이루려는 사람들로 양육하고 있다는 데 동의했다.[12]

이 시나리오는 누구나 오늘날의 MBA 과정 학생에 대해 의심하게 만들기에 충분하다. 그러나 동시에 우리는 많은 대학들과 MBA 과정을 포함한 대학교 학생들이 교수진과 대학 관리직 직원들에게 새로운 학문 올곧음 정책(academic integrity policy)과 명예수칙(honor code)을 확립하라고 장려하고 있음을 알고 있다. 명예수칙을 제정한 어느 대학에서는 학생들이 학문 올곧음 정책 시행과 서로가 책임을 지도록 하는 일을 맡고 있다. 그들은 시험에서 부정행위를 저질러 학교의 명예를 훼손한 동료 학생들에게 중대한 징계를 가하는 사법제도 시행을 학생들에게 맡기고 있다. 많은 학교에서 진정한 견인력을 얻고 있는 이러한 노력들은 최소한 일부 학생들은 부정에 신물이 났으며 냉소주의를 벗어나 상황을 변화시키는 데 적극적으로 나아갈 의향

---

11) J. A. Wood, J. G. Longenecker, J. A. McKinney, and C. W. Moore, "Ethical Attitudes of Students and Business Professionals: A Study of Moral Reasoning," Journal of Business Ethics 7권 (1988): 249-57쪽; D. N. DeSalvia and G. R. Gemmill, "An Exploratory Study of the Personal Value Systems of College Students and Managers," Academy of Management Journal 14권(1971): 227-38쪽; M. S. Lane, D. Schaupp, and B. Parsons, "Pygmalion Effect," Journal of Business Ethics 7권 (1988): 223-229쪽; R. M. Fulmer, "Business Ethics: A View from the Campus," Personnel Administrator 45권, no. 2 (1968): 31-39쪽; T. M. Jones and F. H. Gautschi, "Will the Ethics of Business Change? A Survey of Future Executives," Journal of Business Ethics 7권 (1988): 231-248쪽.

12) Michael Skapinker, "Business Schools Focus on Making Money, Not Martyrs," Financial Times, 2005년 1월 5일, 10쪽.

이 있음을 시사한다.

2008년에 아스펜 연구소에서 선도적인 15개 국제 경영대학원에 재학 중인 2,000명의 MBA 학생을 대상으로 실시한 연구는 MBA 학생들의 태도에 어느 정도의 통찰력을 제공해 준다. 이 조사에 의하면 학생들의 태도가 다소 덜 냉소적인 방향으로 향하는 듯하다. 2002년 조사 결과와 유사하게 아스펜의 2008년 MBA 학생 서베이 결과는 학생들은 일터에서 어려운 가치 충돌에 직면할 것으로 예상하고 있음을 보여주며 직장에서의 윤리에 관해 어느 정도의 냉소주의를 보이고 있음을 시사한다. 그러나 이 학생들 중 약 40%는 이 과정이 가치 충돌을 관리할 수 있도록 '많이' 준비시키고 있다고 믿고 있으며 또 다른 50%는 '어느 정도' 준비되고 있다고 믿고 있다. 또한 1/4이 넘는 응답자들이 사회에 기여할 기회를 주는 직업을 찾는 데 관심이 있다고 말했다(2002년에는 이 비율이 겨우 15%에 지나지 않았다). 절반이 넘는 학생들은 안전하고 품질이 좋은 제품과 책임감이 있는 거버넌스 및 투명한 비즈니스 관행이 잠재적 고용주에게 매우 중요하다고 생각한다. 또한 절반이 넘는 학생들은 일을 할 때의 가치 충돌에 대한 대응으로 다른 가치나 접근법을 옹호하겠다고 말했다(이는 2002년 응답에 비해 훨씬 높은 비율이다).[13]

학생들의 냉소적 태도는 주로 언론 매체의 책임일 수도 있다. 영화와 TV에 나오는 기업과 기업의 리더에 대한 묘사를 생각해 보라. 미디어 리서치 센터는 1990년대의 863개 TV 시트콤, 드라마와 영화에 대한 조사를 수행했다. 이 프로그램에서 범죄자 배역의 거의 30%가 기업 오너이거나 회사 임원들이었다. 기업가들은 마약 밀매자, 인신 납치범, 또는 군에 결함이 있는 기계를 납품하는 사람으로 표현되었다.[14] 「포춘」지는 이를 '기업 악당들의 황

13) "Where Will They Lead? 2008 MBA Student Attitudes about Business & Society" (Washington, D.C.: The Aspen Institute Center for Business Education, 2008).

14) L. Elber, "Bad Guys Wear Business Suits: Businessmen and Women Get a Bad Rap on Television," (State College, PA) Centre Daily Times, 1997년 6월 27일, 22C면.

금 시간대 점령'이라고 불렀다.[15] 미국 기업에 대한 부정적인 메시지를 전하는 영화들이 넘쳐난다. '시크릿(원제 Arbitrage), 아바타, 인사이드 잡, 인 디 에어 (원제 Up in the Air), 컨스턴트 가드너, 개스 랜드, 월스트리트, 보일러 룸, 시빌 액션, 글렌 게리 글렌 로스, 인사이더(원제 The Insider), 에린 브로코비치, 슈퍼 사이즈 미, 자본 권력(원제 The Corporation), 엔론: 세상에서 제일 잘난 놈들(원제 Enron: The Smartest Guys in the Room), 마이클 클레이튼, 인터내셔널(원제 The International), 퀴즈 쇼, 볼링 포 콜롬바인'과 같은 영화들을 생각해 보라. 그리고 해마다 그런 영화들이 더 나오고 있으니 이 목록에 추가할 수 있을 것이다. 기업에 대해 윤리적으로 긍정적인 인상을 만들어 내는 영화나 TV 프로그램을 만들기는 훨씬 더 어려울 것이다. 당신은 그런 영화나 TV 프로그램이 생각나는 게 있는가? 미디어에서 기업에 대해 끊임없이 부정적으로 묘사하면 그에 따른 영향을 미치게 된다. 어느 연구에 의하면 이 연구 참여자들이 제너럴 모터스의 무자비한 공장 폐쇄와 정리해고를 다룬 영화 '로저와 나'를 보고 나서 미국 기업에 대한 냉소주의가 증가했다고 한다.[16] 기업을 부패한 것으로 묘사하고 기업의 리더들을 무자비하고 비윤리적인 사람으로 묘사하는 셀 수 없이 많은 영화와 TV를 볼 경우의 누적 효과를 상상해 보라.

최소한 어느 정도라도 미디어가 기름을 부은 이러한 냉소주의에 맞서기 위해 우리는 당신의 삶과 당신이 매일 믿고 의지하는 신뢰할 만한 상품 및 서비스, 그리고 이를 생산하는 사람들과 기업을 생각할 것을 권장한다. 이런 좋은 사람들도 기업인들이지만, 매일 올바른 일을 하는 기업인들을 묘사하는 것은 미디어에게는 신나는 일도 아니고 멋진 일도 아니다. 우리는 또한 당신이 알고 있는 기업인들, 가족 중에서 기업에서 일하는 사람과 얘기해 볼 것을 권장한다. 그들은 자신의 윤리 기준을 타협하도록 압력을 받

---

15) "Villains of Prime Time: Business Is TV's Newest Bad Guy," Fortune, J1997권 7월 7일, 32쪽.
16) T. S. Bateman, T. Sakano, and M. Fujita, "Roger, Me, and My Attitude: Film Propaganda and Cynicism toward Corporate Leadership," Journal of Applied Psychology 77권 (1992): 768-771쪽.

는다고 느끼는가, 아니면 자신의 고용주를 보다 긍정적으로 보는가?

흥미롭게도 윤리자원센터(Ethics Resource Center)의 2011년 전국 비즈니스 윤리 조사는 영리기업 종업원의 13%만 자신의 윤리 기준을 타협하도록 압력을 받는다고 느낀다는 점을 발견했다. 이는 87%는 그런 압력을 느끼지 않음을 의미한다. 또한 이 종업원들의 거의 2/3는 자기 회사는 윤리적인 문화가 강하거나 강한 경향이 있다고 말했다. 이 숫자가 무엇을 말하는가? 우리에게 이 숫자는 기업에서 일하는 대부분의 미국인들은 자기 회사와 동료들이 상당히 윤리적이라고 생각한다는 것을 의미한다. 그럼에도 불구하고 그들은 다른 사람들과 마찬가지로 동일한 미디어의 기사를 읽고 같은 영화와 TV 프로그램을 보며, 이러한 내용들이 미국 기업 일반에 대한 냉소주의에 영향을 준다.[17]

마지막으로 냉소주의에 대해 언급할 때 2001년 9월 11일의 사건들을 얘기하지 않을 수 없다. 2001년~2002년의 기업 스캔들들로 인해 많은 사람이 냉소주의에 빠지게 되었지만 2001년 9월 11일의 사건들은 다수의 훌륭한 개인들과 기업들을 보여주었다. 우리는 수많은 미국 회사들이 테러집단의 공격으로 피해를 입은 사람들에게 베푼 돌봄, 동정, 지원에 관해 읽었다. 그해 9월 11일에 샌들러 오닐 앤 파트너스라는 작지만 수익성이 좋은 월스트리트 투자은행만큼 큰 피해를 입은 기업은 없을 것이다. 이 회사는 두 명의 대표 파트너를 포함해 171명의 직원 중 66명을 잃었다. 이 회사의 사무실은 월드 트레이드 센터 104층에 있었다. 엄청난 재무적 곤경에도 이 회사는 사망한 모든 직원의 가족들에게 그해 연말까지의 급여액에 해당하는 수표를 보냈고 5년간 의료 혜택을 연장했다. 뱅크 오브 아메리카는 신속하게 이 회사가 사용할 사무 공간을 기부했다. 경쟁자들은 나름의 방식으로 사절단을 보내 트레이더 사망으로 상실된 필수 정보를 무료로 제공해

---

17) Ethics Resource Center, 2011 National Business Ethics Survey.

줬다. 보다 규모가 큰 월스트리트 회사들은 샌들러를 자신의 거래 상대방으로 포함시켜 주었다. 샌들러가 돈을 벌어서 스스로 독립할 수 있도록 도와주는 것이 목적이었다.[18] 이는 미국 기업들의 중심에 선함이 존재함을 가리키는 많은 이야기들 중 하나에 지나지 않는다. 이 책에서 우리는 미디어에 묘사되는 대체로 부정적인 이야기들을 균형 잡기 위해 많은 긍정적인 이야기들을 제공한다.

요점은 다음과 같다. 저자들도 독자들과 마찬가지로 기업에 대한 미디어의 묘사 및 기업 세계에서 규칙적으로 발생하는 매우 실제적이고 비윤리적인 행태에 짜증난다. 그러나 우리는 또한 비즈니스 세계는 사실은 때로는 영웅적이고 이례적으로 자신을 내어주는 선하고 건실한 기업과 사람들에 의해 주도되는 다양한 세계라는 점을 안다. 그러니 이 책에서는 다음의 두 가지를 통해 냉소적인 독자들에게 도움을 주고자 한다. (1) 매니저들에게 윤리 문제들을 다루고 윤리적인 행동을 하도록 관리하기 위해 필요한 도구들을 갖춰준다. (2) 미디어에 의해 주입된 부정적 인식의 일부를 상쇄하기 위해 '옳은 일을 하는' 사람들과 조직들의 긍정적인 예를 제공한다.

2009년 5월에 매우 긍정적인 일이 발생했다. 하버드 비즈니스 스쿨 2학년생 20명이 MBA 학위가 나타내야 한다고 믿는 가치들을 표명했다.

MBA 선서

나는 사회에서 비즈니스 리더 역할을 수행함을 인식한다.
- 내 목적은 한 사람만으로는 창출할 수 없는 가치를 창출하도록 사람들을 인도하고 자원을 관리하는 것이다.
- 내 결정들은 현재와 미래에 내 회사 안팎의 사람들의 복지에 영향을 준다.

18) K. Brooker, "Starting Over," Fortune, 2002년 1월 21일, 50-68쪽.

그러므로 나는 다음과 같이 약속한다.

- 회사를 충성스럽고 주의 깊게 관리하고 회사나 사회의 희생 하에 개인적 이익을 추구하지 않는다.
- 나와 회사의 행동을 규율하는 법률과 계약의 문자와 정신을 이해하고 이를 준수한다.
- 부패, 불공정 경쟁, 또는 사회를 해롭게 하는 비즈니스 관행을 반대한다.
- 회사에 의해 영향을 받는 모든 사람들의 인권과 존엄성을 보호하고 차별과 착취에 반대한다.
- 미래 세대가 자신의 생활수준을 향상시키고 건강한 지구를 누릴 수 있는 권리를 보호한다.
- 회사의 성과와 리스크를 정확하고 정직하게 보고한다.
- 자신과 다른 사람들의 개발에 투자해서 경영진이라는 직종이 계속 발전하고 지속가능하며 포괄적인 번영을 창출하도록 도움을 준다.

위의 원칙들에 따라 직업상의 의무를 수행할 때 나는 내 행동이 올곧음의 본을 보이고 내가 섬기는 사람들로부터 신뢰와 존경을 받아야 함을 인식한다. 나는 내 행동과 이 기준 준수에 대해 동료들 및 사회에 책임질 것이다.

나의 자유의사에 따라 나의 명예를 걸고 위와 같이 선서한다.

경영학 전공 학생들과 기업 일반의 가치 표명은 대중들의 높은 관심을 받아 퍼져나갔다. 400명이 넘는 하버드 경영대학원 졸업생들이 이 선서에 서명했으며 전 세계적으로 300개의 다른 대학 및 대학교에서 6,000명이 넘는 경영학 전공 학생들이 이에 가세했다. 이에 관한 보다 자세한 정보를 원하면 www.mbaoath.org 사이트를 방문해 보라.

비즈니스 윤리를 가르칠 수 있는가?

이제껏 발생했던 모든 사건들에 비춰 볼 때 과연 비즈니스 윤리가 가르쳐질 수 있는지 궁금할 수도 있다. 아마도 앞에서 대략적으로 묘사했던 모든 나쁜 행동들은 가족, 성직자, 학교 또는 고용주로부터 한 번도 윤리를 배운 적이 없는 비교적 소수의 '악인들(bad apples)'에게서 나왔을 수도 있다.[19] 그렇다면 윤리 교육은 시간과 돈 낭비일 터이니 악인들을 교육시키려 할 것이 아니라 그들을 찾아내 제거하는 일에 자원이 할애되어야 한다. 우리는 이에 강력히 반대하며 증거는 우리 편이다.

악인들이 조직의 윤리 문제의 원인이 아닌가?

악인 이론에 의하면 사람들은 선하거나 악하며 조직은 이런 사람들을 변화시킬 힘이 없다. 이 '썩은 사과'라는 악인 개념[20]이 매력적으로 다가오는 부분적인 이유는 비윤리적인 행위에 대해 성품이 나쁜 소수의 개인들을 비난할 수 있기 때문이다. 사람을 해고한다는 것은 유쾌하지는 않지만 조직이 사과를 썩게 한 조직상의 문제를 찾아내기보다는 악인 같은 소수의 썩은 사과들을 찾아내서 이를 버리기가 상대적으로 더 수월하다.

썩은 사과라는 아이디어가 매력이 있기는 하지만 '성품'은 충분하게 정의되지 않는 단어이며, 사람들은 성품에 관해 말할 때 자신이 의미하는 바를 좀처럼 정의하지 않는다. 사람들은 아마도 윤리 딜레마 상황에서 개인의 행동을 인도하는 것으로 생각되는 특징들의 복잡한 조합을 가리킬 것이다. 성품이 윤리적 행동을 인도한다면 성품은 비교적 안정적이라고 생각되기 때문에 교육 훈련은 그다지 효과가 없을 것이다. 성품은 바꾸기 어렵고 장기간에 걸쳐 지속되며 여러 상황에서 행동을 인도한다. 성품은 양육과

---

19) L. K. Treviño and A. Youngblood, "Bad Apples in Bad Barrels: A Causal Analysis of Ethical Decision-Making Behavior," Journal of Applied Psychology 75권, no. 4 (1990): 378-385쪽.
20) 위의 책.

학교, 가족, 친구, 종교 기관들에 의해 전달된 가치들이 축적되어 서서히 개발된다. 그러므로 사람들은 이미 좋거나 나쁜 성품을 갖추고서 교육 기관에 들어간다. 좋은 사과들은 좋을 것이고 썩은 사과들은 나쁠 것이다.

실제로 사람들은 윤리적 또는 비윤리적으로 행동하는 성향이 있다(이 점에 대해서는 3장에서 논의할 것이다). 그리고 반사회적 인격 장애자가 순전히 조직의 자원으로 자신을 만족시키거나 고객을 속이고, 다른 사람의 비용으로 사욕(私慾)을 차릴 목적으로 조직에 들어갈 수도 있다. 확실히 버니 매도프와 같은 악명 높은 악당도 있다. 그런 사람들은 '옳은 일을 하기'에는 거의 관심이 없다. 이런 유형의 사람이 당신의 조직에 나타나면 악인을 솎아내고 남은 사람들에게 이 사건을 본보기로 삼는 것이 최선이다.

그러나 악인을 솎아내는 것으로는 일반적으로 비윤리적 행위 문제가 있는 조직의 문제를 해결하지 못할 것이다. 조직은 조직 내부에서 뭔가 썩은 것들이 좋은 사과들을 망치고 있지 않은지 조사해 봐야 한다. 예를 들어 엔론은 영화 「엔론: 세상에서 제일 잘난 놈들」에 묘사된 일종의 무도한 비윤리적 문화를 장려했다. 아더 엔더슨의 문화는 감사의 올곧음에 초점을 맞추던 문화에서 거의 전적으로 순이익 증가시키기에 초점을 맞추는 컨설팅 문화로 변했다(이에 대해서는 5장에서 다시 다룰 것이다). 이 책에서 당신은 대부분의 사람들은 엄격한 내부의 도덕 나침반에 의해 인도되지 않는다는 것을 배울 것이다. 그보다는 사람들은 어떻게 생각하고 행동해야 할지에 대한 실마리를 얻기 위해 자신의 외부, 즉 자신의 환경을 바라본다. "모두 그렇게 하고 있다." (그리고 큰돈을 벌고 있다)라는 말이 주문이 된 금융 위기 때에도 그랬다. 일터에서는 관리자들과 조직 문화가 종업원들이 어떻게 생각하고 행동해야 하는지에 대한 많은 실마리들을 전달한다. 예를 들어 최근의 금융 위기에서 그랬던 것처럼 보상 시스템은 단기적인 사고와 이익을 보상함으로써 큰 역할을 한다. 이 책에서 당신은 조직의 영향력의 중요성과 조직이 어떻게 윤리적 행동을 지원하고 비윤리적 행동을 피할 수 있는지에 대해 배울 것이다.

그러니 종종 '나쁜 그릇' 즉, 비윤리적 행동을 용인할 뿐만 아니라 심지어 기대하기도 하는 나쁜 작업 환경에 의해 사과들이 상할 수도 있다. 대부분의 종업원들은 근무를 시작할 때에는 나쁜 사람이 아니지만 상사나 조직이 자신에게 비윤리적으로 행동하라고 기대한다고 믿거나, 다른 사람들 모두가 특정 관행에 관여하고 있는 듯하다고 믿으면 손쉽게 나쁜 사람으로 변할 수 있다. 이 관점에서는 진지하게 윤리적 행동을 지원하고 비리를 방지하려는 조직은 자신의 경영 시스템과 문화 규범, 그리고 관행들을 철저하게 조사해서 비윤리적 행동에 대한 체계적인 원인이 있는지 찾아봐야 한다. 경영진은 종업원에게 기대하는 바를 제대로 전달하지 못한 것에 대해 책임을 져야 한다. 윤리 문제들이 조직 문화에 뿌리를 두고 있다면 그 문화를 바꾸지 않은 채 소수의 악당들을 버리는 것만으로는 그 문제를 해결하지 못할 것이다. 효과적이고 오래 지속되는 해결책은 경영진이 조직 문화의 모든 측면에 체계적으로 주의를 기울이고 경영진이 명시적 또는 묵시적으로 조직 구성원들을 '가르치는' 데 의존할 것이다(5장을 보라).

　　윤리적 행동과 비윤리적 행동의 원천에 관한 이 질문은 심리학의 '본성/양육' 논쟁을 반영한다. 우리는 유전자(본성)의 결과에 보다 가까운 존재인가 아니면 환경(양육)의 결과에 보다 가까운 존재인가? 대부분의 연구 결과에 따르면 행동은 본성과 양육 양쪽 모두에서 비롯된다고 한다. 따라서 윤리적 행동의 경우 위의 질문에 대한 답은 본성 또는 양육이 아니라 본성과 양육 모두다. 개인들은 자신의 행동에 영향을 주는 성향을 지닌 채 입사하며 자신의 행동에 대해 책임을 져야 하지만 근무 환경도 큰 영향을 줄 수 있다. 이 책에서 비윤리적 행동이 아니라 윤리적 행동을 낳기 위해 그러한 근무 환경을 어떻게 관리할 수 있는지에 대해 많은 것을 배울 것이다.

종업원들은 옳은 것과 그른 것의 차이를 이미 알고 있어야 하지 않는가?

　　선인/악인이라는 아이디어와 관련한 믿음 중 하나는 성품이 좋은 개인들은 이미 옳은 것과 그른 것을 구분할 수 있어야 하며 특별한 교육 훈련이 없어도 윤리적일 수 있고, 부모, 학교, 종교 기관들로부터 평생에 걸쳐 습득하는 사회화가 사람들을 직장에서 윤리적으로 행동하도록 준비시켜 주리라는 것이다. 당신은 아마 자신을 성품이 좋은 사람이라고 생각할 것이다. 그러나 당신이 지금까지 살아온 경험이 당신에게 복잡한 비즈니스 결정을 내리도록 준비시켜 주었는가? 당신의 부모, 교사, 기타 당신의 삶에 영향을 준 사람들이 다음에 나오는 것과 같은 상황에 대해 얘기한 적이 있는가? 다음과 같은 실제적인 딜레마를 생각해 보라.

당신은 생산 공정에서 화학물질을 사용하는 중간 규모 기업의 부사장이다. 당신은 당신 회사가 모든 환경법과 안전 규정을 준수할 수 있도록 아주 유능한 과학자를 고용했다. 이 직원은 당신에게 회사가 아직 환경청의 승인 리스트에 오르지 않은 화학물질 상당량을 사용하고 있다고 알려주었다. 그러나 그 물질은 안전함이 밝혀졌으며 약 3개월 내에 환경청 승인 리스트에 오를 것으로 예상되고 있다. 이 화학물질이 없으면 제품을 생산할 수 없는데 현행 규정에 의하면 공식 승인을 받기 전에는 이 화학물질을 사용해서는 안 된다. 승인 받기를 기다리면 공장을 닫고 수백 명이 일자리를 잃고 회사 생존 자체가 위협받게 된다. 이럴 때 어떻게 해야 하는가?

이 경우 해법은 명확하지 않으며 성품만으로는 의사 결정을 인도하기에 충분하지 않다. 다른 모든 윤리 딜레마에서와 마찬가지로 여기에서도 법규 준수와 공장 유지 및 일자리 구하기 사이에서 가치가 충돌한다. 그 화학물질이 안전한 것으로 밝혀졌고 몇 달 안에 승인을 받을 것으로 예상되기 때문에 의사 결정이 복잡해진다. 오늘날의 많은 비즈니스 의사 결정에서와 마찬가지로 이 복잡한 이슈는 해당 직업에 특유한 기술과 능력을 필요로 한다. 예를 들어 화학, 노동자 안전, 환경법과 규정에 대한 어느 정도의 지식이 필수적일 것이다. 기본적인 좋은 의도와 좋은 양육만으로는 충분하지 않다.

직업 윤리와 윤리 교육 분야 학자 제임스 레스트는 "일반적 성품이 좋은 스무 살 청년이 직업과 관련된 상황에서 윤리적으로 행동할 수 있다고 가정하는 것은 논리적인 스무 살 청년이 특별한 교육을 받지 않아도 변호사 일을 할 수 있다고 가정하는 것만큼이나 정당화될 수 없다."라고 설득력 있게 주장했다.[21] (그것이 무엇을 의미하든) 좋은 일반적 성품은 직업에서 발생할 가능성이 있는 특수한 윤리 문제들을 다루도록 준비시켜 주지 않는다. 개인들은 자신의 특별한 직업에 독특한 윤리 문제들을 인식하고 이를 해결할 수 있도록 훈련받아야 한다. 그래서 많은 전문 대학원들(비즈니스, 법학, 의료 등)이 교과 과정에 윤리 과목을 개설하고 있으며 대부분의 대규모 조직들이 이제 자신의 종업원들에게 윤리 교육을 실시하고 있다.

따라서 개인의 성품이 윤리적 행동을 결정함에 있어서 하나의 요인이기는 하지만 좋은 성품만으로는 사람들이 자신의 일 또는 전문 직종에서 직면할 가능성이 있는 특별한 윤리 문제들에 대비시켜 주지 못한다. 특별 교육은 사람들에게 이러한 문제들을 예상해서 그러한 문제들을 만나게 되면 윤리 딜레마를 인식하도록 준비시키고, 그들에게 자신의 독특한 일과 조직의 맥락에서 윤리 이슈들에 관한 사고의 틀을 제공할 수 있다.

성인들의 윤리는 완전히 형성되어서 바뀌지 않는 것이 아닌가?

사람이 대학이나 직장에 들어갈 때쯤이면 그 사람의 윤리가 완전히 형성되어서 바뀔 수 없다는 믿음이 비즈니스 이슈는 가르쳐질 수 없다는 견해를 인도하는 또 하나의 잘못된 가정이다. 절대 그렇지 않다. 여러 연구들에 의하면 동료, 부모, 기타 중요한 타인들과의 상호작용을 통해 아동들과 젊은 성인들은 윤리적 판단을 할 수 있는 능력을 개발할 수 있음이 밝혀졌다. 이러한 발전은 최소한 성인 초기까지는 계속된다. 실제로 도덕 개발 교육 프로그램에 참석했던 2, 30대 젊은 성인들은 더 젊은 사람들보다 도덕적

---

21) J. R. Rest and S. J. Thoma, "Educational Programs and Interventions," Moral Development: Advances in Research and Theory, J. Rest 편 (New York: Praeger, 1986), 59-88쪽에 수록된 글.

추론이 앞선다는 점이 발견되었다.[22] 대부분의 사람들이 젊은 시절에 전문 대학원과 회사에 들어간다는 점을 고려하면 확실히 그들의 도덕적 추론에 영향을 줄 기회가 있다.

연구 결과에 의하면 경영대학원 학생들이 철학, 정치학, 법학, 의학, 치과 학생들보다 도덕적 추론에서 낮은 순위를 받았기 때문에 이들에게 윤리 교육이 더 필요할지도 모른다.[23] 또한 경영학을 전공하거나 기업에 취직하려는 학부생들이 다른 전공 또는 다른 직업을 구하려는 학부생들보다 학문적 속임수(시험 부정, 표절 등)에 관여할 가능성이 높은 것으로 나타났다.[24] 최소한 전문 윤리 교육을 받으면 교육을 받지 않을 경우 간과될 수 있는 모호함과 윤리 회색 지대에 주의를 기울이게 할 수 있다. 27세의 하버드 학생이 하버드 MBA 프로그램의 첫 학기에 의사 결정 및 윤리적 가치에 관해 9회로 구성된 필수 교육 모듈을 마친 뒤에 한 아래의 논평을 생각해 보라.

나는 전에는 비즈니스 세계에서 문제를 바라볼 때 이와 관련된 윤리 이슈들을 의식적으로 조사하지는 않았다. 그것은 언제나 그저 어렴풋이 인식하는 수준이었는데, 나는 이에 대해 어느 정도 잘 해냈기를 희망한다. 지금까지 윤리는 결코 의식적인 고려대상이 아니었다. 그러나 나는 이제 문제를 보게 되면 그 문제가 끼치는 영향을 생각해야 한다. 천만 달러짜리 프로젝트에 착수한다고 가정하자. 이 프로젝트가 그 지역에 살고 있는 사람들과 환경에 어떤 영향을 줄 것인가?… 이 교육 프로그램은 내게 이런 문제들에 눈뜨게 했다. 이 프로그램은 또한 내가 잘못된 길로 들어서서 돌이킬

22) J. R. Rest, "Moral Judgment: An Interesting Variable for Higher Education Research," 1987년 11월 21일에 메릴랜드 주 볼티모어에서 개최된 Association for the Study of Higher Education 연례 컨벤션 발표 논문.

23) D. McCabe, and L. K. Treviño, "Academic Dishonesty: Honor Codes and Other Situational Influences," Journal of Higher Education 64권 (1993): 522-538쪽.

24) D. McCabe and L. K. Treviño, "Cheating among Business Students: A Challenge for Business Leaders and Educators," Journal of Management Education 19권, no. 2 (1995): 205-218쪽.

수 없는 더 깊은 수렁으로 빠지게 될 수 있는 상황에 대해 더 잘 인식할 수 있게 해줬다.[25]

2004년에 하버드 MBA 1979년 졸업반 25주년 동창회가 열렸다. 학장이 가치와 리더십에 대한 새로운 필수 과목이 자신의 최고 우선순위이며 "내가 여러분의 신뢰를 받을 수 있도록 살고, 이 학교를 그렇게 인도하겠다." 라고 서약하자 졸업생들은 기립박수를 보냈다.[26]

위에서 논의한 내용에 비춰 볼 때 윤리는 확실히 가르칠 수 있다. 윤리적 행위는 좋은 성품보다 더 많은 요소들에 의존한다. 잘 양육 받으면 옳은 방향을 정하고 옳은 일을 하겠다는 결정을 따르도록 도와줄 수 있는 일종의 도덕 나침반을 제공해 줄 수 있겠지만, 좋은 양육이 윤리적 행동을 결정하는 유일한 요소는 아니다. 오늘날의 매우 복잡한 조직에서는 개인들에게 추가 지침을 필요로 한다. 개인들은 직업에서 발생할 수 있는 윤리 딜레마, 그 상황에서 적용되는 규범, 최선의 윤리 의사 결정에 도달할 수 있는 추론 전략, 옳은 일을 하려는 개인의 희망과 충돌할 수 있는 조직 생활의 복잡성을 인식하도록 훈련받을 수 있다. 예를 들어 방위 산업과 관련된 일을 하는 기업들은 평균적인 사람들이 알 것으로 기대할 수 있는 수준을 훨씬 뛰어넘는 많은 법규를 준수해야 한다.

'윤리를 가르쳐야 하느냐'라는 문제는 아직 해결되지 않은 채로 남아 있다. 아직도 윤리는 개인의 문제로서 개인들에게 맡겨 두는 것이 최선이라고 믿는 사람들이 많다. 그들은 윤리 교육은 종교 전도와 마찬가지로 특정 가치를 부과하고 행동을 통제하려는 부적절한 노력이라고 생각한다.

---

25) T. R. Piper, M. C. Gentile, and S. D. Parks, Can Ethics Be Taught? (Boston: Harvard Business School, 1993).

26) O. Ryan, "Class of '79: God and Man at Harvard Business School," Fortune, 2004년 11월 1일, 52쪽.

그러나 고용주들이 종업원들에게 일에서 직면할 가능성이 있는 윤리 이슈를 인식하고 이를 다룰 수 있도록 가르칠 책임이 있다. 직원들에게 자신의 일에서 리스크를 인식하도록 도와주지 않는 것은 기계조작자에게 기계를 안전하게 조작하는 법을 가르쳐주지 않는 것이나 마찬가지다. 두 경우 모두 피해로 귀결될 텐데 이는 경영을 잘못하는 것이다. 이와 유사하게 우리는 비즈니스 교육자인 우리가 앞으로 직면하게 될 복잡한 윤리 이슈들에 대해 당신을 준비시키고, 다른 사람들을 윤리적인 방향으로 인도하기 위해 당신이 무엇을 할 수 있는지에 관해 생각하도록 도와줄 책임이 있다고 생각한다.

윤리 정의하기　윤리에 관해 가르칠 수 있느냐 또는 가르쳐야 되느냐에 관한 논쟁의 일부는 윤리가 무엇을 의미하는지에 대한 불일치에서 생길 수도 있다. 윤리는 '일련의 도덕 원칙 또는 가치'라고 정의될 수 있는데 이는 윤리를 매우 개인적이고 상대적인 개념으로 묘사하는 정의다. 나에게는 나의 도덕 원칙이 있고 당신에게는 당신의 원칙이 있기 때문에 아무도 자신의 윤리를 타인에게 부과하려 해서는 안 된다.

그러나 '개인 또는 집단을 규율하는 원칙, 규범, 행동 기준'이라는 우리의 정의는 행동에 초점을 맞춘다. 우리는 고용주들이 출퇴근 시간, 실내 흡연 허용 여부, 고객을 대하는 방법, 일이 얼마나 신속하게 처리되어야 하는지와 같은 기본적인 사안 등 일과 관련된 행동에 대한 가이드라인을 수립하기를 기대한다. 윤리적 행동에 대한 가이드라인도 크게 다르지 않다. 많은 고용주들이 시간과 돈을 들여 경비 보고서 작성법, 고객에게 받을 수 있는 선물의 종류, 이해상충 또는 뇌물이 되는 경우와 같은 종업원의 활동에 대한 정책들을 개발한다. 행동에 초점을 맞추면 윤리는 잘 경영하기의 확장이 된다. 리더들은 적절한 행동과 부적절한 행동을 식별하고 윤리강령, 교육 훈련 프로그램, 기타 의사소통 경로를 통해 직원들에 대한 그들의 기대를 소통한다.

대부분의 경우 개별 종업원들은 회사의 기대와 정책에 동의한다. 예를 들어 회사 재산을 훔치거나 고객에게 거짓말하고, 암을 유발하는 화학물질을 하천에 방류하거나 방위 계약에 관한 규정을 준수하지 않는 것이 나쁘다는 데 누가 동의하지 않겠는가? 그러나 때로는 종업원이 조직의 기준이 자신의 도덕 가치나 원칙과 일치하지 않음을 발견할 수도 있다. 예를 들어 건강관리 기관에 근무하는 신앙심이 두터운 종업원이 임신한 여성에게 유전에 관한 상담을 제공할 때 낙태를 하나의 대안으로 제공하는 것을 반대하거나 환경 청소 노력에 얼마나 지출할지에 관한 의사 결정을 할 때 자기 조직이 환경법의 최저 기준을 뛰어넘어야 한다고 믿을 수도 있다. 이런 개인들은 자신의 고용주의 정책에 영향을 줄 수 있는 능력이 있을 수도 있다. 또는 자신의 가치와 조직의 가치가 더 잘 어울리는 곳을 찾아 현재 몸담고 있는 조직을 떠나는 것이 이들에게 유일한 대안일 수도 있다.

좋은 통제냐 나쁜 통제냐? 인정 여부와 상관없이 윤리에 관한 우리의 행동은 환경에 의해 영향을 받는다(그리고 환경에 의해 상당히 많이 통제된다). 일터에서는 리더, 매니저, 전체적인 문화적 맥락이 이러한 영향과 지침의 중요한 원천이다. 매니저들이 직원들을 매니저의 인도 없이 표류하도록 내버려둔다면 본의 아니게 그들이 다른 사람들에 의해 '통제되도록' 허용하고 있는 셈이다. 이런 일이 일어날 경우 전체 조직을 위험에 빠뜨릴 수도 있는 '위험 인물들'을 만드는 데 기여하고 있는 셈이다. 윤리적 행동에 관한 지침은 종업원의 행동을 통제하는 중요한 측면 중 하나다. 지침은 조직의 규칙과 정책에 관한 필수 정보를 제공할 수 있으며 다양한 상황에서 적절하거나 부적절하다고 여겨지는 행동에 대한 설명과 예를 제공해 줄 수 있다.

그러나 조직이 직원을 이런 식으로 '통제'해야 하는가? 저명한 심리학자 스키너[27]는 의도적으로 행동을 통제해도 무방하며 그것이 바람직하기까지 하다고 주장했다. 그는 의도적이든 비의도적이든 모든 행동들이 통제된다고 믿었다. 따라서 의도적인 통제를 덜할 것이 아니라 더할 필요가 있다는 것이다. 이와 유사하게 조직에서 윤리적 또는 비윤리적 행동은 이미 기존 조직 문화에 의해 명시적 또는 묵시적으로 통제되고 있다(5장을 보라). 따라서 구성원들에게 '윤리적' 행동을 가르치기를 소홀히 하는 조직들은 못 본 체함으로써 은연중에 '비윤리적 행동'을 장려하고 있을 수도 있다. 경영진은 직접적인 관리와 조직 문화를 통해 명시적인 지침을 제공할 책임이 있다. 부하 직원의 윤리적 행동에 영향을 주려는 상사는 참견하는 사람이 아니라 자연스러운 관리 프로세스의 일부로 보아야 한다.

요약하자면 우리는 교육 기관과 직장들은 사람들에게 윤리에 대해 가르치고 그들을 윤리적인 방향으로 인도해야 한다고 믿는다. 성인들은 이러한 유형의 인도에 개방적이며 일반적으로 이를 환영한다. 윤리 문제들은 전적으로 악당들에 의해서만 야기되지는 않는다. 윤리 문제들은 또한 나쁜 그릇들(비윤리적인 행동을 장려하거나 그러한 행동이 일어나도록 허용하는 근무 환경)의 산물이기도 하다. 오늘날의 복잡한 조직에서 윤리적인 결정을 내리기는 쉽지 않다. 좋은 의도와 좋은 양육만으로는 충분하지 않다. 특정 조직과 조직이라는 환경에서 좋은 윤리 결정을 내리는 데 필요한 특별한 지식과 기술은 개인의 윤리 딜레마 해결에 필요한 지식이나 기술과는 다를 수 있는데 이러한 지식과 기술을 가르치고 배양해야 한다.

이 책은 기업의 윤리 관리에 관한 책이다

이 책은 비즈니스 윤리 가르치기에 대해 다소 독특한 접근법을 제공한다. 전통적인 철학 또는 법률적 접근 대신 우리는 경영관리상의 접근법을 채택한다. 저자들은 경영, 컨설팅, 경영 교육 및 리서치 분야에서 오랜 경

---

27) B. F. Skinner, Beyond Freedom and Dignity (New York: Knopf, 1971).

험을 쌓았다. 이 경험에 근거해서 우리는 비즈니스 윤리는 본질적으로 인간의 행동이라는 가정에서부터 시작한다. 우리는 조직이라는 맥락에서 인간의 행동을 이해함으로써 우리 자신과 다른 사람들의 윤리적 행동을 더 잘 이해하고 관리할 수 있다고 믿는다. 켄트 드루이베스타인은 1985년부터 1993년까지 제너럴 다이내믹스 윤리 담당 부사장이었으며 미국 회사들 중 최초의 '윤리 책임자' 중 한 명이었다. 그는 수년간 학생들 및 임원들과 얘기할 때 철학과 경영 관리를 명확히 구분하면서 다음과 같이 말했다. "저는 철학자가 아니며 철학에 대해 말하려고 이곳에 온 것이 아닙니다. 윤리는 행동에 관한 것입니다."

우리는 드루이베스타인의 말에 동의한다. 우리는 여러 해 동안의 연구와 경험을 통해 조직윤리에 대한 경영관리상의 접근법이 필요하다고 확신하게 되었다. 다른 경영관리상의 문제들과 마찬가지로 관리자들은 사람들의 행동에 영향을 주려면 그들이 왜 그런 방식으로 행동하는지 이해할 필요가 있다. 대부분의 매니저들은 자신들과 함께 일하고 있는 사람들이 효율적으로 고품질의 제품을 생산하고 고객들을 잘 대하며 모든 일들을 매우 윤리적인 방식으로 수행하기 원한다. 또한 그들은 이 목표를 달성하기 위한 도움을 필요로 한다.

그러므로 우리는 비즈니스 윤리 이해에 대한 경영관리상의 접근법에 의존한다. 우리는 윤리에 관한 자신의 행동 및 조직 안의 다른 사람들의 행동을 이해하기 원하는 매니저들을 인도하는 데 사용될 수 있는 개념들을 소개한다. 또한 자신의 부서 또는 조직을 윤리적인 방향으로 이끌기 원하는 사람들에게 실제적인 지침을 제공한다.

우리는 기업의 윤리적 행동을 '사회에 의해 합의된 비즈니스 관행에 관한 원칙, 규범, 기준에 일치하는 행동'이라고 정의한다. 이러한 원칙, 규범, 기준이 무엇이어야 하는지에 대해 다소 합의되지 않은 부분이 있지만 일치되는 점이 불일치되는 점보다 많다. 이 기준들 중 많은 부분이 법률로 제정되었다. 기타 기준들은 회사 및 업계 행동 강령과 국제 무역 협정에서 찾아볼 수 있다.

이 점이 중요한데 우리는 조직에서 사람들의 의사 결정은 개인과 조직 모두의 특성에 의해 영향을 받는 것으로 취급한다. 우리는 또한 조직이 광범위하고 복잡한 글로벌 비즈니스 맥락 안에서 운영된다는 점도 인식하면서 개인의 의사 결정, 집단과 조직의 영향, 사회적 환경 및 글로벌 비즈니스 환경을 다룰 것이다. 이 관점의 첫 번째 부분인 개인의 의사 결정에 영향을 주는 요소들이 그림 1.1에 표시되어 있다.

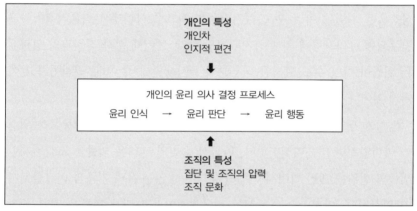

그림 1.1 윤리 의사 결정 프로세스

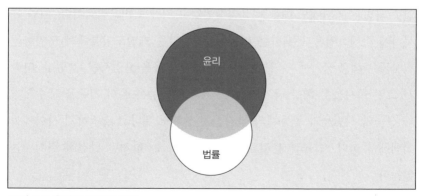

그림 1.2 윤리와 법률의 관계

윤리와 법률

법률 준수만으로 충분하다면 별도로 비즈니스 윤리를 공부할 필요가 없기 때문에 법률과 비즈니스 윤리의 관계에 대해 생각해 볼 필요가 있다. 벤 다이어그램이 비즈니스 윤리와 법률의 관계를 시각적으로 나타내는 가장 좋은 방법일 것이다(그림 1.2). 법률을 비즈니스 행위에 대한 사회의 최소 규범과 기준을 반영하는 것으로 생각한다면 합법적인 것과 윤리적인 것 사이에 겹치는 부분이 많을 것이다. 따라서 대부분의 사람들이 법률을 준수하는 행동은 또한 윤리적인 행동이라고 믿는다. 그러나 많은 행동 기준들은 사회에 의해 합의되지만 법률로 제정되지는 않는다. 예를 들어 일부 이해 상충들은 위법이 아닐 수도 있지만 일반적으로 사회에서 비윤리적이라고 간주되며 윤리강령에 의해 금지되기도 한다. 예컨대 부하 직원과의 성관계는 위법이 아닐 수도 있지만 대부분의 회사생활에서는 비윤리적이라고 여겨질 것이다.

앞에서 말한 바와 같이 2008년 금융 위기에 일조한 많은 행동들은 위법이 아니었지만 비윤리적이었다. 따라서 윤리의 영역은 법률을 포함하지만 법률의 범위를 훨씬 넘어서서 법률이 다루지 않는 윤리 기준과 이슈들로까지 확장된다. 마지막으로 당신이 비윤리적이라고 믿는 법률을 만날 때도 있다. 예를 들어 인종 차별은 미국에서 오랫동안 불법이 아니었다. 그러나 인종 차별은 과거에도 매우 비윤리적이었고 지금도 비윤리적이다. 이와 유사하게 환경오염을 규제하는 법률이 거의 없는 개발도상국에서 사업하는 회사들은 해당 국가에서 '합법적으로' 공기와 물을 오염시킬 수 있다. 따라서 그런 회사들은 해당 국가의 법률 기준보다 높은 윤리 기준을 고수하거나 그곳의 사람들과 공동체의 복지를 손상해도 된다고 결정하기 사이에서 선택해야 한다. 법률과 윤리의 영역이 겹치기는 하지만 완전히 겹치지는 않는다.

왜 윤리적이어야 하는가? 누가 윤리에 관심을 가져야 하는가?

비즈니스 윤리를 가르칠 수 있고, 매니저가 윤리적인 행동을 지지하는 환경을 만드는 데 일정한 역할을 할 수 있다는 주장을 받아들인다 해도 여전히 왜 윤리적이어야 하는지에 대해 의문을 가질 수도 있다. 우리들 대부분은 윤리적인 조직에서 일하기를 선호하기 때문에 노동자들은 윤리에 관심을 가져야 한다. 우리는 자신과 우리가 하는 일에 대해 자부심을 가지기 원한다. 책임감이 있는 시민인 우리는 2008년에 세계경제를 망가뜨린 AIG, 씨티그룹, 리먼 브러더스, 메릴 린치와 기타 금융기관들 때문에 퇴직 저축에서 손해를 본 수백만 명의 사람들에게 관심을 가져야 한다. 이 사람들은 우리의 부모, 배우자, 형제자매, 자녀, 친구들, 곧 우리 자신이다. 우리는 세계 공동체에서 살고 있으며 우리 모두 서로 연결되어 있고 우리를 둘러싸고 있는 환경에도 밀접하게 연결되어 있다. 우리의 미래는 우리가 충분히 관심을 기울이는 데 의존한다. 이 점이 가장 중요한데 그렇게 하는 것이 바로 옳은 일이다.

개인들이 윤리에 관심을 갖는다; 윤리적이고자 하는 동기

고전 경제학자들은 이타주의를 포함한 인간의 모든 행동은 오로지 자기 이익에 의해서만 동기가 부여된다고, 즉 인간은 냉철한 비용-효용 분석에 근거해 선택하는 완전히 합리적인 경제 행위자라고 가정한다. 그러나 행동 경제학자라고 자처하는 새로운 경제학자 그룹은 인간은 고전 경제학자들이 가정한 것보다 덜 합리적일 뿐만 아니라 더 도덕적임을 발견했다. 사람들이 비용-효용 분석과는 별 관계가 없는 것으로 보이는 이타적 또는 도덕적 목적을 위해 행동한다고 암시하는 많은 증거가 있다.[28] 예를 들어 사람들은 누군가 분실한 지갑을 현금과 그 안에 들어 있는 모든 것에 전혀 손대

---

28) A. Etzioni, The Moral Dimension: Toward a New Economics (New York: Free Press, 1988).

지 않고 돌려주며 곤경에 처한 사람들을 도와주고 남에게 골수를 기증하거나 가족에게 신장을 기부한다. 그리고 대다수의 사람들은 훔치기 쉬운 경우에도 절도를 삼갈 것이다.

아미타이 에치오니는 『도덕의 차원』[29]에서 인간의 행동에는 자기 이익 추구와 도덕적 헌신 추구라는 두 가지 별개의 원천이 있다는 자신의 주장을 뒷받침하는 많은 예들과 리서치 증거들을 인용한다. 이 책에 의하면 인간이 하는 의사결정의 대부분은 합리적인 경제적 자기 이익뿐만 아니라 윤리와 감정적 고려에 근거한다. 사람들은 경제적 관심과 도덕적 관심 모두에 의해 동기가 부여된다.

전형적인 행동 경제학 실험에서 실험 참가자 A에게 1달러짜리 지폐 10장을 주고, A에게 또 다른 실험 참가자 B에게 자신이 주고 싶은 금액을 주게 한다. 실험 참가자 B는 A의 제의를 받아들일 수도 있고 거절할 수도 있다. 그들에게 B가 받아들이면 둘 다 제의된 금액을 받게 되고, B가 거절하면 둘 다 한 푼도 받지 못한다고 말해 준다. 순전히 경제적 관점에서 보면 A는 B에게 1달러를 제의하고 나머지를 챙기는 것이 가장 좋을 것이다. 경제적 관점에서는 1달러를 받는 것이 한 푼도 받지 못하는 것보다는 낫기 때문에 B는 그 제의를 받아들여야 한다. 그러나 대부분의 실험 대상자 A는 B에게 전체의 절반에 가까운 금액을 제의했으며 평균 약 4달러를 제의했다. 1달러나 2달러를 제안 받은 실험 대상자 B는 그 제안을 거절했다.

경제학자들은 합리적 자기 이익에 근거해서는 이 결과를 설명하지 못한다. 사람들의 공정성 개념이 두 집단의 실험 대상자들의 행동을 견인하는 듯하다. 흥미롭게도 사람들이 기계와 이 게임을 할 경우에는 기계가 '공정'할 것으로 기대하지 않기 때문에 고전 경제학이 예측하는 바 대로 행동할 가능성이 더 높다. 자폐성이 있는 사람(여기서 자폐성은 다른 사람들의 감정을 고려하지 않

---

29) 앞의 책.

음을 의미한다)들도 고전 경제 이론이 예측하는 바 대로 행동한다. 결국 대부분의 사람들은 다른 사람들과의 상호 작용에서 페어플레이를 기대하는데, 이 실험은 사람들은 공정한 시스템을 유지하기 위해 경제적 효용마저 포기한다는 점을 보여준다.

신경과학도 인간에게서 도덕 감각이 개발된다는 점을 입증하기 시작했다. 새로운 영상 진단 기술에 힘입어 과학자들은 사람들이 불공정이나 속임수를 인식하면 밝아지는 스핀들 세포라는 특수한 유형의 뇌 신경조직을 찾아냈다. 인간과 아프리카 원숭이들만 이 세포를 갖고 있다. 성인 인간에게는 이 세포가 82,000개가 넘는 반면 고릴라에게는 이러한 세포가 약 16,000개가 있다(그래서 고릴라가 인간의 아이를 구하는 경우가 있는 것인지도 모른다). 침팬지에게는 이 세포 수가 2,000개에 미달한다. 인간에게는 이 세포들이 생후 약 4개월 무렵에 나타나서 도덕 발달에 따라 점차 증가한다.[30]

2003년에 신경과학자들은 기능성 자기 공명 영상 스캔(functional magnetic resonance imaging; fMRI)을 사용해서 최후통첩 게임을 하는 사람들의 뇌 내부를 들여다보았다. 그들은 불공정한 제안을 받으면 한편으로는 강력한 부정적 감정과 관련된 뇌 부분의 활동이 증가하고 다른 한편으로는 장기 계획 수립과 관련된 뇌 부분의 활동이 증가함을 발견했다. 불공정한 제안을 거절한 실험 대상자들은 뇌의 감정적 부분의 활동이 특히 더 많았는데 일반적으로 이 부분의 활동이 장기 계획 수립 부분의 활동보다 많았다.[31]

우리는 이 리서치 발견 사항을 바탕으로 사회의 구성원인 인간은 모두 자기 이익에 관심이 있을 뿐만 아니라 윤리와 도덕 차원에도 관심을 기울인다는 중요한 가정에서 이 책을 시작한다. 인간은 이 두 가지 원천에서 비롯되는 이유들로 윤리에 관심을 기울인다.

공정성과 이타주의를 향한 성향 이외에도 직원들은 자기 개인의 평판에

---

30) S. Blakeslee, "Humanity? Maybe It's in the Wiring," New York Times, 2003년 12월 9일, Dl.
31) J. Lehrer, "Driven to Market," Nature 443권 (2006): 502-504쪽.

도 신경을 쓴다. 오늘날의 작업 환경에서 성공은 다른 사람들과 효과적으로 일할 수 있는 능력에 의존한다. 신뢰는 부서와 프로젝트 팀 동료들과의 업무 관계라는 바퀴에 기름을 친다. 우리는 '사람 좋으면 꼴찌'라는 속담에 동의하지 않는다. 나쁜 사람들이 앞서 나가는 듯이 보여도 이는 일반적으로 단기 결과일 뿐이다. 함께 일하기 어렵다거나 정직하지 않다거나 비열하다는 평판이 생기면 동료들이 중요한 정보를 나누길 꺼리고 승진해도 불이익을 받는다. 오늘날의 기업에서 관계가 업무 효율성에 중요한 영향을 주는 점에 비춰 볼 때 올곧은 사람이라는 평판은 성공과 개인의 만족을 위한 필수 요소다. 나쁜 행동에 관한 뉴스를 몇 초 안에 많은 사람에게 보낼 수 있는 소셜네트워크 시대에는 더욱 그렇다.

종업원들이 윤리에 관심을 갖는다; 종업원 유치 및 헌신

기업은 최고의 종업원 채용 및 유지 능력에 신경을 쓴다. 종업원들은 보다 윤리적인 조직에 더 마음이 끌리고 더 헌신(committed. 우리나라 인사 조직 관련 문헌들에서는 일반적으로 'commitment'를 '몰입'으로 번역하고 있고 이 용어가 대세로 정착돼 있으나, 역자는 'commit'를 '몰입'으로 번역하는 데 동의하지 않는다. 역자 주)한다고 암시하는 증거가 있다. 자신이 돈을 버는 것보다 더 고상한 목적이 있는 일을 하고 있음을 아는 사람들은 충직하고 믿을 만하며 최소한 영감을 더 고취 받을 것이라고 기대할 수 있다.[32]

현재 거의 150개의 대학 및 대학교 졸업생들이 '졸업 선서'에 서명하거나 이를 낭독하고 있다. 이 선서에서 그들은 자신이 고려하는 "직업의 사회적 영향과 환경적 영향을 고려하겠다."라고 약속한다. 그들은 또한 자신이 일하게 될 "조직의 이러한 측면들을 개선하도록 노력하겠다."라고 서약한다. 하버드나 코넬과 같은 최고의 대학교들이 이 선서에 참여하고 있다. 잠

---

32) J. Channon, "Creating Esprit de Corps", New Traditions in Business, J. Renesch 편 (San Francisco: Berrett-Koehler Publishers, 1992), 53-68쪽에 수록된 글.

재 고용주들은 이러한 졸업생들과 생계를 위한 돈벌이를 뛰어넘는 그들의 관심사에 관심을 기울일 것이다.[33] (보다 자세한 정보는 www.graduationpledge.org를 방문해 보라.)

최근 조사들은 잠재 종업원 및 현재의 종업원들이 조직의 윤리에 의해 어떻게 영향을 받는지에 대한 고려가 중요할 수도 있음을 확인해 준다. 「워킹 우먼」지가 실시한 조사에 의하면 응답자의 절대 다수가 환경 사고, 내부자 거래, 노동자 사고가 발생한 전력이 있는 회사나 알려진 범법자를 변호하는 법률 회사에서는 일하지 않겠다고 응답했다.[34] 전국적인 의견 조사 회사에 의해 수행된 또 다른 조사에서는 회사의 윤리적인 행동, 회사의 정직한 소통, 존중하는 대우가 종업원들의 상위 5대 목표에 포함되어서 양호한 보수(11위) 및 직업 안정성(14위)을 앞질렀다. '노동자들이 회사의 윤리를 자신이 개인적으로 어떤 대우를 받고 있는가라고 해석하기 때문에' 회사의 윤리적인 행동이 높은 순위를 차지했다. 사람들은 자기가 일하고 있는 곳에 대해 자부심을 느낄 수 있기를 바란다. 사람들은 날강도들을 위해 일하기를 원하지 않으며, 회사의 행동으로 부정적인 평판을 얻으면 종업원들이 고통당한다.[35]

매니저들이 윤리에 관심을 갖는다

매니저들은 부분적으로는 자기 종업원들의 비윤리적인 행위를 어떻게 예방 및 관리할 것인가라는 어려운 문제에 직면하기 때문에 윤리에 신경쓴다. 매니저들에게 물어 보고 그들의 말을 들어 보라. 윤리 이슈에 매니저들의 일자리만 걸려 있는 것이 아니다. 매니저들은 부하 직원의 범죄 행위

---

33) "Get a Job, Save the Planet," Businessweek, 2002년 5월 6일, 10쪽.

34) R. Sandroff, "How Ethical Is American Business?" Working Woman, 1990년 9월호, 113-16쪽.

35) C. Kleiman, "Heading the List of Worker Wishes Isn't More Money!" (Allentown, PA) Morning Call, 1989년 10월 2일, B10면.

에 대해 법률상의 책임을 지게 될 수도 있다. 나아가 미국 상공회의소는 미국 기업의 직장 내 절도 금액이 연간 20억 달러에서 40억 달러에 이르며 종업원들이 이의 상당 부분에 책임이 있는 것으로 추정한다.[36] 종업원들은 이러한 자기 이익을 위한 행동 외에도 (옮긴 그르건) 비윤리적인 행동이 기대된다고 생각하거나 자신들이 불공정하게 대우받았다고 생각하기 때문에 비윤리적인 행동에 관여할 수도 있다. 아니면 자신이 비윤리적인 것으로 간주되고 있는 일을 하고 있다는 것을 모르고 있을 수도 있다.[37]

원천이 무엇이든 부하 직원의 비윤리적 행동은 사라지지 않을 경영 관리 문제다. 구조조정으로 계층이 적어져서 소수의 매니저들이 많은 부하 직원들을 감독하게 되면 이는 벅찬 도전 과제가 된다.

감독할 직원들이 많아지면 매니저는 부하 직원의 행동을 직접 관찰할 수가 없다. 더구나 구조 조정은 시간제 종업원이나 임시직 종업원도 증가시킨다. 이런 종업원들은 조직에 충성심을 덜 느끼며 절도와 같은 비윤리적 행위에 관여할 가능성도 더 높다.

또한 비즈니스 경쟁이 치열하고 전적으로 순이익만 강조하게 되면 이에 대한 대응으로 더 많은 종업원들이 윤리적 행동과 비윤리적 행동 사이의 경계를 넘나들 수도 있다. 매출액 숫자를 꾸며내거나 경쟁자를 비방하거나 고객을 속임으로써 (최소한 단기적으로는) 회사가 성공하도록 도울 수 있다고 생각하는 것이다. 잠재적인 정리해고 후보들도 부적절한 행위를 할 가능성이 높다.[38] 많은 사람들이 중요한 것은 목표 달성이고 그 목표를 어떻게 달성하느냐는 그리 중요하지 않다라고 인식한다.[39] 그러므로 오늘날의 매니저

36) R. Zemke, "Employee Theft: How to Cut Your Losses," Training, 1986년 5월호, 74-78쪽.
37) J. Collins, "Why Bad Things Happen to Good Companies and What Can Be Done," Business Horizons, 1990년 11-12월호, 18-22쪽.
38) B. Hager, "What's Behind Business Sudden Fervor for Ethics," Businessweek, 1991년 9월 23일, 65쪽.
39) K. Labich, "The New Crisis in Business Ethics," Fortune, 1992년 4월 20일, 167-176쪽.

들은 치열한 경쟁의 와중에서도 윤리적으로 행동해야 한다는 생각을 소통하기 위해 더 열심히 노력해야 할 수도 있다.

일부 매니저들은 윤리적이라는 평판이 비즈니스 거래에 가져올 수 있는 긍정적인 장기 효용을 이해하고 있다. 텍사스 인스트루먼트(TI)의 전 윤리 책임자 칼 스쿠글룬드는 이렇게 말했다.

> 윤리적이어야 하는 데에는 매우 긍정적인, 심지어 경쟁상의 이유들이 있다. 누군가와 관계를 맺을 때 그 상대방이 "나는 당신의 전력을 안다. 나는 당신을 신뢰할 수 있다."라고 말하는 것이 중요하다. 2년 전에 우리가 직원 대상 설문 조사를 했을 때 나는 누군가로부터 다음과 같은 익명의 논평을 받았다. "모든 비즈니스 협상에서 비난할 만한 일이 없이 윤리적이라는 평판은 조용한 협력자입니다." 나는 이 말에 동의한다. 윤리적이라는 평판은 모든 개인 관계와 비즈니스 관계에 효과가 있다. 비윤리적인 회사와는 거래하기가 아주 어렵다. 그들은 믿을 수 없다. 약속이 진짜 약속인지 확신할 수 없다. 우리 고객들은 우리에게 자신들이 한 가지는 확신할 수 있다고 말했다. 우리가 한 번 약속하면 무슨 일이 있어도 그 약속을 지킨다는 것이다. 그런 회사와는 거래하기가 쉽다.

임원들이 윤리에 관심을 갖는다

최근의 널리 알려진 스캔들, 거액의 임원 보상 패키지, 구속된 CEO들이 포토라인에 서는 모습을 감안하면 CEO의 윤리에 대해 냉소적인 사람이 있는 것도 이해할 만하다. 그러나 많은 임원들은 자기 조직의 윤리와 사회 전반의 기업 이미지에 대해 신경을 쓴다.

IBM의 전 이사회 회장 존 아커스는 이렇게 썼다. "사람들이 서로의 등을 찌르거나 서로에게서 훔치려 하고, 다른 사람을 믿지 못해 모든 것에 공증을 요구하고, 사소한 일도 소송으로 끌고 가는 사회나 정부는 기업을 정직하게 유지하기 위해 많은 규제 법안을 만들어서 기업의 손발을 묶기 때문에 오래 또는 성공적으로 경쟁할 수 없다… 이 사실을 피할 수 없다. 사회의 상호 신뢰와 윤리에 대한 확신 정도가 높을수록 그 사회의 경제는 강해진다."[40]

제너럴 일렉트릭 CEO 제프리 이멜트는 2008년 10월에 콜롬비아 대학교에서 윤리에 관해 역설했다(유튜브에서 이 영상을 볼 수 있다). 이멜트는 무엇보다 리더들이 어떻게 자신의 조직을 고려하고 주주, 종업원, 공공의 이익을 위해 자신의 조직을 보호해야 했는지 묘사했다. "나는 현재의 윤리적 행동은 언제나 그랬듯이 상황이 아무리 어려워져도 해당 기업이 견딜 수 있도록 무엇보다 영구성, 탁월성, 책임감, 안전에 대한 진정한 감각에서부터 시작해야 한다고 믿습니다."

전설적인 투자자이자 버크셔 해서웨이 CEO인 워렌 버핏이 한 다음과 같은 말은 아마도 윤리와 올곧음에 관한 최고의 견해일 것이다. "누군가가 사람을 채용할 때 올곧음, 지능, 에너지라는 세 가지 자질을 본다고 말했다. 첫 번째 자질이 없는데 다른 두 가지 자질을 갖추고 있는 사람을 채용하면 낭패를 당할 것이다. 잘 생각해 보면 이 말이 사실임을 알게 될 것이다. 올곧지 않은 사람을 채용하려면 차라리 그 사람이 멍청하고 게으른 편이 나을 것이다."[41]

조직 윤리는 모든 계층의 경영진에 의해 다루어져야 하는 매우 중요한 관심사다.

---

40) J. F. Akers, "Ethics and Competitiveness: Putting First Things First," Sloan Management Review, 1989년 겨울호, 69-71쪽.

41) Warren Buffett and Bill Gates at Columbia Business School, CNBC, 2009년 여름; www.youtube.com/watch?v=tgbZzgyHZgI에서 볼 수 있다.

업계가 윤리에 관심을 갖는다

회사들이 윤리 스캔들로 평판이 나빠지면 업계 전체가 피해를 입는다. 따라서 일부 업계에서는 회사들이 해당 산업에 속하는 조직들의 윤리적 행동을 증진하기 위한 자발적인 노력에 동참하고 있다. 방위 산업 이니셔티브(Defense Industry Initiative; DII)는 이러한 노력들 중 두드러진 조치다. 냉소주의자는 이러한 이니셔티브들은 순전히 번거로운 정부 규제를 예방하기 위함일 뿐이고, 관련 회사들이 진정으로 윤리에 '신경을 쓰는' 것은 아니라고 말할 수도 있다. 확실히 이러한 유형의 이니셔티브들은 일반적으로 스캔들이나 위기에 대한 대응으로 시작되었다. 그러나 시간이 지남에 따라 이러한 이니셔티브들이 자체의 생명을 지니는 경향이 있다. 회원사들은 적절한 행동에 대한 믿음을 내면화하고 지원 인력을 채용하며, 회원 조직들 사이에 제도화되는 집행 구조를 개발한다.

비즈니스 수칙 및 윤리에 관한 방위 산업 이니셔티브는 업계의 자발적인 주요 이니셔티브다. DII는 이 조직의 웹사이트(www.dii.org)에 '높은 비즈니스 윤리와 행동 기준을 달성하기 위한 일련의 원칙들을 지지하는 미국 방위 산업 계약자들의 컨소시엄'이라고 묘사되어 있다. DII는 국방 관리에 관한 대통령 블루리본 위원회(패커드 위원회)에서 발전하였는데 이 위원회는 1980년대 초에 다수의 방위 산업 스캔들이 발생한 뒤에 소집되었다. 1986년에 이 위원회는 회사의 자체 규율(self-governance)에 초점을 맞춤으로써 방위 산업 업계가 개선될 수 있다는 결론을 내렸다. 다수의 회사들이 '윤리적인 비즈니스 행동을 받아들이고 이를 증진하는' 데 자발적으로 협력했으며 이들의 노력은 오늘날에도 계속되고 있다. 2012년 7월 현재 85개 회사들이 이에 서명함으로써 다음과 같은 의무를 준수하는 데 동의했다.

- 서면 윤리강령을 채택한다.
- 윤리강령에 대해 종업원에게 오리엔테이션 교육과 연수를 실시한다.

- 종업원들에게 회사의 조달 법규 준수에 관한 우려를 표명할 장치를 제공한다.
- 연방 조달법 위반에 대한 자발적 공개 절차를 채택한다.
- 모범 실무 관행 포럼에 참석한다.
- 각 서명자가 위의 사항들에 전심전력하고 있음을 보여주는 정보를 발표한다.

이 조직은 매년 이틀짜리 모범 실무 관행 포럼을 개최하는데 방위 산업업계의 주 고객인 미국 국방부가 이 포럼에 참석한다. 이 조직은 또한 하루짜리 연례 워크숍 등 특정 주제에 관한 워크숍도 주최해서 윤리 담당자들을 교육하고 일반 대중과 정부에 DII의 활동을 요약하는 연례 보고서를 발행한다.

사회가 윤리에 관심을 갖는다: 기업과 사회적 책임

비즈니스 윤리는 또한 사회가 신경 쓰기 때문에 중요하다. 경제적 측면에서 보면 기업들은 강력한 존재들이다. 월마트의 규모와 이익은 경제력 면에서 대부분의 국가들보다 강력하다. 기업들은 자신의 힘을 책임감 있게 사용해야 하며 그렇지 않으면 그 힘을 상실할 위험이 있음을 배우고 있다. 힘을 책임감 있게 사용한다는 것은 다수의 이해관계자들(기업 및 기업의 행동에 의해 영향을 받는 당사자들과 해당 기업이 하는 일과 그 일을 하는 방식에 이해관계가 있는 사람들)의 이익에 신경을 쓰고 있다는 것을 의미한다.[42]

이러한 이해관계자에는 주주, 종업원, 공급자, 정부, 미디어, 시민 활동가 등 여러 구성원 집단(constituencies)이 있다. 이해관계자들에게는 회사 활동에 간섭할 힘이 있다. 예를 들어 종업원들은 파업할 수 있고, 고객들은 제품

42) E. Freeman, Strategic Management: A Stakeholder Approach (Boston: Pitman/Ballinger, 1984).

구매를 중단할 수 있으며, 항의자들은 회사의 평판이 나빠지게 할 수 있고, 정부는 회사 활동 규제 조치를 취할 수 있다. 따라서 조직이 이처럼 다양한 이해관계자들에게 영향을 주는 결정을 내리기 전에 모든 이해관계자들과 이들의 기대와 요구를 고려하는 것은 매우 중요한 문제다. 스캔들이 발생하면 사회가 규제를 증가시킬 것이 거의 확실한데 새로운 규제는 기업의 비용을 늘리고 힘을 약화시킬 것이다. 또한 책임감 있게 행동하지 않는 조직은 형사 책임을 지고 재무상의 피해를 입을 위험이 있다. 형사 책임을 면할 경우에도 책임감 있게 행동하지 않는 기업은 평판을 손상할 위험이 있는데 평판이 한번 손상되면 복구하기 어렵다. 비즈니스가 세계화되고 비즈니스 관행들이 투명해지고 있기 때문에 나쁜 행동을 감추기란 거의 불가능하다. 전 세계적으로 기업의 사회적 책임(corporate social responsibility; CSR)을 점점 더 강조하는 추세인데 이러한 경향과 그 이유는 9장에서 자세하게 다룬다.

신뢰의 중요성

신뢰는 포착하기가 더 어려운 윤리의 효용이다. 증거를 제공하기는 어렵지만 신뢰에는 경제적이면서도 도덕적 가치가 있다. 과학자들은 '신뢰의 생리'를 이해하기 시작했다. 신경과학자들은 신뢰하는 관계에서는 뇌가 옥시토신이라는 호르몬을 분비해서 협력을 기분 좋게 느끼게 한다는 것을 발견했다.

믿을 수 있고 서비스가 좋다는 평판이 회사의 전 재산인 서비스 경제에서는 신뢰가 필수불가결하다. 개인과 기업은 은행 계좌와 비슷하게 작동하는 신뢰 계좌를 쌓아 올린다.[43] 정직하게 행동하고 약속을 지키면 신뢰 계좌에 신뢰 잔고가 증가한다. 신뢰 잔고가 유지되는 한 실수할 경우에도 이 계좌에서 신뢰를 인출해 사용할 수 있다. 신뢰 잔고가 남아 있으면 개인 또는 조직

---

43) S. R. Covey, The 7 Habits of Highly Effective People (New York: Simon & Schuster, 1989).

이 세밀한 조사를 하지 않고도 행동할 수 있는 유연성과 자유를 가지게 되어서 모든 유형의 관계에서 상당한 시간과 에너지를 절약하게 된다.

신뢰에 기초를 둔 결혼 관계를 생각해 보라. 배우자는 상대방을 조사하거나 사설탐정을 고용해서 상대방의 행선지를 확인해야 할 필요를 느끼지 않고서 자신의 일을 하러 간다. 신뢰에 기초를 둔 비즈니스 관계에서도 이와 마찬가지로 악수는 거래에 도장을 찍는 것이나 마찬가지로 간주되고 비즈니스 파트너의 말은 계약서에 서명한 것으로 간주된다. 회사도 고객과의 신뢰를 쌓아올린다.

존슨 앤 존슨은 1982년에 독극물 위기가 발생한 뒤에 약국에서 타이레놀을 전량 회수함으로써 자신의 신뢰 계좌 잔고를 엄청나게 쌓아 올렸다(이 상황에 대해서는 10장에서 보다 자세히 다룬다). 회수 의무가 없었고 막대한 회수 비용이 소요되었음에도 불구하고 이 회사는 고객을 우선시했다. 글로벌 협력과 제휴 관계, 그리고 다문화 관리 팀에서는 신뢰가 더욱더 중요하다. 신뢰는 개방적인 아이디어와 정보 교환을 격려하고 값비싼 통제의 필요를 줄여주며, 변화에 신속하게 적응할 수 있게 해주고 문화 차이와 어려움이 있어도 기꺼이 일하게 해준다.[44]

그러나 신뢰 계좌 잔고는 쉽사리 바닥날 수 있다. 그렇게 되면 모든 유연성이 사라진다. 모든 말과 행동에 대해 정직하지 않은 조짐이 있는지 거듭 점검한다. 조직에서는 변호사를 고용하고, 계약서를 작성해서 서명하고, 자신이 알고 있는 약점을 가리려는 메모들이 난무한다. 최근의 회사 윤리 스캔들들은 대중의 신뢰를 금가게 했다. 「비즈니스위크」에 기고한 '지금도 누군가를 믿을 수 있는가?'라는 제목의 글에서 브루스 누스바움은 이렇게 썼다.

회사 문화의 정직성과 올곧음에 대해 깊이 간직된 우리의 믿음에 충격을

---

44) J. Child, "Trust - the Fundamental Bond in Global Collaboration," Organizational Dynamics 29권, no. 4 (2001): 274-288쪽.

주는 너무도 방대하고 만연한 비즈니스 스캔들이 있다. 엔론 스캔들은 이러한 스캔들 중 하나다. 이 재무적 재앙은 단지 대기업 하나의 파산에 그치지 않는다. 이 스캔들은 대규모의 부패다. 소수의 최상위 경영진이 돈을 챙기는 동안 퇴직 저축이 빈 깡통이 된 순진한 종업원들이 막대한 피해를 입었다. 규제 완화라는 미명 하에 비즈니스 수행 방식에 끔찍한 일이 일어났다. 한때는 신뢰 받던 기업인들이 지니고 있던 윤리강령이 심각한 피해를 입었다… 우리 경제 시스템의 성공에 투자자 신뢰가 매우 중요하다… 사람들은 점점 더 게임이 부정한 수단으로 조작되고 있다고 생각한다… 누가 와서 이 상황을 구할 수 있는가? 경제 시스템을 지켜줄 것으로 믿었던 많은 사람들의 명성이 누더기가 되어 버렸다… 어떻게 해야 하는가? 순이익에서 기본적인 올곧음이 회복되어야 하며, 기업인들에게서 윤리가 회복되어야 하고, 감독자들에게 영향력이 회복되어야 한다(이는 규제가 완화된 경제에서도 필요하다)는 것이 엔론 와해에서 배워야 할 교훈이다.[45]

미국의 비즈니스 시스템 전체가 대중의 믿음과 신뢰에 의존한다. 그런데 그 신뢰가 무너져 사회에 매우 큰 비용이 부과되었다. 10년 전에 대중은 엔론, 아서 앤더슨, 월드콤, 타이코, 아델피아와 같은 회사들의 와해를 예외적인 현상이 아니라 기업 문화가 길을 잃은 귀결이라고 생각했다. 그다지 자랑스럽지 않은 기업 이미지를 시정하기 위한 다소의 진전이 있었지만 2008년 금융 위기는 기업, 정부, 금융 및 경제에 대한 대중의 신뢰에 참으로 치명적인 피해를 주었다. 정규적으로 조사를 실시해서 대중의 신뢰 수준을 측정하는 리서치 회사인 해리스 인터랙티브는 2008년 금융 스캔들 이후 신뢰 수준이 놀라울 정도로 낮아진 것을 발견했다. 2009년 5월에 실시한 해리스 인터랙티브 조사에서 응답자의 4%만 월스트리트 회사들이 정

---

45) B. Nussbaum, "Can You Trust Anybody Anymore?" Businessweek, 2002년 1월 28일, 31-32쪽.

직하며 믿을 만하다고 답변했다. 은행 일반에 대한 이 비율은 이보다는 다소 높지만 여전히 암울한 수준이다. 조사 대상자의 25%가 은행에서 일하는 사람의 말을 믿겠다고 응답했다.[46]

일반적으로 위기 뒤에는 평판이 안정화되고 시간이 지남에 따라 개선되지만 2012년에 실시한 해리스 인터랙티브의 조사 결과도 암담하다. 위기 후 4년이 지난 뒤의 조사에서 부정적인 응답이 35%나 급증했다. 2011년에는 평판이 탁월(excellent)한 회사가 16개였는데 2012년에는 8개로 줄어들었다. 기술 산업과 자동차 산업이 가장 크게 개선되었고 기술 산업에 대한 대중의 인식이 가장 좋았다. 평판이 가장 낮은 부문은 금융 서비스, 은행, 정부였다. 평판이 가장 낮은 회사들(과거에는 그렇게 낮은 점수를 받으면 회사의 생존 자체가 위험함을 나타낸다고 인식되었다)은 AIG, 골드만 삭스, 뱅크 오브 아메리카, BP와 JP 모건 체이스였다.[47]

불행하게도 모든 회사들이 그 스캔들로 오염되었다. 이제 블루칩 회사의 주주들도 회사에 장부를 공개하고 최근의 관행이었던 수준보다 훨씬 많은 정보를 밝히도록 요구하고 있어서 이 회사들은 전보다 훨씬 면밀한 조사에 직면해 있다.[48] 주주들은 이익 목표 달성 또는 약간의 초과 달성을 신뢰하지 않고 회계 조작의 증거가 아닌지 의심의 눈길을 보내고 있다.[49] 시스템에 대한 신용과 신뢰가 회복되어야 한다. 신뢰를 회복하지 못하면 (전체 시스템의 엔진인) 자본에 대한 접근이 차단될 수도 있다.

다행히도 많은 회사들이 반응하고 있다. 이사회가 보다 독립적이라고 생각하는 외부 인사들로 대체되고 있고 스톡옵션이 비용 처리되고 있으며 과

46) Harris Interactive, "Ethics Newsline," 2009년 7월 6일; http://www.globalethics.org/newsline/ 2009/07/06/banks-honesty-poll/에서 입수할 수 있다.

47) Harris Interactive, "2012 Reputation Quotient." 2012년 2월 13일; http://www.harrisinteractive.com/vault/2012_Harris_Poll_RQ_Summary_Report.pdf에서 찾아볼 수 있다.

48) J. A. Byrne, "How to Fix Corporate Governance," Businessweek, 2002년 5월 6일, 69-78쪽.

49) J. Useem, "In Corporate America, It's Cleanup Time," Fortune, 2002년 9월 16일, 62-72쪽.

도해 보이는 CEO 보상 패키지들이 삭감되고 있다. 또한 임원들은 조직 구성원들에게 법률의 문자뿐 아니라 '법률의 정신'에 따라 살고 있는지 묻고 있다.[50]

　그러나 신뢰라는 개념은 비즈니스에만 해당되는 것이 아니다. 우리 사회의 너무도 많은 영역이 혼란에 빠져 있는 것으로 보이는 이유 중 하나는 사람들이 기관들을 별로 신뢰하지 않기 때문이다. 그러한 신뢰도를 측정하는 최근의 갤럽 조사는 지난 25년 동안 기관들에 대한 신뢰가 상당히 잠식되었음을 보여준다. 예를 들어 1987년에는 투표자의 51%가 은행을 '아주 많이 또는 상당히 많이' 신뢰했다. 2012년에는 그 수치가 21%로 하락했다. 의회, 백악관, 공립학교, 그리고 우리 사회의 토대를 형성하는 기타 기관들에 대해서도 신뢰 수치가 낮아졌다. 이러한 신뢰 결여는 좋은 일이 아니다. 지난 수십 년 동안 일어난 윤리 와해로 사람들이 아무도 신뢰하지 않게 되면서 시민 사회에 커다란 피해가 가해졌다. 사람들이 정중한 대화에 참여하기도 점점 어려워졌다. 사람들이 다른 사람들과 정중하게 대화하기 어려워지면 신뢰는 더욱 요원해질 것이다.[51]

가치의 중요성

　이 책에서 신뢰보다 더 넓은 주제인 가치는 우리의 사고를 인도하는 일종의 '접착제'로 생각할 수 있다. 가치는 개인, 조직, 사회와 관련이 있다. 가치는 개인에게는 '무엇이 중요하고, 무엇이 가치 있고, 다양한 상황에서 어떻게 행동해야 하는가에 관한 개인의 핵심적인 믿음'이라고 정의할 수 있다. 예를 들어 우리 중 대부분은 정직, 공정성, 타인 존중이 중요한 가치라고 믿는다. 개인들은 가치들에 어떻게 우선순위를 둘 것인가라는 지점에

---

50) 앞의 책.
51) "Confidence in Institutions," Gallup Polls, 2012년 6월 7일; available at www.gallup.com에서 찾아볼 수 있다.

서 차이를 보인다. 야망이 다른 가치들보다 중요하다고 믿는 사람도 있고 다른 사람에게 도움이 되는 것이 가장 중요하다고 생각하는 사람도 있다. 이처럼 강하게 유지하고 있는 가치는 특정 상황에서의 의사 결정뿐만 아니라 직업 선택과 같은 중요한 의사 결정에도 영향을 준다. 다른 사람에게 도움이 되는 것을 가장 중요하다고 생각하는 사람은 사회사업과 같이 '돕는' 직업을 선택할 가능성이 보다 큰 반면, 야망이 가장 중요한 사람은 회사 생활을 선택할 가능성이 더 크다. 2장에서 당신 자신의 가치와 이 가치가 윤리에 관한 당신의 의사 결정에 어떻게 영향을 주는지 생각해 볼 기회를 갖게 될 것이다.

가치는 또한 조직 수준에서도 관련이 있다. 독자들 중에는 종업원들 사이에 공유된 목적의식을 만들어 내고 외부인들에게 조직의 정체성에 관해 뭔가를 전달하기 위한 조직의 가치 선언문을 본 사람이 많을 것이다. 가치 선언문을 본 적이 없으면 회사들의 웹사이트를 방문해 보라. 대부분의 회사들이 가치 선언문을 갖고 있음을 알게 될 것이다. 흔히 열거되는 가치들로는 존중, 올곧음, 다양성, 혁신, 팀워크 등이 있다. 개인의 가치가 개인의 사고와 행동을 인도하듯이 조직의 가치는 조직의 사고와 행동을 인도한다. 또한 개인의 경우에서와 마찬가지로 조직이 어떻게 가치들에 우선순위를 부여하느냐가 핵심 질문이다. 예를 들어 3M에서는 혁신이 가장 중요하며 기업 문화에 가장 깊이 뿌리박힌 가치다. 혁신은 여러 방식으로 장려되며 상위 경영진의 전심전력을 통해 문화 안에 '구워져서' 협력과 팀워크를 보상하고 실패를 학습 기회로 여기는 문화를 만들었다.[52]

5장에서 조직의 가치가 조직의 윤리 문화를 떠받치며 조직의 매니저와 종업원들의 행동 방식에 영향을 준다는 사실을 알게 될 것이다. 그래서 다양성과 존중을 매우 가치 있게 여기는 조직은 다양한 사람을 채용하고 유

---

52) "3M's Seven Pillars of Innovation," Businessweek, 2006년 5월 10일.

지하기 위해 노력하고 공급자 선정과 기타 의사 결정시 다양성을 고려할 가능성이 높다. 우리가 아는 어느 조직은 다양성에 아주 높은 가치를 부여하고 있었는데 고객이 백인 남성과만 거래하겠다고 주장하자 아예 그 고객과의 거래를 끊어 버렸다.

그러나 조직이 언제나 가치 있게 여긴다고 말하는 것을 '진정으로' 가치 있게 여기는 것은 아니다. 그래서 종종 가치 선언문이 시사만화의 농담 대상이 되곤 한다. 예를 들어 엔론의 가치 선언문에서는 탁월함, 존중과 올곧음이 핵심 가치인 조직에 대해 장황하게 묘사했다. 엔론 스캔들은 엔론의 실제 관심사(어떤 대가를 치르고라도 이익을 극대화하기)는 이 회사의 가치 선언문에 표명된 바와는 거리가 매우 멀었음을 보여준다. 조직의 가치가 긍정적인 방식으로 작동하려면 해당 조직이 날마다 그 가치에 따라 행동해야 한다.

사회와 문화도 가치를 공유하는데 가치는 비즈니스 환경과 기업, 오너에게 기대되는 중요한 부분이다. 비교 문화에 대해 말할 때에는 종종 차이에 초점을 맞춘다. 11장에서 설명하는 바와 같이 문화들 사이의 가치가 다르기보다는 유사한 경우가 흔하다. 부패한 사회에서도 사람들에게 무엇을 가치 있게 여기느냐고 물으면, 그들은 정직하고 공정하게 거래할 수 있도록 모든 사람이 신뢰받을 수 있는 환경에서 살기를 선호한다고 말할 것이다. 우리는 윤리적인 비즈니스 관행에 대한 시금석인 가치에 대하여 논의를 계속 반복할 것이다.

이 책의 구성

섹션 II는 윤리와 개인을 다룬다. 2장은 독자들에게 규범적인 관점에서 본 개인의 윤리 의사 결정에 대한 전통적인 연구의 기초를 형성한 기본적인 철학 이론들의 개요를 제공한다. 3장은 개인의 윤리 의사 결정에 관한 보다 심리적인 접근법을 제시한다. 이 장은 매니저들이 종업원들의 윤리 의사 결정에 영향을 줄 수 있는 개인의 개성과 이상적인 의사 결정 프로세스를 방해할 수 있는 인지적 편견을 이해할 필요가 있다고 주장함으로써 2장에 대한 '현실성 점검'을 제공한다(그림 1.1을 보라). 4장은 개인들이 직장에서 직면하는 보편적인 윤리 문제들을 범주별로 보여주며 당신이 배운 바를 적용할 기회를 제공한다. 4장은 또한 윤리 이슈를 제기하거나 보고하기 또는 자신이 가치 있게 여기는 것을 지지하기에 대해서도 다룬다. 선한 의도와 세심하게 추론된 윤리 판단에도 불구하고 옳은 일을 하기가 어려울 수도 있다.

섹션 Ⅲ은 조직이 어떻게 윤리적 (또는 비윤리적) 문화를 개발하는가, 문화가 어떻게 종업원의 행동에 영향을 주는가 등 조직의 내부 생활에 초점을 맞춘다. 5장은 조직 문화 현상 측면에서 본 기업 윤리에 초점을 맞춘다. 이 장은 조직이 어떻게 윤리에 관심을 기울이는 문화를 구축할 수 있는지, 그리고 어떻게 조직 문화를 윤리적 행동을 지원하도록 변화시킬 수 있는지에 대한 포괄적인 개요를 제공한다. 이 장은 또한 강력한 윤리 문화 조성에서 임원의 윤리적 리더십의 중요성도 강조한다. 6장은 조직이 어떻게 효과적인 소통과 교육 프로그램뿐 아니라 윤리적인 인프라스트럭처를 디자인할 수 있는지에 관해 보다 실제적이고 구체적인 조언을 제시한다. 이 장은 또한 다양한 회사들이 자신의 종업원들에게 윤리적 행동을 장려하기 위해 시행한 프로그램들의 예도 포함하고 있다. 이러한 많은 예들은 저자들이 이 회사들의 상위 경영진을 면담한 인터뷰의 결과물이다.

7장 '윤리적 행동을 위한 관리'는 사람들에게 윤리적 또는 비윤리적으로 행동하도록 영향을 주는 집단이나 조직의 압력을 설명하는 데 도움이 될 수 있는 관리 개념을 소개한다. 그리고 매니저들에게 이러한 관리 개념을 사용해서 어떻게 종업원들에게 윤리적인 행동을 장려하고 비윤리적인 행동을 단념시킬 수 있는지에 관한 실제적인 조언도 제공한다. 마지막으로 8장은 문화가 매니저 수준에서 어떻게 작동하는지를 살펴보고 당신의 윤리 지식과 관리 기술을 테스트하기 위한 일련의 사례들을 제시한다.

섹션 Ⅱ와 Ⅲ에서 개인과 조직을 살펴보고 난 뒤에 섹션 Ⅳ는 조직을 보다 넓은 사회 환경의 맥락에서 바라본다(그림 1.3을 보라). 9장은 기업의 사회적 책임에 초점을 맞추고 조직을 둘러싼 환경과 조직이 보다 넓은 세계에서 '좋은 시민'으로 여겨지기 위해 무엇을 해야 하는지에 대해 논의한다. 10장은 이해관계자 프레임워크를 사용해서 몇 가지 고전적인 비즈니스 윤리 사례들을 살펴본다. 마지막으로 11장은 비즈니스 윤리에 대한 논의를 글로벌 비즈니스 환경으로 확장한다. 세계적인 예들이 이 책 전체에 나타나지만 이 이슈는 매우 중요해서 자체의 장을 할애할 가치가 있다.

요약

이 장은 비즈니스 윤리에 대한 당신의 흥미를 자극하기 위해 고안되었다. 우리가 그 일을 해냈기를 희망한다. 또한 이 책을 읽고 관리자 관점에서 비즈니스 윤리를 더 잘 이해하고 자신과 다른 사람에게서 어떻게 윤리적인 행동을 장려할 수 있는지 더 잘 이해하기를 희망한다. 우리는 조직 세계의 이러한 측면이 실제로 어떻게 작동하는지, 그리고 이를 관리하기 위해 무엇을 할 수 있는지 이해하도록 돕고자 한다.

그림 1.3 개인에서 조직으로 그리고 조직에서 환경으로

우리는 또한 자신의 윤리 의사 결정에 직면하고 다른 사람들도 똑같이 하도록 도와주기 위한 실제적인 의사 결정 지침도 제공한다. 좋은 윤리는 문명사회의 정수를 대표하기 때문에 우리 모두 윤리를 잘 이해할 필요가 있다. 우리는 윤리가 모든 관계의 기반임을 이해해야 한다. 윤리는 어떻게 고용주, 종업원, 동료 종업원, 고객, 공동체, 공급자 등과 관계를 맺을 것인가에 관한 것이다. 윤리는 단지 우리가 다른 존재들과 맺고 있는 관계에 국한되는 것이 아니다. 우리는 모두 연결되어 있다. 윤리는 그 연결의 질에 관한 것이다. 윤리는 진정한 핵심이며 윤리를 무시하면 우리 사회가 위협을 받는다.

토론 문제

1. 이 장을 읽기 전에 당신은 윤리를 '단지 하나의 유행'으로 생각했는가? 왜 그렇게 생각했는가? 지금은 어떻게 생각하는가? 왜 그렇게 생각하는가?

2. 당신은 기업과 기업의 리더들에게 냉소적이었는가? 그 이유는 무엇인가? (뒤에 나오는 냉소주의 연습을 보라.) 경영학도 또는 매니저인 당신에게 냉소주의가 어떻게 영향을 주는가?

3. 당신은 불법은 아니지만 비윤리적인 것, 또는 윤리적이지만 불법적인 것을 생각해 낼 수 있는가?

4. 당신은 비즈니스 윤리가 중요하다고 생각하는가? 왜 그렇게 생각하는가?

5. 개인이 윤리적으로 행동하는 데 관심을 기울이는 이유들을 적시하고, 이 이유들을 도덕적 동기 또는 경제적 동기로 분류하라.

6. 최근에 당신이 본 TV 프로그램과 영화에서 기업에 대해 묘사한 내용을 생각해 보라. 기업과 기업인이 어떻게 묘사되었는가? 기업이 미디어에 표현되는 자신의 이미지를 개선하기 위해 할 수 있었거나 해야 했던 일이 있는가? 일부 기업은 눈에 띄지 않으려 노력한다. 그 이유

가 무엇이겠는가? 그 전략에 대해 어떻게 생각하는가?

7. 당신은 종업원들이 윤리적인 기관에 더 매력을 느끼고 더 헌신한다고 믿는가? 왜 그렇게 생각하는가? 당신이 일하고 싶은 회사 목록을 작성하고 각각의 회사에서 일하고 싶은 이유를 진술하라. 일하고 싶지 않은 회사가 있는가? 왜 그런가? 어느 쪽에도 속하지 않는 도덕적으로 '중립'인 회사가 있는가?

8. 비즈니스에서 신뢰의 중요성에 대해 논하라. 예를 들 수 있는가? 신뢰가 상실되면 무슨 일이 일어나는가?

9. 회사의 평판에 관한 해리스 인터랙티브의 리서치가 관련 회사들에게 어떤 의미가 있다고 생각하는가?

10. 2007~2008년 금융 위기에서 비즈니스 윤리에 관해 무엇을 배울 수 있는가?

11. 기관들에 대한 신뢰 결여가 우리에게 어떻게 영향을 주는가? 당신은 기관들을 신뢰하는가? 신뢰하지 않는다면 그것이 당신에게 어떤 영향을 주는가?

연습

냉소주의 지수

아래의 질문들에 가능한 정직하게 답하라. 비즈니스에 관한 자신의 믿음에 대해 1에서 5까지의 숫자에 체크하라.

	전혀 동의하지 않음	동의하지 않음	동의하지도, 부동의 하지도 않음	동의함	전적으로 동의함
1. 비즈니스에서 중요한 것은 재무상의 이익뿐이다.	1	2	3	4	5
2. 비즈니스를 수행하려면 윤리 기준이 타협되어야 한다.	1	2	3	4	5

	전혀 동의하지 않음	동의하지 않음	동의하지도, 부동의 하지도 않음	동의함	전적으로 동의함
3. 기업인이 재무적으로 성공적일 수록 행동이 더 비윤리적이다.	1	2	3	4	5
4. 비즈니스에서는 도덕 가치들은 관련이 없다.	1	2	3	4	5
5. 비즈니스 세계에는 자체의 규칙이 있다.	1	2	3	4	5
6. 기업인들은 이익 내기에만 관심이 있다.	1	2	3	4	5
7. 비즈니스는 이기기 위해 경기하는 게임과 같다.	1	2	3	4	5
8. 비즈니스에서는 사람들이 자신의 이익을 추구하기 위해서라면 무슨 짓이든 할 것이다.	1	2	3	4	5
9. 경쟁으로 인해 비즈니스 매니저들은 어쩔 수 없이 수상한 구석이 있는 관행에 의존한다.	1	2	3	4	5
10. 이익에 대한 동기가 매니저들에게 윤리에 관한 관심을 타협하도록 압력을 가한다.	1	2	3	4	5

점수를 합산하라. 최대는 50점이다. 총 점수:

점수가 높을수록 윤리에 관한 비즈니스 관행에 대해 냉소적이다. 당신의 응답에 대한 이유에 대해 생각해 보라. 수업에서 토론할 준비를 하라.

PART 2
윤리와 개인

Managing Business Ethics

Chapter 2

무엇이 옳은지 결정하기:
규범 접근법

윤리와 개인

이 장은 이 책에서 개인의 윤리 의사 결정에 초점을 맞추는 부분이 시작되는 장이다. 기업체에서 이루어지는 윤리 관련 의사 결정의 대부분은 아닐지라도 많은 부분이 개인에 의해 이루어진다. 이후의 장들에서는 조직의 맥락과 비즈니스 환경이 개인의 의사 결정에 어떻게 영향을 주는지에 대해서도 다룬다.

개인의 윤리 의사 결정에 대해 규범 접근법과 기술(記述) 접근법이라는 두 가지 방식으로 생각해 볼 수 있다. 이 장은 규범 접근법을 다룬다. 규범 접근법은 철학의 윤리 이론들에서 도출되며 윤리 관련 선택들에 대해 주의 깊게 생각하고 윤리적으로 '옳은' 결정을 내리기 원하는 '양심적인 도덕 행위자(conscientious moral agent)'라면 어떤 결정을 내려야 하는지 결정하도록 도움을 주는 의사 결정 도구들(윤리 선택에 대해 생각하는 방식)을 제공한다.[1] 여기에서는 당신의 의도가 선하며 옳은 일을 하는 것이 당신의 목표라고 가정한다. 따라서 이 장에서 우리는 당신이 바로 그 일을 할 수 있도록 도와줄 수

---

1) J. Rachels, The Elements of Moral Philosophy (New York: McGraw-Hill, 1983).

있는 윤리 의사 결정 도구들을 소개하고, 실제로 이들을 어떻게 통합하고 사용할 수 있는지 설명할 것이다.

그러나 우리는 사람들이 언제나 가장 좋은 결정을 내리지는 않는다는 것을 안다. 사람들이 항상 처방을 따르지는 않는다. 따라서 사람들의 마음이 어떻게 작동하는지, 즉 사람들이 실제로 어떻게 결정을 내리는지 이해하면 도움이 된다. 3장에서 논의하는 기술 접근법은 심리학 연구에 의존해서 사람들이 (어떻게 의사 결정을 내려야 하는지가 아니라) 실제로 어떻게 윤리 의사 결정을 내리는지 묘사한다. 기술 접근법은 특히 개인의 사고방식에 영향을 주는 개인의 성품과 사람들이 최상의 윤리 의사 결정을 내리지 못하게 하는 인지상의 제약에 초점을 맞춘다. 우리는 독자들이 두 가지 접근법을 이해하고 윤리 의사 결정 능력이 향상될 수 있기를 희망한다. 먼저 규범 접근법을 배워 보자.

윤리 딜레마

윤리 관련 선택이 '옳음' 과 '그름' 사이의 선택이기 때문에 어떻게 해야 하는지 결정하기 명확한 경우가 많다. 회사 자금을 횡령해야 하는지 결정하기가 어려운 윤리 딜레마인가? 횡령은 절도이며 옳지 않은 짓이기 때문에 이는 윤리 딜레마가 아니다. 여기에는 '딜레마' 여지가 별로 없다. 그러나 둘 이상의 중요한 가치, 권리, 또는 책임이 충돌하고 똑같이 찜찜한 대안들 사이에서 선택해야만 하는 상황에서는 어떤 선택을 해야 할지 애매할 수 있다. 다음의 윤리 딜레마를 고려해 보라.

정리해고

패트는 ABC사 다섯 개 공장 중 한 곳의 매니저다. 그녀는 이 회사에서 15년 근속했으며, 회사에서 대학에 보내 준 이후 공장 말단 직원으로 시작해서 현재 직위로 승진했다. 패트의 상사는 그녀를 완전히 신뢰하고 있어서 회사가 200명을 해고할 수밖에 없을 것이라고 말했다. 다행히 패트의 일자리는 영향을 받지 않을 것이다. 공장에서는 정리해고에 대한 소문이 돌고 있는데 (현재 패트의 부하 직원으로서 오랫동안 알고 지낸 사이인) 한 종업원이 다음과 같이 물어 본다. "패트, 뭔가 들은 얘기 없어요? 공장을 폐쇄한대요? 저는 일자리를 잃게 될까요? 다음 주에 계약한 우리 집 잔금을 내야 돼요. 저는 상황에 대해 알 필요가 있어요." 패트는 어떻게 얘기해야 하는가? 당신이라면 어떻게 얘기하겠는가?

이 상황은 두 개의 가치가 충돌하고 있기 때문에 진정한 윤리 딜레마다. 진실함과 충실이라는 두 가지 '옳은' 가치가 심각한 충돌을 일으킬 수 있다. 위의 사례에 예시되어 있는 바와 같이 친구에게 진실을 말하면 당신에게 잘 대해 준 회사에 충실하지 않게 된다. 친구에 대한 충실을 상사와 회사에 대한 충실과 비교해야 하므로 충실이라는 가치 자체도 충돌하게 된다. 이 장에서는 이처럼 어려운 윤리 딜레마들을 여러 시각에서 생각하도록 도와주기 위해 윤리 의사 결정에 대한 철학 접근법에서 도출된 개념 도구들을 소개한다. 어느 접근법도 완벽하지 않다. 실제로 이 접근법들이 서로 다른 결론에 도달할 수도 있다. 여러 접근법들을 사용하는 이유는 윤리 딜레마에 대해 세심하고 광범위하게 생각해서 우연한 해법을 찾아내지 않도록 만전을 기하기 위함이다. 최소한 이 이슈에 대해 철저하게 생각했고 가능한 모든 각도에서 분석했으며 당신의 의사 결정 과정을 설명해 달라고 요청받으면 그 과정을 설명해 줄 수 있다는 점에 대해 심리적 만족을 얻을 수 있다.

윤리 의사 결정에 대한 규범 접근법

철학자들은 수백 년 동안 윤리 의사 결정과 씨름하고 있다. 이곳에서 철학 강좌를 제공하려는 것은 아니지만 최상의 윤리적 결정을 내리도록 인도해 줄 몇 가지 중요하고 실제적인 원칙들을 추출할 수 있다. 이 섹션에서 우리는 가장 실제적인 도움을 줄 수 있다고 믿는 현대의 주요 접근법 몇 가지를 간략히 설명한다.[2] 그 다음에 이 접근법들을 윤리 딜레마 평가에 사용할 수 있는 일련의 단계들 안으로 통합하고 이 단계들을 짧은 정리해고 사례 및 기타 사례들에 적용한다.

결과에 대한 초점(결과주의 이론)   결과주의로 분류되는 철학 이론이 하나 있다. (이 이론은 때로는 목적론적(teleological) 이론이라고 부르는데 teleological이라는 말은 그리스어로 '목적'을 뜻하는 텔로스(telos)와 '이성'을 뜻하는 로고스(logos)에서 나왔다). 어떤 일이 옳은지 그른지 결정하려 할 때 결과주의 이론은 해당 의사 결정 또는 행동의 결과에 주의를 집중한다.

공리주의는 가장 잘 알려진 결과주의 이론일 것이다. 효용 원칙에 의하면 윤리 의사 결정은 사회에 대한 효용을 최대화하고 피해를 최소화해야 한다. 사회 전체에 대한 좋은 결과와 나쁜 결과의 차이가 중요한 요소다.

공리주의자는 특정 상황에서 대안들과 각각의 결과들(피해/효용)뿐 아니라 이해관계자들까지 체계적으로 파악하는 방식으로 윤리 딜레마에 접근할 것이다. 이해관계자는 해당 이슈에 대해 이해관계가 있는 모든 집단이다. 그렇다면 위의 정리해고 상황에서 누가 이해관계자인가? 주요 이해관계자들로는 패트의 친구, 그 친구의 가족, 패트의 상사, 패트, 패트의 가족, 다른 노동자들, 그리고 회사가 포함될 것이다. 이는 상당히 긴 목록이다. 말해 주거나 말해 주지 않는 행동이 각각의 이해관계자에게 어떤 결과(사회적 피해와 효용)를 가져오겠는가? 결과주의 접근법은 이해관계자별로 이들 결과의 모든 피해와 효용을 마음속으로 계산해 보도록 요구한다. 패트가 정리해고에 대해 알고 있는 바를 친구에게 말해 주면 어떤 결과가 발생하겠는

---

2) L. Peach, "An Introduction to Ethical Theory," Research Ethics: Cases and Materials, R. L. Penslar 편(Bloomington: Indiana University Press, 1994)에 수록된 글.

가? 패트가 알고 있는 바를 알려주지 않으면 어떤 결과(사회적 피해와 효용)가 벌어지겠는가? 친구에게 말해 줄 경우 발생할 수 있는 피해 중 하나는 그 친구가 다른 노동자들에게 말해 줘서 공장이 혼란에 빠지게 될 수도 있다는 것이다. 아마 그 결과 더 많은 사람들이 실직하게 될 것이다. 또 다른 잠재적 피해는 패트를 믿고 그 정보를 제공해 준 상사(또 다른 이해관계자)의 신뢰를 잃을 수도 있다는 것이다. 패트는 자신의 일자리를 잃을 수도 있는데 그러면 그녀의 가족에게도 영향을 미칠 것이다. 잠재적 효용으로는 패트가 귀중한 친구의 신뢰를 유지하리라는 것과 친구가 새집 구매를 완료하려는 결정에 관한 의사 결정에 그 정보를 이용할 수도 있다는 점이다.

　패트는 철저하게 분석해서 피해와 효용을 평가한다. '최상의' 윤리적 결정은 사회에 최대의 순효용을 가져오는 결정이며, 최악의 결정은 사회에 최대의 순피해를 가져오는 결정이다. 그래서 임박한 정리해고에 대해 친구에게 알려줌으로써 궁극적으로 더 많은 사람들에게 도움을 주기보다 피해를 입힌다면 공리주의자는 패트가 말해 주지 않아야 한다는 결론을 내릴 것이다. 이 관점은 우리의 성향대로 자신이나 자신과 가까운 사람들에 미칠 결과만 생각할 것이 아니라 '사회'에 끼치는 영향에 대해 보다 광범위하게 생각하도록 요구한다. 그러한 분석을 수행할 때 이해관계자들과 예상되는 피해와 효용을 파악함으로써 복잡함을 해결할 수 있도록 다음과 같은 표를 만들어 볼 수도 있다. 그러나 사회에 더 큰 이익이 될 행동에 관한 최종 결론에 도달하기란 말처럼 쉬운 게 아니다. 최종 결론을 내리려면 피해와 효용의 '경중을 판단할' 방법이 필요하며 어떤 가치를 더 중요하게 생각하고 어떤 가치를 덜 중요하게 생각하는지에 대해 신중하게 생각해야 한다. 우리는 당신이 다음의 표를 작성하면서 이 '가중치'를 고려하도록 권장한다. 그러면 결과주의 분석에 기초해서 어떻게 해야 하는가라는 결정을 내릴 때 도움이 될 것이다.

결과주의 분석

이해관계자	말해 줄 경우 – 피해	말해 줄 경우 –효용	말해 주지 않을 경우 –피해	말해 주지 않을 경우 –효용
1				
2				
3				
4				
기타				

최종 결론: 최상의 결정 또는 행동은 사회 전체에 대해 최대의 이익과 최소의 피해를 낳는 결정 또는 행동이다.

2005년에 '딥 스로트(Deep Throat; 제보자)'로도 알려진 마크 펠트는 자신이 「워싱턴 포스트」의 탐사 기자 밥 우드워드와 칼 번스타인에게 비밀리에 정보를 제공한 정보원이었다고 밝혔다. 이 정보로 말미암아 궁극적으로 리처드 닉슨 대통령이 1972년 워터게이트 빌딩의 민주당 당사 침입 은폐에 관여한 책임을 지고 1974년에 사임하게 되었다. 우드워드와 번스타인은 이 이야기로 『워터게이트: 모두가 대통령의 사람들』(All the President's Men)이라는 책을 펴냈는데, 이 이야기는 나중에 영화로 제작되었다. 우리는 그의 머릿속으로 들어가 그 당시 펠트의 윤리 의사 결정 과정을 이해할 수는 없다. 펠트의 나중 기억은 인지상으로 손상되었기 때문에 그의 진정한 동기는 결코 알 수 없을 것이다. 그러나 우리는 FBI 2인자였던 그가 워터게이트 빌딩 침입과 닉슨을 포함한 그의 참모들의 범죄 행위 관여에 관한 정보를 누설할 경우의 피해와 효용을 가늠하였으리라고 생각할 수 있다. 펠트가 개인적으로 커다란 리스크를 감수했다는 점은 확실한데, 그는 다른 사람들에 대한 비용도 고려했을지 모른다. 그 조사 결과 여러 명이 감옥에 갔으며, 그들의 가족도 고통을 당했다. 대통령은 불명예 퇴진했다. 펠트가 발각되었더라면 자신의 경력은 망가졌을 것이고 가족도 그에 따른 여파를 경험했을 것이다. 그러나 펠트가 옳은 일을 했다고 믿는 사람들은 그 결정이 장기적으로 더 큰 이익이 되었으며 궁극적으로 미국의 민주주의를 보존하는 데 도움이 되었다고 말할 것이다.

결과주의 접근법은 윤리 딜레마 상황에서 생각을 정리하는 데 매우 실용적이고 유용하다. 우리는 무엇이 옳은지 결정하려 할 때 일반적으로 우리 자신과 다른 사람들의 행동의 결과를 고려하지 않는가? 또한 누가 이익을 보고 누가 피해를 입을지 고려하지 않는가? 국가가 개인의 토지에 새 고속도로를 건설하기로 결정할 때 그들이 보다 넓은 공동체에 대한 효용(개발 및 일자리 증가, 교통 체증 감소, 사고 감소 등)이 자신의 뒤뜰에 도로가 건설됨으로써 불편을 겪게 될 소수의 토지 소유자들의 피해를 능가한다고 주장한다면, 그들은 공리주의자의 논거를 사용하고 있는 것이 아닌가?

그러나 때로는 특정 행동 또는 결정에 의해 직간접적으로 영향을 받게 될 모든 이해관계자들에게 발생할지도 모르는 결과들을 평가하는 데 필요한 정보를 구하기 어렵다는 것이 결과주의를 사용할 때의 어려움이다. 비즈니스에서 (또는 인생에서) 모든 사실을 아는 경우가 있는가? 딥 스로트가 자신의 결정이 어떤 결과를 가져올지 알 수 있었는가? 설사 모든 정보를 갖고 있다 해도 새로운 윤리 딜레마를 만날 때마다 피해와 효용을 계산하기란 아주 성가신 일이다. 한 번 해 보라. 당신은 위에 묘사된 정리해고 상황에서 직간접적으로 관련될 수 있는 사람들의 잠재적 피해와 효용을 모두 열거할 수 있는가? 패트가 자신이나 자신과 가까운 사람들에 대한 잠재적 피해와 효용을 열거하기는 비교적 쉽다. 그러나 관련될 수도 있는 다른 모든 사람들에게 미칠 잠재적 피해와 효용을 생각할 수 있는가? 미래 예측 능력이 없는 한(우리 모두는 그런 능력이 없다) 미래의 모든 결과들에 대해 완전히 정확하게 평가할 수 없을 것이다. 그럼에도 이 접근법을 사용할 때에는 최선을 다해 잠재적 결과들을 정확하게 평가할 필요가 있다. 입수할 수 있는 최상의, 그리고 최신의 데이터를 수집해 사용해야 한다. 이 접근법에 의하면 가장 윤리적인 결정은 사회에 대한 효용을 극대화하고 피해를 최소화한다는 점을 기억하라. 자신에게서 비켜서서 영향 받는 사람들에 대한 결과들을 가능한 광범위하게 생각하는 것이 최상의 윤리적 결정을 내릴 때의 도전 과제다. 그렇게 하면 당신의 의사 결정 렌즈가 넓어지고 그렇게 하지 않을 경우 고려하지 않을 결과들을 고려할 수 있게 될 것이다.

이런 유형의 접근법의 또 다른 어려움은 다수의 이익을 위해 소수 집단의 권리가 쉽게 희생될 수 있다는 점이다. 예를 들어 과거에 남부의 노예 소유주들은 노예 제도를 유지하면 최대 다수의 최대 이익에 기여할 것이라고 주장했다. 그러나 저자들은 우리 모두 노예 제도는 노예가 된 사람들의 시민권이나 인권을 존중하지 않았다는 점에 대해 동의할 것이라고 희망한다(이는 다음에 논의할 의무론 관점이다).

결과주의 접근법은 여러 이유로 특히 기업에서 윤리 의사 결정을 내릴 때 중요한 역할을 하고 있다. 첫째, 공리주의 사고는 (그 후손인 공리주의 이론을 통해) 여러 비즈니스와 경제학 문헌의 밑바탕이 되고 있다. 둘째, 표면상으로는 대부분은 의사 결정 또는 행동이 사회에 미치는 영향을 고려하는 것은 좋은 윤리 의사 결정에 아주 중요하다는 점을 인정할 것이다. 실제로 기업의 윤리 의사 결정에 대한 연구 결과 비즈니스 매니저들은 일반적으로 그런 접근법에 의존한다는 사실이 밝혀졌다.[3] 그러나 앞으로 살펴보겠지만 다른 종류의 고려도 중요하다.

임무, 의무, 원칙에 대한 초점(의무 이론)   Deontological(의무론의)이라는 말은 '의무'를 뜻하는 그리스어 Deon(데온)에서 나왔다. 의무론적 접근법은 위의 정리해고 사례에서 결과에 초점을 맞추기보다는 "정리해고에 대해 알고 있는 패트의 의무는 무엇인가?"라고 묻는다. 의무론자들은 보다 넓고

---

3) D. J. Fritsche and H. Becke, "Linking Management Behavior to Ethical Philosophy: An Empirical Investigation," Academy of Management Journal 27권 (1984): 166-175쪽.

추상적인 보편적 윤리 원칙 또는 정직, 약속 준수, 공정성, 충성, 권리(안전, 프라이버시 등에 대한 권리), 정의, 책임, 동정, 인간과 재산에 대한 존중과 같은 가치들에 기초해서 무엇이 옳은지 결정한다.

일부 의무론적 접근법에 의하면 특정 도덕 원칙들은 결과에 무관하게 구속력이 있다. 따라서 어떤 행동들은 결과가 좋더라도 잘못이라고 여겨질 것이다. 결과주의자는 사회의 복리를 최대화하는 일을 하는 데 초점을 맞추는 반면, 의무론자는 (도덕 원칙 또는 정직과 같은 가치에 근거해서) '옳은' 일을 하는 데 초점을 맞춘다. 의무론적 접근법을 취하는 감사인은 회사의 재무상 곤경에 대해 진실을 말하면 회사가 망하게 되고 많은 사람이 일자리를 잃게 될 위험이 있다 해도 진실을 말하기를 고수할 가능성이 있다. 결과주의를 취하는 감사인은 어떻게 할지 결정하기 전에 사회에 미치는 피해와 효용을 가늠할 것이다. 지금 거짓말해서 장기적으로 우량 회사를 구할 수 있다고 확신한다면 결과주의자인 감사인은 기꺼이 진실을 타협할 것이다. 어떤 가치들이 중요하며 이 가치들의 우선순위를 어떻게 정해야 하는지 아는 것이 이 접근법에 대한 이해와 적용에서 중요한 첫 번째 단계다(지금이야말로 이 장 끝의 연습 '자신의 가치 명확히 하기'를 해볼 좋은 시점이다). 당신에게는 어떤 가치들이 가장 중요한가? 당신은 어떤 가치들을 일관되게 고수할 의사가 있으며 이 가치들이 충돌할 경우 어떻게 우선순위를 정하겠는가? 가치 목록을 당신이 참으로 중요하다고 믿는 몇 가지 사항들로 제한하라. 어떤 가치들이 가장 중요한지 결정하고자 할 때 최근에 직면했던 윤리 딜레마를 회상하면 도움이 된다. 어떤 가치들이 당신의 행동을 인도했는가? 어떤 가치들이 충돌하는 다른 가치들을 이겼는가? 당신의 가치들을 선택할 때 주의 깊게 생각하라. 예를 들어 학생들은 흔히 약속 준수를 가치로 선택한다. 그러나 약속을 지키기 위해서는 정직이나 정의와 같이 보다 중요한 다른 가치들을 위반할 필요가 있으면 어떻게 하겠는가? 약속 지키기가 당신에게 중요하거든 약속하는 내용에 주의하라. 법률을 어기고 다른 사람들에게 피해를 입힌 친구를 위해 수사 당국에 거짓말하기로 약속해야 하겠는가? 충성을 중요한 가치로 선택할 경우 우리가 논의하고 있는 정리해고 상황에서와 같이 복수의 충성들이 충돌할 수 있기 때문에 '누구에 대한 충성'인지 생각할 필요가 있을 것이다.

일부 의무론 이론들은 의무, 가치, 원칙보다는 권리에 초점을 맞춘다. 권리 개념의 기원은 고전 그리스의 '자연법'에서 나오는 '자연권' 개념이다. 권리를 시민의 프라이버시권 또는 행복 추구권에 대한 정부 간섭 제한과 같은 '소극적 권리'로 생각할 수도 있고 개인의 건강과 안전에 대한 권리와 같이 보다 적극적인 관점에서 생각할 수도 있다. 회사가 주주들을 위해 이익을 추구할 권리가 깨끗한 공기나 물에 대한 공동체의 권리나 소비자들이 안전한 제품을 살 권리와 충돌할 때처럼 한 당사자의 권리가 다른 당사자의 권리와 충돌할 수 있다. 더구나 한 당사자의 권리는 일반적으로 다른 당사자의 의무와 관련이 있다. 따라서 우리가 공동체가 깨끗한 물에 대한 권리를 갖고 있다는 데 동의한다면 기업들에게는 그 권리를 보호할 의무가 있을 것이다.

의무론자는 어떤 규칙, 원칙, 또는 권리를 따를지 어떻게 결정하는가? 서양의 성경 전통에 뿌리를 둔 도덕 규칙에 의존하는 것이 한 가지 방법이다. 예를 들어 우리들 대부분에게 익숙한 황금률은 주요 종교에서 발견되는 기본적인 도덕 규칙으로서 중요한 의무론적 안내를 제공해 준다. 이중 가장 익숙한 형태는 "네가 남에게 대접받고자 하는 대로 남을 대접하라."고 말한다. 위의 정리해고 상황에서 황금률은 패트는 상황이 바뀌었다면 친구에게서 사실을 듣고 싶을 테니 친구에게 말해 줘야 한다고 제안할 것이다. 그러나 황금률은 당신이 매우 윤리적일 경우에만 최상의 결정으로 이끈다는 점에 주의하라. 예를 들어 당신은 법률을 어긴 친구가 당신에게 거짓말하기를 기대할 테니 황금률은 당신에게 거짓말하기를 기대하리라고 생각하는가? 그렇지 않다. 왜냐하면 매우 윤리적인 사람은 친구에게 거짓말하라고 부탁하지 않을 것이기 때문이다. 윤리적인 사람은 자신의 행동에 대해 책임지고 자신의 불법 행위의 결과를 받아들일 것이다.

독일 철학자 임마누엘 칸트의 정언 명령은 또 다른 유용한 도덕 규칙을 제공한다. '당신의 행동 원리가 당신의 의지에 의해 보편적 자연 법칙이 된다고 가정하고 행동하라.' 이 규칙은 당신의 행동에 대한 근거가 보편 법칙 또는 모든 사람이 따를 원칙이 되기에 적절한지 고려하도록 요구한다. 예를 들어 당신이 약속을 어길 경우 정언 명령은 이렇게 묻는다. "약속을 어기는 것이 모든 사람이 따라야 할 원칙인가?" 답은 "아니오"다. 모두 약속을 어긴다면 약속은 무의미해질 것이다. 사실은 약속이 존재하지 않게 될 것이다.

칸트 철학은 다음과 같은 실제적인 질문을 한다. "이런 상황에서 모든 사람이 이런 식으로 행동하거나 이런 결정을 내리면 이 세상은 어떤 세상이 되겠는가?" 모든 사람들이 마음대로 약속을 어기면 이 세상은 어떤 세상이 되겠는가? 다음의 예를 고려해 보라.

약품 연구

신약 처방을 받고 있는 유방암 환자들의 생존율을 조사하기 위한 대규모의 다기관 공동 연구에 참여할 많은 의사들이 모집되었다. 이 연구에 포함될 환자들에 대한 엄격한 규칙이 마련되었다. 3개월 이내에 수술을 받은 사람들만 연구 대상에 포함될 수 있다. 이 연구에 대해 전해들은 스미스 박사의 환자 한 명이 이 연구에 참여하기를 희망한다. 스미스 박사는 이 약이 해당 환자에게 큰 도움이 될 것이라고 생각하기 때문에 이 환자가 6개월 전에 수술을 받았음에도 불구하고 그녀를 연구 대상에 포함시켜 주기로 동의한다. 그는 연구 요건에 맞추기 위해 그녀의 차트에서 수술 날짜를 변경했다. 그는 한 명의 수술 날짜를 약간 변경한 것이 연구 결과에 거의 차이를 가져오지 않을 것이라고 생각한다.

정언 명령에 의하면 스미스 박사의 행동에 대한 근거(연구 규칙을 어김으로써 자신의 환자를 돕는 것)가 모든 사람이 따를 원칙이 되기에 적절한지 물어 봐야 한다. 답은 명확히 '아니오'다. 다른 의사들이 스미스 박사처럼 행동한다면 어떻게 되겠는가? 의학 연구에 관여하는 사람들이 연구를 인도하는 규칙보다는 자신의 선호나 동기를 따른다면 어떻게 되겠는가? 사회는 의학 연구 결과를 신뢰할 수 없게 될 것이다. 연구자들이 일상적으로 부정직하게 행동한다면 어떤 세상이 되겠는가? 과학 연구의 올곧음을 의존할 수 없는 세상이 될 테고 우리들 대부분은 그런 세상을 받아들일 수 없다고 생각할 것이다. 흥미롭게도 부정직하게 그 환자를 연구 대상에 올리기로 결정할 경우 사회에 미칠 수 있는 잠재적 피해에 비춰 볼 때 결과주의적 사고도 같은 결론에 이를 것이다. 해당 환자에게만 이익이 되고 사회 전체는 피해를 입을 것이다.

존경받는 미국 정치철학자 존 롤스의 저술로부터 또 다른 도덕 원칙이 나온다. 롤스는 의사 결정자들이 무지의 베일(veil of ignorance) 연습을 사용해서 윤리 의사 결정을 인도할 근본적인 정의의 원칙에 도달하라고 제안했다. 그의 접근법에서는 가상의 사람들이 가상의 무지의 베일 뒤에 모인다. 이 가상의 사람들은 자신의 신분이나 지위 등 자신에 관해 아무것도 모른다. 그들은 자신이 (또는 그들이 생각하고 있는 다른 사람들이) 남성인지 여성인지, 젊은 사람인지 늙은 사람인지, 부자인지 가난한 사람인지, 흑인인지 백인인지, CEO인지 경비원인지, 지성적인 사람인지 정신 지체자인지, 정상인인지 장애인인지, 환자인지 의사인지 모른다. 롤스에 의하면 이 무지 원칙이라는 베일을 사용하는 합리적인 사람들은 특정 그룹에게 불공정하게 이익을 주거나 불이익을 주지 않을 윤리 규칙을 개발할 가능성이 더 크다.[4] 인간은 기본적으로 리스크를 회피하며 가장 나쁜 결과에 직면하는 것을 경계하기

---

4) J. Rawls, A Theory of Justice (Cambridge, MA: Harvard University Press, 1971).

때문에 이처럼 중립적인 사람들은 모든 개인들에게 동일한 권리와 기본적인 자유 및 균등한 기회를 부여하고 사회에서 가장 불리한 위치에 있는 사람들에게 혜택을 주는 공정한 원칙에 도달할 것이다. 이 방법은 어떤 윤리 의사 결정에도 사용되도록 고안되었지만, 특히 공정성이 중심 관심 대상일 때 가장 유용할 것이다. 이 접근법은 관점을 넓히고 자신보다 불리한 입장에 있는 사람들의 필요를 고려하도록 촉구하는 또 다른 방법을 제공한다. 따라서 롤스를 따를 경우 기업이 규모를 줄일 필요가 있다면 무지의 베일 뒤에 있는 가상 집단의 사람들은 누구를 정리해고하고 종업원들에게 언제 말해 줘야 할지에 관해 결정하기 위해 어떤 프로세스를 고안하겠는가? 의사들은 누가 의약품 연구 대상에 포함되어야 할지 어떻게 결정하겠는가? 노동 착취 근로 조건이 받아들여질 수 있겠는가?

의무론적 접근법의 주요 도전 과제 중 하나는 어떤 임무, 의무, 권리 또는 원칙이 우선하느냐를 결정하는 것이다. 왜냐하면 앞에서 말한 바와 같이 윤리 딜레마는 흔히 이러한 임무, 의무, 권리 또는 원칙들을 서로 충돌시키기 때문이다. 한 가지 구속적인 도덕 규칙이 서로 충돌할 때 의무론자는 어떻게 하는가? 어느 것이 더 중요한 권리 또는 원칙인지 결정될 수 있는가? 미국 헌법은 권리 접근법에 기초하고 있기 때문에 미국의 많은 공공 정책 논쟁은 이런 문제들을 중심으로 전개된다. 예를 들어 낙태 논쟁은 산모의 권리와 태아의 권리 중 어느 권리가 우선해야 하느냐에 의존한다. 직장 내 윤리 딜레마에서는 상사나 조직에 대한 충성이 동정 또는 공정성같이 강하게 신봉되는 가치들과 자주 충돌할 수 있다. 당신의 부하 직원이 가장 나중에 채용되었는데 당신의 상사가 '가장 나중에 채용된 사람을 가장 먼저 해고' 하는 것이 정리해고 원칙이니 그 부하 직원(그 종업원은 성과가 뛰어난 종업원이다)을 해고해야 한다고 말한다면 당신은 어떻게 하겠는가? 이 부하 직원이 해고되면 건강보험을 상실하게 되는데 당신이 그 종업원의 아이가 중병에 걸려 있음을 알고 있다고 상상해 보라. 회사에 조금 더 오래 근무한 다른 부하 직원도 성과가 좋은 종업원이지만 독신이어서 가족 부양 의무가 없다. 이 경우 무엇이 가장 윤리적인 의사 결정인가?

의무론적 접근법이 결과주의 추론과 충돌할 때 의무론적 접근법에 또 다른 어려움이 발생한다. 우선 규칙을 따를 경우 파괴적인 결과가 빚어지면 어떻게 되는가? 예를 들어 2차 세계 대전 당시 독일에서 당신의 다락방에 유대인들이 숨어 있다는 사실을 나치에게 사실대로 말해 주면 그 유대인들이 끌려가 죽임 당한다는 파괴적인 결과가 발생할 것이다. 그런 우려에 대응해서 일부 철학자들은 의무론적 원칙들(즉, 진실을 말하기와 약속 지키기 등)은 절대적인 원칙으로 여겨질 필요가 없다고 주장한다. 예를 들어 좋은 이유(칸트에 따르면 같은 입장에 있는 누구를 위해서도 받아들일 수 있는 이유)로 특정 규칙 또는 원칙을 위반할 수 있다.[5] 나치 시나리오에서 우리들 대부분은 사람들이 진실을 말하면 무죄한 사람이 죽게 되는 상황에서 진실을 말하도록 기대되는 세상에서 살기를 원하지 않을 것이기 때문에 칸트의 정언 명령에 따르면 도움이 될 것이다. 인간의 생명 존중이 정직에 우선한다.

결과 접근법과 원칙 접근법이 충돌하는 또 다른 예를 생각해 보자. 2009년에 어떤 선박 회사 오너가 자기 선박과 승무원들을 인질로 붙잡고는 몸값을 주지 않으면 모두 죽이겠다고 협박하는 해적들에게 몸값을 지불할 것인가에 대한 여부를 결정해야만 했다. 이 기업의 오너는 몸값을 지불한다면 해적들이 기고만장해져서 더 많은 납치와 인질극으로 이어질 가능성이 있기 때문에 확실히 사회 전체에 해로운 결과라는 점을 인정했다. 그러나 이 가능성을 고려했음에도 불구하고 선박 회사 오너는 고용주로서의 자신의 주된 책임은 자기의 종업원들에게 있다고 확신했기 때문에 몸값을 지불하기로 결정했다. 이 상황에서 그 오너에게는 인간 생명에 대한 존중과 종업원들의 가족에 대한 동정이라는 그의 가치가 장기적으로 큰 잠재 피해보

5) J. Rachels, The Elements of Moral Philosophy (New York: McGraw-Hill, 1983).

다 중요했다.

때로는 좋은 결과를 가져오는 결정이 중요한 윤리 원칙에 어긋날 수도 있다. 예를 들어 미국 버지니아 주는 상습적 비행 리스크를 반영하여 범인에게 형량을 부과하는 방법을 개발했다.[6] 버지니아 주는 성별, 연령, 고용상태, 전과 기록과 같은 요소들을 사용해서 개인이 또 다른 범죄를 저지를 가능성을 예측할 수 있음을 알아냈다. 이 계산은 대중을 보호하고 납세자들의 돈을 절약하기 위해 고안되었으며 많은 흉악범들이 감옥에서 풀려나 성공적으로 사회에 복귀했다. 계산 시스템이 잘 작동했기 때문에 결과주의 사고에 기초해서 이 시스템이 대부분의 사람들에게 혜택을 준다고 주장할 수도 있을 것이다. 그러나 원칙에 근거해서 죄를 저지른 사람은 벌을 받아야 마땅하며 같은 범죄를 저지른 사람을 달리 취급하는 것은 불공정하다고 주장하는 사람도 있다. 이 시스템 하에서는 실업자인 젊은 남성은 직장이 있는 나이든 여성보다 감옥에 갈 가능성이 크다.[7] 이 시스템은 사회에 좋은 결과를 가져오지만 과연 공정한가?

올곧음에 대한 초점(덕 윤리)   덕 윤리 접근법은 행동 자체(결정 또는 행위)보다 행위자(사람)의 올곧음에 초점을 맞춘다. 여기서의 목표는 좋은 사람이 되는 것이다. 철학 전통으로서의 덕 윤리는 아리스토텔레스에게서 시작되었는데 (비즈니스 윤리학자를 포함한) 많은 현대 윤리학자들이 덕 윤리를 윤리적 사고의 중심으로 돌려놓았다.[8]

덕 윤리 관점은 행위자의 성품, 동기, 의도를 고려한다(다른 두 관점에서는 이 요소들에 대해 전혀 논의하지 않았다). 덕 윤리에 의하면 개인이 좋은 사람이 되기를 의도하고 도덕 행위자로서의 자신을 개발하려는 노력을 기울이며 그렇게

6) E. Bazelon, "Sentencing by the Numbers," New York Times Magazine, 2005년 1월 2일, 18쪽.
7) 위의 글.
8) R. C. Solomon, Ethics and Excellence (New York: Oxford University Press, 1988).

행동하는 사람들과 사귀고 윤리적인 행동을 지지하는 조직 문화 조성에 기여하는 것이 중요하다.[9] 이는 원칙, 규칙 또는 결과가 고려되지 않음을 의미하는 것이 아니라 이 요소들이 행위자의 성품과 올곧음 평가라는 맥락에서 고려됨을 의미한다. 성품은 정직과 같은 원칙, 규칙 준수(이 행위자가 자기 직업의 윤리강령을 따랐는가?), 또는 결과(무엇보다, 아무런 해를 가하지 않겠다는 의사의 동의에서처럼)면에서 평가될 수 있다.

법률이 인정하는 바와 같이 윤리 의사 결정에는 동기와 의도가 중요하다. 어떤 이가 남을 해쳤다 해도 그가 남을 해칠 의도가 없었다면 사회는 그를 덜 엄격하게 판단한다. 즉, 그것은 사고(accident)다. 워터게이트 사건에서 우드워드와 번스타인에게 정보를 제공하기로 한 마크 펠트의 결정에 관해 생각할 때 덕 윤리는 그의 의도와 동기에 관해 생각하도록 요청할 것이다. 펠트는 (어떤 사람들이 제안한 바와 같이) FBI 국장이 되지 못한 데 대한 앙심에 의해 동기 부여되었는가, 아니면 미국 정부 시스템 유지에 관해 우려하는 양심적인 도덕 행위자로서 옳은 일을 한다는 보다 넓은 관심사에 의해 인도되었는가?

덕 윤리에서는 한 사람의 성품은 유관 도덕 공동체, 즉 당신을 최고의 윤리 기준으로 유지시켜 주는 공동체에 의해 정의될 수도 있다. 그러므로 의사 결정자의 소속 공동체에 대해 생각할 필요가 있다. 마크 펠트는 비밀을 준수하기로 서약한 FBI 요원이었다. 이 사실로 인해 일부 FBI 공동체의 요원들은 펠트가 저널리스트에게 얘기한 것이 장기적으로 미국의 국익에 크게 기여하는 결과를 가져왔을지라도 이를 받아들이기 어려울 것이다. 그러나 보다 넓은 공동체인 미국의 일반 대중은 펠트가 자신이 생각하기에 옳은 일을 하기 위해 개인적인 위험을 무릅썼다고 생각할 경우 그에 대해 보다 우호적으로 판단할 것이다. 당신 자신에 관해 생각해 보라. 당신이 올곧

---

9) G. R. Weaver, "Virtue in Organizations: Moral Identity as a Foundation for Moral Agency," Organization Studies 17 (2006): 341-368쪽.

은 사람으로 행동했는지 여부를 결정할 때 지침을 구하기 위해 당신은 어떤 공동체(들)를 참조하는가? 당신은 직업상의 업계 협회, 규제 당국, 종교 공동체, 가족, 회사의 윤리 담당 부서, 보다 넓은 일반 대중 중 어느 기준에 의해 인도되는가? 매우 윤리적인 조직에서 일하고 있지 않는 한 유관 도덕 공동체는 자신의 동료 집단 또는 조직이 아니라는 점에 주의하라. 덕 윤리 관점은 자신이 최고의 윤리 기준을 유지하게 하고 올곧은 사람이 되고자 하는 당신의 의도를 지지하는 공동체를 바라보도록 요구한다.

덕 윤리 관점은 구성원들에게 높은 윤리 행동 기준을 개발한 전문가 공동체에서 일하는 사람들에게 특히 유용하다. 예를 들어 회계업계는 회계사들을 위한 행동수칙을 제정했다. 고결한 회계사가 된다는 것은 그러한 직종의 수칙 준수를 의미할 것이다. 자기 전문 직종의 규칙과 기준을 준수하기로 동의한 공인 재무 상담사, 엔지니어, 변호사, 의사, 심리학자들도 마찬가지다. 그런 전문가 수칙들은 일반적으로 살아 있는 문서로서 시대 변화에 따라 함께 변한다. 예를 들어 윤리와 고문에 관해 20년간 고려한 내용에 기초해서 미국 심리학 협회(American Psychological Association; APA)의 한 위원회는 2009년에 '해를 끼치지 않는다' 라는 원칙과 일치하는 새 기준을 개발했다. 새 APA 기준은 전문 심리학자들이 고문에 참여하는 것을 예외 없이 금지한다. 심리학자들은 고문하라는 명령에 복종하지 않고, 고문을 중단시키기 위해 개입하고, 고문 사실을 알게 될 경우 이를 보고하도록 규정되어 있다.[10] 의사 결정자는 흔히 의사 결정과 행동을 인도하는 그러한 유관 공동체의 기준에 의지할 수 있다. 이때 해당 전문가 공동체가 이미 세심하게 이런 유형의 고려를 했다고 가정한다.

미국 법조계의 이 매혹적인 예를 생각해 보라. 변호사–고객 특권 규칙은 형사 피고 변호사들에게 고객과 나눈 정보의 비밀을 철저히 유지하도록

---

10) "Saying It Again: Psychologists May Never Participate in Torture," 미국 심리학 협회 (APA) 보도 자료, 2009년 4월 22일.

요구한다. 이 규칙은 피고가 가능한 최고의 방어를 얻기 위해서는 자신의 변호사에게 진실을 완전히 얘기해야 한다는 생각에 기초하고 있다. 누구나 활발한 방어 활동을 벌일 자격이 있으며 피고 측 변호사는 자신의 의뢰인의 이익에 합치하도록 행동해야 한다는 것이 미국 사법 시스템의 근간을 이루는 원칙이다. 그리고 유무죄에 대한 결정은 판사들과 배심원들에게 맡겨진다. 이 모든 제도는 추상적으로는 일리가 있다. 그러나 최근의 일리노이 주 사례(식스티 미니츠(60 Minutes)에 소개됨)[11]는 변호사가 아닌 사람이 이해하기 특히 어려웠다. 두 명의 형사 피고 측 변호사들이 자기 의뢰인이 저지른 살인에 대해 다른 사람 알톤 로간이 잘못 기소되었다는 정보를 공개했다. 그 변호사들이 해당 정보를 공개했을 때 로간은 이미 자신이 저지르지 않은 범죄에 대해 26년을 복역했다. 이 소식을 들은 사람들 대부분은 자신이 저지르지 않은 범죄로 감옥에 가는 것은 공정하지 않으며 그 변호사들은 이 일이 일어나지 않도록 막을 수 있었고 막아야 했기 때문에 그 당시에 즉시 말했어야 했다는 반응을 보였다. 그러나 법조계의 핵심 윤리 원칙인 변호사—고객 특권 때문에 그 변호사들은 이 비밀 정보를 공유하도록 허용되지 않았다. 변호사로서 그들은 이 원칙을 유지하는 과정에서 일부 개인들이 피해를 입을지라도 보다 큰 사법 시스템이 이 원칙에 의존한다는 것을 이해했다. 흥미롭게도 그들은 자신들이 그 정보를 공유했다 해도 법원에서 받아들여지지 않았을 것이고 알톤 로간에게 도움이 되지 못했을 것이라는 점도 알아차렸다. 이 변호사들은 몇 년 전에 그 의뢰인에게 그가 죽으면 정보를 공개해도 된다는 선서 진술서에 서명하도록 설득한 뒤에야 이 정보를 공개할 수 있었다. 그 의뢰인이 (다른 범죄로 종신형을 살고 있던) 감옥에서 죽자 이 변호사들은 그 정보를 공개했고 알톤 로간은 석방되었다. 인터뷰 결과는 그 변호사들이 법조인 윤리를 이해했고 이 윤리에 의해 인도되었음을 시사

---

11) "26-Year Secret," CBS News.com(2009년 6월 16일). www.cbsnews.com에서 볼 수 있음.

했다. 그러나 이 점이 중요한데 그들이 의뢰인에게 궁극적으로 해당 정보를 공개해도 된다는 선서 진술서에 서명하도록 요청한 것은 법조계의 기대를 넘어선 것이다. 그러니 덕 윤리 관점에서 보면 그들은 자신이 속한 공동체의 지침을 따랐다. 그러나 옳은 일을 하기로 동기가 부여된 사려 깊은 도덕 행위자들로서 그들은 법조계 기준에 완전히 굴복하지는 않았다. (의무론자는 26년이나 늦었다고 말할 수도 있겠지만) 그들의 의도가 좋았으며 그들은 스스로 생각해서 궁극적으로 로간을 석방하게 한 계획을 고안했다.

일부 전문가 사회는 제한된 지침만 제공하거나 지침을 전혀 제공하지 않기 때문에 스스로 생각할 필요가 있다. 예를 들어 (일부 영향력 있는 사상가들은 그럴 수 있고 그래야 한다고 믿고 그렇게 주장하지만) 경영진은 명시적인 윤리 기준과 인정된 사회적 책임이 있는 '전문직'이 아니다.[12] 실제로 2008년 「하버드 비즈니스 리뷰」의 어느 논문[13] 저자들은 매니저들에게 다음 사항들에 전심전력하라고 요구하는 '매니저들을 위한 히포크라테스 선서'를 제시했다(원문에서 채택함).

1. **대중과 사회에 대한 서비스** 장기적으로 사회에 지속가능한 가치를 창출함으로써 공익에 기여할 매니저의 책임을 인식한다.
2. **다양한 이해관계자들의 이익의 균형 유지** 매니저는 사회복지와 일치하는 방식으로 기업 가치를 향상시키기 위해 때로는 충돌하기도 하는 많은 이해관계자들의 필요의 균형을 유지해야 함을 인식한다. 저자들은 '이는 항상 성장하거나 기업을 유지하는 것을 의미하지 않을 수도 있으며 구조조정, 폐업 또는 매각 조치들이 가치를 보존하거나

---

12) R. Khurana, From Higher Aims to Hired Hands (Cambridge, MA: Princeton University Press, 2007).

13) R. Khurana and N. Nohria, "It's Time to Make Management a True Profession," Harvard Business Review 86권, no. 10 (2008): 1-8쪽.

증가시킬 경우 이러한 고통스러운 조치들을 포함할 수도 있음'을 지적한다.

3. **기업에 이익이 되는 방향으로 올곧게 행동하기** 기업의 이익을 개인의 이익보다 앞에 두는 한편, 개인의 가치에 일치하도록 올곧은 사람으로 처신하고 다른 사람들도 그렇게 하도록 이끈다. 이는 기업 또는 사회를 해치는 개인적 야망을 추구하는 행동을 피하는 것을 의미한다. 이는 또한 다른 사람들의 윤리 또는 법률 위반을 보고함을 의미한다.

4. **법률 준수** 개인과 기업의 행동에서 법률과 계약의 정신과 조문을 준수하는 데 온 힘을 다한다.

5. **정확하고 투명한 보고** 모든 관련 이해 당사자(예컨대 투자자, 소비자, 대중 등)가 정보에 입각해서 결정할 수 있도록 기업 성과를 정확하고 투명하게 보고한다.

6. **사람들을 존중하고 편견에 치우치지 않은 의사 결정** 인종, 성별, 성적 취향, 종교, 국적, 정치, 사회적 지위를 고려하지 않고 편견에 치우치지 않고 사람들을 존중하는 방식으로 결정한다. 이렇게 하는 목적은 이러한 결정에 의해 영향 받는 사람 중 더 힘이 없는 사람들의 이해를 보호하기 위함이다.

7. **전문성 계발** 정보에 입각한 의사 결정을 내릴 수 있도록 항상 최고, 최신 지식을 사용한다는 목표 아래 자신과 다른 사람들의 계속적인 전문성 계발에 온 힘을 다한다.

8. **해당 직종을 보호할 책임** 전문가로 여겨진다는 것은 특권과 함께 기준을 유지 및 보호하고 이 기준과 해당 직종과 관련된 신뢰, 존중과 명예에 기여하는 방식으로 이를 계속 개발할 책임이 부여됨을 인식한다.

흥미롭게도 이 원칙들을 세심히 연구해 보면 세 가지 윤리 의사 결정 방법 모두에 대한 증거를 발견할 수 있을 것이다. 당신은 결과주의, 의무론,

미덕 이론 사고를 찾아낼 수 있겠는가? 당신은 경영진이 회원들에게 이런 수칙을 준수하도록 요구하는 전문가가 될 준비가 되어 있다고 생각하는가? 경영진은 그렇게 해야 하는가?

당신이 속해 있는 전문가 집단이 지침을 제공하건 안 하건, 전문가 집단이 틀릴 수도 있으므로 스스로 생각할 필요가 있다. 예를 들어 감사인들은 대중에게 수임인 책임을 지는 전문 회계사들이다. 이들의 감사는 투자자들에게 상장 회사의 재무제표를 신뢰할 수 있다는 확신을 제공한다. 미국 공인 회계사 협회(American Institute of Certified Public Accountants; AICPA)는 모든 공인 회계사를 위한 전국적인 전문가 단체다 (www.aicpa.org). 이 협회는 회원들에게 적용되는 윤리강령을 갖고 있으며, 이 협회의 사명에는 행동 기준 제정 및 집행이 포함된다. 그러나 이 협회는 또한 로비 조직 역할도 한다. 1990년도에 회계 법인들은 감사 의뢰인들에게 컨설팅 서비스를 제공하는 사업에 뛰어들었다. 이해상충 가능성 때문에 이는 윤리적으로 위험한 관행이었다. 회계 법인들은 감사 의뢰 고객들로부터 컨설팅 비즈니스를 따내기 위해 감사를 대충하라는 압력을 받을 수도 있었다. 그리고 실제로 그런 일이 일어났다. 컨설팅이 감사보다 수익성이 좋았기 때문에 회계 법인들은 고객들과의 관계 및 같은 회사에 컨설팅도 제공하고 감사 서비스도 제공할 수 권리를 보호하기 위해 열심히 로비했다. 그 결과 AICPA가 엔론, 월드콤 및 기타 회사들의 재무 스캔들로 이끈 환경에 기여했다고 비난받았다.[14] 따라서 믿을 만한 윤리 지침을 구하고 있다면 그 지침을 제정한 원천을 자세히 조사하고 해당 기관이 이해상충이 없는지 만전을 기해야 한다.

전문가 단체를 활용할 수 없거나 해당 단체가 좋은 지침을 제공하지 않거나 옳지 않은 것으로 보일 경우 보다 넓은 공동체와 사회의 기준을 참고할 수 있다. 공개 규칙은 보다 넓은 공동체의 기준에 기초해 결정하는 유용

---

14) "Bloodied and Bowed," Businessweek, 2003년 1월 20일, 56-57쪽.

한 방법 중 하나다. 매니저와 임원들은 이 실제적인 방법을 널리 사용한다. 공개 규칙은 이렇게 묻는다. "당신의 행동이 _____에 기사화되면 당신은 어떻게 생각하겠는가?" 앞의 빈칸에 특정 매체의 이름을 채워보라. 「뉴욕 타임즈」, 「월스트리트 저널」, 당신이 살고 있는 도시의 지방 신문의 머리면, 식스티 미니츠, CNN 등이 이에 해당할 수 있다. 공개 규칙은 대부분의 상황에 대한 공동체의 기준이 있으며, 우리들 대부분은 직관적으로 그 기준이 무엇인지 알고 있다고 가정한다. 직관이 우리의 행동이 이러한 매체들에 기사화되면 좋아 보이지 않을 거라고 말해 줄 경우, 그 행동을 하면 공동체에서 보기에 우리가 올곧은 사람으로 여겨지지 않을 테니 그 행동을 하지 않아야 한다.

올곧은 사람으로 보이는 것이 목표라면 당신의 가장 엄한 도덕 비판자 또는 윤리 역할 모델에게 어떻게 충고하겠는지 자문해 보는 것도 또 하나의 유용한 질문이다. 당신에게는 누가 그 역할을 하는가? 가족, 존경받는 교사, 코치, 또는 영적 조언자 중에 그런 사람이 있는가? 당신의 가장 강력한 윤리 역할 모델이나 가장 엄한 도덕 비판자를 특정하고, 이 사람이라면 당신이 고려하고 있는 행동에 대해 어떻게 생각할지 고려하라. 우리들 대부분에게는 그(녀)의 올곧음을 존경하고 도덕 판단을 가치 있게 여기는 사람이 있을 것이다.

마지막으로 덕 윤리 관점은 당신에게는 도덕적인 행위자라는 자신의 정체성이 중요하며 당신은 자신의 그러한 측면을 계속 발전시키는 데 진력하고 있다고 가정한다. 윤리적인 사람이 되는 것은 당신이 누구인가에 있어서 중요한 부분 중 하나다. 그렇게 하겠다고 서약한 사람들은 삶과 직업이 우리에게 계속해서 윤리적인 도전을 주고 우리 자신의 윤리 측면에 전력을 기울일 기회를 제공한다는 점을 안다. 당신은 장기적으로 좋은 행동을 실천하고 좋은 습관을 개발함으로써 윤리 건강 프로그램을 따르고 있는가? 신체 건강 프로그램이 당신의 근육, 균형, 신체 동작의 조정력에 도전하는 것과 마찬가지로 윤리 건강 프로그램은 당신의 윤리 사고에 도전해서 이를 향상시킨다. 그런 윤리 건강 프로그램은 당신이 보다 편안한 마음으로 자신의 가치를 변호하도록 도움을 줄 수 있다. 이 프로그램은 또한 자신이 올곧은 사람이라는 당신의 견해를 강화하고 장기적으로 당신의 윤리 건강을 개선하는 데 기여할 수도 있다. 당신의 삶에서 윤리 역할 모델을 찾아내고 올곧은 사람들을 가려서 그들과 어울리며 윤리적인 환경에서 일하기로 선택하는 것들은 모두 윤리 면에서 당신의 개인적 발전을 위한 방법이 될 수 있다.[15] 우리는 이제 결과주의, 의무론, 덕 윤리 접근법을 살펴보았다. 이 접근법들은 윤리 딜레마 상황에 적용될 수 있는 철학 접근법들 중 일부에 지나지 않는다. 우리는 비즈니스 매니저들에게 가장 실제적인 도움이 된다고 믿는 접근법들을 소개했지만 오랫동안 철학자들에 의해 발전된 세부 사항들은 설명하지 않고 다소 일반적으로 소개했음을 인정한다. 우리는 이 접근법들 모두 한계가 있다고 인정했다. 어느 접근법도 그 자체만으로는 모든 상황에서 완벽한 지침을 제공하지 못한다. 모든 접근법들이 같은 해법에 이른다면 결정하기가 비교적 쉽다. 접근법들이 충돌할 때 결정이 어려워진다. 그런 경우에는 가능한 종합적으로 생각하고 사회의 선(善), 자신의 가장 중요한 가치와 원칙, 올곧은 사람이라면 어떻게 할지에 대한 고려에 기초해서 할 수 있는 최선의 결정을 내릴 수밖에 없다. 포트 워스 소재 텍사스 기독교 대학교 경영학 교수 스튜어트 영블러드는 자신의 비즈니스 윤리 수업에서 사용했던 다음의 예를 제공했다.

불타는 건물

당신이 불타는 건물에 다가가자 건물 양쪽 끝에서 도와 달라는 음성을 들었다고 가정하자. 불길이 매우 빠르게 번지고 있어서 건물의 한쪽으로 갈

---

15) G. R. Weaver, "Virtue in Organizations: Moral Identity as a Foundation for Moral Agency," Organization Studies 17권 (2006): 341-368쪽.

시간밖에 없다고 가정하자. 한쪽에서는 여러 사람의 음성이 들리고, 다른 쪽에서는 한 사람의 음성만 들린다. 당신은 어느 쪽으로 가겠는가? 왜 그렇게 결정했는가? 이제 몇 가지 추가 정보를 포함해 보자. 그 한 사람의 목소리는 당신의 딸(아버지, 어머니 등)이다. 당신은 여전히 (사회 전체적으로 최대의 선을 행하기 위해) 여러 사람의 음성이 들리는 쪽으로 가겠는가? 그렇지 않다면 그 이유는 무엇인가? 무엇이 변했는가? 다른 접근법들은 무엇이라 말하겠는가?

우리는 여기에서 '최상의' 철학 접근법에 대한 학문 논쟁을 해결하려는 것이 아니다. 그렇지만 우리는 우리가 제시한 접근법들이 윤리적인 비즈니스 결정을 인도할 중요한 요소들을 포함하고 있다고 믿는다. 이 접근법들 모두 최근의 미국 금융 위기 기간 중 집을 살 여유가 없던 사람들에게 닌자(NINJA; no income, no job or assets. 소득, 직업, 자산이 없는 사람) 대출을 해준 모기지 브로커, 이 위험한 모기지들을 묶어서 안전하다고 극찬했던 투자은행가, (근저의 리스크를 철저히 평가하지 않은 채) 이 증권들에 AAA 등급을 부여한 신용평가기관 직원들에게 훌륭한 윤리 지침을 제공해 주었을 것이다. 결과주의 관점은 이 위험한 모기지들과 모기지 담보부 증권들이 다수의 이해관계자들(고객, 사회)에게 끼칠 잠재 피해에 주의를 집중했을 것이다. 의무론 접근법은 이런 상품들에 관한 책임, 정직성, 고객에 대한 투명성에 주의를 집중했을 것이다. 덕 윤리 접근법은 올곧은 사람이 소득이 (거의) 없는 사람들에게 모기지 대출을 해줄지 또는 이런 증권에 대한 경험이 없음에도 이 증권에 높은 등급을 부여할지 물어 보았을 것이다. 관련 행위자들이 이런 요소들을 진지하게 고려했더라면 우리 모두에게 피해를 준 체계적 위기를 피했을 것이다.

이제 우리는 앞에서 방금 논의한 이 세 가지 분석을 통합하기 위한 8단계를 제공한다.[16] 이 8단계를 제시하기 전에 주의할 점을 말하고자 한다.

이 8단계는 직선적 의사 결정 과정을 제안하지만 윤리 의사 결정은 종종 직선적이지 않다. 그러나 윤리 의사 결정이 이 순서대로 일어나지 않는다 해도 이 측면들 모두를 다루면 도움이 된다.

건전한 윤리 의사 결정을 향한 8단계

단계 1: 사실 관계를 수집하라 철학 접근법들이 사실 관계를 수집하라고 명시적으로 말해 주지는 않는다. 그러나 철학 접근법들은 우리가 이 중요한 단계를 완료하리라고 가정하는듯하다. 놀랍게도 많은 사람들이 사실 관계를 파악하지 않은 채 곧장 해법으로 달려든다. '이 상황이 어떻게 일어났는가? 내가 알아야 할 과거 사실들이 있는가? 현 상황에 대해 내가 알아야 할 사실들이 있는가?' 에 대해 스스로 질문하라.[17]

사실 관계 수집은 말은 쉬워도 실제로 행하기는 어렵다. 사실 관계와 관련된 불확실성 때문에 선택하기 어려운 경우가 많거나 사실 관계를 입수하지 못할 수도 있다. 예를 들어 앞의 정리해고 사례에서 패트는 노동자들에 대한 정리해고 통보 관련 법률 요건 정보를 갖고 있지 않을 수도 있다. 또한 해고될 200명의 노동자들이 새 일자리를 구할 때까지 얼마나 오래 걸릴지 판단할 충분한 정보가 없을 수도 있다. 이러한 한계를 인식하면서 최선을 다해 입수할 수 있는 사실을 모으는 것이 중요하다.

금융 위기에서 의사 결정자들은 좋은 정보를 모으지 않았을 뿐 아니라 노골적으로 사실 관계를 입수하지 않았다. 예를 들어 모기지(mortgage; 주택 저당 대출, 우리나라의 주택 담보 대출과 달리 차입자가 대출을 상환하지 못하면 주택 저당 대출자들은 저당 잡힌 주택만 잃게 되고 해당 주택 처분 가격이 차입금 상환에 부족하더라도 차입자는 더 이상의 책임을 면

---

16) M. Bebeau, "Developing a Well-Reasoned Moral Response to a Moral Problem in Scientific Research Ethics," 1994년 5월에 인디애나 주 블루밍턴 소재 인디애나 대학교 윤리 연구와 미국 기관들을 위한 포인터 리서치 센터 Teaching Research Ethics 컨퍼런스에서 배부된 논문.

17) L. Nash, "Ethics without the Sermon," Ethics in Practice, K. R. Andres 편(Boston: Harvard Business School Press, 1989)에 수록된 글.

한다. 역자 주) 대출자들은 (대출자들이 항상 요구해 왔던) 재직 증명서를 요구하지 않았기 때문에 실업자들에게 모기지 대출을 해줬다. 직업이 있다고 말하기만 하면 모기지가 처리되었다. 모기지 대출자들은 모기지 취급 수수료를 받고서 모기지 대출을 해준 뒤 이를 모기지 유통 시장에 팔았으며, 이 시장에서 모기지는 다른 모기지와 묶여서 투자자들에게 팔렸다. 모기지 대출을 받은 사람이 실업자이며 원리금 지급을 계속하지 못할 가능성이 있다는 '사실'은 애초에 무시되었으며, 모기지 유통 시스템을 통해 모기지가 팔려 나갈 때에는 깡그리 잊혀졌다.

단계 2: 윤리 이슈를 정의하라   우리들 대부분은 윤리 딜레마에 자동으로 반응한다. 우리는 윤리 이슈와 우리의 반응에 대해 생각해 보지도 않은 채 해법으로 돌진한다. 예를 들어 앞의 정리해고 사례에서 다음과 같이 말할 수도 있다. "이건 쉬운 문제지. 약속을 지키는 건 윤리 이슈야. 패트는 상사와의 약속을 지키고 자신의 일자리를 지켜야 해." 정직이 핵심 윤리 이슈라고 말하는 사람도 있을 수 있다. "패트는 친구에게 진실을 말해야 해."

딜레마 상황에 처할 때 먼저 윤리 이슈나 가치가 충돌하는 지점을 파악하기 전에는 해법으로 뛰어들지 마라. 그리고 가장 어려운 상황들은 대개 우리가 직전에 논의했던 철학 접근법으로 돌아가는 다수의 윤리 이슈들과 관련되어 있음을 인식하라. 예를 들어 위의 정리해고 사례에서 윤리 이슈 한 가지는 노동자들과 회사 양쪽의 권리와 관련이 있다. 노동자들이 미리 공장 폐쇄에 관해 알아야 할 권리를 어떻게 정의하겠는가? 어느 정도의 사전 통보가 적절한가? 법률에는 어떻게 규정되어 있는가? 또 다른 윤리 이슈는 회사가 이 정보의 비밀을 유지할 권리와 관련이 있다. 또한 이와 관련해서 노동자들에 대한 회사의 의무는 무엇인가? 보다 개인적인 차원에서는, 정직, 충성, 약속 준수와 같은 원칙들과 관련된 윤리 이슈가 있다. 친구에게 정직하게 대하는 것과 상사와의 약속을 지키는 것 중 어느 것이 더 중요한가? 정의 또는 공정성 관점에서 이 상황을 생각해 보라. 어떻게 행동하는 것이 회사나 해고될 사람에게 공정한 처사이겠는가?

윤리 갈등 지점은 결과주의와 의무론 접근법 사이의 갈등으로 돌아갈 수도 있다. 예를 들어 진실을 말하면(약속 지키기 원칙에 일치함) 안 좋은 일들이 일어날 수도 있다(부정적인 결과). 결과주의자는 윤리 이슈를 피해 또는 효용의 관점에서 생각할 것이다. 누가 피해를 입을 가능성이 있는가? 특정 의사 결정 또는 행동으로부터 누가 이익을 볼 가능성이 있는가? 회사 전체에 대한 최종 결과는 무엇인가? 덕 윤리 접근법은 윤리 이슈에 관해 공동체의 기준이라는 관점에서 생각하도록 제안할 것이다. 당신이 참조할 윤리 공동체(당신이 최고의 윤리 기준을 준수하게 해 줄 공동체)는 특정 행동이 잘못이라고 파악하는가? 그렇게 판단하는 이유는 무엇인가?

특히 압력을 받고 있거나 서두를 경우 우리는 처음 떠오르는 윤리 이슈만 고려하는 경향이 있다. 예를 들어 앞의 정리해고 사례에서 우리는 친구에 대한 충성이라는 이슈에서 멈추는 경향이 있을 수 있다. 되도록 많은 이슈들을 생각하도록 스스로 도전하라. 다른 사람들과 그 문제에 대해 논의하면 도움이 될 수 있다. 이 딜레마를 동료, 배우자 또는 당신이 존경하는 친구들에게 제시하라. 그들에게 당신이 놓쳤을 수도 있는 다른 이슈들이 있는지 물어 보라.

단계 3: 영향 받는 당사자(이해관계자)들을 파악하라　　결과주의와 의무론 모두 해당 의사 결정에 의해 영향 받는 당사자를 파악할 수 있는 능력과 관련이 있다. 결과주의자는 피해와 이익을 경험하게 될 모든 이해관계자들을 파악하기 원할 것이다. 의무론자들은 해당 상황에서 누구의 권리가 관련되어 있고 누구에게 의무가 있는지 알기 원할 것이다.

다른 사람의 눈을 통해 상황을 볼 수 있다는 것은 매우 중요한 도덕 추론 기술이다. 핵심적인 도덕 추론 이론을 개발한 로렌스 콜버그는 이 기술을 역할 맡기(role taking)라고 불렀다. 이는 다른 사람의 입장에 서서 그들의 필요와 관심사에 민감해지는 것을 의미한다. 롤스의 무지의 베일 연습도 이렇게 하라고 요청한다. 영향 받는 모든 당사자들을 파악하기 위해서는 제공된 사실 관계를 뛰어넘어 생각해야 하는 경우가 흔하다. 즉시 영향 받는 사람들(위의 정리해고 사례에서는 패트, 패트의 친구 노동자, 패트의 상사가 될 것이다)부터 시작해서 점차 범위를 넓혀 보다 넓은 집단을 포함하면 도움이 된다. 예를 들어 이 사례에서는 다른 노동자들, 회사의 다른 사람들, 지역 공동체, 사회 일반을 포함시킬 수 있다. 영향 받는 당사자들을 더 많이 생각할수록 다른 이슈들이 떠오를 것이다. 예를 들어 지역 공동체를 생각해 보라. 이 지역이 다른 고용주가 별로 없는 작은 마을이라면 이 지역 공동체에 대한 공정성이 중요한 이슈가 된다. 그들이 이 공장 폐쇄의 영향에 대해 대비할 시간을 가급적 많이 가져야 하지 않겠는가? 그들의 입장에 서도록 노력하라. 그들은 어떻게 생각하겠는가?

우리는 앞에서 특정 의사 결정 또는 행동에 이해관계가 있는 모든 개인들이라는 이해관계자 개념을 소개했다. 기업의 윤리 의사 결정 맥락에서는 해당 결정에 의해 영향을 받는 이해관계자들을 파악하고 그들이 어떤 영향을 받는지 질문해야 한다. 여기서 가능하면 넓게 생각하도록 노력하라. 해당 의사 결정에 의해 영향 받는 이해관계자들 중 일부는 아직 태어나지 않았을 수도 있다. 태어나지 않은 이해관계자에 대한 가장 좋은 구체적 예는 'DES 딸들'일 것이다. 1940년대에 낙태 위험이 있어 보이는 임산부들에게 합성 에스트로겐 DES가 처방되었다. 1971년 무렵에는 DES가 임신 중에 이를 처방받은 여성의 딸들에게 선천성 장애를 유발했다는 점이 명백해졌다. 선천성 장애 때문에 DES 딸들, 특히 15세에서 22세 여성들은 질암에 거릴 가능성이 높았다. 또한 그들의 자궁암 발생 확률은 정상 수준보다 높았다.[18]

이해관계자들을 파악하고 난 뒤에 역할극을 해보면 다른 이해관계자의

112

관점에서 이슈를 바라보는 데 도움이 될 수 있다. 당신의 교실 또는 부서에서 진지하게 관련 역할을 할 사람을 구하라. 이 단순한 연습에 기초해서 관점이 어떻게 바뀔 수 있는지에 대해 깜짝 놀랄 수도 있다. 당신이 이 사례에서 다른 사람(예컨대 고객)의 입장에 있다면 어떤 결정을 내리겠는가? 이 단계는 남에게 대접받고자 하는 대로 남을 대접하라는 황금률을 구현한다. 당신이 특정 의사 결정 상황에서 각각의 당사자라고 상상하라. 그들은 어떤 결정에 도달하겠는가, 그리고 그 이유는 무엇인가?

취하게 될 행동을 최종 확정하기 전에 영향 받는 당사자들과 잠재적인 결정을 '테스트' 할 수 있는지 물어 보는 방안도 고려할 수 있다. 이렇게 하는 목적은 다양한 당사자들이 어떻게 반응할지 평가하고 그 과정에서 결정을 조정하기 위함이다.[19] 이 결정이 공개되면 이러저러한 이해관계자는 어떻게 반응할지 자문할 수 있다. 예를 들어 (위의 정리해고 사례에서) ABC사는 다른 지역에 수익성이 좋은 다른 공장을 보유하고 있다고 가장하자. 그러나 의사 결정 과정에서 종업원들은 지역사회와의 유대 관계 때문에 근무지를 옮기려 하지 않을 것으로 가정되었다. 그렇게 가정하는 것보다는 종업원들에게 물어 보는 것이 낫지 않겠는가?

단계 4: 결과를 파악하라 영향 받는 당사자들을 파악하고 나면 당사자 각각에 대한 잠재적 결과를 생각하라. 이 단계는 확실히 결과주의 접근법에서 나왔다. 가능한 결과를 다 파악할 필요는 없다. 그러나 비교적 발생 가능성이 크고 (비록 발생 가능성은 낮다 해도) 일단 발생하면 부정적일 결과를 파악하도록 노력해야 한다. 특정 결정 또는 행동에 의해 누가 피해를 입을 것인가? 예를 들어 위의 정리해고 사례에서 패트의 친구에게 진실을 말해 주면

18) D. E. Larson, Mayo Clinic Family Health Book (New York: William Morrow, 1990).

19) L. Nash, "Ethics without the Sermon." Ethics in Practice, K. R. Andres 편(Boston: Harvard Business School Press, 1989)에 수록된 글.

패트가 일자리를 잃을 위험이 있다. 그렇게 되면 패트와 (특히 패트가 자기 가족의 주 수입원일 경우) 가족 전체에 부정적인 결과를 가져올 것이다. 그러나 그렇게 하면 해당 노동자(와 그를 통해 정리해고 계획에 대해 듣게 될 수도 있는 다른 노동자들)에게 새 일자리를 알아볼 수 있는 시간을 더 주게 될 테고 부정적인 재무상의 결과로부터 많은 가족들을 구할 것이다. 어떤 해법이 사회에 최대의 이익을 달성하고 최소의 피해를 입힐지 결정할 수 있는가?

의약품 탈리도마이드에 대해 생각해 보자. 이 약은 1950년대 후반에 입덧에 대처하기 위해 여성들에게 처방되었는데 유럽, 캐나다, 호주, 일본에서 12,000명의 선천성 기형아를 낳았다(미국 식품의약청은 미국 내 사용을 승인하지 않았다). 많은 아기들이 죽었고, 살아남은 아기들에게는 심각한 기형 장애가 남았다. 1961년에 태어난 캐나다인 랜디 워렌은 캐나다 탈리도마이드 희생자 협회 창설자다. 워렌의 어머니는 탈리도마이드 두 알을 먹었을 뿐인데 워렌은 키가 90cm 조금 넘고 엄지손가락은 없으며 팔은 5cm로 너무 짧고 발은 의족을 하고 있다. 임산부에게 이 약을 처방한 결과는 분명히 파괴적이었으며, 이 약은 워렌이 태어난 직후에 대부분의 국가에서 사용이 금지되었다. 그러나 계속된 연구로 탈리도마이드가 한센병(나병과 관련된 고통스러운 피부 상태), 에이즈와 관련된 '소모성' 질환, 관절병, 시각 장애, 백혈병과 다른 형태의 암에 효과가 있음이 밝혀져 이 약이 새로운 관심 대상이 되었다. 많은 사람들에게 매우 끔찍한 결과를 낳았던 이 약은 다른 참혹한 질병과 싸우고 있던 많은 사람들에게 도움이 될 수 있는 가능성 때문에 승인이 고려되고 있었다. 이에 대해 워렌은 이렇게 말했다. "탈리도마이드가 사람들을 휠체어에서 벗어나게 해준다는… 말을 들었을 때 나는 휠체어 신세를 지게 된 나 자신과 다른 사람들을 생각했다… 우리는 희귀한 도덕적 곤경에 처해 있다."

결국 워렌은 이 약을 재출시하는 결정에 관해 상의하고 이 결정에 관여하게 되었다. 1998년에 FDA는 약품에 주어진 가장 높은 수준의 제약 하에서 이 약을 한센병에 처방하도록 승인했다. 의사, 약사, 환자 모두 제약사 셀진(Celgene)에 등록해야 한다. 임신해서 기형아를 낳을 가능성을 예방하기 위해 두 가지 형태의 산아 제한이 요구된다. 남성 환자들은 콘돔을 사용해야 하고, 이 약의 자동 보충(refill)은 허용되지 않는다. 그리고 워렌은 '회사 양심의 상징'이 되었다. 지극히 어렵기는 했지만 탈리도마이드를 미국에서 판매하기로 한 결정은 참혹한 결과와 놀라운 효용 모두에 대해 가장 잘 아는 이해관계자들의 의견을 참작해서 내려졌다. FDA의 규제자들과 회사 책임자들은 랜디 워렌을 보고서와 통계수치를 읽는 것만으로는 상상할 수 없었을 고통스러운 결과를 계속해서 직접 겪고 있는 실제 인물이라고 알게 되었다.[20]

장기 결과 대 단기 결과 비즈니스 결정에서는 특히 단기 결과와 장기 결과에 대해 생각할 필요가 있다. 상황이나 사람이 변하더라도 당신의 행동이 오랫동안 윤리적이라고 여겨질 것으로 확신하는가? 위의 정리해고 사례에서 회사와 계속 고용될 사람들의 장기 유익이 해고될 200명에게 미칠 단기 결과보다 중요한가? 미국의 금융 위기에서 사람들이 장기 결과에 대해 생각했더라면 주로 단기 이익에 초점을 맞춘 행동에 의문을 제기했을 가능성이 훨씬 높았을 것이다.

상징적인 결과 비즈니스에서는 특정 행동의 잠재적인 상징적 결과에 대해 생각하는 것도 매우 중요하다. 모든 결정과 행동은 메시지를 전달한다. 즉 모든 결정과 행동은 뭔가를 나타낸다. 특정 결정이나 행동이 어떤 메시지를 전달하겠는가? 메시지가 오해되면 어떻게 될까? 예를 들어 패트

---

20) S. G. Stolberg, "Their Devil's Advocates: Thalidomide Returns with an Unlikely Ally: A Group of Its Original Victims," New York Times Magazine, 1998년 1월 25일, 20-25쪽.

가 그 노동자에게 사실을 말해 주지 않았는데 그가 나중에 패트가 정리해 고에 대해 알고 있었다는 사실을 알게 된다면 이 사건이 그 노동자와 패트 의 부하 직원들에게 어떤 상징적인 메시지를 전달하겠는가? 패트는 부하 직원들을 돌보기보다는 자신의 안전에 더 관심이 있다는 메시지를 전달하 지는 않겠는가? 리더의 관점에서 보자면 당신의 조직에는 고객으로부터 선 물을 받지 못하게 하는 규칙이 있는데 리더가 우량 고객으로부터 축구 경 기 입장권을 받을 때의 상징적 결과는 어떠하겠는가? 해당 리더 입장에서 는 축구 경기 관람이 대규모 매출을 올리는 데 중요하다고 생각할 수도 있 지만, 그렇게 하면 직원들에게 이 규칙은 상위 리더들에게는 적용되지 않 는다는 상징적인 메시지를 전달할 가능성이 높다. 그럴 경우 직원들은 그 규칙이 자신들에게도 적용되지 않아야 한다고 생각할 것이기 때문에 그러 한 상징적인 메시지는 조직에 심각한 결과를 가져올 수도 있다.

비밀주의의 결과　부정적인 반응을 피하기 위해 은밀히 결정한다면 해 당 결정이 공개될 경우의 잠재적 결과에 대해 생각해 보라. 여기서 공개 규 칙에 대해 생각해 보라. 그 결정을 감추고 싶은 마음이 든다면 이를 그 결 정에 뭔가 옳지 않은 구석이 있다는 단서로 생각할 수 있다. 예를 들어 담 배 회사 임원들이 흡연이 건강에 부정적인 영향을 준다는 사실을 알고 있 었음에도 의회 증언에서 미국인들에게 거짓말한 사실이 대중의 분노를 자 아냈다.[21]

단계 5: 의무를 파악하라　관련된 의무들과 각각의 이유를 파악하라. 예 를 들어 위의 정리해고 사례에서 영향 받는 당사자들에 대한 패트의 의무 를 생각해 보라. 패트의 다양한 의무를 파악할 때 패트에게 왜 이러한 임무

---

21) D. M. Messick and B. Bazerman, Ethics for the 21st Century: A Decision Making Perspective. MIT Sloan Management Review 37권, no. 2 (1996): 9-22쪽.

또는 의무가 있는지에 대한 이유를 명시하라. 가치, 원칙, 성품, 또는 결과 관점에서 생각하라. 예를 들어 패트가 상사에게 약속을 지킬 의무를 생각할 경우 다음과 같이 추론할 수 있을 것이다. '패트는 상사와 한 약속을 어겨서는 안 된다. 약속을 어길 경우 그들 사이의 신뢰가 깨질 것이다. 약속 지키기와 신뢰는 상사-부하 관계에서 중요한 가치 중 하나다.'

당신이 파악하는 의무는 관련자들과 그들의 역할에 따라 달라질 것이다. 예를 들어 금융 시스템에 대한 신뢰는 회계 감사인이 특정 회사의 재무적 어려움에 대해 진실을 말할 의무와 신용평가 기관이 금융 상품에 대해 신용등급을 정확하게 부여하리라는 데 대한 우리의 신뢰에 의존할 것이다. 이와 유사하게 과학 협회에 대한 신뢰는 과학 데이터의 무결성과 과학자들이 이를 어떻게 보고하는지에 의존할 것이다. 이런 역할을 맡은 사람들에게는 특히 진실을 말할 강한 의무가 있다. 그들이 자신을 도덕적인 행위자로 본다면 진실을 말하도록 동기 부여될 것이다.

단계 6: 자신의 품성과 올곧음을 고려하라　여기에서는 자신을 올곧은 사람이라고 생각하라. 올곧은 사람이라면 이 상황에서 유관 전문가 단체 또는 사회단체부터 찾아보라. 그 다음에는 해당 단체 구성원들이라면 당신이 고려하고 있는 결정 또는 행동에 대해 어떻게 평가할지 생각해 보라.

공개 규칙을 기억하라. 이 규칙은 당신의 행동이 「뉴욕 타임즈」나 기타 뉴스 매체에 백일하에 공개될 경우 당신이 편안하게 생각할 것인지 물어보도록 요청한다. 일반적으로 당신의 행동이 기사화되기를 원하지 않는다면 그 행동을 하지 말아야 한다. 당신의 결정에 관해 당신의 부모, 배우자, 자녀, 목사, 또는 윤리 역할 모델에게 말하기 꺼림칙하다면 이에 대해 재고(再考)해야 한다.

토머스 제퍼슨은 이를 다음과 같이 표현했다. "결코 공개적으로 시인하고 싶지 않은 생각을 마음에 품지 마라. 몰래 어떤 일을 하려는 유혹을 받거든 모든 사람이 보는 앞에서 그 일을 하겠는지 자문하라. 그렇지 않다면 그 일은 틀림없이 잘못인 줄 알라."

이런 접근법은 특히 신속하게 의사 결정을 내릴 필요가 있을 때 가치가 있다. 조직의 누군가가 당신에게 회사 재품의 효능에 대해 고객에게 허위 표시하도록 요청한다고 가정해 보자. 당신은 고객과 나눈 대화의 세부 내용에 관한 이야기가 신문에 어떻게 실릴지 즉시 상상할 수 있다. 당신은 남들이 그 대화의 세부 내용에 대해 읽어도 마음이 편하겠는가? 당신의 행동과 대화 내용이 밝혀져도 난처해지지 않도록 비즈니스를 수행하는 것이 이상적이다.

다음과 같이 물어 볼 수도 있다. "나는 떠나고 난 뒤에 어떻게 기억될 것인가?"[22] 이 질문에 대해 생각하는 사람은 많지 않다. 하지만 이 질문은 좋은 질문이다. 당신은 올곧은 사람으로 기억될 것인가? 학생들은 직업 세계가 얼마나 좁을 수 있는지 깨닫지 못한다. 오늘날과 같은 소셜 네트워킹 사회에서는 특히 그렇다. 당신이 앞으로 직업과 직장을 여러 번 바꿀 수도 있겠지만 많은 사람들은 자신이 전문성을 개발했던 특정 산업에서 일한다. 믿을 만하고 존경하면서 사귈 수 있고 올곧은 사람이라는 평판은 새로운 고객과 경력 기회에 대한 문을 열어 줄 것이다. 그러나 그 반대도 사실이다. 손상된 평판은 극복하기 매우 어렵다.

단계 7: 가능한 행동에 대해 창의적으로 생각하라   이 단계는 1단계가 되어야 할 수도 있다. 의사 결정을 내리기 전에 불필요하게 자신을 궁지로 몰지 않도록 하라. A 아니면 B라는 두 가지 대안 밖에 없다고 가정하고 있지는 않은가? 창의적인 대안을 찾아볼 필요가 있다. A 또는 B에 초점을 맞추고 있었다면 C라는 다른 대답이 있을 수도 있다. 위의 정리해고 사례에서

---

22) B. Steiger, Indian Medicine Power (Atglen, PA: Whitford Press, 1984), 92쪽.

패트는 경영진과 함께 종업원들에게 더 일찍 알려주는 공정한 시스템을 고안할 수도 있으며, 최소한 종업원들에게 곧 발표가 있을 테니 그때까지는 거액의 계약을 체결하지 말라고 알려줄 수 있을 것이다. 패트는 또한 자기 상사에게 정리해고 소문으로 인한 불평이 들리고 있으니 종업원들에게 알려주는 시기를 앞당기자고 제안할 수도 있을 것이다. 또 다른 예로, 해외 공급사로부터 값비싼 선물을 제공 받으면 어떻게 하겠는가? 이 상황은 손쉽게 A 또는 B라는 난국으로 생각될 수도 있다. 이 선물을 받아야 하는가(이는 회사 정책에 어긋난다) 아니면 거절해야 하는가(이는 선물 제공이 비즈니스 관계의 가치 있는 부분으로 간주되는 국가에 있는 고객에게 모욕으로 해석될 수도 있다)? 이를 회사에 보낸 선물로 받아서 본사 출입구에 진열하고 해당 고객에게는 개인적으로 거액의 선물을 받으면 회사 정책에 반한다고 설명하면 C에 해당하는 제3의 해법이 될 수도 있다. 물론 이 제3의 해법이 받아들여질 만한지 회사에 확인해야 할 것이다. 여기서의 요점은 틀에 박힌 사고를 벗어나라는 것이다.

또 다른 예를 살펴보자. 커민스 엔진 컴퍼니는 해외에서 아이들이 철조망 울타리를 자르고 들어와서 값비싼 전자 부품을 훔쳐가는 문제로 골머리를 앓고 있었다. A 또는 B 해법은 이 아이들이 잡히면 체포할 것인지 말 것인지였다. 이 회사 매니저들은 해당 지역 공동체와 상의한 뒤에 제3의 해법을 찾아낼 수 있었다. 그들은 그 지역의 학교에 교실이 충분하지 않아서 학교에 가지 못하는 아이들이 말썽을 부리는 것 외에는 달리 할 일이 없다는 것을 알게 되었다. 커민스는 그들의 부지에 교실을 지었다. 시장은 학교 인가를 내주고 교과서와 교사를 제공했다. 이 제3의 해법은 큰돈이 들지 않았으며 좋은 결과를 달성했다. 350명의 학생이 수용되었고 절도는 사라졌으며 커민스는 귀중한 기업 시민이 되었다.

단계 8: 당신의 육감을 점검하라　앞의 단계들에서는 윤리 딜레마에 직면해 있다는 사실을 알고 난 뒤에 매우 합리적인 사실 수집과 평가 프로세스를 사용하는 것을 강조했다. 그러나 당신의 육감을 잊지 마라. 우리는 모두 공감을 보이고 공정성을 원하는 성향이 있다. 공감은 누군가가 피해를 입을 수도 있다는 신호를 보낼 수 있는 중요한 감정이며 직관은 좋은 비즈니스 의사 결정의 원천으로 신뢰를 받고 있다. 우리는 특정 상황에서 왜 꺼림칙한지 항상 정확하게 말할 수는 없다 해도 여러 해 동안의 사회화를 통해 뭔가 옳지 않다고 생각되는 상황에 민감해졌을 수 있다. 그러니 당신의 직관이 적신호를 보내고 있다면 이 상황에 대해 더 생각해 보라. 실제로 직관이 당신이 윤리 딜레마에 처해 있다는 유일한 단서일 수도 있다. 직관에 주의를 기울이되 직관이 결정을 내리게 하지 마라. 윤리 딜레마에 직면해 있음을 인식하고 나면 앞에서 개발된 윤리 의사 결정 도구들을 사용해서 당신의 의사 결정을 인도하는 데 도움을 받으라.

실제적인 예방약

자신의 숙제하기   당신은 틀림없이 윤리 딜레마를 만나게 될 것이다. 아마도 모든 종업원은 직장 생활을 하는 동안 수백 번의 윤리 딜레마를 만날 것이다. 그런데 언제 그러한 딜레마를 만나게 될 지는 확실하지 않다. 문제를 만나기 전에 그러한 문제에 잘 준비되어 있어야 한다. 이에 대해 더 잘 알고 있을수록 자신과 고용주를 더 잘 보호할 수 있을 것이다. 그렇게 하는 가장 좋은 방법은 소속 조직과 업계의 규칙을 배우고 필요할 경우 도움을 받을 수 있도록 인간관계를 계발하는 것이다.

규칙은 다양한 방식으로 배울 수 있다. 첫째, (회사 윤리강령이 있거든) 윤리강령과 정책 매뉴얼을 읽으라. 대부분의 정책 매뉴얼은 방대하기 때문에 이를 암기할 수는 없다. 내용을 대강 읽어보면 일부 규칙들은 충분히 이해될 것이다. 정확한 정책을 기억하지는 못하더라도 최소한 관련 정책이 존재한다는 사실과 어디에서 이 정책을 찾아봐야 하는지는 기억할 것이다.

둘째, 질문하라. 매니저, 임원, 동료들에게 '이곳에서 중요한 것'이 무엇이라고 생각하는지 물어 보면 그들은 당신이 관심을 보여 준 데 대해 칭찬할 것이다. 조직의 기준에는 성문화되지 않은 기준이 많이 있으며 회사마다 기준이 다르기 때문에 기준에 대해 알 수 있는 가장 좋은 방법은 물어 보는 것이다. 당신이 일하고 있는 조직에는 어떤 종류의 윤리 상황이 가장 흔하며 조직은 이 이슈들을 일반적으로 어떻게 다루는지 동료들(경영진 포함)에게 물어 보라. 당신의 매니저에게 조직에서 윤리 이슈들을 어떻게 제기하는지 물어 보라. 매니저는 먼저 자신에게 이슈를 제기하라고 할 테니 매니저 부재 시 어떻게 이슈를 제기해야 하는지 확실히 알아두라. 이렇게 하면 당신에게 이슈 제기에 관한 지침을 제공해 줄 뿐만 아니라 당신의 매니저에게 윤리가 당신에게 중요하다는 신호도 보내 준다.

마지막으로 당신의 지휘 계통에 속하지 않는 사람들과의 관계를 계발하라. 인사, 법무, 감사 및 기타 부서 종업원들과 알고 지내라. 그들은 당신에게 정보를 제공하고 이슈를 제기하거나 특정 사안이 이슈인지 아닌지 판단하도록 도움을 주거나 위기 시 당신의 신뢰성을 보증해 줄 수도 있다. 또한 전문가 집단이나 협회에 가입할 수도 있다. 개별 회사의 윤리 기준과는 별도의 윤리 기준을 제정한 전문가 집단이 많이 있는데 이러한 전문가 집단은 당신의 직종에 속한 다른 사람들과 알고 지내는 데 도움을 줄 수 있으며, 당신의 회사에 위기가 발생할 경우 조언을 제공해 줄 수 있다. 이를 정치적이라고 말하는 사람도 있겠지만 우리는 직장 밖의 사람들과 네트워크를 형성하는 것은 현명한 처사라고 생각한다. 이는 상황의 희생자가 되는 것과 상황을 관리하도록 도움을 줄 힘, 지식, 네트워크를 갖고 있는 것의 차이다.

자기가 해야 할 숙제를 하고 회사의 기준 및 가치에 대해 배우고 나면 자신의 가치와 고용주의 가치가 충돌한다는 점을 발견할 수도 있다. 갈등이 중대할 경우 다른 일자리를 알아보는 수밖에 없을 수도 있다. 회사의 가치와 윤리강령 이슈는 5장과 6장에서 좀 더 다룰 것이다.

신속히 결정하도록 요청될 때　많은 기업인들은 신속하게 결정할 수 있는 능력을 가치 있게 생각한다. 따라서 많은 사람들은 결정을 내릴 때 서두르도록 압력을 받을 수도 있다. 갓 취직했거나 직장을 옮긴지 얼마 되지 않았거나 업종을 바꾼 지 얼마 되지 않은 등의 사유로 경험이 없는 사람들이 결정을 서두를 때, 특히 그들이 신속하게 결정해서 자신의 능력을 보여줄 필요가 있다고 생각할 때는 문제가 될 수 있다. 그러면 위험해질 수 있다. 이 장의 앞에서 설명한 윤리 의사 결정 방법들은 의사 결정자가 시간을 두고 해당 이슈의 다양한 측면들과 어떤 행동이 다른 행동들과 충돌을 일으킬 가능성에 대해 고려하리라고 가정한다. 더 많은 정보를 모으고 평가하고 생각하도록 최선을 다하라. 그리고 신속하게 결정해야 할 것 같은 경우 다음의 가이드라인을 고려하라.

1. 당신이 윤리 딜레마에 직면해 있다고 알려주는 육감의 중요성을 과소평가하지 마라. 육감은 내부의 경고 시스템이다. 어느 다국적 컴퓨터 회사의 상위 임원은 이렇게 말했다. "육감은 절대 거짓말하지 않는다." 육감이 뭔가가 잘못되었다고 말하거든 이를 경고 신호로 여기라.
2. 생각할 시간을 달라고 요청하라. 대부분의 신속한 결정은 반드시 그럴 필요는 없는 사항들이다. "생각해 보고 나서 말씀 드리겠습니다." 와 같은 식으로 말하라. 시간을 달라고 요청하는 것은 시간을 벌어주는 현명한 대응 방법이다. 그러고 나면 실제로 그 이슈에 대해 생각해 보고 다른 사람들과 상의할 수도 있다. 시간을 두고 좋은 결정을 내리는 편이 서두르다 나쁜 결정을 내리고 난 뒤에 후회하며 시간을 보내는 것보다 낫다. 당신은 신중한 사람이라고 알려지기 원하는가, 무모한 사람이라고 알려지기 원하는가?
3. 당신 조직에 당신의 결정에 적용되는 정책이 있는지 신속하게 찾아보라.
4. 매니저나 동료들에게 조언을 요청하라. 윤리 딜레마를 만나거든 매니

저를 1차 방어선으로 여겨야 한다. 조직에서 당신의 직급이 어떠하든 주저하지 말고 다른 사람의 의견을 물어 보라. 이때 신뢰할 수 있는 네트워크가 유용하다. 인사 부서나 법무 부서에 친구가 있을 경우 그들과 비공식으로 이 이슈를 논의하고 그곳에서도 이슈가 있는지 알아 보라.

5. 신문 보도 테스트(공개 규칙)라는 신속 점검 수단을 사용하라. 당신의 결정이 언론이나 가족에게 공개될 경우 난처해지겠거든 그 행동을 하지 마라.

조던은 프린터 할인을 받아들여야 하는가?

조던은 자기 부서의 데이터 프로세싱 용량을 향상시키기 위해 방금 한 컴퓨터 회사 판매 사원에게 4대의 PC와 2대의 레이저 프린터를 주문했다. 조던이 판매 사원에게 집에도 방금 주문한 기종의 프린터를 사고 싶다고 하자, 판매 사원은 회사의 구매 대가로 가정용 프린터를 50% 할인해 줄 수 있다고 말한다. 조던은 그렇게 하면 옳지 않다고 생각하는데, 왜 그런지 몰라서 그 제의를 좀 더 시간을 두고 생각해 보기로 한다.

이 사례에서 조던은 자기 집에서 쓸 프린터에 대해 50% 할인을 받아들여야 할지 여부에 대해 정말 확신이 없을 수도 있다. 조던은 그 제의가 우습다고 생각할지라도, 집에서 많은 일을 하니 이를 받아들여도 무방하다고 생각할 수도 있다. 그리고 회사에서 쓸 PC와 프린터에 대해 주문하고 난 뒤에 판매 사원이 개인용 프린터 할인 제의를 했으니 이해상충이 없지 않은가? 회사의 비품을 구매하기로 한 조던의 결정은 분명히 자기 집에서 쓸 프린터 할인 제의에 영향 받은 것이 아니었다.

그러나 조던은 이것은 옳지 않다고 생각하는 육감에 귀를 기울여야 한다. 그는 우선 판매 사원에게 오늘이나 내일 중 다시 연락하겠다고 말하고 결정을 늦출 수 있다. 그리고 회사의 구매 정책이 뭐라 말하는지 찾아볼 수 있다. (많은 회사들은 할인을 선물과 동일시하고, 모든 종업원들에게 동일한 할인이 제공되지 않는 한 이를 받아들이지 못하게 할 것이다.)

정책 매뉴얼에 이 할인을 받아들이지 않도록 금지하는 규정이 없고 다른 종업원들도 '그렇게 해' 라고 한다고 가정하자. 그럴 경우 조던은 신문 보도 테스트를 사용할 수 있다. 대중은 그의 결정에 대해 어떻게 반응하겠는가? 그의 회사 비품 주문은 개인에 대한 할인 제의에 영향을 받았다고 생각하는 사람이 있을 것이다. 조던은 그렇지 않다는 것을 알지만 다른 사람들에게 이를 납득시키기 어려울 수도 있을 것이다. 이 상황은 외관상의 이해상충이라 불리는데 외관상의 이해상충도 실제 이해상충만큼 해로울 수 있다. 누군가가 당신의 판단이 특정 관계(이 경우 할인)에 의해 영향 받았다고 생각할 수 있으면 이는 이해상충으로 보일 수 있으므로 피해야 한다. 비즈니스에서는 외양(外樣)이 매우 중요한데 이번 장에서 제공된 철학 도구들에서는 외양이 고려되지 않았을 수도 있다. 공정하다고 보이는지 여부는 실제로 공정한 것만큼이나 중요할 수 있다.

최종적으로 정리하자면 이렇다. 당신의 결정이 오해를 살 수 있거나 누군가가 당신의 결정의 객관성이 훼손되었다고 생각할 수 있다면 그 결정을 다시 생각하라. 위의 예에서 조던은 "우리 회사는 개인에 대한 할인을 허용하지 않습니다." 또는 "저는 그것이 옳지 않다고 생각합니다."라고 말하면서 정중하게 그 제의를 거절할 수 있다.

납품업자로부터 편의를 제공받을 경우 앞으로 그 납품업자에게 보답해야 한다고 생각되면 조심하라. 예를 들어 홍보 매니저 메리는 거래를 따내려던 어느 인쇄 회사(이 회사를 타이프 사라고 부르자) 판매 사원 사이에서 발생한 사건을 묘사했다. 타이프 사는 이미 메리가 재직하고 있는 회사의 여러 부서들과 거래를 하고 있었는데, 메리는 쓰고 있던 프린터에 만족하고 있어서 교체할 필요를 느끼지 못했다. 연휴 직전에 타이프 사는 메리와 메리 회사에 재직 중인 타이프 사의 모든 고객에게 (약 250달러의 가치가 있는) 인기 전자 기기를 보냈다. 메리는 즉각적으로 이 선물은 적절하지 않다고 생각했지만 자신의 판단을 점검하기 위해 회사의 다른 사람에게 전화로 의견을 물어보았다. 동료는 그 선물을 받아도 무방하며 이는 호의의 상징일 뿐이라고 말했다. (메리가 사내 변호사나 인사 부서 매니저와 친하게 지내서 그들에게 의견을 물어 보았더라면 다른 조언을 들었을 것이다.) 메리는 동료의 말에도 불구하고 자신의 내적 경고 장치에 귀를 기울였고 선물을 돌려보냈다.

왜 그 선물을 돌려보냈느냐고 묻자 메리는 이렇게 대답했다. "나는 타이프 사와 거래하도록 뇌물을 받고 있다고 느꼈다." 이러한 신문 기사를 읽는 독자도 이 말에 동의할 것이다.

요약

이 장은 개인의 윤리 의사 결정에 대한 규범 접근법을 제시했다. 윤리 딜레마에 직면할 때 이 장에 제시된 아이디어들과 단계들을 고려하면 선택에 도움이 됨을 알게 될 것이다. 장 말미의 토론 문제와 사례는 이 아이디어들과 단계들을 실제 윤리 딜레마에 적용하는 연습 기회가 될 것이다.

토론 문제

1. 이 장에서 제시된 의사 결정을 인도하기 위한 철학 접근법 중 하나를 선택해야 한다면 당신은 어떤 접근법을 선택하겠는가? 그 이유는 무엇인가? 가장 도움이 되는 방법부터 가장 도움이 되지 않는 방법의 순위를 매긴다면, 어떻게 순위를 부여하겠는가?

2. 위의 8단계 모델 중 일부 단계들은 아주 다른 딜레마 해결 방안을 제시할 수도 있다. 이들 중 어느 방안을 선택하겠는가? 그 이유는 무엇인가?

3. 당신의 가치들이 충돌했던 상황에 대해 생각해 보라. 당신은 이 충돌을 어떻게 해결했는가? 이 장에서 윤리 의사 결정 프레임워크를 공부

하고 난 뒤에는 어떻게 결정하겠는가?

4. 당신이 직면했던 윤리 딜레마 상황에 대해 생각해 보라. 이 장에서 권고한 3가지 접근법과 8단계를 적용하라. 그러면 당신이 그 상황에 대해 생각하는 바가 바뀌는가? 당신의 행동이 바뀌겠는가?

5. 일부 회사와 조직들은 이 장에서 묘사한 원칙과 시스템을 통합하는 윤리 의사 결정 테스트를 고안했다. 예를 들어 텍사스 인스트루먼트의 전 부사장 겸 윤리 이사 칼 스쿠글런드는 텍사스 인스트루먼트 종업원들이 사용하도록 권장되는 윤리 신속 테스트를 아래와 같이 요약한다.[23]

- 합법적인가?
- 당신이 이해하고 있는 우리의 가치와 원칙에 일치하는가?
- 그 일을 하고 나면 기분이 좋겠는가?
- 신문에 어떻게 보이겠는가?
- 옳지 않다고 생각하면 하지 마라.
- 잘 모르겠거든 물어 보라.
- 답을 찾을 때까지 계속 물어 보라.

이 장에서 논의한 의사 결정 가이드 관점에서 이 목록에 대해 생각해 보라. 여기서는 어떤 가이드가 사용되고 있는가? 어떤 가이드가 사용되지 않고 있는가? 이 목록을 바꾸고 싶다면 어떻게 추천하겠는가? 당신의 회사에서 쓸 목록을 만든다면 어떤 항목이 포함되겠는가? 그 이유는 무엇인가? 다음의 국제 로터리 4방향 테스트(Four-Way Test)에 대해서도 같은 연습을 해 보라.

- 진실한가?
- 모두에게 공평한가?

---

23) C. Skooglund, "Ethics in the Face of Competitive Pressures," Business Ethics Resource (1992년 가을 호): 4쪽.

- 선의와 우정을 더하게 하는가?
- 모두에게 유익한가?

세네카(이로쿼이족의 다섯 부족 중 하나) 사람들의 자기 규율 가이드라인도 다음과 같은 질문들을 포함하고 있다.[24]
- 내가 하고 있는 일에 대해 기분이 좋은가?
- 내가 하고 있는 일이 혼란을 가중시키는가?
- 평화와 만족을 가져오기 위해 나는 무엇을 할 것인가?
- 나는 떠나고 난 뒤에 어떻게 기억될 것인가?

이 테스트들이 비즈니스 수행 시 윤리 의사 결정에 가이드 역할을 할 수 있겠는가? 왜 그렇게 생각하는가?

6. 마지막 질문은 유용한 연습으로 이끌어 준다. 자신의 묘비명을 쓴다면 뭐라고 쓰겠는가? 당신은 어떤 사람으로 기억되기 원하는가? 당신은 어떤 삶을 살기 원하는가?

7. (철학자이자 선교사며 의사였던) 알베르트 슈바이처는 이렇게 말했다. "성공이 행복의 열쇠가 아니라 행복이 성공의 열쇠다. 당신이 하고 있는 일을 사랑한다면 당신은 성공할 것이다." 어떻게 생각하는가? 이 말은 이번 장에서 논의된 규범 접근법과 어떻게 관련되는가?

8. 매니저들을 위한 히포크라테스 선서 제시 안에 대해 어떻게 생각하는가?[25]

9. 이 장에서 제시된 처방에 어떤 한계가 있겠는가? 어떤 항목을 포함시키겠는가?

---

24) B. Steiger, Indian Medicine Power (Atglen, PA: Whitford Press, 1984), 92쪽.
25) R. Khurana and N. Nohria, "It's Time to Make Management a True Profession," Harvard Business Review 86권, no. 10 (2008): 1-8쪽.

연습

자신의 가치 명확히 하기

직장 등에서 어려운 윤리 결정을 내릴 준비가 더 잘 되어 있기 원할 경우 당신의 가치들이 중대하게 도전받기 전에 이 가치들을 명확히 해두면 도움이 된다. 다음은 몇 가지 가치 목록이다(영어 단어 알파벳 순). 당신이 깊이 간직하는 가치 중 이 목록에 표시되지 않은 것이 있거든 이 목록에 추가하라(이 목록이 전부는 아니다). 우선순위별로(1이 가장 중요한 가치다) 의사 결정시 개인적으로 가장 중요한 가치 3개에서 6개 정도를 열거하라. 이는 쉬운 부분이다. 다음에 이 중 두 가지 이상의 가치들이 충돌할 때 어떻게 될지 진지하게 생각하라. 예를 들어 당신이 정직과 성공 모두를 가치 있게 여기는데 이들이 충돌하면 어떻게 하겠는가? 당신은 고객이나 공급자들에게 완전히 정직하기 위해 재정상의 성공을 포기할 용의가 있는가? 다음에 당신이 노동자라면 당신이 소속되어 있는 조직의 가치들과 이 가치들에 어떤 우선순위를 부여하고 있는지에 대해 생각해 보라. 당신의 개인적인 가치와 조직의 가치가 심각하게 충돌하고 있지는 않은가? 마지막으로 이상적인 사회에서 비즈니스 거래의 토대로 삼을 가치들을 열거하라. 이에 대해 토론할 준비를 하라.

행동 지향	자유	존중
이타주의	조화	책임
권위	유용성	리스크 수용
동정	정직성/올곧음	안전
역량	명예	자기 규율
창의성	겸손	지위
고객 만족	주도적임	성공
다양성	혁신	팀워크
평등	중용	전통
흥미	참신성	부
실험	순종	승리
공정성/정의	질서	
가족의 복지	힘	
유연성/적응성	약속 준수	

128

핀토 자동차 화재 사례 소개

우리는 30년 전에 발생했던 사례를 논의할 것이다. 왜 그렇게 오래된 사례를 연구하는지 의아할 수도 있다. 이 사례를 제시하는 이유는 미국의 비즈니스 역사에서 매우 중요하기 때문이다. 「포춘」지는 2005년에 이 사례를 '오늘날의 비즈니스 세계를 만들도록 도움을 준' 20개 비즈니스 결정 중 하나로 선정했다.[26] 「포춘」지에 의하면 이 사례와 그 이후의 법률 전쟁은 현재 당연하다고 생각하는 소비자 행동주의와 소비자 보호, 집단 소송 발달에 기여했다. 우리는 또한 이 사례의 여러 측면들이 보다 최근의 상품 안전 사례에서도 일정한 역할을 하고 있음을 보게 된다.

사례: 핀토 자동차 화재

저자: 데니스 지오이아(허락을 받아 사용함)

1978년 8월 10일에 3명의 10대 소녀들이 교통사고로 끔찍하게 죽었다. 그들은 1973년산 핀토 자동차를 몰고 인디애나 주 고센 지방에 있는 자기 교회 배구 팀 연습에 참석하러 가다 뒤에 오던 쉐보레 밴 자동차에게 받혔다. 핀토 자동차는 연료통이 파열되어 폭발하면서 화염에 휩싸였다. 두 명의 동승자 린 마리 율리히(16세)와 사촌인 도나 율리히(18세)는 불길에 갇혀서 죽었다. 린 마리의 언니 주디 앤(18세)은 세 번의 시도 끝에 운전석에서 꺼냈을 때는 살아 있었지만 몇 시간 뒤에 병원에서 고통스럽게 죽었다.

그들은 포드 자동차가 1970년에 팔기 시작한 핀토와 관련한 사고로 타 죽은 여러 사람들 중 가장 최근의 희생자일 뿐이었다. 이 사고가 발생할 때까지 핀토 자동차는 격렬한 대중의 항의와 안전 논쟁, 특히 저속의 후방 충돌 시 화재 취약성에 대한 논란의 대상이었다. 그러나 이 사고가 미국 역사상 다른 어떤 자동차 사고보다 더 많은 언론 매체의 관심을 끈 이유는 이

---

26) J. Useem, K. Bonamici, N. D. Schwartz, and C. Murphy, "20 That Made History," Fortune, 2005년 6월 27일, 58쪽 (14쪽 분량).

사례에서 전례 없이 포드 자동차를 미필적 고의에 의한 살인 혐의로 기소했기 때문이었다. 이 사건은 회사가 형사 기소된 첫 번째 사례였고 죄목도 과실이 아니라 살인이었다. 포드 자동차 입장에서는 최고 3만 달러의 벌금을 납부할 위험만 있는 것이 아니었다. 유죄 평결이 내려지면 전국적으로 계류 중인 40건의 민사 소송에 영향을 주게 되고 수억 달러의 징벌적 손해배상금을 납부하게 될 수도 있다는 것이 즉각적인 관심사였다. 그러나 기업의 사회적 책임, 회사 임직원들의 윤리 의사 결정, 그리고 궁극적으로 현대 사회에서 기업의 적절한 행동이 보다 큰 관심사였다.

포드사는 어쩌다 이런 상황에 처하게 되었는가? 이 일은 포드사가 1968년 초에 소형차 시장에서 독일 자동차 회사들의 경쟁과 점점 증가하는 일본의 위협에 맞서기로 결정했을 때 시작되었다. 이 결정은 당시 사장 세몬 '벙키' 누드센과 무스탕의 성공으로 내부에서 급속히 떠오른 리 아이아코카 사이의 2년에 걸친 격렬한 내부 투쟁 끝에 내려졌다. 아이아코카는 소형차 시장에서의 경쟁을 강력히 지지한 반면, 누드센은 경쟁자들에게 소형차 시장을 내주고 포드사는 중형차 및 대형차 모델에 집중하자고 주장했다. 최종 결정은 당시 CEO 헨리 포드 2세의 손에 달렸었는데, 그는 아이아코카에게 동의했을 뿐만 아니라 누드센을 사직시키고 아이아코카를 사장으로 승진시켰다.

아이아코카는 1971년 모델을 소개할 때까지는 핀토를 쇼룸에 전시하기 원했다. 그러려면 당시 자동차 역사상 가장 짧은 기간 안에 생산 계획을 완료할 필요가 있었다. 신차 구상에서 생산까지 통상적으로 소요되는 기간은 3년 반이 넘었다. 그러나 아이아코카는 2년 남짓한 기간 안에 핀토를 출시하기 원했다. 일반적인 상황에서는 생산 공장에 설비를 갖추기 전에 섀시 디자인, 스타일링, 생산 계획, 어드밴스 엔지니어링, 부품 테스트 등이 완료되거나 거의 완료되었다. 그러나 생산 설비를 갖추기까지 약 18개월의 여유밖에 없었기 때문에 이 프로세스들의 일부는 동시에 진행되었다. 그 결과 충돌 테스트에서 후방 충격을 받으면 가끔 핀토의 연료통이 파열된다는 사실이 발견되었을 때 재설계하기에는 너무 늦었다(즉, 비용이 너무 많이 소요되었다).

충돌 테스트 보고서를 면밀히 조사해 보니 포드사가 연료통 설계 결함을 알고 있었음이 드러났다. 충돌 후 연료가 새는지 알아보기 위해 11대의 핀토로 평균 시속 50km로 장애물과 후방으로 충돌하는 테스트를 했다. 표준 연료통을 장착한 핀토 8대는 모두 테스트를 통과하지 못했다. 그러나 나머지 3대는 연료통 파열이나 연료 누출을 방지하기 위해 취해진 특별 조치 덕분에 테스트를 통과했다. 이러한 조치에는 액슬 하우징(axle housing)과 연료통 사이에 플라스틱 조정 장치를 두고, 연료통과 후방 범퍼 사이에 강철판을 대며, 연료통에 고무를 대는 것들이 포함되었다.

이 테스트들은 도로교통안전국이 1968년에 발의했지만 1977년 모델까지는 공식 채택되지 않았던 연방 자동차 안전 기준 301에 의해 수립된 가이드라인에 따라 수행되었음을 주목해야 한다. 따라서 충돌 테스트 당시에 핀토는 요구 기준을 충족했다. 자동차 업계, 특히 포드사는 기준 301에 필사적으로 반대하고 있었다. 사실 로비가 하도 강력하다 보니 해마다 수십만 대의 차량이 불타고 3천 명이 사망하고 있음을 보여주는 연구에도 불구하고 1976년까지 협상이 계속되었다. 이 기준을 채택하면 사망률을 40% 감소시킬 것으로 추정되었다. 1977년에 기준 301이 승인되자마자 모든 핀토 차량에는 파열 방지 연료통 디자인이 제공되었다.

그러나 포드는 1971년에 핀토를 출시하기 위해 부정적인 충돌 테스트 결과에도 불구하고 연료통 디자인 원안을 고수하기로 결정했다. 전형적인 핀토 구매자는 가격에 극도로 민감할 것으로 가정되었기 때문에 아이아코카는 '한도 2,000'으로 알려진 중요한 목표를 세웠다. 핀토는 가격이 2천 달러를 넘으면 안 되고 무게가 2천 파운드를 넘으면 안 되었다. 그래서 포드는 외국 자동차에 비해 경쟁력이 있으려면 연료통 개선에 돈을 쓸 수 없다고 생각했다. 더구나 1960년대 말과 1970년대 초에 미국 소비자들은 안전에 별 관심을 보이지 않았기 때문에 안전 증진이 비즈니스 상으로 좋은 아이디어가 아니라고 생각되었다. 1950년대에 값비싼 안전장치들을 추가하려다 실패한 뒤에 '안전은 팔리지 않는다(Safety doesn't sell)'는 교훈을 배운 아이아코카는 이런 정서를 반영해서 계속 그렇게 말했다.

포드는 연료통을 다른 위치에 두는 실험을 했지만, 모든 대안들이 사용할 수 있는 트렁크 공간을 줄였다. 포드 카프리 차종과 유사한 디자인은 시속 80km가 넘는 충돌 테스트에서도 견뎌냈지만, 포드는 트렁크 공간이 줄어들면 매출이 너무 많이 감소할 것이라고 생각했다. 포드사의 한 엔지니어에게 위험한 연료통에 대해 묻자 그는 이렇게 대답했다. "안전은 문제가 되지 않지만 트렁크 공간은 문제가 된다. 당신은 트렁크 공간에 대한 경쟁이 얼마나 치열한지 모른다. 핀토에 카프리 형태의 연료통을 부착하면 트렁크에 골프채 한 세트밖에 들어가지 않는다는 걸 아는가?"

그러나 연료통 디자인을 조정하지 않기로 한 포드의 마지막 이유가 가장 논란의 대상이었다. 강력한 로비 노력을 기울인 끝에 포드와 자동차 업계는 도로교통안전국 규제자들에게 비용-효용 분석이 안전 디자인 기준 타당성 결정을 위한 적절한 토대라고 설득했다. 그러나 그러한 분석은 인간의 생명에 금전적 가치를 부여해야 했다. 이전의 연구에서 교통사고로 누군가가 죽을 때마다 200,725달러의 '사회에 대한 비용'이 발생할 것으로 추정된다는 결론이 났다(상세 내역이 표 2.1: '당신의 생명의 가치는 얼마인가?'에 나와 있다).[27]

포드는 이 금액에 기초해서 ('충돌에 기인한 연료 누출 및 화재와 관련된 사망자'라는 내부 문서를 통해) 연료통 개선에 11달러를 추가할 때의 비용과 180명으로 추정되는 인명을 구할 때의 효용을 계산했다. 이 계산 결과는 표 2.2: '핀토 자동차에서 사망할 때의 비용'에 제시되어 있다.[28] 이 표에서 보여주는 바와 같

27) M. Dowie, "How Ford Put Two Million Fire Traps on Wheels," Business and Society Review 23권 (1977): 51-55쪽.
28) 위의 글.

이 비용이 효용의 거의 3배다. 따라서 비용-효용 분석에 의하면 연료통을 개선하지 않는 것이 정당해 보였다.

포드는 정상적인 생산 계획을 밀어붙이기로 결정했지만 곧바로 핀토의 문제가 표면으로 떠올랐다. 1973년 초에 포드의 리콜 책임자는 핀토가 저속(시속 40km 미만)의 후방 충돌 시 '폭발'에 취약하다는 현장 보고서를 받았다. 이후에도 유사한 경향을 보이는 보고서들이 계속되고 결함에 대한 증거가 증가하고 있음에도 불구하고 리콜 조치가 취해지지 않았다. 내부 검토 때마다 책임자들은 핀토를 리콜하지 않기로 결정했다.

표 2.1 당신의 생명의 가치는 얼마인가?

구성 요소	1971년 비용
미래 생산성 손실	
직접	$132,300
간접	$41,000
의료 비용	
병원	$700
기타	$425
재산 피해	$1,500
보험 관리	$4,700
법률 및 법원 비용	$3,000
고용주 손실	$1,000
희생자 고통	$10,000
장례식	$900
자산(상실된 소비)	$5,000
잡다한 사고 비용	$200
사망자 당 총 비용	$200,725

도로 교통 안전국의 1971년 연구에 기초한 이 표는 교통사고로 누군가가 사망할 때 사회에 미치는 추정 비용을 항목별로 나눈 것이다. 포드 자동차는 자체 비용-효용 분석 시 이 표에 제시된 총 비용 $200,725를 사용했다.

표 2.2 핀토 자동차에서 사망할 때의 비용

> **효용**
> 절감: 180명의 화상 사망, 180명의 심각한 화상, 2,100대의 차량 연소
> 단위 비용: 사망당 20만 달러, 부상당 6만 7천 달러, 차량 당 700달러
> 총 효용: (180 × \$200,000) + (180 × \$67,000) + (2,100 × \$700) = 4,950만 달러
> **비용**
> 매출 : 자동차 1천 1백만대, 경트럭 150만 대
> 단위 비용: 자동차 1대당 11달러, 트럭 1대 당 11달러
> 총 비용 : (11,000,000 × \$11) + (1,500,000 × \$11) = 1억 3천 7백 5십만 달러
>
> 이 수치는 11달러를 들여 핀토 차량의 화재 발생 가능성을 줄이도록 안전을 개선할 때(유사한 연료통 디자인을 갖고 있는 모든 차량들에 적용할 때)의 효용과 비용을 보여주는 포드사 내부 문서에서 나온 수치다.

인디애나 주 사고가 발생하기 전에 핀토의 연료통에 관해 가장 잘 알려진 사례는 리처드 그림소 사건이었다. 1972년에 당시 13살이던 리처드는 이웃과 함께 캘리포니아 주 샌 베르나디노 근처의 도로를 달리다 뒤쪽에서 받혔다. 핀토의 연료통이 파열되어서 차가 화염에 휩싸였다. 이 이웃은 화재가 발생하지 않았더라면 생존했을 충돌 사고에서 타 죽었다. 리처드는 온몸의 90%가 넘는 부위에 3도 화상을 입고 60회가 넘는 수술을 받았지만 수술은 그다지 성공적이지 않았다. 1978년에 배심원이 포드에게 1억 2천 5백만 달러가 넘는 금액을 납부하라고 평결해서 민사 소송이 해결되었는데 그 금액은 대부분 징벌적 손해배상으로 구성되었다(이 금액은 뒤에 판사에 의해 6백만 달러로 줄어들었지만, 그럼에도 불구하고 이 판사는 포드를 '냉담하게 인명에 무관심' 하다고 비난했다). 이 판단은 포드가 자체 충돌 테스트가 드러낸 핀토 연료통의 결함을 시정하기 위해 필요한 자동차 1대당 11달러의 비용을 지출하지 않기로 했다는 유력한 증거에 기초했다.

언론 매체가 핀토 연료통에 특별한 관심을 보일 때까지는 핀토가 잘 팔렸다. 그 결과 언론, 정부, 계류 중인 소송, 향후 매출 상실 가능성의 압력에 직면한 포드는 1970년에서 1976년 사이에 제조된 핀토 차량 150만 대

모두에 대해 리콜 조치를 취했다. 1978년의 사망 사고로 비롯된 1980의 인디애나 재판 기간 중에 핀토 화제 사건에 대해 계속 이견(異見)이 표명되었다. 포드 측은 회사는 항상 비용－효용 분석을 해야 한다고 주장했다. 그들은 비용－효용 분석은 비즈니스의 필수적인 부분이며, 자동차 사고로 누군가가 죽으리라는 점을 모두 알고 있지만 구매자들은 비용이 낮아지기를 원하며, 따라서 사람들은 자동차를 살 때 묵시적으로 리스크를 받아들인다고 주장했다.

포드가 핀토 문제를 범죄적으로 잘못 관리하고 있다고 비난하는 통렬한 기사에서 탐사 기자 마크 도위는 자주 인용되는 다음과 같은 말로 이 사건을 다른 방식으로, 선정적으로 제시했다. "사람들은 헨리 포드 2세와 아이아코카가 소비자 살인죄로 리벤워스에서 20년을 복역할 경우 포드가 언제까지 치명적인 자동차를 계속 판매할지 궁금해 한다."[29]

사례 문제

1. 자신이 포드 자동차 리콜 책임자라고 가정하라. 현재 1973년인데 후방 충돌, 화재, 사망자에 관한 현장 보고서들이 들어오고 있다. 당신은 이 차량을 리콜해야 하는지 결정해야 한다.

  a. 관련 사실을 파악하라.

  b. 관련 윤리 이슈와 윤리 충돌 지점을 파악하라.

  c. 영향 받는 관련 당사자를 파악하라.

  d. 여러 대안들을 채택할 때 가능한 결과를 파악하라.

  e. 관련 의무를 파악하라.

  f. 올곧은 사람을 인도할 적절한 공동체의 기준을 파악하라.

  g. 자신의 육감을 점검하라.

당신은 어떻게 결정하겠는가?

---

29) 앞의 글.

재취업 알선 회사 상담사인 당신은 6개월째 어윈이 새 일자리를 찾도록 도와주고 있다. 그 기간 동안 어윈은 적절한 직종에 종사하고 있는지 아니면 직업을 바꾸는 것이 유익할지 결정하기 위한 광범위한 평가 작업을 마쳤다. 평가 결과 어윈은 자기 존중감이 낮고 심리 치료가 도움이 될 수 있으며, 현재의 직종에는 잘 맞지 않을 수 있음이 밝혀졌다. 어윈은 전에 일하다 그만둔 두 곳과 유사한 곳에 취직하기 위해 적극적으로 면접에 임하고 있는 중이다. 그는 이 일을 절실히 원하고 있고 이를 필요로 하고 있다. 그가 면접을 보고 있는 회사는 우연히도 당신의 가장 중요한 의뢰인 중 하나다. 그 회사 인사부서에서 당신에게 전화가 왔는데 어윈이 평가 과정에서 측정된 자신의 능력, 관심, 성격 스타일에 관해 당신에게 물어 보라고 제안했다고 말한다. 어윈이 사실상 당신에게 정보를 공유하도록 요청한 셈이니 채용하려는 회사 담당자에게 어윈에 대한 정직한 평가 의견을 제공해 줘도 되는가? 이 사안에서 당신의 의뢰인인 어윈에 대한 당신의 의무는 무엇인가? 당신이 정직하게 처신하면서도 어윈이 이 일자리를 구할 가능성을 해치지 않을 방법이 있는가? 아니면 그것이 중요한가? 당신은 어떻게 하겠는가?

당신은 기업체에서 여러 해 동안 일하고 있으며 이제 더 공부할 준비가 되어 있다. 당신은 많은 MBA 프로그램의 지원 프로세스를 다루는 ApplyYourself.com이라는 웹사이트를 통해 여러 유명 MBA 프로그램에 지원했다. 당신은 애타게 결과를 기다리고 있는데 약 한 달 안에 결과를 받을 것으로 예상하고 있다. 어느 날 밤늦게까지 웹 서핑하다 당신은 이 웹사이트의 결함을 이용해서 당신이 합격했는지 불합격했는지 알아낼 수 있는 '뒷구멍' 방법을 발견한다. 여러 단계를 거쳐야 하지만 이 방법은 명확한 지침을 제공한다. 이 정보를 이용하는 것이 옳은가? 왜 그런가? 당신이 이 대학교들의 입학 담당 이사나 학장인데 일부 지원자들이 이 결함을 이용했다는 사실을 알게 되면 어떻게 하는 것이 옳은 일이겠는가?

Chapter 3

무엇이 옳은지 결정하기:
심리 접근법

2장은 개인들이 윤리 딜레마에 대응해서 어떻게 해야 하는지 결정하도록 돕기 위해 철학자들이 개발한 규범 윤리 이론을 소개했다. 그러나 심리학은 사람들 스스로가 자신이 처해 있는 상황의 윤리 측면들을 잘 인식하지 못한다고 가르쳐준다. 윤리 측면들을 인식할 때에도 이에 대해 예상되는 방식으로 생각하지 않을 때도 있다. 따라서 이번 장은 사람들의 사고와 행동 방식에 영향을 주는 개인차와 심리 작용이라는 심리 요인을 소개함으로써 사람들이 실제로 어떻게 생각하고 어떻게 행동하는지 이해하도록 도움을 주기 위해 고안되었다. 이 장은 또한 좋은 의도를 지닌 사람들이 좋은 윤리 의사 결정을 하지 못하게 방해할 수 있는 몇 가지 요인과 이를 극복할 수 있는 몇 가지 방법도 설명한다. 마지막으로 이 장은 윤리 의사 결정에서 감정의 역할에 관련된 새로운 신경 과학 연구와 기타 연구를 소개한다.

윤리 인식과 윤리 판단

의사 결정자가 궁극적으로 윤리적 행동으로 이끌 (2장에서 논의한 바와 같은) 윤리 판단 과정에 관여하려면 먼저 현안의 윤리적 성격을 인식해야 한다.

윤리 인식 ➡ 윤리 판단 ➡ 윤리적 행동

이러한 윤리 의사 결정 과정의 첫 단계를 윤리 인식(ethical awareness)이라고 부른다. 윤리 인식이 있으면 특정 상황 또는 이슈가 윤리 우려를 제기하며 윤리 면에서 생각되어야 한다는 점을 인식한다. 윤리 인식은 당연하게 여겨지지 않아야 할 중요한 단계다. 사람들은 종종 윤리적 함의가 있는 이슈를 직면하고 있음을 모른다. 이를 인식하지 못하고 특정 이슈를 윤리와 관련이 있는 이슈로 식별하지 않으면 (2장에서 공부한 바와 같은) 윤리 판단 과정이 작동하지 않을 것이다. 재미있는 새로운 연구에서 특정 이슈의 윤리 성격 인식과 관련된 뇌 부분은 다른 유형의 사고와 관련된 뇌 부분과 다르다는 사실이 밝혀졌다. 연구자들은 기능성 자기 공명 영상 스캔(functional magnetic resonance imaging; fMRI)을 사용해서 임원 MBA 과정 학생들이 시나리오에서 '중요한 점이나 이슈'를 파악했을 때, 이 이슈에 윤리적 함의가 있으면 보다 중립적인 이슈일 경우에 비해 뇌의 다른 부분이 더 활성화됨을 보여주었다.[1] 다른 연구에서는 참여자들이 도덕과 관련이 있는 그림을 볼 때 보다 중립적인 그림을 볼 때와 비교해서 뇌의 감정 처리와 관련된 부분이 활성화되었다.[2] 따라서 윤리적 함의가 있는 것으로 인식하는 이슈에 대해 생각할 때에 뇌에 뭔가 다른 일이 일어나는 듯하다.

다음과 같은 윤리 인식 예를 생각해 보라. 학생들이 숙제하기 위해 온라인 리서치를 하고 있다. 기술 발전으로 최신 정보를 찾아서 내려 받고 이를 복사해서 보고서에 붙여 제출하기 쉬워졌다. 아마 학생들은 별 생각 없이

1) D. Robertson, J. Snarey, O. Ousley, K. Harenski, F. D. Bowman, and R. Gilkey, "The Neural Processing of Moral Sensitivity to Issues of Justice and Care," Neuropsychologia 45권 (2007): 755-766쪽.
2) J. Moll, R. deOliveira-Souza, P. J. Eslinger, I. E. Bramati, J. Mourao-Miranda, P. A. Andreiuolo 외, "The Neural Correlates of Moral Sensitivity: A fMRI Investigation of Basic and Moral Emotions," Journal of Neuroscience 22권 (2002): 2730-2736쪽; R. Salvador and R. G. Folger, "Business Ethics and the Brain," Business Ethics Quarterly 19권, no. 1 (2009): 1-31쪽.

그렇게 해왔을 것이다. 그러나 이 과정에서 학생들은 자신이 표절하고 (누군가의 지적 재산을 '훔치고') 있을지 모른다는 사실을 간과한다. 지적재산권은 저작권법과 특허법에 의해 보호된다. 이러한 법률이 매우 중요한 이유는 지적재산을 만들어 내기 위해 시간과 자원을 투자한 사람이나 회사의 권리에 주의를 기울이지 않고 누구나 이러한 지적 재산을 자유롭게 사용할 수 있다면 책을 쓰거나 잡지를 발행하거나 신상품을 개발할 인센티브가 없을 것이기 때문이다. 교육계는 학생들이 지적재산권을 적절하게 사용하도록 인도할 학문 올곧음 규칙을 채택했다. 이 규칙에 따라 학생들은 자신의 말로 바꿔 쓰고 정보의 모든 원천을 세심하게 표시하도록 기대된다. 누군가의 말을 인용할 경우 이 말들은 인용 부호로 처리하며 인용 원천에 대한 정확한 정보를 표기해야 한다. 인터넷이 나오기 전에는 이런 연구를 하려면 직접 도서관에 가서 정보를 찾아서 손으로 관련 정보를 베끼고, 원천에 대해 세심하게 주석을 달고 정보를 논문 안에 조직화해서 처음부터 타이핑해야 했다. 이 당시에는 표절하려면 실제로 의식적인 노력을 기울여야 했다. 지금은 정보에 접근하기 쉽고 오려 붙이기가 아주 쉽다 보니 윤리 이슈가 관련되어 있음을 인식하기가 어려울 수도 있다. 그러나 대학에 학문 올곧음 정책이나 명예수칙이 있고 교수가 시간을 내서 학문 올곧음의 중요성이나 우리 사회에서 지적재산권의 역할, 표절의 정의, 고등 교육 공동체 일원으로서의 의무에 대해 설명하면 관련 윤리 이슈에 대해 더 잘 인식할 수 있을 것이다. 이런 상황에서라면 오려 붙이려는 유혹을 받을 때 이 행동의 윤리 측면(지적재산권 소유자의 권리, 이 행동이 교수와 학계의 다른 사람들에게 표절로 여겨질지 여부)에 대해 생각할 가능성이 더 높을 것이다.

이제 일과 관련된 예를 들어보자.

당신은 금융 서비스 산업에서 일을 갓 시작했다. 어느 날 오후에 당신의 매니저가 아들의 소프트볼 게임을 보기 위해 일찍 나가야 한다며 상사가 오늘

중으로 서명하기 원하는 중요한 수표를 처리해 달라고 말한다. 매니저는 당신에게 자기 이름으로 수표에 서명해서 상사에게 보내 달라고 부탁한다.

순진한 직원에게는 이는 간단하고 쉽게 들어줄 수 있는 요청으로 보일 수도 있다. 그러나 이 상황은 당신의 매니저가 당신에게 수표 위조를 부탁한 것인데, 수표 위조는 서명의 유효성이 시스템의 기능 발휘와 신뢰에 매우 중요한 금융 서비스 산업에서는 특히 더 심각한 윤리 일탈이다. 이 상황의 윤리적 성격을 인식하면 그렇지 않을 경우에 비해 다르게 대응할 가능성이 높다.

연구 결과에 의하면 다음과 같은 상황에서는 사람들의 윤리 인식 수준이 높아져 특정 이슈 또는 의사 결정의 윤리적 성격을 인식할 가능성이 보다 높아진다고 한다. (1) 동료들이 이를 윤리적으로 문제가 있다고 생각하리라고 믿는다. (2) 의사 결정자에게 윤리적 언어를 사용해서 해당 상황을 제시한다. (3) 이 결정이 다른 사람들에게 심각한 피해를 입힐 가능성이 있다고 여겨진다.[3]

이 요소들을 동시에 살펴보자. 첫째, 뒤에서 살펴보게 되는 바와 같이 대부분의 사람들은 윤리 딜레마 상황에서 자기 주변 사람들에게 지침을 구한다. 따라서 당신이 동료나 주변 사람들이 특정 의사 결정을 윤리적으로 문제가 있다고 볼 가능성이 있다고 믿는다면 아마도 이 이슈는 회사가 후원한 윤리 교육 프로그램에서 공식 또는 비공식으로 동료나 매니저와 논의되었을 것이다. 그런 논의는 당신이 상황들을 특정 방식으로 생각하게 틀을 정해준다. 유사한 상황이 발생하면 윤리와 관련된 이전의 논의가 생각나고 해당 상황을 윤리라는 관점에서 분류 및 생각할 가능성이 높아진다.[4] 위의

---

3) K. Butterfield, L. K. Treviño, and G. R. Weaver, "Moral Awareness in Business Organizations: Influences of Issue-Related and Social Context Factors," Human Relations 53권, no. 7 (2000): 981-1018쪽.

위조 사례를 사용해 보면 회사 교육 프로그램에서 금융업에서는 서명이 중요하며 다른 사람의 이름으로 서명하는 것은 위조라는 사실을 알려줬을 수 있다. 회사는 훈련생들에게 유사한 문제를 제시했고 훈련생 모두 누군가의 이름으로 수표에 서명하는 것은 옳지 않다는 데 동의했을 수도 있다. 그런 논의에 참여해 본적이 있다면 그 수표에 서명하는 것은 윤리적으로 문제가 있음을 인식할 것이고, 상사의 요청을 윤리 문제로 보게 될 가능성이 높아질 것이다.

둘째, 상황은 다른 방식으로 (즉, 윤리적 언어 또는 중립적 언어를 사용해서) 제시되거나 '틀이 짜질' 수 있다. 윤리적 언어(올곧음, 정직, 공정, 적절함 같은 긍정적인 단어 또는 거짓말, 속임수나 절도 같은 부정적인 단어)를 사용하면 윤리적 내용을 갖고 있는 기존 인식 범주에 이런 단어들이 추가되기 때문에 윤리적인 사고를 촉발할 것이다. 예를 들어 매니저가 당신에게 자신을 위해 위조해 달라고 요청했다면, 위조라는 말은 그 매니저가 (보다 중립적 언어인) 수표에 서명해 달라고 요청했을 경우보다 법률상 우려 또는 윤리 관련 우려를 촉발할 가능성이 더 컸을 것이다. 위조라는 용어에 대응해서 당신은 그 수표에 서명하는 것이 윤리적으로 그릇된 일인지, 누군가가 피해를 입지는 않는지, 그 일을 하거나 하지 않을 때 무슨 일이 일어날지에 대해 생각할 가능성이 더 커질 것이다. 표절이라는 용어도 유사한 사고를 촉발할 것이다.

집단 학살이라는 단어의 힘에 대해 생각해 보라. 영화 '호텔 르완다'를 봤다면 1994년에 후투 족 극단주의자들이 약 80만 명의 투치 족을 학살했는데 미국 등 다른 나라들은 아무런 도움을 주지 않았던 사건에 대해 알고 있을 것이다. 미 클린턴 대통령의 국가 안보 보좌관에 따르면 클린턴 행정부는 '집단 학살이라는 용어를 사용하면 조치를 취하라는 요구를 받을 것'이기 때문에 6주 동안이나 그 용어를 사용하는 것을 허용하지 않았다.[5] 클

4) S. T. Fiske, and S. E. Taylor, Social Cognition, 2판. (New York: McGraw-Hill, 1991).

린턴 전 대통령은 르완다를 도와주지 않은 것은 그의 '가장 큰 후회' 중 하나라고 말했다.[6] 도덕적으로 강력한 용어인 집단 학살이라는 말을 사용하지 않은 것이 클린턴 행정부가 이 집단 학살에 대해 아무런 조치를 취하지 않고 대중이 투치 족을 지원하지 않은 데 기여했을 수도 있다.

중립적인 언어를 사용해서 비윤리적인 행동을 문제가 덜한 것으로 보이게 할 수 있다. 완곡어를 사용하면 개인들은 쉽사리 특정 결정 또는 행동의 윤리적 함의를 생각하지 않을 수 있다. 우리는 완곡어를 사용해서 특정 행동들을 윤리적 함의를 최소화하는 방식으로 부르거나 표시한다. 예를 들어 문제 여신은 '유독성' 여신만큼 문제가 있는 것으로 보이지 않는다. 또한 (직업 안정성이나 소득에 대한 서면 증거를 제출하도록 요구되지 않은 모기지 고객에게 실행한 새로운 고위험 대출을 묘사하기 위해 사용된) 무서류 대출이라는 용어는 거짓말쟁이에 대한 대출이라는 용어보다 윤리 안테나를 훨씬 덜 세우게 한다. 거짓말쟁이에 대한 대출이라는 용어(2008년의 금융 와해 전에 모기지 업계의 일부 업체에서는 실제로 이 용어를 사용했다)는 차입자들이 대출 신청서 상의 소득난에 거짓말하고 있었음을 인정했다. 완곡어를 사용한다 해서 의도적으로 비윤리적으로 되는 것은 아니지만, 그렇게 하면 확실히 윤리적 함의에 대해 훨씬 더 깊이 생각해야 할 일을 할 때 괜찮다고 생각하게 하는 효과가 있다.

완곡어에 대한 비즈니스상의 좋은 예가 있다. 2006년에 당시 휴렛 패커드(HP) 이사회 회장 패트리셔 던은 이사회의 HP 전략 논의 내용이 언론에 누설된 데 대해 화가 났다. 이 회사는 누설자를 파악하기 위해 조사자를 고용해서 그들에게 이사회 위원들과 기자의 통화 내역을 입수하기 위해 통신사에 자신의 신분을 부정확하게 말하도록 허용했다(그들은 거짓말했다). 그들은 이 행동을 '용건 위장'이라고 불렀다. 이를 알게 된 언론은 윤리적으로 비

---

5) J. Darnton, "Revisiting Rwanda's Horrors with a Former National Security Advisor," New York Times, 2004년 12월 20일, B1면.

6) W. J. Clinton, My Life (New York: Knopf, 2004).

난하는 색채가 짙은 용어인 스파이 활동이라는 말을 사용했고 (아마 이 말이 보다 적절한 표현일 것이다.) 이 사건은 높은 관심을 끄는 스캔들로 비화되었다. 던과 두 명의 다른 이사회 위원, 회사 윤리 프로그램 담당 임원(그 임원은 이 조사에 대해 알고 있었다)이 교체되었다. CEO가 의회 청문회에서 증언했고 (오랫동안 사생활 보호가 핵심가치라고 주장해 왔던) HP는 회사의 스파이 활동, 거짓말, 사생활 침해 관여를 서둘러 진화해야 했다.[7] 이 조사를 승인했던 사람이 이 행동을 보다 중립적 언어인 용건 위장이라는 말 대신 윤리적 언어(거짓말, 스파이 활동, 사생활 침해)로 표시했더라면 조사자의 행동을 중단시킬 적신호가 켜졌을 가능성이 더 높았을 것이다.

마지막으로 그리고 아마도 가장 중요한 점으로서 다른 사람에게 심각한 피해를 입힐 가능성이 큰 이슈나 상황은 윤리 이슈로 보일 가능성이 더 크다. HP 임원들이 이사회 위원들이나 기자에게 가해질 잠재 피해나 그로 인한 스캔들과 회사의 평판에 미칠 영향을 상상할 수 있었더라면 그들이 윤리 우려를 제기했을 가능성이 더 컸을 것이다. 앞의 수표 위조 사례에서 수표 위조가 고객들에게 심각한 피해를 줄 수 있다는 점을 안다면 아무도 피해를 입지 않을 경우보다 이를 심각한 이슈로 볼 가능성이 높아질 것이다. 토머스 존즈는 개인들은 도덕적으로 강렬한 이슈의 윤리적 성격을 인식할 가능성이 보다 높다고 제안했다. 다른 사람들에게 큰 영향을 미칠 수 있고, 그 영향이 비교적 즉각적이며 발생 가능성이 높고, 잠재 희생자가 의사 결정자와 심리적 또는 물리적으로 가까울 때 어떤 이슈의 도덕 강도(moral intensity)가 높다고 주장했다.[8] 다시 말해서 특정 이슈의 잠재 희생자가 자신과 친밀한 사람이거나 같은 공동체 소속이고 그 결과의 파장이 즉각적이고 심대하다고 예상하면 의사 결정자의 도덕 강도가 더 높아진다는 것이다.

7) D. Darlin, "H.P., Red-Faced but Still Selling," New York Times, 2006년 10월 1일.
8) T.M. Jones, "Ethical Decision Making by Individuals in Organizations: An Issue-Contingent Model," Academy of Management Review 16 (1991): 266-395쪽.

예를 들어 독성 화학물질을 지방의 상수도원에 배출하도록 허용하는 결정은 자신이 속해 있는 공동체의 많은 사람들에게 피해를 줄 가능성이 매우 높다. 그런 결정은 '도덕적으로 강렬' 하며 따라서 의사 결정자는 이를 윤리 이슈로 볼 가능성이 높다. 이와 대조적으로 해외 자회사에서 두어 명의 정리해고를 필요로 할 수도 있는 의사 결정은 윤리 인식을 촉발할 가능성이 보다 낮을 것이다. 두어 명만이 영향을 받을 것이고 그 결과도 미래에 일어나며 영향 받을 사람들도 심리적으로 및 물리적으로 의사 결정자와 멀리 떨어져 있다.

따라서 매니저들은 종업원들에게 교육을 실시하고 그들이 대면할 가능성이 있는 윤리 이슈의 유형과 이 이슈들이 왜 윤리적으로 문제가 될 수 있는지 말해줌으로써 종업원들의 윤리 감각과 윤리 인식을 높여줄 수 있다. 또한 매니저들은 종업원들이 윤리 이슈들에 대해 윤리적 함의가 있는 언어를 사용하여 토론을 하고 논의를 하거나 자신의 행동이 가져올 결과에 대해 생각해 보고 자신이 내린 의사 결정의 결과에 대해 책임지도록 할 수도 있다.

다른 한편 특정 상황에서 윤리적 함의를 볼 기회를 줄일 수 있는 상황에 대해 주의해야 한다. 예를 들어 인터넷에서 음원 내려 받기로 미국 경제가 해마다 125억 달러의 손실을 입고 있다는 점을 모르면 음원을 내려 받아도 무방한 것으로 보일 수도 있다. 이 금액은 업계가 '음악 해적' 이라 부르는 행동으로 상실된 일자리와 세금 수입을 포함한 수치다.[9] 뮤추얼 펀드 매니저들에게 수퍼볼 입장권을 사 주고 의뢰인들에게 헤프게 접대하는 투자은행 종업원들은 자신이 '뇌물' 에 관여하고 있다거나 자신의 행동이 '다른 사람 모두가 하는' 일을 벗어났다고 생각하지 않을 것이다. 포도주를 곁들인 저녁 식사로 인해 일반 투자자들이 불이익을 받을 가능성에 대해서는

9) S. E. Siwek, The True Cost of Sound Recording Piracy to the U.S. Economy (Lewiston, TX: Institute for Policy Innovation, 2007).

신경 쓰지 않는다. 이슈들을 윤리 차원에서 생각하면 뒤에서 살펴볼 윤리 판단 과정이 촉발될 가능성이 높아질 것이다.

개인차, 윤리 판단, 윤리적 행동

특정 상황 또는 의사 결정에 윤리 측면이 있음을 인식하게 되면 윤리적 (또는 비윤리적) 행동에 기여할 수 있는 윤리 판단 과정에 관여하게 된다. 여기서 윤리 판단은 무엇이 옳은 일인지에 관해 결정하는 것을 의미한다. 윤리 인식에서와 마찬가지로 신경 과학(fMRI) 리서치는 윤리 의사 결정을 내릴 때에는 동일 인물이 다른 의사 결정을 할 때와 비교해 뇌의 특정 부분이 활성화된다는 사실을 발견했다.[10] 이 발견은 윤리 판단이 참으로 독특한 의사 결정 형태라는 점을 시사한다.

이번 장의 다음 부분은 윤리 판단과 행동에 영향을 주는 개인차에 초점을 맞춘다. 이 책의 많은 부분은 상황상의 영향에 초점을 맞춘다. 예를 들어 사람들은 리더나 동료를 추종하고 보상받는 행동을 하는 경향이 있다. 그러나 상황의 강력한 영향에도 불구하고 사람들은 상황에 자신의 독특한 뭔가를 들여온다. 전혀 기대하지 않았을 때 영웅들이 출현한다. 보복의 두려움에도 불구하고 내부고발을 하는 사람이 있는가 하면, 좋은 행동을 지지하려는 경영진의 모든 노력에도 불구하고 자금을 횡령하거나 고객에게 거짓말하는 사람도 있다. 개인의 윤리적 또는 비윤리적 행동을 설명하는 한 가지 방법은 개인의 품성에 초점을 맞추는 것이다. 개인의 품성이 사람을 윤리적으로 생각하고 행동하게 하거나 비윤리적으로 생각하고 행동하게 한다.

연구 결과 윤리 딜레마 상황에 대응해서 사람들이 생각하고 행동하는 방식에 영향을 주는 많은 개인차들이 발견되었다. 이 섹션에서는 이 중 몇 가

---

10) S. Rommel, and R. G. Folger, "Business Ethics and the Brain," Business Ethics Quarterly 19권 (2009): 1쪽.

지 차이들과 이 차이들이 윤리 판단과 윤리적 행동에 어떻게 영향을 주는지 논의한다. 이 차이들이 아래에 표시되어 있다.

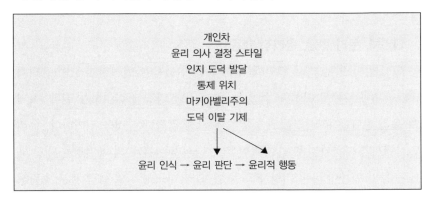

개인차
윤리 의사 결정 스타일
인지 도덕 발달
통제 위치
마키아벨리주의
도덕 이탈 기제

윤리 인식 → 윤리 판단 → 윤리적 행동

윤리 의사 결정 스타일

2장에서 우리는 윤리 의사 결정을 위한 여러 프레임워크를 소개하고 의사 결정자들이 최상의 결정을 하려면 이들을 결합해서 사용해야 한다고 권고했다. 그러나 연구 결과는 개인들은 특정한 규범 윤리 이론을 선호함을 시사한다. 포시스는 우리가 개인의 선호를 (1) 이상주의, 즉 다른 사람들의 복지에 대한 관심 (2) 상대주의, 즉 모든 상황에 적용할 수 있다기보다 상황에 의존하는 윤리 원칙 강조라는 두 가지 관점에서 생각한다고 제안했다.[11] 이상주의는 2장에서 언급한 결과에 관해 생각하기와 관련이 있다. 예를 들어 이상주의를 신봉하는 사람들은 윤리 딜레마 상황에서 언제나 다른 사람에게 피해를 주는 것을 피해야 한다고 믿는 반면, 이상주의자가 아닌 사람들은 '선을 만들어 내기 위해서는… 때로는 피해가 필요하기' 때문에 '상황에 따라 다르다'고 믿는다.[12] 상대주의는 2장에서 다룬 의무론 및 원칙

11) D. R. Forsyth, "A Taxonomy of Ethical Ideologies," Journal of Personality and Social Psychology 39권 (1980): 175-184쪽.
12) D. R. Forsyth, "Judging the Morality of Business Practices: The Influences of Personal Moral Philosophies," Journal of Business Ethics 11권, nos. 5, 6 (1992): 461-470쪽.

강조와 더 관련이 있다.

예를 들어 상대주의를 하찮게 생각하는 사람들은 모든 상황은 (정직과 같은) 보편적인 윤리 원칙에 종속된다고 믿는다. 반면에 상대주의를 가치 있다고 생각하는 사람들은 모든 상황에서 올바른 행동을 결정하는 보편적인 윤리 원칙은 없기 때문에 의사 결정시 어떤 상황에서의 특별한 사정을 따져봐야 한다고 믿는다. 연구 결과는 이상주의에 초점을 맞추는 사람에게는 윤리적인 의도가 있으며 비윤리적인 행동에 비판적일 가능성이 높음을 시사한다.[13] 이는 아마도 이상주의자들은 자신이 다른 사람들을 해칠 수도 있는 일을 하는 것에 대해 더 우려하기 때문일 것이다.[14] 이와는 대조적으로 높은 상대주의는 비윤리적 의도와 상관관계가 높은 것으로 나타났는데 이는 아마도 명확한 윤리 원칙을 따르지 않는 사람들은 비윤리적인 행동을 합리화하기 쉽다는 점을 알기 때문일 것이다.[15]

윤리 의사 결정 스타일과 윤리적 행동의 관계는 아직 검증되지 않았지만 개인이 특정 상황에 대해 생각하는 방식과 그 사람의 윤리적 또는 비윤리적 의도가 그 사람이 취하는 행동에 영향을 주리라는 점은 논리적인 듯하다. 2장에서와 마찬가지로 우리는 윤리 딜레마 상황을 여러 관점에서 생각하도록 강력히 권고한다. 그렇지만 당신(또는 당신의 동료나 부하 직원)은 특정 방법을 선호할 가능성이 있음을 이해하면 유익할 것이다. 당신이 한 가지 의사 결정 방법을 선호한다는 사실을 이해하면 의식적으로 모든 측면들을 고려

---

13) T. Barnett, K. Bass, and G. Brown, "Ethical Ideology and Ethical Judgment Regarding Ethical Issues in Business," Journal of Business Ethics 13권, no. 6 (1994): 469-480쪽; D. R. Forsyth, "Individual Differences in Information Integration during Moral Judgment," Journal of Personality and Social Psychology 49권 (1985): 264-272쪽.

14) C. A. Henle, R. A. Giacalone, and C. L. Jurkiewicz, "The Role of Ethical Ideology in Workplace Deviance," Journal of Business Ethics 56권 (2005): 219-230쪽.

15) J. Kish-Gephart, D. Harrison, and L. K. Treviño, "Bad Apples, Bad Cases, and Bad Barrels: Meta-analytic Evidence about Sources of Unethical Decisions at Work," Journal of Applied Psychology 95권 (2010): 1-31쪽.

하도록 노력함으로써 자신의 윤리 의사 결정을 개선할 수도 있다. 또한 다른 사람들과 토론할 때 이러한 대안적 관점들을 지적함으로써 윤리 의사 결정에 영향을 줄 수도 있다.

인지 도덕 발달

로렌스 콜버그의 도덕 추론 연구로부터 개인의 특성에 기초해서 윤리 판단과 윤리적 행동을 설명하는 중요한 방법이 개발되었다.[16] 윤리 딜레마 상황에 대응할 때 무엇보다 (2장에서 논의한 바와 같이) 어떤 조치가 윤리적으로 옳은지 결정해야 하며 다른 경로보다 윤리적으로 옳은 경로를 선택해야 한다.[17] 달리 말하자면, 내부고발이 윤리적으로 옳은 경로라고 결정하면 그 경로를 취해서 내부고발을 해야 한다(윤리적 행동을 취해야 한다).

콜버그의 도덕 추론 이론은 주로 어떤 행동이 윤리적으로 옳은지에 대해 사람들이 어떻게 생각하고 어떻게 결정하는지에 초점을 맞추는 인지 발달 이론의 하나다. 그의 연구는 10세에서 16세의 미국 남자 아이 58명을 추적 관리함으로써 시작되었다. 그는 연구 참가자들을 정기적으로 면담해서 가상의 도덕 딜레마에 대해 어떻게 대응할지 자유롭게 답변해 달라고 요청했다. 그들의 반응을 분석해서 얻은 발견 사항으로 우리는 인간의 도덕 추론이 뇌 발달과 인생 경험이 축적됨에 따라 어떻게 점진적으로 발달하는지 이해할 수 있게 되었다.

콜버그의 인지 도덕 발달 이론은 도덕 추론은 각각 2개 단계(stage)로 구성된 3개의 광범한 레벨을 따라 순차적으로 발달한다고 주장한다. 사람들이 각 단계의 순서를 거쳐 갈 때 인지적으로 자신의 단계 아래의 모든 추론

16) L. Kohlberg, "Stage and Sequence: The Cognitive-Developmental Approach to Socialization," Handbook of Socialization Theory and Research, D. A. Goslin 편(New York: Rand McNally, 1969), 347-380쪽에 수록된 글.

17) M. Rest, Moral Development: Advances in Research and Theory (New York: Praeger, 1986).

을 이해할 수 있지만 위 단계의 추론은 이해하지 못한다. 개인이 자신의 추론 레벨과 이보다 높은 다음 번 추론 레벨의 모순을 인식할 때 추론 단계가 발달하게 된다. 이러한 발달은 교육을 통해 일어날 수도 있지만 일반적으로 해당 개인의 현재 사고방식에 도전하는 동료들과의 상호작용과 실제 상황을 통해 일어난다. 부모들이 저녁 식사 때 자녀들의 사고에 도전하고 그들의 도덕 추론과 도덕 발달에 영향을 주기 위해 나누는 대화가 이에 해당한다. 콜버그에 의하면 개인이 내리는 실제 의사 결정보다 이에 도달하기 위해 사용된 추론과정이 더 중요하다. 그러나 그는 더 높은 단계는 (2장의 의무론 접근법에서 논의된 바와 같은) 정의와 권리라는 규범 윤리 원칙과 보다 일치하기 때문에 도덕 추론 단계가 높을수록 의사 결정이 더 윤리적으로 된다고 주장했다(이는 중요한 개념이다).

콜버그의 이론은 비즈니스 상황에서 성인들을 대상으로 한 연구에 성공적으로 적용되어 왔다.[18] 예를 들어 제임스 웨버는 비즈니스 매니저들에게 다음과 같은 가상 딜레마에서 어떻게 대응할지에 대해 면담했다.

에블린은 자동차 강철 주물 회사에서 일했다. 에블린은 고급 신형 차량의 바퀴 주물에서 발생한 작동 문제의 원인을 조사해서 개선안을 권고하라고 요청받은 작은 팀의 일원이었다. 이 문제가 직접 불안전한 상황을 조성하지는 않았지만 귀에 거슬리는 소리가 나게 했다. 엔지니어링 부사장은 조사팀에게 그 문제는 주물의 인장 응력(tensile stress) 때문이라고 확신한다고 말했다. 에블린과 실험실 기술자는 문제는 인장 응력이 아니라는 결정적인 증거를 발견했다. 에블린은 문제에 대한 다른 설명을 찾기 위해 일하고 있는데 문제가 해결되었다는 말을 들었다. 에블린의 상사가 작성한 보고서는 인장 응력 가설을 강력하게 지지했다. 그 결론에 꿰맞추기 위해 에블

---

18) L. K. Treviño and S. A. Youngblood, "Bad Apples in Bad Barrels: A Causal Analysis of Ethical Decision-Making Behavior," Journal of Applied Psychology 75권, no. 4 (1990): 378-385쪽.

린의 실험에 사용되었던 모든 데이터가 변경되었으며 인장 응력 이론이 예측하는 바와 거리가 너무 동떨어진 일부 데이터는 생략되었다. 이 보고서는 인장 응력이 문제의 원인임을 '입증했다.'[19]

면담 대상자들에게 다수의 질문들이 제시되었다. 예를 들어 그들에게 에블린은 상사의 보고서를 반박해야 하는지, 왜 그렇게 생각하는지 물어 보았다. 우리는 이 가상의 딜레마를 사용해서 이 이론에 대한 이해를 도모하고 위 질문(과 다른 질문들)에 대한 답변이 어떻게 특정 개인이 콜버그의 도덕 추론 단계 프레임워크의 어느 단계에 속하는지 알 수 있게 해주는지 살펴볼 것이다. 표 3.1은 관련 레벨과 단계를 간략히 보여준다.

표 3.1 콜버그의 인지 도덕 발달 레벨

단계	옳다고 간주되는 것
레벨 I: 인습 이전 수준	
1단계: 복종과 처벌 지향	복종 자체를 위한 권위에 대한 복종. 벌을 피하기 위한 규칙 준수
2단계: 도구적 목적과 교환	자신에게 당장 이익이 될 때에만 규칙을 따름. 동등한 교환, 좋은 거래가 옳은 일임.
레벨 II: 인습 수준	
3단계: 대인 관계상 일치, 상호 기대	틀에 박힌 '착한' 행동. 동료와 지인들의 기대에 부응하여 살아감.
4단계: 사회적 일치와 체제유지	사회 체제의 책무와 의무를 이행함. 법규가 사회적 의무와 충돌하는 극단적인 경우를 제외하고 법규를 준수함.
레벨 III: 인습 이후 또는 원칙 기반 수준	
5단계: 사회 계약과 개인의 권리	(다수의 의견 때문이 아니라) 규칙이 공정성, 권리 및 보다 큰 선과 같은 가치와 일치할 경우 이러한 규칙은 사회 계약이기 때문에 규칙을 준수함.
6단계: 보편적 윤리 원칙	정의와 권리의 윤리 원칙을 따름. 법률이 원칙을 위반할 경우 원칙에 따라 행동함.

출처: Moral Development and Behavior: Theory, Research, and Social Issues, T. Lickona 편 (New York: Holt, Rinehart and Winston), 34-35쪽에 수록된 L. Kohlberg, "Moral Stages and Moralization: The Cognitive-Developmental Approach"에서 채용함.

레벨 I: 인습 이전 수준 레벨 I(1단계와 2단계를 포함하는 인습 이전 수준)에 속하는 개인은 매우 자기중심적이고 윤리 규칙을 자아의 외부에서 부과된 것으로 본다. 불행하게도 일부 성인들은 이 단계 너머로 나아가지 못하기 때문에 매니저들은 그럴 가능성에 대해 대비해야 한다. 아래의 서술을 읽으면서 당신 주위에 이런 식으로 생각하는 사람이 있는지 알아보라.

1단계에 속한 개인들은 복종 자체를 권위에 대한 복종이라고 생각하는 데 머문다. 이들은 권위 있는 인물의 처벌 회피가 주요 고려사항이다. 어린 아이가 '장난감을 동생이 갖고 놀게 하지 않으면 엄마가 소리 지를 테니(즉, 내가 벌 받을 테니) 동생이 갖고 놀게 해야 돼.' 라고 생각하는 것을 어렵지 않게 상상할 수 있다. 에블린의 상황에서 1단계에 속한 사람은 상사에 복종해야 하고 복종하지 않으면 분명히 벌을 받을 것이기 때문에 상사를 반박하는 것은 옳지 않다고 주장할 것이다.

2단계에서는 일종의 시장 호혜주의(互惠主義)에 더해 개인적 보상과 만족에 대한 관심이 고려대상이 된다. 무엇이 옳은가는 '네가 내 등을 긁어줬으니 나도 네 등을 긁어줄게.' 라는 상호관계 관점에서 판단된다. 2단계에 있는 아이는 '내 장난감을 동생이 갖고 놀게 해 주면 뒤에 동생이 내게 자기 장난감을 갖고 놀게 해줄지도 몰라.' 라고 생각할 수도 있다. 에블린의 상황에서 2단계에 속한 사람은 상사가 에블린의 고과를 평가하며, 이번에 에블린이 상사를 눈감아 주면 상사도 에블린의 이전 문제들을 봐줄 수도 있으니 에블린은 상사를 지지해야 한다고 주장할 것이다. 그리고 그 상사가 전에 에블린에게 친절하게 대해 줬거나 도움을 주었다면 에블린은 호의를 보답할 의무에 대해 고려할 수도 있다.

일반적으로 레벨 I에 속하는 사람은 '그걸 하면 내게 무슨 이익이 되

19) J. Weber, "The Relationship between Managerial Value Orientations and Stages of Moral Development: Theory Development and Empirical Investigation with Behavioral Implications" (피츠버그 대학교 미발표 논문, 1998).

지?' 와 같은 질문을 고려하리라고 예상된다. 1단계에서는 그 질문이 '그걸 해도 안 잡힐 수 있을까?' 또는 '잡히면 벌 받을까?' 와 같은 형태를 띨 수 있다. 2단계에서는 '내가 이 일을 하면 어떤 유익이 있을까? 아니면 어떤 보상을 받을까?' 와 같이 물을 수 있다.

레벨 Ⅱ: 인습 수준   레벨 Ⅱ(3단계와 4단계를 포함하는 인습 수준)에서는 여전히 외부적으로 다른 사람들에게 초점을 맞추지만 덜 자기중심적이고 사회 또는 가족이나 직장 동료 같은 일부 부문의 공유된 도덕규범을 내면화한다. 무엇이 윤리적으로 옳은가는 역할이나 관련 있는 타인들의 기대 부응, 책무와 의무 이행, 규칙과 법률 준수 관점에서 설명된다.

3단계에서는 다른 사람을 기쁘게 하거나 도와주는 일, 또는 자신과 가까운 사람에게 승인받는 일이 옳은 일이라고 생각된다. 예를 들어 에블린의 딜레마에 대한 3단계의 반응은 에블린이 상사를 반박하면 상사가 그녀를 충성심이 없다고 생각할 수 있고 상사와 동료들에게 사회적 승인과 신뢰를 잃을 수 있으므로 반박하지 말아야 한다고 말할 수도 있을 것이다. 다른 한편으로는 에블린이 중요하게 생각하는 가까운 가족들에게 이 딜레마에 대해 얘기했더니 그들은 에블린이 상사를 반박해야 한다고 했다면 어떻게 되겠는가? 이 경우에 에블린은 자신이 신뢰하고, 그들의 승인을 가치 있다고 생각하는 가족들이 상사를 반박하는 것이 옳은 일이라고 말하고 있기 때문에 그렇게 해야 한다고 추론할 가능성이 있다.

4단계에서는 시야가 넓어져 사회를 고려하게 된다. 이 단계에 속하는 개인은 합의된 의무 이행과 공동선을 증진하기 위해 고안된 법률이나 규칙 준수에 관심을 기울인다. 4단계에 속하는 사람은 법규가 존재하는 데에는 그럴 만한 이유가 있음을 인식하며, 모든 사람들이 법규를 준수하면 사회 시스템이 더 잘 작동하기 때문에 법규를 준수한다. 그러므로 4단계의 반응은 에블린은 자신의 사회에 대한 의무 때문에 상사를 반박해야 한다고 말할 것이다. 그 소음이 안전 문제이면 어떻게 할 것인가? 좋은 사회 구성원으로서 그녀는 이를 보고할 의무가 있다. 그녀가 문제를 보고하도록 요구하는 제품 안전 법률을 알고 있다면, 특히 더 그렇게 생각할 것이다.

레벨 Ⅱ에 속하는 사람은 어떻게 할지 결정할 때 자신의 외부를 바라본다. 3단계에 속하는 사람은 "내 동료라면 어떻게 할까?" 또는 "내가 신뢰하는 상사는 뭐라고 조언할까?"라고 물을 것이다. 4단계에서는 고려대상이 '규칙이나 법률에 어떻게 규정되어 있는가?'와 같이 보다 넓어질 것이다. 콜버그의 연구에 의하면 대부분의 미국 성인들은 인습 수준에 도달해 있으며, 웨버의 연구도 대부분의 매니저들의 반응은 에블린의 딜레마에 대해 인습 수준에서 이루어지는 것을 발견했다.

레벨 Ⅲ: 인습 이후 수준 레벨 Ⅲ(인습 이후 수준, 때로는 원칙 기반 수준이라고도 불리며 5단계와 6단계를 포함함)의 원칙에 기반을 둔 개인은 다른 사람의 기대, 규칙, 법률과의 동일시를 넘어서 보다 자율적으로 결정한다. 그런 사람은 (2장에서 논의한 의무론 원칙과 유사한) 정의와 권리의 윤리 원칙에 주의를 기울인다. 6단계는 이론상으로만 존재하는 단계임에 주의하라. 따라서 아래에서는 5단계에만 초점을 맞출 것이다.

법규가 인정된 사회 계약을 대표하기 때문에 5단계에서도 여전히 법규를 강조하지만 이 단계에 속하는 사람은 기꺼이 법률에 의문을 제기하고 사회적으로 유익한 목적을 위해 법률을 변경하는 방안을 고려한다. 5단계에 속하는 사람은 어떤 결정이 최대의 사회적 선을 만들어 낼지에 대한 고려와 같이 사회의 법률 위에 위치하는 도덕법을 고려할 것이다. 이 단계에 있는 사람은 특히 자동차 안전이 문제가 될 수 있다고 생각할 경우 에블린이 상사를 반박하는 것이 최대의 사회적 선이라는 윤리 원칙에 일치하기 때문에 그녀는 상사를 반박해야 한다고 추론할 것이다. 그녀의 의무는 법률을 준수하는 선량한 사회 구성원이 되는 것을 뛰어 넘으며 상사가 옳다고 생각하는 대로 행동하는 것을 훨씬 뛰어넘는다. 5단계에 속한 사람은 정의와 권리 원칙에 대해서도 책임이 있다. 따라서 알고 있는 바를 보고하라는 법률이 없을지라도 5단계에 도달한 사람은 자동차 소비자의 안전에 대한 권리를 에블린이 말해야 할 중요한 이유로 간주할 것이다. 어떻게 해야 할지 결정할 때 5단계에 도달한 사람은 "법률은 뭐라고 말하는가?"라고 묻고 이어서 "그 법은 정의와 권리 원칙에 일치하는가?" 그리고 "무엇이 사회에 최선인가?"를 물을 것이다.

학생들은 종종 콜버그의 원칙 기반이라는 말에 혼란을 느낀다. 우리는 가끔 9/11 납치범들은 (자신들의) 원칙에 기초하지 않았느냐는 식의 질문을 받는다. 확실하게 대답하려면 그 납치범들을 면담해서 왜 그렇게 행동했는지 파악해야 하겠지만(지금은 그렇게 할 수 없다) 이에 대한 대답은 그들의 사고는 낮은 수준의 추론(예컨대 그렇게 하라고 시켰다, 천국에서 보상을 받기 위해 그렇게 했다 등)을 대표했을 가능성이 높다. 따라서 콜버그는 원칙에 입각한 사고의 자격을 갖추기 위한 원칙의 종류를 매우 엄격하게 제한한다는 점을 주의할 필요가 있다. 광범위하게 정의하면 레벨 III 원칙은 2장의 의무론에서 소개한 원칙과 유사한 정의와 권리의 원칙이다. 범법자들은 멕시코의 폭력 미약 집단 조직원이 자신의 조직원들에게 윤리 원칙을 교육시킨다고 주장하는 것과 같은 부류의 원칙을 들먹인다. 그러나 (예컨대 금주(禁酒)와 같은) 이런 원칙은 조직원들이 규칙을 지키게 하고 이 집단의 권위에 복종시키기 위한 것이다. 이 사례의 윤리 트레이너는 살인을 명령하고 젊은 여성들로 매춘 조직을 운영한 혐의로 기소되었다. 정의와 권리 원칙은 그런 행동을 지지하지 않는다.[20]

마지막으로 '그렇게 하지 않으면 신이 내게 벌을 줄 것이기 때문에 나는 언제나 내 종교가 하라는 대로 한다.'라는 원칙은 원칙에 기반을 둔 사고(思

---

20) "Cartel Tells Smugglers to Live 'Clean' Life," Yahoo! News, 2009년 4월 20일.

★)로서의 자격이 없을 것이다. 콜버그의 모델에서는 이런 유형의 사고는 무조건적 복종과 처벌에 대한 두려움에 기초를 두고 있기 때문에 실제로는 낮은 수준의 인지 도덕 발달을 나타낸다. 흔히 황금률과 같은 종교 규범은 정의와 권리 이론과 일치한다. 원칙 기반 의사 결정자로 여겨지려면 특정 종교 당국을 맹목적으로 따르지 말고 윤리 상황을 (정의와 권리 원칙에 따라 추론해서) 스스로 생각할 수 있어야 한다.

그러니 누군가가 원칙 기반이라는 말을 사용한다는 이유만으로 혼동하지 마라. 인지 도덕 발달 관점에서 원칙에 기반을 두려면 정의와 권리 등 보다 큰 선에 기초해서 자율적으로 결정에 도달해야 한다.

콜버그의 이론을 이해하려면 그의 이론이 인지 이론이라는 점을 기억해야 한다. 중요한 점은 특정 결정에서의 추론 과정이지 이와 관련된 고려사항들이 아니다. 이러한 고려사항들이 최종 결정에 영향을 줄 수는 있지만 여기에서 중요한 점은 추론 과정이다.

이번 장의 끝에 나오는 인지 도덕 발달 연습은 당신의 인지 도덕 발달 이해 정도를 테스트할 것이다. 지금 이 테스트를 해볼 수도 있다.

여성과 남성은 다른가? 1982년에 심리학자 캐럴 길리건은 여성의 인지 도덕 발달에 관한 저서 『다른 음성으로』(In a Different Voice)를 발간했다. 길리건은 콜버그가 남자 아이들만 연구했기 때문에 그의 이론에는 흠이 있다고 주장했다. 길리건의 연구는 콜버그의 보다 높은 도덕 추론 단계에서 거의 전적으로 정의에 초점을 맞추는 데 의문을 제기했다. 길리건은 여성은 관계를 강조하는 '돌봄의 도덕성'을 사용할 가능성이 더 높다고 주장하며 다른 사람을 돌봄, 다른 사람에 대한 책임, 상호 의존 관계 지속과 관련된 이슈를 제기했다.[21]

---

21) C. Gilligan, In a Different Voice (Cambridge, MA: Harvard University Press, 1982).

길리건의 주장은 많은 관심을 받았지만 그녀의 아이디어를 기업체에서 일하는 성인들에게 적용할 여지는 상당히 제한되어 있다. 남녀 의과 대학 학생들의 도덕 추론을 비교한 길리건 자신의 연구는 성별에 따른 유의미한 차이를 발견하지 못했는데 이는 남녀 모두 의료계의 강력한 사회화와 문화 규범에 큰 영향을 받는다는 점을 시사한다.[22] 이와 유사하게 길리건 이론에 근거한 기업체 매니저들에 대한 인터뷰 연구는 성별에 따른 차이를 발견하지 못했다.[23] 직장에서의 도덕 갈등을 묘사한 매니저 중 한 명을 제외한 (남녀) 매니저들은 도덕 추론을 돌봄이 아닌 권리에 기초했다. 마지막으로 콜버그의 이론에 기초한 많은 인지 도덕 발달 연구들은 설사 성별에 따른 차이가 있다 해도 그 차이는 아주 작을 뿐임을 발견했다. 흥미롭게도 성별에 따른 차이가 발견된 경우 여성들은 일반적으로 남성들보다 정의에 근거한 추론에서 더 점수가 높았다.[24] 최근 비즈니스 윤리 연구자들은 성별 차이 문제에 대해 추가로 연구할 필요가 없다고 조언한다.[25]

이제 윤리적 행동을 위한 두 번째 요건인 옳은 일하기, 또는 윤리적 행동 실행을 살펴보자. 사람들이 윤리적으로 행동하기 위해서는 먼저 어떤 행동이 윤리적으로 옳은지 결정해야 하는데 이는 아마도 주로 그들의 윤리 인식이나 윤리 판단(인지 도덕 발달 단계)에 의존한다는 점을 상기하라.

위와 주위 바라보기   인지 도덕 발달에 대한 이해가 매우 중요한 이유 중 하나는 대부분의 성인은 인지 도덕 발달의 인습 수준(레벨 II)에 있기 때문이

22) C. Gilligan and J. Attanuci, "Two Moral Orientations," Mapping the Moral Domain, C. Gilligan, J. V. Ward, and J. M. Taylor 편 (Cambridge, MA: Harvard University Press, 1988), 73-86쪽에 수록된 글.
23) R. Derry, "Moral Reasoning in Work-Related Conflicts," Research in Corporate Social Performance and Policy 9권 (1987): 25-50쪽.
24) M. Rest, Moral Development: Advances in Research and Theory (New York: Praeger, 1986).
25) M. L. Ambrose and M. Schminke, "Sex Differences in Business Ethics: The Importance of Perceptions," Journal of Managerial Issues 11권, no. 4 (1999): 454-474쪽; Kish-Gephart 외, "Bad Apples, Bad Cases."

다. 이는 그들이 무엇이 옳은지 그리고 어떻게 행동해야 하는지 판단할 때 외부의 영향을 받기 쉽다는 것을 의미한다. 무엇이 옳은지에 대한 그들의 결정과 취할 가능성이 있는 행동은 다른 사람들의 생각, 말, 행동과 밀접하게 연결되어 있다. 우리는 이를 윤리에 관한 지침을 얻기 위해 '위와 주위 바라보기'라고 부른다.[26)]

이런 개인들은 내면의 도덕 나침반을 엄격히 따르는 자율적인 의사 결정자가 아니다. 이들은 상사와 동료가 어떻게 행동하고 어떻게 말하는지 알아보기 위해 위와 주위를 바라보며 이러한 단서들을 자신의 행동에 대한 지침으로 사용한다. 그러므로 대부분의 사람들은 보상 시스템, 역할에 따른 기대, 권위 있는 인물의 요구, 집단 규범의 결과 자신에게 요구되는 바대로 할 가능성이 높다. 그래서 이 책의 나머지 부분은 윤리적 행동에 미치는 외부의 영향에 집중한다. 또한 그렇기 때문에 매니저들이 윤리적 행동을 지원하는 업무 환경을 조성하고 부하 직원들을 올바른 방향으로 이끌 필요가 있다. 종업원들의 대다수는 지침을 찾기 마련인데 매니저와 동료들이 올바른 방향으로 이끌고 지원하는 방향으로 인도하면 그들도 옳은 일을 할 것이다.

자율적이고 원칙에 기초한 사고와 행동 보다 높은 단계의 사고는 이러한 외부 영향들로부터 독립적이다. 인습 이후 원칙 기반 사색가는 정의와 권리에 기초한 원칙에 따라 윤리 의사 결정을 안내한다. 연구에 의하면 이런 사람들은 원칙에 기초한 의사 결정과 일치하게 행동할 가능성도 높다. 즉, 그들은 자신이 옳다고 생각하는 바를 완수하고 실행할 가능성이 높다. 또한 보다 원칙에 기초한 개인들은 덜 속이고, 권위 있는 사람으로부터의 압력에 저항하고, 도움이 필요한 사람을 더 잘 도와주고, 비리 행위에 대해

---

26) R. Jackall은 Moral Mazes (New York: Oxford University Press, 1988)에서 이 표현을 다른 의미로 사용했다.

내부고발할 가능성이 더 높은 것으로 드러났다.[27] 따라서 이 이론에 의하면 엔론의 CEO 케네스 레이에게 너무 늦기 전에 이 회사의 금융사기를 다루도록 설득하려 했던 세런 왓킨스 같은 내부고발자들은 원칙 기반 사색가일 가능성이 높다. 그러나 매니저들은 대부분의 조직에서 레벨 Ⅲ에 속하는 개인들은 소수파임을 기억할 필요가 있다. 정의와 권리의 원칙에 기초한 자율적 의사 결정은 일반적이라기보다는 예외적이다.

또한 인지 도덕 발달은 특정 수준에서 윤리 딜레마에 대해 추론할 '용량'을 나타내며, 자신의 용량 아래 수준에서 행동할 수도 있음을 명심해야 한다. 그러나 인지 도덕 발달 이론은 생각하는 수준과 행동하는 수준이 다른 데에서 오는 인지적 긴장 때문에 이러한 불일치는 오래 계속되기 어려울 것이라고 주장한다.[28] 그런 사람은 '이것은 옳지 않은데 나는 왜 이 일을 하고 있는 거지?' 라고 생각할 것이다. 그래서 원칙 기반 수준에 도달한 사람이 비윤리적인 행동을 하도록 요구되면 그 상황을 변화시키려 하거나 조직을 떠날 가능성이 높을 것이다.

매니저들이 기억할 요점은 인지 도덕 발달 이론과 연구는 자신이 관리하는 대부분의 사람들은 매니저의 행동, 말, 보싱에 큰 영향을 받는다는 점이다. 그들은 매니저와 동료들로부터 지침을 구하기 위해 위와 주위를 바라보는 '좋은 군인들' 이며 주위에서 보는 대로 모방할 가능성이 높은 사람들이라고 생각될 수 있다. 그러므로 매니저들은 업무 환경을 윤리적 행동을 지원하도록 조직화할 책임이 있다. 매니저가 이 책임을 회피하면 종업원들은 동료 등 다른 곳에서 지침을 구할 텐데 그들이 받는 지침은 윤리적 행동을 지원하지 않을 수도 있다.

---

27) L. K. Treviño, "Moral Reasoning and Business Ethics," Journal of Business Ethics 11권 (1992): 445-459쪽.

28) S. J. Thoma, and J. R. Rest, "The Relationship between Moral Decision Making and Patterns of Consolidation and Transition in Moral Judgment Development," Developmental Psychology 35권 (1999): 323-334쪽.

극히 일부의 사람들은 인습 이전 단계의 사고를 결코 넘지 못할 수도 있다. 그런 개인들은 '어디로 튈지 모르는 사람'이라고 여겨질 수 있다. 그들은 처벌되지만 않는다면 무슨 짓이든 저지를 수 있다. 이런 사람들에게는 면밀한 감독과 선을 넘을 경우 명확한 징계가 필요하다.

원칙 기반 도덕 추론 수준에 도달한 사람들이 선발되어서 핵심 의사 결정집단을 이끌고 윤리적 모호성이 발생할 수 있는 상황을 관리하며 조직을 이끌어야 한다. 집단에서의 윤리 의사 결정에 관한 연구 결과 덜 원칙에 기초한 사람들이 집단을 이끌 경우 이 집단의 윤리 의사 결정 성과가 떨어짐이 발견되었다. 리더의 도덕 추론이 높은 집단은 성과가 개선되거나 같은 수준을 유지한다.[29] 또한 조직의 리더가 높은 인지 도덕 발달 수준을 보이면 조직 전체의 윤리 풍토가 더 강해진다. 리더가 자신의 윤리 추론 용량과 일치하게 선택하는 경우와 리더의 영향을 더 많이 받는 신생 조직의 경우 특히 더 그렇다. 마지막으로 종업원들과 조직의 리더들의 인지 도덕 발달 수준이 유사할 경우 종업원들의 만족도와 조직에 대한 충성도가 높아진다. 특히 리더의 인지 도덕 발달이 종업원의 도덕 발달보다 낮을 경우 종업원 만족과 충성도에 부정적인 영향을 준다.[30]

인지 도덕 발달 연구자들에 의해 고안된 도구를 사용해서 인지 도덕 발달을 평가할 수 있다. 도덕 추론은 또한 교육을 통해 향상될 수 있다. 콜버그를 포함한 동료들과 학생들은 오랫동안에 걸쳐 인지 도덕 발달 이론에 근거한 교육 방법을 개발했다. 이러한 교육에서 진행자들은 교육생들에게 가상의 윤리 딜레마를 주고 토론하게 한다. 진행자는 참가자의 사고에 도전하고 개인들에게 자신의 추론단계보다 높은 단계를 접하게 함으로써 이

---

29) J. Dukerich, M. L. Nichols, D. R. Elm, and D. A. Vollrath, "Moral Reasoning in Groups: Leaders Make a Difference," Human Relations 43권 (1990): 473-493쪽.

30) M. Schminke, M. L. Ambrose, and D. O. Neubaum, "The Effect of Moral Development on Ethical Climate and Employee Attitudes," Organizational Behavior and Human Decision Processes 97권 (2005): 135-151쪽.

들이 윤리 추론 단계를 높이도록 촉진한다. 이 방법은 인지 갈등을 조성해서 참가자들에게 질문하게 하고 궁극적으로 자신의 추론을 상위 단계로 끌어올리게 한다. 연구 결과는 치과 대학, 의과 대학, MBA 과정에 재학 중인 성인들에게 이런 유형의 교육이 효과적임을 지지한다.[31] 매니저들은 이 아이디어를 자기 회사 윤리 교육에 반영할 수도 있다.

통제 위치

통제 위치(locus of control)는 윤리적 행동에 영향을 주는 것으로 밝혀진 또 다른 개인의 특성이다.[32] 통제 위치란 자신이 인생의 사건에 얼마나 많은 영향력을 행사하는가에 대한 개인의 인식이다. 통제 위치는 높은 내부 통제 위치부터 높은 외부 통제 위치 사이에 존재하는 연속체로 생각될 수 있다. 높은 내부 통제 위치를 가진 사람은 결과물은 자신의 노력의 산물이라고 믿는 반면, 외부 통제 위치가 높은 사람은 인생의 사건들은 주로 운명, 요행, 또는 힘이 있는 다른 사람들에 의해 결정된다고 믿는다.

외부 통제 위치 ◀━━━━━━━▶ 내부 통제 위치

통제 위치는 다른 사람들과 사회 환경의 상호 작용을 통해 장기간에 걸쳐 개발된다. 그러나 특정 시점에서 통제 위치는 사람을 서로 구별하는 안정적인 개인 특성이라고 생각될 수 있다. 통제 위치가 보다 내부에 있는 사람도 있고 보다 외부에 있는 사람도 있다. 이 점에서 통제 위치는 모든 상황에서 사람의 사고와 행동을 특징짓는 성격(personality trait)과 유사하다. 통

---

31) L. K. Treviño, "Moral Reasoning and Business Ethics," Journal of Business Ethics 11권(1992): 445-459쪽.
32) J. B. Rotter, "Generalized Expectancies for Internal versus External Control of Reinforcement," Psychological Monographs: General and Applied 80권 (1966): 1-28쪽.

제 위치는 상황에 따라 옮겨가지 않는다. 그러므로 "이 상황에서는 상사가 내게 숫자를 날조하게 했기 때문에 내 통제 위치는 외부적이었다."라고 말하는 것은 적절하지 않다. 이 상황에서 변한 것은 상사가 행사한 통제이지 종업원의 통제 위치가 아니다.

내부 통제 위치를 지닌 종업원이 통제하는 상사 밑에서 일하는 경우 뭔가 부적절한 일을 하라는 상사의 요구에 대해 마음이 불편할 것이다. 따라서 높은 내부 통제 위치 때문에 이 종업원은 상사의 영향에 저항하고 보다 성향이 맞는 상사와 업무 환경을 찾아 옮겨갈 기회를 모색할 가능성이 높다. 외부 통제 위치를 지닌 종업원은 자신의 운명이 상사의 손에 달려 있다고 생각해서 상사가 요청하는 대로 할 가능성이 높다.

주의할 점: 통제 위치가 손쉽게 옮겨지지는 않지만 강력한 삶의 개입이나 강력한 상황으로 인해 장기적으로는 변할 수도 있다. 예를 들어 높은 내부 통제 위치를 지닌 사람이 풀려날 가망이 거의 없는 전쟁 포로가 될 경우 장기적으로 보다 외부의 통제 위치를 발전시킬 가능성이 높다.

윤리 판단과 행동에 대한 관계　통제 위치가 어떻게 윤리 판단과 행동에 관계되는가? 그것은 자신의 행동에 대한 책임지기와 많은 관계가 있는 듯하다. 첫째, 자신의 판단에 있어서 높은 내부 통제 위치를 지닌 사람들은 외부 통제 위치를 지닌 사람들보다 자신의 행동과 그 사이의 관계를 보다 명확히 아는 듯하다. 내부 통제 위치를 지닌 사람들은 자신이 삶에서 일어나는 일들에 대해 통제하고 있다고 생각한다. 따라서 그들은 자신의 행동에 대한 책임을 질 가능성이 높다. 그런 사람들이 "그건 내 책임이 아니다. 나는 그저 여기서 일하고 있을 뿐이다." 또는 "나는 그저 지시대로 따랐을 뿐이다."라고 말하기는 어려울 것이다. 개인이 자신의 행동에 대해 책임을 지면 그 사람은 보다 윤리적으로 행동할 가능성도 높은 듯하다. 예를 들어 연구 결과 통제 위치가 내부에 있는 사람들은 남을 도와주면 손해를 본다

할지라도 도와줄 가능성이 더 높다는 사실이 발견되었다.[33]

통제 위치가 내부에 있는 사람들은 자신이 자기 운명에 대해 책임이 있다고 생각한다. 그러므로 그들은 남들로부터 자신이 옳지 않다고 생각하는 일을 하라는 압력을 덜 받아들이려 한다. 어느 재미있는 연구에서 연구 참가자들에게 주인공이 사회 규범을 위반하라는 압력을 받고 있는 상황에 관한 이야기를 마무리하라고 요청했다.[34] 참가자의 통제 위치가 내부에 있을수록 주인공이 그 압력에 저항하는 방향으로 이야기가 마무리될 가능성이 높았다. 권위에 대한 복종 실험에서(7장에서 보다 자세히 설명됨) 통제 위치가 외부에 있는 사람들은 실험자가 지시하면 통제 위치가 내부에 있는 사람들보다 누군가에게 해로워 보이는 전기 충격을 가할 가능성이 더 높았다.[35]

매니저들에게는 자신과 부하 직원들이 통제 위치 연속체상의 어느 지점에 위치하고 있는지 알면 도움이 될 수 있다. 그러면 종업원들이 윤리 상황 등 다양한 상황에서 어떻게 생각하고 어떻게 대응할지 이해하는 데 도움이 될 수 있다. 예를 들어 나쁜 성과나 윤리적 잘못에 대해 계속 불운이나 기타 외부 요인들을 비난하는 노동자들은 외부 통제 위치 때문에 그렇게 반응하고 있을 수도 있다. 즉, 그것이 바로 그들이 세상을 바라보는 방식이다. 매니저들은 일관성 있게 그들이 자신이 한 일에 대해 책임지게 함으로써 자신의 행동과 결과 사이의 관계를 알도록 도움을 줄 수 있다. 그 결과 그들의 통제 위치가 장기적으로 자신의 행동의 결과에 대해 보다 더 책임

33) E. Midlarski, "Aiding under Stress: The Effects of Competence, Dependency, Visibility, and Fatalism," Journal of Personality 39권 (1971): 132-149쪽; E. Midlarski, and M. Midlarski, "Some Determinants of Aiding under Experimentally Induced Stress," Journal of Personality 41권 (1973): 305-327쪽; E. M. Ubbink, and S. W. Sadava, "Rotter's Generalized Expectancies as Predictors of Helping Behavior," Psychological Reports 35권 (1974): 865-866쪽.

34) R. C. Johnson, J. M. Ackerman, H. Frank, and A. J. Fionda, "Resistance to Temptation and Guilt Following Yielding and Psychotherapy," Journal of Consulting and Clinical Psychology 32권 (1968): 169-175쪽.

35) L. R. Propst, "Effects of Personality and Loss of Anonymity on Aggression: A Re-evaluation of Deindividuation," Journal of Personality 47권 (1979): 531-545쪽.

감을 느끼는 방향으로 이동할 수도 있다.

마키아벨리주의

내부 통제 위치와 원칙에 기초한 사고는 일반적으로 윤리적 행동과 관련이 있지만, 또 다른 개인차 중 하나인 마키아벨리주의는 비윤리적 행동과 관련이 있었다. 당신은 아마 어떤 대가를 치르든 또는 다른 사람에게 어떤 영향을 주든 이기기 위해 이기적이고, 기회주의적이고, 기만적이고, 사람을 제멋대로 조종하는 방식으로 행동하는 사람을 마키아벨리주의자라고 부르는 것을 들어보았을 것이다. 마키아벨리주의라고 알려진 개성은 자기에게 이익이 되는 결과를 달성하기 위해 명백히 비윤리적이지는 않을지라도 도덕관념이 없는 실용적 리더십 스타일을 증진하는 것과 관련이 있는 16세기 철학자, 정치가, 정치 이론가 니콜로 마키아벨리를 따서 이름이 붙여졌다. '목적이 수단을 정당화한다.' 라는 사고는 흔히 마키아벨리와 관련된다. 마키아벨리는 자신의 유명한 저서 『군주론』에서 "통치자는 할 수 있으면 선을 행해야 하지만 반드시 해야 할 경우에는 악을 저질러야 한다."라는 유명한 말을 했다.[36] 개인의 마키아벨리주의를 평가한 어느 설문 조사 연구는 마키아벨리주의가 높은 개인들은 의도가 비윤리적이고 거짓말, 부정, 뇌물 수령 등의 비윤리적인 행동에 관여할 가능성이 매우 높음을 발견했다.[37] 마키아벨리주의자들은 전체 조직을 위험에 빠뜨릴 수 있는 이기적

---

36) "Niccolo Machiavelli," Stanford Encyclopedia of Philosophy online (Metaphysics Research Lab, CSLI, Stanford University); 주소 http://plato.stanford.edu/entries/machiavelli/.

37) Kish-Gephart 외, "Bad Apples, Bad Cases"; W. H. Hegarty and H. P. Sims, "Organizational Philosophy, Policies, and Objectives Related to Unethical Decision Behavior: A Laboratory Experiment," Journal of Applied Psychology 64권 (1979): 331-338쪽; S. Flynn, M. Reichard, and S. Slane, "Cheating as a Function of Task Outcome and Machiavellianism," Journal of Psychology 121권 (1987): 423-427쪽; G. E. Jones and M. J. Kavanagh, "An Experimental Examination of the Effects of Individual and Situational Factors on Unethical Intentions in the Workplace," Journal of Business Ethics 15권 (1996): 511-523쪽.

인 행동에 관여할 가능성이 높으므로 매니저들은 마키아벨리주의자라고 생각하는 종업원들을 잘 감시해야 한다. 또한 조직들은 입사 지원자들을 평가할 때 성격 유형에 마키아벨리주의를 포함할 수도 있을 것이다.

도덕 이탈 기제

도덕 이탈(moral disengagement)[38]이라는 말의 배후에는 사람들은 좋은 행동의 기준을 내면화해서 이 기준에 비춰서 자신의 행동을 판단하기 때문에 우리들 대부분은 대체로 윤리적으로 행동한다는 아이디어가 깔려 있다. 비윤리적인 행동을 할 때 우리는 죄책감을 느껴서 이를 단념한다. 우리 모두는 아마 그 과정을 인식하고 있을 것이다. 그러나 연구 결과 개인에 따라 8개의 도덕 이탈 기제를 통해 그러한 자제 시스템을 비활성화하는 성향이 높거나 낮음이 발견되었다. 이러한 도덕 이탈 기제는 사람들이 꺼림칙함을 느끼지 않으면서 비윤리적 행동에 관여하게 해준다.

도덕 이탈 기제는 세 개 범주로 나눌 수 있다. 이 중 하나는 나쁜 행동을 더 받아들일 만한 행동으로 보이게 하는 사고방식과 관련이 있다. (앞에서 윤리 인식과 관련해서 논의한) 완곡어 사용이 이 범주의 기제 중 하나다. 또 다른 기제는 비윤리적 행동이 사회적으로 가치 있는 결과에 기여하기 때문에 괜찮다고 생각되는 도덕적 정당화다. 예를 들어 모기지 대출자들은 자신들이 그렇게 해주지 않으면 '아메리칸 드림'에 참여하기 위해 집을 살 능력이 없는 개인들을 도와주고 있다고 생각했기 때문에 사람들에게 무서류 대출을 해줘도 무방하다고 믿었을지도 모른다. 유리한 비교라 불리는 이와 관련된 도덕 이탈 전술이 있는데, 이 전술에서는 사람들이 자신의 행동을 더 꺼씸한 행동과 비교해서 자신의 행동을 상대적으로 괜찮아 보이게 한다. 예를 들어 위의 모기지 대출자가 자기 사무실의 동료들은 고객에게 아무런 상담

---

38) A. Bandura, Social Foundations of Thoughts and Actin: A Social Cognitive Theory (Englewood Cliffs, NJ: Prentice Hall, 1986).

도 해주지 않으면서 수수료 챙기기에만 급급한 데 반해 자기는 고객에게 매월 모기지 원리금을 납부하고 신용카드 빚을 지지 마라고 상담해 주기 때문에 자신의 모기지 대출 실행을 괜찮다고 생각할 수도 있다.

도덕 이탈 기제의 두 번째 범주는 나쁜 결과에 대해 결과를 왜곡하거나 개인의 책임을 축소하는 것과 관련이 있다. 예를 들어 책임 면탈에서는 사람들이 자신의 행동을 권위 있는 사람이 시킨 결과('내 상사가 하라고 시켰다')라고 생각함으로써 자신의 책임을 줄이려 한다. 책임 분산에서는 개인들이 다른 사람이나 집단을 지목함으로써 자신의 책임을 줄이려 한다('그것은 내 일이 아니다' 또는 '우리 팀이 그 결정을 내렸다'). 결과 왜곡에서는 개인들이 부정적 결과를 실제보다 덜 심각하게 생각한다(내 비용 보고서에 숫자를 날조하더라도 '별 일이 아니다').

도덕 이탈 기제의 세 번째 범주는 비윤리적 행동의 희생자와의 일체감을 줄인다. 비인간화에서는 피해를 입게 될 사람들은 다르거나 어리석거나 심지어 인간이 아니라고 생각되기 때문에 윤리적 고려를 할 가치가 덜한 존재로 만든다. 이 기제는 집단 학살을 저지르는 사람들의 특징적인 사고다. 모기지 대출자들은 상환 능력이 없는 대출을 받는 사람들은 멍청하고 고려할 가치가 없는 사람들이라고 생각했을 수도 있다. 비난 귀속은 여러 이유로 희생자에게 비난을 돌린다('그것은 그들의 잘못이다').

이 기제들은 상황에 따라 적용되는 정도가 다르다. 예를 들어 당신의 상사가 권위주의적이고 비윤리적이라면 책임 면탈이 다른 전술들보다 자주 사용될 수 있을 것이다('내 상사가 시켰다'). 그러나 연구 결과는 일부 개인들은 상황 여하와 무관하게 전반적으로 이런 유형의 사고에 관여할 가능성이 더 높음을 보여준다. 그리고 도덕 이탈 성향이 높은 사람들은 다른 사람에 대한 공감이 낮고 보다 냉소적이며 자신의 행동을 우연 또는 운명으로 보고(통제 위치가 보다 외부에 있다) 자신의 다른 정체성에 비해 도덕 정체성이 낮은 (자신을 윤리적 존재로 보는 생각이 부족하다) 경향이 강하다. 가장 중요한 점으로서 이런 사람들은 비윤리적으로 행동할 가능성이 높다.[39]

지도 교수가 제공하는 짧은 질문지를 통해 자신의 도덕 이탈 성향을 테스트해 볼 수도 있을 것이다. 그리고 당신의 마음에 떠오르거나 또는 다른 사람들과의 토론에서 나오는 정당화에 주의를 기울임으로써 그러한 성향을 줄일 수 있다. 다음과 같은 생각이 든다면 (또는 누군가가 회의에서 이렇게 얘기하는 말을 듣는다면) 당신이 하려고 하는 일이 옳은지 '멈춰서 생각해 보라.'

그것은 내 책임이 아니다. — 내 상사가 그렇게 시켰다.

그것은 내 책임이 아니다. — 우리 팀이 그렇게 결정했다.

그것은 별 일이 아니다.

그것은 (다른 사람이 하고 있는 일만큼) 나쁘지는 않다.

그들은 그런 대우를 받을 만하다.

그들의 자업자득이다.

좋은 윤리 판단 촉진 요소와 장애 요소

앞 섹션에서는 개인들을 구분시키는 특성들을 논의했다. 그러나 개인차와는 별도로 우리 인간은 모두 좋은 윤리 판단을 촉진하거나 방해할 수 있는 사고방식을 공유한다. 2장에서 제공된 단계들은 윤리 결정이 어떻게 내려져야 하는지 묘사하는 합리적이고 윤리적인 의사 결정 과정을 가정한다.

39) J. R. Detert, L. K. Treviño, and V. L. Sweitzer, "Moral Disengagement in Ethical Decision Making: A Study of Antecedents and Outcomes," Journal of Applied Psychology 93권(2008): 374-391쪽.

그러나 연구 결과에 의하면 인간의 실제 의사 결정은 이처럼 합리적인 이상과 부합하지 않는다. 사람들은 일반적으로 합리적으로 의사 결정을 하려 하지만 때로는 그렇게 하지 않는다.

최근에 심리학자들은 인간의 의사 결정에 많은 약점과 편향이 있음을 발견했다.[40] 이 약점들 중 일부는 조직 내의 의사 결정과 2장에서 주어진 조언에 직접 관련된다.[41] 그러니 이번 장의 이 부분을 일종의 현실성 점검으로 생각하라. 자신과 다른 사람의 윤리적 행동을 관리하려면 사람들이 어떻게 생각해야 하는지 뿐만 아니라 실제로 어떻게 생각하는지 이해할 필요가 있다.

배경 지식으로서 우리가 논의할 인지상의 약점과 편향은 주로 사람들이 불확실성을 줄이고 자기 주위의 세계를 단순화하려 하기 때문에 작동한다는 점을 인식하라. 불확실성은 조직 생활상 불가피한 현실이지만 비즈니스에 종사하는 사람들은 자신이 직면하는 불확실성을 부인하고 싶어 한다. 따라서 그들은 세상이 합리적이고 자신이 통제하고 있는 듯이 행동하는 경향이 있다. 사건들을 '통제하고' 예측할 수 있는 능력은 특히 비즈니스에서는 매우 가치 있게 여겨지는 특성이다. 그러나 상황 통제에 대한 이러한 강조야말로 매니저들을 어려움에 빠뜨릴 수 있는 환상이다. 리스크, 영향 받을 가능성이 있는 당사자, 행동의 모든 결과들에 관한 모든 사실을 알지 못할 경우에는 어떻게 할 것인가? 다음에서 의사 결정의 약점 및 편향들에 대해 인식하고 의사 결정에 이의 영향을 최소화하기 위한 조치들을 명시적으로 반영하는 것이 이러한 약점과 편향을 피하는 최선의 방법임을 알게 될 것이다.

---

40) M. H. Bazerman, Judgment in Managerial Decision Making (New York: Wiley & Sons, 1994).
41) D. M. Messick and M. Bazerman, "Ethical Leadership and the Psychology of Decision-Making," Sloan Management Review (1996년 겨울 호): 9-22쪽.

사실 수집에 관해 생각하기

2장에서 우리는 좋은 윤리 의사 결정의 중요한 첫 단계로 '사실을 수집'하라고 조언했다. 그러나 자신의 사실 수집에 관한 사고가 편향될 수 있음에 조심하라. 그릇된 사실을 찾거나 이미 필요한 모든 사실을 갖고 있다고 생각해서 너무도 빨리 사실 파악을 중단할 수도 있다고 암시하는 리서치 증거들이 있다.

경영학을 공부하는 학생과 기업체 임원을 포함한 대부분의 사람들은 사실에 관한 자신의 지식을 과신한다. 예를 들어 연구 조사에서 사람들에게 사실에 관한 질문을 하고 그들의 답이 맞을 확률을 판단하도록 요청했다. 예를 들어 "로마와 뉴욕 중 어느 도시가 더 북쪽에 위치하고 있는가?"라는 질문에 대한 대답에서 대부분의 사람들은 뉴욕을 선택했고, 자신이 옳을 확률이 약 90%라고 믿었다. 실제로는 그들이 틀렸다. 로마가 약간 북쪽에 있다. 너무 자신이 있으면 사실을 찾아보려는 추가적인 노력을 기울이지 않거나 자신이 갖고 있는 사실에 대한 근거 자료를 찾지 않는다.[42]

추가적인 사실이나 근거자료를 찾아볼 경우에도 확인의 덫이라 불리는 또 다른 인지상의 편향이 어떤 사실을 수집하고 어디를 찾아볼지에 관한 선택에 영향을 줄 수 있다.[43] 우리 모두 자신이 선호하는 대답이나 선택을 확인해 줄 정보를 찾고 우리가 틀렸음을 증명해 줄 수도 있는 정보는 소홀히 하는 경향이 있다. 당신이 (모기지 담보부 증권이 당시에 매우 수익성이 좋았기 때문에) 그 증권이 안전하다고 믿기 원하는 투자은행가라면 이를 뒷받침하는 정보를 구하고 "역사적으로 모기지의 몇 %가 부도났는가?"와 같은 질문을 할 가능성이 높다. 이 질문 하에서는 아마도 투자은행가가 관련 리스크를 과소평가할 것이다. 무서류 대출과 기타 새롭고 더 위험한 서브프라임 모기지(전통적인 모기지는 대략 주택 가격의 80%까지만 대출해 주고, 원리금을 상환할 수 있는 소득을 입증해야 하

---

42) 앞의 글.

43) M. H. Bazerman, Judgment in Managerial Decision Making (New York: Wiley & Sons, 1994).

며 대출 대상 주택 가격과 규모 등에 일정한 제한이 있었다. 이러한 요건들을 충족하지 못하는 모기지를 서브프라임 모기지라 한다. 역자 주)들 때문에 과거의 부도 양상에 의존하는 것은 더 이상 타당하지 않았다. 투자은행가가 "이러한 유형의 신상품에 앞으로 어떤 문제들이 발생할 수 있는가? 무엇이 변했는가? 우리가 생각하지 못한 것이 있는가?"와 같은 질문을 했더라면 다른 결론을 내렸을지도 모른다.[44)]

확인의 덫을 극복하기 위해 노력할 때 의식적으로 자신이 어떻게 틀릴 수 있는지 생각해 볼 필요가 있다. 개인과 집단의 의사 결정 과정에 "나/우리는 어떻게 틀릴 수 있는가?" "어떤 사실이 아직도 빠져 있는가?" "내/우리가 틀렸음을 증명할 수 있는 어떤 사실이 있는가?"와 같은 질문을 포함시키라. 여전히 몇 가지 중요한 사실을 놓칠 수 있지만, 이런 질문을 전혀 하지 않을 경우에 비해서는 중요한 사실을 덜 놓칠 것이다.

결과에 관해 생각하기

2장에서 우리는 당신의 결정이 다양한 이해관계자들에게 미칠 수 있는 모든 잠재적 결과들에 대해 생각하도록 조언했다. 누가 그런 현명한 조언에 토를 달 수 있겠는가? 그러나 심리학자들은 사람들이 결과에 대해 생각하는 방식에 관한 많은 문제들을 발견했다.

결과의 수 축소 고려하는 결과의 수를 줄이는 것이 사람들이 결정을 단순화해서 보다 관리할 만하게 만드는 방법 중 하나다. 사람들은 특히 소수의 사람들에게만 영향을 준다고 생각하는 결과들을 무시할 가능성이 높다. 그러나 소수에게만 영향을 주는 결과들이 심각할 수도 있다. 예를 들어 매우 유익한 어떤 약품이 많은 사람들에게 긍정적인 결과와 소수의 사람들에게 부정적인 결과를 가져올 수 있는데, 약의 부작용으로 소수의 사람들이

---

44) D. M. Messick and M. Bazerman, "Ethical Leadership and the Psychology of Decision-Making," Sloan Management Review (1996년 겨울호): 9-22쪽.

죽을 수도 있다면 어떻게 할 것인가?[45] 당신은 아무리 소수의 사람만 영향을 받는다 해도 그처럼 심각한 결과를 무시하고 싶지 않을 것이다. 이 상황을 의식적으로 다루기 위해 노력할 때 당신의 의사 결정에 이해관계가 있는 다양한 사람들과 상의하면 도움이 된다. 모든 이해 당사자, 특히 당신 의견에 동의하지 않는 사람들과 가장 잃을 것이 많은 사람들의 의견을 구하라. 그들에게 어떤 결과를 우려하는지, 그 이유는 무엇인지 물어 보라. 그리고 나서 이 결과들을 당신의 의사 결정에 포함시키라.

자신에 대한 결과 대 타인에 대한 결과 결과주의 이론은 사회, 즉 다양한 이해관계자에 대한 비용과 효용에 대해 생각하도록 요구한다. 그러나 심리학 연구에 의하면 사람들은 자기에게 이익이 되는 방향으로 결정하는 경향이 있다. 예를 들어 사람들은 특정 의사 결정이나 행동이 다른 사람에게 미치는 결과보다 자신에게 미치는 결과에 가중치를 높게 두는 경향이 있다. 이는 자신에게 미치는 결과가 보다 직접적이거나 즉각적이기 때문일 수 있다. 또한 다수의 대안들의 결과가 모호할 경우 사람들은 보다 공정한 대안보다 개인적으로 선호하는 대안을 선택하는 경향이 있다. (윤리 관점에서는) 설상가상으로 사람들은 자신이 얼마나 이기적인지와 얼마나 자신의 행동을 합리화하는지를 과소평가한다. 사람들은 자신의 인지상의 편향을 전혀 모른다. 이 점에서도 어떤 의사 결정 또는 행동에 의해 영향 받게 될 자신 외의 사람들을 의식적으로 고려하면 도움이 될 수 있다. 매니저는 부하 직원들에게 영향 받을 수 있는 개인들이나 집단들의 명단을 작성하고 의견을 구하도록 요청하거나 종업원들에게 이 이해관계자들의 입장에 서 있다고 상상하도록 노력하게 할 수 있다. 그들은 어떻게 반응하겠는가?[46]

---

45) 앞의 글.

46) G. Loewenstein, "Behavioral Decision Theory and Business Ethics: Skewed Trade-offs between Self and Other," *Codes of Conduct: Behavioral Research into Business Ethics*, D. M. Messick and A. E. Tenbrunsel 편(New York: Russell Sage, 1996)에 수록된 글.

리스크로서의 결과

리스크에 관한 의사 결정이라는 관점에서 생각하는 것이 결과에 대해 생각하는 한 가지 방법이다. 매니저는 리스크를 평가하는 일을 하고 있다. 그런데 연구 결과에 의하면 사람은 낙관주의 환상 때문에 잠재 리스크를 과소평가하는 경향이 있다. 앞으로 좋은 결과가 나올 가능성을 과대평가하고 나쁜 결과가 나올 가능성을 과소평가하는 것이다. 예를 들어 결혼의 약 절반이 이혼으로 끝나게 됨에도 불구하고 신혼부부들은 자신들의 결혼 관계는 영원할 거라고 아주 낙관적으로 생각한다. 그리고 일부 애널리스트들은 모기지 담보부 증권의 향후 전망에 대해 알면서 거짓말했을 수도 있지만, 많은 애널리스트들은 지나치게 낙관적이었고 주택 시장이 전국적으로 동시에 폭락해서 주택 시장 전체와 미국 경제를 붕괴시키지는 않으리라고 믿었을 가능성이 높다.

대부분의 사람들은 일반적으로 자신이 다른 사람들보다 리스크에 덜 취약하다고 믿는다. 이러한 믿음은 무슨 일이 일어날지에 대해 우리가 통제하고 있다는 일반적인 믿음을 뜻하는 통제 환상에 의해 뒷받침된다. 사건을 통제할 수 있다고 생각하면 나쁜 일들이 일어날 가능성이 낮다고 생각한다. 미국의 최상위 경영대학원 MBA 학생들에게도 이러한 통제 환상이 존재하고 있음이 밝혀졌는데 이 결과는 매니저들 또한 통제 환상에 취약할 수 있다는 점을 시사한다.[47] 이러한 인지상의 편향에 의해 판단에 영향을 받는 매니저는 특정 의사 결정의 결과 회사가 직면하게 될 리스크를 과소평가할 가능성이 있다. 그러나 매니저가 리스크를 무시하면 중요한 결과도 무시하게 될 것이다. 따라서 리스크를 무시하는 경향을 인식하고 의사 결정 과정에서 리스크 평가를 반영할 필요가 있다.

리스크에 주의를 기울일 경우에도 리스크에 대해 완전히 합리적으로 생

---

47) D. M. Messick and M. Bazerman, "Ethical Leadership and the Psychology of Decision-Making," Sloan Management Review (1996년 겨울호): 9-22쪽.

각하기는 어려운 과제다. 우리는 리스크를 얕보기에 기여할 수 있는 한 가지 경향은 이미 논의했다. 우리가 선호하는 결정을 확인하는 데 도움이 되는 정보에 주의를 기울이는 경향(확인 편향)이 그것이다. 탑승한 우주 비행사 전원이 사망한 유명한 우주 왕복선 챌린저 호 폭발 사고에서 누구나 리스크가 있다는 점을 알았다. 리스크가 얼마나 큰가, 그리고 리스크를 감당할 수 있는가가 문제였다. 많은 경제적, 정치적 요인들이 미국 항공우주국에 우주 왕복선을 발사하라고 압박했다. 교사가 탑승하고 있었기 때문에 언론 매체는 평상시보다 우주선 발사에 더 주의를 기울이고 있었다. 현재 연구자들은 확인 편향이 의사 결정자들에게 그들이 선호(우주 왕복선을 발사해도 된다)를 확인하는 정보에 초점을 맞추고 발사 지연을 지지했을 리스크에 관한 정보는 무시하도록 영향을 주었다고 믿는다.[48]

장기간에 걸친 결과: 투입 심화　결과에 대해 생각하라는 처방은 의사 결정은 따로 떨어진 선택이 아니라 때로는 보다 큰 의사 결정 또는 프로젝트의 맥락에서 일련의 선택들의 일부가 된다는 사실도 고려하지 못한다. 아래의 시나리오를 생각해 보라.

당신은 드디어 대학을 졸업하고 좋은 직장을 구해서 저축한 돈의 대부분을 꿈에도 그리던 중고 BMW 자동차에 투자했다. 그런데 얼마 지나지 않아서 차에 문제가 생기기 시작했다. 수리하러 갈 때마다 수리공은 완전히 고쳤다고 주장하지만 계속 문제가 발생하고 은행 잔고는 바닥났다. 당신은 차 수리를 그만둬야 하는가?

당신은 차를 사고 수리하는 데 이미 많은 돈을 투자했기 때문에 전에 선

---

48) 앞의 글.

택한 이 투자에 계속 돈을 투입하려는 경향이 있을 것이다. 이런 경향은 '패배하는 행로에 대한 투입 심화' 또는 '나쁜 돈을 좇아 좋은 돈을 내던지기' 라고 불린다.[49] 완벽하게 합리적인 의사 결정자라면 이미 투자된 시간과 돈을 '매몰 비용' 으로 간주할 것이다. 매몰 비용은 회수될 수 없으며 어떻게 할지 결정할 때 고려되어서는 안 된다. 오직 장래의 비용과 효용만 고려되어야 하지만 그러기는 어렵다. 우리 사회와 조직에서의 규범들이 특정 행로를 시도하고, 계속하고, 고수하도록 지원한다. 또한 다른 사람이 관련되어 있을 경우 우리는 원래의 결정(자동차, 장비, 또는 땅을 사기로 한 결정)을 정당화할 필요를 느낄 가능성이 있다.

따라서 진행 중인 프로젝트에 계속 투자할 것인지 결정해야 하는 상황이라면 조심하라. 다른 많은 편향의 경우에서와 마찬가지로 투입 심화를 극복하는 한 가지 방법은 이 현상이 존재함을 인식하고 이를 조정하기 위해 노력하는 것이다. 실패는 원래의 결정을 나빠 보이게 할 것이라는 이유만으로 특정 결정에 계속 매달리고 있지는 않는지 명시적으로 물어 보라. '만일 내가 개인적으로 투자한 것 없이 오늘 이 프로젝트를 떠맡는다면 이를 계속 지지할 것인가?' 라고 자문해 보라. 또 다른 방법은 외부인을 데려와 그들의 의견을 물어 보거나, 해당 프로젝트를 그들에게 완전히 넘기는 것이다. 그러면 자아(ego)를 의사 결정 과정에서 빠져나오게 한다.

올곧음에 관해 생각하기

2장에서 우리는 자신의 성품과 올곧음에 관해 생각하도록, 즉 매우 윤리적인 공동체에 속한 올곧은 사람이라면 특정 상황에서 어떻게 행동할지 물어 보라고 조언했다. 그러나 여기에서도 인지상의 편견이 방해가 될 수 있다. 첫째, 자신에 관한 생각이 실제가 아니라 환상에 의해 통제된다면 어떻

49) B. M. Staw and I. Ross, "Understanding Escalation Situations," Research in Organizational Behavior, 9권, B. M. Staw and L. L. Cummings 편(Greenwich, CT: JAI Press, 1987)에 수록된 글.

게 자신의 올곧음에 대해 올바른 결정을 내리겠는가? 여기서의 기본 아이디어는 사람들이 자신의 윤리에 관해 긍정적으로 생각할 가능성이 있다는 점이다. 사람들은 긍정적인 자아상을 유지하기 위해 정보를 여과하고 왜곡한다. 심리학자들은 사람들에게 우월성 환상 또는 도덕성 환상이 있음을 안다. 조사에 의하면 사람들은 자신이 대부분의 다른 사람들보다 윤리적이고 공정하며 정직하다고 생각하는 경향이 있다.[50] 대부분의 개인들이 평균적인 사람들보다 정직하거나 동료들보다 윤리적이라고 주장하는 것은 명백히 환상에 지나지 않는다. 이는 모든 아이들이 평균보다 낮다는 게리슨 케일러 (라디오 버라이어티 쇼 '프레리 홈 컴패니언'에 나오는) 신비한 워비곤 호수와 유사하다. 이 문제에 관에서는 자신에 대해 정직해지려고 노력하는 것 외에는 할 수 있는 일이 별로 없다. 그러나 이런 종류의 환상이 나쁜 의사 결정으로 인도할 수 있다. 예컨대 의사들이 자신들은 윤리적이고 자신의 의사 결정이 영향 받지 않을 것으로 확신하기 때문에[51] 제약회사 판매 사원들로부터 선물을 받고 서브 프라임 대출을 파는 모기지 대출자들은 자신이 하고 있는 일이 아메리칸 드림에 기여한다고 자신을 납득시킨다.

둘째, 덕 윤리 접근법은 당신이 종사하는 직종(또는 기타 유관 도덕 공동체)의 윤리에 의존해서 당신을 인도하도록 권고한다. 그러나 최근에 아서 앤더슨의 감사인이 웨이스트 매니지먼트, 엔론, 아델피아 커뮤니케이션스 같은 회사들의 재무제표 허위표시 감사를 승인했을 때와 같은 최근의 회계 직종을 생각해 보라.

공인회계사들은 공인회계사협회 전문가 윤리강령의 인도를 받게 되어 있다. 이 강령은 감사인들은 전문가로서 대중의 이익에 부합하도록 이해상충

---

50) D. M. Messick and M. Bazerman, "Ethical Leadership and the Psychology of Decision-Making," Sloan Management Review (1996년 겨울호): 9-22쪽.

51) R. A. Prentice, "Ethical Decision Making: More Needed than Good Intentions," Financial Analysts Journal 63권, no. 6 (2007): 17-30쪽.

을 피하고 사실을 오도하지 않으며, 전문가의 판단을 타인에게 종속시키지 않고 감사 대상 기업의 재무 상태에 관해 객관적 의견을 제공할 책임이 있다. 그러나 인간의 인지상의 한계에 비춰 볼 때 이러한 기대는 아마도 비현실적일 것이다. 감사인이 큰손 의뢰인의 재무제표에 부정적 감사 의견을 제공할지 여부를 결정할 때 마음속에 무슨 생각이 들지 생각해 보라. 감사인들은 흔히 감사 의뢰인과 가깝게 일한다. 반면에 감사인들은 대변하게 되어 있는 '대중'과는 친분 관계가 없다. 그러므로 편향된 정보 가공자로서 그들의 사고는 한정 (또는 부적정) 의견이 대중이 아니라 자신과 의뢰인에게 미칠 잠재적으로 부정적인 결과를 강조할 가능성이 높다. 자신과 의뢰인에 대한 부정적인 결과는 더 명확하고 더 즉각적이다. 한정 의견(특정 회사의 재무제표가 어떠어떠한 점을 제외하면 그 회사의 재무 상태와 영업 실적을 적정하게 표시하고 있다는 감사 의견. 역자 주)을 제시하는 감사인은 당연히 그 의뢰인(그리고 그 의뢰인과 관련된 돈)과 장기간에 걸쳐 형성된 친분 관계를 잃을 것이다. 그리고 한정 의견이 대중에게 미치는 결과는 보다 모호하고 더 많은 사람들에게 장기간에 걸쳐 분산될 것이다. 특히 허위 표시가 소액이거나 명확하지 않다고 여겨질 경우 일반 대중들 중 구체적으로 얼마나 많은 사람이 손해를 보거나 이익을 얻을지가 명확하지 않다. 그래서 감사인들은 쉽사리 자신과 자기 회사의 이익에 일치하는 결정을 합리화하고, 모호하고 알려지지 않은 대중에 대한 잠재적 영향을 경시한다.[52]

전문가 조직은 어떻게 해야 하는가? 감사인들(과 기타 전문가들)은 인지상의 한계와 편향에 영향을 받는 인간이라는 점을 인식할 필요가 있다. 우리가 알고 있는 이러한 편향들에 비춰 볼 때 몇 가지 잠재적인 해결책이 있다. 첫째, 감사인들은 의뢰인들과 친분을 맺거나 사교 활동을 하지 못하게 해야 한다. 회사들은 그러한 개인적인 유대 관계를 피하기 위해 몇 년마다 감

52) G. Loewenstein, "Behavioral Decision Theory and Business Ethics: Skewed Trade-offs between Self and Other," Codes of Conduct: Behavioral Research into Business Ethics, D. M. Messick and A. E. Tenbrunsel 편(New York: Russell Sage, 1996)에 수록된 글.

사인을 바꿔야 한다. 둘째, 감사 법인들은 감사인들이 재무제표를 허위 표시할 때 자기 회사와 대중에게 미칠 부정적 결과에 민감해지도록 열심히 노력해야 한다. 엔론 파산은 아서 앤더슨의 종업원들과 투자자들의 커다란 재정 손실, 궁극적으로 회사 자체의 몰락에 기여했다. 강한 윤리 풍토 조성에 있어서 리더의 역할이 중요한 것처럼 감사 법인의 올곧음과 장기 평판 유지의 중요성에 정기적으로 주의를 기울이는 일이 매우 중요하다. 보상 시스템(이후의 장들에서 보다 자세히 논의한다)을 이용해서 무엇이 기대되는지에 대해 중요한 신호를 보낼 수 있다. 예를 들어 부정적 감사 의견을 제공함으로써 의뢰인의 비즈니스를 거절하거나 의뢰인을 잃을 위험을 무릅쓴 감사인들은 그렇게 한 데 대해 지지와 보상을 받아야 한다. 회사의 평판을 위험에 빠뜨린 감사인들은 징계를 받아야 한다.

위의 논의에 비춰서 주의해야 할 다른 '적신호'들을 제시할 수도 있다. 자신이 다음과 같이 생각하고 있다면 (또는 다른 사람들이 그렇게 말하고 있다면) 자신의 편향들이 나타나고 있지 않은지 고려해 보라.

사실들은 우리의 결정을 지지한다.
나쁜 일은 일어나지 않을 것이다.
우리는 윤리적이다. 우리는 나쁜 일은 결코 하지 않을 것이다.
우리는 이미 거액을 투자했다. 우리는 지금 중단할 여유가 없다.

육감에 관해 생각하기

2장에서 우리의 마지막 조언은 자신의 육감에 귀를 기울이라는 것이었다. 그러나 이번 장에서 우리는 많은 시간을 들여 당신의 육감이 틀릴 수도 있다(인지상의 한계와 편향에 이끌린다)고 말해 왔다.

당신의 육감은 뭔가가 잘못되었다고 (당신이 윤리 딜레마에 처해 있다고) 최초로 경고하는 데 유용할 수 있다. 그러나 일단 그렇게 결정하고 나면 이번 장에서 얻은 지식에 의해 인도되는 세심한 분석으로 당신의 육감을 완화시켜야 한다. 육감과 정보를 갖춘 두뇌가 결합되어 더 나은 결정을 내리도록 도움을 주기를 희망한다.

육감 − '자동' 윤리 의사 결정 2장에서는 윤리 의사 결정을 대체로 체계적이고 합리적인 단계별 프로세스로 다뤘다. 이번 장에서도 지금까지는 어떻게 윤리에 대한 인식이 윤리 판단으로 이어지고, 나아가 윤리적 행동으로 이어지는지에 대해 논의했는데 이는 얼핏 보면 체계적이고 심사숙고해서 이루어지는 것으로 보인다. 그러나 2장에서 우리는 육감이 스스로 적신호를 보내는 유용한 방법일 수 있다고 언급했다. 사실 신경과학과 뇌 영상 촬영 연구에 의해 뒷받침되는 도덕 심리학 분야의 새로운 연구 결과 윤리 판단은 심사숙고해서 내리는 과정이라기보다는 직관적, 충동적, 자동적임이 발견되었다. 뉴욕 대학교의 심리학자 조나단 하이트는 대부분의 윤리 판단은 의식적인 인식(conscious awareness) 하에 작동해서 '신속하게, 힘들이지 않고, 자동으로' 일어난다고 주장했다.[53] 하이트는 특히 혐오에 대한 사람들의 자동 반응에 관심이 있었다. 예를 들어 하이트는 자신의 연구에서 사고로 애완견을 치어 죽이고 애완견의 시신을 요리해 먹는 가족에 관한 이야기를 사용했다. 우리는 대부분 그 생각에 오싹해진다. 애완견을 먹는 것

---

53) J. Haidt, "The Emotional Dog and Its Rational Tail: A Social Intuitionist Approach to Moral Judgment," Psychological Review 108권, no. 4 (2001): 814-834쪽.

은 역겹고 잘못된 일 같은데 왜 그렇게 생각하느냐고 물어 보면 강력한 육감적 반응의 이유를 설명하지 못한다. 결국 우리 대부분은 다른 동물들을 먹고 있지 않는가? 그러니 확실히 순전히 합리적인 사고 과정 외에 보다 직관적이고 감정적인 뭔가가 있다.

다른 흥미로운 연구에서는 윤리 의사 결정에 보다 의식적이고 심사숙고하는 접근법을 사용하는 개인들은 윤리 상황에 도덕적 직관을 사용하고 강력한 감정적 반응을 하는 사람들보다 나쁜 윤리적 결정에 이를 수도 있다고 제안한다.[54] 이 중요한 과정이 언제 작동하는지, 언제 좋은 윤리 의사 결정을 개선하기보다 이를 방해하는지 충분히 이해하려면 훨씬 많은 연구가 필요할 것이다.

무의식적 편향들

묵시적 무의식 연상 테스트(Implicit Association Test; IAT)는 특정 유형의 윤리 사고에서 무의식의 잠재적 (부정적) 역할을 이해하도록 도움을 줄 수 있는 비교적 새로운 리서치 도구다. 이 연구 결과에 의하면 대부분의 사람들은 늙은 사람들보다 젊은 사람들을, 동성애자보다 이성애자를, 장애인보다 비장애인을 선호하며 기타 여러 범주에서 선호가 다름을 보여준다. 예를 들어 수백편의 '인종 IAT'는 우리들 대부분은 의식적으로는 백인이 흑인보다 가치가 있다는 견해를 부인하고 우리는 참으로 인종 편견이 없다고 믿는 경우에도 무의식적으로 그렇게 믿는 경향이 있다는 결론에 도달했다. 인종 IAT는 이렇게 실시한다. 참가자들에게 흑인의 얼굴이나 부정적인 함의를 지닌 단어(예컨대 썩은, 나쁜 등)를 보면 특정 키를 누르고 백인의 얼굴이나 긍정적인 함의를 지닌 단어(예컨대 사랑, 좋은 등)를 보면 다른 키를 누르도록 요청한다. 다음에 방법을 바꿔서 참가자들에게 흑인의 얼굴과 유쾌한 단어들 또는 백인의 얼굴과

---

54) S. Rommel, and R. G. Folger, "Business Ethics and the Brain," Business Ethics Quarterly 19권 (2009): 1쪽.

불쾌한 단어들에 반응해서 같은 키를 누르라고 말한다. 대부분의 참가자는 흑인의 얼굴을 부정적인 단어와 연결시키고 백인의 얼굴을 긍정적인 단어와 연결시킬 때 더 빨리 반응했는데 이는 그런 연결이 인지적으로 더 쉽기 때문이다. 즉, 이러한 연결이 우리의 무의식적, 묵시적 태도에 들어맞는다. 이런 연구가 단지 특정 집단에 대해서는 다른 집단에 비해 보다 익숙함을 나타낼 뿐 실제 상황에서의 행동을 예측할 수는 없다고 비판하는 사람들이 있다. 저자들은 IAT를 옹호하거나 비판하려는 것이 아니라 무의식적인 태도가 우리의 행동에 생각보다 더 많은 영향을 줄 수도 있음을 지적하기 위해 이를 사용할 뿐이다. 직장 내 모든 종류의 윤리 의사 결정(채용, 성과평가, 정리해고, 보상 등)에서 공정한 대우의 중요성에 비추어 볼 때 그러한 무의식적 편향의 잠재적 영향을 이해하면 왜 우리의 의사 결정에 영향을 줄 기회를 덜 제공하는 조직의 공식 절차를 만들 필요가 있는지 이해하는 데 도움이 될 것이다.[55] (스스로

IAT를 경험해 보고 싶으면 https://implicit.harvard.edu.implicit를 방문하라.)

윤리 의사 결정에서 감정의 역할

철학에서는 전통적으로 냉정하고 합리적이며 윤리적인 의사 결정을 가정하지만, 실제 윤리 의사 결정 과정에서는 감정이 중요한 역할을 한다.[56] 감정은 많은 사람들이 생각하는 것처럼 좋은 윤리 판단에 방해가 되기만 하는 것은 아니다. 오히려 감정이 올바른 행동으로 이끌기도 한다.[57] 예를 들어 누군가를 해치려 하면 뇌가 본능적인 부정적 감정('내부의 경고')으로 반응해서 폭력을 억제한다.[58] 그리고 이 반응은 합리적 사고에 돌입할 새도

---

55) B. Bower, "The Bias Finders," Science News, 2006년 4월 22일, 250-251, 253쪽.

56) N. Eisenberg, "Emotion, Regulation, and Moral Development," Annual Review of Psychology 51권 (2000): 665-697쪽; A. Gaudine and L. Thorne, "Emotion and Ethical Decision Making in Organizations," Journal of Business Ethics 31권, no. 2 (2001): 175-187쪽.

57) S. Rommel, and R. G. Folger, "Business Ethics and the Brain," Business Ethics Quarterly 19권 (2009): 1쪽.

없이 매우 신속하게 일어나는 경향이 있다.

두 개의 고전적인 철학 딜레마를 고려해 보라. 첫 번째 딜레마에서는 폭주 열차에 아무 일도 가해지지 않는다면 다섯 명이 죽고, 당신이 이 열차의 진로를 다른 트랙으로 돌리면 그 다섯 명은 구할 수 있지만 다른 한 명이 죽게 된다. 당신은 이 열차의 진로를 바꿔야 하는가?

두 번째 딜레마에서는 당신이 모르는 사람과 함께 이 트랙 위를 가로지르는 교량 위에 서 있다. 죽게 될 다섯 명을 구하는 유일한 방법은 그 사람을 트랙으로 밀어서 그 사람의 몸이 기차를 멈추게 하는 것이다. 당신은 그 사람을 밀어야 하는가?

이 시나리오에서 철학자들에게 합리적인 논리는 비슷하다. 즉, 다섯 명을 구하기 위해 의도적으로 한 명을 희생시킬 것이다. 그러나 일반인들에게 물어 보면 대부분은 첫 번째 딜레마에서는 열차 진로를 바꿔야 한다고 말하지만 두 번째 딜레마에서는 그 사람을 밀지 말아야 한다고 말한다. 심리학자들은 두 번째 시나리오가 첫 번째 시나리오보다 감정이 더 개입하기 때문에 감정이 두 시나리오 사이의 차이를 설명한다고 말한다. 의사 결정을 내릴 때 두뇌의 활동을 추적하기 위한 뇌 영상 촬영을 사용한 실험에서 이 가설이 지지되었다. 두 번째 시나리오와 같은 딜레마에서는 감정 처리와 관련이 있는 두뇌 부분이 더 활성화되었으며, 모르는 사람을 밀어내도 된다고 결정한 사람은 감정이 사고 프로세스를 늦췄기 때문에 결정을 내리는 데 시간이 더 오래 걸렸다.[59] 대부분의 보통 사람들은 그런 상황에서 다른 사람의 생명을 빼앗기 (불가능하지는 않다 해도) 어렵다고 생각할 것이다. 이 거리낌은 사람의 목숨을 빼앗는다고 생각만 해도 생기는 강한 혐오감에 기인

58) J. Lehrer, "Hearts and Minds," Boston Globe, April 29, 2007년 4월 29일; www.boston.com; Rommel and Folger, "Business Ethics and the Brain." 에서 구할 수 있음.

59) 59. J. D. Greene, R. B. Sommerville, L. E. Nystrom, J. M. Darley, and J. D. Cohen, "An fMRI Investigation of Emotional Engagement in Moral Judgment," Science 293권 (2001): 2105-2108쪽.

한다. 이러한 반응은 우리의 생존에 도움이 되기 때문에 진화를 통해 인간의 마음에 내면화되었을 가능성이 있다. 그러나 흥미롭게도 두뇌의 전두엽 대뇌 피질이 손상된 사람들은 그런 반응을 보이지 않는다. 그런 사람들은 단지 공리주의 분석을 통해 다른 사람들을 구하기 위해 한 사람을 죽이겠다고 말할 가능성이 훨씬 높다.[60] (이러한 유형의 활동에 대한 '감'을 잡고 싶으면 http://moral.wjh.harvard.edu에서 도덕의식 테스트를 해 보라. 이 테스트는 명확히 올바른 대답이 없는 복잡한 윤리 딜레마들을 제시한다.)

이처럼 감정은 확실히 윤리 의사 결정에 중요하다. 감정과 윤리 의사 결정의 관계에 대한 연구를 계속해 보면 이 프로세스를 충분히 이해하는 데 도움이 될 것이다. 감정은 (다른 사람에 대한 동정, 죄책감, 또는 자동으로 촉발된 부정적 감정 때문에) 윤리 우려를 경고해 주고 곤경에 처한 사람들을 도와주게 하거나 난폭한 반응을 하지 못하게 함으로써 우리가 올바른 일을 하도록 도움을 줄 수 있는 것 같다.[61] 배신감이나 도덕적 분노도 사람들에게 공정한 방향으로 행동하게 할 수 있다.[62] 예를 들어 사람들이 동료에 대한 불공정한 대우에 도덕적 분노를 느끼면 이에 대해 목소리를 높이려 할 수도 있다.[63] 흥미롭게도 연구 결과 사람들은 자신이 불공정하게 대우받고 있다고 생각하면 금전상의 혜택도 포기하려 한다는 점이 발견되었다.

몇 가지 재미있는 실험에서 연구자들은 개인들이 얻을 것은 없고 잃을

---

60) R. L. Hotz, "Scientists Draw Link between Morality and Brain's Wiring" (2007년 5월 11일), WallStreetJournal.com의 Science Journal; http://online.wsj.com/article/SB117884235401499300.html에서 구할 수 있음.

61) Eisenberg, "Emotion, Regulation, and Moral Development"; Gaudine and Thorne, "Emotion and Ethical Decision Making in Organizations."

62) R. Folger, R. Cropanzano, and B. Goldman, "What Is the Relationship between Justice and Morality?" Handbook of Organizational Justice, J. Greenberg and J. A. Colquitt 편(Mahwah, NJ: Erlbaum, 2005), 215-246쪽에 수록된 글.

63) J. Kish-Gephart, J. Detert, L. K. Treviño, and A. Edmondson, "Silenced by Fear: The Nature, Sources, and Consequences of Fear at Work," Research in Organizational Behavior 29권 (2010), 163-193쪽.

것만 있는 경우에도 자신이 비윤리적이라고 인식하는 사람에게 벌을 준다는 점을 보여주었다. 그들은 공격받은 사람을 알지 못할 때에도 그렇게 반응한다.[64] 이와 관련해서 연구 결과에 의하면 부당하게 피해를 입힌 사람에게 보복하려고 할 때에는 만족을 느끼는 것과 관련된 두뇌 부분이 활성화된다.[65]

여기서의 요점은 우리는 때로는 냉정하고 합리적으로 최선의 행동 방침을 결정했기 때문이 아니라 당시에 그것이 옳은 일이라고 '느끼기' 때문에 그렇게 행동한다는 점이다. 때로는 감정이 윤리적으로 행동하도록 이끈다. 그러나 보복하려는 (아마도 비합리적인) 욕망으로 이끌 때에는 감정이 좋은 의사결정에 방해가 될 수도 있다. 예를 들어 경쟁자가 당신 회사의 가장 유능한 사람을 '빼앗아' 가면 당신은 합리적으로는 빈자리에 누가 가장 적합할지에 관해 초점을 맞춰야 하는데도 단지 앙갚음하기 위해 또는 경쟁자에게 피해를 주기 위해 그 경쟁자에게서 사람을 빼오겠는가?[66]

제너럴 모터스 매니저들이 1993년에 GM 임원 호세 로페스가 폭스바겐으로 옮겨가면서 20상자 분량의 GM 비밀문서들을 가져갔다고 주장하며 폭스바겐과 벌인 4년간의 법률 전쟁을 어떻게 다뤘는지 생각해 보라. 1992년에 로페스는 GM의 전사 구매를 담당하고 있던 황제였는데 무자비한 비용 절감 능력으로 유명했다. 자동차 부품 공급사들과 가격에 관한 정보를 담고 있는 서류뿐 아니라, GM 유럽 본부에서 곧 출시될 오펠 모델에 관한 정보가 들어 있는 서류도 없어졌다. 「포춘」지는 이에 수반된 4년간의 법률 전쟁을 '배신'과 '보복' 이야기라고 불렀다. GM 유럽 본부장 루 휴즈는 로페스가 GM의 최대 경쟁사에 비밀문서를 가져갔다는 데 격분했다. 그는 로

64) C. J. Turillo, R. Folger, J. J. Lavelle, E. E. Umphress, and J. O. Gee, "Is Virtue Its Own Reward? Self-Sacrificial Decisions for the Sake of Fairness," Organizational Behavior and Human Decision Processes 89권 (2002): 839-865쪽.

65) J. McGregor, "Sweet Revenge," Businessweek, 2007년 1월 22일, 62-70쪽.

66) 위의 글.

페스가 폭스바겐에 재직하는 한 분쟁을 해결하지 않을 것이라고 고집했다. 휴즈에게 그 소송을 통해 무엇을 얻으려 하는지 묻자 "이것은 비즈니스 문제가 아니라 윤리 문제다."라고 대답했다.[67]

여러 해 동안 조사했지만 폭스바겐이 실제로 GM의 비밀 정보를 사용했다고 암시하는 증거는 발견되지 않았다. 「포춘」지는 당시에 '사람들은 GM이 실용적으로 행동해서 체면을 살리면서 물러날 방법을 모색하고 다시 자동차 사업에 주의를 기울이리라고 예상했을 것이다.' 라고 분석했다.[68] 그것이 '합리적'이고 냉정한 처사였을 것이다. 그런데 GM은 이 싸움을 확대해서 여러 해에 걸쳐 수천만 달러가 소요될 것으로 예상되는 협잡 소송을 제기했다. 실용적인 이사회 위원들이 그 조치에 의문을 제기하자 이사회 회장은 회사가 '끔찍하게 나쁜 대우를 받았기' 때문에 이 소송을 진행해야 한다고 주장했다. "시간과 돈으로 측정되지 않는 것이 있는데, 우리가 누구인지가 바로 그것이다."[69]

결국 1997년 1월에 두 회사는 합의에 이르렀다. 이미 폭스바겐을 떠난 로페스는 2000년까지 폭스바겐에서 일하는 것이 금지되었다. 폭스바겐은 GM에게 1억 달러를 지불했으며 7년 동안 10억 달러어치 GM 부품을 구매하기로 합의했다. 「포춘」지는 이렇게 물었다. "오랜 기간에 걸친 신랄하고 값비싼 다툼이 무엇을 달성했는가? 냉정하게 성찰해 보면 이에 대한 답은 단순하고 충격적이게도 달성한 것이 별로 없다는 것이다."[70] 매니저들이 이전 동료가 자신들을 배반한 데 대해 도덕적으로 격분한 나머지 대기업이 몇 년간 소송에 주의를 빼앗기고 수백만 달러를 지출했다. 이것은 분명히 감정적인 대응이었다.

---

67) P. Elkind, "Blood Feud," Fortune, 1997년 4월 14일, 90-102쪽.
68) 위의 글.
69) 위의 글.
70) 위의 글.

확실히 분노와 기타 감정들은 생각과 행동에 영향을 줄 수 있다. 그것이 좋은지 나쁜지는 감정이 '옳은' 행동으로 이끌지 '잘못된' 행동으로 이끌지에 의존한다. 동정심이나 죄책감이 윤리 이슈를 인식하게 하거나 당신의 행동이 다른 사람들에게 미칠 결과를 생각하게 한다면, 그것은 좋은 일이다. 도덕적 분노가 정의를 추구하게 한다면, 그것도 좋은 일이다. 그러나 도덕적 분노는 보복하려는 욕망으로 나아갈 수도 있는데 그때야말로 보복에 기초한 행동이 좋은 윤리적 (또는 비즈니스상의) 결정인지 보다 냉정하게 생각해 볼 시점일 수도 있다. 대인 관계 이슈에 감정적으로 관련되지 않은 사람들이 그 상황에 대해 보다 이성적이고 균형 잡힌 평가를 제공할 수 있을지도 모른다. GM-폭스바겐 사례에서, 실용적인 이사회 위원들이 조속한 해결을 지지한 것이 옳았을 수도 있다.

윤리적인 행동을 향하여

이번 장의 대부분은 윤리 인식과 윤리 판단 과정에 집중했다. 그리고 윤리 인식과 판단이 윤리적 행동에 영향을 준다는 점도 살펴보았다. 예를 들어 윤리를 강하게 인식하는 사람은 자신이 하고 있는 일의 피해에 대해 생각하고 해당 상황을 윤리적 언어로 나타내거나 다른 사람들이 이 행동을 윤리적으로 문제가 있는 것으로 생각하리라는 점을 알기 때문에 윤리적 선택을 할 가능성이 높다. 또한 우리는 윤리적 행동을 할 가능성이 높은 방식으로 생각하는 경향이 더 높은 사람들이 있다는 사실도 안다. 인지 도덕 발달, 내부 통제 위치, 이상적 의사 결정 스타일 측면이 높고 마키아벨리주의가 낮으며, 도덕적으로 이탈된 사고를 사용하는 경향이 덜한 사람들은 윤리적으로 행동할 가능성이 보다 높다.

또한 우리 인간은 좋은 사고에 걸림돌이 되고 윤리적인 행동을 방해하는 인지상의 편향에 취약하다는 것도 우리는 이 책에서 살펴보았다. 더욱이 최고의 사고와 의도를 지닌 사람조차 때로는 옳은 일 하기가 어렵다. 비윤리적인 상사가 부적절한 일을 하라고 시킬 때도 있고 우리가 속해 있는 조직의 문화가 비윤리적일 수도 있으며 진실을 말할 때 뒷감당할 일을 두려워할 수도 있다. 당신은 아래에서 윤리 이슈 몇 가지를 다루는 글을 읽게될 것이다. 이 글은 핀토 자동차 화재 사례에서 자신이 관여한 바에 대한데니스 지오이아의 감상이다. 이후의 장들에서는 도전에도 불구하고 어떻게 자신의 도덕적 목소리를 높이고 옳은 일을 할 수 있는지에 대해 좀 더초점을 맞출 것이다.

핀토 화재 사례에 대한 성찰(2장을 보라)

데니스 A. 지오이아(허가를 받아 사용함)

2장은 도발적인 핀토 화재 사례로 끝맺으면서 핀토 화재 문제의 역사에서 몇 가지 야비한 사건들을 조명했다. 이번 장의 뒤에서 밝히는 바와 같이 나는 1970년대의 악명 높은 이 사안에 관여했다. 저자들은 나의 경험으로부터 배운 교훈을 성찰해 보라고 요청했다.

내 이름이 많이 나오지는 않지만 나는 이 사례를 아주 개인적으로 받아들인다. 나는 (심지어 생사를 결정할 수도 있는 결정조차도) 책임감 없이 결정을 내리고 나서는 그 상황에서 벗어나 버리는 '얼굴 없는 관료들' 중 한 명이었다. 물론 그러한 성격 규정은 너무도 냉혹하고 피상적이다. 나는 확실히 자신을 얼굴이 없다고 생각하지 않으며 스스로는 다른 사람들을 불공정하게 그렇게 부르고 있었으면서도 내게 관료라는 딱지를 붙이는 데 화를 내고 있었다. 더구나 나는 이 사안에서 내가 내렸던 결정으로부터 벗어날 수도 없었다. 그런 결정들, 특히 핀토 화재 사건과 관련된 결정처럼 널리 알려진 결정들은 계속 붙어 다니는 경향이 있다.

그런데 왜 20년 된 결정을 다시 끄집어내고 그 결정을 개인적으로 받아들이는가? 그것은 내가 심각한 문제에 관해 뭔가를 할 수 있는 입장에 있었는데 그렇게 하지 않았기 때문이다. 이러한 자각이 내게 개인적으로 반성해 보고 사람들이 조직에서 윤리적인 의사 결정자가 되려 할 때 직면하는 많은 어려움들에 대해 생각해 보게 했다. 그것은 또한 나 같은 사람(의도적으로 윤리적인 의사 결정자가 되려는 사람)이 뒤돌아보면 어이없이 쉬워 보이는 의사 결정에 도달할 때 기본적인 도덕 이슈들을 간과하도록 영향을 줄 현대 비즈니스와 조직 생활의 특징들을 명심하도록 도움을 준다. 그러나 그것은 쉽지 않은 결정인데 이 점이 가장 중요한 교훈일 것이다.

개인 측면

나는 주로 윤리 의사 결정에 관련된 개인 측면을 강조하기 위해 내 경험을 고찰하고자 한다. 나는 조직의 강력한 영향이 작동하고 있다는 점도 알고 있지만, 잠시 나 (그리고 당신) 자신에게 분석의 초점을 맞추고자 한다. 나는 내 경험으로부터 당신이 윤리적 색조가 있는 이슈들에 관여할 가능성에 대해 생각하도록 도움을 줄 수 있는 통찰력과 교훈을 배울 수 있다고 믿는다. 먼저 내 소개부터 해야겠다. 1960년대와 1970년대 초에 나는 엔지니어링/MBA 학생이었다. 나는 또한 '활동가'로서 특히 기업의 부정과 사회적 무책임성을 항의하는 시위에 참여했다. 나는 아주 강한 가치들을 갖고 있어서 취직하면 어떤 도전에도 분연히 일어서고 '옳은 일을 할' 수 있을 것으로 생각했다. 나는 대부분의 독자들도 뭔가 비윤리적인 일을 하라는 기업의 교사(敎唆)에 저항할 수 있게 해 줄 강력한 가치 체계를 발전시켰다고 생각한다. 아마도 그럴 것이다. 불행하게도 도전은 종종 저항이나 윤리적 올바름이 필요하다고 외치는 명백한 형태로 오지 않는다. 도전은 이보다 훨씬 더 미묘하며 이런 도전은 당신이 직면하고 있는 상황이 실제로 윤리 딜레마와 관련이 있을 수도 있음을 알기 어렵기 때문에 이를 다루기가 훨씬 어렵다.

나는 졸업한 뒤에 꿈에 그리던 포드사에 입사했으며 충분히 예상할 수 있는 바와 같이 고속 승진 코스로 들어갔다. 덕분에 나는 아주 빨리 상당한 책임을 맡게 되었다. 입사한 지 2년이 못 되어 나는 포드의 차량 리콜 조정자가 되어서 현장 안전 문제를 추적할 1차 책임을 맡게 되었다. 당신이 상상할 수 있는 바와 같이 이 일은 흔히 회사의 가장 심각한 문제들을 다루는 가장 치열하고 정보에 치이는 일이었다. 늘 재난 신고 전화가 걸려 왔고 신속한 대응이 내가 일했던 사무실의 특징이었다. 우리는 모두 심각한 일을 하고 있다는 사실을 알고 있었고 이 일을 진지하게 여겼다. 일반적인 묘사와는 달리 그곳에 무책임한 관료 도깨비들은 없었다.

저속 충돌에서 차량이 폭발해 끔찍한 화염에 휩싸인다는 보고가 산발적으로 들어오고 자동차 안에 갇힌 사람들이 불에 타서 사망한 끔찍한 차량을 조사하는 오싹한 경험을 한 것이 내가 처음으로 핀토 화재 문제를 접하게 된 상황이었다. 내게는 1년이라는 기간 동안에 연료통 문제에 관해 리콜 활동을 시작할 수 있는 두 번의 확실한 기회가 있었지만 나의 활동가 경험과 기업의 사회적 책임 옹호에도 불구하고 두 번 다 리콜을 하지 않는 쪽에 찬성했다.

핵심 질문은 어떻게 2년이라는 짧은 기간 동안에 나는 내 자신의 강한 가치 체계에 위배되는 듯해 보이는 의사 결정 프로세스(연이은 나의 의견 표명이 많은 관찰자들에게 두고두고 기업의 비윤리적 행동의 결정적인 연구로 인용되는 의사 결정 프로세스)에 관여할 수 있었는가라는 점이다. 나는 내가 간직했던 가치가 그다지 강하지 않았다거나, 내가 포드사에 대한 충성심에서 내 가치를 져버렸다거나, 내가 회사의 최상의 이익이 되는 방향으로 결정하라고 위협받았다거나, 원칙에 기초해서 결정한다는 내 표명에도 불구하고 실제로 나는 높은 도덕 발달 단계에 도달하지 못했다는 비난을 무시하는 경향이 있다. 대신에 나는 내 자신의 행동에 대한 보다 그럴듯한 설명은 보통 사람들의 정보 처리의 약점에 기인한다고 믿는다.

나는 리콜 조정자의 업무의 복잡성과 강도로 인해 내가 다뤄야 했던 압도적인 양의 정보를 단순화하기 위한 인지상의 전략을 개발해야 했다고 말하고 싶다. 그렇게 하는 가장 좋은 방법은 정보를 인지상의 '도식(schema)'보다 구체적으로는 흔하거나 반복적인 상황에 직면할 때 이해와 행동을 안내할 '대본 도식'으로 구조화하는 것이다. 대본들은 사실상 의식하지 않고 자동으로 행동할 수 있게 해줘서 모든 사소한 사항들에 대해 의식적으로 생각하느라 앞으로 나가지 못하게 되지 않고 복잡한 상황을 처리할 수 있게 해주는 놀라운 인지상의 지름길이다. 그런 대본들 덕분에 나는 리콜로 귀결될 수 있는 문제들의 전형적인 특징들을 분간하고 리콜을 시작하기 위해 요구되는 복잡한 단계들을 실행할 수 있었다.

우리 모두는 항상 정보를 구조화한다. 그렇게 하지 않고서는 좀처럼 하루 일과를 완수해 낼 수 없다. 그러나 이처럼 놀라운 인지 효율성에 대해 치러야 할 대가가 있다. 일반적인 정보 양상은 자동 처리로 충분하다고 암시하는 외관을 띠고 있기 때문에 우리는 특별 취급을 요하는 중요한 정보에 충분한 주의를 기울이지 않는다. 나는 내게 그 일이 일어났다고 생각한다. 핀토 사례의 시작 단계는 모든 점에서 일반적인 유형의 문제로 보였다. 그러나 인지의 표면 아래에서는 위험한 상태로 돌입할 수 있는 일련의 상황들이 기다리고 있었다. 사고의 끔찍성에도 불구하고 핀토 문제는 기존 대본에 들어맞지 않았다. 사고들은 리콜 기준에 비춰 보면 비교적 드물었고, 처음에는 특정 부품 결함 탓으로 돌려지지 않았다. 한 건의 사고에서 디자인 결함이 파악되었을 때에도 핀토 차량들은 충돌 테스트에서 경쟁 차량들보다 그렇게 나쁘지 않았다. 내가 사고들의 이례적 성격에 (아주 저속의 충돌이었고 다른 부상이 없던 탑승자들이 끔찍한 화재에 갇혀서 타 죽었다) 경고를 받았어야 했다고 말하는 사람도 있겠지만 이 사실들은 다른 특징들에 초점이 맞춰진 대본을 통과하지 못했다. (리콜 조정자의 정보 영역에서는 끔찍한 사고들이 특별히 유별난 것이 아니라는 점을 보통 사람들에게 납득시키기도 어렵다. 사고의 중대성이 반드시 리콜의 단서인 것은 아니다. 빈번하게 반복되는 양상을 보이고 원인을 특정할 수 있으면 리콜의 단서가 된다.)

회사 환경

개인화된 정보 처리 대본화 외에도 핀토 화재 혼란으로 이어진 결정에 중요한 영향을 준 요인이 있었는데 그것은 바로 회사에서 일하고 있는 개인들이 결정을 내린다는 사실이다. 보다 나은 의도를 가진 사람들이라 해도 회사의 이익을 최우선으로 추구하는 경향이 있는 직원들이 리콜 결정을 담당했다는 점을 주목한 사람은 거의 없다. 직원은 왜 회사의 이익을 추구하게 되는가? 그것은 사회화 과정과 조직 문화의 압도적인 영향이 사물을 보고 이해하는 적절한 방식을 정의하는, 일반적으로는 미묘하다 할지라도 강력한 맥락을 제공하기 때문이다. 조직 문화는 대본들이 집적(集積)된 것으로 볼 수도 있기 때문에 대본에 따른 정보 처리는 조직 차원의 고려사항들과도 관련이 있다. 대본들은 보편적으로 적용되는, 자유롭게 떠다니는 일반적 인식 구조가 아니라 맥락에 구속된다. 대본들은 특정 맥락에 맞춰 작성되는데 조직 환경보다 강력한 맥락은 별로 없다.

포드에 입사한 뒤 내 관점이 변했다는 점에는 의문의 여지가 없다. 돌이켜보면 그렇지 않았더라면 나는 아주 놀랐을 것이다. 사회 활동가의 화신이었을 때 나는 옳은 일을 한다는 가치를 내면화했는데 당시에 나는 올바름을 거창하게 이해하고 내 가치를 실용적인 비즈니스 맥락에 적용하기 위한 대본을 내면화하지는 못했다. 포드사와 리콜 조정자 역할은 대본을 개발할 강력한 맥락을 제공했는데 그 맥락은 회사와 업계 문화에 의해 영향 받은 방식을 지향하는 것이 불가피했고, 또 그 점을 부인할 수 없다.

나는 일을 잘하고 싶었고 옳은 일을 하고 싶었다. 이들은 상호 배타적인 희망사항이 아니지만 회사라는 맥락이 이 둘을 종합하는 데 영향을 준다. 나는 누군가가 문제라고 생각할 수도 있는 것을 모두 고치는 것은 현실적이지 않다는 생각을 받아들이게 되었다. 그래서 나는 최대 다수를 위해 최대의 선을 행하기 원한다는 가치(이는 기업체의 실제적 제약 사항에 의해 유혹받는 윤리 가치다)로 옮겨 갔다. 최대 다수를 위해 최대의 선을 행한다는 것은 대부분의 사람들이 부상을 당하지 않게 해 줄 문제들에 집중해서 이에 대해 책임지고 일하는 것을 의미했다. 그것은 또한 핀토에 의해 제시된 별난 양상이 아니라 전형적인 문제들에 대응하는 대본을 개발하는 것을 의미했다.

조직의 맥락이 개인에게 얼마나 강력한 영향을 주는지 알아차리는 또 하나의 방법은 개인의 정체성이 회사의 정체성에 의해 큰 영향을 받게 된다는 점을 인식하는 것이다. 학생 시절에 내 정체성은 (이와 관련된 어느 정도의 도덕적 올바름을 갖춘) '착한 사람'이 되는 것에 집중되었다. 리콜 조정자로서의 내 정체성은 보다 회사 쪽의 정의에 맞추는 방향으로 이동하였다. 이는 매우 중요한 점이기 때문에 정규 직업을 갖지 않은 학생들에게 강조하고 싶다. 정체성은 직장을 구하기 전에는 주로 사회관계에서 도출된다. 특정 회사의 옷을 입거나 책임 있는 위치에 서게 되면 정체성은 자신의 역할과 정렬되기 시작한다. 그리고 그 정체성으로부터 정보 처리 관점이 나온다. 나는 자동차 업계와 포드사가 여러 방면(석유 위기, 정부 규제 급증, 인플레이션, 소송을 일삼는 고객 등)에서 '공격 받고' 있다는 묘사를 받아들였다. 우리가 알고 있듯이 공격을 받고 있는 집단은 공통성과 정체성 공유를 강조하는 결속력이 강한 공동체로 발전한다. 당시에 나는 자동차 업계와 포드사의 내부자가 되어 있었고 우리를 적대시하고 회사의 복지를 위협할 수도 있는 상당한 세력들이 있다는 절박한 인식을 어느 정도 공유하고 있었다.

포드는 마땅한 벌을 받아야 하는 사회적으로 무책임한 거인이라는 내 원래 인식에 무슨 일이 일어난 걸까? 그런데 안에서 보니 다르게 보였다. 시간이 지남에 따라 회사의 우월적 지위에 대항해 행동해야 한다는 합리적인 가치는 회사는 사회의 필요를 채워주며 반드시 사회의 불한당은 아니라는 또 다른 합리적인 가치에 의해 누그러졌다. 나는 다수의 가치들 사이에서 균형을 이룰 필요가 있다고 생각했으며, 그 결과 내 정체성은 어느 정도 회사의 정체성에 보다 가까운 쪽으로 이동했다.

공은 당신에게 넘어갔다

내 경험에 비추어서 이제 막 조직의 의사 결정자가 된 당신에게 나는 어떻게 권고할 것인가? 나는 몇 가지 강한 의견을 갖고 있다. 첫째, 지금 바로 당신의 윤리 토대를 발전시키라. 여전히 많은 사람들이 자신의 가치 평가와 표명에 진지하게 관심을 기울이지 않는다. 수업이나 임원 교육 프로그램에서 제시되는 윤리 시나리오들조차 자신이 어떻게 생각하거나 행동할지 결정하는 데에는 그다지 관계가 없는 재미있는 게임으로 치부된다. 이런 연습을 이용해서 준수해야 할 원칙에 기초한 자기 개인의 행동 수칙을 개발해야 한다. 의식적으로 당신의 가치를 결정하라. 지금 당신의 가치를 결정해 두지 않으면 당신은 당신의 가치를 대신 결정해 주거나 당신이 자기 가치를 받아들이도록 묵시적으로 영향을 주려는 사람들의 손쉬운 재물이 될 수 있다.

둘째, 당신을 포함한 모든 사람은 자신의 인지 구조화의 무의식적인 희생자임을 인식하라. 많은 사람들이 조직 세계를 이해하고 그곳에서 살기 위해 도식과 대본을 사용한다는 사실을 알게 되면 깜짝 놀라고 이에 흥미를 가지게 된다. 흥미롭게도 우리는 너무도 많은 정보를 너무도 자주 자동으로 처리하고 있다. 사실 정보와 기대를 구조화하지 않으면 일을 효율적으로 처리할 수 없겠지만 바로 그러한 구조화가 중요한 정보, 즉 자신의 가치와 대면하도록 요구할 수도 있는 정보를 숨긴다. 우리는 도식에 따라 정보를 자동으로 처리하면 당혹스러운 의사 결정 딜레마를 해결하려고 노력할 필요가 없어진다고 생각하기 십상이다.

실제로 나는 너무도 많은 윤리 교육이 딜레마에 대해 심사숙고하는 기준을 제공하는 데 초점을 맞춘다고 생각한다. 내가 보기에 훨씬 더 큰 문제는 애초에 딜레마의 존재 자체를 인식하는 것이다. 도식을 사용할 때의 또 다른 결과는 자신이 윤리적 색조가 있는 상황을 다루고 있음을 알지 못하게 된다는 것이다. 감히 말하거니와 대본에 따른 통상적인 상황에 윤리 측면이 있는 경우란 극히 드물다. 해당 상황에 윤리적 함의가 있다고 생각하지도 않는다면, 그 사람은 비윤리적으로 행동하고 있는 것인가? 사람들이 반드시 어리석거나 악한 의도를 품고 있거나 마키아벨리주의자인 것은 아니지만 때로는 충분히 알지 못할 수도 있다. 사람들은 실제로 많은 정보를 자동으로 처리하지만 자동 정보 처리에서 통제된 정보 처리로 전환할 수 있는 능력이 인간의 정보 처리의 참된 특징이다. 사람들이 본질적으로 자동적인 인지와 행동에 관여하고 있을지라도 진정으로 필요한 요소는 그들의 대본 안에 '이제 생각하라!' 단계를 집어넣을 단서를 인식하도록 장려하는 것이다.

셋째, 대본은 맥락에 구속되며 조직은 강력한 맥락이기 때문에 당신의 업무 역할과 조직 문화가 당신의 정보 해석과 이해 방식에 얼마나 강력하게, 그러나 얼마나 미묘하게 영향을 주는지 (그래서 당신이 경계하지 않고 있는 순간에 당신을 인도할 대본을 개발하는 방식에 영향을 주는지) 인식하라. 조직 문화는 당신이 생각하는 것보다 개인의 인식에 훨씬 큰 영향을 준다(5장을 보라).

마지막으로 나처럼 비교적 젊은 나이에 중요한 책임을 맡게 될 경우를 대비하라. 자신의 가치에 대해 알 필요가 있고 좋은 결정을 내리는 방법을 알 필요가 있다. 그렇게 할 수 있기 전, 전투에 임하기 전에 지금 당신의 가치를 표명하고 이를 확인할 필요가 있다. 나는 사실 준비되어 있지 않았다. 당신은 준비되어 있는가?

데니스 지오이아가 밝힌 자세한 내용과 분석은 그의 글 "Pinto Fires and Personal Ethics: A Script Analysis of Missed Opportunities," Journal of Business Ethics 11권, nos. 5.5 (1992): 379~389쪽을 보라.

핀토 화재 사례 재고: 대본 처리와 비용-효용 분석

경영학자이자 사회 인식 전문가인 데니스 지오이아는 매우 잘 알려진 비즈니스 윤리 상황에 관여했던 사람의 머릿속을 들여다볼 수 있는 아주 드문 기회를 제공해 줬다. 그는 「비즈니스 윤리 저널」에 게재한 글[71]과 금방 읽은 '성찰'에서 포드 핀토 차량이 출시된 직후 리콜 조정자로 일했던 자신의 생각과 행동을 분석했다.

지오이아는 1972년에 MBA 과정을 졸업했다. 그의 가치 체계는 베트남전에 대한 반대와 기업의 윤리적 행동에 대한 깊은 관심을 포함했다. "나는 사회의식을 배양했다. 나는 원칙을 높게 유지했고 문제가 많은 세상에 도움을 주려는 내 의도를 지지했다. 그리고 나는 머리를 길게 길렀다. 어느 모로 보나 나는 전형적인 '60년대 아이'였다."[72] 자동차 팬이었던 지오이아는 포드 자동차사에 '문제 분석가'로 채용되었다. 그는 2년 만에 포드의 현장 리콜 조정자가 되어 현행 리콜 활동 조직화와 진행 중인 문제 파악을 책임지게 되었다.

대본 처리　　지오이아는 핀토를 리콜하지 않기로 한 결정에 참여한 것을 분석하면서 자신의 행동은 대본 처리에 큰 영향을 받았다고 시사한다. 대본은 인간의 사고와 행동을 인도하는 인식 틀이다. 일반적으로 문서로 작성되지는 않지만 대본은 평상시에 일하는 적절한 순서에 관한 정보를 담고 있다. 예를 들어 우리 대부분은 지배인에게 접근하기, 와인 맛보기, 포크 선택하기, 적절한 팁을 남기기 등 멋진 식당에서 행동하는 법에 관한 복잡한 대본을 갖고 있다. 인지 대본은 사람들이 확립된 행동 양상에 의존해서 모든 결정이나 행동의 세부사항을 고려하지 않고 자동으로 행동할 수 있게 해주기 때문에 정보가 훨씬 효율적으로 처리된다. 상황이 견본에 들어맞으면 대본과 처방된 행동을 촉발하기 때문에 적극적 사고를 필요로 하지 않는다.

---

71) D. Gioia, "Pinto Fires and Personal Ethics: A Script Analysis of Missed Opportunities," Journal of Business Ethics 11권, nos. 5, 6 (1992): 379-389쪽.
72) 위의 글.

지오이아에 따르면 이것은 '자동 운전'과 비슷하다. 우리들 대부분은 익숙한 목적지로 운전할 때에는 자동으로 운전했다는 점은 알지만, 어떻게 그곳에 도달했는지는 기억하지 못한다. 그 경우에는 확립된 행동 양상을 따르고 있었던 셈이다. 이 길은 너무도 익숙해서 이에 대해 더 이상 생각할 필요도 없다. 아무튼 우리는 마법과 같이 그곳에 도착했다. 직장에서도 유사한 일이 일어난다. 행동들은 통상적 또는 '대본에 따른' 것이 되고 우리는 별 생각 없이 일한다. 많은 일들은 이와 관련된 대본을 갖고 있다. 예를 들어 보험금 청구 조정자들은 청구에 관한 결정을 내릴 때 사용할 일련의 기준을 갖고 있으며 응급 의료 인력은 어떤 의료 문제에 가장 즉각적으로 주의를 기울여야 하는지에 대한 대본을 갖고 있다. 증상이 받아들여진 대본에 포함되어 있지 않으면 응급 처리 대상에서 제외될 가능성이 높다.

동시에 잠재적 안전 문제에 관한 수백 건의 파일을 관리하는 사람에게 예상되는 막대한 정보량에 비춰볼 때 대본은 포드사의 리콜 조정자에게 정보 처리상의 커다란 이점을 제공했다. 지오이아는 모든 잠재적 문제 상황을 독특하다고 취급하는 대신 문제가 떠오를 때 그 문제에 관해 신속하고 효율적인 결정을 내림으로써 시간과 정신 에너지를 절약할 수 있었다. 핀토의 문제들에 관한 초기 보고서들이 조금씩 들어오고 있을 때 이 보고서들은 '일반적인' 사고를 위해 써진 대본 기준에 들어맞았고 리콜을 위해 써진 기준에 맞지 않았기 때문에 어떠한 적신호도 보내지 않았다. 여러 기준 중에서 지오이아는 리콜을 건의하기 전에 건수가 많은 경우 부품 결함 양상, 또는 원인을 디자인이나 제조 문제로 돌릴 수 있는지 살펴보도록 훈련받았다. 그러므로 그는 핀토 리콜 청구들을 자동으로 처리하고 외관상 더 중요한 문제들에 주의를 집중했다.

그러나 대본에 따른 처리에는 정보 처리 효율성에 기여하는 측면 외에 명백한 불이익도 존재한다. 지오이아는 전에 유사한 정보 양상을 수백 번 보았기 때문에 잠재적 문제를 '즉각적으로 지나쳤다'고 인정한다. 그가 받은 정보는 대본에 정해진 위기 사례의 정의를 충족하지 못했고 핀토 자동차는 주의를 기울일 사안으로 선택되지 않았다. 대본 처리에 관한 연구 결과와 일치하게, 그는 대본과 일치하는 정보를 선택적으로 인식하고 대본에 맞지 않는 정보는 무시했다.

억제된 감정도 대본의 일부가 될 수 있다. 많은 일들이 감정, 특히 부정적 감정을 통제하도록 요구한다. 리콜 조정자의 일은 응급실의 의료 인력이나 끔찍한 사고와 그로 말미암은 장애에 관해 계속해서 읽는 보험 청구 처리자의 일처럼 이 범주에 해당한다. 지오이아가 이 일을 날마다 해내려면 그의 감정이 어느 정도 억눌러져야 했다. 한 사건이 대본에 들어맞은 때에도 이 사건은 핀토의 리콜로 이어지지 않았다. 그는 불에 탄 핀토 사진을 받았고 뒤에 직접 실제 차량의 불탄 잔해를 보았다. 이 강력한 시각 이미지가 감정적 반응을 촉발해서 그는 이 사안을 현장 리콜 사무소 멤버들에게 제출했다. 그러나 회의에서 핀토 문제의 성격은 이 집단의 공유된 대본에 따른 리콜 기준을 충족하지 못한다고 밝혀졌다. 예를 들어 핀토에 관해 몇 건의 현장 보고서들만 들어왔는데 이는 일반적으로 리콜 결정을 지지할 만큼의 사고 수에 미달했다. 지오이아를 포함한 모든 위원들은 리콜하지 않는 데 찬성했다.

대본 처리는 특히 윤리 의사 결정에 문제가 될 수 있다. 첫째, 윤리 의사 결정은 해당 상황의 도덕 측면에 대한 적극적인 고려와 해당 사안의 복잡성에 맞춘 '맞춤' 의사 결정을 요구한다. 지오이아는 그렇지만 조직 구성원들은 많은 경우 윤리 딜레마를 다루고 있다는 점조차 인식하지 못한다고 주장한다. 우리가 앞에서 논의한 방식으로 이야기를 하자면 그들은 윤리 인식이 없었다. 그들은 윤리에 관련된 고려를 제외할 가능성이 있는 대본을 따라 상황을 처리한다. 달리 말하면 윤리 딜레마들은 '자동 주행' 결정에 적합하지 않다. 그러나 우리의 소란스런 직장 생활에는 이러한 기본적 의사 결정 방식이 매우 흔하다.

비용-효용 분석

개별 의사 결정자의 인지 처리 한계 외에도 흔히 제도화된 의사 결정 프로세스가 개인 또는 집단에 의해 이루어지는 의사 결정에 강력한 영향을 줄 수 있다. 핀토 화재 사례에서 논란이 많은 의사 결정 프로세스를 사용해서 연료통 디자인을 바꾸지 않기로 한 결정을 정당화했다. 도로교통 안전국이 비용-효용 분석을 사용해서 자동차 안전 디자인 기준을 수립하도록 허용했다. 이 프로세스는 인간의 생명에 화폐 가치를 할당하는 것과 관련이 있었다. 1970년대에 그 가치는 대략 2십만 달러였다(오늘날에는 3백만 달러가 넘는다). 내부 문서에서 밝혀진 바에 의하면 포드는 (유사하게 디자인된 모든 차량들의) 연료통 디자인 변경비용을 총 137,000,000달러, 또는 차량 당 11달러로 추정했다. 효용은 49,530,000달러로 계산되었다. 이에는 건당 20만 달러가 소요될 사망 180건, 6만 7천 달러가 소요될 화재 부상 2,100건, 건당 700달러가 소요될 차량 화재를 예방함으로써 사회에 귀속될 절감액이 포함되었다. 비용-효용 분석을 사용한 결정은 간단해 보였다. 재설계 디자인 변경 비용이 효용을 능가해서 변경이 채택되지 않았다. 이 계산에 윤리에 대한 고려는 없었다.

복잡한 의사 결정을 수치로 축소하려는 시도는 흔히 있는 일인데 특히 경쟁이 치열한 비즈니스 환경에서는 더 그렇다. 이렇게 하면 복잡한 결정이 단순해질 수 있기 때문에 명백한 장점이 된다. 오늘날 보험 회사들과 여러 정부 기관들은 인간의 생명에 가치를 할당해서 새로운 규제의 비용과 효용을 계산한다. 월드트레이드센터 테러 공격 뒤 구조 활동을 관리하던 사람들은 사랑하는 사람을 잃은 가족들에게 얼마를 지급해야 할지 결정해야 했다. 한 사람의 생명의 가치는 얼마인가? 어떤 사람들이 살아 있었더라면 다른 사람들보다 더 많이 벌 잠재력이 있기 때문에 그 사람의 생명은 다른 사람의 생명보다 더 '가치'가 있는가? 불행하게도 이런 방식의 결정이 현대 생활의 한 부분이다. 법원과 보험회사에서 매일 이런 결정이 이뤄지고 있다. 그러나 인간의 생명을 수치로 축소시킬 때의 잠재적 불이익은 명백하다. 그러한 단순화는 의사 결정 과정에서 도덕 기준을 제거하고 윤리 인식을 감소시킨다.

핀토 화재의 예는 또한 7장에서 보다 자세히 논의될 윤리 다중 자아와 역할 행동의 중요성도 지적해 준다. 지오이아는 이상주의적인 젊은 학생이었지만 그가 인정하듯이 회사에 들어갈 때는 이상주의를 출입문에 내려놓고 들어갔다. 리콜 조정자 업무 수행에 있어서 지오이아는 역할에 대한 기대와 안내 역할을 하는 대본에 큰 영향을 받았다. 이에 대해 그는 이렇게 말한다.

리콜 조정자의 업무는 진지한 일이었다. 이와 관련된 대본은 내가 [대본에] 영향을 준 것보다 내게 더 큰 영향을 주었다. 나는 포드에 입사하기 전에는 포드가 리콜할 윤리적 의무가 있다고 강하게 주장했었다. 그러나 그곳에서 일할 때에는 리콜할 의무가 있다고 생각하지 않았으며 이런 사안들에 강한 윤리적 색조가 있다고 여기지 않았다. 그것은 시간, 장소, 맥락에 대한 유력한 대본에 의해 주도되는 매우 단순한 결정이었다.[73]

확실히 개인과 조직이 복잡한 의사 결정을 단순화하기 위해 사용하는 이런 프로세스는 매니저들이 내리는 윤리 의사 결정에 중요한 함의가 있을 수 있다. 대본 처리와 계량적 의사 결정 기준은 확실히 일을 보다 효율적으로 수행하도록 도움을 주기는 하지만, 이에 따르다 보면 의사 결정 과정에서 윤리에 대해서는 전혀 고려하지 않게 될 수도 있다.

윤리에 대한 고려를 대본의 일부가 되게 하는 것이 이 문제에 대처하는 한 가지 방법이다. 지오이아는 '조직의 전형적인 대본이 중요한 윤리 요소

---

73) 앞의 글.

를 포함하도록 수정되려면 교육, 훈련, 의사 결정에서 윤리를 강조하는 명시적인 노력이 있어야 하며 기업 문화(5장을 보라)의 윤리 측면에 상당한 주의를 기울여야 할 것이라고 경고하면서도 그렇게 할 수 있다고 주장한다.[74] 당신은 부하 직원들과 협력해서 명시적인 대본을 만들고 그 대본에 윤리 요소들이 포함되어 있는지 분석함으로써 그들을 도와줄 수 있다.

당신은 또한 의사 결정 집단에게 결정의 윤리 측면을 분석하고 이 분석을 보고서에 포함하도록 요구할 수도 있다. 이제 환경 영향 분석이 많은 비즈니스 의사 결정의 통상적인 부분이 된 것과 마찬가지로 윤리 분석은 매니저들에게 특정 결정이 이해관계자들의 권리 및 이 결정에 의해 영향을 받는 공동체(들)에게 미칠 결과에 초점을 맞추도록 요구할 수도 있다. 또한 의사 결정 집단에게 그들의 결정 과정(예컨대 의사 결정 기준과 가중치)을 계량 측면만 아니라 윤리 측면에서도 정당화하도록 요구할 수도 있다.

요약

이번 장은 윤리 의사 결정에 영향을 줄 수도 있는 개인차를 소개했다. 또한 좋은 윤리 의사 결정에 방해가 될 수도 있는 인지상의 한계와 편향도 간략히 설명하였다. 이러한 사항들과 이들을 극복하는 방법을 알아서 더 나은 개인 의사 결정자가 되도록 도움받기를 바란다. 4장은 어떻게 도덕적인 목소리를 낼 수 있는지와 실제로 자신이 옳다고 생각하는 바 대로 할 수 있는지에 관한 몇 가지 지침을 제공한다. 이 책의 나머지 부분에서는 개인의 초점을 넘어서 당신의 의사 결정과 행동에 심원한 영향을 주고 때로는 옳은 일을 행하기 어렵게 만드는 집단과 조직의 영향을 살펴본다.

---

74) 앞의 글.

연습

인지 도덕 발달 이해

몰리는 10년 넘게 지방 신문 기자로 일하고 있다. 그녀는 주지사 후보 조 톰슨이 20년 전에 가게에서 물건을 훔치다 체포되었다는 사실을 알았다. 또한 그녀는 톰슨이 젊을 때 혼돈의 시기를 보내며 나중에 후회할 짓을 했다는 사실도 알았다. 가게에서 물건을 훔친 일은 경범으로 처리되었으며 그의 전과 기록에서 삭제되었다. 그 뒤 톰슨은 사람들을 돕고 중요한 공동체 프로젝트를 이끄는 등 화려한 경력을 쌓았다. 많은 사람들은 그가 다른 중요한 리더 자리로 가게 될 가능성이 있는 가장 나은 후보라고 여긴다. 몰리는 조의 승리 가능성을 망칠 수도 있는 그의 젊은 시절의 문제들에 관한 이야기를 써야 하는지 망설이고 있다.

당신은 몰리의 사고를 인지 도덕 발달 측면에서 특징지을 수 있는가? 아래의 질문들 중 어느 질문이 인습 이전 수준, 인습 수준, 그리고 원칙 기반 사고를 나타내는가?

- 이 이야기를 쓰는 것을 금지하는 법률이 있는가?
- 이 '특종'을 터뜨리면 내 경력에 도움이 될 것인가, 아니면 내 경력을 해칠 것인가?
- 내가 이 이야기를 쓰지 않는다 해도 결국은 다른 기자가 이에 대해 쓰지 않겠는가?
- 장기적으로 무엇이 사회에 가장 큰 도움이 되겠는가?
- 내가 이 이야기를 쓰거나 쓰지 않을 경우, 내 상사는 어떻게 반응할 것인가?
- 기자들은 어떤 상황에서든 모든 뉴스를 보도해야 한다고 요구되는 것이 아닌가?

- 내가 이 이야기를 보도하지 않으면 톰슨이 내게 돈을 지급하겠는가?
- 이 이야기를 보도해야 선거 과정이 더 공정하겠는가, 아니면 보도하지 않아야 공정하겠는가?

토론 문제

이 문제들은 지오이아의 '성찰'과 이번 장의 나머지 부분에 적용됨을 주의하라.

1. RJR 나비스코(미국 4대 담배 제조업체 중 하나) 이사회 회장 겸 CEO 스티브 골드스톤은 1998년에 잡지 인터뷰에서 이렇게 말했다. "나는 이 비즈니스에 대해 도덕에 관련된 견해를 갖고 있지 않지 않다… 나는 이를 합법적 비즈니스로 보았다. 우리나라가 완전히 합법이라고 말하고 있고 국가에 엄청난 세금을 내는 비즈니스에 관해 도덕에 관련된 판단을 내려서는 안 된다."[75] 골드스톤의 말에 관해 윤리 인식 측면에서 생각해 보라. 그가 자기 기업을 법률 차원만 아니라 윤리 차원에서 생각하기 시작한다면 어떤 일이 일어나겠는가?

2. 인지 도덕 발달, 통제 위치, 윤리 의사 결정 스타일, 도덕 이탈, 마키아벨리주의 측면에서 자신을 평가하라. 이 평가 결과는 당신 자신의 윤리 의사 결정에 관해 뭐라고 말하는가? 당신이 잘 아는 다른 사람에 대해서도 같은 작업을 해 보라.

3. 당신이 도덕적으로 이탈된 사고를 사용했던 때를 기억할 수 있는가?

4. 직장이나 인생의 기타 상황에서 대본 처리를 사용했던 상황을 파악해 보라.

5. 당신은 대본이 개인의 가치 체계를 뒤엎을 수 있다고 생각하는가?

---

75) J. Goldberg, "Big Tobacco's Endgame," New York Times Magazine, 1998년 6월 21일, 36-42, 58-60쪽.

6. 지오이아의 '성찰'에서 제기된 다음 질문에 답하라. 해당 상황이 윤리 관점에서 생각되지도 않는다면(즉 윤리 인식이 없다면) 그 사람은 비윤리적으로 행동하고 있는 것인가?

7. 상품을 디자인할 때 다른 사람의 생명을 빼앗을 수도 있는 리스크에 관한 결정을 누가 내려야 하는가?

8. 어떤 사람에게 인간의 생명에 가치를 부여하도록 허용되어야 하는가? 회사에게 허용되어야 하는가? 정부에게 허용되어야 하는가? 그렇지 않다면 (어떤 사람들에게는 위험할 수 있지만 다른 사람들에게는 도움이 되는) 특정 상품 시판 여부, 재해에서 가족을 잃은 유가족에게 얼마를 보상해야 할지 등에 관한 결정이 어떻게 내려져야 하는가?

9. 인간의 생명이 비용 계산의 일부일 때 비용-효용 분석 사용에 대해 어떻게 생각하는가? 도덕에 관련된 언어를 집어넣었더라면 의사 결정자의 사고를 변화시켰겠는가? 예를 들어 의사 결정자들이 180명의 생명을 죽인 데 대한 그들의 책임에 관해 얘기했더라면 어떤 결과가 나왔겠는가?

10. 모든 자동차는 어느 정도 안전하지 않다는 점에 비춰볼 때 제품 안전에 관해 어디에 선을 그을 것인가? 어느 정도 안전해야 충분히 안전한 것인가? 이를 누가 결정하는가?

사례 연구

지역 혈액은행의 보건 담당 이사 메리는 헌혈자 수 감소에 대해 우려하고 있다. 지금은 5월인데 메리는 여름이 다가오면 희귀한 혈액형의 경우 혈액 수요가 늘고 공급은 줄어든다는 사실을 알고 있다. 따라서 메리는 어느 대기업이 본사부터 시작해서 자사의 모든 사업장에서 헌혈 운동을 하겠다고 제안했을 때 신이 났다. 메리와 종업원들이 그 회사에 도착했을 때 메리는 소란한 소리를 들었다. 페기라는 간호사가 희귀 혈액형의 한 남성 헌혈자의 채혈을 하고 있을 때 페기의 가슴을 그 헌혈자가 주물렀다. 페기는 뒤로 물러나 울기 시작했다. 남자 동료 조가 페기를 위로하며 그 헌혈자에게 헌혈 장소에서 나가라고 했다. 곤혹스럽게도 헌혈자는 그 회사의 상위 경영진이었다. 이 사례에서 윤리 딜레마는 무엇이며, 어떤 가치들이 충돌하고 있는가? 메리는 페기, 조, 그 헌혈자, 그 회사 종업원들을 어떻게 다뤄야 하는가?

Chapter 4

개인의 보편적인 윤리 문제 다루기

비즈니스 윤리에 관해 나쁜 소식이 있다. 윤리 이슈를 잘못 처리할 경우 경력에 돌이킬 수 없는 손상을 입힐 수 있다. 그러나 좋은 소식도 있다. 비즈니스 관련 많은 윤리 이슈들은 예측 가능성이 매우 높다는 점이다. 직장 생활을 하는 동안 지속적인 거래를 하려면 특별대우나 조건을 제공해 달라고 요청하는 고객, 회사 자원의 적절한 사용에 관한 문제, 또는 여러 유형의 차별과 같은 많은 윤리 문제들을 직면하게 될 것이다. 그러나 대부분의 윤리 이슈들은 어느 정도 예측할 수 있기 때문에 이슈가 발생하기 전에 미리 발생할 가능성이 있는 문제들에 대해 생각해 두면 이를 적절히 다룰 수 있다.

그러나 윤리 이슈에 대한 토론에 들어가기 전에 노동자와 고용주 사이에 존재하는 관계에 대해 살펴볼 필요가 있다. 회사나 조직에 들어가는 날 계약서에 서명하지는 않는다 해도 노동자와 고용주 사이에는 묵시적인 계약 관계가 있다. 양 당사자 모두 기대와 권리를 갖고 있으며 상대방에 대한 보상을 제공하는데 이는 모두 계약 관계의 특징이다. 고용주는 종업원이 업무를 수행하는 대가로 급여와 복리 후생을 제공하며, 조직은 종업원이 특정 방식으로 행동하기를 기대한다. 종업원은 '가족의 일원'이 되고 충성심과 기타 회사의 '덕목들'을 보여주며 덜 바람직한 다른 행동들을 삼가할 책임이 있다. 다른 한편 종업원은 자신이 수행하는 업무에 대한 급여뿐 아니라 어느 정도의 공정성도 기대한다. 대부분의 사람들은 고용주가 자신에게 잘 대해 주고 적절한 업무 환경을 제공해 주기를 기대한다. 이번 장에서 고용주-종업원 계약에 대해 논의할 때마다 우리는 이처럼 복잡한 일련의 기대들을 언급할 것이다.

그렇다면 개인들은 직장에서 어떤 전형적인 윤리 문제들에 직면하는가? 우리는 보다 명백한 이슈들을 모아서 이를 인적 자원 이슈, 이해상충, 고객 신뢰 이슈, 회사 자원 사용이라는 넓은 범주로 나눴다. 우리는 각각의 넓은 범주 내에서 구체적인 여러 주제들을 다룬다. 따라가기 쉽도록 각각의 주제는 다음과 같은 정보를 포함한다.

- 그것은 무엇인가(해당 이슈의 정의)
- 그것이 왜 윤리 문제인가
- 이 이슈에 대해 어떻게 생각할 수 있는가
- 윤리 또는 법률 위반 시 직업상의 비용 또는 가능한 벌칙
- 이 주제와 관련이 있는 중요한 정보를 포함할 수도 있는 특별 주석과 몇 가지 주제

자신의 가치 확인과 표명

이번 장에서 다루는 다양한 유형의 윤리 문제들을 탐구하기 전에 자신에게 무엇이 중요한지에 대해, 달리 말해서 당신은 무엇을 가치 있게 여기는지 다시 생각해 보기 바란다. 2장에서 우리는 윤리에 대한 다양한 철학 접근법을 논의했다. 이 접근법들은 모두 윤리 딜레마에 대해 철저히 생각하도록 도움을 준다. 이 가운데 원칙 기반 접근법은 가장 소중한 가치에 대해 생각하도록 장려한다. 그런데 당신이 특정 상황에 대해 철저히 생각해 본

뒤 이러한 가치에 기초해서 어떻게 해야 할지 파악했지만 조직의 보상 시스템이나 상사 또는 동료들의 압력 때문에 당신이 윤리적이라고 생각하는 대로 말하거나 실행하기를 망설일 경우에는 어떻게 할 것인가? 무엇이 올바른지 결정하고 나면 이를 어떻게 실행할 것인가? 아스펜 연구소의 일부 윤리 전문가들에 의하면 연습이 도움이[1] 된다.

2차 대전 후에 학자들은 유럽에서 자신의 복리를 희생하고 나치에게 위협받는 사람들을 도와주었던 많은 사람들은 전에 그들이 자신의 가치에 도전한 가상의 상황에 처해 있다고 상상함으로써 윤리적인 의사 결정을 내리도록 '연습' 했기 때문에 그렇게 할 수 있었음을 발견했다. 그들은 이런 상황을 상상했을 뿐만 아니라 잠재적 행동(그런 상황을 만나면 실제로 어떻게 할지)을 다른 사람들과 논의했다. 학자들은 이 연습이 이 사람들의 이후의 영웅적 행동을 위한 토대를 놓은 일종의 '사전 대본 작성' 이었다고 주장한다. 윤리 이슈를 실제로 대면하기 오래전에 그 이슈들에 대해 생각해 본 경험이 사람들에게 도덕적 용기 분야에서 일종의 유리한 출발을 하게 해준 셈이었다. 아스펜 연구소의 '가치 표명하기(Giving Voice to Values)' 프로그램은 재미있고 가치 있는 전제에 뿌리를 두고 있다. 프로그램 개발자 메리 젠타일은 이 접근법은 "우리는 우리가 원하는 바를 알고 있다는 가정에서 시작해서 어떻게 이 일이 일어나게 할 수 있는지 이해하고 나아가 우리의 목소리를 연습한다."라고 말한다.

이 프로그램은 모든 나이의 학생들에게 (우리가 2장에서 장려했던 바와 같이) 먼저 자신의 가치를 고려하도록 장려한다. 당신은 무엇에 관심을 갖는가? 당신의 삶에 대해 깊이 생각할 때 당신의 마음을 끌거나 당신 안의 깊은 감정을 자극하는 가치는 무엇인가?

가치 외에 우리 모두는 어려운 윤리 이슈에 직면할 때 도움이 될 수 있는

---

1) Mary C. Gentile, "Giving Voice to Values," The Aspen Institute, www.aspencbe.org/teaching/gvv/index.html.

개인적 서사, 즉 자신의 이야기를 갖고 있다. 당신이 어려운 여건에 처했을 때 자신의 삶의 이야기에서 열정이나 힘의 원천을 제공할 수도 있는 과거 경험을 찾아보면 도움이 될 수 있다. 우리는 이런 경험들이 성품을 형성하는 삶의 정황이라고 생각한다. 최고의 지도자들 중 많은 이들이 인생의 어려운 경험들이 변혁적이었으며 삶에서 새로운 의미와 방향을 제공했다고 말한다. 예를 들어 생명을 위협하는 질병에서 살아남으면 일터에서의 위협이 훨씬 덜 무서워질 수도 있다. 당신은 이렇게 말할지도 모른다. "상사에게 정중하게 말한다 해도 나를 죽이지는 않을 것이다. 그러니 왜 말하지 못하겠는가?" 제약회사 노바티스 이사회 회장(그리고 14년간 CEO를 역임한) 대니얼 바셀라는 4살 때 식중독으로 처음 병원을 경험했다. 8살 때는 결핵과 뇌수막염에 걸려 1년을 요양소에서 보냈다. 10살 때는 누나를 잃었다. 이것은 바셀라가 어린 시절에 직면했던 도전 중 몇 가지에 지나지 않는다. 바셀라는 이런 경험의 고독과 고통을 생생하게 기억하지만 자신을 사랑과 동정으로 대해 준 몇몇 사람의 강력한 영향으로 자기도 의사가 되어 다른 사람들을 도와주겠다는 소원이 생겼다고 말한다. 바셀라는 나중에 의료 기업의 리더가 되면 한 명의 의사가 할 수 있는 것보다 더 큰 영향을 주고, 더 많은 사람들을 도와줄 수 있을 것이라고 생각했다.[2] 그러므로 당신 개인의 서사가 무엇인지 생각해 보라. 그 서사의 어떤 측면이 당신을 도와 어려운 상황에서 옳은 일을 할 용기를 줄 수 있겠는가? 학생들에게 가치 표명하기 프로그램의 일부로 고려하도록 장려하는 기타 자체 평가 질문 목록 단축 판을 다음에 소개한다.

1. **목적에 관한 질문** 당신의 개인적 목표와 직업상 목표는 무엇인가? 당신이 성취하고자 하는 것은 무엇인가? 무엇이 당신의 직업에서의

---

2) B. George, P. Sims, A. N. McLean, and D. Mayer, "Discovering Your Authentic Leadership," Harvard Business Review 85권, no. 2 (2007): 1-8쪽.

삶을 가치 있게 하겠는가?

2. **리스크에 관한 질문** 당신의 리스크 프로필은 어떠한가? 당신은 리스크를 취하는가, 회피하는가? 당신의 일에서 직면하는 최대 리스크는 무엇인가? 당신은 어떤 수준의 리스크를 수용할 수 있고, 어떤 수준의 리스크는 수용할 수 없는가?

3. **개인의 의사소통 스타일 또는 선호에 관한 질문** 당신은 갈등을 잘 다루는가, 아니면 대립을 싫어하는가? 당신은 만나서 소통하기를 선호하는가, 서면 소통을 선호하는가? 당신은 직감적으로 즉시 잘 생각하는가, 아니면 심사숙고해서 소통 내용을 고안할 시간을 필요로 하는가?

4. **충성심에 관한 질문** 당신은 가족, 직장 동료, 회사/고용주 또는 고객과 같은 기타 이해관계자에 대해 최고의 충성심을 느끼는 경향이 있는가?

5. **자아상에 관한 질문** 당신은 자신을 약삭빠르다고 생각하는가, 순진하다고 생각하는가? 이상적이라고 생각하는가, 실용적이라고 생각하는가? 배우는 사람이라고 생각하는가, 가르치는 사람이라고 생각하는가?

이 자아 분석의 요점은 먼저 자신의 '자아 이야기' 즉, 서사를 확인하는 것이다. 우리는 모두 한 가지 서사를 갖고 있거나 이를 만들어 낼 수 있다. 그리고 나서 자아상과 일치하게 행동하는 방법을 발견하도록 도움을 줄 다른 개성을 고려하라. 예를 들어 당신의 자아상이 대담하고 용기 있는 성격이라면 상황에 용감하게 대응하는 방법, 즉 용감한 사람이라는 자아상에 일치하는 방법을 발견할 수도 있을 것이다. 이와 반대인 성격의 경우도 마찬가지다. 당신이 리스크를 회피하는 소심한 성격이라면 보다 '순응적'이고 당신의 본성에 일치하는 상황 대처법을 발견할 수 있을 것이다. 이미 짐작했겠지만 여기서의 목표는 자신의 독특한 개성을 반영하는 반응과 행동을 만들어냄으로써 당신의 가치와 신념을 보다 쉽게 표명하게 하는 것이다. 자신의 이야기라는 시각을 통해 딜레마를 평가하면 자신의 가치를 표명할 가능성이 높아지고 자신의 강점을 이용하면 자신이 믿는 신념을 지지할 가능성을 높일 수 있다.

가치 표명하기 프로그램은 학생들에게 가치 충돌이 매우 정상적이라는 점을 이해하도록 장려한다. 윤리 딜레마는 이례적이거나 드문 것이 아니라 누구에게나 항상 일어난다. 날마다 직면하는 윤리 딜레마는 좋은 선택을 할 능력을 테스트한다. 리스크를 취할 필요, 즉 나중에 좋은 결과 또는 나쁜 결과가 나올 수 있는 이런 훈련은 결정이 필요한 상황에 대비할 수 있도록 한다. 우리는 이런 상황들이 일반적이며 여기서 살아남을 수 있고 남들도 같은 일을 겪고 있다는 생각을 내면화할 것이다. 이런 상황이 우리를 마비시키지 못할 것이다.

다양한 소통 기법 이해는 가치 표명 프로그램의 또 다른 중요한 요소다. 가치 표명은 대화나 듣기 또는 연구와 새로운 데이터 제공, 질문, 협상, 솔선수범, 협력자 파악 등의 기타 소통 기법을 의미할 수 있다. 요점은 가치 표명이 반드시 목소리 높이기에 관한 것이 아니라는 점이다. 사실 가치 표명은 상황, 청중, 자신의 동기와 스타일을 분석하고 나서 다른 사람에게 당신이 말하고자 하는 내용을 가장 잘 전달할 수 있는 방안을 이해하는 것이 전부다. 조직에서는 외로운 목소리가 되기보다는 당신의 견해를 지지할 협력자를 발견하면 큰 도움이 된다. 시간을 내 당신이 옳다고 생각하는 견해를 지지해 줄 협력자를 설득하면 결국 당신의 견해가 지지를 얻을 가능성을 높여줄 수 있다.

가치 표명하기 프로그램은 또한 결정을 내리고 우리의 신념을 표명할 때 만나는 장애물(우리의 결심을 따돌릴 수 있는 이유와 합리화)도 다룬다. 여기서는 우리가 맞서고자 하는 주장, 특정 상황에서 다양한 당사자들의 이해관계, 우리가 동의하지 않는 사람들에게 영향을 줄 수 있는 방법, 그리고 무엇이 우리의 가장 강력한 논점인지 파악하도록 요청한다. 이러한 논점들 중 일부는 3장에서 논의했던 좋은 윤리 판단의 장애물에 의해 영향 받았을 가능성이 있다.

마지막으로 가치 표명하기 프로그램은 학생들에게 선택을 고려하라고 격려한다. 우리는 모두 자신의 가치에 근거해 행동할 수 있지만 때로는 그렇게 하지 않는다. 선택 이슈에 대해 생각하는 요점은 가장 윤리적인 사람이라도 언제나 옳은 일을 하는 것은 아니라는 점을 이해하는 것이다. 우리는 항상 선택을 내리는데 그 선택이 우리의 의사 결정을 강화하거나 바꿀 수 있다. 실수하면 다음번에는 자신을 재정의할 수 있다. 중요한 점은 자각하고 실수를 인정하고 이를 통해 배우는 것이다.

때로는 관련 리스크 때문에 일터에서 자신의 가치에 대해 목소리를 내려면 상당한 용기가 필요하다. 이 장의 뒷부분에서 가장 위험할 수도 있는 상황인 (상사 또는 조직에 대한) 내부고발이 하나의 가능성이 되는 상황에 대해 논의할 것이다.

사람 관련 이슈

이 책에서 말하는 사람 관련 이슈는 사람들이 함께 일할 때 발생하는 윤리 문제를 의미한다. 프라이버시, 차별, 성희롱이나 기타 유형의 희롱, 또는 단순히 사람들이 어떻게 잘 어울릴 것인가 등이 문제가 될 수 있다.

이 이슈들을 고려할 때 공정성이라는 단어를 기억해야 한다. 대부분의 사람들은 공정성을 공평, 호혜주의, 공평무사라는 관점에서 이해한다.[3] 두 사람 사이에서 이들의 가치와 투입에 따라 뭔가가 나눠질 때 이 상황을 공평하다고 말한다. 예를 들어 두 사람이 어떤 프로젝트에 대한 책임을 공유

---

3) J. Q. Wilson, The Moral Sense (New York: Free Press, 1993), 55-78쪽.

할 때 한 사람이 이렇게 질문할 수 있다. "우리가 똑같이 열심히 일했는가? 우리가 같은 몫을 받았는가?" 대부분의 사람들은 두 사람이 같은 의무를 수행했는데 받은 보상의 몫이 다르면 불공정하다고 생각한다. 공정성의 또 다른 척도는 '네가 내게 이것을 해 줬으니 나는 네게 저것을 해주겠다.' 라는 호혜주의, 즉 교환의 공정성이다. 대부분의 사람들은 거래에서 자기 몫을 수행하지 않으면 이 상황을 불공정하다고 생각한다. 공정성의 세 번째 척도는 공평무사다. '내 이야기를 듣게 될 사람이 어떤 면에서 편향되었는가, 아니면 상황을 속단했는가?' 대부분의 사람들은 공정성을 편견이나 선입관과 조화되지 않는다고 생각한다.

대부분의 노동자 보호법과 회사 인사 정책도 이 요소들을 포함하기 위해 노력한다. 여기서의 목표는 종업원을 성별, 인종, 나이와 같은 요소들에 기초하지 않고 자격에 기초해서 채용, 대우, 승진, 평가, 정리해고, 해고하는 것이다. 여기서는 성과가 중요한 유일한 요소이고(공평) 고용주—종업원 관계의 기대사항들을 이해하고 충족하며(호혜주의) 선입관이나 편견을 배제하는(공평무사) 공정한 경쟁의 장을 만드는 것을 목표로 한다.

종업원들 입장에서는 공정성이 그들이 받는 결과(급여, 승진 등)에 관한 것만이 아님을 알 필요가 있다. 종업원들은 의사 결정 절차에 관한 공정성과 결과가 소통될 때 그들이 받는 대인 관계의 대우에 관해서도 지대한 관심을 기울인다. 사람들은 의사 결정이 공정하게 이루어졌다고 믿을 때, 그리고 상사나 조직이 사람을 배려하면서 조심스럽게 결정을 설명할 때 나쁜 소식을 더 잘 받아들일 가능성이 있다. 공정한 절차를 사용하고 종업원을 배려하는 조직은 모든 종업원에게 조직이 그들을 공동체의 중요한 일원으로서 가치 있는 존재라고 여긴다는 강력한 메시지를 전달한다.[4]

---

4) E. A. Lind and T. R. Tyler, The Social Psychology of Procedural Justice (New York: Plenum Press, 1988).

차별

당신은 5년 전에 대규모 유틸리티 회사의 관리자 교육 훈련 프로그램에서 리사를 만났다. 지금은 회사의 다른 부서에서 각각 근무하고 있지만 당신과 리사는 지난 5년 동안 가까운 관계를 유지해 오고 있다. 리사는 최근에 출산해서 회사에서 제공하는 6개월의 육아 휴가를 사용할 계획이다. 리사는 당신에게 휴가가 끝난 뒤 반드시 복직할 예정이며, 리사의 부서에서도 자리를 비워놓겠다고 약속했노라고 얘기했다. 이후에 당신은 회사 웹사이트에서 리사가 맡고 있는 자리에 채용 공고가 난 것을 보았다. 당신은 리사의 동료 중 한 명에게 가서 그 공고에 대해 물어 보았다. 그는 이렇게 말한다. "아, 그들은 리사가 맡고 있던 임무에 사람을 채용할 겁니다. 하지만 리사에게는 말하지 마세요. 아직 남은 5개월의 휴가 기간 동안 즐겁게 보내게 그냥 놔두세요. 리사가 복직을 결정하면 리사에게 할 일을 찾아줄 거예요."

미국에서는 인종, 종교, 국적, 성별, 장애, 연령에 따른 차별은 연방법이 금지하고 있기 때문에 많은 회사들이 어떤 종류의 차별도 금지하는 정책을 명시했다. 불행하게도 회사의 정책과 현실 사이에 큰 간극이 있다. 다양한 배경을 지닌 사람들이 모여 서비스를 제공하거나 제품을 만들 때에는 다양한 집단에 대해 의식적이거나 무의식적인 편견을 갖는 사람들이 있기 마련이고 자신의 행동이 다른 사람들에게 미치는 영향을 알지 못하는 사람들도 있을 것이다.

차별의 정의　자격 이외의 요소가 종업원이 받는 대우에 영향을 줄 때 차별이 일어난다. 대개 불리한 불균등 대우는 많은 형태를 띤다. 갑자기 자기보다 어린 상사에게 보고하게 된 종업원들은 젊은 상사가 경험이 없다고 생각하기 때문에 분개할 수 있다. 젊은 상사는 나이든 종업원들이 아는 게

없다고 생각해서 조언을 무시한다. 고령화가 진행됨에 따라 나이에 대한 태도는 당분간 점점 더 중요해질 가능성이 있다.

인종, 민족, 종교, 또는 성적 고정 관념은 가장 교육을 많이 받은 사람의 행동에도 부지중에 영향을 준다. 여러 유형의 사람들을 관리할 수 있는 능력의 중요성은 아무리 강조해도 지나침이 없다. 미국에서는 소수 민족과 인종이 전체 인구보다 빠른 속도로 증가하고 있으며, 미국의 노동력은 점점 더 다양해지고 있다.

엄마가 된 리사와 관련된 사례에서 산휴는 차별로 귀결될 수도 있다. 임신한 종업원은 법률로 보호되지만(이어지는 '그것이 왜 윤리문제인가?'를 보라) 이 사례에서 리사의 휴가는 명백히 부담으로 여겨지고 있다. 물론 고용주들에게는 질병, 장애, 또는 진학 등과 같은 이유로 장기 휴가 중인 노동자들을 대체할 권리가 있다. 이 사례에서의 문제는 부서가 리사의 자리를 채우는 동안 리사에게 알려주지 않음으로써 따돌리고 있는 듯하다는 점이다. 리사가 그 부서의 계획을 안다면 휴가를 단축하거나 몇 달 동안 시간제로 일하는 상황을 마련할 수도 있을 것이다. 그러나 동료인 당신이 발견한 내용을 말해주지 않는다면, 리사는 복직해도 전에 하던 일을 할 수 없을 것이다. 리사에게 알려주지 않는 것은 불공평해 보인다.

차별은 업무 관계에서만 아니라 채용, 승진, 정리해고 결정에서도 미묘하거나 그리 미묘하지 않은 요인일 수 있다. '회사 프로필'에 맞지 않는 사람들은 여성이나 소수 그룹의 일원이라는 이유 또는 노동자 보호 법률에서 다뤄질 수도 있고 다뤄지지 않을 수도 있는 기타 이유로 승진에서 누락될 수도 있다. 일터에는 확실히 여성의 승진에 대한 장애물을 일컫는 유리 천장뿐만 아니라 다른 장애물들이 많다. 50세가 넘은 사람, 건강 문제가 있는 사람, 키 작은 사람, 장애인, 체중이 너무 많이 나가는 사람, 수염을 기른 사람, 동성애자('정상'에서 벗어나는 특질을 지닌 모든 사람)에게도 아마 불리한 점이 있을 것이다. 그리고 자격보다 개인 사정 때문에 특정 종업원들을 자동으로 배제할 수도 있는 업무 요건을 만드는 고용주들이 있을 수도 있다.

이 이슈에 대해 어떻게 생각할 수 있는가? 2장에서 설명한 다양한 이론들을 사용해서 이 상황을 분석할 수 있다. 이 이론들은 문제를 해결할 때 사용할 수 있는 다양한 '관점' 역할을 할 수 있다. 이 중 어느 이론도 완벽한 대답을 주지는 않지만 좋은 결정을 할 수 있도록 특정 이슈의 함의를 철저히 생각하는 데 도움을 줄 것이다.

결과주의자 관점을 통해 바라본다고 가정하자. 누가 이해관계자이고, 각각의 이해관계자에 대한 피해와 효용은 무엇인가? 이 상황에서 어떻게 하면 최대 다수에게 이익을 줄 수 있는가? 이런 식으로 생각한다면 리사에게 아무 말도 안 하는 것이 나을 수 있다는 결론을 내릴 수도 있다. 리사의 매니저가 리사의 빈자리를 당장 채우면 (최소한 단기적으로는) 더 많은 사람들에게 이익이 된다고 생각할 수 있을 것이다. 결국 리사가 휴직 상태로 있으면 동료들이 힘들어질 수 있다. 그러나 보다 장기적인 관점은 다른 여직원들이 리사가 불공정해 보이는 대우를 받은 데 대해 어떻게 반응할지 생각해 보는 것이다. 여직원들이 불만을 품으면 회사에 심각한 피해를 줄 수도 있다. 그렇다면 무엇이 사회 전체에 가장 좋은 결정인가?

의무론 관점을 통해서 바라보면 리사나 고용주, 또는 둘 모두에게 책임이나 의무가 있는지 묻게 할 것이다. 이 사례에 어떤 가치나 원칙이 관련되어 있는가? 황금률을 사용해서 상황이 바뀌었다면 당신은 리사나 동료가 어떻게 처신하기를 원할지 생각해 보라. 칸트의 정언명령을 따르면 고용주들이 일상적으로 종업원들을 이런 식으로 대우한다면 어떤 세상이 되겠는가? 그리고 롤스의 무지의 베일을 사용하면 리사가 남자인지 여자인지 모를 경우 어떻게 결정하겠는가?

마지막으로 미덕 이론과 자신의 성품을 사용하면 의도와 동기를 고려할 것이다. 또한 인사 담당 전문가들은 이 결정에 대해 어떻게 생각할지도 고려할 것이다. 우리의 결정이 알려질 경우 남들에게 어떻게 보일지 자문할 것이다. 우리의 윤리 역할 모델 또는 가장 혹독한 도덕적 비판가라면 어떻게 생각하겠는가? 자신의 품성과 자신이 가치 있게 여기는 요소를 고려하면, 어떤 결정이 최선이라고 생각되는가? 또한 3장에서 설명한 몇 가지 철학 이슈들을 고려할 수도 있다. 리사에게 말해 줄 경우와 말해 주지 않을 경우의 결과들을 고려하고 있는가? 리사에게 말할 경우 또는 말하지 않을 경우 리사와 당신에게 무슨 일이 일어날 수 있겠는가?

이 상황은 개인적으로 무엇에 관심을 기울이는지를 테스트할 수 있는데 윤리적인 삶을 영위하고자 하면 이 테스트가 중요하다. 이는 또한 이번 장의 앞부분에서 가치 표명하기 프로그램에 대해 논의할 때 제안한 바와 같이 자신의 가치를 평가하고 어떻게 하면 이러한 가치들과 보다 일치하게 행동할 수 있는지 묻기 시작하는 방법이기도 하다.

리사를 위해 조치를 취하는 것이 옳은 일이라고 결정했다면 이에 대해 어떻게 하겠는가? 누구에게 접근해서 뭐라고 말하겠는가? 아니면 리사가 스스로 조치를 취할 수 있도록 정보를 제공하겠는가?

그것이 왜 윤리 문제인가? 차별은 직장 내 공정성의 핵심이기 때문에 (법적 보호를 넘어) 윤리 이슈다. 공정성 개념은 전 세계의 비즈니스 법률에 규정되어 있으며 미국에서 공정성은 양도할 수 없는 권리로 간주된다.[5] 미국 정부는 공정성과 정의를 확보하기 위해 노력해 왔다. 모든 통화에 신뢰(trust)라는 단어가 표시되어 있으며 국기에 대한 충성 맹세는 '…모든 사람에게 자유와 정의가 부여된다.' 라고 선언한다. 또한 미국의 전체 법률 시스템은 정의와 개인의 권리 보호를 초석으로 삼고 있다. 따라서 사람들은 조직 일반, 특히 고용주로부터 공정성을 기대한다.

---

5) B. Sheppard, R. Lewicki, and J. W. Minton, Organizational Justice: The Search for Fairness in the Workplace (New York: Lexington Books, 1992).

비용 공정성을 규율하는 법률과 규정은 나라마다 다르지만, 미국에서는 차별 피해자들이 1964년 민권법 타이틀 Ⅶ에 따라 평등 고용 기회 위원회(EEOC)에 민원을 제기하거나 불법행위법 또는 계약법에 따라 소송을 제기할 수 있다. 이 법은 특히 인종, 종교, 성별, 피부색, 출신 국가에 따른 차별을 금지한다. 타이틀 Ⅶ에 의해 특별히 보호되는 집단은 아프리카계 미국인, 히스패닉계, 아메리카 원주민, 아시아 태평양 섬나라 출신이 포함된다. (일부 주와 지방 정부는 위의 목록에 성적 취향과 결혼 상태 등 몇 가지 보호 항목을 추가했다.) 1978년 임신차별법은 임신한 여성에 대한 차별을 금지한다. 1967년 고용연령차별법은 40세 이상의 사람들에게 보호를 확대한다. 1973년 재활법은 연방, 주, 지방 정부, 기관, 계약자에 의한 차별로부터 장애인을 보호하는 최초의 연방법이었다. 1990년 미국 장애인법(ADA)은 종업원 수가 15명을 초과하는 모든 회사에게 장애가 있는 노동자들을 고용하기 위해 합리적인 시설을 설치하라고 요구함으로써 보호를 민간 부문으로 확대했다. (사람들은 질병에 다르게 반응해 일부는 장애를 입을 수도 있고 일부는 그렇지 않을 수도 있기 때문에) 이 법이 보호하는 상태 또는 질병을 열거하지는 않았지만 일부 상태는 특별히 포함하거나 제외하였다. 예를 들어 HIV 감염은 장애로 간주한다. ADA는 HIV 감염자를 보호한다. 최근 판결들을 보면 편견 소송이 회사에 얼마나 값비쌀 수 있는지 명백하다. 2005년에 UBS(유럽 최대 은행)는 한 명의 원고(불균등한 대우를 불평한 여성)에게 2,900만 달러의 배상금을 지급하라는 명령을 받았다.[6] 또 다른 예로는 어느 판사가 재무상담사로 등록된 모건 스탠리의 2,800명의 여직원들에게 7천만 달러를 지급하라고 판결했으며[7] 뉴욕의 어느 중재인단은 메릴 린치에게 차별을 당한 사실이 밝혀진 일군의 여성들에게 1억 달러가 넘는 배

---

6) Eduardo Porter, "UBS Ordered to Pay $29 Million in Sex Bias Lawsuit," New York Times, 2005년 4월 7일, www.nytimes.com.

7) Insider Exclusive, "Wall Street Women Win $70 Million Against Morgan Stanley," 2013, http://www.insiderexclusive.com/justice-in-america/legal-wall-street-women-win-70-million-against-morgan-stanley.

상금을 지급하라고 명령했다.[8]

차별 소송은 고용주들에게 법률 비용, 배상금과 언론 보도 면에서만 비싼 비용이 드는 것이 아니다. 회사가 차별 소송을 진행하는 동안 피해자들의 사기도 떨어지지만 다른 종업원들의 사기도 떨어질 수 있다. 자신이 일하고 있는 회사가 나쁜 일을 한 것으로 대중에게 비난받을 때 종업원들은 부끄러워한다.

당신이 다른 종업원을 차별한 혐의로 기소된 사람이라면 조사를 견디기 힘들 것이다. 유죄로 판명되면 벌칙을 받거나 해고될 수도 있다. 당신이 무죄로 밝혀진다 해도 당신 또는 당신을 비난한 사람이 당신의 행동과 그 영향에 대해 상담을 받을 가능성이 있으며 둘 중 한 명 또는 둘 모두 다른 부서로 이동할 수도 있다. 당신의 부하 직원이 차별로 기소되면 왜 차별을 몰랐는지 또는 용인했는지에 관해 많은 질문을 받으리라고 예상하라. 차별에 대해 알면서 아무 조치도 취하지 않았다면 특히 차별에 대해 소송이 제기되었을 경우 징계 받을 각오를 하라.

특별 주석 종업원들에게 '다양성을 존중하도록' 훈련시키는 많은 프로그램들은 다양한 집단을 동화시키려는 노력들과 특히 차별을 금지하는 법률 및 정책과 충돌하는 것으로 보일 수 있다. 차이 인정하기를 배우는 것은 많은 사람들이 어릴 때부터 배운 내용, 즉 (정해진 틀에) '맞춰야' 한다는 내용에 반한다. 많은 사람들은 다른 사람들과 조화되기 위해 자신의 독특성을 무시할 뿐 아니라 다른 사람의 차이도 무시해야 한다고 배웠다. 우리는 대개 다른 피부색, 종교, 억양, 옷 입는 방식, 신체장애 또는 비장애인 여부를 '알아차리지 말라'고 배운다. 그리 멀지 않은 과거에는 무시하기 어려운 성별에 따른 차이도 무시되었다.

---

8) Jenny Anderson, "After She Sued Merrill, It's Back on the Job," New York Times, 2005년 7월 22일, www.nytimes.com.

다양성 존중은 사람들의 다양한 아이디어를 통합하면서도 사람들을 동등하게 대우함을 의미한다. 차별은 사람들이 다르거나 다르게 보인다는 이유로 때문에 동등하지 않게 대우하는 것을 의미한다. 다양성 존중은 긍정적인 행동인 반면, 차별은 부정적인 행동이다. 다양성 존중은 시스템 안에 더 많은 공정성을 구현하도록 노력하는 반면, 차별은 시스템 안에 불공정을 구현한다. 다양성 존중의 열쇠는 차이가 결함을 의미하지 않으며 모자람을 의미하지도 않는다는 점을 이해하는 것이다. 차이는 차이일 뿐이다.

성희롱과 기타 희롱

1970년대와 1980년대에 직장 생활을 하는 여성들의 수가 크게 증가하고 사회와 비즈니스 관습이 변하기 시작함에 따라 직장 성희롱이 이슈가 되었다. 성희롱은 40년이 지난 지금도 이슈이며 많은 회사들이 성희롱 소송에서 거액의 벌금을 지불했다. 그 결과 EEOC는 이제 종업원 수 15인을 초과하는 모든 조직에게 성희롱 정책을 갖추고 이 이슈에 대해 종업원을 교육하도록 요구한다. 또 다른 결과로서 종업원들(특히 남성들)이 이성 노동자들을 점점 더 두려워하게 되었다. 때로는 우호적 태도와 공격적 태도 사이의 경계가 모호하다.

당신의 동료 노동자 조안은 스타일이 색다르고 유머 감각이 뛰어난 컴퓨터 전문가다. 조안이 가장 좋아하는 '목표'는 당신과 빌인데 빌은 비즈니스 관계에서 숫기가 부족한 경향이 있는 또 다른 동료다. 조안은 부서의 익살꾼인데 언제나 당신과 빌에게 장난친다. 당신을 골려 먹는 이유는 당신이 말을 잘 들어주고 조안이 유쾌한 사람이라고 생각하기 때문이며 빌에게 장난치는 이유는 조안이 빌을 좀 더 접근하기 쉬운 사람으로 만들어 주고 싶어 하기 때문이다. 조안은 자주 성적인 주제를 언급하며 당신과 빌을 '어린 골목 고양이'와 '종마'라고 불렀다. 당신은 조안의 행동이 전혀 불쾌하지 않지만 빌이 화장실에서 조안이 끊임없이 놀려댄다고 불평하는 얘기를 듣고 깜짝 놀랐다.

희롱의 정의

성희롱은 직장에서 원하지 않는 성적 언동으로 상대방을 불편하게 만드는 행동이라고 정의한다. 성희롱은 대개 지위가 높은 사람으로부터 지위가 낮거나 권한이 약한 사람을 향해 가해지는 행동과 관련이 있다. 성희롱 청구는 여성들에 의해서만 제기되지는 않는다. EEOC (www.eeoc.gov)는 2012년에 11,364건의 성희롱 민원을 접수했는데 이 가운데 남성이 접수한 건수는 16%를 넘었다.

연방법은 대가성과 적대적 업무 환경이라는 두 가지 유형의 성희롱을 정의했다. 대가성 희롱은 성적 호의가 직장에서의 발전 요건인 경우 또는 요건으로 보이는 경우를 의미한다. 적대적 업무 환경은 노동자가 성에 관련된 원하지 않는 행동 또는 언급으로 인해 불편을 느끼는 것을 의미한다. 이런 유형의 성희롱은 특히 모호한데 이는 아름다움처럼 보는 사람의 눈에 달려 있다. 한 사람에게는 성희롱에 해당하는 행동이 다른 사람에게는 성희롱이 아닐 수 있다. 어깨에 팔을 올려놓는 행위는 어떤 사람에게는 희롱으로 느껴질 수 있지만 다른 사람은 그런 몸동작을 편하게 느낄 수도 있다. 적대적 업무 환경은 몸동작만 아니라 성적인 언급(칭찬도 포함됨)과 사무실에서 나체나 노출이 심한 사진 등 성적으로 도발적인 자료를 전시하는 행위도 포함한다.

두 유형 모두의 성희롱에서 그 행동이 성희롱에 해당하는지 여부는 '합리적인' 사람 관점에서 결정되며 괴롭힌 사람의 의도는 고려하지 않는다. 그래서 성희롱 이슈가 혼란스러울 수 있다. 성희롱 해당 여부는 피해자의 반응에 의해 결정되기 때문에 자신의 언급이나 행동이 무엇을 의미하는지가 아니라 이러한 언행이 다른 사람에게 어떻게 해석될 수 있는지를 고려해야 한다.

대부분의 사람들은 동료의 뒤에서 쓰다듬는 행동은 성희롱이라는 데 동의할 것이다. 그런데 여성 동료의 외모를 칭찬하거나, 남성 동료의 팔을 만지거나, 성적인 농담을 하면 성희롱에 해당하는가? 조안의 경우 그녀는 듣는 사람이 누구인지와 두 명의 동료들이 자기의 농담에 대해 어떻게 반응할지 고려하지 못했다. 당신은 어린 고양이라 불리는 것을 재미있다고 생각할 수도 있지만 조안은 빌과 같은 사람이 성적 함의가 있는 이름으로 불릴 때 어떻게 반응할지에 관해 보다 주의 깊게 고려했어야 했을 것이다. 조안이 선을 넘었는가? 빌이 과잉반응하고 있는 것인가? 법률에 의하면 당신과 조안이 빌이 과잉반응하고 있다고 생각하더라도 그것은 중요하지 않다. 조안의 의도가 아니라 조안의 언급에 대해 합리적인 사람이라면 불편하게 느낄지 여부가 성희롱 발생 여부를 결정하는 기준이다. 빌이 어떻게 느꼈는지가 조안이 무엇을 의도했는지보다 더 중요하게 고려된다.

이 이슈에 대해 어떻게 생각할 수 있는가　결과주의자는 이 상황에 대해 어떻게 생각할 수 있는지 고려해 보라. 누가 이해관계자인지와 그들 각자에 대한 피해와 효용이 무엇인지 파악할 수 있겠는가? 당신의 대안들은 무엇인가? 당신이 어떻게 행동하면 가장 많은 사람에게 이익을 주고 가장 적은 사람에게 피해를 줘서 사회에 최대의 선을 끼치겠는가? 예를 들어 조안이 그런 행동을 계속할 경우 그녀에게 미칠 잠재적 영향에 관해 생각해 보았는가? 저명한 심리학자로서 감성 지능과 사회 지능에 관해 많은 책을 쓴 대니얼 골먼은 위대한 리더를 평범한 리더로부터 구별시키는 세 가지 특질을 다음과 같이 묘사한다. (1) 자아 인식 — 자신의 강점과 한계를 알고, 자기 내부의 윤리 레이더를 강화한다. (2) 자기 관리 — 효과적으로 자신을 인도할 수 있게 해 주는 방식으로 자신의 감정을 관리할 수 있다. (3) 공감 — 다른 사람을 효과적으로 인도하기 위해 그들의 감정적 반응을 이해한다. 조안이 자신의 말이 동료 종업원을 화나게 할 수도 있음을 알지 못한다면 감독자 또는 경영진 지위로 승진할 가능성이 낮을 것이다. 그녀가 자신의 행동을 스스로 규율하지 못한다면 리더의 규율되지 않은 행동이 다른 종업원들에게 영향을 미치는 조직에서 그녀를 리더 자리에 승진시킬 가능성이 낮을 것이다.[9] 그러니 사려 깊고 민감하게 개입하면 조안을 포함한 모든 관련자들에게 도움이 될지도 모른다.

이제 다른 기준을 사용해 보자. 여기서 당신에게 윤리적 책무 또는 의무가 있는가? 누구에게 어떤 책무나 의무가 있는가? 이 상황에 어떤 윤리 원칙이 적용되며 어떤 규칙이 무엇이 옳은지 결정하는 데 도움이 되겠는가? 예를 들어 처지가 바뀌어서 당신이 빌이나 조안의 입장에 있다면 그들이 어떻게 당신을 도와주기 원하겠는가?

유관 윤리 공동체에 통찰력을 제공해 주는 '합리적인 사람 기준'에 관해 생각해 볼 수도 있다. 합리적인 사람이라면 이 상황을 어떻게 평가하고, 무엇이 옳은 일이라고 결정하겠는가? 빌이 기자에게 말해서 이 상황이 지역 신문에 기사화된다면 당신은 어떤 기분이 되겠는가? 당신이 이 사안에서 아무 행동도 취하지 않고 있다가 신문에서 이에 관한 기사를 읽으면 분하다고 생각하겠는가? 당신의 모친이나 목사(사제, 랍비, 스님 등)에게 자신의 행동에 관해 난처하지 않고 자랑스럽게 설명할 수 있겠는가?

당신의 조직 문화에 대해 생각해 보라. 당신의 조직은 어떤 가치를 소중하게 간직하는가? 대부분의 회사들은 직원들이 존중받는다고 느끼는 장소라는 데 대해 자랑스러워한다. 당신 회사의 가치 선언문을 보면 존중에 관해 장황하게 늘어놓은 말을 발견할 수 있을 것이다. 존중이라는 가치에 비춰볼 때 당신의 매니저나 당신의 조직에서 권한 있는 위치에 있는 사람들은 당신이 어떻게 행동하기 원하겠는가?

---

9) D. Schawble, "Daniel Goleman on Leadership and the Power of Emotional Intelligence," Forbes, 2011년 9월 15일, www.forbes.com.

당신의 가치에 부합하게 행동하기로 결정한 경우 몇 가지 대안이 있다. 이 이슈를 해결하기 위한 한 가지 방안은 빌이 이 문제를 조안과 상의하도록 도와주는 것이다. 조안은 자신의 말이 빌에게 주는 영향을 모르고 있을 수도 있다. 당신은 빌에게 조안과 만나서 자신의 기분을 설명하고 그런 언사를 중지하도록 요청하라고 격려할 수 있다. 당신이 조안 역을 맡아서 빌에게 말하려는 내용을 연습할 기회를 줄 수도 있다. 빌은 조안에게 어떤 얘기를 할 수 있겠는가? 그리고 어떻게 하면 자신이 의도한 바를 달성하고 당사자들이 계속 같이 일할 수 있게 해주는 방식으로 얘기할 수 있겠는가? 빌이 그렇게 하지 않으려 한다면 당신에게는 어떤 대안이 있는가? 이 이슈를 조직의 윤리 헬프 라인에 보고할 수도 있지만 빌의 동의를 받지 않고 그렇게 하는 것이 적절한가? 어떤 상황이라면 동료 종업원의 동의를 받지 않고 동료에게 영향을 준 일을 보고하겠는가?

그것이 왜 윤리 문제인가?　희롱(성희롱 또는 기타 희롱)은 차별의 한 형태로 간주된다. 희롱은 직무 만족, 발전, 또는 고용 유지를 종업원의 직무 수행 능력이 아닌 다른 요인에 불공정하게 초점을 맞추기 때문에 윤리 이슈다. 대부분의 성희롱 사례는 연애와는 관련이 없고 권력이나 공정성과 많은 관련이 있다.

비용　성희롱 피해자는 1964년 민권법 타이틀 Ⅶ에 따라 EEOC에 민원을 제기하거나 불법행위법이나 계약법에 따라 소송을 제기할 수 있다. 고용주가 종업원의 행동에 대해 알면서 아무런 시정 조치를 취하지 않았다면 종업원의 성희롱에 대해 고용주가 책임을 질 수 있다. 그 결과 대부분의 회사는 성희롱 사건을 매우 심각하게 받아들인다.

책임감이 있는 회사라면 누군가가 다른 종업원을 성적으로 괴롭히고 있다는 비난을 받게 되면 즉각적으로 조사에 착수할 것이다. 이 비난이 첫 번째 사건이고 이를 촉발한 사안에 음란성이나 강제성이 없는 것으로 판명되면 (앞에서 논의한 조안이 등장하는 시나리오를 생각해 보라.) 해당 종업원에게 경고하거나 징계를 내리거나 다른 부서로 옮길 수도 있다. (그러나 일부 대기업에서는 최초의 성희롱도 충분한 해고 사유가 된다.) 성희롱 행위가 음란성이나 강제성이 있다고 판명되거나 해당 종업원이 성희롱 양상을 보였다는 증거가 있으면 해당 종업원은 해고될 가능성이 높은데 때로는 아주 신속하게 해고된다. (한 회사는 48시간 안에 조사를 실시해서 성희롱 양상에 대한 증거를 발견해 가해자를 해고했다.) 피고가 무고한 것으로 밝혀지거나 두 당사자 사이에 오해가 있었던 것으로 판단되면 피고와 원고는 인사 담당 전문가의 상담을 받을 수도 있다. 필요할 경우 한쪽 당사자를 다른 곳으로 이동시킬 수도 있다. 성희롱 가해자의 매니저에게는 많은 질문이 쏟아질 것이다. 매니저가 성희롱에 대해 알면서도 아무런 조치를 취하지 않았다면, 특히 소송이 제기된 경우 해당 매니저는 징계 받을 각오를 해야 한다.

EEOC에 제기된 민원의 거의 1/3이 성희롱 주장이다. 그리고 성희롱 소송은 회사에 막대한 비용이 소요된다. 피해자에 대한 배상금이 상당하며 동료 종업원들의 사기와 회사가 유능한 종업원을 고용할 수 있는 능력에 미치는 부담도 크다. 예를 들어 1998년 6월에 미쓰비시 자동차 북미 지부는 성희롱 사건을 해결하기 위해 3,400만 달러를 지급하기로 합의했다. 이 분쟁 해결은 일리노이 공장에서 350명의 여성 공장 노동자들이 제기한 소송에 근거한 것이었다. 이 여성들은 동료들과 감독자들이 자신들에게 키스하고 껴안았으며, '창녀'와 '암캐'라고 불렀고, 성에 관한 낙서와 포르노 사진을 붙여 놓고 섹스를 요구했으며, 거절하면 보복을 가했다고 주장했다. 그들은 또한 매니저들이 성희롱을 중단시키려는 아무런 조치도 취하지 않았다고 불평했다. 미쓰비시는 벌금을 납부한 것 외에도 20명의 노동자들을 해고하고 많은 노동자들을 징계했다. 이 회사는 또한 의무 성희롱 교육을 실시하고 성희롱 정책을 개정하며 성희롱 주장 제기 시 3주 이내에 조사

하기로 합의했다.[10]

사내 연애에 관한 주석   사내 연애는 직장 생활의 한 부분이다. 결국 우리는 대부분의 시간을 직장에서 보내고 관심을 공유하는 사람들과 교류하고 있으며 그들을 알게 될 기회가 있다. 그러니 동료와 합의하에 관계를 갖지 못할 이유가 무엇인가? 대부분의 사내 연애는 호의이며 상당히 많은 사내 연애는 조용히 끝나거나 행복한 결혼으로 이어지는 것도 사실이다. 그러나 그런 관계는 위험할 수도 있다. 사실 우리는 이런 이야기들에 대해 듣게 된다. 예를 들어 관계가 나쁘게 끝나면 한쪽 당사자가 다른 쪽 당사자를 성희롱이나 보복을 했다고 비난하면서 회사에게 사후에 개입하도록 요구할 수도 있다.

윤리 관점에서 보면 이해상충과 다른 부하 직원들에 대한 불공정 대우 가능성 때문에 부하 직원이나 상사와의 연애를 피하는 것이 매우 중요하다 (그리고 대부분의 회사에는 정실 인사를 금지하는 정책이 있다). 연애 관계에 의해 상사의 판단이 흐려질 가능성이 있으며, 업무 그룹 내의 다른 사람들은 두 사람에 대한 존중심을 상실하고 특혜에 대해 우려하게 될 수도 있다. 정직은 또 다른 윤리 이슈가 될 수도 있다. 그 관계가 어디로 갈지 모르기 때문에 처음에는 연애 사실을 비밀에 부치고 싶은 유혹을 받기 쉽다. 신중하게 처신해도 말이 업무 그룹에 빠르게 퍼지고 다른 사람들이 소문을 통해 알게 될 가능성이 있다. 정직하게 처신하고 당신의 상사가 알게 하는 것이 최선이다. 두 사람이 같은 부서에 근무할 경우 조직은 부정적인 영향을 피하기 위해 한 사람을 이동시키려 할 수도 있다. 마지막으로 당신의 행동이 신문 머리기사로 나면 좋게 보이지 않을 것으로 생각한다면 그 행동에 관여하지 않는

---

10) E. Warren and N. Millman, "Abuse on the Line for Years, Women at Mitsubishi Say They've Endured the Degrading Deeds and Words of Co-workers. Now They're Doing the Talking," 1998년 2월 15일.

것이 최선임을 기억하라.[11]

이해상충

사람들과 회사는 개인적으로나 직업상으로 자연스럽게 복잡한 관계를 맺는다. 자신의 평판과 회사의 평판은 당신이 다른 종업원, 고객, 컨설턴트, 벤더, 가족, 친구들과의 관계를 얼마나 잘 다루느냐와 밀접하게 연결되어 있다. 공평무사하게 행동하고, 공평무사하게 행동하는 것처럼 보일 수 있는 능력은 고용주–종업원 계약의 목적 달성의 열쇠다.

당신의 딸은 일류대학교에 지원하고 있다. 이 학교의 입학 허가를 받기 어렵기 때문에 당신의 딸은 이 프로세스를 주의 깊게 계획했다. 당신의 딸은 일관성 있게 높은 점수를 받았고 입학시험을 위한 준비 과정을 수강했으며 다양한 과외 활동에 참여했다. 당신이 최고 고객 중 한 명에게 딸 얘기를 하자, 그 고객은 당신 딸에게 추천서를 써 주겠다고 제안한다. 그는 그 대학교 졸업생이며 가장 활발한 기금 모금자 중 한 명이다. 그는 당신의 고객 중 한 명이지만 당신은 정규적으로 그와 함께 골프를 치며 가족들끼리도 가끔 어울리고 있다.

이해상충의 정의

당신의 판단이나 객관성이 손상될 때 이해상충이 발생한다. 이해상충의 외양(제3자가 당신의 판단이 손상되었다고 생각할 때)은 일반적으로 실제 이해상충만큼 해롭다.

이해상충에 관한 최근의 예가 금융 위기에 상당히 기여했을 가능성이 있다. 스탠더드 앤 푸어스(Standard & Poor's) 같은 신용평가 기관들은 1장에서

---

11) J. Lever, G. Zellman, and S. J. Hirschfeld, "Office Romance: Are the Rules Changing?" Across the Board, 2006년 3-4월호, 33-37쪽.

논의한 복잡한 모기지담보부증권들을 평가했다. 이 증권들에 AAA 등급이 부여되어서 투자자들은 이 증권들을 매입해도 안전하다고 생각했다. 그러나 미국인들이 비싼 대가를 치르고 배운 바와 같이 이 중 많은 증권들은 그렇게 높은 등급을 받을 가치가 전혀 없었다. (신용평가 기관들이 기존 신용평가 방식을 사용해서 이 최신 상품들을 평가했다는 사실을 포함한) 많은 요인들이 이 금융 와해에 기여했다. 주된 요인은 심각한 이해상충이었다. 즉, 신용평가 기관들은 자신이 증권의 등급을 평가하는 회사에서 보수를 받았으며 이로 인해 객관적이고 편향되지 않은 등급을 부여하기가 어렵거나 불가능했다.

또 다른 예는 대학생들에게 특히 흥미가 있을 것이다. 텍사스 대학교는 2007년에 재정 지원 이사가 학생들과 동료들에게 추천하던 학자금 대출 회사와 재무상으로 연결 관계가 있음을 알게 되자 그를 해고했다. 학생들은 최상의 대출 조건이나 서비스를 제공한 회사를 소개받지 않고 재정 지원 이사에게 선물(주식 포함)을 제공한 회사를 소개받았다.[12]

만일 어느 고객이 당신(또는 당신의 딸이나 다른 가족 구성원)에게 호의를 제의하면 스스로 다음과 같은 질문을 할 필요가 있다. 고객의 제의가 당신의 비즈니스 관계에 영향을 주겠는가? 누군가가 당신 고객의 제의를 받아들임으로써 당신의 비즈니스 판단이 손상되었다고 생각하겠는가? 고객과의 관계가 단순한 비즈니스 관계 이상이어서 제의 수락이 그저 우정의 행동이라고 해석될 수 있겠는가?

일부 회사에는 '친구 관계'가 있을 경우 고객이나 벤더로부터 호의를 받아들이도록 허용하는 정책이 있는데 이런 회사들은 대개 친구 관계를 공동체에 잘 알려진 장기적인 관계로 정의한다. 예를 들어 모든 사람이 다른 모든 사람을 아는 작은 마을에서는 기업체 소유자의 고객들은 또한 그(녀)의 친구이기도 하다. 그렇지 않다고 기대하는 것은 비현실적이다. 일부 조직(정

---

12) J. D. Glater, "University of Texas Fires Director of Financial Aid," New York Times, 2007년 5월 14일.

부 기관 포함)들은 어떤 상황에서도 이러한 호의를 받아들이지 않도록 권할 것이다. 이 경우 결정을 내릴 때 몇 가지 고려할 사항이 있다. 당신의 고객과 얼마나 오랫동안 친구로 지내고 있는가? 그 관계가 당신이 속한 공동체에서 얼마나 잘 알려져 있는가? 그 고객이 당신 딸의 자격에 대해 얼마나 잘 아는가? 당신의 고객이 자신의 추천서에 대한 대가로 뭔가를 기대하는가 아니면 아무런 조건도 달리지 않은 단순한 호의 표시인가? 다른 사람들은 이 추천서를 어떻게 인식하겠는가?

모든 비즈니스 상황은 이해상충과 관련될 수 있다. 비즈니스에 영향을 줄 목적으로 벤더가 당신에게 후하게 접대하거나 당신이 고객을 접대하면 이해상충이 발생할 수 있다. 두 상황 모두 이를 보는 사람에게 특별한 거래나 우대 조건이 이 관계의 일부분이라고 생각하게 할 수 있다. 당신의 부하 직원이 당신이 그들의 동료 중 한 명과 특별히 가까운 친구로 지내고 있음을 알게 될 때 이해상충이 발생할 수 있다. (이는 당신의 부하 직원 중 한 명과 연애하는 것이 결코 좋은 아이디어가 아닌 이유 중 하나다.) 당신이 이웃의 신용도를 판단하라는 요청을 받거나 고용주의 경쟁자를 위해 컨설팅을 수행할 때 이해상충이 발생할 수 있다. 이해상충은 광고 대행사로부터 카우보이 장화를 받거나 컨설팅 회사로부터 회원 전용 클럽의 회원권을 후원받거나 공급자에게 사무실에서 사용할 비품을 주문할 때 자신의 가정에서 사용할 비품을 할인 받는 것과 관련될 수도 있다.

명시적 또는 묵시적 뇌물과 영향력이나 비밀 정보 교환도 흔한 형태의 이해상충이다.

명시적 뇌물과 리베이트　뇌물과 리베이트로 간주할 수 있는 것은 무엇이나 명백한 이해상충이다. 뇌물과 리베이트는 금전이나 상당한 가치가 있는 기타 물품의 형태를 불문하고 특정 상품, 서비스, 영향력에 대한 접근 대가로 제공되는 금품이다.

미묘한 '뇌물'　뇌물은 선물과 접대를 포함하는 것으로 해석할 수 있다. 일부 회사들은 비록 사소한 가치의 선물조차 전혀 허용하지 않는 정책을 수립했다. 예를 들어 저자인 우리들이 알고 있는 한 대학 병원은 종업원들에게 제약사 판매사원들로부터 메모장이나 펜을 받는 것도 허용하지 않는다. 그 병원은 의사들이 제약사에게 받은 펜으로 처방전을 쓰는 것을 환자들이 보면 어떻게 생각할지 자문했다. 의사들이 정말로 필요해서 그 처방을 내리는지 아니면 선물을 받아서 그 처방을 내리는지 환자들은 묻지 않겠는가? 많은 조직들은 고객이나 벤더들로부터 25달러에서 100달러 이내의 소액 선물을 받거나 주도록 허용하는 정책을 두고 있다. 선물 또는 접대가 받아들여질 수 있는지 결정할 때 흔히 호혜주의를 하나의 기준으로 사용한다. 당신이 당신에게 제공되는 것과 같은 종류의 선물이나 접대를 보답할 수 없다면 이를 받아들이는 것은 적절하지 않을 것이다. 예를 들어 어떤 공급자가 당신에게 수퍼볼 티켓이나 주말 골프, 1인당 200달러짜리 4인용 식사권을 제공한다면 어떤 상황에서도 이를 받는 것은 부적절할 것이다. 호혜주의를 강조하는 이유는 당신(구매자)이 공급자에 대한 결정을 할 때 편향되지 않게 해서 모든 공급자들에게 공정하고 동등한 경쟁의 장을 유지하기 위함이다. 앞에서 언급한 바와 같이 호혜주의와 공평무사는 공정성의 요소다.

벤더로부터 개인 물품구매 시 할인을 받는 것도 이해상충으로 해석될 것이다. 할인을 받아들일지 여부를 결정하는 기준은 간단하다. 그것이 당신이 회사와 벤더 사이의 공식 계약이고 모든 직원에게 할인이 제공되면 받아들여도 무방하다. 그러나 당신에게만 할인이 제공되면 이를 받아들이면 안 될 것이다.

영향력　누군가와의 관계 자체가 이해상충이 될 수도 있다. 예를 들어 당신이 회사 광고 구매 담당자인데 사촌이나 이웃 또는 대학 친구가 광고

대행사를 소유하고 있다면 당신이 그 회사를 고용하기로 결정할 경우 이해상충으로 여겨질 것이다. 그렇다고 해서 그 회사가 입찰에 참여하지 못하는 것은 아니지만 당신은 의사 결정 과정에서 배제되어야 한다. 어떤 결정이 당신과 개인적인 관계가 있는 사람과 관련이 있을 경우에도 당신은 해당 의사 결정을 기피해야 한다. 편파 이슈가 있는 이런 상황에서 이해상충의 외양을 피하는 또 다른 방법은 다양한 입찰자들의 신원이 의사 결정 과정에 참여하지 않는 사람들에게만 알려지는 '블라인드(blind)' 경쟁 방식을 사용하는 것이다. 그러나 그런 경우 당신이 내린 어떤 결정도 (블라인드 방식의 평가에서조차) 의심받을 수 있기 때문에 의사 결정 과정에 다른 종업원을 포함시켜야 한다.

비밀 정보 당신은 종업원으로서 자연스럽게 당신 고용주의 경쟁자에게 가치 있을 정보에 관여하게 된다. 그래서 당신이 ABC 보험사에 전일제로 일하면서 XYZ 보험사에 컨설턴트로 일하기로 결정하면 일반적으로 이해상충으로 간주되는 것이다. 이 어림법칙에는 예외가 있다. 예를 들어 당신이 푸른 식당의 컴퓨터 프로그래머로 일하면서 붉은 식당의 웨이터로 일해도 이해가 충돌하지 않을 것이다. 당신이 두 번째 직장에서 수행하는 일이 첫 번째 직장의 일을 손상하지 않고 두 고용주 모두 이 상황에 대해 알고 있다면 그런 상황을 받아들일 수 있을 것이다. 투명성이 최상의 방침이다.

또한 당신과 당신의 가까운 친척이나 친구가 당신의 경쟁사에서 일하거나 (언론사와 같이) 당신의 활동에 특별한 관심을 가질 수 있는 회사에서 일할 경우 이해상충으로 비춰질 수도 있다. 예를 들어 당신이 골드만 삭스에서 투자은행가로 일하고 누나가 모건 스탠리에서 같은 일을 하고 있다면 두 사람 모두 자신의 매니저들에게 이 상황을 알려야 한다. 당신의 매니저가 그 관계에 대해 알게 되면 이런 잠재적 문제는 완화될 수 있다. 완전한 공개는 상당한 리스크를 제거한다.

이 이슈에 대해 어떻게 생각할 수 있는가?

이해상충을 고려할 때 규범 윤리 의사 결정 기준이 도움이 될 수 있다. 예를 들어 결과주의 접근법은 무엇이 가장 많은 사람에게 유익할지 생각하도록 장려한다. 형이 광고 대행사를 소유하고 있는데 당신은 다른 회사에서 광고를 발주하는 업무를 맡고 있다고 가정하자. 형을 고용하면 형 이외의 다른 사람에게 유익하겠는가? 다른 사람이 그 관계에 대해 알게 되면 당신 회사의 평판을 해치지 않겠는가? 의무론 접근법을 사용하면 다른 이슈들을 제기한다. 아마도 무엇이 공정한가에 대한 고려가 가장 관련이 있을 것이다. 어떤 결정이 모든 입찰자들을 동등한 경쟁의 장에 올려놓을 것인가? 입찰이 절대적으로 공정하고 편견이 없도록 만들기 위해 당신이 할 수 있는 일은 무엇인가? 당신은 그런 세상에서 살고 싶은가?

사실 무지의 베일은 당신이 그 광고회사를 이끄는 사람이 당신의 형이라는 사실을 모르는 것처럼 행동하도록 요청할 것이다. 당신이 경쟁 광고사의 CEO라면 어떻게 하겠는가? 그 거래에 입찰하고 싶겠는가? 이 이슈를 덕 윤리 기준을 통해 생각해 보라. 당신이 살고 있는 지역의 신문에서 당신에 관해 어떤 기사가 나면 좋겠는가? 당신은 아마도 구매자와 당신 회사의 대표자로서 자신이 공평무사하다고 실린 기사를 읽고 싶을 것이다. 당신은 당신의 가족과 친구에게 이익을 주기 위해 계약이 부정으로 조작되었다는 기사를 읽고 싶지 않을 것이다.

이런 이슈들을 어떻게 다룰지 생각해 보고 이를 다른 사람들과 상의하는 것도 좋은 방법이다. 당신은 틀림없이 몇 가지 이해상충을 경험할 것이다(모두 이해상충을 경험한다). '연습'이 2차 세계대전 때 구조자들에게 도움이 되었듯이 이런 상황들에 대해 미리 생각해 두면 그런 때가 올 때(그때가 반드시 찾아올 것이다) 큰 도움이 될 수 있다. 형의 회사가 어려움을 겪고 있으며 형은 당신이 도와줄 것으로 기대한다고 말한다고 상상해 보라. 형을 도와주는 것이 비윤리적이라고 결정했다면 형에게 당신의 결정을 어떻게 설명할 것인가? 관계를 유지하는 방식으로 그렇게 할 수 있다고 생각하는가? 여기서 회사 정책이 종업원들에게 실제로 큰 도움이 될 수 있다. 이해상충에 관해 명확한 정책이 있는 회사에서 일한다면 당신은 형에게 그 정책에 대해 말하고 당신은 그 정책을 준수해야 한다고 설명하고 의사 결정에서 빠질 수 있을 것이다.

이해상충이 왜 윤리 문제인가?

모든 개인과 회사 관계의 토대는 신뢰다. 신뢰는 개인과 회사가 자신이 공정하고 개방적이며 다른 모든 상대방들과 같은 조건으로 대우받는다고 느낄 때에만 존재한다. 이해상충은 특별한 친구들에게는 특별한 혜택이 주어지는 것처럼 비춰지게 함으로써 신뢰를 잠식한다. 그런 태도는 다른 모든 관계의 희생 하에 하나의 관계만 강화한다.

비용

위반의 성격에 따라 이해상충을 다루는 많은 연방법과 주 법률이 있다. 은행, 회계, 법률, 종교, 의료 등 특정 직종에는 수임인 책임이라고 칭하는 특별한 의무가 있으며 전문가 윤리강령에 이 의무가 규정되기도 한다. 이런 직종은 신뢰 직종이라고 하는데 이는 이러한 직종에 종사하는 사람에게는 의뢰인에 관한 민감한 비밀 정보가 맡겨졌음을 의미한다. 수임인 책임은 믿음, 신뢰, 확신에 토대를 둔 관계에서 나오는 의무와 관련이 있다. 신뢰 관련 직종의 회사들은 2008년 금융 와해 이후 수임인 책임에 많은 주의를 기울이고 있다.

최근에 회계법인 프라이스워터스쿠퍼스(PwC)가 프라이빗 뱅크와 자산 관리 회사를 대상으로 실시한 조사는 '고객 관계 매니저(RM)들이 경제 위기가 자신에게 제기한 도전을 다룰 경험과 기술이 없다는 점'을 시사했다. 이 조사에서 RM의 7%만 자신들에게 요구되는 높은 기준을 충족시킬 충분한 훈련을 받았다고 느꼈다. PwC 조사는 판매에 초점을 맞췄던 구식 매니저 모델이 수임인 책임에 초점을 맞추는 모델로 대체되고 있다고 지적했다.[13]

이해상충 혐의가 있다면 최소한 회사로부터 조사를 받을 것으로 예상할 수 있다. 회사가 당신의 행동이 이해상충 또는 이해상충의 외양을 보인다고 판단하면 행동의 성격에 따라 당신은 경고를 받거나 징계를 받거나 심지어 해고될 수도 있다. 뇌물이나 리베이트를 받았다면 해고당할 수 있으며 체포당할 수도 있다. 이해상충에 연루되었다는 것은 당신의 판단이 손상되었음을 의미하며 이는 당신의 직업상의 평판을 심각하게 해칠 수 있다.

2006년에 제프리스 그룹이 피델리티 인베스트먼트에 관한 이해상충으로 전국 증권 딜러 연합(NASD)(현재는 금융업 규제 협회(FINRA))으로부터 550만 달러의 벌금을 부과 받았음을 생각해 보라. 150만 달러의 비용을 사용할 수 있는 제프리스의 트레이더 한 명이 피델리티 트레이더들에게 라스베이거스와 팜비치 여행, 포도주, 골프장 이용을 포함한 후한 선물과 접대를 베풀었다. 피델리티의 트레이더들에게 돈을 쓴 것은 확실히 효과를 발휘했다. 2002년에 제프리스가 피델리티로부터 받은 중개 수수료 순위는 50위였는데 2005년에는 그 순위가 15위로 상승했다. 이 활동 때문에 제프리스의 브로커는 해고되었다. 회사와 업계가 조사를 받았으며 회사에 벌금이 부과되었다. 이 관행에 대하여 많은 부정적인 보도가 나왔다.[14]

13) Paul Sullivan, "In Search of Competent (and Honest) Advisers," New York Times, 2009년 8월 1일, www.nytimes.com.
14) J. Hechinger and S. Craig, "SEC Tells Fidelity Probe May Yield Civil Complaint," Wall Street Journal, 2005년 7월 26일, A3면.

고객 신뢰 이슈

우리 모두는 "고객은 언제나 옳다."는 말을 들었는데 빈 앤 시어스 같은 회사는 이 구호를 자신의 기업 문화 안으로 내면화함으로써 유익을 보았다. 그러나 뛰어난 고객 서비스는 결함이 있는 냉장고를 반품할 수 있다거나 유쾌한 고객 서비스 담당 종업원을 두는 것 이상이다(그것이 도움이 되기는 하지만 말이다). 훌륭한 고객 서비스는 적당한 가격에 양질의 상품이나 서비스를 제공하고 해당 상품과 서비스를 정직하게 표시하며 고객의 프라이버시를 보호함도 의미한다.

고객 신뢰 이슈의 정의

고객 신뢰 이슈는 비밀 유지, 제품 안전과 효과성, 광고의 진실, 특수한 수임인 책임과 같은 다양한 주제들을 포함한다.

당신은 애틀랜타의 컨설팅 회사에서 일하고 있다. 당신의 팀은 최근에 빅 컴퍼니의 향후 5년 매출 추정을 포함한 분석을 마쳤다. 당신은 어느 날 밤 늦게 일하다 로스앤젤레스에 있는 빅 컴퍼니의 부사장에게 당신 팀의 보고서 요약본을 즉시 팩스로 보내 달라는 전화를 받았다. 보고서를 찾아보니 팀장이 보고서 겉장에 '외부 유출을 금함'이라는 스탬프를 찍어 두었다. 팀장은 휴가를 떠나서 연락이 되지 않는다. 빅 컴퍼니는 당신 회사와 오랫동안 거래 관계를 맺고 있으며 회사의 서비스에 대해 상당한 수수료를 지급했다.

비밀 유지　프라이버시는 고객의 기본권이다. 프라이버시와 고객 정보 비밀 유지 의무 대상은 때로는 매출 추정이나 재무 정보 보호를 넘어선다. 비밀 유지 의무는 인수, 합병, 이전, 정리해고 또는 임원의 건강이나 결혼 관계상 문제에 관한 정보의 비밀을 엄격히 유지함을 의미할 수도 있다. 일부 산업에서는 비밀 유지가 매우 중요한 이슈여서 종업원들에게 고객 관계를 공개적으로 인정하는 것조차 회사에서 금지하기도 한다. 예를 들어 금융 서비스업에서는 XYZ 회사가 고객인지를 알려주지 않는 것이 보편적인 관행이다.

위의 빅 컴퍼니 관련 사례에서 한 임원이 비밀 보고서 열람을 요구하고 있다. 우선 당신은 전화를 걸어 온 사람이 실제로 빅 컴퍼니의 임원이라는 것을 절대적으로 확신하는가? 경쟁이 치열한 지적 작업에서는 종종 의뢰인 또는 기타 인물로 가장하는 경우가 있다. 그 사람의 신원을 확인했다 해도 그 임원이 빅 컴퍼니로부터 당신 팀의 보고서를 볼 수 있는 승인을 받았는지 알 수 있는가? 그 임원이 보고서를 볼 수 있도록 승인을 받았다면 당신 팀의 보고서 형식 그대로 빅 컴퍼니 부사장에게 전해 줄 수 있는가, 아니면 수정할 필요가 있는가? 2장에서 읽은 내용을 생각해 보라. 당신의 행동이 지역 신문 머리기사로 나오면 당신은 어떤 기분이 들겠는가? 독자들이 당신이 하려는 행동에 대해 비판적일 것으로 생각하는가? 그들은 뭐라고 말하겠는가? '외부 유출을 금함'이라는 표시가 있으면 실제로 외부에 유출되지 않아야 하며, 당신이 회사에서 해당 의뢰인에 대해 책임을 지고 있는 사람으로부터 승인받지 않고서 이 보고서를 배포하는 것은 설사 그 대상이 고객사의 임직원이라 해도 매우 위험한 짓이다. 이런 경우 보고서 표지에 표시된 경고를 무시하고 그 안에 기록된 정보를 전달하기 전에 회사 내에서 권한이 있는 사람(아마도 당신의 매니저의 매니저)의 승인을 받아야 한다.

때로는 제3자가 고객 정보를 요청할 수도 있다. 예를 들어 기자나 의뢰인이 고객 동향에 관해 물어 볼 수 있다. 특정 회사나 개인에 관해 제3자와 논의하거나 제3자가 특정 고객의 신원을 파악할 수 있게 해줄 수 있는 정보를 제공하는 것은 결코 수용할 수 없다. 정보를 제공하고자 할 경우 특정 고객을 알아볼 수 없는 한 여러 회사들의 전체 데이터를 합산해서 제공할 수는 있다.

당신은 알츠하이머 병 치료 전망이 좋은 약을 조금 전에 발견한 소형 제약사의 마케팅 부서장이다. 당신은 몇 달 동안 전국의 가정의와 노인병 전문가에게 배포할 인쇄물과 약품 표본 상자를 포함한 마케팅 캠페인을 고안했다. 이 인쇄물을 회사 판매원들에게 전달하기 위해 상자에 넣으려는 순간에 부하 직원이 와서 홍보물 문서에 의사들과 환자들을 오도할 수 있는 철자 오류를 발견했다고 말한다. 부작용을 논의하는 부문에서 설사와 위장 문제를 일으킬 확률이 20%로 표시되어야 하는데 2%로 표시되어 있다. 이 오류는 사실상 홍보물과 약품 상자의 모든 곳에 나타나고 있으며 이 실수를 포함한 광고가 이미 몇 개의 소비자 잡지에 게재되었다.

개인적 책임　고객의 또 다른 기본권은 우리가 제공하는 상품과 서비스에 대한 개인적인 정직성, 그리고 책임과 관련이 있다. 책임감 없이 행동하는 것보다 우리의 평판에 더 심각한 영향을 주는 이슈는 없을 것이다. 대부분의 윤리 재앙들은 작은 문제들이 급속히 퍼지는 데에서부터 시작되었다. 특히 '상품'이 개인에게서 다른 개인에게 전달되는 서비스 비즈니스에서는 개인적 책임이 중요한 이슈다.

신약의 부작용에 관한 철자 오류 사례에서 마케팅 부서장은 골치 아픈 딜레마에 직면해 있다. 모든 인쇄물을 재작성한다면 작은 회사에 큰 비용이 소요될 수 있고 이 약을 의사들에게 보내는 게 상당히 지연될 수도 있다. 그러나 노인들은 위장 질환에 취약해서 이 약의 부작용으로 병이 나고 그 결과 사망할 수도 있기 때문에 이 철자 오류는 심각한 사안이다. 이 인쇄물은 현재 상태로 나갈 수 없다. 마케팅 자료를 모두 다시 만드는 것이 확실히 이상적인 해법이다. 그러나 시간과 재정상의 고려사항으로 인해 그렇게 하지 못할 경우 다른 해법이 있다. '수정지'를 만들어 모든 상자에 삽입하는 것도 하나의 방법이 될 것이다. 또한 모든 의사에게 당신 회사의 품질과 완전한 공개에 대한 서약과 더불어 수정 사항을 설명하는 편지를 보낼 수도 있다. 이 해법에도 비용이 들기는 하겠지만 손 놓고 오류가 있는 상자를 내보내는 것보다는 낫다. 약의 부작용으로 인한 사망 소송이 한 건이라도 제기되면 그 비용이 얼마나 소요될 것으로 생각하는가? 집단 소송이 제기되면 어떻게 되겠는가? 이 일이 알려지면 어떻게 되겠는가?

진실 말하기 대부분의 판매원들은 고객들에게 자신이 판매하는 상품(또는 서비스)의 효용을 과장한다. 스포츠카는 젊은이들을 자동으로 제임스 본드로 만들어 주는가? 특정 채권에 투자하면 안전한 은퇴가 확보되는가? 일반적으로 대부분의 판매 활동에는 과장이 있기 마련이며 고객들은 어느 정도의 과장을 예상한다. 그러나 상품에 관한 진실 날조는 단지 과장에 그치는 것이 아니라 불공정한 문제를 발생시킨다.

당신이 거래 중인 금융 회사가 예상 수익률 7%에서 7.5%인 신규 발행 회사채를 제공하고 있다고 가정하자. 과거에 이런 채권은 일반적으로 의뢰인들에게 좋은 투자 대상이었고 당신도 많은 투자 고객들에게 이런 채권을 팔았다. 당신은 2주 휴가를 떠나려는 참이고 몇 시간 뒤면 퇴근할 예정인데 회사에서 이 채권의 수익률이 낮아져서 아무리 높아도 7%에 미치지 못할 것이라고 발표한다. 이 회사채 모집 마감일은 당신의 휴가 기간인 다음 주다. 당신은 어떻게 해야 하는가?

당신의 고객들은 (비록 의도적이지는 않지만) 이 채권 수익률에 대해 오도되었으며 당신은 이제 이 채권 모집이 마감되기 전에 이 상품에 대해 진실을 말할 책임이 있다. 왜 그런가? 구입할 상품과 서비스에 관해 진실을 듣는 것은 소비자의 또 다른 기본권이기 때문이다. 상품에 관해 진실을 말하지 않으면 조직에 큰 피해를 줄 수 있으며, 그릇된 정보 전달에 관여한 종업원들에게도 큰 문제를 야기할 수 있다.

특수한 수임인 책임 이번 장의 앞에서 논의한 바와 같이 은행, 회계, 법률, 종교, 의료와 같은 특정 직종에는 고객에 대해 특별한 의무가 있다. 법률과 사법 시스템은 이 특별 의무들을 인식하고 있으며 이들 직종의 윤리 강령에 의무들을 규정하도록 하고 있다.

수임인 책임은 이러한 직종 종사자들에게 높은 기준을 부과하며 이들이 수임인 책임을 위반하면 엄한 처벌을 받는다. 예를 들어 아서 앤더슨 휴스턴 사무소의 일부 종업원들은 엔론이 고위험 회계 관행을 계속하도록 허용해서 엔론 주주들의 기대를 저버렸다.

아서 앤더슨의 엔론 감사팀장 데이빗 던컨은 1999년에 엔론의 이사회에 회사의 회계 관행이 '고위험'임을 경고하기는 했지만 이사회가 조치를 취하게 할 추가 행동은 하지 않았다(사실 엔론 이사회는 던컨이 경고했음에도 아무 조치도 취하지 않았다).[15] 예를 들어 던컨은 앤더슨이 엔론에서 철수하거나 엔론을 고발하겠다고 위협할 수도 있었다. 당시에는 그렇게 하면 엔론이 감사인을 해고해서 앤더슨이 큰 의뢰인을 잃을 수도 있었기 때문에 이런 행동은 위험해 보였다. 그러나 지나고 보니 적절한 수임인 책임을 행사했더라면 두 회사와 수천 명의 일자리, 거액의 주주의 부를 구할 수도 있었다. 1941년에 애틀랜타에서 아서 앤더슨 사무소를 열도록 도움을 준 회계사 앨 보우스는 이 회사 창립자 아서 앤더슨은 '이 작자들이 자기 회사에 한 짓에 대해 역겨워' 했을 것이라고 말했다. 보우스는 계속해서 애틀랜타의 큰 주스 회사에 관한 이야기를 들려주었다. "나는 CEO가 자기 이익을 차리기 위해 덤으로 다른 주스 회사를 세우고 있는 것을 발견했다. 나는 그에게 그만두지 않으면 고발하겠다고 말했다. 그는 다른 회사 세우기를 포기했다. 그러나 그는 몹시 화를 냈다."[16] 보우스는 여기서 회계사의 수임인 책임을 설명하고 있는데 상장회사의 재무적 무결성 확보가 그 책임의 하나다. 아서 앤더

---

15) J. A. Byrne, "No Excuses for Enron's Board," Businessweek, 2002년 7월 29일, 50쪽.
16) I. J. Dugan, "Auditing Old-Timers Recall when Prestige Was the Bottom Line," Wall Street Journal, 2002년 7월 15일.

슨 종업원들은 2001년에 자신의 수임인 책임을 위반함으로써 주요 회사의 붕괴에 기여했다.

또 다른 예를 들어 보자.

당신은 12년 동안 자신의 포트폴리오를 적극적으로 투자하는 70대 후반의 남성과 그의 두 자녀가 수익자인 신탁의 재정 고문을 맡고 있다. 지난 몇 달 동안 당신은 그 고객의 행동에 미묘하지만 현저한 변화가 있음을 알아차렸다. 그는 점점 건망증이 심해졌고 그답지 않게 사사건건 따지고 거래의 기본적인 측면도 잘 이해하지 못하는 것으로 보인다. 그는 당신에게 자신의 포트폴리오와 신탁의 상당 부분을 당신이 생각하기에 매우 위험한 채권에 투자하라고 요청했다. 당신의 우려를 솔직하게 얘기했더니 그는 당신을 질책하며 당신이 그 채권을 사지 않으면 다른 회사와 거래하겠다고 말한다.

당신이 전자제품 판매 대기업에서 일한다면 새 TV를 사는 고객의 정신적 안정성을 평가할 책임이 없다. 당신은 팔고 고객은 살 뿐이다. 그러나 수임인 관계에 있는 사람들에게는 고객의 자산을 보호할 책임이 있다. 그리고 그 책임에는 고객을 '아는' 것이 수반된다. 이는 고객의 행동을 평가하고 고객 자신으로부터 해당 고객을 구하는 것을 의미할 수도 있다. 이 경우 고객이 당신의 조언에 반해 위험한 채권에 투자하기 원한다면 그 고객이 잘 되기를 바라는 것 외에는 할 수 있는 일이 별로 없다. 당신이 틀렸을 수도 있고 그 고객이 돈을 벌 수도 있다. 어떻게 될지 누가 아는가? 그러나 재무 전문가가 오랫동안 거래해 온 고객이 갑자기 위험한 도박에 관심을 보이고 있고 그의 정신 상태가 정상이 아니라는 명확한 신호를 보게 된다면 그 고객을 도와줘야 할 의무가 있다.

오랫동안 거래해 온 고객의 정신적 안정성과 관련된 사례는 재정 고문들이 만나는 가장 흔한 딜레마 중 하나다. 이 고객의 고문으로서 당신은 다시 한 번 이 투자를 단념하도록 설득하거나 회사의 상위 경영진이 이 의뢰인과 협상하게 할 수 있을 것이다. 해당 의뢰인의 가족(아마도 자녀들 중 한 명)에게 연락해서 당신의 거리낌을 설명할 수 있을 것이다. 또한 그들도 역시 자기 직업의 수임인 성격으로 인해 비밀 유지 의무가 있는 해당 의뢰인의 변호사나 회계사와 상의할 수도 있을 것이다. 아무튼 대부분의 금융기관 임원들은 이 단골 고객을 돕기 위해 뭔가를 해야 한다는 데 동의할 것이다.

이 이슈에 대해 어떻게 생각할 수 있는가?

어떤 윤리 이론에서도 제품 안전이나 수임인 책임을 무시하도록 격려하는 것을 상상하기 어려울 것이다. 안전한 제품 생산은 확실히 많은 사람들을 이롭게 하고 보호하며 최소한 덜 해롭게 한다. 고객의 신뢰는 믿음에 뿌리를 두고 있다. 믿음은 장기간에 걸쳐 경험이 하나하나 쌓임으로써 서서히 형성된다. 알지 못하거나 신뢰하지 못하는 것은 믿을 수 없다. 비즈니스 세계에 접어들면 신뢰 영역에서도 틀림없이 어려움과 갈등을 경험할 것이다. 이 분야에서도 미리 큰 소리로 논의하는 것, 즉 앞으로 맞이하게 될 도전에 대비하는 하나의 방법으로 지금 결정을 내리는 연습을 하고 자신의 주장을 크게 얘기해 보는 것이 도움이 된다.

고객 신뢰가 왜 윤리 문제인가?

우리는 고객 신뢰 이슈라는 용어를 고객과의 관계에 영향을 줄 수 있는 여러 주제들을 다루는 하나의 포괄적 용어로 사용한다. 이 이슈는 공정성, 정직, 책임, 진실, 남들에 대한 존중을 중심으로 돌아가기 때문에 윤리 이슈다. 고객 관계는 이러한 신뢰의 기초가 없이는 살아남을 수 없다.

비용

제품 서비스의 효과성과 안전성에 관해 광고에서 정직하지 않거나 대중을 오도하는 조직은 큰 벌칙을 받는다. 신뢰 영역에서 개인의 실패는 대개 일반 대중에게는 알려질 가치가 없지만(때로는 버니 매도프의 경우처럼 그럴 때도 있기는 하다) 정직하지 않다는 인식은 개인의 평판을 가장 크게 파괴하는 요인이다. 아직 취직해 본 적이 없는 학생들은 일의 세계가 좁다는 것을 상상하기 어렵겠지만 세상은 좁다. 은행 및 생명공학과 같은 산업에서는 세상이 참으로 좁으며 평판이 그림자처럼 그 사람을 떠나지 않고 따라다닐 것이다. 단지 몇 년만이라도 직장에 다녀 본 사람은 이야기하는 것만으로도 사람을 즐겁게 하는 매우 정직한 동료들이 있는 반면 전혀 신뢰할 수 없어서 상대하고 싶지 않은 사람도 있다는 것을 안다. 평판은 장기간에 걸친 수많은 몸짓, 행동, 대화를 통해 서서히 쌓이는데 단 한 번의 어리석은 실수로 순식간에 망가질 수 있다. 평판을 주의 깊게 보호할 필요가 있다. 평판은 비즈니스에서 당신이 보유하고 있는 가장 귀중한 자산이라는 점은 의문의 여지가 없다.

회사 자원 사용

개요에서 논의한 바와 같이 당신과 고용주는 특별한 관계가 있으며 각각 상대방에게 이 관계에 기초한 다소의 충성 의무가 있다. 또한 당신은 회사를 대표하기 때문에 회사의 '대리인'으로 간주된다. 이는 당신의 행동이 회사의 행동으로 간주될 수 있음을 의미한다. 이 섹션에서는 위에서 설명한 사람 관련 이슈 섹션의 반대쪽 측면을 제시한다. 위 섹션에서는 당신에 대한 고용주의 책임을 설명했고, 여기서는 고용주에 대한 당신의 책임을 설명한다.

정의

회사 자원 사용은 고용주-종업원 '계약'의 목적 달성과 관련이 있다. 이는 당신이 고용주와 경영진에게 충실하고 회사의 재정과 평판을 포함한 회사 자원을 책임감 있게 사용하는 것을 의미한다.

> 당신의 부하 직원인 젊은 여성이 남편과 함께 다른 도시로 이사 가서 그곳에서 새 직장을 알아보려고 한다. 훌륭한 종업원이었던 그녀가 소개서를 써 달라고 당신에게 부탁하자 기꺼이 써주겠다고 한다. 그녀는 특별히 회사 이름이 인쇄된 용지에 추천서를 써달라고 부탁한다.

회사 평판 사용　당신이 당신 회사의 직원임을 밝힐 때마다 사람들은 당신이 회사를 대신해서 말하고 있다고 추론할 수 있다. 그래서 자신을 회사와 연결시킬 때 조심해야 한다. 예를 들어 당신이 회사 이름이 인쇄된 용지에 누군가를 위한 추천서를 쓰거나 전화 회사에 불만을 제기하면 그것은 '회사' 입장으로 생각될 수 있다. 따라서 회사 이름이 인쇄된 용지는 회사 비즈니스용으로만 사용되어야 한다. 추천서의 경우 자신을 직원이라고 밝히고 개인 문구류를 사용하며 명함을 첨부할 필요가 있다. 이렇게 하는 목적은 당신의 개인 의견과 당신 조직의 공식 입장을 구별하기 위함이다.

특히 추천서는 고용주와 개인에게 도전을 제기한다. 많은 회사들은 누군가를 채용할 때 이전 고용주에게 점검하려 한다. 고용주가 제공한 추천에 기인한 소송으로 인해 대부분의 회사들은 종업원들이 이런 정보를 공식으로 제공하지 못하도록 금지하기 때문에 이런 상황은 문제가 될 수 있다. 현재 일부 소셜네트워크는 사람들에게 자신의 직업상 네트워크에 속한 다른 사람들에 관해 글을 올리도록 허용한다. 그러나 (특히 자신의 부하에 대해 쓸 때에는) 조심해야 한다. 당신이 온라인상에서는 칭찬하고 서류상의 성과평가는 보다 비판적으로 했는데 그 후에 해당 종업원을 해고하면 어떻게 되겠는가?

이 종업원의 변호사가 부당 해고 소송에서 온라인에 올린 글을 사용할 수 있다. (자신을 보호하기 위해 많은 고용주들은 이전 종업원의 이름, 재직 기간, 담당 업무와 직위에 관한 정보만 제공한다. 대부분의 고용주들은 또한 제3자에게 급여 정보를 제공하기 전에 이전 종업원의 서면 동의를 받도록 요구한다. 이는 또 다른 윤리 이슈를 제기한다. 채용 후보자의 이전 고용주와 상사로부터 양호하고 정직한 추천 정보를 받지 못한다면 성과가 좋지 않은 종업원들은 채용 시 평판을 조사하지 않는 조직에 넘겨질 것이다. 이것이 옳은가?)

이와 유사하게 강연, 기고, 비영리 기관 이사회 위원 수락, 또는 당신(또는 당신의 개인 의견)을 회사와 동일시할 수 있는 여하한 활동에 참여하도록 요청받을 경우 반드시 매니저, 법무부서 또는 인사부서로부터 승인을 받으라. 당신은 부지중에 회사가 관련을 맺고 싶어 하지 않는 지위 또는 조직을 지원하고 있는지도 모른다. 예를 들어 지역의 동물 학대 방지 협회 이사회 이사가 되는 것은 좋은 일인 듯하지만 동물에게 약품 실험을 하는 제약회사에 근무하고 있다면 자신의 고용주를 난처한 입장에 처하게 할 수도 있다. 물론 민간 부문의 시민으로서는 이 협회 이사회에 참여할 수 있지만 회사로부터 권한을 받지 않는 한 XYZ 제약회사의 종업원으로서는 참여할 수 없다. 소셜 네트워크, 블로그, 트위터 사용은 그런 이슈들에 복잡성을 더하고 있으며 점점 더 많은 조직들이 이러한 새로운 영역에서의 적절한 종업원 행동을 인도하기 위한 정책을 개발하고 있다.

당신은 전국 최대 소매 체인에 입사해서 고급 쇼핑몰에 입점해 있는 고용주의 가장 큰 점포들 중 하나의 부서 매니저로 승진했다. 당신이 페이스북에 로그온해 보니 당신의 페이스북 친구 중 한 명(당신이 일하고 있는 점포의 다른 부서를 이끌고 있는 젊은 여성)이 자신의 담벼락에 회사 비밀 정보인 점포 매출액을 올리고 또한 젊은 남자 부하 직원에 관해 성적 언급을 한 것을 보고 깜짝 놀랐다.

소셜 네트워킹 사이트와 기타 소셜 미디어는 새롭고 어려운 문제를 제기한다. 종업원이 회사 비밀 정보를 공개 사이트에 게시하면 어떻게 되는가? 공개 사이트에서 동료나 상사에 대해 성적인 언급을 해도 괜찮은가? 이런 행동은 성적인 언급을 한 사람을 바보로 보이게 할 뿐만 아니라 고용주에게도 불리하게 작용할 수 있다. 이 시나리오에서 가장 무서운 부분은 인터넷에 올린 내용은 영원히 지속된다는 점이다. 그 내용들을 '삭제'한다 해도 이 내용들이 영원히 잊힐 것으로 확신할 수 없다. 회사는 이런 행위를 매우 심각하게 받아들인다. 최근에 전국적인 리테일 회사에 근사한 일자리를 얻은 대학 졸업생이 자신의 페이스북 담벼락에 고용주에 관한 부적절한 내용을 올려서 해고되었다. 이와 유사한 또 다른 상황을 보자면 어느 종업원은 자신의 페이스북 담벼락에 휴가 때 찍은 승마, 테니스 경기, 하와이 화산 등산 사진을 올렸다. 이 사진들은 유급 질병 휴가 기간에 찍은 사진들이었다. 동료들은 모두 이 사진들을 보았고 상사는 이 종업원이 휴가를 쓰려고 거짓으로 질병 휴가를 사용했는지 알아보기 위해 즉시 부정 조사에 착수했다. 그녀는 휴가 때 받은 급여를 반납하든지 회사를 그만두든지 선택해야 했다.

종업원이 이미 온라인 인격을 가지고 있을 경우, 즉 종업원이 유명 블로거이거나 업계 웹사이트에 '입장'이나 '배경' 또는 '의견'을 제공하는 것으로 이름을 날린 경우 소셜 미디어와 관련해서 또 하나의 어려운 이슈가 제기된다. 당신은 이와 비슷한 상황을 어떻게 다루는가? 그 종업원의 논평이 별 영향력이 없거나 그(녀)의 의견이 자기 고용주의 견해와 이익에 부합하면 큰 문제가 없다. 그러나 영향력이 큰 종업원이 고용주의 견해에 정면으로 반하는 입장을 옹호하기 시작하면 어떻게 되겠는가? 그 종업원에게 자신의 견해를 재고하라고 요청할 수 있는가? 종업원의 평판이 고용주의 평판과 분리될 수 있는가? 그 종업원에게 사이트에 게재된 내용은 개인 의견이며 고용주의 의견을 나타내지 않는다고 명시하라고 지시할 수 있는가?

종업원이 트위터 상에서 일에 대해 언급하면 어떻게 하겠는가? 이런 활동에 제한을 가할 수 있는가, 아니면 제한을 가해야 하는가? 어디까지 수용할 수 있는지에 대한 명확한 기대를 어떻게 정할 수 있는가? 동료 종업원이 분개하면 이를 어떻게 다룰 수 있는가? 종업원들은 이 모든 상황에 대해 미리 매니저(및 동료들)와 상의해서 모든 사람에게 만족스러운 계획을 협상하는 것이 좋다.[17]

또 다른 어려운 사례를 살펴보자.

당신은 대형 재취업 알선 회사의 고용 상담사다. 당신의 회사는 현재 정리해고 결과 실직하게 될 500명의 종업원들에게 재취직 알선 서비스를 제공하기 위해 블랙 컴퍼니와 협상 중이다. 당신의 이웃이자 친한 친구인 지방신문 기자가 토요일에 당신과 커피를 마시면서 자기가 블랙 컴퍼니에 대해 기사를 쓸 예정이라고 말한다. 그녀의 취재원에 의하면 1,500명의 종업원이 실직할 예정이다. 당신은 그녀가 숫자를 잘못 알고 있다는 걸 안다. 당신은 그녀에게 말해 줘야 하는가?

언론과의 접촉은 (기자가 친구나 친척일 경우에도) 까다로운 일로써 신참이 다루려 해서는 안 된다. 위와 같은 사례에서 당신의 친구인 기자가 숫자를 잘못 알고 있다고 생각할 경우에도 침묵이 최선의 방책이다. 그녀의 숫자가 맞고 당신이 알고 있는 숫자는 실직하게 될 종업원 전체의 숫자가 아니라 재취업 알선 서비스 자격이 있는 종업원만 포함한 수치일 수도 있다.

비즈니스 종사자들에게 '비보도 조건'이 무엇을 의미하는지도 혼란스러운 이슈일 수 있다. 대부분 비보도 조건은 기자가 당신을 직접 인용하거나 어떤 말도 당신이 한 말이라고 표시하지 않을 것임을 의미한다. 그러나 이

17) A. Samuel, "Meet your newest management headache: the co-branded employee," Wall Street Journal 온라인 판. 2012년 10월 29일.

미 보도되고 난 뒤에 기자에게 당신의 말은 비보도 조건이었다고 말해 봐야 소용이 없다. 기자에게 그 말이 비보도 조건이라고 하려면 정보를 제공하기 전에 그렇게 말해야 한다. 그러나 애초에 입을 열지 않는 것이 어떤 사안이 보도되지 않게 하는 가장 좋은 방법이다. 좋은 의도를 가진 기자라도 선의로 취재원만 알 수 있는 정보를 제공함으로써 취재원의 신원을 노출시켜 그(녀)를 어려움에 빠뜨릴 수 있다.

언론이 당신에게 접촉해 오거든 즉시 회사 PR 부서에 알려 주라. 당신이 언론의 질문에 대답할 수 있는 훈련이나 그렇게 할 권한을 부여받지 않은 이상 언론에 대꾸하면 안 된다. 노련한 언론인이 제기한 면밀한 질문이나 모호한 질문을 다룰 훈련이 되어 있지 않으면 순진하게 비밀 정보를 제공하거나 회사를 부정적으로 묘사하기 쉽다.

당신은 회사 이사회 회장을 위한 프로젝트에서 장시간 일하고 있다. 회사 정책에 따라 하루 12시간 넘게 일하는 종업원은 회사 차량과 회사 비용으로 퇴근할 수 있다. 회사 정책에는 또한 정규 업무 시간보다 두 시간 넘게 일하는 종업원은 회사 비용으로 음식을 배달시켜 먹을 수 있다고 규정되어 있다. 이 프로젝트에서 일하고 있는 당신의 동료들과 당신은 오전 8시에 출근해서 오후 7시에 사무실로 저녁 식사를 배달시켜 먹고 한 시간 동안 담소를 나누다 회사 차를 타고 퇴근한다. 이래도 되는가?

회사 재무 자원 시밀리 Ⅱ에 의해 제작된 '당신은 어디에 선을 긋는가: 윤리 게임'이라는 게임에서 게임 참가자들은 회사에서 10달러어치 연필을 가져다 가난한 아이들에게 나눠 주기와 개인 용무로 사무실에서 회사 전화기로 10달러어치 장거리 전화 걸기, 그리고 회사의 소액 현금 서랍에서 10달러를 꺼내 가기의 차이에 대한 의견을 표명한다. 당신은 이 시나리오들이 다르다고 생각하는가, 아니면 거의 같다고 생각하는가? 대부분의 사람들은 궁극적으로는 종업원의 의도와 무관하게 이 모든 행동들은 10달러어치 회사 자원 절도와 관련이 있다는 결론을 내린다. 요점은 회사 장비와 서비스는 회사 비즈니스용으로만 사용되어야 한다는 것이다. 회사 전화기로 개인 전화 걸기, 비용 보고서 부풀리기, 사무 비품 유용, 회사 우편실을 이용한 개인 우편물 발송, 회사 장비를 이용한 개인 전단지 인쇄, 회사 자원의 사적 이용 또는 부적절한 이용은 모두 비윤리적이며 대부분의 회사 정책 위반이다.

위와 같은 사례에서 회사의 이사회 회장을 위한 특별 프로젝트를 완성하기 위해 오랜 시간 일하는 당신과 당신의 동료들은 회사 정책을 문자적으로 따르고 있으므로 당신의 행동은 아마 대부분의 회사에서 인정될 수 있을 것이다. 그러나 당신과 당신의 동료들이 회사 차로 퇴근하기 위해 저녁 식사 시간을 늘리고 있는 것이라면 윤리적 곤경에 처하게 될 수 있다. 당신은 또한 공짜로 식사하기 위해 일을 늘리고 있는 것은 아닌가? 당신의 행동을 이사회 회장에게 설명하는 데 문제가 없거나 회장이 이러한 저녁 식사 자리에 동석해도 무방하다면 저녁 식사와 회사 차량은 완벽하게 인정될 수 있을 것이다. 회사 자원에도 자신의 자원에 주의를 기울이는 정도의 주의를 기울여야 한다.

당신의 매니저는 내년 1월 초에 회사의 다른 부문으로 이동할 예정이다. 그는 11월 초에 회의를 소집해 자기 산하 부서장들에게 모든 매입 송장 처리를 내년 1월 1일 뒤로 미루라고 요청한다. 그는 자신이 맡았던 부문의 마지막 분기가 최고의 실적을 보일 수 있도록 비용은 낮추고 매출은 높이길 원한다.

정직한 정보 제공하기 또 다른 핵심 이슈는 진실과 관련이 있다. 이번 장의 앞부분에서는 대고객 관계에서의 진실에 대해 논의했지만 여기서는 조직 안에서 진실을 말하고 회사 안의 다른 사람들에게 정직한 정보를 제공하는 것에 관해 논의한다. 진실을 말하는 것이 중요하다는 데 대해서는 모든 사람이 동의하겠지만 언젠가는 다음과 같은 식으로 말하는 매니저를 만나게 될지도 모른다. "이 숫자들은 너무 안 좋아 보이네요. 상위 경영진에게 좀 낮게 보이도록 조정합시다. 다음 분기에 차이를 보충하도록 하죠." 많은 매니저들은 상부에 제출하기 전에 재무 보고서를 긍정적으로 꾸밀 필요가 있다고 느낀다. 그 결과 일부 회사들은 보고 단계가 올라갈 때마다 숫자를 긍정적으로 꾸미며서 최상층부에 도달할 때쯤에는 실제 실적과 크게 동떨어진 지경에 이르러 심각한 어려움을 겪었다. 숫자를 '조작' 하면 상위 경영진이 그릇된 데이터에 근거해 주요 결정을 내릴 수도 있기 때문에 심각한 결과를 가져올 수 있다. (부정확한 재무 정보가 감독 당국에 제출되거나 공식 재무제표에 포함되면 회사는 감독 당국으로부터 벌금을 부과 받는다). 어떤 종류가 됐건 회사 정보를 왜곡하라는 요청을 받으면 법무, 인사, 감사 부서 등과 같이 당신의 지휘 계통 밖에 있는 사람과 상의하고 근무 부서를 옮겨야 할 때인지 결정해야 한다. 때로는 관련자들이 투옥되기도 하는 심각한 회사 스캔들은 종종 이러한 '한번만' 협조해 달라는 요청에서 시작된다. 일단 관여하게 되면 불가피한 나락의 소용돌이에서 빠져 나오기가 거의 불가능하다. 헬스사우스 (HealthSouth)와 월드컴 종업원들에게 물어 보라. 그런 요청을 들어줬다가 교도소에서 몇 년을 보낸 사람들이 있다.

매니저가 비용 지출을 자신이 그 부문을 떠난 뒤로 미루기 원하는 사례에서 이를 결과주의 관점에서 생각해 보자. 그런 영리한 장부 기록은 1월에 그 자리를 이을 사람에게 피해를 줄 뿐만 아니라 자신의 송장이 신속하게 지급될 것으로 믿고 있는 공급자들에게도 피해를 준다. 공급자들에게 대금을 지급받으려면 거의 60일을 더 기다리게 하는 것은 너무 불공정하다. 혼자 고민하기보다는 다른 부서장들에게 매니저의 요청을 거절하자고 협조를 구하는 것이 하나의 해법이 될 수도 있다. 감사 부서에 얘기하는 것도 또 다른 방안이 될 것이다. 감사 부서는 분명히 당신 매니저의 협잡에 관심을 보일 것이다.

이 이슈에 대해 어떻게 생각할 수 있는가

거듭 말하거니와 다양한 이론적 접근법은 큰 도움이 될 수 있다. 모든 이해관계자들에 대한 잠재 피해와 이익에 관해 넓게 생각하면 필연적으로 정직하게 처리하도록 인도될 것이다. 의무론의 관점에서는 우리들 대부분은 정직과 올곧음을 우리의 가치 목록의 맨 위 또는 그 근처에 올려 두어야 한다. 우리는 확실히 입장이 바뀔 경우 정직하고 올곧은 방식으로 대우받고 싶을 것이다. 그리고 정직과 올곧음은 확실히 우리가 세상을 인도하기 원하는 윤리 기준이다.

그러나 아마 이 분야에서 어떻게 자신의 가치대로 살 것인가에 관해 생각하는 것이 더 중요하다. 자신이 누구인지, 그리고 어떤 사람으로 알려지기 원하는지 진지하게 고려한다면 이 분야에서의 의사 결정은 훨씬 쉬워질 것이다. 예를 들어 당신이 민감한 고객 계정을 믿고 맡길 수 있는 정직한 사람으로 알려지기 원한다면 회사 자원 유용이나 숫자 조작을 할 마음을 품겠는가? 그런 행동을 할 경우 당신이 어떤 사람으로 알려지겠는가, 그리고 그런 행동이 당신의 평판에 어떤 영향을 주겠는가? 그러면 당신이 당신의 직업에서 이루려는 다른 모든 희망 사항을 손상할 것이다. 이 영역에서 올바른 일을 하려면 때로는 자신의 가치를 위해 분연히 일어서야 할 때가 있다. 특히 옳지 않은 일에 동조하라고 요청하거나 지시하는 상사에 맞서야 할 때가 있다. 그런 경우에는 자신이 믿는 가치와 신념을 위해 일어설 용기를 낼 필요가 있다. 어떻게 말할지 연습해 두면 실제로 필요할 때 그렇게 할 가능성이 높아진다. 당신에게 동의하는 동료를 찾아 함께 연습하라. 입장을 명확히 정하고 이를 분명하고 비난하지 않는 방식으로 표현할 수 있으면 다시는 그런 요청을 받지 않게 될 것이다. 동조하지 않으면 일자리를 잃을까 겁이 나거든 그때야말로 이력서를 손질해서 다른 직장을 찾아야할 때다.

회사 자원 사용이 왜 윤리 문제인가?

회사 자원 사용은 고용주-종업원 계약의 목적 이행과 관련이 있기 때문에 윤리 문제다. 고용 계약은 공정성과 정직성에 뿌리를 두고 있다.

비용

회사 자산을 훔치거나 부풀린 비용 보고서를 제출하면 해고될 것이 거의 확실하며 체포될 수도 있다. (전직 종업원을 위해 추천서를 써주는 경우에서와 같이) 다른 회사에 비밀 정보를 알려주면 당신 회사가 소송을 당할 위험에 처할 수도 있다. 소셜 네트워킹 사이트에 상사나 동료 또는 회사를 폄하하는 언급을 하면 일자리를 잃게 될 수도 있고 주변 사람들이 불신하게 된다.

고용주-종업원 충성 계약을 이행하지 않으면 직장에서의 경력이 손상될 수 있다. 윤리적인 기업 문화는 정직, 충성, 팀워크를 중시한다. 일반적으로 성공적인 회사들은 가족 의식이 장려되는 공동체다. 가족이 서로를 보호하고 가족의 정보를 비밀로 유지하려고 노력하는 것과 마찬가지로 회사 공동체도 같은 행동을 장려한다. 자원을 낭비하거나 부정직하거나 가족의 평판을 오용함으로써 회사 '가족'의 신뢰를 저버리는 사람은 따돌림 당하거나 해고되는 경우가 흔하다.

다른 모든 것이 실패할 때: 내부고발

윤리와 개인에 관한 섹션을 마치기 전에 자신이 속한 조직에 심각한 비리가 있다고 의심할 때 어떻게 해야 하는지에 대해 논의해야 한다. 발견 사항이 심각하고 밤에 잠을 잘 수 없거든 이 문제를 보고(제보)해야 할 수도 있는데 이때 매우 조심스럽게 진행할 필요가 있다. 이는 또한 자신의 가치가 무엇인지 이해하고 자신의 가치에 따라 살기를 연습하는 것이 매우 중요한 이유이기도 하다. 일터에서의 어려운 딜레마 상황에 연루되기 전에 자신의 가치에 따라 살기를 연습하지 않았다면 그 상황을 다루기가 훨씬 어려울 것이다. 미리 연습해 두었더라면(그리고 약간의 운이 있었다면) 그 문제가 심각한 상태로 진전되지 않도록 막을 수 있었을지도 모른다. 우리는 그러기를 바란다. 그러나 때로는 심각한 비리에 대해 알게 되고 제보(내부 또는 외부)가 유일한 대안으로 보이는 상황에 놓이게 될 수도 있다.

이처럼 참으로 어려운 상황에서는 높아진 리스크로 인해 직장에서 자신의 가치에 대해 목소리를 내려면 상당한 용기가 필요하다. 캐스린 리어돈은 직장에서 '계산된 리스크를 취하는' 용기에 대해 생각해 보도록 격려한다.[18] 그녀는 다음과 같이 권고한다.

1. 해당 이슈에 대해 얼마나 강하게 느끼는지 스스로 물어 보라. 사람들에게 "어디에 윤리 경계선을 긋는가?"라고 물어 보면 가장 중요한 이슈들은 특정 방식으로 행동하거나 아무런 행동을 하지 않으면 큰 피해를 입힐 가능성이 있거나 가장 소중하게 간직하는 가치에 위배되기 때문에 명백히 선을 넘은 것으로 간주된다. 리어돈에 따르면 이 이슈들은 반드시 조치를 취해야 하는 '모래 속의 창날(모래에 창날이 박혀 있을 때 이를 제거하지 않으면 너무 위험한 상황에 처할 수 있으므로 반드시 찾아내 제거해야 한다. 역자 주)' 이슈들이다. 그러니 자신이 어떤 종류의 이슈에 직면해 있는지 스스로 물어 보라. 이 이슈는 자신에게 '모래 속의 창날' 이슈인가?
2. 자신의 의도에 대해 스스로 물어 보라. 단지 사욕을 취하고 있는가, 아니면 보다 큰 선에 기여하는 것이 목표인가? 동료가 폭력적인 상사에게 부당한 대우를 받고 있는 모습을 보면 어떻게 해야 하는가? 예

18) K. Reardon, "Courage as a Skill," Harvard Business Review, 2007년 1월, 2-7쪽.

를 들어 폭력적인 상사에 대해 보고함으로써 동료를 구하는 것이 더 큰 선에 기여하겠는가?

3. 힘과 영향력을 고려하라. 위에서 언급한 바와 같이 CEO가 아니면 좀처럼 조직의 의사 결정을 내릴 위치에 있지 않을 것이다. 어떤 사안에 대해 뭔가를 해야 한다고 강하게 느낀다면 아마도 다른 사람들을 설득해야 할 것이다. 그러므로 당신의 매니저나 조직이 옳은 일을 하도록 설득하는 데 당신의 소셜네트워크가 어떻게 도움이 될 수 있는지 생각해 보라. 이는 대개 조직도를 따르기에 관한 것이 아니다. 그것은 누구에게 힘이 있는지 이해하고 이들과 신뢰하는 좋은 관계 맺기에 관한 것이다. 그러나 필요한 순간에 곧바로 이런 관계를 발전시킬 수는 없다. 신뢰 관계는 장기간에 걸쳐 맺어진다. 이런 관계를 맺고 있다면 내부고발을 고려할 필요가 생기기 전에 이슈를 다룰 수 있을 것이다.

4. 행동의 리스크와 유익을 따져 보라. 이는 (2장에서 논의한) 결과주의의 다수 이해관계자에 대한 피해와 효용 분석과는 다르다. 그 분석은 범위가 넓으며 사회의 선에 초점을 맞춘다. 이곳에서는 보다 실용적으로 관련자들을 살펴보며 행동을 취함으로써 (당신 또는 타인의) 평판이나 지위가 손상되지 않을지 고려한다. 이 이슈를 창의적으로 다룰 수 있는 방법을 찾아내서 리스크를 줄이고 잠재 효용을 높일 수 있을지도 모른다. 예를 들어 누군가와 직접 부딪히기보다 익명으로 보고할 수 있는가? 당신이 과거에 한 일에 대해 사과해서 이 상황에서 잘못하고 있는 사람이 같은 방식으로 행동하도록 자극할 수 있는가?

5. 시기에 대해 생각하라. 해당 이슈가 시급하지 않을 경우, 특히 '모래 속의 창날' 이슈가 아닌 경우 더 잘 준비되고 리스크와 당신이 하려고 하는 일에 대해 더 깊이 생각할 수 있도록 행동을 미룰 수 있는지 스스로 물어 보라. 예를 들어 회의에서 상사에게 할 말을 연습해 볼 기

회가 있었는가? 당신과 함께 이 이슈를 해결하기 위해 노력할 동지를 찾아보았는가?

6. 대안을 개발하라. 위험한 상황에서는 마음속에 대안을 갖고 있는 것이 큰 도움이 된다. 바라는 결과를 얻지 못하면 어떻게 할 것인가? 마음속에 대안을 갖고 있는가? 모래 속의 창날 이슈의 경우 여차하면 직장을 잃거나 회사를 떠날 용의가 있는가?

내부고발을 결정하고 나면 이를 어떻게 실행할지 주의 깊게 생각할 필요가 있다. 내부고발은 자기 동료들이 여러 고객을 비윤리적으로 대하고 있음을 발견한 어느 고위직 투자은행가가 한 방식으로 하지 말아야 한다. 이 투자은행가는 이 상황을 매니저에게 보고했는데 매니저는 잊어버리라고 했다. 이 이슈를 상부에 제기해야겠다고 결심한 은행가는 회사 CEO에게 이 상황에 대해서 요약을 하고 화를 내면서 여러 사람을 질타하는 메모를 보냈다. 이 은행가는 여러 명의 다른 상위 경영진에게 이 메모 사본을 보냈다. 은행가와 CEO 사이에는 3단계의 보고라인만 있었다. 동료들의 행위에 관해 이 은행가가 한 말이 옳았으며 결국 그들은 해고되었지만 은행가도 해고되었다.

또 다른 다국적 대기업에서는 아시아 국가의 한 교육생이 해당 국가의 경영진에게 부당한 대우를 받았다고 생각했다. 그는 화가 난 상태에서 회사의 이메일 시스템에 자신의 불만을 설명하는 장문의 메시지를 썼다(오늘날이라면 아마도 블로그에 뭔가를 올리거나 트위터에 자신의 상황에 관한 메시지를 보냈을 것이다). 그는 CEO, 사장, 인사부서장(세 명의 상위 경영진 모두 뉴욕에 있었다)을 자신의 메시지 수신자로 지정했지만 회사 이메일 시스템상의 다른 모든 사람들(전 세계적으로 약 3만 명에 달하는 매니저들)을 사본 수신처로 지정했다. 이 교육생은 메시지 내용 때문이 아니라 이를 소통한 방식 때문에 해고되었다. 인사부서장은 이렇게 언급했다. "그는 경영진이 되기 위해 훈련받고 있었다. 우리는 그처럼 판단력이 나쁜 사람에게 그런 역할을 맡길 수 없었다. 만일 그가 상위 경영진에게만 불만을 제기했더라면 주장은 수용되었을 테고, 그는 보호되었으며, 우리는 그 상황을 시정했을 것이다. 불만을 전 세계에 퍼뜨린 것을 보고 우리는 그가 무슨 일을 저지를지 모르는 사람이라고 생각했으며 내보내지 않을 수 없었다."

판단력이 약한 사람이라고 알려지기를 원하지 않는다면 윤리 우려를 어떻게 제기할지에 대해 아주 조심해야 한다. 일반적으로 CEO는 내부적으로 사용할 수 있는 모든 수단을 다 사용하고 난 뒤에 의지할 최후 보루다. 이 가이드라인에는 몇 가지 예외가 있다. PPG 인더스트리에서는 주목할 만한 예외가 있었는데 그곳에서는 전 CEO 빈스 새미가 종업원들에게 이슈가 있으면 직접 자신에게 연락하도록 장려했다. 그의 책상에 이슈 제기용 핫라인 전화가 설치되었으며 그가 직접 전화를 받았다. 버크셔 해서웨이 CEO 워렌 버핏도 1991년에 샐러먼 브러더스 이사직을 수행할 때 '내게 전화하세요.' 접근법을 사용했다. 이 회사가 입찰 조작 스캔들에 연루되었을 때(자세한 내용은 10장을 보라) 버핏이 임시 CEO가 되었다. 버핏은 샐러먼의 매니저들에게 다음과 같은 편지를 보냈다. "이것은 오마하의 우리 집 전화번호입니다. 무엇이든 비윤리적인 일이 벌어지고 있는 걸 보거든 내게 전화하세요." 매니저들은 실제로 버핏에게 전화했으며 샐러먼 브러더스를 아서 앤더슨의 운명에서 구하기 위한 계획을 세울 수 있었다.[19]

그렇다면 내부고발을 어떻게 할 것인가? 먼저 시기에 관해 생각해 보자.

단골 고객이 신규 사업 자금을 조달하기 위해 당신에게 접근한다. 이 고객은 주택 단지를 짓기 위해 시골 지역에 사 뒀던 땅을 담보로 제공한다. 감정사를 보냈더니 감정사는 우연히 그 땅에 유독성 쓰레기가 있음을 발견한

---

19) H. Wee, "Corporate Ethics: Right Makes Might," Businessweek, 2002년 4월 11일.

다. 당신은 그 고객이 이 유독성 쓰레기에 대해 모르고 있다고 확신한다. 사실 이 쓰레기는 이동성이 있으며 몇 년 안에 인근의 논 밑에 있는 지하수면을 침입할 것이다. 이 상황을 당신의 매니저에게 말하자 그는 당연히 이 땅을 담보로 받아주지 말도록 지시한다. 그런데 그는 또한 유독성 쓰레기에 대해 고객에게 말하지 못하게 한다. 그는 "고객이 스스로 이에 대해 알아내게 하라."라고 말한다. 당신은 그 고객에게 유독성 쓰레기에 대해 말해야 하는가? 정부 규제 당국에 말해야 하는가?

내부고발을 언제 하는가?

먼저 당신의 우려가 심각한 이슈와 관련이 있다고 가정하자. 예를 들어 심각한 피해 가능성 때문에 유독성 쓰레기 보고는 심각한 이슈다. 심각한 피해는 특정 이슈의 도덕적 중요성을 높인다는 점을 기억하라. 따라서 이 상황에서는 당신의 윤리 안테나가 매우 민감해질 가능성이 있으며 당신은 무언가를 해야 한다고 생각하게 될 것이다. 동료가 비용 보고서를 딱 한 번 다소 부풀리는 것은 그다지 심각한 이슈가 아니다. 매니저에게 부풀린 비용 보고서를 보고하고 나면 당신의 책임은 그것으로 끝날 것이다. 그러나 동료 한 명이 비용 보고서를 한 번 날조하는 것과 매니저가 아는 상태에서 많은 종업원들이 모든 비용 보고서를 체계적으로 변경하는 것은 큰 차이가 있다. 그런 정도의 상황에 대해 의심할 경우 윤리 부서 또는 조직의 내부 감사인과 같이 당신의 지휘 계통 밖에 있는 누군가에게 보고해야 한다.

이런 접근 방식에 동의하지 않는 사람도 많을 테지만 비즈니스에서는 '순찰할' 시간이 있는 사람은 별로 많지 않을 것이다. 일단 매니저에게 보고하고 나면 예외적인 상황을 제외하고 비용 보고서와 같은 이슈를 다루는 것은 그 매니저의 책임이다. 이를 '싸워야 할 대상을 선택하고' 자신의 육감에 적절히 반응하는 것이라고 말할 수 있다. 확실히 어떻게 할지 도움을 받기 위해서는 관점 프레임워크를 사용해야 한다. 그러나 특정 이슈가 심각한지 여부를 결정하도록 도움을 줄 수 있는 몇 가지 간단한 기준도 고려해 보자.

이슈가 자신의 가장 가까운 상사를 넘어서까지 제기되어야 할 정도로 심각한지 여부 결정에 도움이 될 몇 가지 기준에는 진실, 종업원과 고객(또는 다른 이해관계자)의 권리, 당신 개인과 당신이 속한 조직의 평판과 같은 가치와 관련된 이슈 또는 법률 위반 여부가 포함될 것이다. 예를 들어 위의 유독성 쓰레기 폐기 사례에서는 확실히 심각한 피해가 초래될 수 있다. 고객(및 기타 이해관계자)의 권리가 관련되어 있고 당신 조직의 평판이 걸려 있으며 대중의 신뢰가 침해될 수 있다. 그리고 유독성 쓰레기는 궁극적으로 식량 공급에 영향을 줄 수 있기 때문에 제안된 주택 단지 개발과 관련한 유독성 쓰레기에 관해 침묵을 지키면 법률에 위배될 수 있다. 이런 상황은 행동을 필요로 하는 심각한 윤리 딜레마의 모든 특징을 갖추고 있다.

당신의 매니저가 당신에게 다른 직급의 경영진에게 보고할 재무 보고서에 부정확한 숫자를 제공하도록 요청한다고 가정하자. 그런 상황은 진실 위반일 뿐만 아니라 잠재적 사기 및 피해와 관련될 수도 있다. 이 상황은 당신의 평판과 궁극적으로 회사의 평판을 해칠 수 있다. 이는 심각한 이슈로서 당신은 이에 대해 상부에 보고하기 원할 수도 있다.

내부고발을 어떻게 하는가?

당신은 심각한 이슈를 다루고 있고 사실을 수집했다. 당신이 아는 한 수집된 사실은 정확하다. 이슈가 법률과 회사 정책에 반하고 앞에서 논의했던 기준 중 하나가 심각한 윤리 문제임을 가리킨다고 가정하자. 이제 어떻게 할 것인가?

1. 할 수 있으면 먼저 직접 상사에게 접근하라(당신의 상사가 문제에 관련되지 않은 경우) 상사가 그 상황을 무시하라고 말하거나 당신의 우려를 과소평

256

가할 경우 그 상사에게 다시 접근하라. 상사에게 두 번째 접근할 때에는 메모를 작성해 당신의 우려를 명확히 밝힘으로써 상사가 이를 무시하거나 일축하기가 어려워지게 할 수도 있다. 메모가 상사에게 이 사안이 심각함을 충분히 설득해서 상사로부터 우호적인 반응을 얻는 경우가 있다. 또한 이 이슈를 제기하려는 결정이 객관적인 결정이고 상사, 동료, 또는 회사에 대한 복수심에 근거하지 않았는지 확인하라. 이때 말하려 하는 내용을 다른 사람(믿을 만한 동료, 부모 또는 배우자)에게 연습해 보는 것도 좋은 방법이다. 문제를 사람들과 회사에 대한 당신의 우려라는 관점에서 말하고 (손가락질하기보다는) 그렇게 우려하는 이유를 말하면 도움이 된다. 또한 회사는 이슈를 어떻게 제기하기 원하는지, 그리고 이에 관한 특별한 절차가 있는지도 잘 알아봐야 한다. 그런 절차가 있으면 이를 정확히 준수해야 한다.[20]

2. **이 이슈를 가족과 상의하라** 내부고발 활동은 자신뿐 아니라 가족에게도 영향을 줄 수 있기 때문에 그들이 무슨 일이 일어나고 있는지 알 필요가 있다. 또한 당신의 활동을 기록해야 한다. 이슈와 관련하여 오고 간 서신과 담당 임원에게 알리기 위해 쓴 메모 사본을 구하라. 이슈와 연관된 활동을 추적 관리하기 위한 일기를 쓰고 이와 관련해서 나눈 대화를 묘사하라.[21]

3. **이 이슈를 보다 윗선에 제기하라** 상사로부터 만족스러운 반응을 받지 못한다면 이 이슈를 윗선에 제기할 시점이다. 상사에게 다음과 같은 방식으로 정중하게 말할 수 있을 것이다. '이 이슈가 매우 중요하다고 생각하기 때문에 당신과 당신의 상사와 이에 대해 상의하고 싶습니다.' 상사에게 윗선에 함께 가자고 요청할 때의 긍정적 측면은 당신의 상사가 배신당했다는 느낌을 덜 받고 당신은 팀 플레이어로 비

---

20) R. Webber, "Whistle Blowing," Executive Excellence, 1989년 7월호, 9-10쪽.
21) 위의 글.

취질 수 있다는 것이다. 부정적인 측면으로는 상사가 당신이 윗선에 접근하지 못하게 할 수도 있다. 그런 일이 발생하거나 윗선과 만난 후에도 만족스럽게 해결되지 않으면 당신의 지휘 계통을 벗어날지 고려할 필요가 있을 것이다.

4. **회사 윤리 책임자나 옴부즈맨과 접촉하라** 당신의 주에 내부고발에 관한 법이 있는지 알아보라. 제보자를 보호하는 법이 있을 수도 있지만 이 법은 자신을 보호하려면 특정 절차를 따르도록 요구할 수도 있다.[22] (특히 당신의 상사가 연루된 경우) 먼저 이들과 접촉할 수도 있다. 미국 연방 양형 위원회 가이드라인(6장을 보라)과 사베인-옥슬리법의 결과, 대부분의 대규모 조직들은 익명으로 문제를 보고할 수 있게 해 주는 시스템을 두고 있다.

5. **당신의 지휘 계통 밖으로 가는 방안을 고려하라** 회사에 그런 불만을 다룰 부서나 프로세스가 없을 경우, 당신의 우려를 수용할 만한 다른 영역이 있는지 생각해 보라. 당신의 우려가 인사와 관련이 있을 경우(차별이나 성희롱과 같이 회사 내 관계나 활동에 관련될 경우) 인사 담당 부서나 임원과 접촉할 수도 있을 것이다. 이슈가 비즈니스와 관련이 있을 경우(고객, 공급자, 규제 당국과 같은 대외 관계와 관련이 있을 경우)에도 인사 부서와 접촉할 수 있지만 법무부서나 회사 내부 감사인을 접촉하는 것이 나을 것이다. 이슈가 법률이나 실제 또는 잠재적인 법률 이슈와 관련이 있다면 법무부서와 접촉해야 한다. 재무 관련 이슈는 조직의 감사인과 접촉하는 편이 나을 것이다. 대부분의 감사인들은 당신의 의심을 확인하거나 반박하고 당신을 보호하기까지 할 조치를 취하게 할 수 있는 내부 점검 시스템을 갖추고 있다. 일부 업종의 감사인들은 다양한 조직의 감사인들이 참여하는 일종의 비밀 네트워크도 갖고 있다. 그들은 조용

---

22) A. Dunkin, "Blowing the Whistle without Paying the Piper," Businessweek, 1991년 6월 3일, 138-139쪽.

히 상황을 조사해서 그렇게 하는 것이 적절하다고 판단되면 실제보다 심각하게 받아들여지지 않게 할 수 있다.

인사, 법무, 감사 부서의 역할은 회사를 보호하는 것이기 때문에 이 부서들은 회사를 위험에 빠뜨릴 수도 있는 우려에 대해 수용적인 반응을 보여야 한다. 그러나 당신이 우려하는 활동이 최상위 경영진에 의해 승인 또는 묵인된 경우 이러한 내부 부서들은 '일상적인 비즈니스'에 동조하는 경향이 있을 수 있다. 그리고 그들의 역할은 회사를 보호하는 것이기 때문에 그들의 주된 충성 대상은 당신이 아니라 회사일 수도 있다.

일반적으로 이러한 부서들에 접근하는 것은 안전하지만 완전히 위험이 없는 것은 아니다. 제보할 때 다른 동료(들)에게 이 과정에 함께 하자고 설득할 수 있으면 위험을 줄일 수 있다. 우군이 있으면 변호사와 감사인들이 당신의 말을 더 진지하게 받아들이게 할 수 있다. 이 시점에서는 내부고발자 변호 전문 개인 변호사나 법무 법인과 상의하는 것이 현명할 수도 있다. 호프만과 무어에 의하면, 당신의 변호사는 '해당 비위가 법률 위반인지 판단하도록 도와주고, 이에 관한 정보를 문서화하는 것을 도와주고, 당신이 이를 문서화할 때 혹시 어떤 법률을 위반하고 있지는 않은지 알려주며, 이를 누구에게 보고할지 결정하도록 도움을 주고, 보고서가 제때 제출되게 하고, 보복으로부터 자신을 보호하도록 도와준다.'[23]

당신 회사의 경영진, 윤리 또는 컴플라이언스 부서(회사에 이러한 부서가 있을 경우), 인사, 법무, 감사 부서와 접촉했다면 당신은 어느 정도 만족을 얻었어야 한다. 대부분의 내부고발은 이들 중 하나의 단계에서 해결된다. 그러나 당신의 우려가 여전히 해소되지 않은 경우 이 시점부터

23) W. M. Hoffman and J. M. Moore, Business Ethics: Readings and Cases in Corporate Morality (New York: McGraw-Hill, 1984), 257쪽.

는 당신 개인의 리스크가 매우 커진다. 회사 내에서 최후로 의지할 곳은 CEO, 사장 또는 이사회 등의 고위 경영진이다. 가장 접근하기 쉽다는 평판이 있는 사람에게 접근해야 한다. 고위 경영진에게 접근하면 당신이 소속한 부서의 경영진은 화를 낼 가능성이 높다는 점을 이해하라. 그러나 당신이 우려하는 바가 옳고 당신이 제기하는 이슈가 국지적인 문제이며 상위 경영진이 무슨 일이 벌어지고 있는지 모르고 있다면 궁극적으로는 당신이 영웅이 될 수도 있다.

고위 경영진에게 접근하기 전에 사실 관계를 똑바로 하고 문서화하라. (이때 일기 작성과 문제를 제기하기 위해 주고받은 서신 사본이 유용하다.) 당신이 틀렸을 경우 당신을 이해하거나 용서할 사람은 거의 없을 것이다. 당신은 괴롭힘을 당하거나 견책을 받거나 불이익을 받을 수 있으며 당신을 해고하기 위한 핑계를 찾아낼 수도 있다. 그러나 CEO와 접촉하고서도 일자리를 지킬 수 있다는 증거가 있다. 예를 들어 엔론의 법인 영업 부사장 세론 왓킨스는 CEO 켄 레이가 변칙 회계에 관한 그녀의 편지를 받은 지 1년 뒤이자 임원진이 사임한 지 몇 달 뒤까지도 엔론에서 일자리를 유지했다. 그러나 그녀는 지방 신문사가 아니라 CEO에게 편지를 썼다.[24] 다른 많은 내부고발자들과 마찬가지로 세론 왓킨스는 현재 대중 강연과 컨설팅으로 생계를 유지하고 있다.

6. **회사 외부로 가라** 회사의 최상부에 당신의 우려를 제기했음에도 불구하고 여전히 그 회사에서 일자리를 유지하고 있고 우려가 만족스럽게 해결되지 않은 경우 회사 밖으로 나가는 수밖에 없다. 당신의 회사가 방위 산업체 또는 상업 은행과 같이 규제를 받는 업종에 속해 있다면, 해당 산업 감독 책임이 있는 감독 당국을 접촉할 수 있다. 또는 언론 기관을 접촉할 수도 있다. 그러나 당신이 이미 회사에서 여러 사람

---

24) F. Pellegrini, "Person of the Week: 'Enron Whistleblower' Sherron Watkins," Time, January 18, 2002년 1월 8일.

을 접촉했다면 천재가 아니어도 누가 외부로 발설했는지 알 수 있을 것이다. 당신이 언론이나 감독 당국에 익명으로 접촉한다 해도 동료와 경영진은 제보자가 당신이라는 사실을 알아낼 것이다.

최근의 입법으로 회사가 정부와의 계약자이거나 연방 정부가 사기를 당한 경우 종업원들이 감독 당국에 제보하기가 더 쉬워지고 더 큰 금액을 보상받을 수도 있게 되었다. 부정청구법 하에서 정부에 대한 회사의 비리를 검사에게 보고하는 내부고발자는 연방 정부가 회수하는 피해액의 15%에서 30%까지 보상받을 수 있다(정부는 피해액의 3배까지 회수할 수 있다). 부정청구법이 제정된 뒤로 정부가 수십억 달러를 회수했기 때문에 일부 종업원들이 검사에게 모든 것을 털어놓을 강력한 유인이 되었다. 예를 들어 쿼럼 헬스 그룹의 짐 앨더슨은 의료비 청구 장부를 정부용과 '대외비' 표시가 된 장부로 이중으로 작성하는 회사 관행에 동조하기를 거부하자 해고되었다. 그는 부당 해고 소송을 제기했는데 이 소송은 고용주와 모회사가 정부에 과다 청구한 부정 청구법 소송으로 번졌다. 정부는 거의 20억 달러를 회수했으며 앨더슨은 2천만 달러를 받았다. 최근에 그런 소송의 숫자가 크게 증가했다. 사상 최대의 소송 중 하나의 소송에서 TAP 제약은 항암제에 대한 불법적인 가격 책정과 마케팅 관행에 관여한 혐의로 정부에 8억 7천 5백만 달러를 지급했다(TAP 제약에 대해서는 5장 끝의 사례에서 더 자세히 다룬다).[25]

글락소 스미스 클라인의 4명의 내부고발자와 관련된 사건은 규모가 더 큰데 이 회사는 사기 사안을 해결하기 위해 30억 달러를 지급해야 할 것이다. 부정에 반대하는 납세자들(Taxpayers Against Fraud)이라는 내부고발자 옹호 그룹에 의하면 제약업계는 2012년 9월에 종료하는 회계

25) R. Rothracker, "Whistle-blower law reap big payoffs for U.S. Treasury." Legi-Slate, 1997년 8월 29일, 1쪽; S. McDonough, "Wanted: Snitch for good pay." Centre Daily Times, 2004년 11월 29일, B9면; D. B. Caruso, "Whistleblowers help feds to build cases." Centre Daily Times, 2004년 8월 25일, B9면.

연도에 다양한 부정 사건들을 해결하기 위해 100억 달러를 지불할 것이다. 이 중 많은 돈이 내부고발자에게 돌아간다.[26]

2002년에 의회가 통과시킨 사베인-옥슬리법(SOX)은 (무엇보다도) 상장 회사의 내부고발자들이 '회사 주가에 '중대한 영향'을 줄 수 있는 정보를 상사, 법 집행 기관, 또는 의회 조사자에게 공개'할 경우 그들에게 혁명적인 새로운 보호를 제공한다.[27] 이 법은 이사회 위원회들이 내부고발자의 우려를 청취할 절차를 수립하고 내부고발자에게 보복을 가하는 임원들이 형사 책임을 지고 최고 10년의 징역에 처할 수 있도록 강제한다. 노동부는 회사에 해고된 내부고발자를 재고용하도록 할 수 있고 해고된 노동자는 6개월 뒤에 배심원 심리를 요청할 수 있다. 또한 사내 변호사들도 임원들이 반응하지 않으면 비리를 최고 경영진과 이사회에 보고하도록 요구할 수 있다. 그러나 부정 청구법과는 달리 SOX는 재무상의 유인은 제공하지 않으며 비상장 회사의 종업원들은 보호하지 않는다.

(2008~2009년 금융 위기 여파로 통과된) 도드-프랭크 월스트리트 개혁 및 소비자 보호법 아래에서는 증권 거래 위원회(SEC)가 회수 금액이 1백만 달러를 초과하게 될 금융 사기의 최초 정보 내부고발자에게 정부 회수 금액의 10%에서 30%를 지급한다. 2012 회계연도 중에 SEC는 3,000건이 넘는 제보를 받았다. 이 숫자는 많은 것처럼 보이지만 법이 다루는 유형의 비리에 관해 관찰된 윤리자원센터 데이터에 의하면 걸려오는 전화의 극히 작은 부분에 지나지 않는다.[28]

---

26) K. Thomas and M. Schmidt, "Glaxo Agrees to Pay $3 Billion in Fraud Settlement," New York Times, 2012년 7월 2일, www.nytimes.com.

27) P. Dryer, and D. Carney, "Year of the Whistleblower," Businessweek, 2002년 12월 16일, 107-110쪽.

T. Wilkinson, "After Eight Years, An Insider Gets His Reward Thanks to Whistleblower's Efforts, U.S. Government Reaps Largest Single Cash Award Under False Claims Act," Todd Wilkinson Special to the Christian Science Monitor. The Christian Science Monitor. Boston, Mass.: 2001년 7월 24일, 4쪽.

2012년에 최고 감사 책임자를 대상으로 한 조사에서 이 책임자들은 자기 조직의 내부 시스템에 대해 신뢰하고 있었다. 내부고발자가 규제 당국에 제보하리라고 예상하는 책임자는 5%에 미달했다. 또한 SEC가 의회에 제출한 내부고발 활동 요약 연례 보고서 자료에 의하면 2012년에 내부고발자에게 지급된 보상금은 45,000달러를 약간 넘는 금액에 지나지 않았으며 보상금을 받은 제보자도 한 명뿐이었다. 그래서 SEC 투자자 보호 기금은 (내부고발자에게 지급할) 4억 5천만 달러를 포함하고 있지만 이 금액은 거의 지급되지 않고 있다.[29] 아마도 내부 제보를 장려하는 회사 프로그램이 효과를 발휘하고 있는 듯하다(우리는 그러기를 바란다).

제보한 데 대해, 특히 옳은 일을 한 데 대해 보상해 주어야 하는지 의아할 수도 있을 것이다. 이는 확실히 논란거리이며 수업 시간에 이에 대해 토의하고 싶을 수도 있을 것이다. 그러나 우리는 대부분의 내부고발자는 이러한 재무적 보상에 의해 동기부여된 것이 아니라고 확신하는데 이는 전국 비즈니스 윤리 설문 조사의 발견사항과 일치한다. 내부고발자들에게 왜 보고하는지 물었더니 응답자의 82%는 범죄가 중대하다면 보고하겠다고 대답했다.[30] 그러나 보상에 대해 알게 되면 더 대담하게 행동할 마음이 들 수도 있다. 우리는 내부고발의 결과 생계수단을 잃은 내부고발자들이 많다는 사실을 알고 있다. 그러므로 이러한 보상을 내부고발자들이 새로운 생계 수단을 발견할 때까지 살아갈 수단으로 생각해야 할 것이다.

내부고발에 관하여 추가 지침이 필요하다면 많은 질문에 답변해 줄 수 있는 웹사이트들이 몇 개 있다. 인터넷 검색 엔진에 내부고발자

---

28) P. Hamed, "Putting whistleblowing in perspective," HuffingtonPost, 2012년 12월 5일.
29) Eric Krell, "Whistle-Blowers Not a Top Concern," Business Finance Magazine, 2012년 12월 13일.
30) P. Hamed, "Putting whistleblowing in perspective," HuffingtonPost, 2012년 12월 5일.

(whistleblower)라는 핵심 단어를 입력해 보라. 내부고발자에 대한 가장 종합적인 웹사이트는 내부고발자들에게 교육과 옹호 서비스를 제공하는 비영리이며 비과세 조직인 미국 내부고발자 센터일 것이다 (www.whistleblowers.org).

7. **회사를 떠나라** 상황이 너무 좋지 않아서 조직을 떠나는 것 외에는 달리 대안이 없는 경우도 있을 것이다. 앞에서 묘사했던 유독성 쓰레기 폐기 상황이 이런 상황에 해당할 수 있을 것이다. 솔직히 말해서 내부고발과 관련된 스트레스가 극심해서 3단계와 4단계를 거친 뒤에는 퇴사를 고려할 수도 있을 텐데, 누군가에게 그 문제를 보고할 윤리적 의무가 있는지 아니면 그저 조직을 떠나도 되는지 결정하도록 도움을 줄 규범적 윤리 의사 결정 프레임워크가 필요할 것이다.

내부고발은 스트레스가 심하다 보니 한 연구에서는 조사한 내부고발자의 1/3이 다른 사람들에게 내부고발을 하지 말라고 조언하겠다고 답변했다.[31] 찰스 그래슬리 상원 의원은 내부고발자를 '소풍에서의 스컹크'에 비유했다.[32] 그러나 응답한 내부고발자의 2/3는 그런 조언을 하지 않을 거라는 점을 주목하라. 많은 사람들은 '양심상 특정 상황을 견디며 살기가 매우 어렵다(아마도 불가능하다)'라고 생각할 것이다. 알고 있는 내용이 참을 수 없게 되면, 이에 대해 제보하고 궁극적으로 일을 그만두는 것이 (또는 다른 일자리를 찾고 나서 제보하는 것이) 유일한 해법일 수도 있다.

31) K. L. Soeken and D. R. Soeken, "A Survey of Whistleblowers: Their Stressors and Coping Strategies," Proceedings of the Hearing on H.R. 25 (Washington, D.C.: U.S. Government Printing Office, 1987), 156-166쪽; M. Miceli and J. Near, Blowing the Whistle (New York: Lexington Books, 1992), 303쪽.
32) P. Dryer, and D. Carney, "Year of the Whistleblower," Businessweek, 2002년 12월 16일, 107-110쪽.

요약

이번 장은 직장 생활 중 만날 수도 있는 가장 흔한 몇 가지 윤리 문제를 강조하고 필요하다고 생각할 때 이슈를 제기하기에 관한 몇 가지 조언을 제공한다. 윤리 문제들은 평가하기 어렵지만 문제가 발생하기 전에 미리 이에 대해 생각해 두면 어떻게 할지 결정하기가 한결 쉽다. 우리는 또한 당신이 중시하는 것을 파악하고 다양한 윤리 상황에 관해 생각하고 미리 당신의 반응을 연습하는 것이 윤리적인 직장 생활을 하도록 준비하는 효과적인 방법이라고 제안한다.

토론 문제

1. 당신은 무엇을 중시하는가? 당신이 옹호할 서너 가지 가치 목록을 작성할 수 있는가? 다른 사람들에게 당신의 가치가 무엇인지와 그 이유를 어떻게 설명하겠는가?

2. 윤리 이슈를 당신의 교수나 매니저에게 제기해 본 적이 있는가? 당신은 어떻게 했는가? 그 결과는 어떠했는가?

3. 차별금지법들이 노동자들의 공정 대우에 도움이 되었는가, 아니면 공정 대우를 해쳤는가?

4. 다양성 관리는 윤리 이슈인가?

5. 성희롱이 남성에게도 여성에게만큼 중요한 이슈인가?

6. 어떤 상황에서 벤더나 고객으로부터의 선물 수령을 받아들일 수 있겠는가?

7. 어떤 상황에서 당신의 대학 친구를 채용할 수 있는지 설명하라.

8. 왜 특정 직업 종사자들(은행원, 회계사, 변호사, 성직자)은 수임인 책임이 있는가?

9. 이전의 부하가 당신에게 회사 로고가 새겨진 용지에 소개서를 써 달라고 하면 어떻게 하겠는가?

10. 고용주는 다른 고용주에게 자사 종업원의 소개서를 제공할 때 그 종업원의 비리 내용을 알려줄 책임이 있는가? 왜 그렇게 생각하는가? 공동체 책임과 자기 보호의 충돌에 대해 논의하라.

11. 당신이 직장에서 발견한 비윤리적 행동에 대해 제보하려면 어떤 조건이 존재해야 하겠는가? 이에 대해 어떻게 하겠는가?

12. 세론 왓킨슨이 엔론 CEO 켄 레이가 아니라 「휴스톤 크로니클」 지에 제보했더라면 그녀가 엔론에서 일자리를 지킬 수 있었을 것으로 생각하는가?

13. 내부고발에 관한 이야기를 하나 조사해 보라. ‘당신의’ 내부고발자가 이번 장에서 권고된 일곱 단계들에 대해 어떻게 했는지 설명하라. 이 비교에서 무엇을 배웠는가?

14. 내부고발자에 대한 ‘보상’이 사람들에게 비리를 추구하도록 장려할 것으로 생각하는가, 아니면 비리를 ‘끝장내도록’ 장려할 것으로 생각하는가?

사례 연구

당신이 무엇을 가장 중시하는지 생각해 보라. 다음의 윤리 딜레마들 각각에 대해 당신이 취할 수 있는 행동을 2가지 이상 묘사하고 각각의 행동에 대해 장단점을 설명하라. 당신의 행동을 함께 수업을 듣는 사람이나 친구에게 설명하라. 당신 자신의 가치와 일치하는 어떤 말이나 행동을 할 수 있는가?

자신의 가치에 대해 목소리 내기

당신은 대형 투자은행에 2년 전에 입사한 트레이더다. 동료 트레이더 패트는 월가에서 큰 리스크를 취해서 회사에 큰돈을 벌어 주는 것으로 유명하다. 따라서 그는 회사 상위 경영진에게 잘 알려져 있다. 어느 날 밤에 당

266

신은 파티에서 패트가 몰래 코카인을 여러 차례 흡입하는 모습을 보았다. 몇 주 후에는 사무실에서 패트가 극도로 흥분되어 있고 동공이 극도로 확대되어 있는 것을 보았다. 당신은 이 증상들이 마약을 사용했다는 표시임을 안다. 당신이 이에 관해 그의 담당 임원 밥에게 말해 줬는데 마침 패트는 트레이딩에서 회사에 매우 큰돈을 벌어 주었다. 밥은 패트가 어떻게 돈을 버는지 모르지만 신경 쓰지 않는다고 가볍게 대꾸한다. 밥은 "패트가 어떻게 돈을 벌든, 그것은 회사에 좋은 일이다."라며 웃어넘긴다. 당신은 이는 문제이며 회사를 위험에 빠뜨릴 것이라고 확신한다. 당신이 이미 패트의 매니저 밥에게 이슈를 제기했지만 밥은 당신이 제기한 문제를 무시했다. 당신은 이 이슈를 추가로 제기하겠는가? 이 사례에서 당신의 가치에 대해 어떻게 목소리를 낼 수 있는가?

사람 이슈

당신이 소속한 업무 부문은 종업원 제안을 조사하고 종업원의 좋은 아이디어에 대한 보상 전략을 세울 종업원 위원회를 설치했다. 이 위원회에는 다섯 명의 위원이 있는데 당신만 소수 집단 그룹이다. 이런 위원회의 위원으로 지명되면 일반적으로 업무 성과에 긍정적으로 반영되기 때문에 당신은 이 위원회 위원이 되었다는 사실에 대해 기쁘게 생각한다. 첫 번째 회의에서 임무가 부여되었는데 다른 위원들은 당신이 소수 집단의 의견을 조사해야 한다고 생각한다. 몇 주 뒤에 당신은 자신도 모르는 사이에 몇 번의 위원회가 열렸다는 사실을 발견했다. 왜 알려주지 않았느냐고 물었더니 두 명의 위원이 그 회의들에서는 당신이 조사한 정보가 필요하지 않았으며 일반 회의가 계획되면 당신에게 통보하겠다고 말했다. 당신은 한 위원의 사무실에 방문했을 때 당신이 본 적이 없는 제안 프로그램에 관한 보고서가 놓여 있는 것을 보았다. 이에 대해 물어 보니 그 위원은 자신과 다른 두 명의 위원이 만든 초안일 뿐이라고 말한다.

이해상충 이슈

당신은 방금 전에 1억 달러를 운용하는 연금 펀드와 지역의 대형 펀드 매니저 그린 컴퍼니 사이의 계약을 마무리했다. 당신과 부하 직원은 거래를 성사시키기 위해 오랫동안 많은 노력을 기울였으며 이 거래를 완료한 데 대해 매우 기분 좋게 생각하고 있다. 당신과 당신의 바로 한 단계 아래 부하 직원 세 명이 이를 축하하기 위해 멋진 식당에서 점심 식사를 하고 있는데 웨이터가 당신에게 전화기를 건네준다. 그린 컴퍼니의 상위 고객 관리 임원에게서 걸려 온 전화인데 당신의 노력에 대한 감사 표시로 그가 당신에게 점심을 대접하기 원한다. 그는 이렇게 말한다. "식당 주인에게 제 신용 카드 번호를 맡겨 놓겠습니다. 제가 쏠 테니 즐거운 시간 가지십시오."

고객 신뢰 이슈

당신이 패스트푸드 식당에서 아침 근무조로 일하고 있는데 우유, 달걀, 기타 낙농품이 도착했다. 지역 신문에 당신의 식당에 우유를 제공하는 목장에서 유통시킨 우유가 오염되었다는 기사가 실렸다. 기사를 꼼꼼히 읽어 보니 이 목장의 우유는 일부만 오염되었으며 신문은 오염된 용기 일련번호를 열거하고 있었다. 매니저에게 이 기사를 보여 주자 그는 잊어버리라고 한다. 그는 이렇게 말한다. "우리가 모든 우유통의 일련번호를 점검할 시간이 있다고 생각한다면 당신은 미친 거다. 여기에 오염된 우유를 마실 가능성은 매우 낮다고 나와 있다." 그는 또한 우유를 점검할 노동자들도 없으며 게다가 검사하느라 우유를 파괴하면 (더 비싼) 소매가격으로 비상 우유 재고를 구입해야 할 것이라고 설명한다. 그래서 그는 당신에게 우유에 대해서는 잊어버리고 일이나 하라고 말한다. 그는 이렇게 말한다. "나는 그런 사소한 세부사항까지 신경 쓸 시간도 없고 돈도 없다."

당신은 레드 컴퍼니에서 일하고 있다. 매니저가 당신과 동료인 패트 브라운에게 로스앤젤레스에서 열리는 1주짜리 컨퍼런스에 참석하라고 말한다. 레드 컴퍼니에서 최소 25명의 다른 종업원들이 참석할 예정이며 많은 고객들과 경쟁사들도 참석할 예정이다. 당신은 컨퍼런스에서 모든 세션에 참석했고 그곳에서 레드 컴퍼니 종업원들을 많이 보았는데 패트는 한 번도 만나지 못했다. 패트에게 여러 번 전화 메시지를 남겼지만 그녀는 당신을 만날 시간이 없는 듯하다. 그런데 회사에 돌아오자 비용 보고서를 처리하는 부서의 비서가 당신이 LA에서 한 저녁 식사는 상당히 큰 행사였음에 틀림없다고 말한다. 당신이 무슨 저녁 식사냐고 묻자 그녀는 패트가 어느 호화 식당에서 20명의 고객들과 레드 컴퍼니 종업원들이 저녁 식사를 했다며 그 비용을 지급했다고 설명한다. 당신이 그 식사 모임에 참석하지 않았다고 말하자 비서는 당신을 참석자 중 한 명으로 열거한 비용 보고서를 보여준다.

PART 3
조직 윤리 관리

Managing **B**usiness **E**thics

Chapter 5

조직 문화 측면에서 본 윤리

개요

지금까지는 비즈니스 윤리를 주로 종업원 개인이 어떻게 생각하고 반응하는가라는 관점에서 논의했다. 그러나 일을 해 본 사람이라면 누구나 종업원은 '단지' 개인에 지나지 않는다는 사실을 안다. 종업원들은 보다 큰 조직의 일부가 된다. 즉, 그들은 그들의 사고와 행동 방식에 영향을 주는 조직 문화의 구성원이 된다. 여기서 우리는 이 문화 개념을 조직 윤리에 적용한다. 조직의 윤리 문화는 조직 문화의 일부로서 윤리와 관련된 상황에서 종업원들의 사고와 행동에 영향을 주는 조직 문화의 측면들을 나타내는 '단면(slice)'으로 생각할 수 있다.

우리가 윤리 의사 결정에 관해 어떻게 생각해 왔는가라는 관점에서 보면, 윤리 문화는 3장에서 이미 논의한 개인차 및 기타 영향력과 더불어 개인의 윤리 인식, 윤리 판단, 윤리 행동에 중대한 영향을 주는 조직상의 요인이라고 생각할 수 있다. 대부분의 종업원들은 인습 수준의 인지 도덕 발달 단계에 있어서 어떻게 생각하고 행동할지에 대해 자신 외부에서 지침을 구한다는 점을 기억하라. 윤리 문화는 그러한 지침에 대한 좋은 원천이며 종업원들에게 윤리 이슈에 대해 인식하거나 인식하지 않게 하고 좋거나 나쁜

273

판단을 내리게 하고 옳은 일이나 그른 일을 하도록 영향을 줄 수 있다.

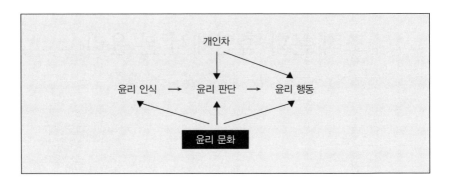

문화란 무엇인가?

인류학자들은 문화를 한 집단 구성원들 사이에 공유된 행동을 위해 학습된 신념, 전통 및 지침의 집합으로 정의한다.[1] 이 문화 개념은 업무 조직과 조직 구성원들의 행동 이해 및 구분에 특히 유용했다.[2] 문화는 한 조직의 '개성'을 다른 조직의 개성과 구분하는 한 가지 방법이다. 조직 문화는 공유된 가정, 가치, 신념을 표현하며[3] 공식 규칙과 정책, 일상 행동 규범, 물리적 배경, 복장, 특별한 용어, 신화, 의식(儀式), 영웅과 이야기 등 여러 방식으로 나타난다.[4] 한 조직의 문화를 평가하고 이해하려면 조직의 여러 공식,

1) R.A. Barret, Culture and Conduct: An Excursion in Anthropology (Belmont, CA, Wadsworth, 1984).

2) T. E. Deal and A. A. Kennedy, Corporate Cultures (Reading MA: Addison-Wesley, 1982); M. R. Louis, "A Cultural Perspective on Organizations: THe Need for and Consequences of Viewing Organizations as Culture-Bearing Milieux," Human Systems Management 2, (1981), 246-258쪽; J. Martin and C. Siehl "Organizational Culture and Counterculture: An Uneasy Symbiosis, Organizational Dynamics (983sus 가을), 52-64쪽; A. M. Pettigrew, "On Studying Organizational Cultures," Administrative Science Quarterly 24권 (1979), 570-580쪽; E. H. Schein, Organizational Culture and Leadership (Sanfransisco: Jossey-Bass, 1985); L. Smircich, "Concepts of Culture and Organizational Analysis," Administrative Science Quarterly 28권 (1983), 339-358쪽.

3) L. Smircich, "Concepts of Culture and Organizational Analysis," Administrative Science Quarterly 28권 (1983), 339-358쪽.

4) T. E. Deal and A. A. Kennedy, Corporate Cultures (Reading, MA: Addison-Wesley, 1982).

비공식 시스템에 대한 체계적 분석과 더불어 해당 조직의 역사와 가치에 대한 지식이 필요하다.

같은 업종 안에서도 조직 문화는 판이할 수 있다(모두 대형 소매상인 월마트, 타겟, 코스트코의 문화는 매우 다르다는 점을 생각해 보라). 컴퓨터 업종에서 IBM은 오랫동안 검은색 정장, 흰색 셔츠와 반짝이는 구두를 요구하는 복장 규정에서 볼 수 있듯이 비교적 격식을 차리는 조직으로 알려졌다. 반면에 애플 컴퓨터는 격식을 차리지 않기로 유명했다. 특히 애플의 초창기에는 티셔츠, 청바지, 운동화가 애플의 '복장' 으로 기대되었다. 「포춘」지는 IBM을 "합리적이고 정장 구두를 신는 뉴욕 주 아몽크에 있는 컴퓨터 회사이지 스니커즈 신발을 신고 두부를 먹는 실리콘 밸리 무리의 일원이 아니다."라고 묘사했다.[5] 이 묘사는 오래전의 평가지만 오늘날에도 그런대로 적용할 수 있다.

강한 문화와 약한 문화

조직 문화는 강할 수도 있고 약할 수도 있다.[6] 문화가 강한 조직에서는 기준들과 가이드라인들이 조직 내에 널리 공유되어서 일상 행동에 공통의 방향을 제공한다. 이는 공식, 비공식적인 모든 문화 시스템이 일관성 있는 방향을 제공하고 같은 방향으로 행동을 인도하도록 정렬되었기 때문이다. 1980년대에 씨티코프의 문화는 이 책의 공동 저자이며 씨티코프의 인적자원 커뮤니케이션 담당 부사장이었던 캐서린 넬슨이 당시에 윤리 교육을 실시하러 극동 지역에 출장 갔을 때 (국가의 문화가 크게 달랐음에도) 자신이 본사에 있는 것처럼 느껴질 정도로 강했다. 그녀는 이렇게 말했다. "런던에 있든 도쿄에 있든 뉴욕에 있건 씨티코프 건물 안에 있다는 것을 알 수 있었습니

5) R.A. Barret, Culture and Conduct: An Excursion in Anthropology (Belmont, CA, Wadsworth, 1984).
6) T. E. Deal and A. A. Kennedy, Corporate Cultures (Reading, A: Addison-Wesley, 1982).

다." 넬슨이 일본의 매니저들에 대한 윤리 교육 세션을 인도했을 때 그녀는 그들에게 보편적인 윤리 딜레마를 제시했다. "당신의 매니저에게 중요한 윤리 이슈를 제기했는데 아무 조치도 취해지지 않는다면 어떻게 하시겠습니까? 더구나 그 매니저가 당신에게 그 이슈에 대해 더 이상 신경 쓰지 못하게 합니다." 가능한 답변으로는 아무것도 안 한다, 자신의 매니저와 함께 다음 단계 상사에게 간다, 그 매니저에게 문서로 이 이슈를 제기한다, 이 이슈를 인사 부서와 같은 부서에 알린다 등이었다.

일본의 매니저들은 한 목소리로 당시 씨티코프 문화와 정책에 따른 '정확한' 답을 제시했다. 그들은 그 이슈를 자신의 매니저와 함께 다음 단계 상사에게 보고하겠다고 말했다. 넬슨은 그들의 답변에 놀랐으며 이는 권위와 서열을 존중하는 일본의 일반적인 문화와 충돌한다고 생각했다. 그래서 그녀는 이 매니저들에게 물어 보았다. "이 답변은 일본 문화와 충돌하지 않나요?" 그들은 이렇게 대답했다. "잊으셨나 본데 우리는 일본인이기에 앞서 씨티코프의 일원입니다." 씨티코프의 문화는 이 회사의 기준과 가이드라인이 대륙을 넘어 국가의 문화를 대체할 정도로 강했음이 입증되었다(씨티코프는 1998년에 트래블러스와 합병해서 씨티그룹이 되었고, 그 결과 문화가 크게 변했다).

이런 경험은 MBA 과정 입학 전에 미국에 본사를 둔 다국적 기업에서 일했던 우리의 외국인 학생들에게서도 맥을 같이 한다. 예를 들어 한 학생은 부패와 뇌물로 유명한 국가에 진출한 백스터 헬스케어에서 일했다. 백스터의 강력한 윤리 문화는 그런 행동을 용납하지 않았으며, 종업원들은 그런 조직의 일원이 된 것을 자랑스럽게 여겼고 이 정책을 기꺼이 준수했다(심지어 또는 특히 부패한 비즈니스 문화의 한가운데에서 그렇게 했다).

조직 문화가 약한 곳에서는 강력한 하위문화들이 존재하며 각각 다른 하위문화들이 행동을 인도한다. 많은 대형 공립 대학교들은 문화가 약한 것으로 생각될 수 있다. 예를 들어 교수들에게는 부서 하위문화가 대학 또는 대학교 전체의 문화보다 강한 경우가 흔하다. 로망스어(서기 800년 이래 Vulgar

Latin에서 파생된 프랑스어, 스페인어, 이탈리아어, 포르투갈어, 루마니아어 등. 다음 영어 사전에서 인용함. 역자 주)학과 문화는 회계학과 문화와 다르다. 대형 주립대학교 학생들 사이에서는 정치 활동가 하위문화, 종교단체 하위문화, 운동선수 하위문화, 여러 남녀 학생 우호 단체 하위문화가 공존하며 각각의 하위문화마다 행동 방식이 다르다. 약한 문화가 반드시 나쁜 문화는 아니라는 점을 주의할 필요가 있다. 약한 문화가 바람직한 경우도 있다. 약한 문화는 사고와 행동의 다양성을 갖춘 강한 하위문화를 허용한다. 그러나 약한 문화에서는 조직 전체를 관통하는 행동의 일관성을 달성하기가 어렵다. 자신의 학교나 직장을 살펴보라. 당신은 그곳의 문화를 강하다고 평가하겠는가, 약하다고 평가하겠는가?

문화가 어떻게 행동에 영향을 주는가: 사회화와 내면화

종업원들은 문화화 또는 사회화라 불리는 과정을 통해 조직 안으로 들어간다.[7] 사회화를 통해 종업원들은 '요령'을 배운다. 사회화는 공식 교육이나 멘토링을 통해 또는 동료와 상사들에 의한 비공식적인 일상 행동 규범 전달을 통해 일어날 수 있다. 새로 들어온 구성원들은 다른 사람들이 어떻게 행동하는지 관찰하거나 비공식으로 전달된 메시지를 통해 배운다. 강한 문화 (또는 하위문화) 안으로 효과적으로 사회화되면 종업원들은 해당 문화(또는 하위문화)의 기대에 일치하게 행동한다. 그들은 어떻게 옷을 입고 어떻게 말하고 어떻게 행동할지를 안다.

사람들은 사회화되면 다른 사람들이 그렇게 하도록 기대한다고 생각하기 때문에 문화와 일치하는 방식으로 행동한다. 그들은 자기 개인의 신념

---

7) J. Van Maanen and E. H. Schein, "Toward a Theory of Organizational Socialization," Organizational Behavior (1권), L. Cummings and B. Staw 편(New York: JAI Press, 1979)에 수록된 글; C. D. Fisher, "Organizational Socialization: an Integrative Review," Research in Personnel and Human Resources Management (4권), K. Rowland and G. Ferns 편 (Greenwich, CT: JAI Press, 1986), 101-145쪽에 수록된 글.

과는 일치하지 않을 수도 있지만 상황에 맞추고 동료나 상사에게 승인받기 위해 기대되는 방식으로 행동한다.[8] 예를 들어 어느 대형 금융기관의 사장이 발전 가능성이 농후한 젊은 매니저에게 점심 식사를 사주고 그를 브룩스 브러더스에 데려가 새 정장을 사줬다. 사장은 그 젊은이에게 "싼 양복을 입고서는 목표로 하는 곳에 도달할 수 없다네."라고 말했는데 그 매니저는 그 후 계속 브룩스 브러더스에서 정장을 샀다. 그러나 개인들은 다른 이유로, 즉 문화의 기대를 내면화했기 때문에 문화에 따라 행동할 수도 있다. 내면화를 통해 개인들은 외부의 문화 기준을 자신의 기준으로 채택한다. 그들의 행동은 문화와 일치하기는 하지만 자신의 신념에 따른 것이기도 하다. 그들은 자신의 가치나 기대를 공유하는 조직에 들어와서 훨씬 부드럽게 안착했을 수도 있다. 또는 장기간에 걸쳐 문화적 기대를 내면화했을 수도 있다. 위의 예에서 젊은 매니저는 처음에는 억지로 브룩스 브러더스 정장을 샀지만 점차 기대를 내면화해서 자신이 그렇게 하고 싶어 계속 이 정장을 샀을 수도 있다.

사회화와 내면화 개념은 한 조직에서 왜 종업원들이 윤리적 또는 비윤리적으로 행동하는지 이해하는 데 적용된다. 대부분의 사람들은 윤리적으로 행동하기를 선호한다. 그들이 윤리 문화가 강한 조직에 들어가면 정직과 존중에 대한 메시지들이 자신의 신념과 조화되어서 쉽게 내면화된다. 그들에게는 윤리적으로 행동하는 것이 자연스럽고 자신이 받는 메시지와도 일치하기 때문에 윤리적으로 행동한다. 그러나 불행하게도 대부분의 종업원들은, 특히 현재의 비윤리적인 문화에 의해 전달되어지는 메시지와 비교할 직장 경험이 거의 없는 사람들은 비윤리적으로 행동하도록 사회화될 수 있다. 주위의 모든 사람들이 고객에게 거짓말하고 있다면, 그들도 그 조직에 남아 있는 한 그렇게 할 가능성이 있다.

8) R. A. Barrett, Culture and Conduct: An Excursion in Anthropology (Belmont, CA: Wadsworth, 1984).

윤리 문화: 멀티 시스템 프레임워크

앞에서 윤리 문화는 보다 넓은 조직 문화의 한 '단면'으로 생각할 수 있다고 말했다. 윤리 문화는 공식, 비공식 조직 시스템의 복잡한 상호작용을 통해 만들어지고 유지된다(그림 5.1). 공식적으로는 임원진의 소통, 선발 시스템, 오리엔테이션 및 교육 프로그램, 규칙, 정책과 행동 강령, 성과 관리 시스템, 조직 구조와 공식 의사 결정 프로세스 모두 윤리 문화 형성과 유지에 기여한다.

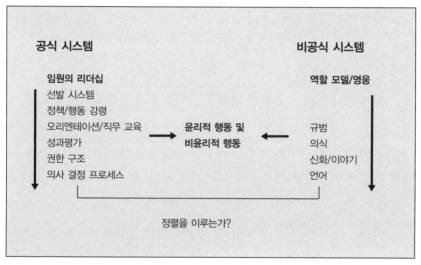

그림 5.1 멀티 시스템 윤리 문화 프레임워크

비공식적으로는 영웅과 역할 모델, 일상 행동 규범, 의식, 신화, 이야기와 언어들이 공식 윤리 관련 시스템이 실제 현실을 나타내는지 아니면 겉치레인지 암시한다. 다음 섹션에서는 이들 중요한 윤리 문화 시스템 각각에 대한 예를 제공한다. 이 시스템들을 따로 논의하지만 모두 상호 연결되어 있음을 명심하라.

윤리 문화 시스템 정렬

일관성이 있는 윤리 문화 메시지를 만들려면 공식, 비공식 시스템들이 정렬을 이뤄서 (협력해서) 윤리적인 행동을 지원해야 한다. 완전히 정렬을 이룬 윤리 문화를 갖추려면 공식, 비공식 시스템들이 종업원들에게 윤리적 행동 쪽을 가리키는 일치된 메시지를 보내야 한다. 예를 들어 회사의 공식 가치 선언문과 윤리강령이 종업원들에게 이 조직에서는 정직이 중시되며 종업원들은 언제나 고객과 서로에게 진실해야 한다고 말하는 회사가 있다고 가정하자. 이 가치 선언문과 일치하도록 선발 시스템은 입사 후보자들의 배경을 점검하고 인터뷰 시 윤리 관련 질문을 포함하며 모집 대상자들에게 이 회사의 가치의 중요성을 강조한다.

종업원들은 고용된 뒤에는 설립자의 가치, 회사의 역사가 이러한 가치를 어떻게 지원하는지, 현재의 임원진은 이를 어떻게 수행하고 있는지 배움으로써 이 회사의 윤리적인 문화를 보다 자세히 안내받는다. 그들은 또한 자신의 직무에서 만날 수 있는 특수한 유형의 윤리 이슈들과 이들을 어떻게 다뤄야 하는지도 교육받는다. 그들은 성과 관리 시스템은 정직하고 신뢰할 수 있는 상호 작용을 포함한 가치 관련 기준에 대해 자신들을 평가할 것이라는 점과 이 평가가 보상 및 승진에 관한 결정에 중요한 고려요소가 될 것이라는 점을 배운다. 또한 그들은 자신의 행동에 대해 개인적으로 책임을 지고 윤리에 관한 우려가 있을 경우 이에 대해 말하도록 장려된다. 비공식적인 측면에서는 그들은 상위 매니저들이 고객들에게 고객의 필요를 충족시킬 수 있는 회사의 능력에 관해 진실을 말하고 회사가 연례 만찬 시상식에서 모범적인 올곧음을 보인 종업원을 치하한다는 사실을 알게 된다. 그런 조직의 종업원들은 해당 조직이 정직성에 전력을 기울인다는 일관적인 메시지를 받으며 이 조직의 공식, 비공식 시스템이 정렬을 이루고 윤리적인 행동을 지원하기 때문에 그들의 행동도 정직하게 될 가능성이 높다.

이러나 이 복잡한 시스템들이 정렬을 이루지 않을 가능성이 높다. 예를 들어 같은 조직이 가치 선언문에서는 정직성을 거론하지만 판매를 성사시키기 위해 규칙적으로 고객을 속이며, 매우 '성공적'이지만 고도로 속임수를 쓰는 판매원에게 판매상을 준다면 이 회사의 공식 시스템과 비공식 시스템은 엇박자를 보인다. 공식 선언문이 말하는 내용과 회사의 행동 및 의식이 말하는 내용이 다르다. 종업원들은 윤리강령이 뭐라 말하든 이 조직에서는 실제로는 기만(欺瞞)이 횡행한다는 것을 알아차린다. 조직의 윤리 문화에는 잘 정렬된 강한 윤리적 문화(모든 시스템들이 정렬을 이뤄서 윤리적 행동을 지원함) 잘 정렬된 강한 비윤리적 문화(모든 시스템들이 정렬을 이뤄서 비윤리적 행동을 지원함) 그리고 공식 시스템과 비공식 시스템이 충돌해서 종업원들에게 헷갈리는 메시지를 전달하는 엇갈린 문화가 있다.

다우 코닝: 정렬되지 않은 윤리 문화를 보여주는가? 잘 정렬된 강한 윤리적 문화를 개발한다는 것은 말은 쉬워도 실제로 행하기는 어렵다. 조직이 자신의 윤리 주택이 잘 지어졌다고 생각하고 있다가 지붕이 새서 무너져 내리고 있음을 발견하기 쉽기 때문에 매니저들은 조심해야 한다. 다우 코닝에 이런 일이 벌어졌는지도 모른다.

다우 코닝은 기업 윤리 선구자로 알려졌었다. 다우 코닝은 1976년에 정교한 공식 윤리 프로그램과 구조를 갖춰서 최초로 윤리 프로그램을 창설한 회사에 속했다. 당시 이사회 회장 존 루딩턴은 6명의 회사 임원들로 구성된 비즈니스 강령 위원회를 설치했는데 이 위원회의 위원들은 각자 연간 6주를 위원회 업무에 할애해서 이사회에 직접 보고했다. 2인의 위원에게는 모든 비즈니스 부문을 3년마다 감사할 책임이 주어졌다. 또한 최대 35명의 종업원들과 3시간의 감사 검토 회의를 열어 그들에게 윤리 이슈를 제기하도록 장려했다. 이 감사 결과는 이사회 산하 감사와 사회적 책임 위원회에 보고되었다. 당시 이 회사 내부 경영 커뮤니케이션 매니저 존 스완슨이 이를 이끌었는데 그는 이 감사 접근법이 "종업원들이 의도적으로 비윤리적인 결정을 내리는 것을 사실상 불가능하게 만든다."고 말했다고 알려졌다.[9]

그러나 1976년에 회사의 한 엔지니어가 유방 임플란트가 터져서 의료 문제를 야기할 수도 있다는 서면 경고를 보냈음에도 불구하고 외관상으로는 인상적인 이 공식 프로그램이 회사가 유방 임플란트 안전 문제를 피하도록 도움을 주지 못했다. 이처럼 좋은 의도를 지닌 윤리 프로그램이 왜 실패했는지는 명확하지 않다. 이 프로그램이 전반적으로 윤리적인 행동을 하는 환경을 배양하도록 고안되었음에도 불구하고 윤리 문화 측면들이 정렬되지 않아서 종업원들에게 다른 메시지들을 보냈을 수도 있다.[10] 관료주의의 층을 쌓아 올리는 것은 진정한 기업 문화의 대체물이 아니다.

노동자들은 특정 시스템이 도입되는 진정한 이유를 알아내고 재빨리 최저 요건을 충족하는 법을 배우는 데 천재적이다.[11] 이 시스템은 매니저들이 감사인들에 의해 다뤄진 핵심 윤리 이슈를 밝히는 데 의존했다. 이 매니저들은 가장 심각한 윤리 문제들을 감사인들에게 알려줄 가능성이 있었는가? 그랬더라면 어떻게 되었겠는가? 이 시스템은 또한 계획된 정기 감사에 의존했다. 윤리에 대한 열의는 계획된 감사 기간에는 정점에 달했다가 감사인들이 떠나고 나면 사라지지는 않았는가?[12] 우리는 이에 대해 알지 못하지만 다우 코닝의 윤리 문화에 대해 종합적인 멀티 시스템 감사를 실시했더라면 이에 대한 답을 제공했을지도 모른다.

미국의 종업원들은 윤리적인 조직에서 일하기를 선호하기 때문에 리더

9) P. Murphy, "Creating Ethical Corporate Structures," Sloan Management Review 30권, no. 2 (1989): 221-227쪽.
10) 위의 글.
11) P. Wesslund, "Ethics Are No Substitute for the Real Thing," Businessweek, 1992년 4월 27일, 10쪽.
12) P. Murphy, "Creating Ethical Corporate Structures," Sloan Management Review 30권, no. 2 (1989), 221-227쪽.

들은 잘 정렬된 강한 윤리적 문화를 만드는 데 관심을 기울여야 한다. 2006년의 한 연구는 미국인의 82%는 실제로 급여를 더 많이 받고 비윤리적인 회사에서 일하기보다는 차라리 급여를 덜 받더라도 윤리적인 회사에서 일하기를 선호한다는 사실을 발견했다. 이 점이 중요한데 응답자의 1/3이 넘는 사람이 회사의 윤리 기준에 동의하지 않아서 일을 그만두었다고 말한다. 따라서 윤리적인 강한 문화를 갖는 것은 최고의 종업원을 유지하는 중요한 방법이다.[13]

리더들이 잘 정렬된 강한 윤리적 문화를 조성하고 이를 유지할 필요가 있는 또 따른 이유는 미국 양형 위원회가 2004년에 조직에 적용되는 양형 가이드라인을 개정했기 때문이다(이 가이드라인에 대한 보다 자세한 정보는 www.ussc.gov와 이 책의 6장을 보라). 미국 양형 위원회(www.ussc.gov)는 1991년의 원래 가이드라인의 효과를 평가해 보니 많은 조직들이 이 가이드라인 요건 준수 여부에 '체크'만 하고 있다는 것을 발견했다. 조직들은 형량과 벌금을 감경 받을 자격을 갖추기 위한 가이드라인의 요건에 따라 윤리 담당 부서, 윤리강령, 교육 프로그램, 보고 시스템을 포함한 공식 윤리와 (또는) 법률 컴플라이언스 프로그램을 설치했다. 그러나 양형 위원회는 이 프로그램들이 종업원들이 조직에서 일상적으로 경험하는 현상들과 일치하지 않았기 때문에 이러한 많은 프로그램들을 '분식'에 지나지 않는다고 인식하고 있음을 알게 되었다. 따라서 양형 위원회는 기존 가이드라인을 개정해서 강한 윤리 문화를 개발·유지하도록 요구했다. 그 결과 이제 많은 회사들이 윤리와 관련한 자신들의 실적을 알 수 있도록 윤리 문화를 평가하고 있는데 이는 법적인 문제에 봉착할 경우 자신들이 종업원들이 윤리적으로 행동하도록 안내하기 위해 진지한 노력을 기울이고 있음을 입증하기 위함이다.

---

13) "The Business Effect of Ethics on Employee Engagement," LRN Ethics Study, 2006, www.lrn.com.

윤리적 리더십

리더는 문화를 만든다

리더들은 공식·비공식으로 문화에 영향을 준다. 상위 리더들은 말하고, 행동하고, 지지하는 내용에 의해 공식·비공식 문화 시스템을 만들고 유지하고 변화시킬 수 있다.[14] 공식적으로는 리더들의 커뮤니케이션은 조직에서 무엇이 중요한지에 대한 강력한 메시지를 보낸다. 리더들은 자원으로 공식 정책과 프로그램을 만들고 지원함으로써 문화의 다른 많은 공식적인 차원들에 영향을 준다. 리더들은 또한 역할 모델, 사용하는 언어, 그들의 메시지와 행동이 지원하는 것으로 보이는 규범을 통해 비공식적인 문화에 영향을 준다.

신생 조직의 설립자는 특히 중요한 문화 창조 역할을 한다고들 말한다.[15] 설립자는 신생 조직이 어떤 조직이 되어야 하는가에 대한 비전을 품는다. 설립자는 흔히 조직의 가치를 구현하고 다른 사람들이 관찰하고 따를 역할 모델을 제공하며 조직의 모든 직급에서의 의사 결정을 인도한다. 예를 들어 토머스 제퍼슨은 버지니아 대학교를 설립했는데 제퍼슨이 세상을 뜬지 오래되었지만 오늘날에도 이 대학교의 이사회가 어려운 결정에 직면하면 '제퍼슨이라면 어떻게 할까?'에 의해 인도된다고 한다. 작은 기업의 설립자들은 흔히 이 문화 창조 역할을 수행한다.

허브 켈러허는 사우스웨스트 항공의 전설적인 설립자다. 불필요한 서비스를 제공하지 않는 이 항공사는 1971년에 출범했는데 그 이후 항공업계의 많은 어려움에도 불구하고 계속 성장하며 고공비행하고 있다. 사우스웨

---

14) E. H. Schein, Organizational Culture and Leadership (San Francisco: Jossey-Bass, 1985).

15) Pettigrew, "On Studying Organizational Cultures"; E. H. Schein, "How Culture Forms, Develops, and Changes" Gaining Control of the Corporate Culture, R. H. Kilmann, M. J. Saxtion, and R. Serpa 편 (San Francisco: Jossey-Bass, 1985), 17-43쪽에 수록된 글; P. Selznick, Leadership in Administration (New York: Harper & Row, 1957).

스트 항공은 식사를 제공하지 않으며 20분 안에 이 항공사의 비행기들은 게이트에 들어왔다 나간다. 켈러허가 CEO 겸 회장으로 재직할 당시 다른 항공사들은 파산하거나 파업이 발생하거나 사라졌다. 그러나 사우스웨스트는 항공업계 전체를 휘청거리게 한 2001년 9월 11일 테러 공격 후에도 계속 성공을 거두고 고공비행했다. 그 비밀은 켈러허에 의해 고취된 이 회사의 문화와 단결심이라고 생각된다. 그는 종업원들의 필요를 돌보면 종업원들이 고객을 잘 돌보고 궁극적으로 주주들에게 양호한 수익을 제공한다고 믿었다. 이 문화는 이어서 효율성, 가족이라는 느낌, 재미에 대한 강조를 결합한다. 효율성을 위해 조종사들도 필요하면 짐을 싣거나 비행기를 청소한다고 알려져 있다.

석유 파동 시에 켈러허는 종업원들에게 비용을 절약하는 아이디어를 내 달라고 도움을 요청했다. 종업원들은 즉각 반응했다. 켈러허가 요청한 지 불과 6주 만에 종업원들은 이 회사에 2백만 달러가 넘는 비용을 절감해 줬다. 재미 측면에서는 켈러허는 익살, 농담, 장난으로 유명했다. 그는 팔씨름으로 비즈니스 분쟁을 해결했다. 동료 항공사 CEO가 범고래 샤무가 출연한 사우스웨스트의 판촉활동을 비판하자 켈러허는 그에게 '사랑을 담아, 샤무가'라는 노트와 함께 큰 초콜릿 푸딩(고래 똥을 닮은 것으로 여겨짐) 상자를 보냈다.[16]

사우스웨스트 항공은 고객이 이용할 때마다 웃으며 떠날 수 있도록 비행을 재미있게 만들도록 장려하며 이를 자발적이고 감성을 자극하며 마음으로부터 우러나와서 하도록 장려한다.[17] 사우스웨스트는 이 업계의 리더로 여겨지고 있으며 「포춘」지의 가장 존경받는 회사 최상위 근처에 늘 등장한다. 이 회사는 켈러허가 2001년에 CEO직을 사임한 뒤에도 계속 좋은 실적을 내고 있다. 사우스웨스트가 어떻게 계속 성공할 수 있는지 설명하

16) K. Brooker, "Can Anyone Replace Herb?" Fortune, 2000년 4월 17일, 186-192쪽.
17) Guinto, "Wheels Up," Southwest Airlines Spirit, 2006년 6월, 109-117쪽.

면서 콜린 바렛(그녀는 2008년 1월에 사장직에서 사임했다)은 사우스웨스트는 "모든 것을 열정적으로 합니다. 우리는 서로에게 치하하고 서로를 껴안습니다… 우리는 모든 것을 축하합니다."라고 말하면서 문화를 언급했다.[18] 사우스웨스트 본사의 벽들은 기이한 옷을 입고 있거나 애완동물과 함께 있는 직원들의 사진으로 덮여 있다. 그러나 이 회사는 재무적으로 건전하고 비용을 의식하고 있기 때문에 이러한 문화적 속성이 그들의 계속적인 성공에 기여한다.

리더는 조직 문화를 유지하거나 변화시킨다

현직 리더들은 또한 여러 방식으로 문화에 영향을 줄 수 있다.[19] 그들은 새로운 비전과 가치를 표명하고 특정 사안에 관심을 기울이고 이를 측정하며 통제한다. 또한 중요한 정책 결정을 내리며 조직의 비전에 부합하는 사람을 모집하고 채용하고 사람들에게 자신의 행동에 대해 책임지게 함으로써 현재의 조직 문화를 유지하도록 도움을 줄 수도 있고 조직 문화를 변화시킬 수도 있다.

때로는 새로운 리더들이 오래된 기업 문화를 크게 변화시킨다. 제너럴 일렉트릭 컴퍼니의 전 CEO 잭 웰치는 그의 임기 동안 종전에 안정적이고 관료적이던 GE 문화를 날렵하고 매우 경쟁적인 조직으로 근본적으로 변화시켰다. 웰치는 GE가 수행하는 모든 사업 분야에서 세계 1, 2위가 되겠다는 비전을 명확히 밝히는 데에서부터 문화 변화 노력을 시작했다. 이 비전에 미치지 못하는 사업 부문은 매각되어야 했다.

전통적인 GE 종업원들은 GE의 고용 보장에 매료되었었다. 그러나 웰치는 경쟁력, 리스크 취하기, 창의성, 자신감과 활력을 장려하기 원했다. 그

---

18) A. Sewer, "Southwest Airlines: The Hottest Thing in the Sky," Fortune, 2004,년 3월 8일 88-89쪽.
19) E. Schein, "How Culture Forms, Develops, and Changes"; Selznick, Leadership in Administration.

는 일을 잘 해내고 나서 GE가 더 이상 그들을 필요로 하지 않으면 다른 곳으로 옮겨갈 의사가 있는 매니저들을 모집했다. GE의 이전 종업원들 중 많은 이들이 이를 못마땅해 했으며 새로운 문화에 맞지 않는다고 생각해 회사를 떠났다.

웰치는 또한 조직에서 비생산적인 일을 찾아내 제거하는 데에도 초점을 맞췄다. 그는 매니저들에게 보고서 검토와 예측을 없애고 의사 결정 사이클을 단축하며 불필요한 관료주의 층들을 제거해서 조직에서 정보가 더 신속하게 이동하게 하라고 주문했다. 이 모든 사항들은 그가 만든 '보다 날렵하고 보다 인색한' GE 문화에 기여했다.

웰치의 후임자 제프 이멜트(그는 2001년에 CEO가 되었다.)는 GE 문화를 다시 변화시켰다. 그는 2004년에 이 회사가 최고 자리를 유지하려면 실행, 성장, 탁월한 사람, 미덕이라는 네 가지가 필요할 것이라고 선언했다. 처음 세 가지는 모두가 알고 있던 GE와 일치했다. 그러나 대부분의 사람들은 미덕이라는 단어가 수십억 달러의 매출을 올리는 회사와 관련이 있으리라고 예상하지 않았다. 그러나 이멜트는 사람들이 GE를 사회적 책임 면에서 '굼벵이'로 인식하고 있다는 사실을 알게 되었고 이를 바꾸기로 작정했다. 그는 기업 윤리 스캔들이 일어나고 있는 세상에서는 사람들이 기업을 예전처럼 찬미하지 않고 있으며 부자와 가난한 사람들의 격차가 점점 더 커지고 있다고 말해 왔다. 그 결과 그는 회사들은 단지 주주들에게 돈을 벌어주고 법률을 지킬 의무만 아니라 세계의 문제들에 대한 해법을 제공할 의무가 있다고 믿는다. "좋은 리더들은 돌려줍니다… 우리의 플랫폼을 좋은 시민이 되도록 사용하는 것은 우리에게 달려 있습니다."[20]

이멜트는 이처럼 미덕을 새롭게 강조하면서 최초의 기업 시민 행동 담당 부사장을 임명했으며 연례 기업 시민 행동 보고서를 발간하고 있다. 이 회

---

20) M. Gunther, "Money and Morals at GE," Fortune, 2004,년 11월 5일 177-178쪽.

사는 환경 청소 분야 리더와 변화의 촉매가 되도록 전념하고 있다. 당신은 아마 녹색 이니셔티브와 기후 변화에 대한 우려에 초점을 맞추는 GE의 '에코매지네이션(Ecomagination; 환경 상상력)'에 친숙할 것이다. 이 이니셔티브는 보다 일반적인 시민 행동 웹사이트(www.ge.com/citizenship)처럼 자체 웹사이트(http://www.ecomagination.com/)도 두고 있다. 이 회사는 이제 개발도상국가의 공급사들이 노동, 환경, 건강 및 안전 기준을 준수하는지 검사도 실시하고 있다. 그리고 종업원들에게 국내 거주 동거인에게 건강 혜택을 부여하는 등 다양성도 더 많이 강조하고 있으며 사회적 책임 투자 뮤추얼 펀드와도 대화하고 있다.

GE는 아프리카에 더 많이 기여해 달라는 아프리카계 미국인들의 요청에 부응해서 가나의 공공 의료 서비스와 협력해 장비와 물 처리, 리더십 훈련을 제공하고 있다. 우리는 이 책의 이전 판에서 GE의 해외 자회사들이 아직도 이란과 거래하고 있다고 언급했다.[21] 그러나 이 회사는 2008년에 (이란을 포함해서) 미국 국무부가 테러 지원국으로 지정한 국가와는 어떤 거래도 하지 않겠다고 결정했다. 이 조치는 GE가 자사의 가치 및 자사의 평판에 대한 관심에 기초해서 어디에서 사업을 하고 어디에서 사업을 하지 않아야 할지 계속 평가하고 있음을 시사한다(이 주제에 대해서는 11장에서 보다 자세히 논의한다).

윤리 리더십과 윤리 문화   종업원들은 확실히 공식적으로 리더 역할을 하는 사람들이 보낸 메시지로부터 단서를 얻는다. 그러나 대부분의 종업원들은 자기 조직의 상위 임원들을 개인적으로 알지는 못한다. 그들은 멀리서 이해할 수 있는 만큼만 알 뿐이다. 그러므로 상위 임원들은 윤리 이슈에 대해 존재감을 드러내고 강력한 윤리 메시지를 소통함으로써 윤리 리더십에 대한 '평판'을 개발해야 한다. 리서치[22]에 의하면 그런 평판은 도덕적인

---

21) 앞의 글.

사람 차원과 도덕적인 매니저 차원이라는 두 개의 차원이 함께 작용해서
형성된다(그림 5.1과 5.2를 보라).

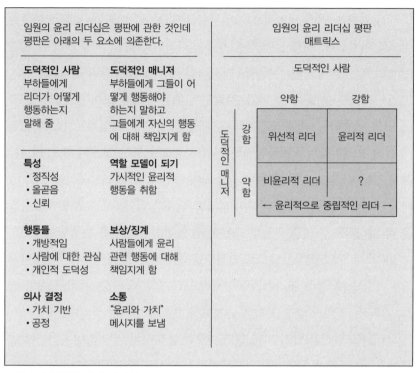

임원의 윤리 리더십은 평판에 관한 것인데
평판은 아래의 두 요소에 의존한다.

도덕적인 사람
부하들에게
리더가 어떻게
행동하는지
말해 줌

도덕적인 매니저
부하들에게 그들이 어
떻게 행동해야
하는지 말하고
그들에게 자신의 행동
에 대해 책임지게 함

특성
• 정직성
• 올곧음
• 신뢰

역할 모델이 되기
가시적인 윤리적
행동을 취함

행동들
• 개방적임
• 사람에 대한 관심
• 개인적 도덕성

보상/징계
사람들에게 윤리
관련 행동에 대해
책임지게 함

의사 결정
• 가치 기반
• 공정

소통
"윤리와 가치"
메시지를 보냄

임원의 윤리 리더십 평판
매트릭스

도덕적인 사람

도덕적인 매니저	약함	강함
강함	위선적 리더	윤리적 리더
약함	비윤리적 리더	?

← 윤리적으로 중립적인 리더 →

그림 5.2 임원의 윤리 리더십

이 섹션에서는 먼저 각 차원이 나타내는 바를 설명하고 나서 그 다음에
이 차원들을 결합해서 리더들이 어떻게 윤리적 리더십, 비윤리적 리더십,
위선적 리더십, 또는 윤리적으로 중립적인 리더십에 대한 평판을 얻게 되

22) L. K.Treviño, M. Brown , and L. Pincus-Hartman, "A Qualitative Investigation of Perceived
Executive Ethical Leadership: Perceptions from Inside and Outside the Executive Suite," Human
Relations 56권, no. 1 (2003): 5-37쪽; L. K. Treviño, L. P. Hartman , and M. Brown, "Moral Person and
Moral Manager: How Executives Develop a Reputation for Ethical Leadership," California
Management Review 42권, no. 4 (2000): 128-142쪽.

는지 보여주는 리더십 매트릭스를 제시한다.

도덕적인 사람 차원은 윤리 리더십이라는 용어의 '윤리' 부분을 나타내며 종업원들에게 윤리 리더십에 대한 평판을 개발하는 데 필수적이다. 도덕적인 임원은 먼저 개인적으로 일정한 특성(올곧음, 정직성, 신뢰성)을 보여주는 것으로 여겨진다. 예를 들어 한 임원은 윤리적인 리더를 '아주 깨끗한' 사람이라고 묘사했다. 그러나 아마도 가시적인 행동이 더 중요할 것이다.

가시적 행동은 옳은 일 하기, 사람들에 대한 관심을 보여주고 그들을 품위 있고 존중하는 방식으로 대하기, 개방성과 경청, 개인적으로 도덕적으로 살기를 포함한다. 상위 임원들은 어느 정도는 모든 행동이 다 드러나는 유리 집에서 산다. 그들은 흔히 공동체에 활발히 참여하는 공인들이다. 따라서 그들은 사적인 행동에 특히 조심할 필요가 있다. 다른 면에서는 흠잡을 데 없더라도 사생활에 관한 소문이 쉽게 퍼져서 평판을 더럽힐 수 있다. 마지막으로 도덕적인 사람으로 인식되는 데 있어서 중요한 요인 중 하나는 특정 방식으로 결정 내리기, 즉 명시적으로 가치, 공정성, 사회에 대한 관심, 기타 윤리 의사 결정 규칙에 근거해서 결정을 내리는 것이다.

그러나 도덕적 사람이 되는 것 자체로는 윤리적인 리더로 인식되기에 충분하지 않다. 리더가 도덕적인 사람이라는 사실은 종업원들에게 그 리더가 어떻게 행동할지 알 수 있게 해 주지만 종업원들에게 어떻게 행동하기를 기대하는지는 알려주지 않는다. 따라서 윤리 리더십 그림을 완성하려면 임원들은 '도덕적인 매니저'로 행동해야 한다. 즉, 그들은 윤리와 가치를 자신의 리더십 메시지의 중요한 부분으로 삼고 회사의 윤리적인 문화를 형성함으로써 윤리 리더십이라는 용어의 '리더십' 부분에 초점을 맞춰야 한다. 그들은 다양한 방법으로 윤리적인 행동의 중요성을 전달함으로써 그렇게 한다.

기업에서 종업원들이 받는 대부분의 메시지는 순이익 목표다. 그러므로 윤리가 종업원들의 관심을 받게 하려면 상위 임원들은 윤리를 자신의 리더십의 우선순위가 되게 해야 한다. 도덕적인 매니저들은 윤리적 행동에 대한 가시적인 역할 모델이 되고 종업원들에게 윤리와 가치에 대해 공개적이고 규칙적으로 소통하고 보상 시스템을 사용해서 모든 사람이 기준에 대해 책임지게 함으로써 그렇게 한다. 이 '도덕적인 사람/도덕적인 매니저' 접근법은 임원 헤드헌터 토머스 네프와 제임스 시트린이 회사 스타들의 (여섯 가지) 전략 중 최고의 전략으로 꼽는 '올곧게 살고 솔선수범한다(Live with Integrity, Lead by Example)' 와 일치한다. 그들은 "올곧음은 좋은 성과를 내는 조직에 매우 중요한 상위 경영진에 대한 신뢰를 구축한다."고 말한다.[23]

존슨 앤 존슨의 전 CEO 제임스 버키는 매우 가시적인 윤리적 리더에 대한 아마도 가장 유명한 예일 것이다. 버키는 1970년대 말에 CEO로 임명된 직후에 상위 매니저들에게 이 회사의 오래된 신조를 검토해서 업데이트하도록 주문했다(뒤에 더 자세히 논의한다). 그는 상위 매니저들이 신조대로 살기로 서약하지 않는 한 이를 벽에 걸어두려 하지 않았다. 많은 이견, 토론, 전 세계의 존슨 앤 존슨 사무소의 의견 취합을 거친 뒤에 이 신조가 개정되었지만 고객을 최우선에 두는 회사의 서약은 변하지 않았다. 이로부터 3년이 지나지 않아서 발생한 타이레놀 독극물 투입 사건(10장에서 설명함) 위기 때 이 신조가 회사의 의사 결정을 인도해서 위기를 성공적으로 헤쳐 나가게 해 주었다. 이 위기가 일어난 뒤에 버키는 종업원들에게 신조와 관련된 회사의 성과를 물어 보는 정기 신조 서베이를 도입하고, 이 조사를 현재까지도 계속되고 있다.[24] 버키는 종업원들에게 자신이 이 신조와 신조가 나타내는 가치에 대해 참으로 신경을 쓰고 있다는 점을 분명히 했다.

폴 오닐이 알코아의 CEO가 되었을 때 노동자 안전에 대해 깊은 관심을

---

23) T. J. Neff and J. M. Citrin, Lessons from the Top: The Search for America's Best Leaders (New York: Doubleday, 1999).

24) K. Treviño, L.P. Hartman , and M.Brown , "Moral Person and Moral Manager: How Executives Develop a Reputation for Ethical Leadership," California Management Review 42권, no. 4 (2000): 128-142쪽.

보였다. 알코아는 이미 당시에 업계 기준에 비춰 볼 때 부러운 안전 기록을 보유하고 있었지만 오닐은 사고로 인한 노동력 상실 일수를 0으로 만들겠다는 목표를 세웠는데 이 목표는 안전 담당 이사마저 놀라게 했다. 오닐은 공장들을 방문할 때 종업원들에게 회사는 더 이상 안전 예산을 책정하지 않을 것이라고 말했다. 종업원들은 위험을 고칠 수 있으면 그렇게 해야 하며 회사는 아무 질문도 하지 않고 그 비용을 지급하기로 했다. 그리고 그는 시간제 노동자들에게 자기 집 전화번호를 알려주며 안전 문제에 관해 직접 자신에게 말하라고 했다. 그는 아무리 작은 사고라도 사고 발생 24시간 안에 보고하도록 요구하는 사고보고시스템을 만들었으며 이 보고를 미래의 사고를 피할 수 있는 학습 기회로 활용했다. 그리고 그는 중상을 당한 종업원이 있으면 세계 어느 곳이라도 방문했다. 도처에서 안전 메시지를 볼 수 있었는데 어떤 알코아 사무소에서는 카펫에 안전 메시지가 새겨지기도 했다. 그리고 피츠버그 본사 종업원들은 길을 건널 때에 무단횡단이 '안전하지 않기' 때문에 무단 횡단하지 않도록 조심했다. 오닐이 은퇴한 지 몇 년 뒤에도 알코아는 세계에서 가장 안전한 회사가 된 덕분에 계속 실적이 개선되고 있다. 그리고 알코아 종업원들은 안전에 대한 강조는 오늘날에도 계속되고 있다고 말한다.

(안전과는) 완전히 다른 영역인 다양성 분야에서도 오닐은 원칙에 기초를 둔 리더십으로 유명하다. 오닐이 취임한 첫 주에 비서가 컨트리클럽 가입 서류에 서명해 달라고 요청했다. 다른 알코아 임원들이 이 클럽을 이용하려면 CEO 회원권이 필요했기 때문에 과거에는 이렇게 하는 것이 표준 절차였다. 이 클럽이 차별하지 않는다는 확인서를 요청한 그는 회원권을 선별적으로 허용하는 정책을 이 클럽이 갖고 있음을 알게 되었다. 오닐은 이 클럽 가입 서류에 서명하는 것을 거절하고 알코아는 종업원들이 입장 자격에 제한을 두는 곳에서 사용한 비용은 지급해 주지 않을 것이라고 말하는 새로운 정책을 만들었다. 오닐은 평지풍파를 일으키지 말고 그런 큰 변화

를 가하려면 기다리라는 권고를 받았다. 그는 이렇게 대답했다. "내가 6개월이나 12개월 뒤에 무슨 변명을 할 수 있는가? 이제야 내 원칙을 발견했다고 말할 것인가? 내가 취임한 당시에는… 원칙이 휴가 중이었고?" 그는 자신의 확신에 대해 용기를 내서 편리할 때만 아니라 언제나 그 확신을 주장해야 한다고 설명했다.[25]

기업 임원들은 이기라는 막대한 압력을 받고 있으며 부하 직원들에게 규칙을 왜곡하거나 위반하라고 강한 압력을 가하는 유혹을 받을 수 있다. 윤리적인 리더들은 상황이 좋은 때나 나쁜 때 모두 원칙을 유지한다. 의료 장비 제조회사 메드트로닉의 은퇴한 CEO 빌 조지는 애널리스트에게 15% 성장했음에도 회사 이익이 애널리스트들의 예상에 미치지 못할 거라고 얘기해야 했던 때를 들려줬다. 애널리스트들은 그를 비난하고 그에게 거짓말쟁이라고 욕했다. 그런 경험들로 인해 일부 임원들은 월가의 기대를 맞추기 위해 숫자를 날조하기도 한다. 그러나 진정한 윤리적 리더들은 이 압력에 굴복하지 않는다. 그들은 외부의 음성을 무시하고 자신의 내부 음성과 가치에 더 귀를 기울이기 시작하기를 배운다. 조지의 경우 자기 회사의 풍선 카테터(balloon catheter)로 혈관 형성 수술을 하다 이 카테터가 문자적으로 산산이 부서지는 경험을 한 의사를 방문했던 때 중요한 교훈을 배웠다. 그 의사는 너무도 화가 나서 조지에게 피범벅이 된 카테터를 집어 던졌다. 이 윤리적인 리더는 메드트로닉사의 노동자들은 월가를 만족시키려고 맥박 조정기를 만드는 것이 아니라는 사실을 배웠다. 생명을 구하는 것이 그들의 목표였다. 조지에 의하면 CEO는 의사 결정을 내릴 때 주주를 중심에 두어서는 안 된다… 미국의 선도 기업들은 주가를 올려서 위대해진 것이 아니라 설립 목표를 믿을 수 없을 정도로 잘 달성해 냄으로써 위대해졌다.[26]

25) P. O' Neill, "O' Neill on Ethics and Leadership," 피츠버그 대학교 카츠 경영대학원 베르그 윤리 리더십 센터에서 한 연설, 2002년.
26) B. George, "Why It's Hard to Do What's Right," Fortune, 2003년 9월 29일, 98쪽.

비윤리적 리더　불행하게도 비윤리적 리더들도 비윤리적인 문화 발달에 큰 영향을 줄 수 있다. 우리의 매트릭스 관점에서는 비윤리적인 리더들은 도덕적으로 허약한 사람이고 도덕적으로 허약한 매니저이다. 알 던랩은 비도덕적인 리더라는 평판을 얻은 상위 임원이었다. 「비즈니스위크」지의 존 버니는 그에 관한 책(『비열한 기업』 1997)을 쓰고 그 책의 내용을 발췌해서 「비즈니스위크」지에 실었다. 던랩은 어려움에 처한 회사를 되살린 것으로 유명하다. 던랩이 선빔에 고용되자 이 회사 주가가 하루만에 49% 급등할 정도로 그는 유명한 CEO였다. 그러나 그는 선빔에 재직할 때 '생색내고, 호전적이고, 사람을 존중하지 않는' 등 종업원들을 '감정적으로 학대'한 것으로 알려졌다. "가장 나쁜 점으로 그는 매정할 정도로 야비하고 심지어 폭력적이었다. 임원들은 그가 종이나 비품을 집어던지고 손으로 책상을 내리치며 고래고래 소리쳐서 던랩의 입김에 의해 매니저의 머리카락이 뒤로 날리곤 했다고 말했다."

던랩은 또한 종업원들에게 무슨 수를 써서라도 숫자를 맞추라고 요구했으며 목표를 맞추는 종업원들에게 후하게 보상했다. 그 결과 종업원들은 의문스러운 회계와 판매 기법을 사용하라는 압력을 느꼈다. 던랩은 또한 월가에 거짓말하고 애널리스트들에게 선빔은 추정치를 달성하고 있으며 계속해서 더 높은 실적을 낼 것이라고 장담했다. 몇 년 뒤에 던랩은 더 이상 실상을 덮을 수 없게 되었고 선빔 이사회는 1998년에 그를 해고했다. 그러나 그는 회사를 만신창이로 만들어 놨다.[27] 2002년에 던랩은 증권거래위원회에 의해 제기된 민사 소송을 해결했다. 그는 50만 달러의 벌금을 납부하고 다시는 상장회사의 책임자나 이사가 되지 않기로 합의했다. 조사자들은 던랩의 회계사기는 1970년대부터 시작되었으며 그가 옮겨 다닌 여러 회사에서 자행되었음을 알게 되었다.

---

27) J. A. Byrne, "Chainsaw," Businessweek, 1999년 10월 18일, 128-149쪽.

위선적 리더 끊임없이 올곧음과 윤리적 가치들에 말하지만 비윤리적 행동에 관여하고 남들에게도 그렇게 하라고 명시적 또는 묵시적으로 장려하며 순이익 결과만 보상하고 비리를 징계하지 않는 리더는 사람을 더 냉소적으로 만든다. 이 리더는 도덕적인 매니저에 요구되는 소통 측면에는 강하지만 확실히 윤리적인 사람은 아니다. 이런 사람은 '언행이 일치' 하지 않는다. 이는 '내 행동은 본받지 말고, 내가 말하는 대로 하라.' 는 접근법이다. 알 던랩은 윤리에 관해 어떤 겉치레도 하지 않았다. 그에게 중요한 것은 순이익뿐이었으며, 그는 좋은 사람인 체 하지 않았다. 위선적인 리더의 문제는 올곧음을 강조함으로써 윤리 이슈에 대한 기대와 인식을 높인다는 점이다. 또한 종업원들은 리더의 말은 전혀 믿을 수 없다는 것을 깨닫는다. 이는 냉소주의로 이어지고 종업원들은 리더가 윤리 기준을 무시하는 것을 보게 되면 자신들도 그렇게 할 가능성이 있다.

짐 바커는 가장 잘 알려진 위선적 리더의 예다. 바커는 1970년대 말과 1980년대 초에 자신의 '주 찬양(Praise the Lord; PTL)' 사역을 세계 최대의 종교 방송 제국 중 하나로 성장시켰다. 전성기 때에는 바커의 TV 설교를 시청하는 가정이 1천만 가구를 넘었고 종업원은 2천 명이 넘었다. 바커와 그의 아내 타미 페이는 '주의 일' 을 한다고 주장하면서 바커가 건설할 예정이라고 한 PTL의 헤리티지 USA 크리스천 테마 파크의 두 호텔 한정 평생 회원권을 사라고 독실한 신자들을 설득해 수백만 달러를 긁어모았다. (가족이 무료로 연간 3박 4일을 묵을 수 있다고 약속한) 헤리티지 그랜드 호텔 평생 회원권을 25,000개 팔기로 하고서 이를 66,683개 팔았다는 점이 문제였다. 그리고 PTL은 헤리티지 타워스의 회원권을 30,000개 팔겠다던 제안과 달리 회원권 68,755개를 팔았다. 직접 계산해 보라. 이처럼 많은 사람들에게 약속한 서비스를 제공하기란 불가능할 것이다. 더구나 두 번째 호텔은 완공되지도 않았다.

이 프로젝트를 위해 기부된 자금이 바커 부부와 PTL의 다른 상위 책임자들의 막대한 급여와 보너스 등 PTL 운영 경비 지원에 유용되었다. 바커는 때때로 PTL 재정 상황에 대한 질문을 받으면 대형 회계 법인들이 수행한 이 조직의 연례 감사 결과를 제시했다. 불행하게도 PTL은 1987년에 바커가 불명예 퇴진한 3개월 뒤에 파산을 신청했다. 국세청은 PTL의 면세 지위를 취소했으며 바커는 사기와 공모 죄로 1989년에 기소되었다. 그는 감옥에서 8년을 보냈다.[28] BP의 전 CEO 존 브라운 경은 위선적 리더에 대한 보다 최근의 예다. 브라운의 리더십 하에서 BP는 노동자 안전이나 환경 관련 우려를 자아내지 않고 성과를 내는 사회적으로 책임 있는 회사라는 이미지를 홍보하기 위해 2억 달러짜리 '석유를 넘어(Beyond Petroleum)' 캠페인을 벌였다. 그러나 BP의 텍사스시티 공장이 폭발하고(이 사고로 15명이 사망하고 더 많은 사람들이 부상당했다) 알래스카에서 두 건의 대규모 석유 유출이 발생했을 때, 감독 당국들과 종업원들은 안전 비용 삭감과 파이프라인 부식 예방 소홀을 원인으로 지목했다. 석유를 넘어 캠페인은 말만 번지르르했을 뿐 행동은 없었던 듯하다. 그린피스는 2005년에 브라운에게 '최고 환경주의자 흉내' 상을 수여했으며 브라운은 결국은 2007년에 사생활 스캔들이 드러난 뒤에 사임하도록 요구받았다.[29] 여기서의 교훈은 명확하다. 리더들이 윤리와 사회적 책임에 대해 말하려면(그들은 이에 대해 말해야 한다) '언행이 일치'할 필요가 있다. 그렇지 않으면 냉소주의 또는 그보다 나쁜 것을 초래할 위험이 있다.

윤리적으로 중립적인 또는 '침묵하는' 리더　사실은 많은 상위 매니저들은 강력한 윤리적 리더도 아니고 비윤리적 리더도 아니다. 그들은 종업원들이 윤리적으로 '중립적' 또는 윤리적으로 '침묵하는' 리더로 인식하는 범주에 속한다.

그들은 중요한 윤리 영역에서 명확한 리더십을 발휘하지 않는다. 그들은 윤리 이슈에 대해 침묵하는 것으로 인식되며 종업원들은 리더들이 윤리에

28) G. Tidwell, "Accounting for the PTL Scandal," Today's CPA, 1993년 7-8월호, 29-32쪽.
29) J. Sonnenfeld, "The Real Scandal at BP," Businessweek, 2007년 5월 14일, 98쪽.

대해 어떻게 생각하는지 확실히 알지 못한다. 이는 리더가 임원의 윤리 리더십이 조직의 윤리 문화에 얼마나 중요하지 깨닫지 못하거나, 윤리 이슈에 대해 말하기 부담스러워 하거나, 윤리 이슈에 대해 별로 신경을 쓰지 않기 때문일 수 있다. 도덕적인 사람 차원에서는 윤리적으로 중립적인 리더는 확실히 비윤리적이지는 않지만 사람 지향적이라기보다는 자기중심적이라고 인식된다. 도덕적인 관리자 차원에서는 윤리적으로 중립적인 리더는 윤리 목표를 보완적인 목표로 세우지는 않고서 순이익에 초점을 맞추는 사람이라고 생각된다. 최상부에서 윤리 메시지가 거의 또는 전혀 나오지 않는다. 그러나 침묵은 중요한 메시지다. 경쟁이 치열한 환경에서 순이익에 초점을 맞춘 메시지들만 보내지기 때문에 종업원들은 최고 경영자가 (비즈니스 목표가 달성되기만 하면) 목표가 어떻게 달성되었는지에 대해서는 신경을 쓰지 않는다라고 침묵의 의미를 해석하고, 그 메시지에 따라 행동할 가능성이 있다.[30]

씨티그룹의 카리스마적인 전 CEO 샌디 웨일을 생각해 보라. 2008년 금융 위기가 발생하기 오래전에 「포춘」지 기사는 이 회사를 '성공적으로 돈 버는 기계'라고 묘사했다. 그러나 이 기사는 씨티그룹과 이 그룹의 샐러먼 스미스 바니 부문(현재는 매각되었다)에 관한 스캔들에 대해서도 묘사했다. "씨티는 엔론이 부채를 감추도록 도와주었고 샐러먼은 쓸모없는 월드콤 채권을 팔았다. 스타 애널리스트 잭 그루브먼은 파산 직전에 있는 윈스타를 추천했다. 샐러먼은 성공적인 IPO에 대해 텔레콤 담당 임원을 보상했다."[31] 2004년 무렵에 일본은 씨티그룹에 8천 4백만 달러를 벌어준 씨티그룹 일본 프라이빗 뱅크를 폐쇄했다. 그 이유로 감독 당국은 자금 세탁, 고객에

---

30) L. K. Treviño, G. R. Weaver, D. G. Gibson, and B . L. Toffler, "Managing Ethics and Legal Compliance : What Works and What Hurts," California Management Review 41권, no. 2 (1999): 131-151쪽.

31) C. Loomis, "Whatever It Takes," Fortune, 2002년 11월 25일, 74-75쪽.

부적합한 상품 판매 등 여러 위반 사항들과 일반적으로 말끔하지 않은 비즈니스 관행을 열거했다.[32] 이 회사는 정규적으로 등장하는 좋지 않은 머리기사에 대응해서 미디어에 대한 방어전을 펼치느라 많은 시간과 돈을 들였다. 「포춘」지에 의하면 웨일은 다소 늦기는 했지만 결국은 회개하고 (윤리라는) '종교를 갖게' 되었다. 웨일은 이사회에 자신의 가장 중요한 직무는 "씨티그룹이 최고의 윤리 수준과 더할 나위 없는 올곧음으로 운영되게 하는 것이었다."라고 말했다.[33] 그러나 이 기사는 또한 이 말에 대해 널리 퍼진 냉소주의적 표현을 인용하면서 웨일은 윤리 이슈들에 대해 '무감각했다'고 언급했다.

최소한 외부 관찰자의 관점에서 보면 웨일은 '윤리적으로 중립적인' 리더의 전형이다. 윤리 이슈에 대해 무감각하다는 것은 바로 윤리적으로 중립적인 리더의 특징이다. 웨일이 공개적으로 이 "회사는 상세한 점까지 관리하기에는 너무 크다"고 한 말은 윤리 관리에 관한 그의 접근법에 적용된다. 그는 CEO는 '매우 유능한 사람들'에 의존하며 그들이 일을 잘 하리라고 믿는다고 말했다. 윤리 관리의 경우 이 말은 씨티그룹의 다양한 사업 부문을 운영하는 임원들에게 이를 맡겨뒀음을 의미했다. 특정 부문의 장이 윤리가 중요하다고 생각하면 윤리에 자원을 투입하고 주의를 기울였다. 부문장이 윤리를 촉진하지 않으면 다른 곳, 대개 재무 실적 목표에 주의가 기울여졌다. 웨일은 일종의 점잖은 무시를 통해 명확한 윤리 리더십을 거의 발휘하지 않았다. 그리고 회사의 보상이 순이익에 초점을 맞추다 보니 매니저들(그리고 궁극적으로 종업원들)은 다른 이슈에 신경 쓸 동기가 거의 없었다.

윤리에 대한 이런 접근법은 윤리 이슈에 대한 이전 CEO 존 리드의 리더십과 현격한 대조를 이룬다. 리드는 직장 생활의 거의 전부를 씨티코프에서 보냈으며 미국의 거대한 금융그룹이 웨일의 트래블러스와 합병해서 씨티그

---

32) C. Loomis, "Tough Questions for Citigroup' s CEO," Fortune, 2004,년 11월 29일 115-122쪽.
33) C. Loomis, "Whatever It Takes," Fortune , 2002년 11월 25일, 74-75쪽.

룹이 되었을 때 씨티코프의 CEO였다. 평생 은행원이었던 리드는 평판이 금융기관에 얼마나 중요한지 충분히 이해했다. 그 결과 그는 강력한 중앙 집중 회사 윤리 프로그램을 개발해서 전 세계적으로 시행하도록 장려하고 지원했다. 흥미롭게도 웨일이 CEO 직을 인계한 뒤에 그 프로그램과 관련이 있던 사람들은 빠르게 회사를 떠났고 이 프로그램 자체도 폐지되었다.

웨일은 2003년에 척 프린스에게 CEO 직을 넘겨줬는데 척 프린스는 스311캔들 관련으로 8십억 달러를 부담하는 등 지속적인 스캔들을 처리해야 했다. 프린스는 2003년에 해외 부문 이익을 30% 증가시킨 것으로 알려진 씨티그룹 인터내셔널 회장 등 스캔들에 연루된 고위직 인사들을 해고했다. 「포춘」지와의 인터뷰에서 프린스는 이렇게 말했다.

존 리드(웨일 전의 CEO)는 언젠가 제게 문화는 공유된 일련의 무언의 가정들이라고 말했습니다… 저는 회사가 커질수록 이러한 무언의 가정들에 관해 말할 필요가 커진다고 생각합니다. 우리는 재무상의 성과 칭송과 더불어 장기적인 컴플라이언스에 대한 초점, 장기적인 프랜차이즈 구축, 장기 생존에 대한 강조를 추가할 필요가 있습니다. 그래서 우리는 2005년부터 우리가 언제나 칭송해 왔고 제가 지금도 그렇게 하고 있는 공격적인 재무 성과 문화에 좀 더 균형을 잡아 줄 교육, 소통, 성과평가 등 일련의 활동을 시행할 예정입니다.

장기 성장 희생하의 단기 성장은 아주 나쁜 거래입니다. 사람들이 오케스트라의 한 가지 악기 소리만 들으면 그런 나쁜 거래를 하게 됩니다. 그들이 오케스트라 전체, 즉 모든 메시지를 들으면 '변명할 말'이 없습니다. 내 책상 위에는 '변명은 없다'라는 표지가 놓여 있습니다.[34]

---

34) C. Loomis, "Tough Questions for Citigroup's CEO," Fortune, 2004,년 11월 29일 115-122쪽.

이 조직을 더 조사할수록 프린스는 느슨한 내부 통제에 더 우려하게 되었다. 그는 법규 준수에 자원을 늘리기 시작했다. 그는 자기 사무실을 웨일의 방 옆에서 아래층으로 옮기고 존 리드와 더 많이 상의하기 시작했다.[35] 그러나 프린스는 웨일이 심어 놓아서 뿌리를 내린 문화를 진정으로 바꿀 힘이 없다고 생각했던 것 같다. 프린스는 한 번은 쉽게 버는 돈이 들어오기를 멈춘다면 이 은행의 공격적인 거래 성사시키기가 큰 문제가 될 수 있다고 고백했다. 그러나 그는 또한 이렇게 말했다. "음악이 연주되고 있는 한 일어나 춤을 춰야 한다." 그는 심지어 신용 시장이 흔들리기 시작한 2007년 여름에도 「파이낸셜 타임즈」에 "우리는 아직도 춤추고 있다."고 말했다.[36]

씨티그룹은 프린스가 이끄는 동안 심각한 실적 문제를 겪었고 프린스는 2007년 말에 비크람 팬딧으로 교체되었다(팬딧은 실적 부진에 대한 이사회의 압력으로 2012년에 사임했다). 몇 곳의 다른 금융기관들과 더불어 '대마불사'로 여겨진 씨티그룹은 2008년 가을에 미국 정부에서 구제금융을 받았다. 이 회사는 위험한 모기지 담보부 증권과 관련된 손실 때문에 곤경에 처했는데 우리는 이를 웨일 밑에서 조성된 윤리 기준에 대한 모호함과 모종의 관계가 있을 수 있다고 생각한다. 많은 사람들은 상업은행과 투자은행을 분리했던 글래스-스티걸법 폐지를 2008년~2009년 금융 위기의 근본 원인 중 하나로 지목한다. 웨일은 이 규제 완화를 옹호했으며 이 법이 폐지됨으로서 씨티그룹이 탄생할 수 있었다. 존 리드가 자신이 글래스-스티걸법 폐지를 촉구한 데 대해 유감을 표명했을 때 웨일은 당시에는 이를 인정하지 않았다. "리드의 사과에 대해 묻자 웨일은 '나는 전혀 동의하지 않는다.'고 말했다. 그는 그런 차이가 '우리의 문제의 일부다.'라고 말했다."[37] 그러나 웨일은 최근

35) M. Vickers, "The Unlikely Revolutionary," Fortune, 2006년 3월 6일, 132-144쪽.

36) Peter S. Goodman , "Sluggers and Bankers in the Strikeout Era," New York Times, 2010년 1월 16일, www.nyt.com.

37) Katrina Brooker, "Citi's Creator, Alone with His Regrets," New York Times, 2010년 1월 3일 www.nyt.com.

에 자세를 누그러뜨렸으며 자신이 성공적으로 폐기를 이끌어냈던 글래스-스티걸법 재도입을 옹호하고 있다.[38]

연구 결과 임원의 윤리 리더십이 종업원들에게 매우 중요함이 발견되었다. 강한 윤리적 리더인 상위 임원들이 포진한 윤리적 문화를 갖고 있는 회사에서는 비윤리적인 행위가 적고 종업원들이 자기 조직에 더 헌신하며 윤리에 대해 더 많이 인식하고 적극적으로 도와주는 행동(경영진에게 문제 보고하기 포함)을 할 가능성이 높다.[39] 연구 결과 임원의 윤리 리더십은 조직의 아래로 흘러 내려가 중간 관리자들의 윤리 리더십 행동과 최종적으로 종업원들의 행동에 영향을 준다는 증거도 드러났다.[40] 그러나 흥미롭게도 상위 임원들은 종종 자신의 윤리 리더십이 얼마나 중요한지 알지 못하는 경우가 있다. 많은 사람들이 윤리적 결정을 내리는 윤리적인 사람이 되는 것으로 충분하다고 생각한다. 그러나 그것은 충분하지 않다. 임원들은 윤리를 종업원들의 마음에 새기려면 이 이슈를 이끌어야 한다(도덕적인 매니저가 되어야 한다). 순이익을 매우 강조하고, 경쟁이 치열한 환경에서 종업원들은 자기 조직의 임원급 리더들이 윤리에 관해 최소한 재무 실적에 대해서만큼 관심을 기울인다는 점을 알 필요가 있다. 윤리적인 리더는 좋은 재무성과가 기대되지만 이를 매우 윤리적인 방식으로 달성해야 한다는 점을 명확히 한다. 리더들은 평판 또는 가치의 관점에서 말할 수도 있고 자신이 편안하게 생각하는 다른 언어를 사용할 수도 있다. 그러나 회사의 장기적인 평판은 누구나 보호해야 할 자산이라는 메시지가 전달되어야 한다.

---

38) S. Denning, "Rethinking Capitalism : Sandy Weill Says Bring Back Glass-Steagall," Forbes, 2012년 7월 25일, www.forbes.com.

39) L. K. Treviño, G. R. Weaver, D. G. Gibson, and B . L. Toffler, "Managing Ethics and Legal Compliance : What Works and What Hurts," California Management Review 41권, no. 2 (1999): 131-151쪽.

40) D. Mayer, M. Kuenzi, R. Greenbaum, M. Bardes, and R. Salvador, "How Does Ethical Leadership Flow? Test of a Trickle-Down Model," Organizational Behavior and Human Decision Processes 108권 (2008): 1-13쪽.

기타 공식 문화 시스템들

선발 시스템

선발 시스템은 새 종업원을 모집·채용하기 위한 공식 시스템이다. 선발 시스템은 회사에 적합한 인재 채용에 매우 중요하다. 예를 들어 사우스웨스트 항공의 모든 종업원들(조종사 포함)은 개성(쾌활함, 낙관주의, 단체정신 등의 특성)에 근거해서 선발된다. 그래서 기내 승무원들이 할로윈 데이에 게이트 파티를 열고 승객들에게 비행기 확성기로 농담하는 모습을 발견하는 것도 놀라운 일이 아니다.[41]

윤리 문화를 고려할 때 조직들은 직원들을 배치하기 전에 먼저 올바른 인재를 모집하고 평판을 구축으로써 윤리 문제를 피할 수 있다. 이를 위해 회사들은 배경 조사와 평판 조회를 실시하고 올곧음 테스트를 시행하며 이전 장들에서 논의된 몇 가지 개인차들을 이용해서 지원자들에게 설문 조사를 실시할 수 있다. 예를 들어 사람들이 서로 지원하고 돕는 협동적인 문화를 만들기 위해 노력하는 회사는 마키아벨리주의가 높은 사람 채용에 주의해야 한다. 면접관들도 예를 들어 면접 대상자들에게 그들이 과거에 직면했던 윤리 이슈와 이 이슈를 어떻게 다뤘는지 물어 보는 식으로 윤리 관련 질문을 할 수 있다.

'올곧음에 대해 면접할 수 있는가?' 라는 제목의 논문에서 윌리엄 바이햄[42]은 윤리에 관심이 있는 면접관이 지원자에게 물어 볼 수 있는 일련의 질문들을 제공한다. 그 질문들 중 몇 가지를 열거한다.

1. 때로는 자신이 옳다고 생각하는 바와 회사에 최선인 것 사이에서 선

---

41) K. Brooker, "Can Anyone Replace Herb?" Fortune, 2000년 4월 7일, 186-192쪽.
42) W. C. Byham, "Can You Interview for Integrity?" Across the Board, 2004년 3-4월호, 34-38쪽.www.nyt.com.

택해야 합니다. 그런 예와 어떻게 그 상황을 다뤘는지 말씀해 주시겠습니까?

2. 당신의 현재 고용주의 윤리에 대해 설명해 주시겠습니까? 당신이 좋다고 생각하는 점이 있습니까? 나쁘다고 생각하는 점이 있습니까?

3. 당신이 직장에서 내린 윤리 의사 결정의 예를 들고, 이를 어떻게 처리했는지 얘기해 주십시오. 그때 어떤 요인들을 고려했습니까?

4. 당신이 직장에서 한 일 중 후회하는 행동의 예를 말씀해 주시겠습니까? 지금은 어떻게 행동하시겠습니까?

5. 판매하기 위해 과장하거나 진실을 왜곡해야 할 필요를 느껴본 적이 있습니까?

6. 다른 사람이 규칙을 변칙적으로 적용하는 것을 본 적이 있습니까? 그때 당신이 이에 대해 조치를 취했다면, 어떤 조치를 취하셨나요?

7. 사람들은 때로는 뭔가를 실제보다 나아보이게 할 유혹을 받습니다. 그런 상황에 처해 본 적이 있습니까?

8. 뭔가를 달성하기 위해 회사 정책을 위반해야 했던 적이 있습니까?

9. 당신의 부하 직원 중 고객을 오도한 사람이 있습니까? 당신은 이를 어떻게 처리했습니까?

10. 당신은 정책에 대해 어떻게 생각하십니까? 정책은 문자적으로 따라야 할 가이드라인인가요?

우리 학생들은 최고 회사와의 면접에서 유사한 유형의 질문을 받았다. 당신은 이런 질문에 대답할 준비가 되어 있는가?

종업원 모집 담당자는 가망 종업원들에게 자기 조직에서 올곧음의 중요성과 규칙 위반자들에게 무슨 일이 일어나는지 말해 줄 수도 있다. 올곧음을 중요하게 여기는 회사들은 모집 요강, 지원자들을 면접할 때 면접관들이 사용하는 대본, 지원자에 대한 제안서, 신입 직원 교육 프로그램에 자신의 가치와 기대에 대한 설명을 포함시킬 수도 있다.

오늘날 회사들은 또한 회사에서 중요한 의사 결정을 내릴 지위를 맡을 리더들을 매우 신중하게 영입할 필요가 있다. 최근의 많은 비즈니스 스캔들은 주로 회사 이익이 사실은 월가의 기대에 미치지 못했음에도 기대를 충족한 듯이 보이도록 만들기 위해 숫자를 조작한 최고재무책임자들 때문에 발생했다. 최고재무책임자들이 숫자를 좋아 보이게 하라는 시장의 압력에 견디기 위해서는 강한 도덕적 성품을 발휘해야 한다. 이러한 핵심 리더들을 선발할 때 그들이 그런 압력에 어떻게 대응할지, 과거에 그런 압력을 어떻게 다뤘는지와 같은 질문들이 유용할 수 있다.

가치 선언문과 사명 선언문

많은 조직들은 종업원이 입사한 뒤에 조직의 공식 가치 선언문, 사명 선언문, 신조, 정책, 공식 윤리강령을 통해 종업원의 행동을 안내하고자 한다. 가치 선언문, 사명 선언문, 신조는 조직을 인도하는 신념에 대한 일반적인 진술이다. 대부분의 회사에는 이러한 선언문과 신조가 있지만 가치 선언문과 사명 선언문이 문화의 다른 측면들과 긴밀하게 정렬될 필요가 있다.

『성공하는 기업들의 8가지 습관: 비전을 품은 회사들의 성공적인 습관』의 공동 저자 짐 콜린스는 "말보다는 이 말에 어떻게 생명을 불어넣느냐가 훨씬 중요하다. 대부분의 회사는 …사명이 수행되게 할 절차를 수립하지 않는 실수를 저지른다."라고 했다. 일상 행동에서 정책과 강령이 준수되고 사람들이 정책과 강령에 대해 책임진다면 이것이야말로 정렬을 이룬 윤리적으로 강한 문화의 또 다른 예다.

베리존은 2000년에 올곧음, 존중, 상상력, 열정과 서비스라는 핵심 가치를 발표했다. 그러나 다음 사항들을 생각해 보라. 그들은 고객 서비스 요원들에게 고객에게 걸려 온 모든 전화를 (정확하게) "오늘 제가 고객님께 탁월한 서비스를 제공해 드렸나요?"라는 말로 마치도록 요구하였다. 노동자들은

2000년 가을에 파업할 때 가치와 운영절차의 이러한 불일치를 스트레스와 냉소주의의 한 원천으로 지목했다. 이 회사는 고객 서비스 요원에게 특정 '대본'을 따르도록 요구함으로써 (이는 때로는 가뜩이나 화가 난 고객에게 더 화가 나게 했다) 개별 서비스 요원이 보다 자연스럽게 고객에게 서비스를 제공할 수 있는 능력을 존중하지 않았을 뿐 아니라 직원이 고객에게 서비스를 제공할 때 상상력이나 열정을 사용하도록 허용하지도 않았다. 이 대본은 의도는 좋았을지 모르나 회사가 언명한 몇 가지 핵심 가치와 충돌했고, 직원들에게 위선적으로 비쳐졌다. 진술된 가치가 경영 관리 관행과 일치하지 않으면 빠르게 직원의 냉소주의를 야기할 수 있다.[43] 서비스 요원들에게 고객이 서비스 품질에 만족했는지에 관한 질문으로 전화를 마치게 하지 말고 서비스 요원들이 스스로 할 말을 선택하게 하는 것이 더 낫고 존중이라는 가치와 더 일치하지 않겠는가?

사명 선언문과 가치 선언문의 가장 유명한 예는 아마 존슨 앤 존슨 신조일 것이다. 이 신조는 이 제약회사의 다짐을 간략히 요약한다. 아마 가장 중요한 사항은 이 회사의 "첫 번째 책임은 우리 상품과 서비스를 사용하는 의사, 간호사, 환자, 부모 및 기타 모든 사람들에 대한 책임이다."라는 진술일 것이다. 다른 책임들, 즉 종업원, 공급자, 공동체, 그리고 마지막으로 주주에 대한 책임들이 이어진다. 다른 모든 책임이 잘 이행된다면 주주들에게 이익이 될 것이라는 전제 하에 주주들이 가장 나중에 언급된다는 점이 주목할 만하다. 이 회사는 자사 웹사이트(www.jnj.com)에 이 신조에 관한 정보를 게시한다.

가장 유명한 예로 이 회사는 1980년대에 신원이 밝혀지지 않은 누군가에 의해 회사 제품에 청산가리가 투입된 타이레놀 위기 때 신조의 지침에 의지해 행동했다. 회사 매니저들과 종업원들은 (막대한 비용을 들여 타이레놀 제품을

---

43) J. L. Seglin, "The Values Statement vs. Corporate Reality," New York Times, 2000년 9월 17일, www.nytimes.com.

전량 회수하는 등) 신조의 지침에 의해 고취되고 이 지침에 일치하는 많은 결정을 내렸다. 현재 종업원들은 회사가 신조의 책임을 얼마나 잘 이행하고 있는지에 대한 정기 조사 및 평가에 참여한다. 조사 결과는 상위 경영진에게 피드백되고 결함이 있으면 시정조치가 취해진다. 최근의 예를 들면 2007년에 이 회사는 해외 부패 방지법 위반 가능성을 발견했을 때 SEC와 법무부에 자진 보고했다(해외 부패 방지법은 11장에서 더 자세히 논의한다).

회사가 존슨 앤 존슨 신조와 같은 공식 선언문을 만들기는 대수롭지 않은 일이지만 이를 실제로 준수하기 위해서는 지속적인 의지가 필요하다.[44] 최근의 몇 가지 심각한 법적 윤리적 문제들로 인해 존슨 앤 존슨이 이 의지를 유지하고 있는지에 관한 의문이 제기되었다. 우리는 이 회사처럼 많은 부문과 하위 부문이 있는 분산된 대규모 조직에서는 최고 경영자에게 강한 의지가 있어도 신조(와 강한 윤리 문화의 나머지 요소들)를 조직 전체로 통합시키는 것은 경영진에게 엄청난 도전 과제라고 생각한다. 그러나 존슨 앤 존슨의 현재 종업원들과 얘기해 보면 (모두는 아니라 해도) 대부분은 여전히 신조와 존슨 앤 존슨의 문화에서 신조의 중요성, 이 신조가 조직에서 윤리와 관련된 행동을 어떻게 인도하는지에 대해 잘 알고 있다.

어떤 조직에 들어가려고 고려할 때, 그 조직의 가치 선언문에 대해 살펴보고 종업원들에게 이 조직이 어떻게 가치대로 사는지(또는 살지 않는지)에 대한 예를 물어 보라. 그런 질문은 가치 선언문이 현실적인 토대는 거의 없는 고상한 공식 진술에 지나지 않는지 또는 사람들이 날마다 실제로 어떻게 행동하는지를 나타내는 '사용 중인 가치'인지 명확히 보여줌으로써 가치 선언문과 문화의 일치 여부에 대한 유용한 통찰력을 제공할 수 있다. 자신이 표명한 가치(자신의 가치를 2장에서 평가했어야 한다)가 해당 조직의 가치와 들어맞는지 스스로 물어볼 필요가 있다. 가치들이 어울리고 조직이 선언한 가치대로 살고 있다는 증

---

44) G. Colvin and J. Shambora, "J&J: Secrets of Success," Fortune, 2009년 5월 4일, 117-121쪽.

거가 있다면 당신은 만족할 수 있는 일자리를 찾아가고 있는 셈이다.

정책과 강령

공식 윤리 정책(흔히 윤리강령 또는 행동 강령으로 불린다)은 폭넓은 가치 선언문과 사명 선언문보다 길고 자세하다. 강령은 구체적인 여러 영역에서의 행동에 관한 지침을 제공한다. 예를 들어 대부분의 윤리강령은 타인에 대한 존중, 이해상충, 비용 보고, 선물 수수의 적절성 이슈를 다룬다. 정책 매뉴얼은 윤리강령보다 더 길고 해당 산업, 조직, 직무 유형에 특수한 여러 직무 상황을 다루는 보다 자세한 규칙 목록을 포함한다. 정책과 강령에 대해서는 6장에서 좀 더 논의한다.

다양한 분야의 미국 민간 부문 고용주들을 대상으로 한 윤리자원센터의 2007년 연구에서 응답자의 83%는 자신이 일하고 있는 조직에는 공식 윤리 정책 기준이 있다고 응답했다. 공공 부문 종업원들에게서는 이 비율이 98%였다.[45] 따라서 대부분의 고용주들은 자신의 종업원들에게 윤리적·합법적 행동에 관한 지침을 제공하기 위한 노력을 기울이고 있다고 해도 무방하다. 또한 이 강령들은 상황 변화에 대응해서 정규적으로 개정되는 살아 있는 문서임을 주목할 필요가 있다. 예를 들어 초기 윤리강령들은 인터넷 프라이버시나 소셜네트워크 가이드라인에 대해 언급하지 않았지만 오늘날의 윤리강령들에서는 이런 주제들이 훨씬 흔해졌다.

윤리강령을 갖춘 대부분의 회사들은 이제 윤리강령을 널리 배포하고 있다. 「포춘」 1,000대 기업을 대상으로 한 1995년 조사에서 응답 회사의 75%는 강령 또는 정책을 최소 80%의 종업원들에게 배포하고 있다고 응답했다.[46] 이 결과는 컴플라이언스 기준을 모든 직원들에게 지도 원리로 소통할

---

45) 2007 National Business Ethics Survey (Washington, D. C.: Ethics Resource Center, 2007).
46) G. R. Weaver, L. K. Treviño, and P. L. Cochran, "Corporate Ethics Practices in the Mid-1990s: An Empirical Study of the Fortune 1000," Journal of Business Ethics 18권, no. 3 (1999): 283-294쪽.

것을 명시하는 미국 양형 가이드라인(6장에서 길게 논의함)의 부산물일 수도 있다. 연구 결과 종업원들이 윤리강령에 친숙하고 강령을 참조해 행동 지침을 얻으면 비윤리적인 행동에 관여할 가능성이 낮아지고 윤리 규칙 위반을 보고할 가능성이 높아짐이 발견되었다.[47] 그러나 행동에 진정한 영향을 주기 위해서는 윤리강령이 집행되고 문화의 다른 요소들과 정렬을 이뤄야 한다.[48] 그렇지 않으면 강령은 실제 행동에 대한 안내가 아니라 단지 '가식'으로 여겨질 가능성이 크다.

많은 회사들은 웹사이트에 자신의 강령을 게시한다. 일부 회사들은 강령을 자사 직원뿐 아니라 벤더와 공급자들에게도 배포해서 그들에게 이를 준수하도록 명시적으로 요구한다. 예를 들어 한 수퍼마켓 회사는 공급자들에게 사장이 서명한 다음과 같은 편지와 함께 자사 윤리강령을 배포했다.

동업자 여러분

명절이 다가오고 있는 지금, 우리는 우리 회사와 우리 회사 공급자들 사이에 존재하는 서로 만족스럽고 서로 유익한 관계를 유념하고 있습니다. 우리는 앞으로도 오랫동안 고객에게 양질의 상품, 뛰어난 서비스와 낮은 가격을 제공하기 위한 공동 노력을 통해 성공적으로 동반 성장하기를 고대합니다.

최근에 우리는 우리 회사의 많은 종업원들이 거래처에게 받은 선의의 선물로 인해 난처해진 것을 발견했습니다. 우리 회사의 이사회는 동봉한 윤리강령을 승인했는데 이 강령은 직원들이 공급자와 고객에게 선물을 받지 못

---

47) L. K. Treviño, G. R. Weaver, D. G. Gibson, and B. L. Toffler, "Managing Ethics and Legal Compliance: What Works and What Hurts," California Management Review 41권, no. 2 (1999): 131-151쪽.

48) J. Kish-Gephart, D. Harrison, and L. K. Treviño, "Bad Apples, Bad Cases, and Bad Barrels: Meta-analytic Evidence about Sources of Unethical Decisions at Work: Understanding Calculated and Impulsive Pathways," Journal of Applied Psychology 95권 (2010): 1-31쪽.

하게 하는 회사 정책을 명시하고 있습니다. 우리는 이 정책이 평소나 명절 때 모두 적용되어야 한다고 생각합니다.

비즈니스 업계의 윤리를 의문에 빠뜨리는 관행에 많은 관심이 기울여지고 있기 때문에 우리는 우리가 공급자들을 객관적으로 대한다는 업계의 존경 과 신뢰를 유지하려는 우리의 노력에 대한 귀사의 지원을 요청합니다.

이 정책을 준수하지 않으면 앞으로 우리와 거래할 자격을 상실하기 때문에 귀사에서 우리 회사와 우리 회사의 자회사와 거래하는 분들에게 이 편지를 배포하도록 요청합니다.

우리 직원에 대한 감사를 표현하는 가장 중요한 방법은 여러분이 변화하는 고객의 필요와 욕구를 예기하고 충족시킴으로써 우리를 도와 서로 동반 성 장하도록 계속 노력하는 것입니다.

이 정책에 관해 질문이 있으면 XXX에게 연락하시기 바랍니다.

행복한 명절과 건강하고 번영하는 새해를 맞이하시기 바랍니다.

회사들은 공급자가 해외 국가에 있을 경우에도 공급자들의 행동에 대해 점점 더 많은 책임을 지고 있다. 나이키나 월마트가 아시아 공장에서 신발 이나 옷을 구매할 경우, 이 회사들은 공급자들의 행동은 자신들의 책임이 라는 점을 점점 더 인식하고 있다. 예를 들어 월마트는 공급자들에게 자사 의 윤리강령을 준수하겠다고 동의하도록 요구하며 공급자들에게 업무 현 장에 월마트의 무료 1-800 보고 전화번호를 게시하도록 요구한다. 이 주 제에 대해서는 11장에서 보다 자세히 논의할 것이다.

윤리강령으로 행동을 인도한다는 아이디어는 고등교육기관으로도 확대 되는데 많은 대학들은 학문 분야(예컨대 시험 부정, 표절)와 때로는 비학문 분야(구직)에까지 적용되는 명예 강령을 갖고 있다. 대학과 대학교의 명예강령에 관한 연구는 명예 강령이 있는 기관의 학생들은 부정행위를 덜 저지름을 시사한다.[49] 그러나 동료들의 부정에 대한 학생들의 인식이 명예 강령 존재 여부보다 부정행위에 훨씬 큰 영향을 준다. 또한 보고의 확실성과 벌칙의 엄격성이 매우 중요한데 이는 강령이 가장 중요한 요소는 아니라는 아이디어를 지지한다.[50]

인지 도덕 발달 연구 결과 대부분의 사람들은 자기 외부에서 지침을 구하는데 명확하게 진술된 조직의 정책은 그러한 지침의 중요한 원천이 될 수 있음이 밝혀졌다는 점을 기억하라. 어느 분야에서 정책이 필요한지 결정하기 위해 조직들은 종업원과 매니저들에게 윤리 우려 영역과 각 영역에서 필요한 정책에 대한 그들의 인식을 물어 보거나 조사를 실시할 수 있다. 한 연구에서 매니저들은 비용 청구, 선물과 뇌물, 경쟁자 정보 취급과 같은 영역에서 정책이 필요함을 명확히 했다.[51]

오리엔테이션 프로그램과 교육 훈련 프로그램

윤리적 문화 안으로의 사회화는 흔히 신규 입사자에 대한 공식 오리엔테이션 프로그램을 통해 시작되고 지속적인 교육을 통해 강화된다. 조직의 문화적 가치와 지도 원리를 오리엔테이션 프로그램에서 소통할 수 있다. 종업원들은 흔히 회사의 역사와 현행 윤리강령뿐 아니라 가치 선언문과 사명 선언문에 대해서도 소개받는다. 그러나 신규 입사자들은 정보에 압도당하므로 정규 교육 프로그램을 통해 보다 구체적인 지침을 제공할 필요가 있다. 점점 더 많은 회사들이 교육 프로그램 목록에 윤리를 추가하고 있다.

---

49) W. J. Bowers, Student Dishonesty and Its Control in College (New York: Bureau of Applied Social Research, Columbia University, 1964); W. G. Campbell, A Comparative Investigation of Students under an Honor System and a Proctor System in the Same University (Los Angeles: University of Southern California Press, 1935); R. Canning, "Does an Honor System Reduce Classroom Cheating? An Experimental Answer," Journal of Experimental Education 24권 (1956): 291-296쪽.

50) D. L. McCabe and L. K. Treviño, "Academic Dishonesty: Honor Code and Other Situational Influences," Journal of Higher Education 64권, no. 5(1993), 522-528쪽.

51) D. Lel, L. Pitt and R. Watson, "Business Ethics: Defining the Twilight Zone," Journal of Business Ethics 8권 (1989), 781-791쪽.

일부 회사들은 상장 회사들에게 상위 임원과 이사회를 포함한 전 직급을 대상으로 컴플라이언스 교육을 실시하도록 요구하는 미국 양형위원회 가이드라인 개정과 사베인−옥슬리법 제정 결과를 따르고 있다. 대부분의 「포춘」 1000대 기업은 어느 정도 윤리 교육을 실시하고 있는데[52] 매년 윤리 교육을 실시하는 회사들이 많다. 윤리자원센터 2007년 연구[53]에서 조사 대상자의 75%는 자신의 고용주가 윤리 교육을 제공한다고 응답했으며 이 교육은 대개 의무 교육이었다. 온라인 윤리 교육을 실시하는 회사도 있고, 대면 교육을 실시하는 회사도 있다. 6장에서 회사들이 윤리 교육을 실시하는 다양한 방식을 보다 구체적으로 제시한다.

다른 문화 시스템과 조화되지 않는 교육 프로그램은 기껏해야 마음 편하게 일상 업무에서 벗어나는 날로 생각되기 때문에 윤리 교육은 다른 윤리 문화 시스템과 일치해야 한다는 점을 주의할 필요가 있다. 잘못하면 윤리 교육은 해야 할 '진짜' 일에 대한 장애물 또는 심지어 농담으로 여겨진다. 예를 들어 2006년에 모기지 대출 분야에서 일했던 한 젊은이는 자기 회사는 자신이 일할 수 있도록 준비시키기 위해 고품질의 1주짜리 교육 프로그램을 제공했다고 말했다. 자신의 직무의 기술적인 다른 측면들 중에서도 그는 고객들에게 모기지 원리금을 상환할 수 있는지 확인하고 추가로 신용카드 빚을 지지 않도록 조언하라고 배웠다. 그는 이는 현명하고 고객을 배려하는 조언이라고 생각하고 자신의 새 역할에 대해 기분이 좋아졌다. 그러나 교육 후 사무실에 돌아오자 그의 '멘토'(자신보다 겨우 6개월 고참)는 거래를 마무리 짓고 자신과 회사를 위해 돈을 버는 것만 중요했으며 고객에 대한 '조언'은 시간 낭비였다고 말했다. 멘토에 의해 자신의 '조언자' 역할이 강조되었더라면 그 회사 문화의 메시지는 완전히 달랐을 것이다. 아마도 그

---

52) G. R. Weaver, L. K. Treviño, and P. L. Cochran, "Corporate Ethics Practice in the Mid-1990s: Empirical Study of the Fortune 1000," Journal of Business Ethics 18권, no. 3 (1999), 283-294쪽.
53) 2007 National Business Ethics Survey (Washington, D. C.: Ethics Resource Center, 2007).

회사의 운명도 달라졌을 것이다(이 회사는 더 이상 존재하지 않는다). 기특하게도 이 젊은이는 회사 고객들에게 가해지고 있는 피해를 고려한 뒤에 그 일을 그만두었다.

성과 관리 시스템

성과 관리 시스템은 종업원의 목표를 명확히 하고 성과 측정 기준을 정하며 이 목표와 관련된 개인(과 팀)의 노력을 보상하는 보상 구조 제공과 관련이 있다. 성과 관리 시스템은 또한 성과 문제가 발생할 때 이를 다루기 위해 고안된 공식 징계 시스템도 포함한다. 효과적인 성과 관리 시스템은 윤리 문화의 핵심 구성요소다. 사람들은 측정, 보상, 징계되는 사항에 주의를 기울이기 때문에 성과 관리 시스템은 윤리 문화가 정렬되는지 또는 정렬되지 않는지에 매우 중요한 역할을 한다. 따라서 올곧은 사람들이 승진하고 비윤리적인 행동이 징계되면, 이 절차가 윤리 문화 증진에 크게 기여한다.

윤리적인 문화를 지원하는 성과관리 프로세스 설계하기 사람들은 '측정되고 보상되는 것을 하기' 때문에 시간을 들여 어떤 요인들이 조직이 달성하고자 하는 결과를 견인하는지 파악하는 것이 조직이 종합적인 성과 관리 시스템을 설계하는 최선의 방법이다. 이런 유형의 회사의 영혼 탐색 작업은 대개 재무 및 비재무 요인들의 목록으로 귀결된다. 「포춘」지가 유명한 존경받는 회사 '목록'을 만들 때 평판을 고려하듯이 노련한 여러 회사들은 많은 경우에 평판이 장기 재무성과를 견인한다는 점을 이해한다. 그러나 많은 회사들은 여전히 단기 재무성과만 고려하는 성과 관리 시스템을 설계한다. 그들은 실제로 재무 실적 숫자의 토대 역할을 하는 비재무 요인들을 무시한다. 이 회사들은 어떤 비즈니스 결과가 나왔는지에 초점을 맞추고 결과가 어떻게 나왔는지는 무시한다. 그것이 바로 조직의 윤리 문화가 어굿나게 되는 지름길일 것이다.

좋은 성과를 올바르게 달성하도록 성과 관리 시스템을 설계하는 방법은 다음과 같다. 첫째, 조직은 기제(mechanics)에 초점을 맞출 필요가 있다. 예를 들어 조직이 결과를 견인하기 위해 필요한 사항들을 이해하고 나면 바람직한 결과를 달성하기 위한 목표와 이 목표가 달성되고 있는지 결정할 측정 기준을 정할 필요가 있다. 조직이 이 목표를 모든 직원들에게 효과적으로 소통하고 종업원들이 조직을 위해 가치를 창조할 수 방안을 파악하도록 도와주고 회사 목표 달성에 대한 직원들의 기여에 공정하게 보상할 때 이 분야에서 진정한 성공을 거두게 된다.

기제가 갖춰지고 나면 다음의 도전 과제는 목표의 내용을 목표 달성 방법과 결합시키는 것인데 여기에서 조직이 명시한 가치가 역할을 발휘한다. (사람, 올곧음, 다양성, 고객 서비스 등의 중요성에 관한) 이 가치들은 모든 종업원이 책임지게 될 행동 평가기준으로 옮겨질 필요가 있다. 그런 절차가 갖춰지면 성과 기대와 보상 절차 안에 목표 달성 방법을 설명하는 단계가 정해져 있기 때문에 모든 목표를 초과달성하는 고성과자들은 어떻게 목표를 달성했는지 설명할 책임을 지게 될 것이다.

뉴욕 시 소재 여러 대기업과의 관계를 관리했던 주요 컨설팅 회사의 고객 담당 임원이 좋은 예다. 그녀의 의뢰인들은 회사에 수백만 달러를 벌어줬는데 일반적으로는 그 사실만으로도 그녀가 그 회사 파트너로 지명되기에 충분했을 것이다. 그러나 상위 경영진은 그녀가 회사가 명시한 '사람 존중'이라는 가치를 망가뜨린 데 대해 화가 나서 (그녀는 동료들을 아주 모질게 대했다) 계속 그녀를 승진시켜 주지 않았다. 물론 그녀는 아예 취직하지 못했어야 했다고 말할 수도 있을 것이다. 그러나 최소한 그녀의 행동(어떻게 뛰어난 성과를 거뒀는가)으로 인해 파트너로 승진하지 못하게 되었다.

아메리칸 익스프레스는 성과평가 시스템을 자사의 가치 및 윤리강령과 직접 연계시켰다. 이 회사의 가치들은 장기 실적 및 '최고 고용주'가 되려는 열망에 초점을 맞추는 문화와 관련이 있다. 이 회사 윤리강령은 리더들은 최고의 올곧음 기준을 보이고 종업원들을 계발시켜 주고 윤리에 대한 회사의 기대와 이 기대에 대한 자신의 지지를 소통하고 종업원들이 우려를 자유롭게 표명할 수 있는 개방적인 환경을 만들도록 기대된다고 진술한다. 이 회사의 상위 리더에 대한 다면 성과관리 프로세스는 여러 리더십 역량을 적시(摘示)하는데 다음과 같은 영역에서 높은 성과를 내도록 명시적으로 요구한다.

- 항상 다른 사람들을 존중하며 공정하고 객관적이다.
- 적극적으로 경청하고 다른 사람의 의견을 반영한다.
- 올곧게 행동한다.
- 팀의 신뢰를 고취하고 신뢰할 만하고 일관성이 있다.
- 공개적이고 정직하게 말한다(있는 그대로 말한다).

나쁜 성과에 대한 예('약속 위반, 일관성이 없음, 다른 사람들을 존중하지 아니함')도 성과관리 시스템의 한 부분이다.

이러한 리더십 역량 등급은 승진과 보수 결정에서 상당한 비중을 차지한다. 따라서 이 윤리 리더십 역량에서 나쁜 등급을 받으면 승진하기가 극히 어려워서 종업원이 승진하기 원하면 윤리 영역에서 높은 등급을 받을 필요가 있다. 마지막으로 이 회사는 리더들이 회사의 기대를 회사의 가치와 일치하는 방식으로 효과적으로 이행하는 데 필요한 기술을 제공하기 위한 자원을 투자하고 있다.[54]

종업원들은 일반적으로 측정되고 보상되는 행동을 하며 보상되는 행동이 회사의 '진정한' 윤리 문화를 나타낸다고 가정하기 때문에 목표와 보상

---

54) G. Weaver, L. K. Treviño, and B. Agle, "Somebody I Look Up To: Ethical Role Models in Organizations," Organizational Dynamics 34권, no. 4 (2005): 313-330쪽.

이 조직의 가치와 정렬을 이룰 필요가 있다. 그래서 아메리칸 익스프레스의 예에서 회사가 언명한 가치와 일치하는 행동이 측정되고 승진과 보수로 보상된다. 이는 윤리 문화 정렬의 좋은 예다.

그러나 보상이 윤리 문화의 다른 측면들과 엇박자를 내는 일이 흔하다. 예를 들어 윤리강령에서는 고객 만족을 핵심 가치라고 말함에도 최고 실적을 내는 판매원이 배달일자에 대해 고객에게 거짓말함으로써 실적을 올린다는 사실을 모든 사람이 알고 있는 조직을 상상해 보라. 비윤리적인 행동이 징계 받지 않을 뿐 아니라 이 판매원은 거액의 보너스와 값비싼 보상 휴가를 받고 연례 판매 회의에서 상을 받는다. 판매원들은 무엇이 보상되는가에 관한 정보가 '진정한' 문화 메시지를 지닌다는 사실을 알고 있다. 따라서 윤리강령은 무의미해지거나 심지어 최고 경영진의 위선에 대한 예가 된다.

윤리 문화가 정렬을 이루려면 표명된 윤리 목표 대비 나쁜 성과가 신속하고 공정하게 처리되어야 한다. 예를 들어 정직하지 않거나 사람을 존중하지 않는 행동(또는 윤리 가치와 일치하지 않는 행동)은 종업원들이 공정하다고 인식하는 누진적 징계 시스템을 사용해서 징계되어야 한다. 첫 번째 위반은 (아주 심각하지 않은 한) 해당 직원에게 의견을 표명하고 그 행동을 바꿀 기회를 제공하는 건설적인 방식으로 다뤄진다. 이후의 비행은 보다 엄격하게 다뤄지고, 반복되거나 심각한 위반에 대해서는 결국 해고한다.

종업원들이 직급이나 성과 수준에 무관하게 동일하게 징계 받는 것도 중요하다. 이는 고의로 규칙을 위반한 경우 하위 직급 종업원뿐 아니라 성공적인 스타급 임원도 징계되어야 함을 의미한다. 사실은 조직에서 직급이 높아질수록 더 많은 책임이 부여되고 다른 사람들에게 더 많은 역할 모델이 되기 때문에 고위직에 대해서는 징계가 더 신속하고 더 엄격해야 한다. 최근의 스캔들과 감독 당국의 조사가 늘어난 결과 회사들은 징계를 더 진지하게 받아들이고 있다. 현재 환경에서는 비윤리적이라는 인식만으로도 회사가 고위 임원을 해고할 수 있다.

요점은 성과 관리 시스템은 기대되는 행동에 대한 지침을 제공하기 때문에 자체로도 중요하지만 사람들은 이 시스템을 통해 조직에서 중시되는 것에 관한 '진짜' 메시지를 알아낸다는 점에서 특히 중요하다. 핵심 질문은 조직이 말하는 내용(예컨대 가치 선언문, 윤리강령)과 조직이 실제로 측정, 보상, 징계하는 대상의 일치 여부다.

조직의 권한 구조

윤리 문화는 개인들이 자신의 행동에 대해 책임을 지고 비윤리적으로 행동하라는 지시에 대해 의문을 제기하고 비리나 문제가 있으면 보고하도록 인도해야 한다. 윤리적인 강한 문화는 모든 직급의 개인적 책임과 책무를 강조하고 지원하는 구조를 구현한다. 종업원들은 자신의 행동에 대해 책임지고 우려가 있으면 권한이 있는 사람에게 질문하도록 장려된다. 그리고 개인들은 부정적인 결과가 일어날 때 이에 대한 책임과 문제를 목격하면 보고할 책임이 있다. 우리가 알고 지내는 한 매니저는 책임의 중요성을 강조하기 위해 '접착제'라는 개념을 만들어 냈다. 그녀는 자신의 직속 부하들에게 "문제에 대해 알게 되면 해결하기까지는 당신 것이다. 그것은 (떼어 내기 전까지는) 접착제처럼 달라붙어 있을 것이다."라고 말한다.

대부분의 현대 조직들은 관료주의적인데[55] 이는 조직들은 계급, 업무 분화 또는 전문화, 활동 표준화가 있고 역량과 효율성을 강조함을 의미한다. 관료제는 많은 이점을 제공하며 대규모 조직들이 기능을 발휘하기 위해서는 어느 정도의 관료제가 요구된다. 관료제는 윤리를 지원하는 구조를 만드는 데에도 사용될 수 있다. 이에 대해서는 6장에서 좀 더 배울 것이다. 예

---

55) M. Weber, The Theory of Social and Economic Organizations, A. M. Henderson and T. Parsons 역 (New York: Free Press, 1947).

를 들어 조직의 윤리 컴플라이언스 부서는 모든 사람들에게 윤리 컴플라이언스는 자원, 전문성, 종업원을 투입할 가치가 있는 중요한 이슈라는 신호를 보낸다. 그러나 전문화, 업무분화, 계급과 같은 관료제의 일부 특징들은 조직의 윤리 문화에 문제를 야기할 수도 있다.

계급, 책임과 윤리 문화　관료제에는 정당한 권한이라는 개념이 있다. 한 조직의 조직도를 보라. 조직도는 누가 누구를 감독하는지, 누가 누구에게 권한을 행사하는지 보여줄 것이다. 권한이 있는 사람들은 관료제에서 중요한 역할을 한다. 그들은 업무를 지시하고 책임을 위임하며 성과평가를 수행하고, 승진과 급여 인상에 대한 의사 결정을 내린다.[56]

그러나 정당한 권한이라는 개념은 윤리 문화에 문제를 야기할 수도 있다. 첫째, 7장에서 설명하는 바와 같이 사람들은 어떤 지시를 받건 권한이 있는 사람들에게 복종하는 경향이 있다.[57] 이처럼 절대적으로 복종하려는 자연스러운 경향은 개인이 자신의 행동 및 그 결과에 책임지게 하는 윤리 문화를 구축하려는 조직의 시도에 진정한 위협이 될 수 있다. 많은 회사들은 직원의 행동을 통제하기 위해 그들의 충성심을 기대한다. 직원들에게 무조건적 복종을 요구하는 회사도 있다. 이는 좋은 아이디어라고 생각할 수도 있을 것이다. 권한이 있는 사람들은 보다 경험이 많고 무엇이 옳은지 알고 있다고 생각되며 종업원들은 그들의 지시를 따라야 한다. 그러나 권위적인 구조를 지닌 군대조차 군인들이 비윤리적인 명령에 이의를 제기하도록 기대한다. 충성은 일반적으로 좋은 것이지만 비윤리적인 상사나 조직에 충성하거나 복종하도록 기대되어서는 안 된다.

권위에 대한 무조건적인 복종은 직원들에게 스스로 생각하거나 나쁜 명

---

56) G. Sjoberg, T. R. Vaughan, and N. Williams, "Bureaucracy as a Moral Issue," Journal of Applied Behavioral Science 20권, no. 4 (1984): 441-453쪽.

57) S. Milgram, Obedience to Authority: An Experimental View (New York: Harper & Row, 1974).

령에 이의를 제기하거나 자신들이 목격한 문제들에 대해 책임을 지도록 기대되지 않음을 의미한다. 그러므로 직원들에게 무조건적인 복종을 기대하는 "시키는 대로 하라"와 "어떤 질문도 하지 마라"는 문화는 심각한 윤리문제에 연루될 수 있다. 연구 결과 회사가 권위에 무조건적 복종을 요구할수록 종업원들의 비윤리적 행동이 높고, 윤리 이슈에 대해 조언을 구하는경향이 낮으며 종업원들이 윤리 위반을 보고하거나 경영진에 '나쁜 뉴스'를 전달할 가능성이 낮은 것으로 밝혀졌다.[58]

일부 매니저들은 직원들이 비난을 피하도록 도와주기 위해 고안된 구조를 만든다.[59] 매니저들의 가장 큰 두려움은 누군가를 비난할 때가 되면 자신이 지목되고 자신의 자리가 위험해질 것이라는 점이다. 권한이 있는 사람들은 흔히 부하에게 책임을 위임함으로써 실수나 커다란 윤리 실패에 대한 개인 책임을 피할 수 있다. 누군가를 비난할 때가 되면 종종 부하 직원을 지목한다. 특히 윗선에서 저지른 실수에 대해 부하들이 희생양이 될 수있다. 매니저들이 희생시켜도 좋다고 여겨지는 비교적 힘없는 지위에 있는비난 대상을 찾음에 따라 자신의 치부를 가리기 위한 메모들이 급증한다.

조직 구조도 직무와 역할을 파편화할 수 있다.[60] 개인들이 반드시 책임지기를 원하지 않는 것은 아니다. 그러나 직무와 역할이 너무 나누어져서개인들이 큰 그림을 보지 못할 수 있다.[61] 7장에서 군 관료들이 베트남 미라이 학살 조사 때 어떻게 책임을 전가했는지 살펴볼 것이다. 관련자들은자신을 기계의 톱니에 지나지 않는다고 보았다. 아무도 자기 행동이 가져

58) L. K. Treviño, G. R. Weaver, D. G. Gibson, and B. L. Toffler, "Managing Ethics and Legal Compliance: What Works and What Hurts," California Management Review 41권, no. 2 (1999): 131-151쪽.

59) R. Jackall, Moral Mazes: The World of Corporate Managers (New York: Oxford University Press, 1988).

60) R. M. Kanter, The Changemasters (New York: Simon & Schuster, 1983).

61) H. C. Kelman and V. L. Hamilton, Crimes of Obedience: Toward a Social Psychology of Authority and Responsibility (New Haven, CT: Yale University, 1989).

온 보다 큰 결과에 책임을 느끼지 않았다.

새로운 조직 구조   오늘날의 조직들은 관료주의적 층을 제거하고 책임을 하위 직급으로 위임하며 조직의 모든 직급의 개인들에게 결정을 내릴 권한을 부여하도록 고안된 구조를 개발하고 있다. 사무가구 제조업체 허먼 밀러(Herman Miller, Inc; HMI)의 예를 들어 보자. 이 회사는 '열린 소통,' '모든 개인의 존엄,' '상호 신뢰와 올곧음에 기반을 둔 양질의 관계'라는 가치에 진력(盡力)한다. 6년째 한 부문의 리더로 일하고 있는 케빈 놀즈는 이렇게 말했다. "나는 늘 이 회사에서는 누구나… 어느 임원에게나 무엇이든 마음껏 말하는 것을 보고 깜짝 놀란다." HMI 매니저들은 노동자들이 자신의 상사보다 상위 직급에 있는 사람과 접촉할 수 있는 능력을 이 회사 성공의 주요 원인 중 하나로 꼽는다. "자신보다 세 직급 위의 상사에게 전화해도 보복을 두려워하지 않는다." HMI는 특정 이슈에 대해 누구라도 리더가 될 수 있도록 허용하는 '이동 리더십'(이 회사 회장이 그렇게 부른다)을 칭찬한다.

이동 리더십이 성공적으로 검증된 예가 있다. 에이즈가 여전히 아주 두려운 질병이고 이에 관한 그릇된 정보가 돌아다니고 있을 때 에이즈에 걸린 한 종업원이 다른 사람들에게 자신의 질병을 알려야겠다고 결심했다. 동료 종업원이 이동 리더 책임을 맡아서 인사 담당 매니저에게 이 사실을 알렸다. 이 사실이 신속하게 공장 전체에 알려졌고 본부에서 의사가 와서 비디오 교육과 질의응답 시간을 가졌다. 그 이동 리더에 의하면 HMI의 가치 시스템이 "우리에게 우리의 본능에 따라 행동하게 하고 회사가 우리를 지원하리라는 것을 알게 해 준다. 우리에게 각 사람의 가치가 중요하기 때문에 우리는 피터를 돌보기 위해 하루 동안 가구 생산을 멈출 수 있었다."[62] 그런 문화는 이 회사의 지속적인 성공에 기여할 가능성이 있다. 최

---

62) Joani Nelson-Horchler, "The Magic of Herman Miller," Industry Week, February 18,1991년 2월 18일, 11-12, 14, 17쪽.

근의 이러한 조직 구조 변화는 책임지기와 윤리 의사 결정에 강력한 함의가 있으며 잘 정렬된 윤리 문화 갖추기의 중요성을 증가시킨다. 개인들이 직접적인 감독을 덜 받고 독립적으로 결정할 경우 그들을 인도할 잘 정렬된 윤리 문화가 필요하다. 윤리 관련 행동에 대한 개인의 책임을 지원하는 구조는 이러한 문화의 중요한 부분이다.

문제 보고를 지원하는 구조　오늘날의 조직들에서는 직접 감독되는 직원 수가 적으며 조직들은 점점 더 직원들이 문제를 알려 주거나 비행을 보고하는 데 의존한다. 그러나 직원들은 흔히 보고하기를 꺼린다. 그러므로 대부분의 대규모 조직들은 공식적인 제안과 비행 내부 보고 구조나 시스템을 설치한다. 이 시스템들은 인트라넷 시스템과 전화 시스템을 사용해서 종업원들의 우려에 답변하고 목격한 비행에 대한 불만과 보고를 접수한다.

앞으로 보게 되겠지만 동료나 상사와 관련된 보고(내부 제보)에 반대하는 강력한 규범이 존재한다. 이런 행동을 묘사하기 위해 사용하는 단어(누설, 밀고, 고자질, 통고, 배반)는 모두 부정적인 함의가 있다. 사실 이를 묘사하는 멋진 말이 없으며 심지어 중립적인 말조차도 없다. 당신은 멋진 말이나 중립적인 말을 찾을 수 있겠는가? 4장에서 언급한 바와 같이 제보자들은 종종 보복을 당하곤 하는데 경영진이나 조직의 비행을 보고할 경우 특히 그렇다.[63] 그들은 자신이 옳다고 생각한 일을 한 대가로 보상은커녕 처벌을 받는다고 인식한다(그들의 생각이 옳은 경우가 흔하다). 그러므로 비행 보고에 대한 종업원들의 두려움이 널리 퍼져 있기 때문에 기본적으로 침묵하려 한다.[64] 조직이 잘 정렬된 윤리적인 문화를 개발하려 하는데 제보자에 대한 보복이 가해질 경우 이는 문화가 정렬되지 않았음에 대한 강력한 예다. 다시 말하거니와 노동자들은 이러한 제보자 '처벌'을 조직의 '진정한' 윤리적 신념에 대한 예

---

63) M. P. Glazer and P. M. Glazer, "Whistleblowing," Psychology Today, 1986년 8월호, 36쪽.
64) 위의 글.

로 간주한다.

그러나 윤리적인 조직은 효과적인 통제 시스템에 문제나 비행을 보고할 책임을 지는 직원이 중요하다고 생각하고 그런 활동을 안전해지게 하고 장려하기 위한 방법을 찾아내야 한다. 일부 조직들은 내부고발을 보상하기까지 한다. 예를 들어 1996년에 「포춘」지는 월가의 어느 금융 서비스 회사 회장의 메모를 게재했다. 다음의 메모는 상위 상근 이사, 상근 이사, 이사보에게 보내졌다.

우리는 여러분의 도움이 필요합니다. 우리를 도와서 이 메시지가 모든 사람들에게 전해지게 해 주십시오. 우리는 우리 동료들이 정직성과 올곧음에 대한 우리의 기준에 미치지 못하는… 뭔가가 일어나고 있는 것을 보았거나, 들었다고 의심하거나, 그렇게 생각할 경우 우리에게 얘기하는 것을 환영하다는 점을 다시금 강조합니다.

우리는 사람들이… 늑대가 나타났다고 외치기 원합니다. 그 의심이 정당화될 경우 보고자는 후하게 보상될 것입니다. 의심이 근거가 없음이 밝혀지더라도 우리에게 이를 알린 사람에게는 그들의 주의에 대해 감사드리고 계속 이렇게 하라고 말할 것입니다.

지휘 계통은 잊으십시오. 이 회사는 그런 식으로 세워지지 않았습니다. 누군가가 이상한 일을 하고 있거나 의사 결정에 악취가 난다고 생각하거든 그 사람을 건너뛰어서 보다 상부에 보고하십시오. …제가 잘못할 때도 그렇게 하십시오.

이 메시지를 분명하게 전하십시오.

이 회사의 일부 상위직급 임직원들은 '중간 건너뛰기'에 대해 분개해서 곧바로 전통적인 회사로 옮겨갔다. 이직이 그들에게 최선의 결과를 가져왔을지 추측해 보라.[65]

이 리더는 내부고발이 장려되고 보상된다는 분명한 메시지를 보냈다. 그는 두 번째 메모에서 두 명의 사무 보조 요원이 한 직원이 위조한 택시 요금 영수증들을 제출한 것을 발견한 특정 사례에 대한 정보를 공유했다. 그 직원은 해고되었고 사무 보조 요원들에게는 현금 보상이 지급되었다.

의사 결정 프로세스

조직의 공식 의사 결정 프로세스는 윤리 문화의 또 다른 중요한 부분이다. 정렬이 이루어진 윤리 문화에서는 리더들이 윤리에 대한 관심을 의사 결정의 공식적이고 기대되는 부분으로 삼는다. 윤리 이슈를 회의에서 정규적으로 다루고 신상품이나 신사업에 관한 매니저 보고에 포함되는 부분으로 만듦으로써 의사 결정 시 윤리에 대한 강조를 강화할 수 있다. 예를 들어 매니저들에게 신상품이나 프로세스를 제안할 때 여러 이해관계자들에 대한 잠재 피해를 고려하도록 요청할 수 있다.

한 가지 예를 들자면 이제 환경 영향은 많은 회사들에서 의사 결정의 기대되는 부분이자 일상적인 부분이 되었다. 병원 등 일부 조직에서는 윤리 관점에서 조직 차원의 주요 결정을 결정할 임무가 부여된 고위 '윤리' 위원회도 만들고 있다.[66] 예를 들어 책임감이 있는 제약회사라면 FDA로부터 심각한 부작용이 있는 신약을 승인받은 뒤에도 이를 출시할지 여부에 대해 평가하는 모습을 상상해 볼 수 있다. 비즈니스 결정의 도덕성을 평가하는 도덕 품질 분임조 실행을 옹호하는 이들도 있다.[67]

지나친 계량 분석 의존　의사 결정 프로세스가 계량 분석에만 의존하고

65) A. C. Greenberg, "Memos from the Chairman," Fortune, 1996년 4월 29일, 173-175쪽.
66) H. Schwartz and S. M. Davis, "Matching Corporate Culture and Business Strategy," Organizational Dynamics, 1981년 여름 호, 30-48쪽.
67) L. Tiger, "Stone Age Provides Model for Instilling Business Ethics," Wall Street Journal, 1988년 1월 11일, 18쪽.

재무 실적에만 초점을 맞추면 비윤리적인 행동에 기여할 수 있다. 예를 들어 우리는 3장에서 포드 자동차의 핀토를 리콜하지 못하게 한 의사 결정 프로세스에 대해 논의했다. 그 사례에서는 계량적인 비용-효용 분석에만 의존하고 윤리에 대한 고려를 배제해서 처참한 결과가 발생했다. 다른 예를 보자면 거대한 석면 생산 기업 존스 맨빌은 순이익에 초점을 맞추고 노동자 건강을 배제한 의사 결정 프로세스로 몰락했다. 최고 경영진은 수십 년 전에 석면 흡입이 노동자들의 심각한 폐 질환의 원인임을 시사하는 정보를 보고받기 시작했다. 매니저들과 의료진은 연구 결과를 억누르고 직원들에게 이 정보를 숨겼다. 한 변호사는 X레이 결과를 직원들에게 알리지 않은 데 대해 회사 변호사와 다퉜던 경험에 대해 증언했다. 이 변호사는 "노동자들이 죽어 나갈 때까지 일하게 하겠다는 거요?"라고 물었다. 존스 맨빌 변호사는 "그래요. 우리는 그런 식으로 큰돈을 절약한단 말이오."라고 대답했다. 확실히 보다 안전한 작업 환경을 개발하기보다 노동자 배상 요구액을 지급하는 편이 비용이 적게 소요되었다.

뉴저지 법원은 이 회사가 '의도적으로 보호 조치나 시정 조치를 취하지 않기로 하는 냉정한 결정'을 내렸음을 발견했다.[68] 조직의 의사 결정자들은 의사 결정 시 계량 분석에 의존해야 한다. 그러나 윤리에 대한 고려를 배제한 채 오로지 숫자에만 의존하는 것은 문제가 있으며 비윤리적인 문화에 기여한다. 특정 결정이 순이익에 미치는 영향에 대한 토론에 이 결정이 '옳은' 일인가라는 논의가 수반되어야 한다. 중요한 결정들은 윤리적 고려, 특히 이해관계자들에 대한 잠재적 영향에 대한 토론을 거쳐야 한다.

입증 책임　1986년에 미국 2위의 유아식 제조업체 비치-넛 뉴트리션 코퍼레이션은 215개의 중죄 기소 항목에 대해 유죄를 인정하고 합성 재료가

---

68) S. Gellerman, "Why 'Good' Managers Make Bad Ethical Choices," Harvard Business Review 64권, no. 4 (1986): 85-97쪽.

혼합된 사과 제품을 판매했음을 인정했다. 어떻게 이 일이 벌어졌는가? 여러 이유가 있었는데 그 중에서도 회사의 재정 곤란, 다른 회사들도 가짜 주스를 팔고 있다는 믿음(업계 규범), 이 주스는 아주 안전하다는 믿음 등이 주요 원인이었다.

이 회사에서 사용된 의사 결정 프로세스가 주요 원인이었을 수도 있다. 연구개발 담당 이사 제로미 리카리가 1981년에 (불순물을 의심해서) 공급자를 변경하도록 권고했을 때 운영 부문장 존 래버리는 전통적인 입증 책임을 뒤집었다. 일반적으로 유아식 제조업체들은 공급자가 제품이 진품임을 증명하지 못하면 공급자를 바꾸곤 했다. 이 사례에서 래버리는 리카리가 보다 값비싼 공급자와 거래하고 싶으면 회사가 구매하고 있는 농축물이 (진품이 아니고) 불순물임을 입증해야 할 것이라고 말했다. 당시 기술로는 이를 입증하기 어려워서 그 공급자가 유지되었다.[69]

추운 기후에서는 O-링이 작동하지 않을 수도 있다는 엔지니어의 우려에도 불구하고 우주 왕복선 챌린저호를 발사하기로 한 결정에서도 유사한 의사 결정 과정이 사용되었다. 이전의 우주선 발사에서는 발사가 안전하다는 증거가 요구되었다(이는 불가능하지는 않더라도 어려운 일이었다). 하지만 챌린저호의 경우에는 입증 책임이 바뀌었다. 임박한 발사 결정을 주저하는 엔지니어들에게 (발사의 안전이 아니라) 불안전을 증명하라고 요구했다.

이 예들은 매니저들이 어떤 결정을 내리든 이미 내려놓은 결정을 지지하기 위해 의사 결정 프로세스를 변경하기가 비교적 쉬움을 시사한다. 그래서 조직들이 재무 실적이 양호하고 위기가 발생하기 전에 공식 의사 결정 프로세스를 설계할 필요가 있다. 그러면 어려움이 닥칠 때에도 이러한 효과적인 의사 결정 프로세스가 자신을 인도하게 할 수 있다. 엔지니어들에게 우주 왕복선 챌린저호 발사가 불안전함을 증명하라고 요구하지 않고 발

---

69) C. Welles, "What Led Beech-Nut Down the Road to Disgrace?" Businessweek, 1988년 2월 22일, 124-137쪽.

사해도 안전함을 입증하라고 요구했더라면 결코 이 우주선을 발사하지 않았을 것이다. 특히 매니저들은 위기 때에 전통적인 의사 결정 기준 변화에 주의해야 한다.

비공식 문화 시스템들

앞에서 설명한 공식 시스템 외에도 윤리 문화는 비공식 규범, 영웅, 의식, 신화, 이야기를 통해 비공식적, 상징적으로 계속 살아 있게 된다. 종업원들은 이러한 비공식 시스템들을 통해 '진짜' 조직을 경험하는데 이러한 시스템들에 대한 정보는 유언비어와 휴게실의 한담(閑談)과 같은 비공식 소통 시스템을 통해 전해진다. 사람들은 이런 식으로 어떤 행동이 '실제로' 보상받고 의사 결정이 '실제로' 어떻게 이루어지고 조직의 리더들이 '실제로' 무엇을 신경 쓰고 기대하는지 알게 된다. 공식 문화 시스템과 비공식 문화 시스템에서 나오는 메시지들이 다르면 윤리 문화는 정렬되지 않는다. 종업원들은 비공식 시스템에 의해 전해지는 메시지를 더 믿을 가능성이 높다는 점에 주의할 필요가 있다. 연구 결과 비공식 문화 시스템에 대한 종업원 인식이 공식 시스템보다 종업원들의 윤리 관련 행동에 영향을 더 많이 준다는 점이 발견되었다.[70] 그러므로 이러한 비공식 시스템 관리가 매우 중요하다.

역할 모델과 영웅

윤리에 관한 사회화의 많은 부분은 역할 모델과 멘토들에 의해 비공식으로 이루어진다. 역할 모델은 상위 매니저, 직속 상사 또는 선임 동료일 수도 있다. 제너럴 다이내믹스 코퍼레이션의 전 윤리 담당 부사장 켄트 드루

---

70) L. K. Treviño, G. R. Weaver, D. G. Gibson, and B. L. Toffler, "Managing Ethics and Legal Compliance: What Works and What Hurts," California Management Review 41권, no. 2 (1999): 131-151쪽.

이브스타인은 상위 리더의 윤리 리더 역할에 대해 중요한 말을 했다. "리더 위치에 있는 사람들은… 자신의 행동으로 본을 보임으로써 기조를 설정할 필요가 있다. 우리는 이 세상의 모든 좋은 워크숍을 개최했었을 수 있다. 워크숍에 예수와 모세, 모하메드와 부처를 강사로 초빙했었을 수도 있다. 그러나 이후에 리더 위치에 있는 사람이 기준에 어긋나게 행동한다면, 리더 위치에 있는 그 한 사람의 비리 사례가 이 세상의 모든 전문가들보다 더 많이 가르쳐 줄 것이다." 이와 대조적으로 상위 리더들이 일관되게 올곧은 행동의 본이 된다면 직원들은 윤리에 관한 공식 메시지의 진정성을 알게 된다.

멘토링은 조직의 모든 직급에서 발생하며 이를 통해 보다 상위 직원이 하위 직원에게 정보, 경력 관리 전략, 조직에서 통용되는 규칙 등을 제공하며 지원해 주는 비공식 사회화 과정이다. 새로운 입사자나 조직의 한 부분에서 다른 부분으로 이동한 사람과 같이 조직의 '경계'를 넘는 사람들은 이러한 사회화의 영향을 가장 많이 받는다.[71] 윤리적인 문화에서는 멘토가 올곧음과 비윤리적으로 행동하라는 압력에 대한 저항의 중요성을 강조한다. 비윤리적인 문화에서는 멘토가 받아들여진 비윤리적 관행을 세뇌시켜서 개인이 동조하지 않을 수 없게 할 수도 있다.[72] 회계학과를 졸업한 상장 회계법인 신입 직원이 상사로부터 "자네는 감사인이 되기에는 너무 정직하단 말이야."라는 말을 들었을 때, 그 신입 직원은 그 조직의 윤리(사실은 윤리 결여)에 대해 강력한 메시지를 받은 셈이다. 윤리 문화가 정렬되었는지, 정렬되지 않았는지에 대한 증거를 찾으려면 이 조직의 역할 모델들이 조직이 공식으로 지지하는 가치 및 강령과 일치하게 행동하는지 물어 보라.

윤리적인 문화에서는 영웅들이 조직의 가치를 구현해야 한다.[73] 영웅들

---

71) B. Morris, "He's Smart. He's Not Nice. He's Saving Big Blue," Fortune, 1997년 4월 14일, 68-81쪽.
72) J. A. Waters, "Catch 20.5: Corporate Morality as an Organizational Phenomenon," Organizational Dynamics, 1978년 봄호, 319쪽.

은 특정 행동의 본이 됨으로써 성과 기준을 세우는 상징적인 인물인데 조직의 공식 리더들이 영웅이 될 수도 있다. CEO가 조직의 영웅으로 여겨질 수 있다. 그러나 더 이상 존재하지 않는 설립자들이 영웅일 수도 있다. 앞에서 살펴본 바와 같이 토머스 제퍼슨은 버지니아 대학교에 여전히 생생히 살아 있다. 이러한 영웅들의 가치에 관한 이야기들이 의사 결정에 계속 영향을 준다. 이처럼 올곧음을 옹호하고 옳은 일을 지지하는 영웅은 조직에서 많은 사람들의 행동에 영향을 줄 수 있다.

조직의 영웅은 설립자, 사장 또는 최고 경영자가 아닌 사람일 수도 있다. 예를 들어 대학교나 프로 스포츠 팀에서는 흔히 코치나 스타 선수들이 조직의 영웅이 된다. 중요한 질문은 이 영웅들이 어떤 가치를 나타내느냐다. 어느 금융 서비스 회사 CEO는 열심히 자기 조직의 가치대로 사는 사람을 찾아내 보상했다. 그는 다른 임원들에게 옳은 일을 올바른 방식으로 하고 있고 문화의 모범이 되는 직원들의 이야기를 가져오라고 독려했다. 그는 이런 이야기들을 모아서 이 모범 직원들에게 직접 손으로 쓴 감사 편지를 보냈다. 전화로도 충분했겠지만 종업원들은 CEO가 직접 쓴 인정과 칭찬에 신이 나서 그 편지를 사무실에 진열했다. 틀에 넣은 이 편지는 다른 종업원들에게 상부에서 어떤 종류의 행동을 중시하는지에 대해 강력한 메시지를 보냈다. 물론 다른 종업원들도 이 '영웅들'과 그들의 행동에 관한 말을 확산시켰다. 유사한 예로 사우스웨스트 항공은 매월 발행하는 사보에 탁월한 고객 서비스(조직의 핵심 가치 중 하나임)를 제공한 직원에 대해 고객이 보내 온 편지를 게재한다. 그들은 사보에 해당 종업원의 사진을 싣고 그 종업원들의 사진을 본사 벽에 붙인다. 사우스웨스트 항공은 그렇게 함으로써 이런 사람들을 다른 사람들이 본받아야 할 영웅과 역할 모델로 삼는다.

---

73) T. E. Deal and A. A. Kennedy, Corporate Cultures (Reading, MA: Addison-Wesley, 1982).

규범: 이곳에서 일을 하는 방식

규범은 특정 집단 구성원들이 적절하다고 받아들인 일상 행동 기준이다. 규범은 조직에서 개인들의 행동에 강력한 영향을 행사하며 윤리적인 문화를 지원할 수도 있고 비윤리적인 문화를 지원할 수도 있다. 예를 들어 어떤 사람이 컴퓨터 소프트웨어 판매사원으로 입사하자마자 판매직 동료들로부터 장기 고객 관계가 회사에 매우 중요하므로 항상 고객들을 정직하게 대해야 한다는 말을 들었다고 상상해 보라. 이곳에서는 고객에 대한 정직성이라는 규범이 윤리적인 행동과 윤리적인 문화를 지원한다. 다른 한편 어떤 사람이 새로 일을 시작했는데 동료들로부터 소프트웨어 성능이나 배달 일자에 관해 고객에게 거짓말을 해야 할지라도 판매 성사만이 중요하다는 말을 들었다고 생각해 보라. 이 규범은 비윤리적인 행동을 지원하며 비윤리적인 문화에 기여한다. (윤리적이건 비윤리적이건) 어떤 종류의 규범도 조직에서 '이곳에서 일하는 방식'이 될 수 있다.

종종 공식 규칙들이 비공식 규범들과 일치하지 않는 경우가 있다. 예를 들어 앞에서 묘사된 판매사원이 고객 관계에서 정직성 규칙을 가르치는 의무 윤리 교육에 참석했을 수 있다. 그러나 실제로 일할 때 무슨 수를 써서라도 판매해내라는 메시지가 전해진다면, 공식 규칙은 뒤집어진다. 이와 유사하게 패스트푸드 식당에서 신입 직원이 대금을 지급하지 않고서 음식을 먹지 말라는 규칙을 들을 수 있다. 그러나 그들은 일할 때 동료들이 감독자가 다른 곳을 보고 있을 때 먹는 것을 볼 수도 있다. 이 동료들은 자신의 행동이 저임금이나 열악한 근무 조건 때문이라거나 감독자가 자신들에 대해 신경을 쓰지 않거나 감독자 자신이 대금을 지급하지 않고 먹기 때문이라고 합리화할 수도 있다.

감독자가 보지 않을 때 먹으라고 부추김 받은 이 신입 직원은 '진짜' 규칙을 배워서 그렇게 할 가능성이 있다. 따라서 공식 규칙, 규정, 강령, 신조에도 불구하고 흔히 비공식 규범이 문화에 가장 영향력이 있는 행동 지침과 단서가 된다. 공식 메시지가 비공식 규범과 일치하면 이는 정렬된 윤리 문화에 기여한다. 비공식 규범이 공식 규칙 및 강령과 일치하지 않으면 문화는 명백히 엇박자를 보인다.

의식

의식은 윤리 문화의 중요한 부분이다. 의식은 조직이 구성원들에게 원하는 바가 무엇인지, 그리고 그것을 어떻게 하도록 기대하는지 상징적으로 말해 준다.[74] 의식은 손에 잡히는 방식으로 문화를 확인하고 소통하는 수단이다.[75] 조직들은 회의, (야외) 파티, 연회, 시상식을 개최하는데 이러한 의식들은 모두 조직에서 중시되는 대상에 대한 메시지를 전달한다. 여러 해 전에 제너럴 모터스 캐나다는 각각의 제조 부문에 핵심 가치 중 하나를 나타내는 작은 장식 수레를 만들도록 요청했다. 이 장식 수레는 '평생 고객'이라는 주제와 '내가 GM이다'라는 표어를 중심으로 한 하루짜리 문화 구축 의식 개막 행진의 일환이었다. 그날 행사 중에 CEO는 커다란 그룹 비전 그림을 공개하고 회사의 미래에 관한 이야기를 들려줬다. '내가 GM이다'라는 표어를 강화하기 위해 임직원들에게 어떤 순간이든 자신을 회사, 상품, 서비스에 대해 책임이 있다고 생각하도록 요청했다. 이날 행사는 100명으로 구성된 댄싱 그룹 업 위드 피플(Up With People)이 부른 'GM 가속가(acceleration song)'로 끝났다. 이 노래는 리더들에 의해 만들어진 새로운 가치를 포함하기 위해 수정되었다.[76]

직원들에게 가족과 보내는 시간을 중시하도록 장려하기 위해 연례 가족 소풍과 '일터에 자녀 데려오는 날'을 시행하는 회사들도 있다. 직장 자녀

---

74) 앞의 책.

75) J. M. Beyer and H. M. Trice, "How an Organization's Rites Reveal Its Culture," Organizational Dynamics 15권, no. 4 (1987), 524쪽.

76) New Traditions in Business: Spirit and Leadership in the 21st Century (San Francisco: Berrett-Koehler, 1992), 53-66쪽에 수록된 J. Channon, "Creating Esprit de Corps."

돌봄 제도를 시행해서 회사 식당에서 취학 전 자녀와 점심 식사하는 것이 이 조직의 가족 중시에 대한 귀중한 의식과 상징이 된 회사도 있다. 윤리적으로 모범을 보인 행동에 대한 시상 등 조직의 가치를 전달하는 시상식을 개최하는 조직도 있다(6장에 나오는 록히드 마틴의 이사회 회장상에 대한 설명을 보라). 의식과 행사는 어떤 식으로든 숫자를 만들어 내기와 같은 비윤리적인 행동을 지지할 수도 있기 때문에 이런 행사에서 어떤 가치가 치하되는지 질문할 필요가 있다. 예를 들어 대부분의 조직에서는 판매 회의를 개최한다. 이러한 회의에서 올곧은 성공이 칭찬 및 치하되는가 아니면 이 행사에서 숫자를 맞춘 사람들만 축하받는가? 노동력을 다양화하려는 노력을 칭찬하는 조직에서 일과 후 술집에서 모이는 의식이 '패거리 네트워크'를 강화하는 모임으로 사용되는가? 문화가 정렬을 이루는지 판단하려면 의식이 회사가 표명한 가치, 공식 규칙, 보상 시스템과 일치하는지 살펴보라.

신화와 이야기

조직 문화가 소통되고 계속 살아 있게 하는 또 하나의 매우 중요한 방법은 비공식 소통 네트워크를 통하는 것이다. 어떤 조직의 문화에 대해 알고 싶거든 내부자들에게 이 조직을 특징짓는 이야기들을 들려달라고 요청하라. 사람들은 자신의 세상과 삶에 의미를 주는 이야기들을 말한다.[77] 조직의 신화들과 이야기들은 그 조직의 문화를 설명하고 조직 문화에 의미를 준다. 이들은 존슨 앤 존슨의 타이레놀 리콜 이야기처럼 조직의 역사에서 도출한 일련의 사건들에 관한 일화일 수도 있다. 이 이야기의 등장인물은 종업원, 설립자나 기타 영웅일 수 있으며 이 이야기의 교훈은 조직의 가치를 표현한다.[78]

---

77) I. Mitroff and R. H. Kilmann, "On Organizational Stories: An Approach to the Design and Analysis of Organization through Myths and Stories," The Management of Organization Design: Strategies and Implications, R. Kilmann, L. Pondy, and D. P. Slevin 편(New York: North-Holland, 1976)에 수록된 글.

IBM에서는 어느 하위 직급 직원이 당시 IBM 사장 톰 왓슨이 IBM 신원 확인 배지를 차고 있지 않아서 회사 제한 구역에 들어가지 못하게 한 이야기에 대해 계속 말한다. 왓슨은 이 직원을 칭찬했는데 이로써 회사 규칙을 지키고 이를 모든 사람에게 적용하기의 중요성을 시사했다.

또 다른 윤리적인 조직에서는 규칙 위반자들이 비윤리적 또는 불법적인 행동을 한 이유로 엄한 징계를 받거나 해고된 사례를 언급함으로써 윤리적인 문화의 중요성을 전달할 수도 있다. 징계는 아주 현저한 사건이기 때문에 사람들은 이 이야기를 기억하고 말하는 경향이 있으며 징계는 조직이 옳은 일하기에 두는 가치를 강조한다.

이야기가 조직 문화의 일부가 되면 이 이야기는 문화가 조직 가치를 강조하고 비공식·공식 문화 시스템 사이의 정렬을 강화하는 데 도움이 된다. 그러나 이야기가 비윤리적 행동에도 불구하고 성공한 규칙 위반자에 관한 것이라면 이야기는 비윤리적인 문화를 강화하기 쉽다는 점을 주의하라.

조직들은 또한 윤리적인 문화를 강화하기 위해 이야기를 만들어 낼 수도 있다. 의료 기술 회사 메드트로닉은 이야기하기를 바로 그렇게 하는 하나의 방법으로 받아들였다. 이 회사는 연례 명절 파티에서 환자들과 의사들을 초청해서 이 회사 제품이 그들에게 어떻게 도움을 줬는지에 대한 이야기를 나누게 한다. 예를 들어 오랫동안 파킨슨병을 앓던 한 환자는 자신의 삶을 통제할 수 없었는데 의사가 메드트로닉에서 새로 나온 두뇌 심층부 자극 장치를 소개해서 생명과 웃음을 되찾았다고 말했다. 이 회사 CEO는 이런 이야기들이 남에게 봉사한다는 회사의 사명을 강화하는 데 큰 도움이 된다고 말했다.[79]

---

78) J. Martin and C. Siehl, "Organizational Culture and Counterculture: An Uneasy Symbiosis," Organizational Dynamics, 1983년 가을호, 52-64쪽.

79) S. Fisher, "Telling Tales: The Art of Corporate Storytelling," Costco Connection, 2007년 10월호, 22-23쪽.

가장 좋은 이야기들은 회사의 가치와 종업원들의 자긍심을 활용하는 실제 인물과 경험에 바탕을 둔 이야기들이다. 윤리적인 문화 조성에 관심이 있는 리더들은 치하할 윤리적인 행동의 모범에 대한 예를 찾아내고 이 이야기들을 회사 웹사이트와 사보, 시상식에서 소통할 방법을 마련해야 한다. 어떤 조직의 문화에 대해 알고 싶으면, 종업원에게 그 조직의 문화를 예시하는 이야기를 들려달라고 요청하라. 그리고 앉아서 들어보라. 그 이야기가 그 조직의 윤리 가치와 일치하고 그 가치의 메시지를 전달하는 데 도움이 되기 바란다.

언어

조직 문화는 종업원들에게 가치를 소통할 언어를 개발해서 사용한다. 비즈니스 윤리는 모순어법이라는 오래된 농담은 전통적으로 윤리라는 언어는 비즈니스 맥락에서는 어울리지 않는다고 간주했음을 시사한다. 그러나 윤리적인 문화가 강한 곳에서는 윤리는 그 조직의 일상 대화의 자연스러운 부분이 된다. 종업원들은 동료나 매니저와 윤리에 대해 자유롭게 얘기한다. 의사 결정시 조직의 가치가 상기되고 매니저들은 직속 부하들과 일상적으로 윤리에 대해 얘기한다. 그런 대화들은 그 결정이 비즈니스 면에서만 아니라 윤리 면에서도 옳은 결정인지 질문하기와 같이 단순할 수도 있다. 이 일은 고객, 공급자, 공동체에 '적절한' 일인가? 종업원, 고객 또는 공동체에 대한 잠재적 피해는 무엇인가?

윤리적인 언어를 사용하면 의사 결정 행동에 영향을 줄 가능성이 있다. 한 연구에서는 윤리적인 언어를 사용해서 토의한 사람들은 실제로 윤리적인 결정을 내릴 가능성이 더 높았다.[80] 이 사람들은 윤리, 도덕, 정직, 올곧음, 가치, 좋은 성품에 대해 얘기했다. 비윤리적인 결정을 내린 사람들은

---

80) K. Butterfield, L. K. Treviño, and G. R. Weaver. "Moral awareness in business organizations: Influences of issue-related and social context factors." Human Relations 53권, no. 7 (2000): 981-1018쪽.

그 결정을 비용과 효용이라는 보다 전통적인 비즈니스 언어로 묘사할 가능성이 더 높았다.

그러나 윤리적인 언어 사용에 대한 문화적 지원이 없으면 비즈니스 매니저들은 자신이 윤리적인 이유로 행동하고 있는 경우에도 자신의 행동을 윤리적인 용어로 묘사하기를 꺼린다. '도덕적 침묵'이라고 부르는 이러한 거리낌은 '효율적인' 의사 결정에 가치를 두다 보니 매니저들이 강하고 효과적으로 보이고자 하는 욕구에 기인할 뿐 아니라 윤리 얘기는 본론에서 벗어나는 것으로 생각되기 때문이기도 하다. 윤리 얘기는 지나치게 이상적·유토피아적이며 효과적인 매니저들은 자기 문제를 해결할 수 있다는 기대와 일치하지 않는 것으로 보일 수도 있다.[81]

흥미롭게도 매니저들에게 종업원들과 윤리에 관해 이야기하게 하는 것은 부모가 자녀와 성(性)에 대해 얘기하는 것에 비유되었다. 부모들은 성교육이 좋은 일이라는 데 동의함에도, 흔히 자녀들에게 이 주제를 꺼내기를 어려워한다. 이와 비슷하게 매니저들은 다른 매니저들이나 부하 직원들과 윤리에 관한 대화를 시작하기가 어려울 수도 있다. 이 주제가 대체로 논의되지 않을 경우 이를 꺼내는 사람은 도덕군자인체 하는 사람 또는 흥을 깨는 사람이라는 기분이 들 수 있다.[82] 그러나 윤리에 대해 얘기하는 데 편안해지는 매니저들은 부하들의 중요한 행동에 대한 역할 모델이 될 것이다.

최초의 회사 윤리 책임자 중 한 명인 켄트 드루이베스타인은 제너럴 다이내믹스 사에서의 초창기 윤리 교육 개발에 관한 일화를 들려줬다.

우리는 일찍이 제너럴 다이내믹스에서 윤리 교육 워크숍은 소규모 대화형으로 진행되고 매니저들이 인도할 것이라고 선언했습니다. 우리는 일부

---

81) F. B. Bird and J. A. Waters, "The Moral Muteness of Managers," California Management Review, 1989년 가을호, 73-88쪽.
82) K. Berney, "Finding the Ethical Edge," Nation's Business, 1987년 8월, 18-24쪽.

매니저들이 "우리는 이에 대해 아는 게 전혀 없다."고 불평하는 말을 들었습니다. 그들은 우리가 매니저들에게 아리스토텔레스와 칸트를 가르치게 하려 한다고 생각했지만 우리는 그런 일을 하려는 게 아니었습니다. 우리는 또한 교육 중에 이런 말도 들었습니다. "우리는 사람들에게 이렇게 시킬 수 없다. 그러면 품질 관리가 되지 않을 것이다."

그때 나는 이렇게 말했습니다. "우리가 여기서 하려는 것이 무엇인지 생각해 봅시다. 우리는 인식을 제고하고 회사의 기준에 대한 지식을 향상시키며 이 기준에 진력하도록 고취하려 합니다. 그것이 가장 중요한 일입니다." 이런 비유를 고려해 보십시오. 당신에게는 어린 자녀들이 있는데 당신은 자녀들에게 성에 대해 가르쳐야겠다고 결심합니다. 이렇게 하는 데에는 여러 가지 방법이 있습니다. 성에 대해 알고 사용할 올바른 말을 알며 최신 용어를 알고 교수 기술이 아주 좋은 전문가를 고용할 수도 있습니다. 이런 전문가를 집으로 불러서 거실에 자녀와 앉아서 자녀에게 성에 대해 가르치게 할 수 있습니다. 누군가에게 위임하는 것은 좋은 관리 기법이 아니던가요? 다른 한편으로는 당신이 직접 할 수도 있습니다. 당신에게는 한계가 있을 수 있습니다. 모든 것을 알지도 못하고 당황하거나 입이 떨어지지 않을 수도 있습니다. 그러나 결국 누가 더 효과적일 것이라고 생각하십니까? 전문가가 교육하는 것과 당신 스스로 하는 것 중에 말입니다. 나는 전문가가 더 효과적이라고 말하는 사람을 본 적이 없습니다.

최상위 매니저들은 윤리적 우려에 대해 말하는 것은 무방할 뿐만 아니라 기대된다는 메시지를 보냄으로써 윤리를 수용할 수 있는 대화 주제로 만들 수 있다. 최상위 매니저들은 윤리에 대한 대화를 이끌고 윤리강령과 그 적용에 대해 논의하는 비디오를 종업원들에게 보여주며 윤리 문제를 매니저들이나 종업원들과 공개 토론함으로써 이렇게 할 수 있다. 상위 매니저들도 중요한 결정을 내릴 때 윤리 이슈에 대한 일상적인 토론을 요구함으

써 '윤리 토의'를 조직에 심어 넣을 수 있다.[83]

비윤리적인 문화에서는 윤리적인 언어는 대체로 존재하지 않거나 비윤리적인 언어가 사용될 수도 있다(종업원들이 고객을 '우려먹기'에 관해 얘기하는 경우 등). 그리고 3장의 완곡어법에 대한 논의에서 언급한 바와 같이 행동의 윤리적 함의를 피하기 위한 언어가 사용될 수도 있다. 이는 계획적으로 또는 우연히 발생할 수 있다. 예를 들어 나치 독일에서 살상과 대량 학살에 대한 암호명은 최종 해법, 소개(疏開), 특별 처리였다. 이런 완곡어법 사용으로 사람들은 자신의 행동의 진정한 의미를 대면하지 않고 회피할 수 있었다.[84] 이와 유사하게 회사들은 완곡어법을 사용해서 정리해고 결정의 고통을 피한다. 다운사이징, 규모 적정화, 구조조정, 재취업 알선 등이 이런 예에 해당한다. 정리해고보다는 재취업 알선을 강제하기가 더 쉬울 수는 있겠지만, 재취업 알선에서 윤리적 고려가 정리해고에서만큼 명백한가? 3장에서 윤리에 관련된 용어를 사용하면 개인의 윤리 인식을 증가시킨다고 한 점을 기억하라. 따라서 윤리에 관련된 언어가 조직의 윤리 문화의 일부가 되는 것이 매우 중요하다.

조직 문화: 공정성, 호의, 자기이익, 원칙

이러한 특정 시스템들 외에도 우리는 조직의 전체적인 풍토에 대한 종업원 인식이 큰 영향을 준다고 배웠다. 이러한 풍토는 여러 문화가 혼재된 시스템인 경향이 있다. 예를 들어 종업원들이 윤리적인 문화에 대해 생각할 때, 먼저 조직의 공정성 풍토에 관해 생각하는 경향이 있다. 이는 종업원들이 자신들이 매일 결과(급여, 승진, 해고), 과정(종업원에 관한 중요한 이런 결정들을 내리는 과

---

83) F. B. Bird and J. A. Waters, "The Moral Muteness of Managers," California Management Review, 1989년 가을호, 73-88쪽.

84) H. C. Kelman and V. L. Hamilton, Crimes of Obedience: Toward a Social Psychology of Authority and Responsibility (New Haven, CT: Yale University, 1989).

정이 공정하고, 독단적이지 않고, 편견이 없는가?), 상호작용(종업원들이 매일 품위 있게 대우받고 존중받는가?) 면에서 매일 공정하게 대우받는다고 믿는지 여부를 가리킨다. 종업원들이 조직이 자신과 동료들을 공정하게 대하지 않는다고 믿고 있으면 종업원들의 윤리적 행동에 대해 그들과 진지하게 얘기하기 어려우리란 점은 일리가 있다. 연구 결과 공정 대우에 대한 이 일반적인 인식은 종업원들의 윤리적 행동에 위에서 설명한 공식, 비공식 문화 시스템만큼 강력한 영향을 줄 수 있음이 밝혀졌다. 종업원들은 조직의 공정한 대우에 대해 자신의 윤리적 행동으로 화답하는 듯하다.[85]

공정성 풍토에 관한 이러한 발견사항과 마찬가지로 종업원의 행동은 조직이 호의 풍토(조직이 종업원, 고객, 보다 넓은 공동체와 일반 대중 등 다수 이해관계자들에 '신경 쓰는' 조직인지 여부) 특징을 보이는지 여부에 대한 종업원의 일반적인 인식에도 영향을 받는다. 그래서 종업원들이 신경 쓰는 조직이라고 인식하는 조직에서는 윤리적인 행동을 보일 가능성이 훨씬 크다.

이와 대조적으로 일부 조직의 종업원들은 회사가 자기 이익 보호를 최우선에 두고 모두 자기 일만 생각하고 있는 매우 유용한 자기 이익 풍토를 조장한다고 생각한다. 그런 조직에서는 자신의 행동이 사회에 미치는 영향에 대해서는 거의 주의를 기울이지 않는다. 재무 실적에만 초점을 맞추는 회사가 이런 풍토를 조성하리라고 생각할 수 있다. 논리적으로 그런 조직에서는 종업원의 비윤리적인 행동이 많다.

마지막으로 규칙 기반 풍토에서는 종업원들은 자신의 조직이 의사 결정을 내릴 때 법률과 조직의 규칙을 모두 따르는 곳으로 인식한다. 강령, 규칙, 정책을 아주 진지하게 여기는 규제가 강한 산업에 속한 조직은 이 측면을 중시하며 이는 비윤리적 행동 감소에 큰 영향을 주리라고 생각할 수 있

85) L. K. Treviño, G. R. Weaver, D. G. Gibson, and B. L. Toffler, "Managing Ethics and Legal Compliance: What Works and What Hurts," California Management Review 41권, no. 2 (1999): 131-151쪽.

다. 이는 이로 인해 풍토가 윤리 문화가 정렬되었다는 인식을 활용할 수 있기 때문이다. 종업원들이 규칙을 따르는 조직은 공식 시스템(강령, 정책)이 비공식 시스템(일상생활 규범)과 정렬된 조직일 가능성이 더 높다.[86]

윤리 문화 개발하기 및 변화시키기

이러한 문화 관점에서 일터의 윤리는 조직의 윤리 문화에 의해 큰 영향을 받는다는 결론을 내릴 수 있다. 공식·비공식 시스템과 프로세스들 모두 특정 유형의 행동을 전달하고 강화한다. 각각의 시스템 자체가 윤리적 또는 비윤리적 행동을 지원할 수 있다. 또한 이 여러 시스템들이 협력하거나 목적이 어긋날 수 있어서 윤리적 (또는 비윤리적) 행동을 지원하는 정렬된 조직으로 인도하거나 정렬되지 않고 혼합된 메시지를 만들어 내는 조직이 되게 할 수도 있다. 종업원들에게 어떤 종류의 선물 수령도 금지하는 윤리강령이 있지만 한 임원이 고객으로부터 구기 경기의 본부석 입장권을 받았다고 알려진 조직이 있다고 상상해 보라. 이러한 '말 따로, 행동 따로' 접근법은 광범한 냉소주의로 이어진다. 종업원들은 말보다는 주위의 행동에 더 주의를 기울이기 때문에 윤리강령은 신뢰성을 상실한다. 다른 한편 조직이 이 임원을 징계하면 이 행동은 가시적으로 윤리강령을 강화하고 모든 노동자들에 대한 회사의 윤리적 입장을 강화한다.

어떻게 윤리적인 문화가 비윤리적인 문화로 바뀔 수 있는가

지금은 존재하지 않는 감사 법인 아서 앤더슨 이야기는 서글픈 예를 제공한다. 이 이야기는 어떻게 견실했던 윤리적 문화가 빠르게 비윤리적 문화로 바뀌어서 88년 된 회사의 소멸로 이어질 수 있는지 보여준다.

설립자 아서 앤더슨은 20대 때 이 회사를 만들었다. 그가 최고 경영자로

---

86) K. D. Martin and J. B. Cullen, "Continuities and Extensions of Ethical Climate Theory: A Meta-analytic Review," Journal of Business Ethics 69권 (2006): 175-194쪽.

서 윤리적 행동에 관해 전달했던 메시지는 강력하고 일관성이 있고 명확했다. 앤더슨의 주문 "똑바로 생각하고 똑바로 말하라!"는 '올곧음이 수수료 수입보다 중요했던' 조직에서 종업원의 행동을 안내했다. 설립자의 윤리에 관한 이야기는 빠르게 이 회사의 신화와 구전(口傳)의 일부가 되었다. 예를 들어 앤더슨은 28세 때 어느 철도 회사 임원으로부터 자신의 회계 법인이 그 철도 회사 장부를 승인하라는 요구에 직면했다. 앤더슨은 "시카고의 돈을 다 준다고 해도 그 보고서를 바꾸지 않겠습니다."라고 말했다.[87] 앤더슨은 그 철도회사와의 거래를 잃었지만 나중에 그 회사가 파산하자 아서 앤더슨은 정직하고 옳은 일을 옹호하는, 신뢰할 수 있는 사람으로 알려지게 되었다.

1930년대에 앤더슨은 일반 대중에 대한 회계사들의 특별한 책임을 강조했다. 이 설립자는 1974년에 사망했지만 많은 사람들이 그의 가치를 내면화했기 때문에 유사한 신념을 가진 리더들이 그를 따랐으며 윤리적인 강한 문화가 수십 년간 계속되었다. 앤더슨은 중앙 집중, 하향식 경영 스타일을 도입해서 종업원들에게 '앤더슨 방식'을 체계적으로 교육했다. 전 세계의 고객들은 같은 언어를 말하고 '안드로이드(인간의 모습을 한 로봇)' 가치를 공유하도록 주의 깊게 사회화된 앤더슨의 종업원들로부터 고품질의 작업과 올곧음을 기대할 수 있다는 점을 알았다. 1980년대에 사람들은 "존경받는 회사에서 일했다는 좋은 경력을 제공해 줄 아서 앤더슨에서 일하는 것이 자랑스럽다."라고 말했다.

1990년대 중반에도 아서 앤더슨은 여전히 공식 윤리 기준과 윤리 교육을 제공했다. 1995년에 아서 앤더슨은 다른 기업이 그들의 윤리를 관리하도록 돕기 위해 바바라 토플러가 이끄는 컨설팅 그룹을 만들기까지 했다. 그러나 토플러는 곧 자기 고용주의 윤리에 관해 우려하게 되었는데 그녀는

---

87) B. Toffler, Final Accounting: Ambition, Greed, and the Fall of Arthur Andersen (New York: Broadway Books, 2003).

이를 『마지막 회계 감사: 아서 앤더슨의 야망, 탐욕과 몰락』에서 시간 순서에 따라 기록했다.[88] 토플러는 윤리적인 문화에서 비윤리적인 문화로 바뀐 주요 원인을 회사 이익이 점점 더 회계 감사보다는 경영 컨설팅에서 나왔다는 사실로 돌렸다. 감사와 컨설팅은 아주 다른 사업으로서 감사 분야에서 잘 작동했던 문화 기준은 컨설팅 비즈니스의 필요와 부합하지 않았다. 신사업의 현실 아래에서 컨설턴트들은 정직성과 올곧음을 옹호하기보다는 중요한 것은 수익뿐이기 때문에 고객의 비위를 맞추고 수익을 올리는 비즈니스를 따내는 데 집중하라고 장려되었다. 그들은 심지어 이익을 늘리기 위해 가격을 부풀리거나 필요 없는 일도 만들 것으로 기대되었다.

언제나 아서 앤더슨의 문화에 매우 중요했던 교육마저 변화를 면하지 못했다. 전통적으로 신입 직원들(최근의 대학 졸업생들)은 3일간의 문화화 교육에 참석하도록 요구되었지만, 이제 새로 들어온 컨설턴트들(종종 다른 회사에서 데려온 경력 직원들)은 교육에 참석하느라 벌이가 좋은 고객 일을 포기하지 말라는 말을 들었다. 그래서 토플러와 다른 많은 컨설턴트들은 한 번도 문화 교육을 받지 않았다.

토플러가 앤더슨에 입사할 무렵에는 커다란 적갈색 바인더 안에 윤리 기준이 여전히 존재하기는 했지만 아무도 윤리 기준을 찾아보지 않았다. 토플러는 이렇게 말한다. "내가 윤리라는 주제를 꺼냈을 때 그들은 나를 딴 세상에서 옮겨 온 사람인 듯이 바라보았다." 앤더슨에는 여전히 윤리 정책이 있었고 공식 문서에서는 여전히 윤리에 관해 얘기했지만 비즈니스가 극적으로 변했고 윤리 경영에 대한 접근법은 이를 따라가지 못했다.[89]

앤더슨은 엔론 감사 법인 역할과 관련된 문서를 파쇄(破碎)한 사법 방해

---

88) 앞의 책.

89) B. Toffler, Final Accounting; L. K. Treviño and M. E. Brown, "Managing to Be Ethical: Debunking Five Business Ethics Myths," Academy of Management Executive 18권, no. 2 (2004): 69-81쪽.

혐의로 기소되었고 곧이어 문을 닫았다. 대법원은 2005년에 화이트컬러 범죄사건 기소는 범죄 의도가 있었다는 증거를 요구한다는 사실을 배심원들에게 알려주지 않았다고 판단해서 결정을 파기했다. 그러나 대법원의 파기 결정에도 불구하고 앤더슨은 불법행위 책임을 면하지 못했다. 사실 검사들은 범죄 의도 증거를 제출했다.[90] 결국 누군가가 되살리기 원했다 해도 되살릴 회사가 남아 있지 않았다.

앤더슨이 윤리적인 문화에서 비윤리적인 문화로 바뀐 것이 의식적인 과정이었는가? 누군가가 "이제 우리는 아서 앤더슨에서 비윤리적인 문화를 조성할 것이다."라고 말했는가? 그러지는 않았을 것이다. 그러나 이 조직에 상당한 사업 전환이 이뤄지고 있을 때 리더들이 윤리 문화에 대해 주의를 기울이지 않아서, 실제적으로 비공식 문화에 의해 보내진 메시지(수익, 수익, 수익)가 공식 문화에 의해 보내진 메시지(윤리 기준)를 압도하기 시작했고, 정렬이 심각하게 어긋나고 점차 오직 순이익만 중요하다고 암시하는 메시지를 보내는 문화로 이어지게 되었다.

보다 윤리적인 문화로 변화되기

조직이 보다 윤리적인 문화로 변하기 원하면 어떻게 해야 하는가? 다차원 시스템 윤리 관점에서 보면 조직 윤리를 긍정적인 방향으로 바꾸기는 조직 윤리 문화의 많은 측면들을 동시에 개발하거나 변화시키기와 관련이 있다. 윤리 문화 개발 노력 또는 변화 노력이 성공적이려면 모든 관련 공식·비공식 시스템들이 윤리에 초점을 맞추도록 정렬되어야 한다. 이는 확실히 조직 최상부의 강한 의지를 필요로 한다. 보다 낮은 직급에서 시도되는 문화 변화는 상위 경영진이 전적으로 지원하고 모범을 보이지 않는 한 효과적이지 않을 가능성이 있다. 불행하게도 (아서 앤더슨과 같은) 일부 회사들은

---

90) K. Eichenwald, "Reversal of Andersen Conviction Not a Declaration of Innocence," New York Times, 2005년 6월 1일, C6면.

그럴 기회를 가지기도 전에 망해버린다.

조직 문화를 변화시키기는 개발하기보다 어렵다. 신설 조직에서는 노동자들이 새로운 조직의 문화 학습과 수용에 매우 개방적인데 조직 문화가 자신의 가치와 들어맞을 때에는 특히 더 그렇다. 그러나 인류학자들과 조직 연구학자들은 기존 문화를 바꾸기는 매우 어려운 과정이라는 데 동의한다.[91] 이 견해는 모든 조직 변화와 개발 노력에서 개인과 집단의 행동을 바꾸기는 어렵고 시간이 많이 소요된다는 현실과도 일치한다. 기존 문화를 보존하기 원하는 인간의 경향을 문화의 지속성, 또는 타성이라 한다. 문화에는 중독성이 있는데 이는 아마 문화 구성원들이 문화 구성 요소들은 다른 귀중한 가치들과 제도들에 영향을 주지 않고서는 바꿀 수 없다는 점을 알기 때문일 것이다.[92] 또한 비윤리적인 문화는 스스로 배양하는 경향이 있다. 왜 성공적인 (그러나 비윤리적인) 매니저가 변하기 원하겠는가? 그들은 변화를 원하지 않을 것이다. 그들은 자신과 같은 사람을 고용하고 기존 문화를 영속화하는 경향이 있을 것이다.

문화 변화에 대한 가장 흔한 압력은 주주, 정부, 감독 당국과 기타 외부 이해관계자와 같은 외부로부터 온다. 기업 임원에 대한 일반 대중의 불신[93]과 정부의 규제 강화 위협이 리더들에게 자사의 윤리 문화를 보다 자세히 들여다보도록 장려할 수 있다. 또한 구성원이 비윤리적인 행동에 관여하다 '붙잡혔거나' 값비싼 소송에 직면한 조직들은 그러한 윤리 문화 변화를 시도할 주요 후보들이다. 마지막으로 기업 범죄에 대한 정부의 양형 가이드라인은 1990년대에 많은 조직들에게 자사 윤리 문화 평가에 주의를 기울이게 했다.

---

91) R. A. Barrett, Culture and Conduct: An Excursion in Anthropology (Belmont, CA: Wadsworth, 1984); B. Uttal, "The Corporate Culture Vultures," Fortune, 1983년 10월 17일, 66-71쪽.
92) 위의 글.
93) R. Ricklees, "Ethics in America Series," Wall Street Journal, 1983년 10월 31일 - 11월 3일, 33쪽.

나쁜 평판과 값비싼 소송은 연루된 회사에만 영향을 주는 것이 아니다. 조직들은 자신의 관심사와 관련이 있는 정보를 얻기 위해 환경을 눈여겨본다. 업계에서 한 조직이 법률 또는 윤리 위반으로 조사받게 되면 해당 업계의 다른 조직들이 알아차리고 행동을 취한다. 아서 앤더슨이 수년에 걸쳐 회계감사를 잘못 처리했을 뿐만 아니라 엔론 감사에서 문서를 파쇄한 사건은 전체 감사 업계의 평판을 훼손시켰다. 따라서 외부 압력에 대한 취약성 증가를 알아챈 조직은 자신의 윤리 문화 관리에 주의를 기울일 가능성이 높다.

조직의 윤리를 변화시키라는 압력이 내부에서 올 수도 있지만 CEO가 변화를 결심하지 않는 한 그럴 가능성은 없다. 중대한 문화 변화가 필요할 때에는 흔히 새 CEO를 영입해서 그 일을 맡기는데 이는 CEO에게만 그런 중대한 변화를 이뤄낼 영향력과 자원이 있기 때문이다. 존 스웬슨은 안정되고 견고한 IBM에서 거의 30년을 근무한 뒤에 2004년에 컴퓨터 어소시에이츠(Computer Associates; CA)에 영입되었다. CA는 대량 사용자들에게 IT 관리 소프트웨어를 제공하며 수십억 달러의 연매출을 올린다. 스웬슨에 의하면 이 회사는 이사회가 1990년대에 상위 임원에 대한 새로운 주식 옵션 플랜을 도입했을 때 '중대한 변화'가 일어났다. 임원들이 십억 달러가 넘는 보수를 받으려면(무려 십억 달러 말이다.) 회사 주가가 정해진 수준에 도달해서 일정 기간 그 이상으로 유지되어야 가능했다. 이 상위 리더들은 매출액을 조정하기 위해 회계 규칙을 위반하기 시작했고, 급기야 회계 부정의 나락으로 굴러떨어지기 시작했다. 그들은 오랫동안 필사적으로 회계 부정을 감추려고 더욱더 대담한 불법 행동에 관여했다. 설상가상으로 정부가 조사에 착수하자 상위 매니저들이 은폐에 관여했다. 정부 조사로 거액의 벌금이 부과되었고 CEO를 포함해서 15명이 넘는 임원이 해고되었으며 CEO는 투옥되었다.

스웬슨은 정부와의 기소 유예약정에 따라 영입되었다. 회사를 기소하면 그 회사가 망하고 (대부분은 죄가 없는) 종업원들이 일자리를 잃게 될 가능성이 있기 때문에 기소 유예약정 하에서 정부는 기소를 미뤄둔다. 회사는 종일 제 정부 감독관이 파견되는 것을 받아들이고 뒤집어진 배를 똑바로 일으키기 위해 취해지는 모든 조치들에 동의한다. 아마도 가장 중요한 요구사항은 윤리에 대한 새로운 '상부의 기조' 세우기였을 것이다. 스웬슨은 그 노력의 일환으로 수백 차례의 직원회의를 개최했으며 내부 블로그를 만들어서 자신의 생각과 종업원들의 생각을 소통했다. 그는 또한 종업원들이 자신에게 직접 편지를 쓰고 자신이 답변하는 질의응답 포럼에서 '존에게 묻기' 질문들에 답변했다. 그는 상위 임원진에게 접근할 수 있는 경험이 풍부한 고위급 컴플라이언스 책임자를 고용했으며 윤리 교육 프로그램과 핫라인을 만들고 회사의 비리 조사 역량을 향상시켰다.*

기본적인 비즈니스에 대해서는 스웬슨은 직접 주요 고객들을 방문한 결과 단지 거래를 성사시키기만 하는 것이 아니라 관계구축을 지원하기 위해서는 판매원을 재조직하고 성과 관리 시스템을 바꿀 필요가 있음을 알게 되었다. 또한 종업원들을 '윤리에 기초를 두고 결속력이 있는 하나의 문화' 안으로 통합해야 했다. CA는 인수를 통해 빠르게 성장했기 때문에 종업원들은 CA가 아니라 종전 회사들과 더 동일시했다. (인수 합병에서는 흔히 '윤리 문화'를 통합할 필요가 간과되며, 이것이 여러 해 동안 문제를 일으킬 수 있음을 주목하라. 합병은 공유 가치가 성공 확보에 도움을 주는 '결혼'으로 생각되어야 한다. 이를 놓치고 주의를 집중하지 않으면 그 결혼 관계에서 고생할 가능성이 있다.)

이제 CA 종업원들을 대상으로 해마다 설문 조사를 실시한다. 종업원 사기와 경영진에 대한 신뢰가 향상되고 있으며 거의 모든 사람이 자신은 CA의 핵심 가치와 윤리적 행동의 중요성을 이해한다고 말한다. 스웬슨은 학생들을 대상으로 한 강의에서 이렇게 말했다. "현재 우리는 정상 궤도로 돌

---

* CA사의 컴플라이언스 재탄생에 대한 보다 자세한 설명은 도서출판 연암사에서 발행한 마틴 비겔만 저, 노동래 역, 『컴플라이언스: 윤리 준법 경영의 성공 전략』 5장을 보라. 역자 주.

아왔습니다. 종업원들은 자신의 직장에 대해 자랑스럽게 생각합니다. 고객들은 우리 회사와 거래하고 싶어합니다… 평판과 신뢰를 다시 얻기는 길고도 힘든 과정이었습니다. 우리는 과거로 돌아갈 수도 없고 돌아가지도 않을 것입니다."[94] 스웬슨은 새 CEO에게 자신이 조성한 윤리적인 문화를 계속하도록 맡겨두고 2009년에 은퇴했다.

조직 문화 변화시키기에 대한 문화 접근법

윤리 문화를 변화시키려면 모든 시스템들이 윤리적인 행동을 지원하도록 정렬되게 하는 변화를 만들어 낸다는 목표 아래 모든 문화 시스템에 동시적이고 체계적인 주의를 기울여야 한다는 점이 명백히 밝혀졌기 바란다.

이는 큰 작업이다. 따라서 많은 회사들은 컨설턴트를 고용해서 자사의 윤리 시스템 설계에 도움을 받는다. 특히 회사 내부에 자체 전문 인력이 없으면 컨설턴트를 고용하는 것이 적절할 수도 있다. 그러나 이런 시스템들이 피상적이고 진부한 처방을 뛰어넘으려면, 회사와 회사의 현재 문화에 대한 깊이 있는 분석에 기초할 필요가 있다. 많은 컨설턴트들이 이런 종류의 서비스를 제공한다. 불행하게도, 종종 컨설턴트를 고용한 회사들은 어떤 기업에도 적용될 수 있는 표준적인 처방이 담긴 기성품 보고서를 받게 되는데 이를 때로는 '(윤리를) 뿌려 놓고 기도하기'라고 부른다. "컨설턴트들은 [대기업에] 약간의 윤리를 뿌려 놓고서는 뭔가가 일어나기를 기도한다."[95] 이러한 뿌려 놓고 기도하기 프로그램은 윤리 문제에 대한 종업원들의 인식을 높일 수도 있지만 대부분의 경우에 조직이 윤리 문제에 대해 실제로 하는 일이 전혀 없다는 점도 암시하기 때문에 냉소주의를 낳을 수도 있다. 종업원들은 "우리는 하루만 유효한 윤리 프로그램 교육을 받았다. 이

94) J. A. Swainson, "Back from the Brink: Rebuilding a Company after a Near-Fatal Ethics Breakdown," 메사추세츠 주 월섬 소재 벤틀리 대학교 레이시온 윤리 강의, 2008년.
95) J. Byrne, "The Best-Laid Ethics Programs," Businessweek, 1992년 3월 9일, 67-69쪽.

제 우리는 항상 하던 방식으로 돌아올 것이다."라고 말할 가능성이 있다.

컨설턴트들로부터 조언을 구하는 회사들에게는 자기 회사의 필요와 문화에 맞도록 고안된 독특한 계획이 필요하다. 확실히 독특한 계획을 개발하려면 기성품을 사다 쓰는 것보다 자원이 더 많이 소요된다. 독특한 계획은 컨설턴트들이 해당 회사, 회사 리더, 회사 운영에 대해 알도록 한다. 컨설턴트들이 현 상황을 알려면 직원, 매니저, 임원들을 대상으로 인터뷰와 조사를 실시해야 한다. 그런 지식은 컨설턴트들에게 해당 회사의 독특한 필요를 다루는 문화 변화를 제안할 수 있게 해 줄 것이다.

윤리 문화 감사

문화가 윤리적인 행동을 지원하도록 정렬되어 있는지 결정하는 유일한 방법은 공식 · 비공식적인 모든 관련 문화 시스템에 대해 정기 종합 감사를 실시하는 것이다. 윤리 문화 감사 결과 현재 문화의 측면들이 윤리적 행동을 지원하도록 정렬되어 있지 않다는 결과가 나왔지만 일관성이 있는 윤리적 행동을 낳는 것을 목표로 한다면 현재의 문화를 바꾸어야 한다.

조직 윤리를 개발하거나 변화시키려는 모든 시도는 시스템 차원 관점, 장기적 관점을 포함하는 조직 변화 접근법으로부터 도움을 얻을 수 있다. 또한 조직 변화 접근법은 인간은 본질적으로 선하며 개발과 변화 능력이 있다는 가정에 기초해야 한다.

문화 시스템 관점

문화 접근법은 조직 윤리를 개발하거나 변화시키려는 어떤 시도가 성공하려면 전체 문화 시스템을 고려해야 한다는 아이디어에 의존한다.[96] 변화 효과는 조직의 여러 공식 · 비공식 하위 시스템을 겨냥해야 한다. 이 모든 하

---

96) N. Tichy, Managing Strategic Change (New York: Wiley & Sons, 1983).

위 시스템들이 협력해서 무엇이 해당 조직에서 적절한 행동이고 부적절한 행동인지에 대해 명확하고 일관성 있는 메시지를 보내야 한다. 하위 시스템들이 충돌하면 혼란과 혼합된 메시지로 귀결될 것이다. 따라서 전범위의 공식 · 비공식 하위 시스템들이 분석되고 개발과 변화의 대상이 되어야 한다.

조직 윤리 관리에 대한 이러한 복잡한 복수 시스템 접근법은 하나의 시스템만 겨냥하는 단기적이고 재빠른 해법을 반대한다. 윤리 문화의 복잡성이 이해되면 조직이 단순히 윤리강령을 제정하거나 컨설턴트를 고용해서 한 시간짜리 윤리 교육을 실시함으로써 자기 조직의 윤리 문제를 해결할 수 있다는 생각은 옳지 않다. 윤리 관련 행동은 그 자체가 복잡한 여러 시스템들에 의해 영향을 받기 때문에 윤리 관련 행동 관리는 복잡할 수밖에 없다. 따라서 문제의 복잡성에 어울리는 해법을 마련해야 한다. 문제에 비해 충분히 정교하지 않은 해법은 중요한 정보를 놓치고, 불완전한 진단을 하며, 지나치게 단순하고 근시안적인 해법을 낳을 것이다.

외부 압력에 대응해서 윤리강령을 제정하고 보상 시스템과 의사 결정 과정 같은 다른 시스템을 변경하지 않고서 만들어진 강령을 파일에 철해두는 조직은 조직 윤리에 대해 긍정적인 진술보다는 부정적인 진술을 할 가능성이 높다. 그러면 경영진이 위선적이고 윤리강령은 겉치레 외에는 아무 쓸모가 없다는 비공식 메시지가 전달될 것이다. 고상한 가치 선언문에 대해서도 같은 말을 할 수 있다. 예를 들어 많은 가치 선언문들이 다양성 존중에 대해 얘기한다. 조직을 둘러보면 소수 집단 출신 매니저들이 극히 적은 것은 어떻게 된 일인가? 임원들은 가치 선언문을 작성할 때, 종업원들이 후속 조치를 취할 의지를 기대한다는 점을 이해할 필요가 있다. 시스템 접근법의 요점은 조직이 가치 선언문, 윤리강령 또는 교육 프로그램으로 '윤리 문제'를 다루기로 결심하면 종업원들은 조직의 다른 부분들에서 후속 조치를 취하리라고 기대한다는 점을 이해하는 것이다. 후속 조치가 이어지지 않으면 위선으로 해석될 것이다.

장기적 관점

조직 문화 발달은 장기간에 걸쳐서 일어난다. 효과적인 문화 변화는 보다 길게 6년에서 15년이 걸리기도 한다.[97] 문화 변화는 조직의 공식·비공식 시스템 변경을 요하는데 이러한 변경을 실행하고 정착시키려면 시간이 걸린다. 저항이 극복되어야 한다. 교육 프로그램, 의식과 제의, 보상 시스템을 통해 새로운 규칙과 가치가 강조되어야 한다. 모든 조직 변화 노력이 이처럼 시일이 오래 걸리는 것은 아니지만 조직 문화에 대한 깊은 개입은 장기 프로젝트로 간주되어야 한다.

사람에 관한 가정

주류 경제학은 인간은 자기 이익과 기회주의에 의해 견인되며 책임을 회피하려 한다는 가정에 기초한다.[98] 이 가정을 받아들이면 변화 노력은 거의 전적으로 행동 통제에 초점을 맞추게 된다.

그러나 우리는 인간은 본질적으로 선하며 성장과 변화에 개방적이라고 믿는다. 대부분의 종업원들은 윤리적인 행동을 지원하고 비윤리적인 행동을 징계하는 공정한 조직과 관련 맺기를 선호한다. 이런 환경에서는 대부분의 개인들이 윤리적인 행동을 선택할 것으로 기대할 수 있다. 비윤리적인 행동에 관여하는 개인들에게 손쉽게 '나쁜' 사람이라는 딱지를 달면 안 된다. 그들은 외부 압력에 반응하고 있거나 무엇이 적절한지에 대해 조직 차원에서 승인된 정의에 따라 행동하고 있는 경우가 흔하다. 비윤리적인 행동은 징계 받아야 하지만 조직은 또한 비윤리적 행동을 조직 자체와 그 행동이 발생한 문화적 맥락을 조사해야 할 신호로 취급해야 한다. 조직은

---

97) R. A. Barrett, Culture and Conduct: An Excursion in Anthropology (Belmont, CA: Wadsworth, 1984); B. Uttal, "The Corporate Culture Vultures," Fortune, 1983년 10월 17일, 66-71쪽.
98) Research in Organizational Change and Development R. W. Woodman and W. A. Pasmore 편 (Greenwich, CT: JAI Press, 1989), 39-60쪽에 수록된 W. R. Nord, "OD's Unfulfilled Visions: Some Lessons from Economics."

문화를 통해 적절한 것과 부적절한 것의 정의를 바꿀 수 있으며 비윤리적으로 행동하라는 압력을 완화할 수 있다.

진단: 윤리 문화 감사

조직 윤리를 개발하거나 변화시키기 위한 공식적인 시도는 진단부터 시작해야 한다. 문화 진단은 의사 결정 내용 감사, 조직의 이야기와 일화의 내용 코딩, 모든 직급 종업원들과의 (답변을 제한하지 않는) 인터뷰와 같이 시간이 소요되는 기법을 필요로 한다.[99] 문화 진단은 또한 조직 구조와 보상, 승진 기준 등 조직의 공식 시스템에 대한 체계적인 분석도 필요로 한다.

표 5.1 공식 시스템 감사 질문 예

1. 조직의 리더들이 명확한 윤리 메시지를 보내는가? 윤리가 그들의 '리더십' 의제의 일부인가? 매니저들이 윤리적인 리더가 되도록 훈련받는가?

2. 조직이 선발 절차에 윤리를 포함하는가? 신입 직원 교육과 기존 직원 교육 시 올곧음이 강조되는가?

3. 공식 윤리강령, 가치 선언문이 존재하는가? 강령/가치 선언문이 배포되었는가? 얼마나 널리 배포되었는가? 강령/가치 선언문이 사용되는가? 강령/가치 선언문이 성과 관리 시스템, 의사 결정 시스템과 같은 다른 공식 시스템에서 강화되는가?

4. 성과 관리 시스템이 윤리적인 행동을 지원하는가? 올곧은 사람만 승진되는가? 성과 관리 시스템에서 결과뿐 아니라 윤리적인 수단도 중요한가?

5. 조직에서 비리가 지위 고하를 불문하고 신속하고 공정하게 징계되는가?

6. 모든 직급의 노동자들이 자신의 행동 결과에 대해 책임지도록 장려되는가? 자신이 옳지 않다고 생각하는 것을 하도록 요구받을 때 이의를 제

---

99) R. A. Barrett, Culture and Conduct: An Excursion in Anthropology (Belmont, CA: Wadsworth, 1984); B. Uttal, "The Corporate Culture Vultures," Fortune, October 17, 1983년 10월 17일, 66-71쪽.

기하도록 장려되는가? 어떻게 장려되는가?

7. 종업원들이 문제를 보고하도록 장려되는가? 그들이 우려 사항을 비밀리에 알릴 수 있는 공식 통로가 있는가?

8. 공식 의사 결정 프로세스에 윤리에 대한 고려가 포함되어 있는가? 윤리가 어떻게 고려되는가? 아니면, 재무 실적만 고려되는가?

9. 종업원과 매니저들이 오리엔테이션 프로그램에서 조직의 가치에 대해 소개받는가? 그들이 윤리적 의사 결정에 관해 교육받는가?

10. 윤리에 대한 고려가 계획 및 정책 회의, 신사업 보고서의 통상적인 부분인가? 조직에 윤리 이슈를 고려할 고위급 공식 위원회가 존재하는가?

이번 장에서 제시된 프레임워크는 조직의 윤리 문화 감사를 위한 지침을 제공할 수 있다.[100] 감사는 조직의 현재 윤리 문화를 유지하고 있는 공식·비공식 시스템에 대한 조사를 포함해야 한다. 먼저 조직의 공식 시스템은 여러 방법으로 분석될 수 있다. 설문 조사, 인터뷰, 회의 관찰, 오리엔테이션 및 교육 세션, 조직의 문서 분석을 통해 조직의 공식 시스템이 윤리적 행동을 장려하는지 좌절시키는지 식별할 수 있다. 물어 볼 수 있는 질문들이 표 5.1에 나와 있다.

비공식 시스템 감사도 공식 시스템 감사만큼 중요하다. 공식 정책과 의사 결정 프로세스가 없는 소규모 조직에서는 비공식 시스템이 공식 시스템보다 중요하다. 이야기, 의식, 언어를 통해 강화되는 일상 행동과 영웅들을 파악해 문화를 분석하기도 한다. 이는 자유롭게 답변할 수 있는 인터뷰, 조직의 의식 관찰, 조직의 이야기 분석을 통해 달성될 수 있다. 비공식 시스템 감사에서 물어 볼 수 있는 몇 가지 질문이 표 5.2에 나와 있다. 표 5.1과 표 5.2는 윤리 문화 감사의 일반적인 방향을 제안하기 위해 고안되었다. 분석 대상 특

---

100) A. L. Wilkins, "The Culture Audit: A Tool for Understanding Organizations," Organizational Dynamics 12권 (1983), 24-38쪽.

정 시스템의 독특한 문제와 필요를 다루기 위해서는 그 시스템에서 나오는 구체적인 질문들이 개발되어야 한다. 미리 준비된 질문들로 적절한 차원들을 파악할 수 있다고 가정하는 접근법으로는 실패하게 되어 있다.[101]

표 5.2 비공식 시스템 감사 질문 예

1. 조직의 역할 모델들과 영웅들을 파악하라. 그들은 어떤 가치를 대표하는가? 멘토들은 어떤 조언을 하는가?

2. 어떤 비공식 사회화 과정이 존재하는가, 그 과정은 어떤 윤리적/비윤리적 행동 규범을 증진하는가? 조직의 하위 그룹마다 규범이 다른가?

3. 조직에 어떤 중요한 의식이 있는가? 이 의식들이 어떻게 윤리적 또는 비윤리적 행동을 장려하는가? 누가 상을 받는가? 올곧게 성공하는 사람인가, 성공을 위해 비윤리적인 방법을 사용하는 사람인가?

4. 조직의 이야기와 신화에 의해 어떤 메시지가 보내지는가? 이야기와 신화가 압력에도 불구하고 옳은 일을 위해 분연히 일어선 사람을 드러내는가, 아니면 중요한 인물에 대한 순응을 드러내는가? 이 이야기들에서 그들은 해고나 승진되었는가?

5. 윤리 우려사항을 논의하기 위해 받아들일 만한 언어가 있는가? '윤리 토의'가 일상 대화의 일부인가?

또한 조직 문화에 여러 시스템이 있기 때문에 공식·비공식 시스템들이 각 시스템 안에서나 서로 간에 잘 정렬되어 있는가라는 핵심 질문에 답하기 위해서는 질문에 대한 답변들을 특정 시스템 안에서와 시스템 끼리 서로 비교해야 한다.

이제 독자들도 파악했겠지만 전면적인 윤리 문화 감사는 평균적인 매니

---

101) F. Luthans, "Conversation with Edgar H. Schein," Organizational Dynamics 17권, no. 4 (1989), 60-76권.

저라면 수행할 준비가 되어 있지 않을 수도 있는 복잡한 과정이다. 많은 대규모 조직들에는 그런 전문 지식을 갖춘 인사부서 종업원들이 있을 것이다. 그리고 그런 감사를 자체적으로 수행하면 (감사 후속 조치가 취해질 경우) 회사가 윤리에 대해 관심을 가진다는 강력한 메시지를 보낼 수 있다. 그러나 자체 전문 인력이 없는 조직은 이런 진단 및 개입 노력에 외부 도움을 필요로 할 것이다. 그리고 일부 회사에서는 종업원들이 민감한 윤리 이슈를 신뢰할 수 있는 외부인과 더 기꺼이 논의하려 할 수도 있다.

이번 장에서 다룬 문화 이슈를 이해하면 어떤 매니저라도 조직 윤리의 복잡한 성격과 문화 정렬의 중요성에 대해 보다 더 민감해질 수 있다. 사실 표 5.1과 표 5.2에 나오는 질문들을 약간 변경해서 입사를 고려하는 조직의 윤리를 평가하는 데 사용할 수도 있다. 당신의 매니저가 될 수도 있는 사람 또는 동료가 될 수도 있는 사람에게 적절한 질문을 하고 그들이 어떻게 반응하는지 볼 수 있다. 그런 질문을 환영하고 질문에 쉽게 대답한다면 이는 그 조직에 있는 사람들이 윤리 이슈에 대해 편하게 얘기할 수 있다는 좋은 신호다.

윤리 문화 변화 개입

감사가 완료되면 데이터를 종업원들과 논의해야 한다. 그러면 종업원들은 문화 변화 개입 계획 개발에 협력할 수 있다. 이 계획은 진단과 앞의 그림 5.1에서 보여준 멀티 시스템 문화 프레임워크에 의해 인도되어야 한다. 조직의 공식 · 비공식 시스템 양면의 보완적인 변화가 변화 추천 내용에 포함되어야 한다.

공식 시스템을 바꾸는 것은 어렵기는 하지만 비공식 시스템을 바꾸기보다는 수월한 과정이다. 진단에서 파악된 결함과 문제들은 여러 방법으로 다루어질 수 있다. 개인들에게 자신의 행동에 대해 책임지도록 장려하고, 권위에 대한 무조건적 복종을 단념시키도록 구조를 변경할 수 있다. 윤리강령 개발에 종업원들을 참여시키고 개발된 강령을 배포하고 집행할 수 있다. 달성한 결과의 내용뿐 아니라 방법도 강조하는 성과 관리 시스템을 고안할 수 있다. 공식 소통 통로와 비밀성을 제공함으로써 비리 보고를 장려할 수 있다.[102] 오리엔테이션 프로그램을 조직의 가치를 포함하도록 설계하고 임직원들이 자신의 업무에서 직면할 가능성이 가장 높은 윤리 딜레마들을 다루도록 준비시키는 교육 프로그램을 만들 수 있다. 선발과 승진 결정에서 올곧음이 강조될 수 있다. 회의나 보고서에 윤리 이슈를 할애함으로써 의사결정 프로세스에서 윤리 이슈에 주의를 기울일 수 있다.

비공식 시스템, 특히 비윤리적인 행동을 유지하는 시스템은 변화시키기가 더 어렵다. 그러나 전체 변화 노력이 효과적이려면 비공식 시스템의 변화가 이뤄져야 한다. 이러한 변화는 경영 과학보다는 '예술'에 대한 주의를 필요로 하며, '상징 관리'가 중요하다는 생각과도 일치한다. 상징 관리에서는 리더들과 매니저들에게 그들이 관리하는 사람들에게 영향을 줄 의식, 상징, 이야기를 만들도록 장려한다.[103]

조직은 조직 행동을 바람직한 방향으로 인도할 수 있는 설립 신화와 이야기를 되살리고 이와 관련된 이야기를 부활시킴으로써 '재신화화'해야 할 수도 있다.[104] 예를 들어 알렉산더 그레이엄 벨의 "왓슨 씨, 이리 와 주세요. 나는 당신의 도움이 필요합니다."라는 말은 오랫동안 AT&T의 성공에 매우 중요한 요인이었던 벨의 서비스 개념을 세웠다. 그러나 신화가 계속 유용한지는 자주 평가해야 한다. 조직의 현재 필요와 목표에 맞는 새로운 신화가 발견되거나 개발되어야 한다. 재신화화는 주의 깊게, 그리고 빈번

102) J. P. Near and M. P. Miceli, "Whistleblowers in Organizations: Dissidents or Reformers?" Research in Organizational Behavior, Cummings and Staw 편, 321-368쪽에 수록된 글.
103) T. Peters, "Symbols, Patterns, and Settings: An Optimistic Case of Getting Things Done," Organizational Dynamics 7권 (1978), 3-23쪽.
104) W. McWhinney and J. Batista, "How Remythologizing Can Revitalize Organizations," Organizational Dynamics 17권, no. 2 (1988), 46-79쪽.

하지 않게 수행되어야 한다. 종업원들은 일반적으로 조직에서 '실제로 벌어지고 있는' 일이 무엇인지 알고 있다. 되살아난 신화가 조직의 실재와 부합하지 않으면 냉소주의를 키울 뿐이다. 또한 신화는 자주 바뀔 수 없다. 신화의 힘과 가치는 장기적인 안정성에서 나온다.

윤리 문화 변화 평가 모든 조직의 변화 및 개발 노력과 마찬가지로 윤리 문화 변화 노력에 대해서도 장기간에 걸쳐 결과가 평가되어야 한다. 진단 및 개입과 마찬가지로 평가도 멀티 시스템 프레임워크에 의해 안내되어야 한다. 평가는 반복적으로 설문 조사와 인터뷰를 실시해서 규범이 변했는지 판단하고 잠재적인 문제 영역을 가려낸다. 문서를 분석해서 윤리 이슈들이 일관성 있게 고려되고 있는지 판단할 수 있고 소송이나 비윤리적인 행동 보고 건수와 같은 다른 결과들도 추적 관리할 수 있다. 그러나 해석은 단순한 숫자 분석 수준을 벗어나기도 한다. 예를 들어 핫라인 보고 건수 증가는 단지 윤리적 민감성이 높아졌음을 의미할 수도 있고 부정적이 아니라 긍정적인 결과로 여길 수도 있다. 아마도 문화 구축에서 평가 부분이 가장 소홀히 여겨질 것이다. 많은 조직들이 평가에 투자하지 않으려 하기 때문에 그들의 노력 효과성을 제대로 파악하지 못한다.

조직 윤리 관리의 윤리

조직 윤리 변화를 겨냥한 작업은 누구의 가치 또는 윤리가 지배할 것인가라는 복잡한 윤리 딜레마에 직면하도록 한다. 우리는 종업원을 참여시키는 변화 노력은 조작적이거나 강압적이지 않으며 변화 노력 자체의 윤리에 대한 관심과도 일치한다고 믿는다. 문제 진단과 계획 과정에 직원들이 참여해야 한다. 직원들은 무슨 일이 진행되고 있는지 알아야 하며 문제 파악과 해법 추천에 참여해야 한다.

요약

이번 장은 조직의 맥락에서 윤리적인 행동과 비윤리적인 행동에 관해 생각하기 위한 문화 프레임워크를 제안했다. (3장에서 배운 바와 같이) 개인의 성품 특성이 특정인에게 윤리적 행동 또는 비윤리적 행동을 하는 경향을 부여하기는 하지만 조직의 문화적 맥락도 대부분의 종업원들의 행동에 큰 영향을 준다. 자신의 윤리 문화를 개발하거나 변화시키기 원하는 조직은 윤리적 행동 또는 비윤리적 행동을 지원할 수 있는 공식 시스템과 비공식 시스템의 복잡한 상호작용에 주의를 기울여야 한다. 손쉬운 해결책은 성공할 가능성이 낮다. 조직이 자신의 윤리 문화를 진단하고 필요할 경우 이를 변화시키도록 안내하기 위한 광범위한 멀티 시스템 접근법을 개략적으로 설명했다.

대부분의 매니저들은 스스로 광범위한 문화 변화 작업을 수행할 준비가 되어 있지 않지만 우리는 이번 장이 그들이 조직 윤리는 복잡한 문화 현상임을 이해하는 데 도움이 되었기 바란다. 이 지식을 갖춘 매니저는 자기 조직의 윤리 문화를 평가하기 시작할 수 있으며, 문화 변화 작업에 도움을 주기 위해 고용되는 컨설턴트에게 어떤 질문을 해야 하는지 알 것이다. 개인들도 이 질문들을 사용해서 자기 조직과 자신이 이 조직에 어울리는지 평가하는 데 도움을 받을 수 있을 것이다.

토론 문제

다음의 질문들에 대해 당신이 잘 아는 조직에 초점을 맞추라. 이렇다 할 조직 생활 경험이 없으면 이 질문들을 현재 매니저 역할을 하고 있는 사람과 토론하라.

1. 당신의 조직은 윤리 이슈를 공식적이고 체계적으로 다루는가? 조직은 자신의 독특한 필요에 어울리도록 윤리 문화를 어떻게 맞추었는가?

2. 할 수 있는 범위 내에서 그림 5.1과 표 5.1 및 표 5.2에 나와 있는 질문을 사용해서 당신 조직의 공식·비공식 시스템에 대한 윤리 감사를 실시하라.

3. 윤리 감사를 실시했으면 주의를 기울일 필요가 있는 공식·비공식 시스템을 파악하라. (정렬되지 않은 요소가 있다면) 문화의 어느 부분이 정렬되지 않았는가? 약점을 다루고 공식·비공식 시스템을 강한 윤리 문화 안으로 정렬시키기 위한 변화 프로그램을 고안하라.

4. 표 5.1과 표 5.2의 감사 질문들을 사용해서 당신이 입사를 고려중인 회사의 윤리 문화 감사를 실시하려 한다면, 이 질문들을 어떻게 바꾸겠는가?

사례

텍사코의 문화 변화

1999년에 텍사코는 아프리카계 미국인 종업원들을 차별한 혐의로 고소된 소송에 합의했다. 텍사코는 이런 종류의 합의로는 최고액인 1억 7천 5백만 달러를 지불했다. 옴짝달싹할 수 없는 오디오 테이프가 공개된 뒤에 이 회사의 주가는 주당 3달러로 떨어졌다. 당시 CEO 피터 비주르는 소송을 끝내고 합의로 해결하기로 결심했다. 소수집단 종업원들에게 배상금과 체불 임금 1억 4천만 달러가 지급되었고, 3천 5백만 달러는 향후 5년간 이회사의 다양성 노력을 평가할 독립적인 테스크포스 설치에 사용되었다.

확실히 텍사코에는 조직 전체에 심각한 문제들이 있었다. 텍사코 종업원들과 매니저들 측면에서는 뻔뻔스러운 인종차별 언어와 행동이 있었고, 소수 집단 직원들에게 저임금을 적용한 문서가 있었으며(해당 직무 범주의 최저 임금보다 적은 경우도 있었다) 백인 매니저가 "나는 흑인 여성이 텍사코에서 일하는 꼴을 보는 날이 오리라고는 생각하지 못했다."고 내뱉은 말을 듣기도 했다. 텍사코에게는 불행하고 소수 집단 직원들에게는 다행스럽게도 어떤 텍사코 책임자가 임원들이 회의에서 인종주의 용어를 사용하고 회사의 유죄를 입증하는 문서 파괴에 대해 의논하는 것을 녹음했다. 이 테이프들은 「뉴욕 타임즈」에 전달되었고 대중에 알려졌다. 텍사코에게는 설상가상으로, 전직 시니어 금융 애널리스트 베리 엘런 로버츠가 자신을 포함해서 많은 소수 집단 직원들이 당했던 굴욕적인 경험을 자세히 묘사하는 책을 썼다. 한번은 백인 책임자가 로버츠를 공개적으로 '꼬맹이 깜둥이 계집애'라고 불렀다. 그녀는 또한 이 조직이 어떻게 줄곧 소수 집단의 불만 제기를 무시했는지에 대해서도 자세히 서술했다.

　이 문제에 대한 비주르의 이례적인 해법은 완전한 문화 변화 작업이었다. 1998년과 1999년 초에 이 회사는 원유와 천연 가스 가격 하락으로 재무적으로 어려움을 겪고 있었다. 매출액과 이익이 급감했고 종업원 수는 27,000명에서 18,500명으로 줄어들었다. 그런 시기에 다른 CEO라면 다양성 이슈는 제쳐 두고 순이익에 초점을 맞췄을 것이다. 그러나 비주르는 이 사건을 계기로 텍사코를 '더 좋은 회사로 만들기'로 했다. 먼저 그는 리더로서 무례를 용인하지 않을 것이며 문화 변화에 동조하지 않는 사람들은 해고하겠다는 점을 분명히 했다. 비주르는 도시 연맹(Urban League)과 같은 회사 외부에서 다음과 같이 말하기도 했다. "진정한 의지는 다양성 체크리스트 이상이어야 합니다. 그것은 회사의 비즈니스 계획에 통합되어야 합니다. 그것이 우리의 다양한 인력 채용, 개발, 승진, 유지 전략을 안내해야 합니다. 그것은 우리 회사의 경계를 넘어 우리 회사의 고객과 공급자뿐만 아니라 우리가 그 안에서 일하고 있고 살고 있는 공동체로 확장되어야 합니다."[105] 비주르는 글로벌 비즈니스 개발 이사, 법무본부장, 회사 다양성 부서 수장 등과 같은 요직에 아프리카계 미국인을 고용했다. 이 사람들은 모두 진정한 문화 변화에 대한 비주르 개인의 의지 때문에 이 회사에 합류하

---

105) "Texaco Chairman and CEO Tells National Urban League that Diversity Commitment Must Be Worked on Daily," 보도 자료 (1998년 8월 4일), Chevron Texaco Corporation.

기로 동의했다고 말했다. 모든 직위에 소수 집단 후보자 군을 늘리기 위해 새로운 모집 시스템이 마련되었다. 모든 인사 위원회에 여성과 소수 집단이 포함되었다.

이 노력에 도움을 받기 위해 소수 집단 채용 분야에서 성공적인 헤드헌팅 업체가 고용되었다. 장기 해법으로 이 회사는 회사에 중요한 학문 분야에서 소수 집단의 관심을 끌기 위해 장학금 프로그램과 인턴 프로그램을 만들었다.

다음에 비주르는 특정 다양성 목표와 시한을 정하고 매니저들의 업무 성과와 보너스 보상을 이 조치 실행과 연결했다. 그는 모든 감독자들의 평가 기준에 다양성 이슈 성과를 포함하는 다면평가 제도를 만들었다. 또한 회사가 소수 집단을 리더 지위로 준비시키는 공식적인 멘토링과 리더십 개발 프로그램도 만들었다. 모든 종업원들은 다양성 교육에 참석하도록 공지되었다. 이 교육은 지금은 보다 일반적인 경영 교육 안으로 통합되었다. 그리고 복수의 불만 제기 방법이 마련되었다. 핫라인, 독립적인 중재를 통한 분쟁 해결 프로세스, 비밀 외부 옴부즈만이 이러한 제도에 속한다. 마지막으로 이 회사는 거래하는 소수 집단 도매상 수를 늘리기 위해 소수 집단 및 여성 비즈니스 개발 프로그램을 창설했다. 소송 합의 해결의 일환으로 세워진 독립적인 테스크포스가 이 모든 변화 노력을 감독했다. 이 테스크포스는 다양한 종업원 그룹들과 빈번하게 만나며 회사의 진전 상황을 모니터한다.

텍사코의 현재 상황은 어떤가? 회사 다양성 이니셔티브 담당 이사 안젤라 밸럿은 "사람들의 사고방식을 바꿀 수는 없지만 행동방식을 바꿀 수는 있다."고 말한다. 실제로 행동이 변화하고 있다고 암시하는 증거가 있다. 새 법무본부장이 관여하고 있는 다양성 소송이 별로 없다. 1999년에 신규 채용자의 44%와 승진자의 22%가 소수 집단에게 할애되었다. 회사는 1997년과 1998년에 소수 집단과 여성이 소유한 벤더들로부터 10억 달러가 넘게 구매했는데 이는 1996년에 세운 목표를 초과하는 수치다. 텍사코는 「포춘」지의 1999년 소수 집단이 가장 일하기 좋은 미국의 50개 회사 명단에 지원하기까지 했다. 텍사코는 이 명단에 포함되지는 못했지만, 지원했다는 사실 자체가 회사 책임자들이 자사의 발전에 대해 아주 고무적으로 생각하고 있음을 시사한다.

워싱턴 D.C. 소재 한 법무법인의 다양성 전문가 웰던 라섬은 이렇게 말한다. "그들은 확실히 이 나라가 직면하고 있는 가장 큰 문제 중 하나에 어떻게 접근해야 할지에 대한 모델이다."[106] 모니터링 테스크포스의 보고서들은 텍사코의 웹사이트에 게시되었다. 2000년 7월에 발표된 보고서에서 이 테스크포스는 텍사코 리더의 의지를 인정했다. "회사 리더가 옹호하는 가치와 회사의 고용 관행을 개선하려는 노력을 통해 이 회사는 자신의 작업장에서 차별, 희롱, 또는 보복을 용인하지 않을 것이며 모든 종업원들에 대한 평등과 공정성이 경쟁력이 매우 높은 이 회사의 사명에 매우 중요하다는 메시지를 계속 효과적으로 소통하고 있다." 또한 이 보고서는 옴부즈맨 프로그램은 이 프로그램이 없었더라면 심각한 문제가 되었을 수도 있는 불만 해결책으로서 종업원들이 선호하는 방법이라고 했다.[107]

이 테스크포스의 다음 번 보고서에서는 좀 더 뒤섞인 결과가 나왔다. 여성과 소수 집단 종업원의 전반적인 비율은 다소 올라갔지만 여성과 소수 집단 신규 고용과 승진은 하락했으며, 임원직에서 여성과 소수 집단이 차지하는 비율도 다소 하락했다. 그럼에도 불구하고 이들의 승진 비율은 텍사코 전체의 승진비율보다 높았으며 이는 계속적인 발전 신호로 여겨졌다.[108] 이 보고서들은 특히 이 회사가 2001년에 쉐브런 그룹의 일원이 된 후

106) K. Labich, "No More Crude at Texaco," Fortune, 1999년 9월 16일, 205-212쪽.
107) "Fourth Annual Report of the Equality and Fairness Task Force for the Year ending June 30, 2001," Chevron Texaco Corporation, 2001.
108) 위의 글.

에는 할 일이 많이 남아 있다고 언급했다. 쉐브런은 자사 웹사이트에 자사는 다양성을 가치 있게 여기며 '우리 종업원과 세계 공동체를 존중하는 방식으로' 사업을 영위한다고 말한다. 이 회사는 최근에 여성, 남성 동성애자, 여성 동성애자, 성전환자 종업원들에 대한 대우로 상을 받았으며 「엔지니어링 & 정보 기술에서의 다양성/경력」 지에 의해 2008년 최고의 다양성 회사로 지명되었다.

사례 문제

1. 1990년대 중반의 텍사코 윤리 문화 문제를 적시하라.
2. 위의 사례에 나오는 사실과 이번 장에서 배운 내용을 기초로 현재 진행 중인 문화 변화 노력을 평가하라. 이 문화 변화 노력에서 어떤 문화 시스템이 겨냥되었는가? 빠진 시스템이 있다면 어떤 시스템이 빠졌는가? 이 문화는 정렬된 것으로 보이는가, 정렬되지 않은 것으로 보이는가? 문화 변화를 성공시키기 위해 경영진은 이미 한 일 외에 어떤 다른 일을 할 수 있는가?
3. 그런 문화 변화는 얼마나 오래 걸릴 수 있는가?

사례

변화가 필요한 비윤리적 문화: 탭 제약

1995년에 더글라스 두란드는 탭 제약 세일즈 부사장 직을 제안받았다. 탭은 25년 전에 일본의 다케다 화학과 애봇 레버러토리에 의해 세워졌다. 당시 50세였던 두란드는 고등학교 시절 애인과 결혼한 상태였고 머크 앤드 컴퍼니에서 20년간 재직 중이었으며 회사 판매 조직의 시니어 지역 이사였다. 탭은 그에게 연간 40%를 더 벌고 (5만 달러의 계약금 별도) 탭을 궤양과 전립선 암 약품의 틈새시장 플레이어에서 대량 시장 공급자로 성장시킬 기회를 제의했다. 그는 이 기회를 받아들이고 새로운 희망을 품었다.

그러나 두란드는 탭으로 이직한 지 몇 달 만에 자신이 머크에서 익숙해졌던 문화와는 딴판인 문화에 충격을 받았다. 머크는 오랫동안 윤리와 사회적 책임을 다하는 회사로 평판이 났다. 두란드는 머크에서 보낸 20년 동안 이런 특질을 지지했다. 예를 들어 머크에서는 새로운 마케팅 캠페인을 시작하기에 앞서 법률 및 감독 규정 팀에 의해 검토되었고 필요하면 약들을 철수시켰다. 그러나 탭은 아주 달랐다. 두란드가 옮겨온 지 얼마 지나지 않아 이 회사의 문화는 숫자만 중시하는 문화라는 점이 분명해졌다. 출근 첫날 두란드는 탭에는 사내 변호사가 없다는 것을 알았다. 법률 팀은 '세일즈 방해부'로 간주되었다. 한번은 한 컨퍼런스 콜에서 판매원들이 회사의 새 전립선 암 약 루프론을 처방하는 의사들에게 선불 '관리 수수료'를 줌으로써 비뇨기과 의사들에게 뇌물을 주는 방안에 대해 공공연히 토론하는 것을 직접 들었다. 탭의 판매원들은 또한 의사들에게 루프론 샘플을 할인 가격이나 무료로 주고 메디케어(65세 이상 노인이나 장애인 건강보험제도)에는 정가를 청구해서 차액을 챙기라고 장려했다. 두란드는 의사들이 루프론으로 보트와 별장을 샀다고 자랑하는 말을 들었다. 탭은 1만 명에 이르는 전국의 모든 비뇨기과 의사들에게 사무실 비품 및 골프 휴가와 더불어 대형 스크린 TV를 제공했다. 그런데 판매원들은 자신들이 준 무료 샘플을 계상하지 않았다(법률에서는 이를 계상하도록 요구한다). 두란드는 한 알만 계상하지 않아도 최대 1백만 달러의 벌금에 처해질 수 있음을 알고 있었다. 마지막으로 탭은 과학에 근거해 약을 팔기보다는 의사들을 위해 파티를 열었다. 새 궤양 약을 위한 한 파티에는 불을 뿜는 거대한 위, '터미(Tummy)'가 등장했다.

두란드는 곧 자신도 공범일 수 있다는 생각에 머리가 복잡해지고 우려하는 마음이 들게 되었다. 부사장으로 채용된 두란드는 먼저 문화를 바꾸려 했다. 하지만 그가 시도하는 일마다 저항에 부딪혔다. 그는 탭의 문화를 이해하지 못한다는 말을 들었다. 그가 의사들의 신뢰를 얻는 일의 중요성에 대해 말하자 판매원들은 그저 눈알을 굴리기만 했다. 다음에 그는 샘플의 정확한 기록을 유지하는 판매원들에게 보너스를 제공함으로써 '탭 방식'을 바꾸는 데 영향을 주려 했다. 이 프로그램은 실제로 효과가 있었는데 상위 경영진이 이 보너스를 폐지했고 물론 판매원들은 기록 관리를 중단했다. 두란드는 점차 회의에서 배제되기 시작했고 사면초가에 빠졌다고 느꼈다. 1년도 안 돼서 두란드가 이 회사를 떠나게 된다면 어떤 일들이 일어날 수 있을까? 두란드는 보너스를 받지 못하게 될 것이고 고용하려는 다른 회사가 있을지 의문이었다. 가족은 어떻게 될 것인가? 하지만 그는 회사의 희생양이 될지도 모른다고 우려했다.

두란드는 이를 필사적으로 극복하기 위해 머크에서 알고 지냈던 스트래티직 헬스 폴리시 인터내셔널 사장이 된 글레나 크룩스와 상의했다. 두란드의 말을 듣고 경악한 크룩스는 그가 관찰한 내용들에 대해 문서를 작성하고 이 정보를 필라델피아 주 변호사 엘리자벳 에인슬리에게 보여주라고 충고했다. 에인슬리는 두란드에게 미국 정부에 대해 사기 친 서면 증거에 비추어 연방 내부고발자 프로그램에 따라 탭을 고소하라고 격려했다. 문서를 갖춘 그는 탭을 고소했고 연방 검사가 사건을 맡았다. 두란드는 1996년에 탭을 떠나 아스트라 머크로 옮겼다. 그러나 내부고발자 프로그램 하에서 조사는 비밀리에 수행되었다. 탭도 아스트라 머크도 이에 대해 알지 못해야 했다. 조사는 몇 년이 걸렸고 두란드는 증언 요청을 받았을 때 새 직장에 양해를 구하고 휴직해야 했다. 그는 '2중 간첩'으로 살기가 불편했다. 결국 탭은 공모해서 연방 정부를 속인 데 대해 유죄를 인정하고 8억 7천 5백만 달러의 벌금을 내기로 합의했다. 2001년에 그는 연방 내부고발자법에 따라 납부된 벌금의 14%인 7천 7백만 달러를 받았다(이 중 2천 8백만 달러는 세금으로 납부했다). 그는 은퇴하고 플로리다로 가서 부모와 가까운 곳에서 살고 있지만, 아직도 여섯 명의 탭 임원들에 대해 증언해야 하는 불쾌한 과제를 처리할 일이 남아 있다(그들 중 일부는 자기 부하였다).

사례 문제

1. 탭의 윤리 문화를 분석하라. 이 문화는 정렬된 것으로 보이는가, 정렬되지 않은 것으로 보이는가?

2. 위의 사례에 나오는 사실과 이번 장에서 배운 내용을 기초로 더글라스 두란드가 수행한 문화 변화 노력을 평가하라. 이 문화 변경 노력에서 그는 어떤 문화 시스템을 겨냥하였는가? 빠진 시스템이 있다면 어떤 시스템이 빠졌는가?

3. 두란드의 문화 변화 노력은 왜 실패했는가? 문화 변화 노력이 성공하려면 무엇이 필요하겠는가?

출처: C. Haddad and A. Barrett, "A Whistle-Blower Rocks an Industry," Businessweek, 2002년 6월 24일, 126-130쪽.

사례

'뼛속까지 나쁜'

2012년에 「포춘」지는 상당한 조사 뒤에 신테스라는 캘리포니아 회사에 대해 '뼛속까지 나쁜' 이라는 제목의 폭로기사를 실었다.[109] 이 회사는 외과 의사들이 임플란트로 부러진 뼈를 고정시키기 위한 제품을 개발한 스위스에 뿌리를 두고 있었다. 이 외과 의사들 중 한 명이 하버드 경영대학원 졸업생 한스요르그 위스를 만났고, 위스는 미국으로 건너가 신테스의 CEO가 되어 이 회사를 이끌었다. 위스는 하버드 및 기타 대의명분에 대한 기부와 하이킹을 좋아하는 야외 활동가로 유명하다. 리더로서 위스는 위협적이고 화장실 종이에서부터 회사 식당 접시(정사각형)까지 모든 것을 결정하는 등 사소한 것까지 챙기는 관리자로 묘사되었다. 이 회사는 '종업원들이 시킨 대로 하며, 매우 엄격히 관리되는' 것으로 묘사되었으며, 위스는 이견을 용납하지 않는 '거구의 고릴라' 로 묘사되었다.

---

109) M. Kimes, "Bad to the Bone," Fortune, 2012년 10월 8일, 140-154쪽.

1990년대 말에 위스는 뼈의 금간 데를 채울 수 있지만 그 자체가 뼈로 바뀌기도 하는 특수한 시멘트를 개발한 노리안이라는 캘리포니아 주 신생 업체에 관심을 가지게 되었다. 이 제품은 FDA로부터 팔과 머리뼈용으로 승인받았으며 이 분야에서 성공적으로 사용되고 있었다. 신테스는 이 시멘트가 척추 압박 골절이라 불리는 척추 골절을 채우는 데에도 유용할 수 있기를 희망하고 있었다. 그러나 FDA는 아직 이 제품을 그 목적으로 사용하는 것은 승인하지 않았다. 이 제품은 값비싼 임상 실험에서 안전하고 효과적임이 입증되어야 했다. 한편 FDA는 제품을 승인받지 않은 용도로 마케팅하거나 의사들에게 그런 용도를 언급하는 것조차 금지했다.

그럼에도 불구하고 신테스는 시장 조사를 실시해서 척추 압박 골절에 대한 이 제품의 잠재 시장이 연간 거의 50만 건에 달할 정도로 거대하다는 것을 알았다. 감독 당국의 직원 마이클 샤프가 이 제품을 척추 외과의에게 마케팅하는 방안에 대해 얘기하는 것을 우연히 듣고 임원들에게 신테스 종업원들이 노리안을 척추 외과의와 논의하는 것은 금지된다고 경고하는 이메일을 보냈다. 그는 다시는 그런 일이 일어나지 않으리라는 다짐을 받고서 이 이슈가 해결되었다고 생각했다. 그런데 2001년에 캘리포니아 주의 어떤 외과의가 두 건의 척추 압박 골절 수술에 노리안을 사용했다. 두 환자 모두 혈압이 심각하게 떨어져 하마터면 죽을 뻔했다. 샤프는 이에 대해 알게 되었고 다시금 임원들과 북미 부문장 마이클 히긴스를 만났으며 히긴스는 판매원들에게 오프 라벨 마케팅(약품 또는 의료장치를 FDA의 공식 승인을 받지 않은 용도로 마케팅하는 행위)의 위험에 관한 이메일을 보냈다. 그러나 경영진으로부터 계속 뒤섞인 신호가 나왔으며 이 프로젝트는 계속되었다. 사실 히긴스 자신이 관심 있는 외과 의사들로 포커스 그룹을 조직했다. 이 그룹은 노리안을 인간에게 사용하기 전에 동물 실험을 하도록 권고했으며 회사는 소규모 연구를 위한 자금을 지원하기로 합의했다. 최고위 임원 회의는 인간을 대상으로 한 임상 실험에 3년간 1백만 달러가 소요될 것이라는 사실을 알게 되자 인간 대상 임상 실험 제안을 거절했다. 대신 이 회사는 기존 의료 제품을 변경해서 다른 유형의 FDA 승인을 신청했다. 그리고 2001년 말에 FDA는 이를 승인했지만 노리안을 척추에 주사하기 전에 다른 물질과 혼합해서는 안 된다고 말했다(척추 압박 골절에 노리안을 사용하려면 다른 물질과 혼합해야 했다).

한편 동물 실험에서 나쁜 소식이 나왔다. 연구자들은 노리안이 돼지에게서 혈액 응고 문제를 야기해 그 돼지가 사망했음을 확인했다. 또한 실험실 테스트에서 노리안을 혈액과 섞었더니 심각한 혈액 응고가 발생했음이 발견되었다. 그때 회사 의료 컨설턴트 중 한 명이 우연히 이 회사가 노리안을 혼합해서 SRS-R이라는 혼합물을 만드는 방법과 함께 노리안을 한 척추 외과의사에게 보내려 한다는 것을 알게 되었다. 그는 임원들에게 살얼음판을 걷고 있다고 경고했는데, 얼마 뒤에 그는 회사에서 해고되었다. 회사에서 다른 사람들도 자신의 상사에게 우려를 제기하려 했지만 괜찮다는 말만 들었다.

이 모든 사실에도 불구하고 임원들은 일부 의사들을 고용해서 척추 압박 골절 수술을 시행하게 하고 그들의 임상 결과를 보고하자는 이전 결정을 추진하기로 결정했다. 의사들에게는 승인받지 않은 용도로 처방하는 것이 허용되어 있는데, 특히 정형외과 의사들은 그러기 쉽다. 경영대학원을 졸업한 젊은 제품 매니저가 외과 의사들에게 이 회사 제품을 척추 압박 골절에 사용하기 위해 바륨 및 황산염과 혼합하는 방법을 가르치고 있었다(FDA 는 척추 압박 골절에 사용하는 것을 금지했다). 많은 수술이 잘 되었고 FDA는 그 혼합물을 승인했지만(현재 노리안 XR이라 불린다) 이 혼합물이 척추 압박 골절에 사용되어서는 안 된다고 계속 경고했다.

한 달도 안 되어서 텍사스 주의 한 외과 의사가 수술하던 한 환자가 수술대에서 혈압이 급격히 떨어져 사망했다. 부검이 실시되지 않았고 사망 원인이 확실하지 않았기 때문에 이 회사는 그 죽음을 FDA에서 요구하는 대로 보고하지 않았다. 한편 세일즈 팀은 수백만 달러의 매출액과 50%의 세후 이익률을 예측했다. 이 회사는 캘리포니아에서 외과 의사 포럼을 후원했는데 이 포럼에서 외과 의사들은 시체에 노리안 XR 주입을 실습했다. 그러나 곧이어 어느 캘리포니아 외과 의사가 유사한 방식으로 환자를 잃었고 그 사망에 대해 노리안 XR을 비난했다. 그 외과 의사의 파트너도 노리안을 20~30차례 성공적으로 사용했었지만 유사한 경험을 했고 수술대에서 또 다른 환자를 잃었다. 이 회사는 그때서야 '사망 사고가 발생했고' 노리안을 척추 압박 골절에 사용해서는 안 된다고 진술하는 편지를 보냈다. 그러나 리콜은 시행되지 않았고 노리안은 계속 판매되었다.

2004년 5월에 신테스가 노리안을 승인받지 않은 용도로 마케팅하고 있다는 제보를 받은 FDA 조사관이 나타나 조사를 실시한 후 이 회사가 FDA 규칙을 위반했다고 결정했다. 다소 시간이 걸렸지만 2009년에 회사와 4명의 임원이 기소되었다. 2010년에 신테스는 유죄를 인정하고 2천 3백만 달러의 벌금을 납부하고 노리안을 매각하는 데 합의했다. 4명의 임원에게는 4개월에서 9개월의 징역형이 선고되었다. 징역형은 이례적이었으며 업계 전체를 전율시켰다. 그러나 정부는 이처럼 승인받지 않은 용도의 마케팅 사례에서는 임원들이 실제로 징역형에 처해질 가능성이 있다는 메시지를 보내고 싶었다. 현재 사망한 사람들의 유족들이 제기한 민사소송이 진행 중이다.

2012년에 존슨 앤 존슨이 약 200억 달러에 신테스를 인수했으며 신테스는 좋은 실적을 내고 있다. 이 회사는 뼈 시멘트 부문을 인근의 소규모 제조업자에게 2천 2백만 달러에 팔았으며(벌금보다 1백만 달러 적은 금액) 존슨 앤 존슨의 드퓨 신테스 부문이 이 제품을 독점 판매한다.

사례 문제

1. 신테스의 문화에 대해 당신은 어떤 정보를 수집했는가? 이 문화가 이 회사 종업원들의 태도와 어떻게 관련되었을 수 있다고 생각하는가?

2. 윤리와 사회적 책임으로 명망이 있는 존슨 앤 존슨이 신테스를 인수
   했다. 윤리 문화 관점에서 당신이 이 회사들을 결합하고자 한다면, 특
   히 신테스의 윤리 문화를 바꾸고자 한다면 뭐라고 권고하겠는가?
3. 이 경우 임원들에 대한 징역 형량이 적절하다고 생각하는가?

출처: M. Kimes, "Bad to the Bone," Fortune, October 8, 2012년 10월 8일, 140-154쪽.

Chapter 6

윤리와 컴플라이언스 관리

개요

5장은 윤리를 조직 문화로 제시했지만 답변한 것만큼이나 많은 질문을 제기했을 수도 있다. "실제 조직들은 윤리적인 조직 문화를 만들고 이를 소통하기 위해 무슨 일을 하고 있는가?"와 같은 질문 말이다. 이번 장은 보다 좁게 미국의 여러 대기업들에서 시행하는 윤리와 컴플라이언스 프로그램들에 초점을 맞춤으로써 그 질문에 대답하는 데 도움이 되도록 고안되었다. 이런 프로그램들은 여러 방법으로 윤리를 관리하고 소통하기 위해 필요하다.

조직에서 당신의 직위가 무엇이든 당신은 이번 장의 정보가 유익함을 알게 될 것이다. 상위 임원에게는 이번 장이 자신의 회사에서 어떻게 윤리와 컴플라이언스를 관리할지에 대한 아이디어를 제공할 것이다. 하위 또는 중간 매니저에게는 자신의 조직의 윤리 경영 접근법을 이해하고 이를 현재 다른 조직에서 시행하고 있는 접근법과 비교할 수 있도록 도움을 줄 것이다. 학생들에게는 구직 시 무엇을 보아야 하는지에 관해 생각하도록 도움을 줄 것이다.

이번 장을 준비하면서 우리는 록히드 마틴 코퍼레이션(글로벌 안보), 유나이티드 테크놀로지 코퍼레이션(UTC-오티스 엘리베이터, 캐리어 에어컨, 프렛 앤 휘트니 제트 엔진, 시코르스키 헬리콥터), 머크(의약품, 백신, 소비자 건강 제품과 동물 건강 제품), 아델피아(전기통신/케이블) 등 다양한 산업 부분의 4개 회사 임원들과 대화를 나눴다. 임원들이 할애해 준 시간과 이 책에 대한 기여에 대해 감사드린다. 이 회사들은 규모가 다양하다. UTC에는 22만 명이 넘는 종업원이 있으며(해외에 있는 종업원이 절반을 넘는다) UTC는 180개가 넘는 국가에 진출해 있다. 머크는 140개 국가에 8만 명의 종업원을 두고 있다. 2005년에 컴캐스트와 타임 워너가 매입할 당시 아델피아에는 미국 전역에 1만 4천 명의 종업원이 있었다. 록히드 마틴은 미국의 46개 주와 해외 75개 국가와 각 지역에 572개 사업장을 두고 있다.

전 세계에 종업원을 두고 있는 이들 회사에서 윤리와 컴플라이언스를 관리한다는 것이 얼마나 벅찬 일일지 생각해 보라. 이 회사들은 다양한 노력을 기울이고 있지만 산업과 조직 문화 차이로 인해 접근법은 다소 다르다. 예를 들어 일부 산업(예컨대 방위 산업과 화학 산업)은 다른 산업보다 규제가 강하기 때문에 법규 준수가 중요한 목표이며 반드시 이를 관리해야 한다. 이런 회사들에 있어 윤리와 컴플라이언스는 회사의 평판 및 브랜드 가치 유지와 밀접하게 연계되어 있다. 그런 환경에서는 올곧음이 회사 행동의 주요 동인이 된다.

윤리 관리 조직 구조

많은 기업들이 윤리와 컴플라이언스 프로그램에 상당한 자원을 투입한다. 공식 윤리 관리 프로그램에 점점 더 주의를 기울이게 된 것은 부분적으로는 미국 기업의 스캔들에 언론이 관심을 기울이고 경영진이 미국 양형 가이드라인(이 가이드라인에 대한 보다 자세한 내용은 이번 장의 뒷부분을 참고하라)을 인식했기 때문이다. 또한 여러 해 동안 컨퍼런스 보드와 같은 기관들이 비즈니스 윤리 컨퍼런스를 개최함으로써 공식 윤리 관리 시스템을 장려했으며 일부 회

사 리더들이 자기 조직에서 윤리의 중요성에 전력을 기울였기 때문이기도 하다.[1]

그러나 1990년대 초에 시행된 미국 양형 가이드라인보다 미국에서 회사 윤리 프로그램 시행에 더 큰 영향을 준 것은 없을 것이다. 1980년대 중반까지 형법은 회사보다는 개인 피고에 초점을 맞췄으며 회사에 대한 벌금은 비교적 가벼웠다. 의회는 양형 시 판사의 재량과 '화이트컬러' 범죄와 다른 유형의 범죄에 대한 양형이 균형 잡히지 않았다는 비판에 대응해서 1984년에 미국 양형 위원회를 만들었다. 양형 위원회는 1987년에 개인 피고에 대한 연방 양형 가이드라인을 설정했다. 그 결과 중대 범죄로 기소된 개인과 조직 모두에 대해 점차 벌금이 증가하기 시작했다. 이 가이드라인은 판사의 재량을 제한하고 거의 모든 중대 범죄자에게 어느 정도의 투옥을 강제했다.

양형위원회는 1991년에 연방 범죄로 기소된 조직에 대한 새로운 양형 가이드라인을 발표했다. 단 한 명의 종업원이 법률 위반으로 체포되어도 조직이 기소될 수 있다. 이 가이드라인은 사기, 독점 금지, 증권, 세금, 뇌물, 자금 세탁 범죄 등 거의 모든 연방 범죄를 포괄하며 필수 벌금 표를 부과한다. "이 가이드라인은 기소된 조직에게 거의 예외 없이 손해배상금을 지불하고 상당한 벌금을 납부하게 한다(이와 관련된 비용은 세법상 손비로 인정되지 않는다)."[2] 이 양형 가이드라인은 심지어 '회사 사망 벌금'을 요구하는 조항도 두고 있다. 이 조항은 뉴욕 주 파밍데일 소재 미국 정밀 부품(American Precision Components Inc.) 사건에 적용되었는데, 이 회사는 정부 계약자에게 일반 볼트와 너트를 정밀 검사를 받은 우주선 부품으로 속여 팔았다.[3] 이 회사는 모

---

1) G. Weaver, L. K. Treviño, and P. Cochran, "Corporate Ethics Programs as Control Systems: Managerial and Institutional Influences," 미발표 논문, 1998.
2) S. A. Reiss, 컨퍼런스 보드 비즈니스 윤리 강연, 1992년.
3) United States of America v. David D' Lorenzo, 96-CV-1203, U.S. Dist. Ct., 1996년.

든 자산을 매각하는 데 동의했다. 한때는 '올곧음을 위해 분연히 일어섰던' 종전 회계법인 아서 앤더슨은 여러 회사의 더러운 회계 장부(선빔, 웨이스트 매니지먼트, 엔론, 글로벌 크로싱, 퀘스트, 월드콤 등)를 승인하는 스탬프를 찍어 주었고 현재 최대의 회사 사형 사례가 되었다.[4]

이 양형 가이드라인은 회사 범죄 관리에 대한 '당근과 채찍' 접근법으로 설계되었다. 당근은 조직들에게 불법행위를 탐지하고 관리하기 위한 강력한 내부 통제 시스템을 개발할 인센티브를 제공한다. 이 가이드라인은 적절한 주의(due diligence)와 효과적인 컴플라이언스 프로그램으로 인정받기 위한 7개 요건을 열거한다(이 요건은 표 6.1에 자세히 요약되어 있다). 예를 들어 이 가이드라인은 조직이 컴플라이언스 기준을 수립해서 소통하고, 소통, 모니터링, 보고, 책임성 시스템을 설치하라고 제안한다. 이 접근법에서 채찍은 범죄 혐의로 기소되고 컴플라이언스를 적극적으로 관리하지 않은 조직에 대한 엄한 처벌을 제공한다. 벌금과 기타 제재는 위반 전력, 경영진의 자진보고 및 조사 당국에 대한 협조 여부, 불법 행위를 예방하고 탐지하기 위한 효과적인 컴플라이언스 프로그램 보유 여부에 따라 크게 달라진다. 1991년 양형 가이드라인은 효과적인 컴플라이언스 프로그램으로 인정받기 위한 7개의 구체적인 요건을 다음과 같이 열거한다.

표 6.1 적절한 주의와 효과적인 컴플라이언스 프로그램으로 인정받기 위한 7개 요건

1. 범죄 행위를 합리적으로 예방할 수 있는 컴플라이언스 기준 수립.

2. 고위직 인사에게 이러한 컴플라이언스 기준 감독 책임 부여.

3. 불법을 저지를 성향이 있는 개인에게 재량권이 위임되지 않도록 적절한 주의 행사.

4. 모든 종업원에게 컴플라이언스 기준과 절차를 소통하기 위해 필요한 조

---

4) J. A. Byrne, "Fall from Grace," Businessweek, 2002년 8월 12일, 50-56쪽.

치를 취함. 특히 교육과 매뉴얼 배포를 강조함.

5. 모니터링, 감사 및 범죄 행위를 보고하는 종업원에게 보복하지 않는 시스템 등 범죄 행위를 탐지하기 위해 고안된 시스템을 통해 성문 기준을 준수하기 위해 합리적인 조치를 취함.

6. 필요할 경우 범죄를 탐지하지 못한 책임이 있는 사람에 대한 징계 등 적절한 징계 장치를 통해 조직의 성문 기준을 일관성 있게 집행함.

7. 범죄 행위가 발견된 경우, 이에 대해 대응하고 향후 유사 행위가 재발하지 않도록 합리적인 모든 조치를 취함.

이 요건들의 출처는 1991년 미국 양형 가이드라인이다(자세한 정보는 www.ussc.gov 를 보라).

따라서 같은 범죄에 대해 벌금액이 많이 다를 수 있다. 이 가이드라인 하에서 벌금 최소 금액은 250달러이며 최대 금액은 2억 9천만 달러인데 특정 기준을 충족할 경우 그보다 많을 수도 있다. (벌금 결정 방법에 관한 보다 구체적인 정보는 이번 장 끝의 부록 '미국 양형 가이드라인에서 벌금 결정 방법'을 보라.) 이 프로그램은 또한 효과적인 컴플라이언스 프로그램을 갖추지 않은 피고 조직을 회사 집행유예에 처하도록 권고한다. 권고된 집행 유예 조건으로는 조직이 자신이 기소되었다는 사실과 처벌의 성격에 대한 보도(당해 회사가 비용을 부담하고 보도 내용은 법원의 지도에 따름), 법원에 재무 상태와 운영 실적 정기 보고, 회계 장부와 기록에 대해 대중에 발표하지 않은 정기 검토 보고서 제출, 법원이 임명한 전문가에 의한 종업원 심문(이 비용은 회사가 부담한다), 비즈니스 상황이나 전망에 불리한 중대한 변화가 있을 경우 법원에 통보 등이 있다.

미국 양형 위원회 보고서(www.ussc.gov에서 검색함)에 의하면 더 많은 기업들이 이 가이드라인에 따라 처벌되고 있다. 이 가이드라인은 소급 적용되지 않기 때문에 몇 년 동안은 눈에 띄지 않았다. 그러나 이 가이드라인의 영향력은 꾸준히 커져 왔으며 회사들이 이 가이드라인에 주의를 기울이고 있다. 예를 들어 1995년에 콘 에디슨은 환경법 위반으로 기소되어 번거로운 컴플라이언스 요건이 딸린 집행유예를 선고받았다. 1996년에 케어마크 결정으로 알려진 사건에서 회사의 이사회들은 양형 가이드라인을 회사 거버넌스 책임의 일부로 고려하지 않으면 개인적으로 책임질 수도 있다는 것을 알았다. 1999년에 호프만−라로쉐는 독점 담합으로 기소되어 당시까지 미국에서 회사에 부과된 최고액인 5억 달러의 벌금에 처해졌으며 로네 폴렌은 범죄를 보고해서 기소가 면제되었다. 2001년에 탭 제약은 이 가이드라인 하에서 당시까지 부과된 벌금 중 세 번째로 많은 금액인 2억 9천만 달러의 벌금을 부과 받았다[5](탭 제약에 관한 사례 연구는 5장을 보라). 최근에는 벌금액이 천문학적으로 올랐다. AT&T는 2001년에 AT&T 회선을 이용해서 '더 인터넷'이라는 음악 그룹에 접속한 고객들에게 부적절한 요금을 부과한 혐의로 거의 10억 달러의 벌금을 납부했다. 인텔은 2010년에 경쟁사의 칩을 사용한 컴퓨터 제조사에 보복하기 위해 자사 칩을 재설계한 혐의로 12억 5천만 달러를 납부했다. 2009년에 화이저는 진통제를 불법적으로 마케팅해서 23억 달러의 벌금에 처해졌으며, 마지막으로 대형 은행들(뱅크 오브 아메리카, 웰스 파고, JP모건 체이스, 시티 그룹, 앨리)은 담보 처분 오류와 모기지 대출 변경을 요청하는 고객을 잘못 다룬 혐의로 250억 달러의 벌금을 납부했다.[6]

2004년에 미국 양형 위원회는 이사회가 컴플라이언스 및 윤리 프로그램을 감독하고(1991년 가이드라인에서는 컴플라이언스 프로그램이었으나 2004년 개정 가이드라인에서는 컴플라이언스 및 윤리 프로그램으로 바뀌었음을 주목하라. 역자 주) 상위 경영진이 이 프로그램의 효과성을 확보하고 컴플라이언스 책임자는 적정한 권한과 상위 경영진에 대한 접근 권한을 보유할 것이라는 기대를 포함하는 개정안을 발표했

5) J. M. Kaplan, "The Sentencing Guidelines: The First Ten Years," Ethikos and Corporate Conduct Quarterly 15권, no. 3 (2001), 1-4쪽.
6) U.S. Public Interest Research Group, "Rogues Gallery of Major Corporate Legal Settlements," 2012년 4월 17일, uspirg.org.

다. 또한 조직들은 종업원들을 교육하고 리스크 평가를 실시해서 잠재적인 우려 영역을 파악해야 한다. 이 개정안은 또한 조직들이 가이드라인 목록에 '(시행하고 있다고) 표시만 하고 더 이상은 신경 쓰지 않는 수준'(윤리강령이 있지만 그저 책장에 꽂혀 있기만 하고 실제로 시행되지는 않는 경우)에 머무르지 않게 한다. 갖춰진 컴플라이언스와 윤리 프로그램은 그 조직 문화의 필수적인 부분으로 여겨져야 한다(윤리 문화에 대한 보다 자세한 설명은 5장을 보라). 대법원의 2005년 미국 대 부커(United States v. Booker) 결정으로 판사들은 더 이상 이 가이드라인을 엄격하게 따르지 않아도 된다. 그러나 이 가이드라인은 여전히 권고 역할을 하며 연방 검사들은 이 가이드라인을 준수하기 위해 필요한 조치를 취하도록 기대된다. 따라서 현재 대부분의 관측자들은 이 가이드라인이 대부분의 사안에서 계속 준수되리라고 예상한다.[7]

최근에는 미국 양형 가이드라인은 거의 매년 개정되면서 계속 발전하고 있는데 이는 좋은 일이다. 이 가이드라인은 죽은 문서가 아니라 생생하게 살아 있으며, 양형 위원회는 선량한 기업시민에게 보상하기 위해 이 가이드라인을 정기적으로 개정한다. 뒤에 나오는 자료에서 보는 바와 같이 양형 가이드라인의 대부분의 요소들은 미국 전역의 조직 윤리 프로그램의 필수적인 부분이 되었다. 대부분의 회사들은 이 가이드라인의 '문자'를 충족시키기 위한 진정한 노력을 기울이지만 일부 회사들은 훨씬 더 나아가 이 가이드라인의 '정신'을 구현한다. 이러한 몇 가지 노력에 대해 이번 장에서 논의한다.

종합적, 총체적 윤리 관리

미국 양형 가이드라인은 조직들이 자신의 비즈니스 운영에서 올곧음과

---

7) Governance, Ethics, and the Sentencing Guidelines: A Call for Self-Governing Cultures (Los Angeles: LRN, 2004).

윤리적인 행동을 견인하는 윤리 프로그램을 만들도록 장려한다는 명확한 목표를 갖고 있다. 이 가이드라인이 다듬어지고 정교해짐에 따라 책임 있게 행동하는 조직들은 윤리와 가치가 자신의 핵심적인 비즈니스 수행 방식이 되게 하는 다양한 방법을 개발했다. 앞 장에서 읽은 바와 같이 조직 전체에 다양한 요소들을 정렬시킴으로써 윤리와 올곧음과 같은 가치들이 조직 문화의 일부가 된다. 회사의 가치를 조직 문화 안으로 통합시키는 것은 임원진의 강력한 의지에서부터 시작한다. 회사의 가치가 조직 문화의 일부가 되려면 우선 임원들이 이를 명확히 후원하고 모든 종업원들에게 소통되어야 하며 컴플라이언스가 측정되고 보상되어야 한다.

윤리 관리: 전사 윤리 부서

일부 조직들은 강력한 가치 선언문과 강한 윤리 문화가 윤리 관리 노력에 상호 협력할 수 있음을 알기에 윤리 관리 책임을 널리 위임한다. 이런 접근법은 특히 규모가 크지 않은 회사에서 효과적일 수 있다. 그러나 대부분의 대기업들은 하나의 부서에서 윤리 이니셔티브를 조정해서 모든 프로그램들이 조화되고 미국 양형 가이드라인 요건이 충족되게 할 필요가 있다고 생각한다.

전사 윤리 부서 개념은 1985년에 미국에서 두 번째로 큰 방위 계약자였던 제너럴 다이내믹스로 거슬러 올라갈 수 있다. 당시 해군부 장관은 정부에 청구된 특정 간접비의 적정성에 대한 우려에서 제너럴 다이내믹스에게 위반자 제재를 포함하는 윤리강령을 제정해서 모든 종업원들에게 시행하라고 지시했다. 이 회사는 워싱턴 DC 소재 비영리 컨설팅 조직 윤리자원센터에 윤리강령 개발을 도와달라고 요청했다. 이 과정의 일환으로 윤리 부서가 설치되고 윤리 책임자가 고용되었다.[8] 제너럴 다이내믹스는 1986년

---

8) 개인적인 접촉, Kent Druyvesteyn, 1994년.

에 '윤리적인 비즈니스 행동을 수용 및 증진' 하기 위해 다른 방위산업체들과 함께 방위산업 이니셔티브에 참여했다(www.dii.org를 보라). 이 이니셔티브 참여 회사들은 모범 실무 관행을 공유했으며, 이 모범 실무 관행들은 대부분의 미국 양형 위원회 요건의 토대를 제공했다.

1991년 미국 연방 양형 가이드라인은 방위 산업 이외의 회사들에서 공식 윤리 프로그램을 설치하는 방향으로 움직이게 한 계기를 제공했다. 이 프로그램은 또한 고위직 인사에게 컴플라이언스 기준 감독 책임을 부여하도록 요구했다. 이 요건으로 회사 윤리 책임자라는 새로운 역할이 생겨났다.

윤리 컴플라이언스 책임자

1980년대 중반까지 미국 기업에게는 '윤리 컴플라이언스 책임자' 라는 직책이 존재하지 않았다. 오늘날에는 전 세계적으로 윤리 컴플라이언스 업무 담당자 수가 늘어남에 따라 이 업무에 종사하는 고위 임원들은 윤리 컴플라이언스 책임자 협회(Ethics and Compliance Officer Association; ECOA, www.theecoa.org를 보라)라는 전문 단체를 갖게 되었다. 이 협회가 공표한 사명은 '윤리적인 비즈니스 관행을 증진하고 정보와 전략 교환의 장' 역할을 하는 것이다. 이 조직은 1991년에 40명이 넘는 윤리 컴플라이언스 책임자들이 매사추세츠 주 월섬 소재 벤틀리 대학교에서 회의를 개최했을 때 시작되었다. 이후 공식 출범했으며, 1993년에 연례회의를 개최하기 시작했다. 2009년 현재 ECOA에는 「포춘」 100대 기업 중 절반 이상, 비영리 기관, 지방 자치단체 및 30개국이 넘는 국가에서 1,300명이 넘는 회원이 가입되어 있다. 이 기관은 정기 컨퍼런스, 워크숍, 웹 캐스트를 개최하며 윤리 컴플라이언스 책임자들과 종업원들에게 다양한 대면과 격지 학습 기회를 제공한다.

자격과 지식을 갖춘 컴플라이언스와 윤리 전문가에 대한 수요가 매우 높다 보니 이 분야 전문가들에게 정보를 공유하고 보다 효과적인 윤리와 컴플라이언스 프로그램을 고안하도록 도움을 주기 위해 더 많은 조직들이 만들어지고 있다. 이러한 기관 중 하나로 미네아폴리스 주에 본부를 두고 2002년에 창설된 비영리 조직인 기업 컴플라이언스 윤리 협회(Society for Corporate Compliance and Ethics; SCCE)가 있다. SCCE는 3천 명이 넘는 회원을 자랑하며 건실한 웹페이지(www.corporatecompliance.org)를 갖추고 있다.

　다수의 회사들은 법무 본부장을 윤리 책임자로 지명한다. 별도로 윤리, 컴플라이언스, 또는 비즈니스 관행 부사장이나 이사, 내부 감사 이사, 윤리 프로그램 코디네이터, 또는 평범한 윤리 책임자 직책을 만드는 회사도 있다. 대부분의 회사는 본사에 윤리 책임자를 두는데 이러한 임원들은 일반적으로 상위 임원, CEO, 이사회, 이사회 산하 감사위원회에 보고하며 이들 중 여러 곳에 보고하기도 한다. 윤리 책임자들은 회사의 비즈니스 수행 기준을 전체 조직과 소통하고 유지하기 위한 리더십과 전략을 제공하는 데 두기를 원한다.

내부인 대 외부인　윤리 책임자 또는 컴플라이언스 책임자는 내부인이 될 수도 있고 외부에서 영입한 인사가 될 수도 있다. 우리는 양쪽의 전ㆍ현직 윤리 책임자들과 이야기를 나눠 봤다. 때로는 외부인이 윤리 또는 컴플라이언스 역할에서 신용을 얻는 것이 더 어려울 수도 있지만 외부 영입 인사는 새로운 시각으로 상황을 평가할 수 있는 장점도 있다. 변화가 필요할 때에는 외부에서 영입한 인사가 변화 프로세스를 통해 조직을 더 잘 안내할 수도 있다. 우리가 인터뷰했던 대부분의 윤리 책임자들은 회사의 문화와 사람들을 아는, 존경받고 신뢰받는 내부인이 일반적으로 최상의 선택이라고 믿는다. 1995년 조사 결과는 내부자 선호를 지지한다. 질문에 응답한 회사의 82%는 윤리 책임자를 회사 내부에서 선택했다.[9] 윤리 책임자가 상위 경영진의 일원이거나 임원이 될 준비를 하고 있는 상황이 가장 좋을 수 있다. 그러나 조직이 모종의 윤리 위기에 대응하고 있을 경우 외부인을 영입할 수도 있다.

록히드 마틴에서는 윤리 부서 관리 책임을 맡는 것이 임원이 되기 위해 거쳐야 하는 준비과정의 일부일 정도로 윤리가 매우 중요하게 여겨진다. 록히드 마틴에는 회사 전체의 윤리와 지속가능성 담당 부사장과 각각 5개의 비즈니스 부문에 한 명씩, 다섯 명의 윤리 담당 이사가 있다. 이 이사들은 해당 비즈니스 부문 집행 부사장에게 보고하며 대체로 순환 보직된다. 임원이 될 가능성이 높은 직원이 경력 개발의 일환으로 이 일을 맡는다. 이들은 2, 3년의 임기를 수행한 뒤 해당 비즈니스 부문으로 돌아간다. 잠재력이 높은 다른 직원이 그들을 대체하며 이 프로세스는 계속된다. 이는 윤리 프로그램을 강화하고 임원을 준비시키는 새로운 접근법인데 윤리와 올곧음을 비즈니스 안으로 진정으로 통합하려면 많은 노력을 기울여야 한다.

록히드 마틴은 전 부문에서 윤리 업무를 수행한 적이 있는 임원급 직원들을 갖게 될 것이다. 2013년 현재 워싱턴 DC 소재 록히드 마틴 사명 시스템 및 교육(Mission Systems and Training; MST) 부문 윤리 비즈니스 수칙 담당 이사를 맡고 있는 크레이그 캐시도 이 과정에 참여한 직원 중 하나다. 캐시는 두케인 대학교에서 엔지니어링 학사와 리더십 및 비즈니스 윤리 석사 학위를 받았다. 캐시는 2003년에 엔지니어로 일하고 있을 때 시러큐스 사업장의 윤리 책임자 자리를 제안받았다. 캐시는 현재 MST 이사로서 조사 관리, 윤리 컴플라이언스 교육 감독, 조사와 기타 연구를 통한 매트릭스 추적 관리, 이 분야의 동향 조사 업무를 수행하고 있다. 그는 또한 조직 전체에 '신뢰 문화'를 조성함으로써 윤리와 컴플라이언스를 비즈니스 안으로 통합하기 위해 리더들과 대화 및 협력하고 있다. 그의 독특한 배경과 이 분야의 고등 교육으로 인해 캐시는 비즈니스 분야 윤리 책임자들 중에서는 유일하

---

9) G. Weaver, L. K. Treviño, and P. Cochran, "Corporate Ethics Practices in the Mid-1990s: An Empirical Study of the Fortune 1000," Journal of Business Ethics 18권, no. 3 (1999): 283-294쪽.

게 예외적으로 비즈니스와 윤리 업무를 순환하지 않고 윤리 업무를 전담한다. 캐시는 록히드 마틴에서는 윤리라는 주제를 매우 진지하게 받아들이고 종업원들이 옳은 일을 하도록 100% 지원하기 때문에 록히드 마틴의 윤리 부서에서 일하는 게 즐겁다고 말해 주었다.

윤리 책임자의 배경　윤리 책임자 직무는 '미국 기업의 최신 직업'이라고 불려왔다.[10] 이 일을 하고 있는 사람들의 배경은 다양하다. 내부에서 발탁할 경우 이 일은 흔히 참모 기능(총무부서(corporate secretary's office), 법무부서, 인사부서)을 수행하는 사람에게 맡겨진다. 전직 윤리 책임자 조사에 의하면 법무 업무가 가장 흔한 배경이었다. 우리의 피면담자들도 대부분은 법무부서 출신이었다. 흥미롭게도 변호사들은 회사를 방어하기 위해 고용되어서 회사 자체의 행동에 의문을 제기하도록 요구하는 윤리 이슈를 객관적으로 다룰 수 없기 때문에 이 일을 맡아서는 안 된다고 믿는 사람들도 있다. 그러나 우리가 면담했던 윤리 책임자들은 가장 중요한 요소는 다른 종업원들로부터 공정하고 신뢰할 만하며 믿을 수 있고 분별력이 있다는 신뢰를 얻는 것이라는 데 동의했다.

윤리 인프라스트럭처

윤리 부서는 본사에 집중하거나 각 사업부문에 분산할 수 있고 이들을 조합할 수도 있다. 집중할지 분산할지에 관한 결정은 회사의 전반적인 구조에 의존한다. 예를 들어 회사의 다른 참모 기능이 고도로 분산된 경우 윤리 기능을 집중하기 어려울 수도 있다. 구조 결정은 비즈니스 부문마다 매우 다른 윤리 관리 필요가 있는지 여부에도 의존한다. 회사의 한 부문은 정부 계약을 다루고 다른 부문들은 그렇지 않을 경우 정부 계약을 다루는 부

---

10) Society for Corporate Compliance and Ethics, "Should Compliance Report to General Counsel?," 2013년 3월, www.corporatecompliance.org.

문에는 다른 부문들과는 달리 정부 계약 규정 준수를 강조하는 접근법이 필요할 수도 있다. 따라서 현지(local) 윤리 책임자가 각각 다른 비즈니스를 수행하는 해당 비즈니스 부문의 필요를 더 잘 충족시킬 수도 있다. 그러나 분산된 윤리 부서들은 일관성과 조직의 핵심 가치에 대한 의지를 확보하기 위해 끊임없이 서로 소통해야 하기 때문에 효과적으로 관리하기가 어려울 수도 있다.

비즈니스 부문마다 컴플라이언스 요건이 다른 경우에도 일반적으로 윤리와 컴플라이언스 업무를 조정하고 이 업무에 대한 경영진의 지원을 확보할 본부 부서를 두면 도움이 된다. 앞에서 언급한 회사들과 같은 대규모 조직들은 윤리와 컴플라이언스 업무에 대한 중추적인 소통 지점 역할을 하는 전사 윤리 부서를 두고 있다. 록히드 마틴의 전사 윤리 부서에는 윤리와 지속가능성 부사장 리오 매케이가 이끄는 10명의 종업원이 있다. 또한 이 회사의 다섯 개 비즈니스 분야는 자신이 속한 비즈니스 분야의 윤리와 비즈니스 수칙 감독 책임이 있는 전일제 윤리 담당 이사들을 두고 있다. 이 윤리 담당 이사들은 매트릭스 보고 구조를 따라서 소속 비즈니스 부문의 집행 부사장뿐만 아니라 매케이에게도 보고한다. 매케이는 사장과 최고 경영자에게 직접 보고하고 회사 이사회 산하 윤리와 지속가능성 위원회에도 (문서 및 구두로) 보고한다.

윤리 책임자들은 어떤 다른 보고 관계가 존재하든 윤리 책임자는 CEO에 직접 보고해야 한다는 데 동의하는 듯하다. 그들은 특히 윤리 기능이 법무, 인사, 감사, 또는 재무 기능 사이에 '끼어 꼼짝 못하고' 많은 조직에서 아직도 '따로 놀고' 있는 현상을 우려한다. 그렇게 되면 윤리는 전체 문화의 일부로 인식되기보다는 감사 부서나 인사 부서의 일로 인식될 것이다. 예를 들어 한때는 윤리부서가 흔히 법무 본부장(법무부서)에게 보고했다(일부 회사에서는 여전히 법무 본부장에게 보고한다). 최근에 컴플라이언스 담당자들을 대상으로 실시한 조사에서는 88%가 이는 좋은 제도가 아니라고 응답했다.[11] 윤리 부서를 이끄는 사람이 CEO에게 직접 보고하면 '보다 과감한 조치를 취하기'에 더 나은 위치에 서게 된다(CEO가 문제일 경우 이사회 산하 감사 위원회에 대한 보고라인이 필수적이다).

전사 윤리 위원회

다양한 부문의 상위 매니저들로 구성된 전사 위원회에 의해 윤리를 관리하는 조직도 있다. 윤리 위원회는 CEO와 경영진의 의사 결정에 윤리 감독과 정책 지침을 제공하기 위해 설치된다.[12] 윤리 위원회는 또한 최상위 경영진이 진정으로 윤리에 관심을 기울인다는 사실을 확인해 준다.

록히트 마틴에서는 1995년에 회사가 설립되었을 때부터 전사 지속가능성 위원회가 최소 연 2회 개최된다. 이 위원회는 이 조직에 다른 지속가능성 사안과 더불어 윤리와 비즈니스 수칙에 관한 사안에 관한 전략적 방향과 감독을 제공한다. 각각의 비즈니스 부문과 해외 지역도 자신의 윤리와 비즈니스 행동을 감독하기 위한 윤리와 비즈니스 행동 조정 위원회를 설치했다. 보다 규모가 큰 비즈니스 부문에서는 보다 하위 직급의 조정 위원회도 설치되었다. 전사 윤리 위원회는 법무 본부장, 사업 부문 담당 임원, 인사, 재무, 감사, 커뮤니케이션 부서와 같은 기능들의 부사장들로 구성된다. 매케이가 전사 윤리 위원회 위원장이며, 비즈니스 부문 위원회는 해당 부문 집행 부사장이 위원장이다. 윤리 부서와 이 상위 임원들 사이의 양방향 소통이 필수적이다. 이러한 소통으로 윤리 부서는 상위 직급 경영진이 어디에 관심이 있는지에 관한 정보를 얻고 회사 리더들은 종업원들로부터 윤리 부서에 제기되는 이슈 유형에 관한 정보를 얻는다. 이들은 전략적인 역할을 하는 것으로 여겨진다. 회사의 모든 직급의 조정 위원회는 윤리 인식

---

11) 앞의 글.
12) N. K. Austin, "The New Corporate Watchdogs," Working Woman, 1994년 1월, 19-20쪽.

교육과 비즈니스 수칙 컴플라이언스 교육 프로그램, 조사 매트릭스와 지침 요청, 동향, 종업원 조사 결과, 비즈니스 영역과 단위에서 언급한 사안들을 검토한다.

윤리 소통

조직이 강하고 정렬된 윤리 문화를 갖추려면 윤리 인프라스트럭처에서 소통(하향, 상향, 양방향)을 잘할 필요가 있다. 조직은 윤리 소통 및 제도 실태를 평가해야 한다. 조직은 종업원들의 필요를 충족시키는 공식·비공식 방법을 통해 자신의 가치, 기준, 정책을 소통해야 한다. 이 소통 노력은 상승 작용을 하고 명확하고 일관성이 있고 믿을 수 있어야 한다. 또한 사람들은 다양한 방식으로 배우기 때문에 다양한 매체를 통해 소통될 필요가 있다. 일반적으로 "무엇을 말하려는지 얘기해 주고 그 내용에 대해 말해 주고 말한 내용을 또 말해 주라."는 연설 원고 집필자에 대한 옛 조언이 윤리 소통에도 유효하다. 종업원들은 경영진에게서 나오는 하향 소통을 받는 외에도 자신의 윤리 우려 사항을 상부에 보고할 기회를 가져야 한다. 마지막으로 질문을 해도 괜찮고, 윤리에 대해 말해도 괜찮다고 말하는 개방적인 소통 환경도 조성되어야 한다. 다음 섹션에서는 회사 소통의 기본 원칙, 즉 모든 윤리 소통 노력을 인도할 원칙을 설명한다.

우리가 면담했던 많은 윤리 책임자들은 때로는 윤리라는 말에 부착된 부정적 이미지에 민감했다. 종업원들은 이 말을 들으면 방어적으로 될 수 있다. 종업원들은 속으로 '왜 내게 윤리에 대해 말하는 거야? 내 윤리는 문제가 없다고.'라고 생각한다. 제너럴 다이내믹스의 전 윤리 책임자 켄트 드루이베스타인은 이에 대해 다음과 같이 말했다. "불행하게도 '윤리'라는 단어를 사용하면 누군가에게 결함이 있음을 시사한다. 그래서 윤리가 무엇을 의미하는지 확실히 하기 전에는 이 말을 쓰지 말도록 권하고 싶다." 윤리라는 말에 대한 이러한 부정적 반응이 다른 조직에 비해 더 큰 문제가 되는 조직이 있을 수 있다. 이것도 회사의 문화에 의존한다. 회사들은 가치나 비즈니스 수칙, 또는 비즈니스 관행이라는 용어를 성공적으로 사용해 왔다. 중요한 점은 자신의 회사에 대해 알고 자신의 조직에서 진실하다고 들리는 용어를 사용하는 것이다.

소통 기본 원칙

공식 · 비공식 소통 시스템 정렬 대부분의 사람들은 회사의 소통 시스템에 대해 생각할 때 사보, 웹사이트, 연례 보고서와 같이 명백한 것들을 생각한다. 그러나 문화와 마찬가지로 회사의 소통 시스템도 공식 · 비공식 요소로 구성된다. 공식 소통은 모든 공식 서면 소통 및 전자 소통(신문, 잡지, 메모, 종업원 모집 문서, 정책 매뉴얼, 연례 보고서, 웹사이트, 광고)과 회의, 연설과 같은 공식 구두 소통을 포함한다. 그러나 회사 소통 시스템에서 가장 강력한 부분은 입소문이라고 알려진 비공식 소통일 것이다.

입소문('실제로 벌어지고 있는 일'에 관한 종업원들 사이의 계속적인 정보 흐름)은 어느 조직에나 존재한다. 입소문은 뉴스, 소문, 인상, 인식을 포함한다. 놀랍게도 연구 결과에 의하면 입소문을 통해 전달되는 정보의 70%에서 90%는 정확하다.[13] 여러 다양한 기업에서 종업원들을 대상으로 실시한 조사에서 종업원들은 거듭해서 입소문이 자신의 고용주에 관한 대부분의 정보를 입수하는 곳이라고 말했다. (같은 조사들에서 사람들 대부분은 자신의 매니저에게서 정보를 받고 싶다고 말했다.) 대부분의 종업원들은 입소문과 연결되어 있고 입소문은 정보를 신속하게 계속 전달하며 회사의 사건들에 대해 '내부' 정보를 담고 있기 때문에 입소문을 조사하면 회사의 신뢰성을 가늠할 수 있다.

공식 · 비공식 시스템의 메시지 비교는 다양한 이슈, 특히 윤리에 관해

---

13) D. G. Simmons, "The Nature of the Organizational Grapevine," Supervisory Management, 1985년 11월호, 39-42쪽.

회사의 신뢰성을 판단하는 한 가지 방법이다. 예를 들어 빅 컴퍼니에 종업원이 고객에게 사치스러운 접대를 금지하는 정책이 있다고 가정하자. 이 정책은 매뉴얼에 명시되어 있으며, 빅 컴퍼니 사장이 종업원들에 대한 연설에서 이 정책을 강조해 왔다. 이제 이 회사의 마케팅 부문장이 계속 고객들과 술을 마시고 식사한다고 가정하자. 값비싼 접대비용은 비용 보고서에 구체적으로 기재되고 경영진에 의해 승인되어서 일반 사무 담당 직원과 재무 통제 담당 직원에 의해 처리된다. 게다가 고객을 접대할 때 다른 종업원들도 초대되며 이보다 훨씬 많은 종업원들이 마케팅 부문장이 비싼 식당에서 손님들을 접대하는 모습을 목격한다. 빅 컴퍼니의 공식 소통 시스템이 공식 접대 정책을 아무리 강조하더라도 비공식 시스템(입소문)은 실제로 벌어지고 있는 일, 즉 빅 컴퍼니는 말과 행동이 다르다는 점을 소통할 것이다. 이 회사는 사치스러운 접대를 금지한다고 말하지만 최소한 한 명의 고위직 종업원에게는 금지된 행동을 눈감아 준다. 그 결과 빅 컴퍼니의 윤리 문화는 정렬되지 않고 종업원들은 당연히 이 회사는 고객 접대라는 주제에 대해 신뢰성이 없다는 결론을 내릴 것이다. 또한 다른 윤리 이슈에 대한 이 회사의 신뢰성에도 의문이 들 것이다.

이제 다른 상황을 상상해 보자. 리틀 컴퍼니에는 강력한 성희롱 정책이 있다. 또한 리틀 컴퍼니의 상위 임원들은 성희롱은 용납되지 않을 것이라고 자주 말해 왔다. 패트라는 매니저가 성희롱을 했다는 신고가 접수되었다고 가정하자. 이에 대해 조사해 봤더니 사실임이 밝혀졌고 패트는 해고되었다. 입소문에서 이 사건의 정확한 세부 내용은 알려지지 않을 수 있지만 대부분의 경우 이 이야기의 기본 골격만으로도 강력한 메시지를 보낼 것이다. 입소문으로 전해지는 메시지는 리틀 컴퍼니의 공식 소통 시스템에서 말하는 내용과 부합할 것이다. 종업원들은 재빨리 리틀 컴퍼니는 성희롱 이슈에 대해 진지하다는 말을 듣게 될 것이고 회사는 '윤리에 관해 말한 바를 실천'함으로써 신뢰성을 향상시킬 것이다.

비공식 소통의 중요성은 아무리 강조해도 지나침이 없다. 진실과 정직은 모든 윤리 노력의 핵심이기 때문에 회사의 말과 행동이 다르면, 즉 공식 소통 시스템의 메시지와 비공식 시스템의 메시지가 부합하지 않으면, 이 회사는 신뢰성이 거의 또는 전혀 없을 것이다. 이런 경우라면 신뢰를 회복하기 전에는 공식 윤리 소통 노력을 시도하지 말아야 할 것이다. 공식 메시지와 비공식 메시지를 어떻게 비교할 수 있는가? 종업원들에게 물어 보라. 종업원 설문 조사와 포커스 그룹은 효과적인 비교를 시작할 수 있는 피드백을 제공할 수 있다. 종업원들에게 회사가 '말하는' 내용과 '행하는' 내용을 비교해 달라고 요청하면, 이에 대해 특히 효과적인 측정 방법이 될 것이다. 조직이 어떻게 신뢰를 얻거나 회복할 수 있는가? 일관성이 있는 정책을 제정하고 이 정책들을 집행하는 것이 조직이 윤리 이슈에 관해 신뢰를 얻기 위해 취할 수 있는 유일한 경로다. 정책들이 종업원들의 일부에게만 집행되거나, 종업원에 따라 다른 규칙을 적용하거나 달리 대우할 경우 조직이 일관성을 확립하기 전에는 신뢰를 얻을 수 있는 방법은 별로 없다.

청중 분석   소통 프로그램 설계 시 맨 먼저 할 일은 청중의 필요를 분석하는 것이다. 종업원들이 이미 알고 있는 내용, 알 필요가 있는 내용, 종업원들에게 어떤 편향(偏向)과 능력이 있는지, 어떤 행동이 바람직하고 요구되는지, 종업원들이 언제 질문해야 하는지, 어디에 우려에 대해 보고하고 질문할 수 있는지 고려하라.

전형적인 종업원 모집단을 대상으로 윤리 소통 시스템을 설계할 때 조직은 세 종류의 사람을 고려할 필요가 있다. (군대 용어들은 시각화하기 쉽고 기억하기 쉽기 때문에, 우리는 군대 용어를 사용해서 세 유형을 설명한다.)

좋은 군인   집단 I은 '좋은 군인'들이다. 이들은 조직의 규칙과 정책을 이해하고 따르며 좋은 윤리 나침반을 갖고 있다. 이들에게는 옳고 그름을 분간할 수 있는 판단력이나 경험이 있으며 옳은 일을 할 도덕적 토대가 있다. 이들은 옳건 그르건 명령을 따르는 군인들에 불과한 것이 아니라는 점을 주의하라. 그들은 좋은 군인은 자신이 불법이거나 도덕적으로 그르다고 믿는 명령에 이의를 제기하도록 기대된다는 점을 알고 있으며 필요하면 그렇게 한다.

헐렁한 대포 집단 II는 '헐렁한 대포', 즉 좋은 윤리 나침반을 갖고 있을 수도 있지만 회사의 정책을 모르는 사람들이다. 이들은 일반 기업 윤리 기준조차 익숙하지 않을 수도 있다. 헐렁한 대포들은 경험이 없거나 해당 조직과 규범이 판이한 업종에서 옮겨 왔을 수 있다. 그들은 정책 매뉴얼을 한 번도 읽어보지 않았을 수도 있다. 이유야 어떻든 헐렁한 대포들은 의도는 좋을 수 있지만 순진하다. 헐렁한 대포들은 지침이 없으면, 심지어 비즈니스 환경에서의 윤리를 고려하지 않을 수도 있다.

수류탄 집단 III에 속하는 사람들은 '수류탄'들로서 이들은 무지하지도 않고 착하지도 않다. 이런 종업원들은 규칙을 잘 알 수도 있고 모를 수도 있지만 어느 쪽이든 규칙에 신경 쓰지 않는다. 그들에게는 자신의 속셈이 있으며 회사나 직업에 대한 충성심이 없다. 그들의 활동은 갑자기 폭발해서 조직에 심각한 피해를 줄 수 있기 때문에 우리는 그들을 수류탄이라 부른다.

세 집단의 소통 필요는 겹칠 수도 있지만 각 집단별로 강조해야 할 점은 명확하다. 좋은 사람들은 종종 '어울리기' 위해 타협하라는 압력을 느낄 수 있기 때문에 좋은 군인들에게는 지원이 필요하다. 좋은 군인들은 자신의 본능이 옳으며 자신의 행동이 예외가 아니라는 점을 알 필요가 있다. 사실 그런 행동은 조직의 모델을 의미한다. 헐렁한 대포들은 교육 받을 필요가 있다. 그들은 기본 규범과 윤리적 행동, 회사의 정책과 기준에 대해 배우고 이해할 필요가 있다. 수류탄들은 윤리 해이는 용인되지 않을 것이라는 점에 대해 명확하게 알 필요가 있다. 그리고 좋은 행동이 보상받고 윤리 해이는 신속하고 일관성 있고 확고하게 다뤄지는 것도 알아야 한다.

아마 조직에 수류탄들은 소수에 지나지 않을 것이다. 그러나 어느 곳에나 수류탄들이 존재하는데 이들을 다룰 수 있는 시스템이 준비되어야 한다. 좋은 군인들이 종업원들의 상당 비율을 차지할 수도 있지만, 아마도 대다수는 아닐 것이다. 정책 매뉴얼을 처음부터 끝까지 읽어 본 종업원은 아주 드물기 때문에 대부분의 사람들은 정책을 알 필요가 있을 경우에 배운다. 대부분의 종업원들은 헐렁한 대포에 속한다고 가정하는 것이 안전하다. 모든 유형의 종업원들의 필요를 충족하는 것이 효과적인 윤리 소통 프로그램 설계의 도전 과제다.

이처럼 윤리 청중에 초점을 맞추는 입장은 대부분의 종업원들은 완벽하게 원칙에 입각하고 어떤 상황에서도 옳은 결정을 내리도록 준비된 상태에서 조직에 들어오지 않는다고 가정한다. 이전 장들에서 대부분의 종업원들은 자신들 외부의 영향에 매우 취약하며, 따라서 조직들은 지침을 제공해야 하고, 상당한 진전이 이뤄졌음에도 불구하고 완벽한 올곧음 테스트는 발명되지 않았다고 했음을 상기하라. 미국에서는 대부분의 유형의 종업원 선별 시 거짓말 탐지기 사용이 불법이기 때문에 더 많은 조직들은 정직성 또는 올곧음 서면 테스트를 통해 가망 종업원을 선별할 수밖에 없다. 보다 일반적으로 일터에서의 일탈에 초점을 맞추는 테스트도 있기는 하지만 이러한 테스트의 대부분은 가망 종업원이 조직으로부터 훔치는 성향을 예측하려 한다. 미국 심리학 협회에서 올곧음 테스트를 평가해 왔는데 이 협회 보고서는 올곧음 테스트 연구가 향상되고 있고 이 테스트의 부정직한 행동 예측 능력이 개선되었다는 결론을 내렸다.[14] 그럼에도 불구하고 많은 문제들이 남아 있으며 조직들은 계속해서 윤리 이슈에 지침을 필요로 하는 불완전한 종업원들을 갖게 될 것이다.

윤리 소통 실태 평가

실제로 윤리 소통 프로그램을 설계하기 전에 다음과 같은 질문을 하는 평가를 수행할 필요가 있다.

종업원들은 어떤 종류의 윤리 딜레마를 직면할 가능성이 있는가? 모든 곳의 종업원들이 직면하는 보편적인 윤리 딜레마 외에도 조직들은 자신이 속한 특정 산업에 독특할 수도 있는 종류의 이슈와 딜레마들을 파악할 필요가 있다. 예를 들어 화학 회사는 환경과 안전 딜레마에 특별히 주의할 필요가 있다. 금융회사는 수탁자, 비밀유지, 이해상충 이슈에 각별히 주의를 기울여야 한다. 제조 회사는 노동자 안전, 제품 품질, 제품 책임, 노사관계에 관한 윤리 이슈를 살펴봐야 할 것이다. 소속 산업에 특수한 이슈 파악과 함께 회사들은 자기 조직 내의 다양한 직무들을 조사해서 회사의 소통 프로그램이 어떤 직무상의 딜레마를 다뤄야 하는지 알아낼 필요가 있다. 예를 들어 내부 감사인이 직면하는 딜레마와 제조 감독자가 직면하는 딜레마는 전혀 딴판일 것이다. 이러한 딜레마들이 파악되고 나면 조직은 종업원들에게 가장 유용한 프로그램, 즉 자신이 가장 흔히 직면할 수 있는 딜레마를 다루는 방법을 보여주는 프로그램을 개발할 수 있다.

종업원들이 모르는 내용은 무엇인가? 회사는 행동 기준이 다른 타 산업 출신 경력종업원을 채용하고 있는가? 회사는 일반 비즈니스 기준에 대해 별로 알지 못하고 회사 정책이나 산업 기준에 대해서는 아는 것이 훨씬 적은 학부나 경영대학원 졸업생을 정규적으로 채용하고 있는가? 소통 프로그

---

14) T. DeAngelis, "Honesty Tests Weigh in with Improved Ratings," APA Monitor 7권 (1991); D. S. Ones, C. Ziswesvaran, and F. Schmidt, "Comprehensive Meta-analysis of Integrity Test Validities: Findings and Implications for Personal Selection and Theories of Job Performance," Journal of Applied Psychology 78권 (1993), 679-703쪽; P. R. Sackett, L. R. Burris, and C. Callahan, "Integrity Testing for Personal Selection: An Update," Personal Psychology 42권 (1989), 491-529쪽.

램은 각 집단의 특수한 필요에 맞출 필요가 있다.

정책들이 현재 어떻게 소통되고 있는가?   현재 정책들이 어떻게 소통되는가? 정책 매뉴얼이 두꺼운 책자로 존재하는가? 온라인에서 쉽게 찾을 수 있는가? 매니저가 정책에 관해 의문이 있을 경우 그 매니저는 어떻게 하는가? 매뉴얼에서 찾아보는가, 인사 부서에 물어 보는가, 동료에게 물어 보는가, 온라인 자료를 찾아보는가, 아니면 추측하는가? 오리엔테이션 프로그램이나 교육 프로그램에서 회사 정책이 논의되는가? 아무도 정책 매뉴얼을 외우지 않을 것이다. 따라서 윤리 소통 프로그램은 핵심 정책들의 '스냅 사진'을 찍어 이를 소통하는 데 집중할 필요가 있다. 조직은 또한 종업원들은 언제 질문해야 할지 알 필요가 있으며 조직은 종업원들이 질문하도록 장려한다는 점에 관해 명확한 메시지를 전해야 한다. 회사들은 대개 새로 고용한 종업원들에게 어떻게 하면 성공하는지에 대해서는 잘 말해 준다. 그런데 새로 고용한 종업원들에게 어떻게 하면 실패하거나 해고되는지, 또는 그보다 더한 일을 당할 수 있는지에 대해서는 대체로 잘 말해 주지 않는다. 새로 고용한 종업원이 고용주의 기준을 이해할 필요가 있다. 회사가 그들에게 기대하는 바는 무엇인가?

또한 정책 소통은 어려운 법률 용어가 아니라 쉬운 언어로 이뤄져야 한다. 회사 변호사들은 법률 용어를 사용해서 복잡한 정책 이슈를 소통함으로써 회사를 보호하고자 하는 유혹을 받기 쉽다. 그러나 그런 방법은 특정 정책이 무엇을 의미하는지 이해할 필요가 있는 법률 전문가가 아닌 사람(대부분의 종업원들)에게는 도움이 되지 않는다. 언어를 단순화하고, 조직이 '왜' 특정 정책을 두고 있는지 설명하고, 이 정책이 일상 비즈니스 상황에서 어떻게 적용될 수 있는지에 대한 예를 보여주기 위해 모든 노력을 기울여야 한다.

어떤 소통 경로가 존재하는가? 종업원들은 경영진으로부터 어떻게 메시지를 받는가? 경영진은 종업원들로부터 어떻게 메시지를 받는가? '현장 경영'이 보편적인 관행인가, 아니면 상위 경영진이 대부분의 종업원들로부터 고립되어 있는가? 제안 제도가 있는가? 있을 경우 제안에 대해 답변해 주는가? 종업원들은 일반적으로 문제, 우려, 질문에 대해 편안하게 매니저들과 상의하는가? 불만 처리 프로세스 또는 내부고발 절차가 있는가? 대부분의 종업원들은 자신의 매니저와 상의할 수 없을 때 또는 자신의 매니저가 문제에 관련되어 있을 때 어디에 도움을 요청해야 하는지 알고 있는가? 대부분의 종업원들이 인사, 법무, 내부 감사 부서에 접근할 수 있는가? 이러한 질문들에 대한 답을 분석하면 효과적인 소통 경로가 존재하는 영역과 존재하지 않는 영역, 그리고 새 경로를 구축해야 하는 영역에 관해 좋은 정보를 제공해 줄 것이다.

공식 윤리 소통 경로

회사의 윤리 메시지는 다양한 방법으로 소통될 수 있고, 그렇게 소통되어야 한다. 가장 명백한 윤리 소통 경로로는 사명 선언문 또는 가치 선언문, 윤리강령, 정책 선언문, 우려나 목격한 비행 공식 보고 프로세스, 리더들로부터의 소통이 있다. 이 경로들 외에도 윤리 메시지는 종업원 모집 및 오리엔테이션 자료, 사보, 잡지, 연례 보고서, 웹사이트와 같은 모든 공식 소통 자료를 통해 강화될 필요가 있다. 윤리 메시지를 전달하는 데 사용할 수 있는 소통 자료 몇 가지를 요약한다.

웹사이트 회사 웹사이트는 회사의 가치와 정책을 담고 있는 중요한 정보원이다. 많은 회사들이 대외 웹사이트에 윤리 정보를 포함시키려 하지 않고 대신 회사 인트라넷을 사용해서 이 정보를 전달한다. 그러나 투자자, 잠재 종업원, 고객, 공급자들은 회사의 웹사이트를 통해서 정보를 수집할 가능성이 높다. 따라서 이들과의 관계에서 윤리가 중요하다면 대외 웹사이트에 회사의 윤리 정보가 포함되어야 한다. 예를 들어 록히드 마틴은 자사의 대외 웹사이트(www.lockheedmartin.com)에 자사 윤리 원칙, 윤리강령, 연례 윤리 인식 교육, 컴플라이언스 교육 정보, 윤리 프로세스 작동 방법에 관한 정보, 공급자 및 기타 비즈니스 파트너들에게 높은 윤리 기준에 의해 인도되고 선물 수수와 같은 이슈에 대해 자사 종업원들에게 가하는 제한을 존중해 달라고 요청하는 정보 등 윤리에 관한 많은 정보를 제공한다. '기준 세우기'라는 회사 수칙은 16개 언어로 번역되어 있다. 유나이티드 테크놀로지스 코퍼레이션(United Technologies Corporation; www.utc.com)도 윤리강령과 기타 안내서 등 윤리에 관한 정보를 pdf 형식으로 자사 웹사이트에 제공한다. 이 정보도 여러 언어로 찾아볼 수 있다.

소셜 미디어　신기술은 조직들에게 윤리 메시지를 소통하고 종업원 참여를 장려하는 새로운 방법을 제공한다. 다른 주제와 마찬가지로 소통에 소셜 미디어를 도입하는 것은 양날의 칼이 될 수 있다. 소셜 미디어에는 조직에 도움이 될 수도 있고 조직을 해칠 수도 있는 많은 요소들이 있다. 전 세계로의 도달, 즉각적인 유통, 익명성, 보안 결여는 모두 조직의 윤리 소통 전략에 긍정적인 역할을 할 수도 있고 부정적인 역할을 할 수도 있다.

한 회사의 소통 담당자는 자신의 고용주인 전국적 대형 의료 보험 회사를 위해 자신이 설계하고 실행한 윤리 소통 노력을 묘사했다. 이 회사의 전략은 회사 소통 부서에서 관리하는 종업원 블로그를 운영하는 것이었는데 이 블로그에서 임원들과 종업원들은 (윤리를 포함하여) 종업원들에게 영향을 줄 수 있는 모든 종류의 이슈를 온라인으로 토의할 수 있었다. 회사 임원들은 이러한 접근법을 채택하기를 꺼렸으며 소통 담당 이사가 임원들에게 이 블로그를 승인해 달라고 몇 달을 설득했다. 마침내 임원들이 블로그를 승인해서 블로그가 개설되었다. 불과 며칠 만에 불만을 품은 종업원 한 명이 이 블로그에 회사에 대한 혹평을 게시하자 임원들은 겁에 질렸다. 그들은 이 블로그를 당장 폐쇄하려 했지만 이번에도 소통 담당 이사가 블로그를 계속 유지하자고 설득했다. 두어 시간 시간 안에 다른 종업원들이 완전히 자발적으로 불만을 품은 종업원의 비난에 답변했으며 대화의 방향을 틀었다. 이후 몇 주 동안 이런 행태가 반복되었으며 궁극적으로 임원들도 진정하게 되었다. 이 책의 원고를 마감한 현재, 이 블로그는 거의 3년 동안 유지되고 있는데 임원들은 블로그가 조직의 윤리 문화에 긍정적인 영향을 주었고 임원들이 몇 건의 어려운 메시지를 종업원에게 소통하는 데 도움을 주었다고 생각한다. 또한 내부 조사 결과는 종업원들이 이 블로그를 정보와 지침의 원천으로 신뢰하고 있음을 보여준다.

더 성공적인 이야기를 하나 더 해 보자. 이 이야기는 베스트 바이 사와 이 회사 최고 윤리 책임자 캐슬린 에드몬드와 관련이 있는데 에드몬드는 2013년에 회사 윤리 혁신 공로로 윤리자원센터 캐럴 R. 마샬 상을 받았다.[15] 에드몬드는 여러 도구들을 사용해서 베스트 바이의 17만 명의 종업원들에게 윤리 메시지를 소통하는데 개인 블로그(www.kathleenedmond.com)도 매우 유용한 도구 중 하나였다. 이 블로그는 종업원들 사이에 인기가 높으며 벤더 계약에서부터 새 비디오 게임 발매일에 관한 상세한 비밀 정보를 포스팅한 종업원에 이르기까지 다양한 주제를 다루었다.[16] 각각의 게시물은 윤리 이슈(때로는 실제 사례) 그리고 이 이슈에 대한 에드몬드의 생각, 마지막으로 독자들에게 이 사례와 그들이라면 유사한 사례에서 어떻게 반응했을지 생각해 보게 하는 질문들이 따라온다. 예를 들어 2013년 2월에 올린 게시물 하나는 모든 소매업 종업원들에게 재미있는 상황이었다.

15) Ethics Resource Center, Kathleen Edmond of Best Buy Receives ERC's Carol R. Marshall Award for Innovation in Corporate Ethics, 2013년 3월 27일, www.ethics.org.

16) J. Davis, Best Practice at Best Buy: A Pioneering Ethics Blog for Employees, 2013년 1월 29일, http://www.convercent.com/company-ethicist/best-practice-at-best-buy-a-pioneering-ethics-blog-for-employees/.

이 사례에서 어떤 회사 종업원의 남편이 매장에 와서 좋지 않은 행동을 하고선 자기 아내가 이 회사 종업원이니 자신은 특별대우를 받을 자격이 있다고 말했다. 에드몬드는 이 상황에 대해 다음과 같은 여러 질문을 던졌다. "베스트 바이나 기타 어느 회사에서든 종업원들은 다른 고객들이 받지 못하는 특별대우를 받아야 하는가?" 물론 소매 회사에서 일해 본 적이 있는 사람은 이처럼 불편하고 화나게 하는 상황에 공감할 수 있을 것이다. 에드몬드는 모든 회사에서 계속 일어나고 있는 흥미 있는 이슈를 제기했을 뿐만 아니라 종업원들은 이에 대해 답변할 기회를 얻었고, 이 웹사이트에는 날마다 이런 상황을 다루는 종업원들로부터 많은 댓글이 달렸다.[17) 종업원들이 윤리 이슈들을 효과적으로 다루기 위한 방법과 아이디어를 토론할 수 있는 이런 솔직함은 회사에게 이익이 될 수밖에 없으며 강력한 새로운 소통 도구다.

채용 공고 공고에 사명 선언문 또는 가치 선언문, 회사의 가치에 대한 설명, 조직 구성원들이 어떻게 하면 조직에서 성공 또는 실패하는지에 대한 설명을 포함시킬 수 있다. 윤리적인 행동이 강조될 수 있다. 많은 조직들은 자기 회사에서 일하는 데 관심이 있거나 입사를 지원하는 사람들을 위한 웹사이트도 갖고 있다.

캠퍼스 채용 록히드 마틴에서는 윤리 부서가 캠퍼스 채용을 위한 대학교와의 관계 관리에 참여한다. 윤리 책임자들은 모집을 지원하기 위해 전국의 대학 및 대학교에 출장을 가서 록히드 마틴의 윤리 프로그램에 대해 설명한다.

---

17) K. Edmond, Are Corporate Employees More Important Than Other Customers?," 2013년 2월 14일, www.kathleenedmund.com.

오리엔테이션 교육과 자료   오리엔테이션 자료는 사명 선언문 또는 가치 선언문, 보편적인 윤리 딜레마와 이를 다루기 위한 조언, 종업원들이 윤리적인 결정을 내리도록 도와줄 자원에 대한 설명, 윤리 이슈 제기 방법 또는 윤리 우려 보고 방법을 포함할 수 있다. 조직들은 오리엔테이션 교육이 가치와 기대를 어떻게 소통하는지에 대해 특별히 관심을 기울여야 한다. 새로 입사한 사람들은 새 고용주에 대해 배우고 싶어 하기 때문에 오리엔테이션은 조직이 무엇을 지지하며 종업원들에게 무엇을 기대하는지 알려줄 수 있는 좋은 통로다. 우리는 신입 직원들에게 회사 윤리와 컴플라이언스 프로그램에 대해 강의해 달라는 부탁을 받고선 신입 직원들에게 윤리강령을 따분하게 읽어주기만 한 어느 제조회사의 법무 본부장에 대한 얘기를 들었다. 이는 오리엔테이션에서 회사의 가치와 윤리에 대해 소개하지 않은 좋은 사례다.

사보와 잡지   이 자료들은 종이 기반일 수도 있고 웹 기반일 수도 있다. 이 자료들은 사명 선언문, 회사의 '영웅들'(회사의 가치를 예시하는 종업원들)에 관한 이야기, 윤리 딜레마와 종업원과 매니저들이 이 문제를 어떻게 다루는지에 대한 논평들을 포함할 수도 있다. 일부 회사들은 자사에서 다루었던 윤리 또는 법률 위반 목록과 이를 어떻게 다뤘는지에 대해 정규적으로 발표한다. 예를 들어 지난 6개월 동안 회사는 인터넷 음란물, 뇌물, 근무 시간, 출장 경비 보고, 고객에 대한 거짓말, 상사의 학대가 몇 건이었다고 발표할 수 있다. 이 중 몇 건에 대해 징계했는지도 밝힐 수 있다. 이러한 소통은 윤리 문화가 계속 살아 있게 하고, 종업원들에게 회사가 윤리의 중요성에 대해 말하는 것이 진정이라는 점을 알게 하는 데 도움이 된다. 이런 종류의 정규적인 소통은 특별한 필요가 있는 특별한 종업원 집단을 겨냥할 수도 있다.

소책자   이 자료들은 특정 비즈니스 영역마다 종업원의 필요에 따라 달라질 수 있다. 소책자들은 종이책으로 만들 수도 있고 전자책으로 만들 수도 있으며 손쉽게 업데이트되거나 추가될 수 있어서 역동적인 비즈니스 환경에 적응할 수 있다.

윤리 소통에 대한 상호작용 접근법

새로운 윤리 소통 방법 중 '작은 사례 연구' 방법이 있다. 이 방법은 종업원들에게 계속적으로 '실제' 윤리에 대해 배울 기회를 제공하며, 조직에서 윤리에 대한 초점을 지속시켜 준다.

이 방법은 1990년대 초에 텍사스 인스트루먼츠(TI)에서 도입되었는데 TI 시스템에서는 종업원들에게 질문을 보내도록 장려되었다. '즉석 경험(Instant Experience)'이라 불리는 이 내부 소통 도구는 종업원들에게 적시의 이슈들을 복잡한 관료주의에 빠지지 않고 신속하게 제기할 수 있게 해 줬으며 윤리 부서에 조직의 윤리 맥박을 계속 측정할 수 있게 해 주었다. 이 아이디어는 당시 TI 윤리 부서에서 근무했던 은퇴 공군 헬리콥터 조종사 겸 항공 우주 엔지니어 글렌 코울맨의 독창적인 생각이었다. 코울맨은 자신과 동료들이 베트남에서 때로는 생명에 위협이 될 수 있는 실수를 저질렀음을 인정했다. 그들은 돌아와서 동료들이 같은 실수를 되풀이하지 않고 이를 통해 생명을 구할 수 있도록 '즉석 경험'이라는 책에 자신들의 '멍청한 실수'를 수록했다.

코울맨은 모든 사람들이 화상을 입어 봐야 난로가 뜨겁다는 것을 배우는 것은 아니라는 아이디어를 변형해서 윤리 부서는 다른 사람들과 윤리 경험을 공유하고자 하는 조직 구성원들의 윤리 경험 교환소가 될 수 있다고 생각했다. 그 결과 이 '즉석 경험들'은 이메일 소통 시스템을 통해 정규적으로 모든 종업원들에게 전달되었다. 신입 직원들이 신속하게 배우고 기존 종업원들은 원할 때마다 찾아볼 수 있도록 이 경험들은 소통 시스템에 저장되었다.

어느 TI 종업원이 익명으로 제기해서 소통 시스템에 게시된 예를 하나 들어 보자.

식당에 갔다가 우연히 뒤에서 하는 대화를 들었다고 가정하자. TI의 두 경쟁자들이 TI에 매우 가치가 있을 만한 경쟁 관련 민감한 정보를 얘기하고 있었다. 나는 어떻게 해야 하는가? 계속 들어야 하는가? 손가락으로 귀를 막아야 하는가? 그들에게 얘기를 중단하라고 말해야 하는가? 이미 들은 정보에 대해서는 어떻게 해야 하는가? 그에 관해서는 잊어버리고 들은 적이 없던 것처럼 시치미 떼야 하는가? 엄격한 대외비라고 표시하고 사내에 배포해야 하는가?

나는 그 정보를 얻으러 간 것도 아니고 그 대화를 듣지 않기 위해 테이블을 바꿀 수도 없었다. 청하지 않았어도 얻게 된 귀중한 정보를 사용할 기회를 내버린다는 것은 다소 어리석어 보인다. 무엇이 올바른 행동인가?

당시 TI 윤리 담당 이사 칼 스쿠글룬드는 다음과 같이 답변했다.

우연히 경쟁자의 대화를 듣는 데에는 불법적이거나 비윤리적인 요소가 없다. 그들은 공개된 장소에서 무책임하게 민감한 정보를 논의한 책임을 져야 한다. 그 대화를 들었다면 당신이 취할 최선의 행동은 들은 내용에 대해 능력껏 문서를 작성해서 TI 법무부서에 보내고 그들에게 당신이 이 정보를 어떻게 입수했는지 말하는 것이다. 이 질문을 제기한 TI 종업원이 옳다. 이 정보를 듣지 않은 체 한다는 것은 어리석은 짓이 될 것이다. 이 상황에서는 그 정보를 TI와 공유할 수 있다. 경쟁자는 부주의에 대한 책임을 받아들여야 한다. 우리의 윤리 원칙은 상식을 배제하지 않는다.

스쿠글룬드는 이 이슈를 한 걸음 더 깊이 들어가 TI 종업원들에게 만일 이 정보를 들은 종업원이 고의로 경쟁자 옆 테이블에 앉았더라면 답변이 달라져야 하는지 물어 봄으로써 대화에 초대했다. 많은 종업원들이 응답했는데, 95%가 넘는 응답자가 고의적인 엿듣기는 명백히 비윤리적이라는 데 동의했다. 그들의 반응 몇 가지를 적어 본다.

"우리는 스파이 산업을 영위하는 게 아니다. 그것은 완전히 비윤리적이다."

"우리에게 이런 것까지 물어 본다는 데 대해 실망했다."

"스파이 활동은 스파이 활동이다."

"황금률은 어떻게 되었는가?"

"우리 할머니는 뭔가 죄책감이 드는 일이라면 하지말라고 하셨다."

"우리 고객이 이에 대해 알게 되면 그들이 우리를 어떻게 생각하겠는가?"

"나는 부끄러워질 것이다."

"그것은 완전히 비윤리적이다."

"내가 TI 배지를 차고 있다는 데 대해 자랑스러워 할 수 있겠는가?"

"속임수는 마술사에게 맡겨 두자."

"TI의 품성이 결코 의문을 제기당하지 않도록 법이 허용하는 한계에서 충분히 멀리 떨어지라."

스쿠글룬드는 절대 다수의 응답에 동의했으며 응답자들에게 그들의 윤리 나침반이 올바른 방향을 가리키고 있다고 확인해 주었다. 이 즉석 경험 시스템은 종업원들에게 자신의 윤리 관련 경험과 질문을 공유하고 조직 구성원 모두 이러한 공개 교환으로부터 배울 수 있게 해 주었다. 그런 시스템이 없는 조직에서는 이 종업원은 그 문제를 두고 혼자 씨름하거나 소수의 동료나 자신의 매니저에게 조언을 구했을지도 모른다. 그러나 이 시스템 덕분에 전체 조직이 한 종업원의 경험으로부터 배울 수 있었다.

주간 전달과 상호 작용 외에 주간 기사를 일자별 색인과 주제별 색인을 달아서 즉석 경험 시스템에 저장했다. TI 종업원들을 대상으로 조사해 본 결과 30%에서 40%는 이를 매주 읽었고, 70%에서 80%는 최소 월 1회는 읽었다. 감독자들도 이 메시지들을 인쇄해서 게시판에 붙이도록 장려되었다.

이 시스템은 TI 문화에 들어맞고 건전한 소통 원칙에 기초했기 때문에 특히 효과적이었다. 첫째, 전자 소통은 하이테크 TI 문화의 필수적인 부분이었다. 따라서 전자우편 윤리 토론은 하이테크 문화의 자연스러운 확장이었다. 둘째, 이메일은 반추하며 상호작용할 수 있게 해 주기 때문에 '윤리' 토론에 적합하다. 윤리 이슈들은 일반적으로 어느 정도의 성찰을 요구하며 때로는 서류 캐비닛에서 윤리강령을 꺼내서 이를 확인해 봐야 할 때도 있다. 즉석 경험 시스템은 종업원들에게 해당 이슈에 대해 생각해 보고 다른 종업원들과의 비교적 비공식적인 토론에 참여할 수 있게 해 주었다. 마지막으로 연구 결과 사람들은 전자적으로 소통할 때 덜 내성적이었다. 사람들은 민감한 윤리 이슈를 대면해서 말할 때보다 적극적으로 토론하려 할 수도 있어서, '윤리에 대해 말해도 괜찮다'는 분위기에 기여한다.

사명 선언문 또는 가치 선언문

최근에 많은 회사들이 사명 선언문 또는 가치 선언문을 제정했다. 사명 선언문, 가치 선언문 또는 신조는 "우리는 비즈니스를 어떻게 수행하는가?", 즉 한 조직에서 비즈니스가 어떻게 수행되어야 하는지를 안내하는 회사의 원칙과 가치에 대한 간략한 기술(記述)이다. 사명 선언문은 조직의 존재 이유("우리가 하는 일은 이것이다.")에 대한 짧은 설명이다. 가치 선언문은 조직을 세상에 설명하는 과정의 다음 단계이며 "우리는 이를 이렇게 수행한다." 즉, 필수적인 회사 행동의 성문화에 해당한다. 가치 선언문은 일종의 조직 '십계명'이다. 가치 선언문이 효과적이려면 모든 사람이 가치 선언문의 메시지에 대해 명확히 알도록 짧고 외울 만하고 쉬운 말로 표현되어야 한다. 사명 선언문과 가치 선언문은 조직 문화를 정확히 반영해야 하기 때문에 종업원들의 의견 반영도 필수적이다. 외부인이 써 준 선언문은 진정성이 없어 보이고 풍자만화의 대상으로 전락할 가능성이 있지만 회사의 진정한 가치와 역사에서 나온 선언문들은 회사 문화의 대들보가 될 수 있다. 머크는 자사 웹사이트(www.merck.com)에 가치 선언문을 잘 보이게 게제하고 있는데 이 회사의 가치 선언문은 다음과 같다.

우리의 가치
우리의 핵심 가치는 삶을 향상시키고, 과학적 탁월성을 달성하며, 최고로 올곧게 운영하고, 우리 제품에 대한 접근을 확장하고, 협동을 중시하는 다양한 노동력을 고용하고자 하는 열망에 의해 견인된다.

삶의 향상
우리는 전 세계 사람들의 삶에 우리가 가져올 수 있는 변화에 의해 고무되기 때문에 건강 문제를 다루기 위한 탐구를 기꺼이 받아들인다.

윤리와 올곧음
우리는 최고수준의 윤리와 올곧음에 헌신한다.
우리는 우리의 고객, 종업원, 우리가 살고 있는 환경, 그리고 우리가 전 세계에서 봉사하고 있는 사회에 책임을 진다.

혁신
우리는 최고 수준의 과학적 탁월함에 헌신한다.
우리는 고객과 고객의 가장 절실한 필요를 파악하기 위해 열심히 노력하고, 계속적인 혁신을 통해 이 필요를 충족시키도록 스스로를 다그친다.

건강에 대한 접근
우리는 우리의 의약품과 백신에 대한 접근을 확장함으로써 전 세계 사람들의 건강과 복지 향상을 열망한다.

> **다양성과 팀워크**
> 우리가 뛰어난 회사가 될 수 있는 능력은 우리 종업원들의 올곧음, 지식,
> 상상력, 기술, 다양성과 팀워크에 의존한다.

물론 가치 선언문이 웹사이트와 게시판에 게재되더라도 실제로는 조직 문화의 일부가 아니라면, 가치 선언문이 무의미할 수도 있다. 가치 선언문이 의미 있으려면 표명된 가치가 규칙적으로 회사와 개인의 의사 결정을 인도해야 한다. 머크에서는 윤리와 올곧음이 이들의 'DNA'의 일부로써 종업원들이 결과를 '어떻게' 달성했는지가 결과 자체만큼 또는 그보다 더 중요하다는 점을 알고 있다. 타이레놀 위기에서 존슨 앤 존슨의 의사 결정을 인도했던 '고객 우선'이라는 가치의 역할(10장을 보라)은 아마도 회사의 가치가 의미 있게 적용된 가장 유명한 사례일 것이다.

회사가 사명과 비전, 가치를 갖추는 일의 중요성을 무시하면 무슨 일이 벌어지는가? 2002년에 파멸한 전기 통신 회사 아델피아의 상황이 그랬다. 이 회사를 설립해서 경영했던 리가스 가문은 (주로 일련의 인수를 통해) 15,000명의 종업원을 둔 조직으로 성장한 뒤에도 회사를 구멍가게처럼 운영했다. 2002년에 설립자 겸 CEO 존 리가스와 그의 아들들은 회사 금고에서 수백만 달러를 횡령하고 투자자들에게 부채 부담수준을 숨긴 혐의로 기소되었다.** [18)] 이 회사를 인계받은 새 경영진은 아델피아에 지도 원칙, 사명, 비전, 윤리, 강령이 전혀 없음을 알고 경악했다. 이 회사에는 아무것도 없었다. 곧바로 레이 드라브스키가 아델피아 소통 부서장으로 고용되었는데 그의 첫 번째 프로젝트는 임원진에게 새로운 사명, 비전, 윤리강령을 만들도록 도와줌으로써 회사를 본 궤도에 돌려놓는 것이었다. 이 회사는 파산을

** 아델피아 스캔들에 대한 보다 자세한 설명은 도서출판 연암사에서 발행한 마틴 비겔만 저, 노동래 역,『컴플라이언스: 윤리 준법 경영의 성공 전략』 5장을 보라. 역자 주.

18) R. Farzad, "Jail Terms for 2 at Top of Adelphia," New York Times, 2005년 6월 21일, C1면.

신청했기 때문에 윤리 프로젝트는 매우 적은 돈으로 수행되어야 했다. 그러나 이 회사는 몇 주일 만에 새로운 비전과 윤리강령을 만들고 종업원 윤리 핫라인을 설치했다. 나중에 실시한 종업원 만족도 조사는 (몇 년을 윤리 공백 상태에서 살고 난) 종업원들이 회사 상부로부터 이런 종류의 지도를 받는 것을 즐거워한다는 것을 보여주었다. 이 회사는 얼마 뒤에 매각되었지만 회사 전 부문의 종업원들은 이러한 공식적인 선언문들이 확립했던 새로운 방향을 좋아했다.

조직의 정책

정책('조직의 규칙')은 어느 회사에나 매우 중요하며 대부분의 정책 매뉴얼이나 적절한 모든 회사 정책을 보관할 인트라넷 사이트를 만든다. 일반적으로 정책 매뉴얼과 웹사이트는 회사나 산업에 관련된 법률과 감독 규정뿐 아니라 인사 정책 등 회사의 모든 정책을 묘사한다. 회사가 자신의 정책을 정의하고 이를 소통하는 일이 매우 중요하지만(이는 미국 양형 가이드라인의 조항 중 하나다) 대부분의 종업원들은 매뉴얼이나 웹사이트의 모든 페이지를 읽지는 않는다. 종업원들은 정책 매뉴얼과 웹사이트를 참고용일 뿐이라고 생각한다. 그 결과 종업원들은 정책 매뉴얼을 사전과 똑같은 방식으로, 즉 알 필요가 있을 때 이따금 사용한다. 그러나 많은 매니저들은 정책 매뉴얼을 한 번도 읽어보지 않는다. 두꺼운 책이나 웹사이트를 찾아보는 것보다 누군가에게 물어 보는 것이 훨씬 쉽다. 그런데 누구에게 물어 보느냐에 따라 옳은 대답을 들을 수도 있고 그렇지 않을 수도 있다.

대개 두툼하고 법률 용어로 써진다는 정책의 특성 때문에 정책은 중요한 규칙을 소통하기에는 썩 좋은 방법이 아니다. 그리고 모든 규칙이 자세히 기술되기 때문에 모든 정책이 똑같이 중요하다고 생각될 수도 있다. 분명히 다른 정책들보다 훨씬 중요하고 특히 강조해야 하는 정책들이 있다.

정책 소통을 설계할 때 먼저 청중을 분석하라. 모든 정책을 알아야 할 사람은 누구인가? 일부 회사 정책들은 특정 종업원들에게만 적용되는가? 어떤 정책을 정말로 알아야 하고, 어떤 정책은 알아두면 좋은가? 몇 가지 가이드라인을 제시한다.

관련 규칙을 필요로 하는 사람에게 소통하라　회사 정책 중에는 모든 사람에게 적용되는 정책도 있지만 특정 그룹의 종업원들에게만 적용되는 규칙도 있다. 예를 들어 조직의 회계 담당자들에게 특정 정책이 필요할 경우 이를 주 매뉴얼이나 사이트의 특정 제목 하에 두거나 아예 따로 빼내서 회계 담당자들에게만 배포하라. 모든 종업원들에게 적용되는 정책이라면 윤리 강령에 포함될 수도 있다.

정책의 우선순위를 정하라　정보 비밀을 설명하는 자료는 질병 휴가원을 어떻게 작성하는지에 대한 설명보다 중요하다. 정책은 종업원들이 가장 중요한 규칙이 무엇인지 한눈에 볼 수 있도록 제시되어야 한다.

정책을 이해할 수 있게 하라　먼저 법률 용어를 제거하라. 변호사들만 법률 용어를 좋아할 뿐 다른 사람들은 쉬운 용어를 좋아한다. 둘째, 종업원들에게 정책이 무슨 뜻인지 알려 주라. 대부분의 정책들은 이해상충을 금지하지만 이해상충이 무엇인지 정의할 수 있는 종업원은 별로 없다. 이해상충의 예를 들고 종업원들에게 이해상충이 어떤 모습을 띠는지 말해 주라. 이해상충이 무엇인지 모르는 사람은 이를 피하기 어려울 것이다. 종업원들에게 언제 특정 윤리 이슈가 발생할 가능성이 있는지에 대한 예를 제공하면 종업원들은 실제로 윤리 이슈가 발생할 때 이를 인식하고 어떻게 다뤄야할지 알 가능성이 높아진다.

정책을 살아 있게 하라　효과적인 소통은 메시지를 보낼 때가 아니라 사람들이 메시지를 받아서 이해할 때 일어난다. 중요한 정책은 중요한 규칙을 강조하는 창의적인 방식으로 소통되어야 한다. 정책은 또한 기회가 있을 때마다 직접, 종업원 회의, 교육 세션 등 다양한 경로로 소통될 필요가 있다.

윤리강령

윤리강령은 윤리 프로그램의 대체물이 아니라 윤리 관리 노력의 시작일 뿐이다. 좋건 나쁘건 대부분의 윤리 프로그램들이 윤리강령을 갖추고 있어서 윤리강령이 흔하다. 윤리강령은 길이, 내용, 가독성에는 상당한 차이가 있지만 일반적으로 조직의 윤리적인 행동을 위한 주된 안내서나 기본 규칙으로 설계된다.

아마 윤리강령이 길수록 종업원들이 읽어볼 가능성은 낮아진다고 해도 무방할 것이다. 반면에 강령이 짧을수록 가이드라인이 보다 광범하고 추상적으로 될 것이다. 윤리강령의 페이지 수를 줄이는 것은 회사가 종업원들이 매일 내리는 수백 건의 선택을 포함할 규칙을 갖출 수 없다는 점을 인정하는 셈이다. 그보다는 의사 결정을 인도할 가치에 초점을 맞추면 종업원들이 다양한 상황에서 최선의 결정을 내리도록 도움을 줄 수 있다.

많은 조직들은 보다 긴 윤리강령을 몇 부분으로 나눠서 대처한다. 첫 번째 부분은 광범위한 지도 원칙들을 제공한다. 여기에 특정 사례에 대한 적용, 자주 묻는 질문에 대한 대답, 보다 구체적인 정책 매뉴얼에 대한 언급 등 보다 자세한 섹션들이 뒤따른다. 일부 조직들은 구매 또는 인사 관리와 같은 특정 부서 종업원들에게는 소책자를 별도로 만들어서 보다 일반적인 윤리강령을 보완한다. 이런 소책자들은 자신의 특정 직무에서 발생할 가능성이 있는 질문들에 대한 세부사항들과 답변들을 제공하며 이러한 직무를 수행하는 종업원들이 세부사항들을 읽어볼 가능성은 보다 높다.

윤리강령의 내용은 소속 산업과 회사의 글로벌 시장 진출 정도에 따라 다를 수 있다. 산업에 따라 특수한 이슈들이 다뤄진다. 방위산업체들은 특정 정부 프로젝트에 투입한 시간에 대한 요금 부과 가이드라인을 세심하게 설명한다. 회사가 글로벌 시장에 진출해 있다면 윤리강령은 거의 확실히 뇌물과 같은 이슈들을 다룬다. 이에 대해서는 다음 장에서 좀 더 다룰 것이다.

윤리강령이 진지하게 받아들여지려면 정규적으로 업데이트되어 조직 전체에 다시 배포되어야 하는데 많은 회사들은 1년 또는 2년마다 업데이트된 정책을 배포한다. 또한 조직들은 종업원들에게 회사 윤리강령을 읽었으며 지난해 동안 이를 준수했음을 인정하는 진술서에 서명하도록 요청한다. 진정한 시금석은 윤리강령이 규칙적으로 사용되는지 여부다. 예를 들어 의사 결정 회의에서 매니저들이 윤리강령의 가이드라인을 규칙적으로 언급한다면 종업원들은 중요한 결정을 내릴 때 윤리강령이 매우 중요한 역할을 한다는 점을 알게 될 것이다.

윤리와 공급 사슬　점점 더 많은 회사들이 벤더들의 윤리 프로그램이 자사의 운영에 중대한 영향을 준다는 점을 깨닫고 있다. 중요한 벤더가 윤리적 과실로 운영 손실을 입게 되면 고객사의 생산 능력이나 제품 유통 능력이 피해를 줄 수 있다. 그 결과 이제 많은 회사들이 일상적으로 자신의 벤더들의 윤리 프로그램(들)이 건실한지에 관심을 보인다. 비즈니스 윤리와 행동에 관한 방위 산업 이니셔티브와 같은 일부 산업 집단은 윤리에 대한 기대에 일정 수준의 통일성을 확보하기 위해 하도급자 윤리강령을 개발해서 공급 사슬 전체로 내려 보낸다. 사실 정부 계약에서는 그런 태도가 법률이 되었다. 예를 들어 연방 구매 규정 52.203-13조는 미국 정부와 이행 기간 120일을 초과하고 계약 금액 5백만 달러를 초과하는 계약을 체결하는 회사는 '윤리적인 행동과 법률 준수에 대한 전심전력을 장려하는 조직 문화를 증진하도록' 고안된 건실한 윤리 프로그램을 갖추도록 요구한다. 더 나아가 이 연방 구매 규정 조항은 이 기준을 충족하고 본 계약 이행에 참여할

하도급자에게도 적용되어야 한다.

이와 관련해서 록히드 마틴은 하도급업자 윤리 프로그램의 성장과 발전을 보다 직접적이고 개별적으로 지원하기 위해 윤리 멘토링 프로그램을 개발했다. 이 프로그램에서는 숙련된 록히드 마틴 윤리 책임자들이 핵심 벤더들과 짝을 이뤄 그들의 윤리 프로그램에 대해 협력한다. 이 관계에서는 록히드 마틴 윤리 책임자와 벤더의 윤리 책임자가 건실한 윤리 프로그램의 핵심 요소들을 함께 개발하면서 양측 모두 배우게 된다. 이 프로그램의 초기 결과는 매우 긍정적이었으며 벤더들은 록히드 마틴 같은 성숙한 윤리 프로그램에나 있는 전문성에 접할 수 있었다는 데 대해 감사를 표했다.

윤리에 대한 상위 경영진의 의지 소통

코터와 헤스켓[19]은 『기업 문화와 성과』라는 책에서 그릇된 방향을 향하고 있던 한 회사를 되돌릴 수도 있는 한 가지 요인으로 문화를 소통할 수 있는 강력한 리더를 지목했다. 그들은 위대한 회사들의 최상위 매니저들이 어떻게 인도하는지 설명했다.

> 비전과 전략이 말(간단하고, 직접적이고, 솔직한 말)과 행동으로 소통되었다… 그들은 사람들에게 자신과 대화하도록 장려하고, 소통이 한 방향으로만 흐르도록 허용하지 않았다. 거의 모든 경우에 그들은 자신이 원하는 문화의 살아 있는 화신이 되었다. 그들의 일상 행동에서, 즉 그들이 회의에서 물어본 질문, 그들이 보낸 시간, 그들이 내린 결정에서 그들이 자기 회사에 불어넣기 원했던 가치와 관행이 내보여졌다. 이런 행동들은 그들의 말에 신뢰성을 더해 주었다. 그러한 행동은 다른 사람들에게 그들의 말이 진지하다는 점을 명확히 했다. 그리고 그런 행동에서 나온 것으로 보이는 성공은

---

19) J. P. Kotter and J. L. Heskett, Corporate Culture and Performance (New York: Free Press, 1992).

그 관행이 합리적이라는 점을 명확히 했다.

상위 경영진의 수용과 적극적인 지원이 없으면 윤리 이니셔티브들은 실패하기 십상이다. 그러나 상위 매니저들은 윤리에 관한 비전이든 기타 비전이든 비전을 잘 소통하지 못한다. 전문 관리직 종업원들을 대상으로 실시한 조사에서 응답자들은 자신의 상위 임원들을 신뢰하지 않음이 밝혀졌다.[20] 대부분은 자기 회사 리더들은 '회사 비전, 사명, 목표에 대한 명확한 이해'를 소통하지 못했다고 말했다. 그들은 또한 최상위 경영진을 약 55%의 경우에만 신뢰한다고 말했다.[21] 보다 최근의 종업원 조사에 의하면 신뢰 수준이 급락했으며 미국인 10명 중 1명만이 자기 회사의 리더가 윤리적이며 정직하다고 믿는다. 이 조사는 또한 미국인 10명 중 1명만이 자기 회사 리더들이 불확실한 시기에 옳은 결정을 하리라는 믿음을 보여준다. 리더를 신뢰하는 비율은 최근에 입사해서 2008년~2009년의 금융 위기와 관련된 많은 스캔들을 경험하지 못한 젊은 종업원(18세~24세)에게서는 16%로 높아진다.[22]

그럼에도 불구하고 대부분의 종업원들은 상위 임원들의 말을 듣고 싶어한다. 미국과 캐나다의 17개 회사 14,250명을 대상으로 실시한 또 다른 연구는 '종업원의 62%는 최상위 임원을 자신이 선호하는 정보원으로 지목했으나, 15%만 회사의 소식을 실제로 이들에게 듣는다.'는 것을 발견했다.[23]

종업원들과 보다 잘 소통하고 그들의 신뢰를 얻기 위해 상위 경영진은 어

20) A. L. Smith, Innovative Employee Communication: A New Approach to Improving Trust, Teamwork and Performance (Englewood Cliffs, NJ: Prentice-Hall, 1991).
21) 위의 책.
22) Maritz Research, 2011 Employee Engagement Poll Executive Summary, 2011년 6월, http://www.maritzresearch.com/~/media/Files/MaritzDotCom/White%20Papers/ExcecutiveSummary_Research.pdf.
23) A. L. Smith, Innovative Employee Communication: A New Approach to Improving Trust, Teamwork and Performance (Englewood Cliffs, NJ: Prentice-Hall, 1991).

떻게 할 수 있는가? 그들은 어떻게 윤리가 중시되는 조직을 만들 수 있는가? 상위 경영진은 피터스와 워터맨이 『초우량 기업의 조건』[24]에서 제시한 다음과 같은 충고를 살펴볼 수 있다. "효과적인 리더는 가장 추상적인 수준의 아이디어와 가장 평범한 수준의 세부사항에서의 행동이라는 스펙트럼의 양쪽 끝의 대가여야 한다. 가치를 형성하는 리더는 한편으로는 흥분과 열정을 불러일으킬 원대하고 숭고한 비전에 관심을 기울인다… 다른 한편 열정을 불어넣는 유일한 방법은 수십 개의 매일 매일의 사건들을 통하는 방법 밖에 없는 듯하다." 이 충고에 유념하면서 상위 매니저들이 취할 수 있는 몇 가지 구체적인 조치들을 제시한다.

- 높은 기준을 세우고 이를 공석과 사석에서 크게, 그리고 반복적으로 소통하라. 기준의 일관성으로 유명한 사람이 되라. 결코 당신의 기준이 수수께끼가 되지 않게 하라.
- 누군가가 기준을 위반하면 신속하고 단호하게 행동하라. 일관성을 유지하라. 특별한 사람에게 특별한 규칙을 두지 마라.
- 바로 아래 부하에게 완벽한 솔직함을 요구하라. 그들에게 나쁜 소식으로부터 차단당하기를 원하지 않는다고 말하라.
- 절대로, 절대로 '나쁜 소식'을 가져오는 사람을 죽이지 마라. 그렇지 않으면 다시는 당신에게 문제를 보고하는 사람이 없게 될 것이다. 문제에 대해 알지 못하면 문제를 고칠 수 없다.
- 여러 직급, 여러 장소의 다양한 종업원들에게 말하라. 자신의 사무실에서 나와 회사에서 실제로 무슨 일이 벌어지고 있는지 알아보라. 다른 사람의 해석에 만족하지 마라.
- 위기 시에는 책임을 지고 접근할 수 있게 하고 정직하라. 정도(正道)를 택

24) T. J. Peters and R. H. Waterman Jr., In Search of Excellence: Lessons from America's Best-Run Companies (New York: Harper & Row, 1982).

하라. 그렇게 하면 회사가 피해를 최소화하고 위기를 헤쳐 나갈 수 있을 것이다. 이것이 바로 존슨 앤 존슨은 타이레놀 위기 처리에서 높은 점수를 받았고 엑손은 발데즈 원유 유출에서 나쁜 점수를 받은 이유 중 하나다(CEO 로렌스 롤스는 사고 10주 후까지 알래스카를 방문하지 않았다). 이들 두 위기에 대해서는 10장에서 보다 자세히 다룬다.

- 마지막으로 당신이 말하는 곳에 돈을 사용하라. 윤리 이니셔티브에 자금을 투입하고 이를 지원하라. 시스템을 지원하지 않으면 대부분의 회사 가치 선언문들은 조직의 냉소주의만 증가시키는 공허한 상투어들의 수집에 지나지 않는다.[25] 윤리 이니셔티브를 개발하려면 회사 소통 및 교육 전문가의 도움을 얻으라. 윤리 전략을 변호사들에게만 맡겨 두지 마라.

많은 회사들에서는 윤리강령이 상위 임원의 메시지와 함께 도입된다. UTC에서는 사장 겸 CEO 루이스 체니벗이 다음과 같은 메시지와 함께 회사 윤리강령을 소개했다.

친애하는 UTC 동료 여러분, UTC 윤리강령은 단지 법률 준수만 요구하는 것이 아닙니다. 이 강령은 신뢰를 구축하고 존중을 증진하며 올곧음을 드러내 보이는 긍정적인 행동에 대한 의지를 구현합니다… 우리는 윤리가 우리의 성과 문화의 토대임을 확신할 수 있습니다.

이 메시지는 계속해서 윤리강령과 비즈니스 관행/컴플라이언스 인프라스트럭처를 소개한다.

---

25) M. Hammer and J. Champy, Reengineering the Corporation: A Manifesto for Corporate Revolution (New York: HarperCollins, 1993).

록히드 마틴에서는 연례 노바(NOVA) 윤리 상을 제정했다. 록히드 마틴의 유명한 노바 상 시리즈의 일부인 이 상은 이 회사의 윤리적 비즈니스 행동과 올곧음을 보여주는 이례적인 행동을 한 개인이나 집단을 인정한다. 이 상은 화려한 시상식에서 다른 노바 수상자들과 함께 수여한다. 해마다 회사의 리더들에게 자신이 맡고 있는 부문에서 수상 후보자를 지정하라고 장려한다. 2002년에 최초로 이 상을 받은 사람은 영업추진 부문 론 코바이스 부사장이었다. 그는 해외 고객과의 중요한 신규 거래 기회의 입찰 기간 중 최고 수준의 올곧음과 윤리적인 비즈니스 행동을 보인 점을 인정받았다. 코바이스는 중요한 계약을 포기함으로써 해외 고객과 미국 정부에 회사의 가치를 보여주었고 기준을 세워주었다. 코바이스는 해외 관리로부터 부적절한 '지급 요구'를 받았다. 록히드 마틴 종업원들은 그런 뇌물을 거절하도록 기대되며 코바이스는 실제로 뇌물 지급을 거절했다. 뇌물 거절 자체는 통상적인 행위로 간주되어서 상을 받을 가치가 없었을 것이다. 그러나 코바이스는 입찰 프로세스를 중단하고 (그래서 중요한 계약을 위험에 빠뜨렸다) 이 문제를 상위 책임자들에게 보고했으며, 미국 정부 관리와 해외 정부와 협력해서 그 해외 관리를 의사 결정 과정에서 배제시켰다. 그 고객은 나아가 윤리적인 조건으로 새로운 입찰 절차에 착수하기로 동의했다. 코바이스의 행동과 그의 수상 소식은 회사 사보 록히드 마틴 투데이에 컬러 사진과 함께 실려 모든 종업원들에게 배포되었다. 각 비즈니스 부문과 회사 조직에서 지명된 다른 후보들도 이 이야기에 소개되었다. 그 뒤로 최고 수준의 올곧음에 전력을 기울인 사람들에게 경의를 표하는 전통이 계속되고 있다.

　　그런 행사가 윤리 문화에 주는 영향에 대해 생각해 보라. 모든 상위 리더들은 매년 윤리적으로 모범적인 행동을 보인 종업원들을 찾기 위한 노력을 기울여야 한다. 시상식 자체가 바로 윤리적인 문화 조성에 도움이 되는 일종의 '의식'이다. 이 이야기들은 회사의 문화적 전승이 되기 때문에 이야기들이 축적됨에 따라 그 영향도 커진다. 이 영향은 록히드 마틴과 같이 과거에 스캔들이 발생했던 회사에 특히 중요하다. 록히드 마틴 이전 회사들의 종업원의 비리가 해외 부패 방지법 (이 법에 대해서는 11장에서 논의한다) 통과에 기여했다. 회사 상위 리더가 이 조직이 비윤리적이라는 인식에 대응하는 것이 매우 중요해졌다.

윤리 교육 프로그램 가치 선언문, 정책 매뉴얼, 윤리강령들로는 충분하지 않다. 윤리를 진지하게 다루는 조직들은 이 자료들을 널리 배포하고 그 의미와 적용에 대한 교육을 제공한다. 효과적인 교육 프로그램은 신입 직원에서부터 상위 매니저에 이르기까지 조직의 모든 구성원을 가르치는 지속적인 노력이다. 우리는 1장에서 윤리를 가르칠 수 있는지에 대해 논의했다. 우리는 이제 당신이 윤리를 가르칠 수 있다는 점을 잘 납득했기 바란다. 조직의 윤리는 윤리 이슈에 대한 인식과 적절한 행동에 대한 지식에 관한 것인데 이러한 아이디어들은 모든 직급의 종업원들이 알아야 하고 또 공유해야 한다.

교육은 교육 대상자들에게 적합하도록 설계되어야 한다. 새로 들어온 종업원은 회사에 10년간 근무한 매니저와는 다른 교육을 필요로 한다. 조립 라인 노동자는 1시간의 교육과 정규보수 교육으로 충분할 수 있는 반면, 매니저는 다양한 이슈를 다루는 며칠간의 교육이 필요할 수도 있다. 또한 교육은 교육 목적에 기초할 필요가 있다. 이 교육은 윤리 이슈에 대한 인식을 증가시키고자 하는가, 법률이나 정책에 관한 지식을 전달하기 위함인가, 태도나 행동을 변화시키기 위함인가? 마지막으로 윤리 교육은 윤리 부서의 관할 사항일 필요도 없고, 그래서도 안 된다. 윤리 교육은 리더십 개발과 기타 프로그램 안에 포함되어 조직 문화 안으로 보다 완전히 통합되어야 한다.

신규 입사자 교육 많은 회사들이 종업원 오리엔테이션을 통해 윤리 교육을 제공한다. 예를 들어 록히드 마틴의 모든 신규 입사자들은 처음부터 윤리가 중요함을 인식하도록 출근 첫날 윤리 이슈와 법률 이슈에 대한 설명을 듣는다. 이 교육은 연중 지속된다.

기존 종업원 교육 기존 종업원들에게도 다양한 형태의 교육이 제공된다. 모든 종업원에게 기본적인 윤리 교육 모듈을 제공하는 회사도 있다. 예를 들어 록히드 마틴에서는 모든 종업원들이 연례 윤리 인식 교육에 참여한다. 이 교육은 회사의 윤리, 다양성, 리더십 가치와 종업원들이 이 가치를 자신의 일에 어떻게 적용할 수 있으며, 적용해야 하는지에 초점을 맞춘다. 윤리 부서 종업원들은 교육 받은 내용을 기억할 수 있도록 해마다 교육을 다르게 실시하라는 도전을 받는다. 교육 세션이 끝난 뒤 종업원들이 서로 토론하는 교육이 되어야 한다.

'우리의 2013년 가치 표명하기' 라는 제목의 2013년 교육은 회사의 가치, 다양성에 대한 다짐, 리더십 책무에 초점을 맞췄다. 이 교육은 밥슨 대학의 메리 젠타일 박사와 협력해서 개발된 '가치 표명하기' 주제의 3년차 교육이다. 이에 대해서는 젠타일의 저서 『가치 표명하기: 무엇이 옳은지 알 때 당신의 마음을 어떻게 말할 것인가』에 설명되어 있다(젠타일의 연구에 대해서는 4장에서 설명했다). 이 세션은 서론격인 비디오로 시작하는데 여기에서 사장 겸 CEO가 록히드 마틴의 비전과 윤리 그리고 비즈니스 수칙이 회사의 성공에 얼마나 중요한지를 강조했다. 이 교육은 비디오 기반으로 기록 위조, 근무시간 카드 기록 사기, 회사 간 관계 등 9개의 윤리 딜레마를 다루는 사례를 담고 있다. 교육 세션 중과 세션 종료 후에 대화를 자극하는 것이 목적이기 때문에 모든 시나리오들에 똑 부러지는 답이 있는 것은 아니다.

각각의 교육 세션은 5명에서 25명으로 구성되며 해당 그룹의 매니저 또는 윤리 책임자가 세션을 인도한다. 연례 교육은 5월 초에 시작해서 이사회가 먼저 교육을 받으며, 그 다음에 사장 겸 CEO 매릴린 휴슨이 임원진을 교육시킨다. 그러고 나서 각각의 임원들이 자신의 참모 종업원들을 교육시키고, 이 과정이 10월까지 계속되어서 118,000명의 모든 종업원들이 교육을 마치게 된다. 이 연례 윤리 인식 교육은 록히드 마틴 문화의 불가결한 부분이 되었다. 사람들은 이를 기대하며 윤리 부서 종업원들이 해마다 무엇을 개발할지 고대한다. 이 교육의 한계 중 하나는 사례들에 관한 대화의 길이에 따라서는 한 번의 교육 세션에 서너 건의 시나리오밖에 마칠 수 없을 수도 있다는 점이다.

록히드 마틴은 연례 윤리 인식 교육을 보완하기 위해 '올곧음 시간 (Integrity Minute)'이라는 조치에 착수했는데 이는 이메일을 통해 종업원들에게 보내지는 짧은(약 1분) 비디오 메시지 시리즈다. 각각의 시리즈는 중요한 윤리 주제에 대한 서너 개의 일화들을 담고 있다. 주마다 연속해서 보내는 이 일화들은 이 시리즈에 대한 종업원들의 흥미를 유지하기 위해 연속극 드라마를 포함한다.

록히드 마틴이 사용한 또 다른 참여 제도로는 윤리 예술 영화 축제와 '윤리가 스타가 되다' 대회가 있다. 윤리 예술 영화 축제는 종업원들에게 윤리, 다양성, 좋은 리더십을 증진하기 위한 창의적인 예술품 잔치에 참여하도록 초청된다. 참가작은 국내 및 해외의 모든 비즈니스 부문에서 출품된다. 참가자들은 창의적인 다양한 매체를 사용해서 윤리, 다양성, 리더십을 주제로 하는 포스터, 비디오, 사진, 시, 기타 예술 작품을 제작한다. 종업원들은 사무실 밖에서 개인 자원으로, 개인 시간에 제출할 작품을 준비한다. 대부분의 출품작들은 팀의 공동 작품으로서 업무 그룹들은 출품작 준비를 팀워크를 강화하는 기회로 활용한다. 독립적인 심사 위원회가 최고 작품들을 선발하며, 수상자들은 시상식에 초대된다. '윤리가 스타가 되다' 대회는 종업원들에게 윤리 사무실에 '오디션 테이프'를 제출하도록 요청했다. 대회 승자들은 녹화해서 올곧음 시간 일화에 등장시켰다. 이러한 활동들은 종업원들을 윤리 프로세스와 록히드 마틴 부서에 참여시키기 위해 고안되었다.

최고 경영진의 교육 관여　　조직이 최초로 윤리 교육을 실시할 때 대부분의 조직들은 조직의 최상층부터 교육을 시작한다. 조직의 최상부에서 시작해서 단계별로 아래로 내려가는 것을 흔히 캐스케이딩(Cascading)이라 한다. 리더의 관여가 윤리 교육의 신뢰성에 매우 중요하기 때문에, 윤리 교육 시 흔히 이 기법이 사용된다. 리더마다 자신의 바로 아래 부하들을 교육시켜서 기대되는 교육 행동과 올곧음에 대한 모범을 보인다.

현지 경영진의 교육 관여　　대부분의 조직들은 현지 경영진이 보편적인 일상의 윤리 딜레마들을 토론의 토대로 해서 윤리 교육을 실시하도록 권고한다. 현지 경영진이 회사의 업무 환경에서 매일 직면하는 실제 윤리 이슈들을 다루면 교육 세션이 더 유익하고 효과적이라고 생각한다. 윤리 부서에 걸려오는 전화의 예를 교육 토대로 사용할 수 있다. 종업원들은 매일 윤리에 관한 결정을 내린다. 자신의 근무 시간을 보고하거나, 여러 정부 계약에 시간을 어떻게 배정할지 결정하거나, 자신의 업무와 충돌할 수도 있는 모종의 업무외 활동에 관여하려 하거나, 배송 지연에 대해 고객에게 어떻게 말할지 결정해야 하는 사람은 윤리에 관련된 결정을 내리고 있는 중이다. 교육 시 보편적인 일상의 이슈들을 사용하면 자신이 직면했던 문제들은 다른 사람들에게도 문제였으며 자신은 하찮은 일에 관해 걱정하는 괴짜가 아니라는 안도감을 준다.

교육 모델: 윤리 게임　　윤리 게임은 회사의 윤리 메시지를 소통하는 강력한 방법이다. 이 책의 공동 저자인 캐서린 넬슨은 1980년대 말 씨티그룹 인사 커뮤니케이션 부서장이었을 때 '직업윤리: 올곧음 연습'이라는 최초의 회사 윤리 게임을 개발했다.

이 게임은 다음과 같이 실시되었다.

일군의 종업원들을 팀으로 나누고, 진행자가 다음과 같은 메시지와 함께 게임을 제시했다.

"우리는 여러분의 주의를 끌기 원하기 때문에 윤리에 관한 게임을 하려 합니다. 여기에서는 윤리가 매우 중요합니다."

"이 게임은 여러분이 리스크가 없는 환경에서 윤리에 관한 결정을 내리기를 연습할 수 있는 기회입니다."

"우리는 여러분에게 회사 정책과 여기서는 일이 어떻게 수행되는지에 대한 개관을 제공해 주기 위해 이 게임을 하고 있습니다. 우리는 여러분이 윤리 딜레마에 직면해서 도움이나 조언을 원할 경우 이용할 수 있는 모든 자원에 대해서도 간략히 설명할 것입니다."

진행자는 팀들에게 성희롱, 윤리적 우려 보고, 고객에 대한 책임, 비밀 유지 필요, 이해상충과 같은 일련의 윤리 딜레마들을 제시했다. 윤리 딜레마들은 명확하게 옳은 답이 없도록 만들어졌다. 각각의 이슈에 대해 팀들은 몇 분 동안 어떤 행동이 적절하다고 생각하는지 토론했다. 다음에는 팀원들의 합의에 근거해서 4가지 대안 중 하나를 선택했다. 팀들이 결정하고 나면 진행자가 악역을 맡아서 전체 그룹에게 왜 그런 선택을 했는지 물어봤다. 참가자들과 팀들이 자신의 입장을 완강하게 방어했기 때문에 토론이 아주 격렬해질 수 있었다. 그리고 나서 진행자가 각각의 행동에 대한 점수를 공개했다(점수는 미리 정해졌는데, 가급적 게임이 진행되고 있는 조직의 경영진에 의해 정해졌다). 참가자들이 점수에 동의하지 않으면 상위 매니저들로 구성된 재심 위원회에 이의를 제기할 수 있었다. 토론은 매우 열정적이고 활발하게 진행되었으며, 최고 점수를 얻기 위한 경쟁으로 높은 관심이 유지되었다.

상위 경영진 재심 위원회는 이 윤리 게임의 중요한 측면 중 하나였다. 상위 매니저들이 90분가량 참석한다는 사실 자체가 이 회사에서는 올곧음과 윤리가 매우 중요하다는 강한 메시지를 보냈다. 이 회사에서 올곧음과 윤리가 중요하지 않다면 이 모든 임원들이 이에 대해 얘기하느라 그처럼 많은 시간을 보내지 않을 테니 말이다. 또한 이의에 대해 논의할 때 재심 위원회는 종종 회사 기준과 기대에 관한 윤리 메시지를 윤리 프로그램의 다른 어떤 요소보다 강력하게 소통했다. 그 과정에서 종업원들은 상위 매니저들이 윤리 딜레마를 어떻게 처리하는지, 그들은 의사 결정에서 어떤 요소들을 중요하다고 여기는지 알 수 있었다.

그룹들은 특정 질문에 대한 점수에 동의하지 않고 상위 매니저들에게 이의를 제기할 수 있었고, 상위 경영진들은 점수를 변경할 좋은 논거를 들으면 점수를 변경할 권한을 갖고 있었다. 이 절차는 참여하는 매니저들이 접근가능하다는 '도장을 찍어 주었다.' 매니저들은 종종 자신에게 조언을 구하는 종업원 수가 크게 늘었다고 보고했다. 한 매니저는 자신이 윤리 게임 재심 위원회에서 위원으로 활동하는 것을 본 종업원들이 복도, 화장실, 식당, 심지어 거리에서도 조언을 구했다고 얘기했다. 대부분의 회사들은 종업원들이 매니저들에게 윤리 이슈에 관한 조언을 구하게 할 수 있다면 무슨 일이든 할 것이다.

상위 매니저들도 종업원들이 직접 경영진에게 이슈를 제기할 수 있는 게임에 참여함으로써 많은 것을 배웠다. 한 세션에서는 많은 남성 매니저들이 성 고정관념에 대해 젊은 여성 직원들이 얼마나 분개하는지 알게 되었다. 그 젊은 여성들은 자신들이 이 이슈에 대해 얼마나 강하게 느끼는지에 대해 경영진이 알게 해야겠다고 굳게 결심해서 게임이 공식적으로 끝나고 난 뒤의 만찬 모임에서 임원들과 대면해서 토론을 계속했다.

이 게임은 대개 대답보다는 질문을 더 많이 제기했기 때문에 참여 그룹에 설명해 주는 것이 매우 중요했다. 게임을 마칠 때 진행자가 윤리 딜레마를 해결하는 방법에 대해 조언하고, 종업원들이 조언을 필요로 할 때 그들에게 도움을 주기 위해 활용할 수 있는 자원을 설명했다. 이 윤리 게임은 여러 소통 목표와 교육 목표를 달성했지만 인식을 제고하고 대화를 이끌어 내며 예상되는 딜레마와 종업원들이 이러한 딜레마에 어떻게 대응할 수 있는지 묘사하는 데 특히 효과적이었다. 그러나 윤리 프로그램이 장기에 걸쳐 효과적이려면 교육과 소통이 장기간 계속되어야 한다. 게임은 훌륭한 출발점이며 다른 딜레마를 가지고 계속 사용할 수 있다. 그러나 윤리 게임은 진공 상태에서 존재하거나 모든 사람에게 그리고 모든 문제에 대해 효과적일 수는 없다. 윤리 게임은 다른 매체 및 보완적인 메시지와 함께 통합 윤리 프로그램의 일부가 될 필요가 있다.

윤리 게임을 이단이라고 생각하는 사람도 있겠지만 이런 유형의 교육 프로그램을 본 사람들은 곧 그 효과성을 납득하게 된다. 자사 버전의 윤리 게임을 개발해서 성공적으로 사용한 회사들도 있다. 예를 들어 몇 년 전에 록히드 마틴은 씨티그룹 게임을 본떠서 자사 윤리 게임을 개발했다. 록히드 마틴은 (종업원들 사이에 인기가 있던) 딜버트 만화 저자인 스콧 애덤스의 허락을 받아 이 게임에 딜버트의 등장인물들을 사용했다. 당시 이사회 회장 노엄 어거스틴이 딜버트와 함께 소개 비디오에 출연했으며, 이 게임은 각각의 윤리 질문들에 대해 익살스러운 '도그버트(Dogbert) 답변'을 포함했다. 몇 년 전에 온라인 윤리 교육이 도입된 이후 일련의 시나리오들과 점수가 부여된 답변을 수록한 씨티그룹 포맷이 여러 회사들 사이에 점점 인기를 끌게 되었다.

공식, 비공식 의문 해결과 윤리 우려 보고 시스템

윤리 문화가 강한 조직에서는 종업원들이 자유롭게 윤리 이슈에 대해 솔직히 말하고 권위가 있는 인물에게 질문하고 우려를 제기하며 매니저들은 접근가능한 종업원들에게 귀를 기울인다. 이는 조직이 소통 라인을 개설하고 솔직한 환경을 조성하기 위해 할 수 있는 가장 중요한 일일 수도 있다.

사람들이 그들의 의견, 아이디어, 생각에 대해 솔직하게 논의할 수 있다고 느끼게 하라. 이 점이 가장 중요한데 사람들이 난처해지거나 보복을 두려워하지 않고 진지하게 문제를 제기하거나 해결할 수 있다고 느끼는 환경을 조성하라. 나쁜 소식을 가져오는 사람을 처음으로 '사살' 하는 순간, 그 조직에서 윤리를 억압하는 방향으로 행하는 첫걸음이 떼어지게 된다. '소식을 전한 사람이 살해당했다.' 는 소식은 조직의 입소문을 통해 산불처럼 퍼질 것이다.

대부분의 조직들은 종업원들에게 우려 사항을 바로 위의 상사에게 먼저 얘기하도록 장려하지만 종업원들은 때로는 익명으로 질문하기 원하거나 자기 상사의 행동에 대해 우려할 수도 있다. 또한 미국 양형 가이드라인은 조직들이 '범죄 행위를 보고하는 종업원에게 보복하지 않는 보고 시스템 등 모니터링, 감사, 범죄 행위를 탐지하기 위해 설계된 기타 시스템을 통해 성문 기준 준수를 달성하기 위한 합리적인 조치를 취하도록' 요구한다. 그 결과 많은 회사들이 보다 공식적인 우려 제기 시스템을 설치했다. 이 시스템은 일반적으로 종업원들이 윤리 딜레마를 해결하기 위해 도움을 요청하거나 조직에서 목격한 윤리 문제나 행동을 보고하기 위한 전화 라인 형태를 띤다. 이러한 보고 시스템은 '커뮤니케이션 라인,' '가이드라인,' '오픈 라인,' '헬프라인,' '핫라인,' '윤리 행동 라인' 등 여러 이름으로 불린다. 이런 전화 라인이 있을 경우 일반적으로 윤리 부서에서 이 라인을 관리한다.

예를 들어 록히드 마틴에서는 정규 업무 시간에 전사 윤리 헬프라인을 이용할 수 있으며, 종업원들은 하루 24시간 음성 메시지를 남길 수 있다. 록히드 마틴은 헬프라인 외에도 종업원들이 이메일, 웹 기반 '우리에게 물어 보세요' 채널, 팩스, 일반 우편을 이용해 윤리 관련 우려를 제기할 수 있게 한다. 각각의 비즈니스 부문은 자기 부문의 윤리 책임자 사진과 윤리 헬프라인 전화번호가 포함된 포스터에 현지 윤리 프로그램을 광고한다. 일부 대규모 조직들은 비즈니스 부문마다 별도 보고 라인을 제공한다. 이사회 회장이 전화를 직접 받는 회사도 있다. 외부 컨설팅 회사나 법무 법인을 고용해서 무료 전화번호로 온 전화를 받은 뒤 이 정보를 회사에 전달하게 하는 회사도 있다.[26] 이런 시스템은 시간대 차이 때문에 밤낮을 가리지 않고 전화가 올 수 있는 글로벌 회사에 만연하다.

우리는 가능하면 윤리 부서 종업원이 전화를 건 사람과 직접 얘기하는 것이 가장 좋다고 생각한다. 윤리 부서 종업원들은 조직에서 무슨 일이 일어나고 있는지 알고 있을 필요가 있다. 이 업무를 위임할 경우 그들은 전화를 건 사람의 어조와 시각을 잃게 된다. 예를 들어 서면 보고서에서는 전화 통화를 통해 파악할 수 있는 비언어적 실마리가 상실될 수 있다. 이를 다루는 한 가지 방법은 업무 시간에는 윤리 부서에서 전화를 받고, 업무 종료 후에는 외부 회사에서 전화를 받도록 계약하는 것이다. 글로벌 기업에는 24시간 응답 능력이 필수다. 윤리 부서는 종업원들에게 전 세계에서 오는 전화를 다루기 위한 해법으로 외부 계약자를 고용하는 것을 설명할 수 있다.

전화 보고 라인을 둔 조직들은 명확히 알고자 하는 문의가 대부분임을 알게 된다. 전화를 한 사람은 이렇게 말한다. "나는 이렇게 하고 싶은데, 그래도 되나요? 그것은 규정 위반이 아니지요?" 많은 조직에서 받는 전화의 대부분은 공정성 우려와 같은 인사 관련 사안들이다. 비교적 통상적인 사안들도 있다. 그러나 가끔은 심각한 윤리강령 위반이나 심지어 불법 행동에 관한 전화가 오기도 한다. 이러한 보고 라인 관리는 작은 일이 아니다. 회사 핫라인은 흔히 연간 수천 건의 전화를 받는다. 한 윤리 책임자는 자기 회사의 핫라인 전화의 90%는 인사 관련 이슈라고 말했다. 그는 "그러나 다른 10%의 대부분은 우리에게 큰 관심이 있는 이슈들이었으며 이러한 이슈들을 얻기 위해 90%의 인사 관련 이슈를 다룰 가치가 있다."고 말했다. 이 상황은 윤리 책임자와 윤리 부서가 인사 부서와 좋은 업무 관계를 유지할

26) J. M. Powell, "Pinkerton Responds to the Federal Sentencing Guidelines," Corporate Conduct Quarterly 3권, no. 1 (1994), 10쪽.

필요가 있음을 보여준다. 종업원들이 인사 부서를 신뢰하면 윤리 메시지를 통해 인사 관련 우려 관리에 도움을 주고 이런 우려를 인사 부서에 제기하도록 안내할 수 있다. 물론 종업원들이 인사 부서를 신뢰할 경우에만 그렇게 할 수 있다.

이러한 보고 라인에 대해 종종 제기되는 우려 중 하나는 사람들이 타당하지 않은 보고를 하리라는 것이다. 즉, 자신이 싫어하는 사람을 '고자질'하는 것이다. 그러나 우리가 면담한 윤리 책임자들의 경험은 그렇지 않았다. 대부분의 사람들은 타당한 이슈에 대해 전화한다. 때로는 동기가 고상하지 않을 수도 있지만 내용은 대개 정확하다. 이 소통 라인을 사용하는 대부분의 사람들은 자신이 생각하기에 옳지 않은 무언가에 대한 진지한 의문이나 우려가 있기 때문에 이 라인을 사용한다. 그래서 전체 보고 및 조사 시스템에 비밀 유지가 매우 중요하다. 보고와 조사의 전 과정에서 보고자와 피의자의 신원 모두 보호되어야 한다. 혐의가 단순한 오해에서 비롯되었을 수도 있기 때문에 피의자가 보호되어야 한다. 보고자도 피의자에게 보복당하지 않도록 보호되어야 한다.

보고 라인에 접수되는 전화와 편지의 수의 의미를 어떻게 해석할 것인가도 문제다. 조직이 무엇이든 질문하고 우려를 표명하며 위반을 보고하기 쉬운 제도를 만들어서 이를 장려하면 확실히 전화 수는 급격히 증가할 것이다. 전화 수 증가는 윤리 문제가 더 많아졌음을 의미하는가? 아마 그렇지 않을 것이다. 이러한 프로그램을 운영하는 임원들은 일반적으로 그러한 증가를 자신들의 프로그램이 잘 작동하고 있다는 증거로 해석한다. 그러나 이상적인 세계에서는 윤리 부서가 할 일이 없어지기를 목표로 해야 한다. 달리 말해서 이상적인 세계에서는 윤리적 행동이 습관화되어서 사람들이 전화할 이유가 없다. 종업원들이 이슈를 자기 부서에서 매니저와 다루기 때문이다. (자사 제품은 고장이 나지 않아서 수리공이 할 일이 없다는) 메이텍 수리공에 관한 예전 광고와 마찬가지로 이상적인 세계에서는 윤리 책임자의 일이 매우 따

418

분할 것이다. 다른 한편 울리지 않는 전화는 다음과 같은 긍정적 또는 부정적 상태에 대한 신호일 수 있다.

- 윤리 문제에 대한 관심 또는 인식 결여(부정적)
- 사람들이 보복을 두려워하는 위협적인 환경(부정적)
- 모든 부문에서 문제를 잘 해결함(긍정적)
- 윤리 부서의 존재를 아무도 모름(부정적)

궁극적으로 윤리 부서가 보고 건수 및 이의 변화가 의미하는 바를 판단할 방법을 찾아내야 한다.

대부분의 윤리 책임자들은 비리 주장 건수는 비교적 적고 안정적이며 조언을 구하는 질문이 많기를 선호한다. 이는 사람들이 조언을 구하기 위해 전화함을 의미하는데, 이는 좋은 일이다. 남은 문제는 종업원들이 자신이 활용할 수 있는 자원을 알고 있고 이를 사용할 의지가 있는지 여부다.

비밀 유지와 보고자 보호는 중요한 이슈다. 일부 회사들은 옴부즈맨이라고 불리는 외부인을 고용해서 보고자의 비밀을 유지하면서 보고 라인 응대, 정보 제공, 불만 조사, 대안적 분쟁 해결 역할 수행, 회사 컴플라이언스 위원회 또는 감사 위원회 앞 보고 업무를 하게 한다.[27]

전화, 옴부즈맨, 또는 다른 공식적인 절차 중 어느 제도가 특정 회사의 문화에 적절하든 종업원들이 보복을 두려워하지 않고 문제를 제기할 수 있는 방법을 갖추는 것이 중요하다. 종업원들이 두려움 없이 문제를 제기할 방법이 없다면, 임원들이 문제를 최초로 듣게 되는 사람들은 검사, 감독 당국, 또는 신문 기자들일 수도 있다.

마지막으로 우리가 얘기를 나눠봤던 모든 회사들은 비리 보고에 대한 조

---

27) Corporate Ethics: Developing New Standards of Accountability, Conference Board Report No. 980 (New York: The Conference Board, 1991), 29-30쪽에 수록된 S. S. Miller, "The Ombudsperson."

사 시스템을 갖추고 있었다. 이는 주장의 심각성 정도에 따라 아주 복잡할 수도 있는 다단계 절차다. 물론 사실을 수집해서 혐의 주장이 확인될 수 있는지 판단해야 한다. 조사 과정 중에 비밀이 유지되어야 하며 문제의 성격에 따라 법무, 감사, 보안, 또는 인사 부서와 협력해야 한다. 다음에는 발견한 사실을 철저히 분석해서 권고안을 마련하고 비리 행위자를 징계하고 필요 시 조직의 체계적 문제 시정 조치를 취해야 한다.

보상 시스템을 이용한 윤리 메시지 강화

5장에서 윤리 문화 정렬에 보상 시스템이 매우 중요하다고 한 점을 기억하라. 록히드 마틴의 엘엠커미트(LMCommit)라 불리는 성과 관리 프로세스는 매출 또는 이익 증가와 같은 업무 결과만 평가하지 않는다. 종업원들은 또한 윤리, 탁월성, 올곧음, 사람과 팀워크 등의 특성을 통해 결과를 달성한 방법에 대해서도 평가받는다. 특히 리더들은 전 범위 리더십이라 불리는 회사의 리더십 모델에 비춰 평가된다. 전 범위 리더십 모델은 '미래를 형성하라, 효과적인 관계를 구축하라, 팀에 활력을 불어넣으라, 결과를 내라, 개인적인 탁월성, 올곧음과 책임감의 모델이 되라'는 다섯 개 원칙으로 구성된다. 모든 리더는 회사가 수용하는 가치를 보이도록 운영 및 재무 실적과 더불어 이 모델에 비춰 평가된다. 예를 들어 엘엠커미트는 개인적인 탁월성, 올곧음과 책임감의 모델이 되라는 범주에서 리더가 '개인적인 탁월성, 윤리적 행동, 올곧음에 대한 의지를 보여서' '장애를 극복할 관리자의 용기를 보이고' '올곧음으로 인도'하는지 살펴본다. 이러한 행동에 대한 구체적인 예가 요구되며 모든 보상 결정은 모든 종업원 및 리더의 엘엠커미트 결과에 직접 연계된다.

일부 조직에서는 모든 종업원의 성과평가 시 자신의 업무를 수행한 방식에 대해 최대 50%의 비중을 부여한다. 달성한 결과뿐만 아니라 방식까지도 측정하는 것은 바람직한 행동을 견인하고 비윤리적인 행동을 억제하는 탁월하고 입증된 방법이다.

오티스 엘리베이터 컴퍼니(UTC의 자회사)에서는 당시 사장이자 현재는 UTC 부회장으로 은퇴한 스티븐 페이지가 종업원들에게 다음과 같은 서한을 보내 오티스는 올곧음 위반을 엄하게 징계한다는 점을 명백히 했다.

우리 회사는 비즈니스 수행 방식에 상당한 변화를 가하고 있습니다. 저는 오늘 변하지 않은 것, 그리고 결코 변하지 않을 것, 즉 최고의 윤리 기준과 비즈니스 관행에 대한 우리의 서약을 강조하기 위해 이 편지를 쓰고 있습니다. 우리는 오티스의 종업원들이 일터의 행동에 있어서 정직하고, 성숙하고, 독립적이며, 양심적이라고 알고 있습니다. 우리는 오티스 종업원들이 윤리와 회사 평판에 관심을 기울인다는 점을 알고 있습니다. 우리는 또한 종업원들이 오티스의 이러한 근본적인 가치에 어긋나는 행동을 보이는 동료에 대한 제재를 지지한다는 점도 알고 있습니다.

우리 회사의 윤리 프로그램은 이러한 지식에서 나왔습니다. 우리는 구체적인 비즈니스 상황에서 어떻게 처신해야 하는지에 대한 지침을 제공하는 윤리강령에서 모든 종업원에 대한 교육과 소통 프로그램을 제공합니다. 전 세계의 우리 회사 비즈니스 관행 책임자 네트워크를 통해서 우리는 또한 의문이 있거나 윤리 딜레마에 직면한 종업원들에 대한 전문가의 조언도 제공합니다.

그러나 윤리에 대해 아랑곳하지 않는 사람들, 즉 편법을 쓰거나, 법률/우리 회사 정책 또는 기준을 위반할 수 있다고 생각하는 사람들은 오티스에 있을 곳이 없습니다. 유감스럽게도 우리는 올해에만 윤리강령 위반으로 10여 명의 동료를 해고할 수밖에 없었는데 이는 용납할 수 없는 수준입니다. 불법적이거나 비윤리적인 행동은 우리 회사를 해칠 뿐이며 우리는 그런 일을 예방하기 위해 필요한 모든 조치를 취할 것입니다.

우리의 행동은 오티스는 우리 회사 행동 기준을 타협하느니 비즈니스를 잃겠다는 우리의 근본적인 신념을 반영합니다.

이 기회에 우리 회사 윤리강령에 대한 지식을 새롭게 하고 이 강령의 가이드라인과 원칙에 충실하기로 새롭게 서약하십시오. 우리는 윤리적인 회사라는 평판이 우리의 가장 큰 업적인 오티스의 일원인 것을 매우 자랑스럽게 생각합니다. 우리는 이 귀중한 자산을 보호하기로 굳게 결심합니다. 여러분의 계속적인 지원에 감사드립니다.

이 편지는 필요하면 징계를 통해 기준을 유지하기 위한 단호한 조치를 취하겠다는 회사의 의지를 확인해 주는데 회사의 윤리적인 많은 종업원들에게 환영받았을 것이다(적절한 징계 사용에 대한 정보는 7장과 8장을 보라).

윤리 프로그램 평가

많은 조직들은 고위 임원 고용, 가치 선언문 및 윤리강령 제정, 교육 프로그램 설계, 시행 등 윤리 노력에 상당한 자원을 투입해 왔다. 그러나 윤리 프로그램 평가는 많은 도전 과제를 제기하기 때문에 이러한 노력을 체계적으로 평가한 조직은 매우 드물다. 예를 들어 앞에서 얘기한 바와 같이 전화 라인에 더 많은 전화가 오면 이러한 현상이 의미하는 바는 다를 수 있으며 여러 방식으로 해석될 수 있다. 윤리 교육 프로그램에서 종업원들에게 회사의 윤리 프로그램이 '좋은지' 여부를 물어 봐도 윤리 프로그램의 질에 대해 그다지 많은 것을 알 수 없다. 많은 종업원들은 몇 시간 또는 하루를 업무에서 벗어날 수 있다는 생각만으로도 긍정적으로 답변할 것이다. 종업원들이 좋아하는지 여부는 부차적이어야 한다. 가장 중요한 질문은 윤리 프로그램이 목표를 달성하고 있는지 여부다.

오티스는 평가 영역에서 한층 더 진보를 이루었다. 전 세계적으로 200개가 넘는 나라에서 오티스가 제작한 승강기가 운행되고 있다. 이에 대해 별로 생각해 보지 않았을 수도 있지만 우리 모두는 매일 사용하는 많은 승강기들을 제공하는 회사의 올곧음에 의존한다. 오티스는 모든 그룹 소속 회사들에게 제공되는 도구(toolkit)의 일환으로 교육, 커뮤니케이션, 업무 관행 검토, 비리 발생 사례, 시정 조치, 보고 및 기록 등 프로그램의 효과성을 정기적으로 평가하는 자체 평가 프로세스를 요구한다. 소속 회사들은 자신의 프로그램의 강점과 약점을 파악하고 약점을 극복하기 위한 변화를 실행하도록 요청된다. 마지막으로 그들은 자신의 성공, 프로그램의 강점, 그리고 배운 교훈을 오티스 그룹의 다른 회사들과 공유하도록 요청된다.

방위산업 이니셔티브(DII)는 회원 조직들에게 매년 DII 6개 원칙을 준수하고 있음을 증명하라고 요구하기 때문에 DII 회원 조직들은 종종 윤리 프로그램 평가의 선봉에 선다. 모든 회원사가 이러한 자체 인증을 할 수 있으며, 매년 보고서가 발행되어 미국 의회에 송부된다.

설문 조사

아마도 설문 조사가 가장 흔한 평가 방법일 것이다. 많은 조직들은 이미 정규적인 종업원 태도 조사를 수행하고 있는데 조사 주제에 윤리를 추가하는 조직도 있고, 별도 윤리 조사를 실시하는 곳도 있다. 조사는 지식, 태도, 기술, 행동을 대상으로 삼는다. 예를 들어 최근에 모든 종업원들에게 윤리 교육을 실시하도록 요구되었다면 조사를 통해 종업원들이 회사의 기대와 기준을 어느 정도로 이해하고 있는지 평가할 수 있다. 윤리 교육이 시작되기 전에 기준 데이터를 수집하고 교육이 완료된 지 몇 달 뒤에 다시 조사를 실시해서 긍정적인 변화가 일어나는지도 분석한다. 설문 조사는 종업원들의 윤리 이슈 인식과 해결 기량 평가에 도움이 될 수 있으며 종업원들이 조직에서 비윤리적인 행동을 얼마나 많이 목격하는지도 측정할 수 있다. 마지막으로 윤리 관리 프로그램과 프로세스에 대한 태도도 평가가 가능하다. 정규적으로 조사를 실시해서 변화와 진보를 평가할 필요가 있다. 설문 조사에 대해 마지막 제안을 하자면 답변을 수용할 의사가 없거든 질문하지 마라. 종업원들은 조사 결과에 기초한 행동이 이뤄지리라고 기대할 것이다. 종업원들에게 시간을 내 설문 조사에 응답해 달라고 요청했다면 설문 조사 결과와 계획한 조치를 소통해야 한다.

가장 유명한 윤리 관련 설문 조사는 아마도 존슨 앤 존슨의 신조 설문 조사일 것이다. 당시 회장 제임스 버키는 1980년대에 IBM 코퍼레이션의 이사회 위원으로 활동할 때 IBM의 종업원설문 조사 프로그램에 감명 받았었다. 그는 종업원들에게 회사가 신조를 얼마나 잘 지키고 있는지 물어 보는 것이 존슨 앤 존슨 신조를 살아 있게 하는 하나의 방법이 될 것이라고 생각했다. 이 조사는 다양한 지역의 종업원들에게 시험된 뒤에 여러 차례 반복되었다. 최초의 설문 조사는 미국에서 1986년~1987년에 수행되었다. 최초의 해외 설문 조사는 그 다음 해에 수행되었다. 이 조사의 1부는 118개 항목으로 구성되어 있으며 작성에 약 25분이 소요된다. 이 설문은 종업원들에게 회사의 '고객 지향'과 같은 사안들에 5점 척도로 평가하도록 요청한다. 두 번째 섹션은 자유롭게 기술하는 부분이다. 최상위 리더와 회사 문화가 설문 조사 결과에 영향을 준다는 사실이 발견되었다. 예를 들어 종전 회장 버키는 고객을 최우선으로 강조했다. 데이빗 클레어 사장은 안전을 가장 강조했다. 조사 결과를 분석해 보니 이 두 측면의 등급이 가장 높았다. 무엇보다 이 조사 결과는 신조를 계속 살아 있게 하는 방법이자 '신조가 놓치고 있는 부분을 보완하는' 방법으로 여겨진다.[28]

록히드 마틴은 2년마다 광범위한 종업원 설문 조사를 실시해서 윤리 원칙이 적용되고 있는지, 종업원들이 비행을 목격했는지, 그럴 경우 비행을 보고했는지 여부를 가늠할 수 있도록 한다. 본 조사에 중간 연도의 '맥박' 조사가 추가되는데 이 조사들은 회사의 종업원 인식 및 다양성 조사 결과와 결합되었다. 이 조사는 회사가 자신의 문화를 평가하고 윤리 프로그램

---

28) "Johnson & Johnson's Credo Survey: Genesis and Evolution," Ethikos 7권, no. 2 (1993), 2쪽.

의 영향을 평가하며 주의를 기울일 영역을 가려낼 수 있게 해 준다. 118,000명의 모든 종업원들에게 자발적인 설문 조사에 참여하도록 요청하는데 설문 조사 참여율이 점차 높아져 왔다. 조사 결과는 종업원들과 공유되며 부서들과 일선 매니저들의 윤리 건강 측정에 사용된다.

2007년에 록히드 마틴의 윤리 조사와 종업원 인식 조사가 최초로 통합되었으며 이 조사 결과는 DII와 블루칩 회사들의 컨소시엄인 메이플라워그룹 데이터와 비교되었다. 메이플라워 그룹의 80%가 넘는 회사들이 「포춘」지의 가장 존경받는 회사 목록에 포함되어 있다. 윤리 조사 평가 문항에는 기준을 타협하라는 압력, 비리 목격/보고 여부, 윤리에 대한 의지가 포함되었다. 대부분의 조사 결과는 긍정적이며 2005년의 긍정적인 결과와일치했다. 예를 들어 많은 종업원들이 윤리적인 비즈니스 행동이 무엇인지, 윤리 이슈에 대한 지침을 어떻게 얻는지, 비리를 어떻게 보고하는지 안다고 응답했다.

2012년 조사 결과는 록히드 마틴은 중요한 면에서 계속 진보하고 있음을 보여 주었다. 예를 들어 그 동안 록히드 마틴에서는 비행을 목격했거나비행을 저지르라는 압력을 느꼈다고 믿는 사람들의 비율이 꾸준히 감소했다. 일반적으로 종업원들은 경영진이 보고에 대해 조치를 취할 것이며 매니저들이 자신의 행동에 대해 책임진다고 생각했다. 우려할 만한 영역도언급되었지만 해당 비즈니스 부문 리더들에 의해 이에 대한 조치 계획들이개발되었다. 특정 비즈니스 영역이 매우 긍정적인 결과를 보이면 그러한결과에 기여한 모범 관행을 배우기 위해 그 비즈니스 영역을 연구했다.

가치 접근법 또는 법규 준수 접근법

회사의 공식 윤리 프로그램은 윤리 관리에 대한 가치 기반 접근법 또는법규 준수 기반 접근법으로 분류할 수 있다. 가치 접근법은 선제적, 야심적이다. 가치 접근법은 기대되는 행동과 법률의 정신 및 조직 가치로 대표되는 높은 기준 달성 노력을 강조한다. 이 방법은 회사가 표명한 윤리적 가치와 목표에 대한 조직의 전심전력을 확인하는 리더의 소통과 역할 모델 같은 기법에 의존한다. 종업원들은 가치와 목표가 공허한 말이 아니라 조직의 리더들이 신봉하고 실천하는 말임을 배운다. 윤리는 조직의 자랑거리가 된다. '우리는 속일 필요가 없어서 좋다!' 위반이 발생할 때까지는 가치 기반 윤리 프로그램에 대한 반응은 대체로 좋다. 위반이 발생하면 종업원들은 위반자에 대한 제재를 통해 윤리에 대한 전심전력이 뒷받침되리라고 기대한다.

법규 준수를 강조하는 접근법에서는 요구되는 행동, 즉 높은 윤리 원칙에 대한 열망보다는 법률의 문자에 대한 복종에 초점을 맞춘다. 법규 준수 노력에서는 위반자 징계 절차도 중요하다. 미국 양형 가이드라인과 사베인-옥슬리법에 의해 동기가 부여된 많은 조직들은 법규 준수 접근법을 채택한다. 종업원들은 법률 준수가 매우 중요하며 법률 위반자는 처벌받을 것이라는 말을 듣는다. 그러나 법규준수에만 초점을 맞추면 종업원들이 특정 행위를 금하는 규칙이 없는 한 무슨 일이나 할 수 있다고 믿거나, 회사는 종업원들을 도와주는 데 관심이 있는 것이 아니라 회사 자체 보호에만 관심이 있다고 믿게 될 위험이 있다.

효과적인 윤리 프로그램은 가치 요소와 법규 준수 요소를 모두 갖춰야 한다. 추상적인 가치 선언문 자체는 종업원들에게 위선적으로 보일 수 있다. '경영진은 이처럼 고상한 진술을 하지만 우리가 어떻게 해야 되는지에 대해서는 말해 주지 않는다.' 가치는 행동 규칙으로 전환되어야 하며 규칙이 의미 있으려면 위반자가 징계 받아야 한다. 종업원들은 할 수 있는 것과 할 수 없는 것에 관한 모호성을 줄여주는 정보를 환영한다. 그리고 집행이 조직의 모든 직급에 대해 일관성 있게 적용되면 종업원들이 이 시스템을 공정하고 정당하다고 인식할 가능성이 있다.

다른 한편 종업원들은 흔히 엄격한 법규 준수 지향 프로그램을 냉소적으로 바라본다. 강한 가치의 토대가 없으면 법규 준수 프로그램은 옳은 일을

426

하려는 열망보다는 뭔가 나쁜 일을 한 종업원을 잡아내는 데 초점을 맞추는 것으로 보인다. 종업원들은 이러한 법규 준수 강조를 불신과 '자기 보호' 접근법으로 해석한다. 즉, '조직이 자기 종업원들을 믿지 않거나' '조직은 그저 자기 뒤를 가리려고만' 한다고 생각한다. 최선의 프로그램은 무엇보다 먼저 정당하고 공정한 규칙 집행으로 뒷받침되는 일련의 가치들에 대한 열망에 초점을 맞춰야 한다.

머크에서 공식 윤리 프로그램 개발은 이 회사의 오랜 가치 기반 문화에 의해 견인되었다. 흥미롭게도 머크에는 1999년까지 공식 윤리강령이 없었다. 이 회사는 윤리강령을 시행하면서 윤리강령은 회사가 이미 하고 있는 좋은 일들을 계속하는 것이라는 조심스러운 입장을 취했다. 이 회사는 또한 포커스 그룹과 설문 조사를 통해 참여와 수용을 이끌어 내기 위해 열심히 노력했다. 종업원의 수용과 지지가 필수적인 가치 기반 접근법에서는 이런 방식이 일반적이다.

윤리 프로그램 세계화

11장에서는 세계화 환경에서의 비즈니스 윤리에 대해 얘기할 것이다. UTC는 참으로 세계적인 윤리 컴플라이언스 노력을 기울인다는 면에서는 매우 독보적인 존재다. UTC는 22만 명이 넘는 종업원을 고용하고 있고, 이들 중 절반이 넘는 종업원이 해외에 있으며 180개가 넘는 국가에서 사업을 영위하고 있음을 상기하라. 이처럼 많은 국가에 걸쳐 있는 넓은 대상에게 효과적으로 도달할 수 있는 시스템과 프로그램을 설계하는 일이 얼마나 어려울지 상상해 보라. UTC의 프로그램은 경영진의 관여, 옴부즈맨/다이얼로그 프로그램, 그리고 글로벌 비즈니스 관행 부서의 3가지 요소의 협력에 의존한다.

경영진의 직접적인 지원이 없으면 어떤 '프로그램'도 성공할 수 없기 때문에 경영진의 관여가 핵심이다. UTC에서는 윤리자원센터의 연구에 의해 파악된 행동들과 보완적인 일련의 윤리와 컴플라이언스 목표에 기반을 둔 매니저들의 '윤리 역량'을 평가한다. 윤리와 컴플라이언스 목표들은 매년 개발되어 CEO부터 시작해서 차례로 아래로 내려가며 종업원 · 고객 · UTC 비즈니스 파트너에 대한 지속적인 소통, 종업원과 핵심 비즈니스 파트너 교육, 컴플라이언스 리스크 관리 시스템의 지속적인 실행 · 평가, 2년마다 실시되는 종업원 설문 조사에서 윤리 점수 개선을 위한 노력을 요구한다. UTC의 정책은 비즈니스 리더들이 윤리적인 행동 문화 강화, 솔직한 소통 장려, 윤리강령에 대한 의지 주입 책임이 있음을 명시한다. 인사 부서에서 개발한 회사의 '성과 피드백 툴'을 통해 역량과 목표가 모두 평가된다.

UTC의 옴부즈맨/다이얼로그 프로그램은 경영진에게 이슈를 제기하는 대안적 소통 경로다. 1986년에 만들어진 이 제도는 사실상 어떤 주제에 관한 질문이나 우려도 처리한다. 옴부즈맨/다이얼로그 프로그램은 사용자의 신원을 밝히지 않는 비밀 채널이다. 이 프로그램은 명확한 소통만을 옹호함으로써 종업원과 경영진 사이의 중립적인 조정자 역할을 하며 경영진과 독립적으로 운영되고 국제 옴부즈맨 협회 기준에 따라 업무를 수행한다. 문의는 무료 전화를 통한 전화, 서면, 요금 선납 우편, 또는 암호화된 웹 기반 시스템을 통해서 들어온다. UTC에는 3명의 옴부즈맨이 있는데 이들은 법률적 함의가 있는 문제를 포함한 보다 복잡한 문제를 다룬다. 덜 복잡한 문제들은 옴부즈맨의 감독 하에 일하는 다이얼로그 코디네이터들에 의해 처리된다.

옴부즈맨/다이얼로그 사용자들은 조직에 완전히 익명으로 남아 있기를 선택할 수 있으며 회사는 이 약속을 지키기 위해 막대한 노력을 기울인다. 예를 들어 어느 비즈니스 부문 상위 임원 비서가 비용 보고 행태에 관한 우려로 전화를 했다. 공개적으로 조사했더라면 정보원이 드러날 수 있었을 것이다. 대신 이 회사는 같은 직급의 모든 사람들에 대한 비용 보고서에 대해 통상 검토 감사를 실시했다. 이 회사는 이런 방식으로 보고자의 신원을 보호했다. 이 회사는 문제를 발견해서 그 임원을 해고했는데 이보다 더 현명하게 처리할 수는 없었을 것이다. 그러나 옴부즈맨이 조사를 수행하지는 않는다. 조사나 개입을 요하는 이슈는 다른 영역(인사부서, 비즈니스 관행 부서, 법무부서)에 넘겨서 추가 조치를 취하게 한다. 궁극적으로 옴부즈맨이나 다이얼로그 코디네이터는 회사의 답변을 검토한다. 회사가 종업원에 의해 제기된 모든 이슈들을 완전히, 그리고 공정하게 처리하지 않으면 이를 시정하라는 제안과 함께 경영진에게 돌려보낸다. 옴부즈맨/다이얼로그 코디네이터는 전 세계에 위치한 사업장에서 연 28,000건이 넘는 문의를 접수하며 통·번역사도 두고 있다. 지난 5년 동안 변화를 요청하는 옴부즈맨/다이얼로그 문의 중 약 절반이 변화를 가져왔다. 더욱이 최근에는 절반이 넘는 옴부즈맨/다이얼로그 문의가 미국 이외에서 접수되었다.

UTC의 비즈니스 관행 부서는 미국 법무부 장관과 차관보를 역임한 OTC 글로벌 컴플라이언스 부사장 케빈 오코너가 이끌고 있다. 오코너는 이 회사 최상위 임원 중 한 명이다. 그는 시니어 부사장, 법률 고문 및 이사회 산하 감사 위원회에 보고하는데 감사 위원회에는 최소 연 4회 보고한다. 그는 UTC 본부에 경험 있는 윤리와 컴플라이언스 전문가들(전직 연방 검사, FBI 요원, 커네티컷 주 경찰청장을 역임한 종업원도 있음)로 구성된 참모진을 두고 있다. 그의 팀에는 또한 러시아, 중동, 중국, 인도, 유럽에서 일하는 다섯 명의 국제 변호사/비즈니스 관행 이사들도 있다. 그는 또한 전 세계에 있는 UTC 비즈니스 부문에 내장되어 있는 거의 600명의 비즈니스 관행 책임자(business practices officers; BPOs) 네트워크도 감독한다. 전체적으로 약 48명의 BPOs들이 이 일을 전담하고 있으며 이들 중 5명은 UTC 주요 비즈니스 부문의 비즈니스 관행 리더 역할을 하고 있다.

오코너는 BPOs 선정과 임명, 그리고 성과평가에 참여하며 이들의 임명을 거부할 수도 있다. 대부분은 UTC에서 최소 몇 년 동안의 근무 경험이 있으며 내부 통제와 회사 문화에 익숙하다. 이들은 일반적으로 재무나 보안 등 참모부서 출신으로서 잠재력이 높은 사람들이라고 여겨진다. 비즈니스 관행 부서 종업원들은 양호한 소통 기술과 문제가 발생할 때 '공을 넘겨

받아서 가지고 달릴 수 있는' 능력이 필수적으로 요구된다. UTC는 BPO 핸드북, 조사 핸드북, 표준 사례 관리집, 온라인 사례 관리 시스템, 소통 및 리스크 관리 도구, 그리고 온라인 지식 관리 시스템을 갖추고 있다. 또한 UTC에는 BPOs 교육을 위한 표준 커리큘럼이 있는데 이 커리큘럼에는 서면 자료와 온라인 모듈, 웹 회의, 지역 컨퍼런스가 포함된다. BPOs는 일반적으로 약 2, 3년간 일하는데 이처럼 짧은 근무 기간은 축복이자 독이다. 새로 들어오는 사람들이 이 조직에 신선한 아이디어와 에너지를 들여오고 이곳에서 일한 경험을 바탕으로 앞으로 일하게 될 부서에서 계속 비즈니스 관행 부서의 후원자가 될 수 있다는 점은 축복이다. 계속해서 새로 들어오는 사람을 교육시켜야 한다는 부담은 독이다.

비즈니스 관행 부문은 UTC 윤리강령(1990년에 제정했음), 미국 정부와의 비즈니스 수행에 관한 정책 선언서, 회사 정책 매뉴얼을 관리한다. 윤리강령은 전 세계의 UTC 종업원들에게 적용되는데, 특히 해외 비즈니스 수행과 관련된 윤리 이슈를 다루는 섹션들을 포함한다. 그러나 이 강령은 인종 중심적이지는 않으며 어느 정도는 문화에 따라 다른 관습을 채용할 여지를 허용한다. 그러나 이 윤리강령은 이러한 유연성이 미국이나 현지의 법률 위반을 허용하는 것이 아님을 명확히 하며, 현지의 규범이 어떠하든 UTC는 다른 사람들에 의한 불법행동이나 사기를 증진하지 않을 것임을 표명한다. 2012년에 총 379명의 종업원이 윤리강령 위반으로 해고되었다.

요약
이번 장은 대기업에서 윤리가 어떻게 관리되는지에 관해 구체적으로 설명했다. 윤리에 전력을 기울이는 대기업들은 윤리 부서, 윤리 책임자, 명시적인 윤리 교육, 전화 상담/보고 라인, 비리보고 조사 및 사후관리 시스템을 두는 경향이 있다. 그러나 이러한 시스템의 구체적인 내용은 회사 환경과 문화에 따라 달라진다. 규제가 강한 산업 소속 회사들은 법규 준수에 좀 더 초점을 맞출 수 있는 반면, 장기간의 가치 기반 문화를 갖고 있는 회사들은 윤리 관리 시스템이 가치와 야망을 크게 강조하도록 고안되기 원할 것이다. 연구 결과 최상의 공식 윤리 관리 프로그램은 보다 넓은 회사의 가치 프레임워크 안에 법률 준수를 통합시키는 광범위한 가치 기반 접근법을 채택한다는 것을 발견했다. 윤리에 전력을 기울이는 소규모 기업들은 별도의 윤리 관리 구조와 시스템을 둘 가능성이 낮다. 조직 규모가 크건 작건, 최상층부의 윤리에 대한 전심전력, 모든 직급의 리더 및 종업원의 참여, 윤리 관리는 계속적인 강화와 보다 넓은 기업 문화 안으로의 통합이 요구되는 지속적인 노력이라는 인식이 효과적인 윤리 관리의 열쇠다.

토론 문제

1. 미국 양형 가이드라인의 영향에 관해 생각해 보라. 정부의 독려가 없었더라면 조직들이 종업원들에게 윤리적 행동을 다그치려는 노력을 기울였겠는가?

2. 여러 대기업들의 윤리적 행동 장려 노력을 읽어 보니, 어떤 점이 눈에 띄는가? 어떤 접근법이 가장 독특한가? 어떤 접근법이 가장 효과적이라고 생각하는가? 당신이 종업원이라면, 어떤 접근법이 당신에게 가장 인상적이겠는가?

3. 당신이 당신 조직의 윤리 책임자를 선택할 책임을 맡고 있다고 가정하자. 당신은 어떤 자질, 배경, 경험을 보겠는가? 당신은 그런 위치에 관심이 있는가? 그 이유는 무엇인가?

4. 윤리 부서 또는 책임자가 회사의 최고 경영자, 법무부서, 인사 부서 또는 감사 부서에 보고하게 하는 장점은 무엇인가? 이럴 경우의 단점은 무엇인가?

5. 당신이 일했던 조직에 대해 생각해 보라. 그 조직에는 어떤 종류의 독특한 윤리 딜레마가 있었는가? 종업원들이 이런 윤리 딜레마를 다루

도록 대비할 가장 좋은 방법은 무엇이겠는가?

6. 소셜 미디어에 의해 제공되는 모든 소통 기회들에 관해 생각해 보라. 조직이 어떻게 페이스북, 트위터 등과 같은 소셜 미디어를 사용해서 윤리적인 행동을 증진하고 조직의 가치를 소통할 수 있겠는가? 소셜 미디어의 장점과 위험은 무엇인가? 베스트 바이와 이 회사의 종업원들을 위한 윤리 블로그에 대해 생각해 보라. 당신이라면 윤리 블로그를 읽어 보겠는가? 당신은 흥미 있는 사례를 보면 논평하겠는가? 그 이유는 무엇인가?

7. 당신이 일했던 조직에는 다음 중 어느 것이 있는가? 가치 선언문 또는 사명 선언문, 정책 매뉴얼, 윤리강령, 윤리 교육(누가 윤리 교육을 시행하는가?), 핫라인. 이들은 일관성이 있고 신뢰할 수 있었는가?

8. 상위 경영진에게 윤리에 대한 의지가 있는가? 그것을 어떻게 아는가? 그들의 행동이 어떻게 변화 또는 개선될 수 있는가?

9. 모든 직급의 리더들이 자신의 행동에 대해 책임을 지는가? 책임을 진다면 어떻게 책임을 지는가? 책임을 지지 않는다면, 왜 책임을 지지 않는가? 당신은 어떻게 권고하겠는가?

10. 사소한 사안으로 핫라인에 전화하는 문제를 다루는 방안에 대해 당신은 어떤 권고를 하겠는가?

11. 그 조직은 자신의 윤리 프로그램을 평가하는가? 평가할 경우, 어떻게 평가하는가? 평가하지 않을 경우, 왜 평가하지 않는가?

12. 당신은 이 조직의 윤리 노력이 가치 접근법, 법규 준수 접근법, 또는 양자의 결합 중 어느 방법에 더 가깝다고 생각하는가? 이 노력은 효과적인가? 이를 어떻게 개선할 수 있겠는가?

13. 당신이라면 이 조직에서 윤리적 우려를 어떻게 제기하겠는가? 당신이 이용할 수 있는 모든 자원을 열거하라. 당신은 어떤 자원을 이용하겠는가? 각각의 자원에 대해 사용하려는 이유와 사용하지 않으려

는 이유는 무엇인가?

14. 당신이 소규모 제조회사의 CEO라고 상상하라. 어떤 종업원이 근처 하천에 유독성 폐기물을 방류했다. 당신은 누구와 상의하겠는가? 어떤 정보를 알기 원하겠는가? 이 위기를 다루기 위한 단기 계획과 장기 계획을 개발하라. 당신은 누구와 소통하겠는가? 그 이유는 무엇인가?

15. 당신 조직의 윤리 프로그램을 '어울림' 관점에서 평가하라. 이 윤리 프로그램은 조직의 전반적인 문화와 어울리게 설계되었는가? 그럴 경우 어떤 측면에서 어울리는가? 그렇지 않을 경우, 어떤 조치를 취하면 윤리 프로그램이 전반적인 조직 문화에 보다 잘 어울리겠는가?

16. 윤리에 관해 당신의 긍정적이고 기억할 만한 '최고의 경험'에 관해 생각해 보라. 이 경험을 수업 시간에 다른 사람들과 나누고, 일터에서 그런 경험이 보다 정규적으로 일어나게 할 수 있는 조건에 대해 생각하도록 준비하라. 이렇다 할 직장 경험이 없다면, 직장 경험이 있는 누군가를 인터뷰해서 이 질문들을 물어 보라. 인터뷰에서 배운 바를 보고할 준비를 하라.

사례 연구

이 그림에는 무엇이 잘못되었는가?

당신은 경영 컨설턴트인데 그린 컴퍼니로부터 이 회사의 모든 종업원들을 위한 윤리 소통 및 교육 프로그램을 설계하도록 도와달라는 요청을 받았다. 당신은 지금까지 인사부장과 만났고 이 회사와의 계약은 인사부장과 협상했다. 당신은 계약서에 서명하고 리서치를 시작하려는데, 곧바로 그린 컴퍼니 사내 변호사의 방해를 받는다. 그 변호사는 당신이 이 회사에서 발생했던 윤리 딜레마에 관해 종업원들에게 물어 봐서는 안 된다고 말한다. 그는 특히 해당 산업의 문제에 관한 언론 기사나 당신이 컨설팅을 해줬던 조직과 같은 곳에서 정보를 구하라고 요구한다. 또한 인사부장은 3명의 최고위 임원들은 대형 인수에 관해 협상하느라 바쁘기 때문에 당신은 그 임원들을 만나지 못할 것이라고 말했다. 당신은 다른 상위 직급 매니저들을 만날 수 있는데 그들은 당신에게 최고위 임원들이 무엇을 원하는지 말해줄 수 있을 것이다. 당신은 회사 윤리강령과 사명 선언문을 작성하고 다음 달에 상위 매니저들이 종업원들에게 회사의 기대와 가치에 관해 전달할 발표 자료를 준비하라는 주문을 받았다.

사례 문제

1. 윤리 문화와 프로그램 개발에 관해 당신이 알고 있는 바에 기초해서 이 사례에 나타난 문제들을 적시(摘示)하라.
2. 당신은 사내 변호사가 왜 이런 식으로 반응했다고 생각하는가? 당신은 그에게 어떻게 답변하겠는가?
3. 컨설턴트로서 당신의 윤리적 의무는 무엇인가?
4. 당신은 앞으로 어떻게 하겠는가?

부록

미국 양형 가이드라인에서 벌금 결정 방법

보다 구체적인 정보는 www.ussc.gov를 보라.***

이 가이드라인의 파트 8C1.1은 "위반의 성격과 상황, 조직의 역사 및 특성을 고려하여 법원이 해당 조직이 주로 범죄 목적을 위해 또는 범죄 수단에 의해 운영된다고 결정한 경우 벌금은 (법률상의 상한선 내에서) 해당 조직의 모든 순자산을 박탈하기에 충분한 금액으로 정해져야 한다."라고 규정한다.

그렇지 않을 경우 벌칙은 기본 벌금과 법원에 의해 정해진 '귀책 점수'

*** 역자에게 요청하면 국문 번역본을 구할 수 있다. 필요할 경우 dr0405@hanmail.net로 요청하기 바란다. 역자 주.

에 따라 정해진다. 기본 벌금은 다음 중 가장 큰 금액이다.

- 범죄로부터 얻은 세전 이익
- 피해자에게 의도적으로 가해진 손실
- 양형 위원회의 범죄 심각성 등급에 기초한 금액

이 금액에 귀책 점수에 의해 결정되는 승수를 곱한다. 귀책 점수는 0에서 10까지이고, 승수는 0.05에서 4까지다.

모든 피고는 귀책점수 5에서 시작해서 악화 요인 또는 경감 요인에 따라 위아래로 조정될 수 있다(표 6.A.1을 보라). 악화 요인이 있으면 귀책 점수가 높아질 수 있다. 악화 요인에는 다음과 같은 사항들이 포함된다. (1) 조직 규모. 회사 고위 인사 또는 상당한 권한을 지닌 인사의 범죄 행위 참여, 용인 또는 무시 정도를 함께 고려함 (2) 유사 범죄 행위 전력(前歷) (3) 조사 방해에서의 역할.

경감 요인이 있으면 귀책 점수가 낮아질 수 있다. 귀책 점수를 낮추려면 조직은 '법률 위반을 예방 및 탐지하기 위한 효과적인 프로그램'을 갖춰야 한다. 법원이 해당 조직에 그런 프로그램이 있다고 판단할 경우 기본 귀책 점수 5점에서 3점이 차감될 수 있다.

표 6.A.1 최소 벌금과 최대 벌금 결정 방법

귀책 점수	최소 승수	최대 승수
10 이상	2.00	4.00
9	1.80	3.60
8	1.60	3.20
7	1.40	2.80
6	1.20	2.40
5	1.00	2.00
4	0.80	1.60
3	0.60	1.20
2	0.40	0.80
1	0.20	0.40
0 이하	0.05	0.20

악화 요인: 기본 점수 5점에 점수를 가산한다.

- 조직 규모; 회사 '고위 인사' 또는 '상당한 권한을 지닌 인사' 의 범죄 행위 참여, 용인 또는 무시 정도를 함께 고려함. 종업원 수 5천 명을 초과하는 회사에서는 이 요인이 귀책 점수를 최대 5점까지 높일 수 있다.
- 전력; 과거 5년 이내에 민사상 또는 형사상 유사한 행동을 저지른 것으로 판결된 조직에 대해서는 최대 2점까지 가산할 수 있다.
- 조사, 기소 등의 단계에서 이를 방해하거나 방해를 시도하면, 3점까지 가산될 수 있다.

경감 요인: 기본 점수 5점에서 점수를 낮춘다.

- 법률 위반을 예방 및 탐지하기 위한 효과적인 프로그램을 갖추면 귀책 점수를 3점까지 낮출 수 있다.
- 범죄 행위 자진보고, 협조, 책임 인정은 귀책 점수를 5점까지 낮출 수 있다.

효과적인 컴플라이언스 프로그램을 갖추는 외에도 조직이 위반 사실을 알고 나서 정부 조사가 시작되기 전에 범죄 행위를 신속하게 보고하면 귀책 점수가 상당히 낮아질 수 있다. 양형 가이드라인에 따르면 자신의 비리를 보고하고, 당국에 협조하며, 책임을 받아들이는 조직은 기본 점수 5점에서 최대 5점까지 낮출 수 있다.

귀책 점수를 낮추는 경감요인들은 회사들이 윤리적 행동을 관리하는 방식에 중요한 함의가 있다. 예를 들어 많은 사람들은 법률 위반을 예방 및 탐지하기 위한 '효과적인' 프로그램 감독은 최소 한 사람의 전담 업무라고 믿는다. 효과적인 프로그램 감독 업무는 윤리강령 및 교육 프로그램 개발, 성과 관리 시스템 검증, 소통 시스템과 탐지 시스템 개발 등과 관련이 있을 것이다. 이 요소들의 많은 부분이 이번 장에서 설명되었다.

Chapter 7

윤리적 행동을 위한 관리

개요

우리는 (3장에서) 어떻게 대부분의 종업원들이 행동 지침을 자신의 외부(리더들과 다른 사람들)에서 찾는지에 대해 얘기했다. 우리는 또한 윤리 문화와 조직들, 특히 대규모 조직들이 윤리와 컴플라이언스를 어떻게 관리하는지도 논의했다. 조직에서 매일 종업원의 행동을 감독하는 감독자들은 막대한 영향력을 행사할 수 있다. 그러므로 매니저들이 자신의 위치에서 윤리적인 리더가 되기 위해서는 보다 넓은 조직 문화의 맥락에서 부하 직원들의 윤리적인 행동을 관리할 간단하고 실제적인 도구가 필요하다. 이번 장은 종업원들이 윤리적으로 행동할 가능성을 높이는 방식으로 이끄는 방법을 이해하기 위한 토대를 제공하는 기본적인 관리 개념을 소개한다. 이 책이 강조하는 바와 일치하도록, 각 섹션은 매니저들에 대한 실제적인 함의로 마무리한다. 매니저들에 대한 우리의 권고는 다음과 같은 3가지 가정에 기초하고 있다.

1. 매니저들은 윤리적이기를 원한다.
2. 매니저들은 부하 직원들이 윤리적이기를 원한다.
3. 우리의 경험에 비춰 볼 때 매니저들은 자신의 직무의 독특한 윤리 요

건에 대한 통찰력을 갖고 있다.

기업에서 윤리는 행동에 관한 것이다

기업에서 사람들이 윤리에 관해 말할 때에는 행동에 관해 말하는 것이다. 이 맥락에서는 윤리는 신비하거나 이례적이지 않으며 사람들의 타고난 선함, 종교적 신념, 또는 철학적 이해(또는 이러한 특질들의 결여)에 의존하지도 않는다. 사람들은 매일 업무 중에 윤리 딜레마, 즉 가치들이 충돌할 때 무엇이 옳고 그른지에 대한 질문에 직면한다. 나는 이 사람을 채용하거나 해고하거나 승진시키거나 강등시켜야 하는가? 이러저러한 상황에서 나는 선물을 제공하거나 수령해야 하는가? 상사가 내 신념에 반하는 행동을 하라고 지시할 때 어떻게 대응해야 하는가?[1]

비즈니스에서 윤리와 관련된 행동 연구는 사람들이 이러한 상황에서 행동하는 방식에 영향을 주는 요인들에 대한 이해와 관련이 있다. (3장에서) 개인의 도덕 발달과 같은 내부 요인들이 중요하다는 점을 살펴보았지만 우리는 대부분의 사람들에게 윤리적인 행동은 주로 직장의 규칙, 보상과 처벌, 동료들이 무슨 일을 하고 있는가, 권한이 있는 사람들이 무엇을 기대하는가, 사람들에게 수행하라고 요청되는 역할, (5장에서 논의된) 윤리 문화와 같은 보다 넓은 외부 요인들에 의존한다는 사실을 안다. 이번 장에서는 매니저들이 가장 큰 영향을 줄 수 있는 요인들에 초점을 맞춘다. 리더들이 경영관리 원칙들이 윤리적인 행동에 어떻게 적용되는지 이해하고 나면 직속 부하들의 윤리적인 행동을 보다 선제적이고 효과적으로 관리할 수 있다. 반면에 매니저들이 윤리 관련 행동은 다소 신비한 기질적 특성에 의해서만 결정된다고 생각하면 손을 놓아 버리고 자신이 선제적으로 관리할 수 있는 상황에서 벗어날 것이다. 또는 '썩은 사과' 같은 악인들을 없애기만 하면

---

1) B. Toffler, Tough Choices (New York: Wiley & Sons, 1986).

438

비윤리적인 행동이 멈춰질 거라고 생각할 것이다. 그러나 비윤리적 행동이 그저 악한 개인의 문제이기만 한 경우는 극히 드물다. 이는 종종 악한 사람들이 악하게 행동하도록 허용하는 근무 환경에 관한 것이다. 그런데 업무 환경은 매니저의 책임이다. 최고위 임원들은 광범위한 조직 문화에 책임이 있다(이에 대해서는 5장에서 살펴보았다). 그렇지만 보다 낮은 직급의 리더들도 자기 부서의 부하들에게 큰 영향을 줄 수 있는데, 이번 장에서는 부서 차원의 윤리 리더십을 다룬다.

매니저들을 위한 실제적 조언: 윤리적 행동

매니저들에 대한 실제적인 함의는 무엇인가? 첫째, 윤리를 구체적인 행동 차원에서 생각하라. 특히 당신은 부하들에게서 어떤 행동을 기대하며 어떻게 그런 행동을 지원하는 부서 업무 환경을 만들도록 인도할 수 있는가? 윤리적 행동에 대한 구체적인 기대를 밝힌다는 것은 "이곳에서는 올곧음이 중요합니다."와 같이 추상적으로 말하는 것이 아니라 "나는 판매원들이 우리 상품의 특징과 우리가 언제까지 상품을 인도할 수 있는지와 같은 사안들에 대해 우리 고객에게 아주 정직하게 대하기를 기대합니다."와 같이 구체적으로 말하는 것을 의미한다. 이렇게 기대하는 이유를 설명해 주는 것도 중요하다. "우리는 장기적인 고객 관계 구축에 관심이 있습니다. 우리는 고객들이 우리 회사를 가장 신뢰할 수 있는 공급자라고 생각하기 원합니다." 마지막으로 매니저에게는 생산성 또는 품질 관리 책임이 있는 것과 마찬가지로, 윤리적인 행동을 장려하고 비윤리적인 행동을 단념시키는 업무 환경을 조성할 책임도 있다. 윤리적인 행동에 관한 목표를 세우기만 하지 마라. 목표가 달성 가능한지, 목표가 달성되고 있는지 사후관리하고, 스스로 윤리적인 행동의 모범을 보이라. 부하들은 상사의 말보다 상사의 행동에 더 주의를 기울일 것이다. 당신이 기대하는 윤리적 행동을 보여줄 기회를 활용하라.

다중 윤리 자아

직업윤리를 이해하려면 사람들은 상황에 따라 다른 행동을 받아들이도록 사회화된다는 점을 알아야 한다. 문화 인류학자들은 사람에게는 다중 자아(multiple selves)가 있으며 직면하는 상황에 따라 다르게 행동한다는 점을 오래전부터 알고 있었다.[2] 우리 사회에서 아이들은 아주 어린 나이에 운동장에서는 큰 소리로 떠들어도 괜찮지만 교회, 회당, 사원, 모스크에서는 공손해야 한다고 배운다. 다른 집을 방문할 때에는 식탁 예절이 중요하지만 집에서는 뭔가를 손으로 먹어도 괜찮다. 성인들은 여러 역할을 하는데 사회적 맥락에 따라 기대되는 행동이 다르다고 가정한다. 풋볼 선수들은 경기장에서는 고의적이고 공격적으로 태클을 할 것으로 기대되지만 길에서 그런 행동을 한다면 체포될 것이다. 기업인들은 경쟁자들에 대해서는 공격적일 것으로 기대되지만 자신의 배우자와 자녀들에게는 친절할 것으로 기대된다. 비즈니스 거래에 종종 경기장과 같은 게임 용어들이 사용되는데 이로 인해 비즈니스 거래가 게임처럼 보이고 따라서 도덕적인 검증을 덜 받게 한다. 비즈니스 협상에서는 포커 게임에서와 같이 허세부리고 정보를 숨길 수도 있다. '허세'는 거짓말보다 훨씬 좋게 들리며(거짓말이라는 단어를 사용하면 3장에서 논의한 바와 같이 윤리 인식을 높일 것이다) 비즈니스를 게임에 비유하면 비즈니스 행동을 다른 상황에 적용될 도덕으로부터 구분시키는 데 도움이 된다. 상황을 불문하고 하나의 윤리적 자아가 있다고 생각하고 싶을 수도 있겠지만 실제로는 대부분의 사람들은 상황에 따라 달리 행동하는 듯하다. 이는 인간에게는 다중 자아가 있을 수 있으며 실제로 다중 자아가 있음을 의미한다.

---

2) R. A. Barrett, Culture and Conduct: An Excursion in Anthropology (Belmont, CA: Wadsworth, 1986).

케네스 레이의 예

(2002년에 엔론 채권자들에 의해 쫓겨날 때까지) 엔론 코퍼레이션의 회장이었던 케네스 레이는 다중 윤리 자아 개념을 보여준다. 엔론이 파산한 뒤에 게재된 「뉴스위크」 기사는 켄 레이의 역설을 묘사했다.[3] 첫째, 그는 엔론 종업원들에게 사랑과 존경을 받는 리더였다. 레이에게 회계 문제에 관한 우려를 제기했던 (그리고 퇴짜 맞았던) 엔론 사건 제보자 세런 왓킨스조차도 그를 올곧은 사람이라고 묘사했다. 레이는 가난한 설교자의 아들로 태어나 자수성가해서 결국 (기업가 정신을 증진하고 열심히 일해서 아메리칸 드림을 이룬 것을 기리기 위해 제정된) 호라티오 알거 상을 받았다. 그는 미주리 대학교에서 금주 단체 회장이었고, 그곳에서 경제학 박사 학위를 받았다. 그가 창설한 엔론은 2000년에 매출액 기준 미국 7위 회사로 성장했다.

레이는 거부(巨富)가 되어도 자신의 부를 과시하지 않았다. 레이는 낡은 캐딜락 자동차를 직접 운전했고 출장 갈 때에는 리무진을 타지 않고 렌트카를 사용했다. 그는 휴스턴 사회에서 활발한 자선활동을 했다. 휴스턴을 세계 일류 도시로 만드는 것에 관해 얘기했으며 이를 위해 발레, 관현악, 박물관, 자선단체 유나이티드 웨이, 유색인 지위 향상 협회 등에 거액을 후원했다. 심지어 시장 출마설까지 나돌았다.

그러나 레이에게는 또 다른 측면이 있었다. 그는 리스크 취하기와 특히 주가 띄우기를 중시한 거만한 도박꾼으로 묘사되었다. 그는 1980년대에 두 개의 구식 송유 회사를 합병해서 이 회사를 거대한 에너지 거래 기업으로 탈바꿈시켰다. 엔론은 "거대한 카지노가 되어서 포지션을 취하고, 헤지하고, 승자와 패자에 관해 돈을 걸었다."[4] 흥미롭게도 이 합병 거래 자금은 1980년대의 정크 본드(BBB- 등급 미만의 투자부적격 등급 채권. 역자 주) 트레이더이자 (금융 사기죄로 징역형을 살았음에도 불구하고) 켄 레이의 영웅 중 한 명이었던 마이클 밀

---

3) E. Thomas and A. Murr, "The Gambler Who Blew It All," Newsweek, 2002년 2월 4일, 18-24쪽.
4) 위의 글.

리컨에 의해 조달되었다. 그는 일찍이 엔론의 보수적인 회계 감사 기업 딜로이트 해스킨스 셀스를 자신이 원하는 만큼 "창의적이지 않고 상상력이 없다."라는 이유로 해고하고 회계 감사 기업을 아서 앤더슨으로 바꿨다. 그는 내부인들이 '살인적일 만큼 치열'하고 '사악하다'고 묘사한 기업 문화를 만들었으며, 제프 스킬링(CEO)과 앤드류 페스토우(CFO) 같은 아이비리그 출신 '유능한 모험가'들을 고용해서 이들에게 엔론의 운영을 맡겼다. 배정된 목표를 달성하지 못하는 종업원들은 곧바로 해고되었고, 거대한 내부 보안대를 종업원들은 두려워하게 되었다.

또한 레이는 정치적인 프로였다. 출마자들에게 후하게 기부하고 그 대가로 다양한 지방 정부와 주 정부의 규제를 면제받는 등의 혜택을 받았다. 그의 후원은 백악관까지 미쳤다. 조지 부시의 대통령 선거 유세 시 가장 많은 금액을 기부한 레이는 리처드 체니 부통령이 전국 에너지 정책 개발 그룹을 이끌면서 부시 행정부의 에너지 정책을 세울 때 엔론의 다른 책임자들과 함께 체니 부통령과 참모들을 최소 여섯 차례 만났다.[5]

CEO 제프 스킬링이 2001년 8월에 사임한 뒤에 레이는 종업원들에게 회사의 다음 실적 발표 시 재무 상황은 양호할 테니 "가족과 친구들에게 회사 주식을 칭찬하고 회사에 대해 긍정적으로 말하라."라고 얘기했다. 온라인 토론에서 그는 종업원들에게 자신이 엔론의 주식을 사고 있다고 말했다. 그는 실제로 약 4백만 달러어치 주식을 사기는 했지만 몇 개월 전에 2,400만 달러어치 주식을 팔았다는 사실은 말하지 않았다. 엔론 주식을 사거나 보유하라는 그의 말을 듣고 퇴직 계좌에 엔론 주식을 보유하고 있던 사람들은 은퇴 준비금을 날리게 되었고, 레이가 몇 년 동안 자신의 주식 보유분을 처분하고 있었다는 사실을 알고 격분했다. 「뉴스위크」에 따르면 레이가 비양심적인 부하들에게 속았다고 주장하기는 했지만,[6] 그는 엔론의 '손실

---

5) J. Nichols, "Enron : What Dick Cheney Knew," The Nation, 2002년 4월 15일, 14-16쪽. http://www.thenation.coM/article/enron-what-dick-cheney-knew.

과 부채를 속이기 위한 정교한 기법', 즉 주식 애널리스트 등 아무도 진실로 이해하지 못했던 부외(簿外) 파트너십들에 대해 알았어야 했다.

'라이(lie. 거짓말하다/눕다, 놓여 있다)'와 '레이(lay. lie의 과거/눕히다, 놓다/레이와 같은 발음)'의 차이가 소멸되어 버렸다. 우리는 엔론의 수치로부터 레이(Lay)와 '거짓말(lie)'은 동의어라는 것을 알게 되었다.[7]

그렇다면 케네스 레이는 윤리적이었는가, 비윤리적이었는가? 레이가 살아 있었더라면(그는 2006년에 유죄가 결정되었지만 형량이 선고되기 전에 심장마비로 사망했다. 사망 당시 그는 64세였다.) 그는 아마도 자서전을 썼을 테고, 그랬더라면 그 책은 우리가 그의 동기와 행동을 이해하는 데 도움이 되었을 것이다. 그러나 이제 그가 사망한 이상, 우리는 결코 진상을 알 수 없다. 우리는 다른 많은 사람들과 마찬가지로 레이에게도 윤리 다중 자아가 있었다고 생각한다. 그는 삶의 어떤 영역에서는 많은 자선 사업을 하는 등 착하고 윤리적인 일들을 했다. 그러나 자선이 일상 비즈니스 거래에서의 윤리적 행동과 동일시되어서는 안 된다. 사실 그가 발생한 일에 대해 책임감을 느꼈더라면 그렇게 많은 돈을 손해 본 사람들을 도와주기 위해 2천만 달러로 추정되는 자신의 순자산 중 최소한 일부라도 내놓지 않았겠는가?

엔론 파산의 유명한 희생자 중에는 엔론 몰락 후 43세로 자살한 엔론 전 부회장 클립 백스터가 있다. 우리는 그 이유에 관해 추측할 수밖에 없는데 아마도 그의 다중 윤리 자아들의 충돌이 일익을 담당했을 것이다. 백스터를 알았던 사람들은 그를 일과 가정의 균형을 유지한 가정적인 사람이라고 묘사했다. 그는 확실히 1990년대에 엔론의 막대한 부를 축적하는 데 도움이 되었다. 그러나 차츰 앤드류 패스토우와 충돌했으며, 회사가 자신이 문

6) A. Sloan, "Lay' s a Victim? Not a Chance," Newsweek, 2004년 7월 19일, 50쪽.
7) R. Lederer, "Take the Money Enron," Across the Board, 2003년 11-12월호, 9쪽.

제가 있고 부적절하다고 생각한 금융거래에 관여하는 데 공개적으로 비판했다. 회사에서 벌어지고 있는 일에 영향을 줄 수 없음을 깨달은 백스터는 2001년 5월에 (가족과 더 많은 시간을 보내고 싶다고 말하며) 엔론을 떠났다. 우리는 그가 왜 자살했는지 결코 알 수 없을 것이다. 그의 친구들은 백스터가 "엔론 파멸로 엄청난 충격을 받았다."라고 말했다. 그는 막을 수도 있었을 회사의 몰락으로 평생 모은 돈을 날려버린 많은 종업원들에게 책임감을 느꼈을지도 모른다. 종업원들에게 동정심을 느낀 윤리적 자아는 더 이상 그들의 고통에 기여한 자아와 더불어 살 수 없었을 수도 있다.[8]

데니스 레빈의 예

다른 예를 하나 더 들어보자. 데니스 레빈은 1980년대에 유명 투자은행의 인수합병 전문가였다. 그가 개인 계좌로 내부자 거래를 하다 체포되어서 징역형을 살게 되었다는 사실은 그에게도 다중 윤리 자아가 있었음을 시사한다. 그는 자신을 착한 아들, 남편, 아버지, 그리고 자신의 부모에게 '똑바로 살아라'고 격려 받은 사람이라고 묘사했다. "나는 건강한 구식 가정 출신이다… [내 부친은] 나를 열심히 공부하고, 자신을 믿고, 인내하라고 가르쳤다… 나는 어릴 때 항상 공부했다."[9] 레빈의 아내 로리는 그가 몇 년 동안 비밀리에, 그리고 불법적으로 주식을 거래하고 있었다는 사실을 전혀 모르고 있었다. 사실 이 가족은 레빈이 내부자 거래로 큰 이익을 남기고 있었음에도 불구하고 아들이 태어난 뒤 거의 3년간 비좁은 단칸방 아파트에서 살았다. 어떤 사람이 '좋은 가정 출신'이라거나 '가정적인 사람'이라는 사실이 직장에서 윤리적으로 행동하도록 보장하지는 않는다. 일터에서 매니저들은 '가정의 자아'나 '종교적 자아'와는 다를 수도 있는 '일터의 자아'를 다루는 것이다.

8) A. B. Gesalman, "Cliff Was Climbing the Walls," Newsweek, 2002년 2월 4일, 24쪽.
9) D. B. Levine, "The Inside Story of an Inside Trader," Fortune, 1990년 5월 21일, 80-89쪽.

레빈은 착한 아들이자 남편이며 아버지였지만 가정의 자아와 내부자 거래 자아를 분리시켰다. 왜 그의 내부자 거래 자아가 존재하도록 허용되었을까? 우리는 이러한 일터에서의 자아는 동료들이 윤리의 선을 넘고서도 잡히지 않고 있던 환경과 일치했다고 추측할 수 있을 뿐이다. 레빈은 계속 이어지는 막대한 이익으로 인해 내부자 거래가 불법임을 인식했음에도 불구하고 멈추기 어려운 비윤리적인 행동의 나락으로 빠져들었다는 사실이 중요하다.

메니저들을 위한 실제적 조언: 다중 윤리 자아

그렇다면 매니저들은 어떻게 해야 하는가? 먼저 많은 사람들은 자신을 다중 윤리 자아로 나누고 삶의 정황에 따라 다르게 행동할 수 있음을 인식하라. 이는 당신도 그럴 수 있음을 의미한다. 그러니 먼저 당신 자신을 분석하라. 당신의 일터에서의 자아는 개인적인 윤리 자아와 일치하는가? 그렇지 않을 경우 어떻게 해야 이 둘을 일치시킬 수 있는가? 당신은 당신의 부하 직원들에게 중요한 역할 모델이다. 당신이 '한결같이' 올곧은 사람이라면 부하 직원들도 '한결같은' 사람이 되기를 원할 가능성이 높다.

다음에는 당신에게 보고하는 사람들에 대해 생각해 보라. 어떤 사람의 배경, 종교, 가정생활, 또는 지역사회에서의 선행에 근거해서 일터에서의 윤리에 관해 어떤 가정도 하지 마라. 대신 어떤 규범과 기대가 그들의 일터에서의 자아를 인도하는지 알아내고, 이러한 영향력들이 윤리적인 행동을 지원하게 하라. 눈과 귀를 활짝 열어두기만 해도 많은 것을 배울 수 있다. 물론 이에 대해 알아내는 가장 좋은 방법은 당신의 부하들에게 개인적으로 또는 설문 조사 형식으로 물어 보는 것이다. 당신은 부하들이 말하는 내용에 놀라게 될지도 모른다. 그리고 당신은 그저 물어 보는 것만으로도 무엇이 당신을 우려하게 하는지에 관해 중요한 상징적인 메시지를 보낸다. 많은 조사들이 암시한 바와 같이 종업원들은 당신의 조직에서 성공하기 위해 개인의 윤리를 타협해야 한다고 느끼는가? 그럴 경우 그들은 이에 대해 어떻게 할 수 있다고 생각하는가?

윤리 딜레마 상황에서 부하들의 생각과 행동에 영향을 주는 요인이 무엇인지 알아보라. 무엇이 그들이 할 수 있는 최선을 다하지 못하게 하고 옳은 일을 하지 못하게 하는지 알아보라. 실제 상황 또는 가상 상황을 토대로 질문할 수 있다. 대부분의 상사들은 그런 질문을 한 적이 없다. 그렇다면 대부분의 부하 직원들이 자신의 상사는 윤리에 대해서는 신경 쓰지 않는다고 믿는 것이 놀랄 일인가? 일단 이런 대화를 하고 나면, 윤리적인 행동을 지원하는 방식으로 사후 관리하는 것이 필수적이다. 몇 가지 실제적인 방법을 뒤에 설명한다.

마지막으로 보다 넓은 조직 환경이 당신 및 당신의 부하들을 잘 지원하는지 평가할 필요가 있다. 하위 매니저이거나 매니저인 당신은 보다 넓은 윤리 문화에 거의 영향을 주지 못한다. 상위 임원들이 순이익만 중시하는 살벌한 경쟁 문화를 조성하고 있다면 당신은 그런 문화의 영향으로부터 자신 또는 부하들을 보호할 수 없을 것이기 때문에 아마도 다른 일자리를 알아봐야 할 것이다. 5장은 어려운 결정을 내리는 데 도움을 줄 수 있는 '윤리 문화 감사'를 어떻게 수행하는지에 대한 정보를 제공한다. 그러나 상위 경영진이 협조적이라고 가정하자. 그럴 경우 당신이 관리하는 사람들의 윤리적 행동과 올곧음을 지원하는 국지적 업무 환경을 조성함으로써 보다 넓은 조직 문화에 기여하는 것은 당신에게 달려 있다. 올곧음은 '완전하고 온전하며 나누어지지 않는 성질 또는 상태'로 정의된다. 매우 올곧은 사람은 어떤 상황에서든 일관성이 있고 윤리적인 사람이라고 여겨진다. 따라서 궁극적인 목표는 당신의 부하들이 일터에서 및 가정에서 윤리적인 사람이 되도록 도와주는 것이다.

보상과 징계

사람들은 보상되는 행동을 하고 처벌되는 행동을 회피한다

5장 윤리 문화에 대한 논의에서 우리는 성과 관리 시스템과 이 시스템이 조직이 무엇에 신경을 쓰는지에 대해 보내는 신호의 중요성을 설명했다. (성과 관리 시스템은 조직이 무엇을 측정, 보상, 징계하는지에 관해 신호를 보내기 때문이다.) 매니저들은 매일 이러한 보상과 징계를 적용함으로써 성과 관리 시스템을 시행한다. 보상과 징계는 아마도 직장인들의 행동에 가장 큰 영향을 줄 것이다. 대부분의 매니저들은 심리학 또는 경영학 수업 때 배운 몇 가지 기본사항을 기억할 수 있을 것이다. 예를 들어 우리들 대부분은 강화 이론에 관해 조금은 기억할 것이다. 사람들은 보상되는 바에 따라 행동할 가능성이 높고 처벌되는 행동을 할 가능성은 낮다. 사실 조직 구성원들은 끊임없이 보상과 처벌에 관한 정보를 찾으려 하는데, 특히 이러한 정보가 명백하지 않을 경우에는 더 그렇다. 상황이 모호할수록 더 많은 사람들이 실마리를 찾는다. 사람들은 직장에서 성공하려면 보상되는 행동을 파악해서 이런 행동을 하고 처벌되는 행동을 피해야 한다는 점을 안다. 보상을 받는 행동이 행해진다는 단순한 금언을 기억하라. 금융업 종사자들은 위험한 모기지와 모기지 담보부 증권을 만들어 판 데 대해 후하게 보상받았다. 그들은 고객이나 금융 시스템 전반에 대한 리스크에 대해서는 별로 주의를 기울이지 않은 채 그렇게 했다.

사람들은 매니저들이 정한 목표를 달성하기 위해 추가 노력을 기울인다

목표 설정이 보상과 결합하면 가장 강력한 동기 부여 도구 중 하나가 된다. 그래서 매니저들은 목표를 매우 빈번하게 사용한다. 보상은 종종 명확한 목표와 연계된다(샌디가 특정 기간 내에 특정 매출 목표를 달성하면 조직은 샌디를 캐리비아로 휴가 보내 줄 것이다). 목표는 바람직한 결과(매출 목표와 휴가)에 주의를 집중하며 사람들에게 정해진 목표를 달성하기 위한 전략을 세우게 한다. 이는 일반적으로 좋은 일이라고 여겨진다. 위의 목표를 달성하면 샌디의 기분이 좋아지고(심리적 유익을 제공함) 상당한 가치가 있는 보상도 받게 된다.

연구자들은 사람들이 목표에 대해 어떻게 생각하는지, 목표를 달성하기 위해 어떻게 하는지, 그리고 목표를 달성하지 못하면 무슨 일이 일어나는지에 관해 더 많이 이해하기 시작했다.

예를 들어 과업 목표 달성에 과도하게 집중하면 윤리 목표와 같은 다른 목표는 관심에서 멀어질 수 있다. 리 아이아코카가 포드의 핀토 자동차 설계와 생산을 위해 세운 목표를 기억하라. 2장의 핀토 화재 사례에서 이 자동차는 무게 2,000파운드 미만, 가격 2,000달러 미만이어야 한다는 목표가 세워졌음을 기억하라. 이 목표를 달성하기 위한 조직 차원의 집중이 필수 절차 생략과 안전 문제에 기여했을 수도 있다. 확실히 아이아코카는 이러한 도전적인 생산 목표에 수반하는 명시적인 안전 목표를 세우지 않았다. 따라서 관련 종업원들은 안전에는 동등한 주의를 기울이지 않은 채 명시된 중량과 가격 목표 달성에 초점을 맞췄을 가능성이 있다. 연구자들은 종업원들이 과업 달성에 골몰하면 문제를 보고할 가능성이 줄어들 수도 있음을 발견했다.[10] 또한 과업 목표 달성 노력은 위험한 행동을 증가시키고 목표 미달은 성과에 관한 거짓말을 늘릴 수도 있다.[11]

보험회사의 보험금 청구 담당자가 특정 기간 내에 일정한 수의 청구를 처리 완료하라는 명시적인 목표를 부여받고 이 목표를 달성하면 금전 보상을 받는다고 가정하자. 이 종업원은 적법한 지급 청구를 일부 거절하고서

---

10) E. E. Umphress, A. Barsky, and K. See, "Be Careful What You Wish For: Goal Setting, Procedural Justice, and Ethical Behavior at Work," Academy of Management 회의에서 발표한 논문, Honolulu, Hawaii, 2005.

11) D. Knight, C. C. Durham, and E. A. Locke, "The Relationship of Team Goals, Incentives, and Efficacy to Strategic Risk, Tactical Implementation, and Performance," Academy of Management Journal 44권 (2001), 326-338쪽; M. W. Schweitzer, L. Ordonez, and B. Douma, "Goal Setting as a Motivator of Unethical Behavior," Academy of Management Journal 47권 (2004), 422-432쪽.

라도 그 목표를 달성할 방법을 찾아낼 가능성이 있으며 적법한 청구를 거절한 데 대한 우려를 보고할 가능성이 낮다. 반면에 윤리성과에 관한 목표를 세우면 결과가 달라질 수 있다. 예를 들어 한 연구에 의하면 상사가 작성한 문서의 한 단락을 수정하라는 목표를 배정받은 참가자들은 정보의 정확성과 사실성을 확보하라는 명시적인 목표가 주어질 경우 잘못된 정보를 수정할 가능성이 더 높았다.[12]

인센티브와 목표는 행동에 동기를 부여하는 데 효과가 있기 때문에 매니저들에게 인기가 있다. 그러나 매니저들은 종종 목표와 인센티브가 사려 깊게 사용되지 않으면 비윤리적인 행동의 동기를 부여할 수도 있다는 사실을 인식하지 못한다. 보다 구체적인 예를 살펴보자.

어떻게 목표와 보상이 결합해서 비윤리적인 행동을 조장할 수 있는가

전자제품 판매 사례   어느 전자제품 매장에서 판매원에게 낮은 기본급과 판매 수수료를 지급한다고 가정하자. 달리 말하자면 판매원들은 자신이 판매한 품목의 일정 비율을 받는다. 회사는 종종 지역 신문에 특정 TV 모델들의 특판 광고를 내며 사람들은 매장에 와서 이 모델들에 관해 물어본다. 그러나 회사는 할인 품목들의 이익률이 낮기 때문에 이 모델들에 대한 판매원 수수료율도 낮춘다. 특판 제외 모델을 판매할 때 보상이 높다(즉, 판매원에게 지급하는 수수료가 높다). 회사는 고가 모델 판매를 선호하지만 고객을 매장에 끌어들이기 위해 저가 모델을 광고한다. 회사는 판매원별 판매 목표를 정했는데 고가 모델의 판매 목표가 더 높다. 회사는 판매 교육을 거의 실시하지 않는다. 신입 판매원은 매장 매니저와 하루 정도 함께 일하고 나서 대체로 스스로 알아서 일한다. 매니저는 판매 방법에는 별 관심이 없

---

12) E. Umphress, K. See, A. Barsky, C. Gogus, L. Ren, and A. Coleman, "Be Careful What You Wish For: Goals Influencing Ethical Behavior in Organizations," Academy of Management 65회 연례 회의에서 발표된 심포지엄, Honolulu, Hawaii, 2005.

고 판매액에만 신경 쓰는 듯하다. 매니저 자신의 수수료는 매장 판매액에 기초한다.

판매원들이 돈(과 자신의 일)을 가치 있게 여긴다면(그런다고 가정하자) 고가 모델을 더 많이 팔도록 동기가 부여될 것이다. 판매원들은 여러 가지 방법으로 그렇게 할 수 있다. 예를 들어 고가 모델에는 할인 모델에는 없는 기능이 있음을 강조할 수 있을 것이다. 일부 고객들은 그 조언을 듣고 보다 고가 모델을 살 수도 있다. 구매자들이 판매원의 말을 듣고 고가품을 사게 되면 고가 제품 판매와 판매원에 대한 긍정적인 결과(수수료, 매니저의 칭찬) 사이의 연결 관계는 더 강해지고 고가품을 많이 팔려는 동기도 더 커진다.

그래도 많은 사람들은 할인 모델을 구입하겠다는 입장을 고수할 것이다. 판매원은 고가 모델들을 더 많이 팔기 위해 고객에게 필요하지도 않은 고가 모델들의 장점을 강조하려 할 수도 있다. 판매원은 많은 사람들에게 이러한 판매 전술이 먹혀든다는 것을 알게 될 수도 있다. 그러면 이 판매원은 더 큰 보상(더 많은 수수료와 매니저의 칭찬)을 받게 되고 명백히 부정적인 결과는 없다. 이런 행동이 정당화되거나 최소한 합리화될 수도 있다. 어쨌든 이 고객들은 판매원이 그렇게 하지 않았더라면 갖지 못했을 기능을 갖게 되지 않았는가? 그리고 판매원은 그들의 재정 상태나 개인적인 삶에 대해 별로 아는 바가 없으니 (물어 보지 않는 한) 조금 더 지출한다 해서 그 고객들에게 정말로 부정적인 영향을 줄지 알 길이 없다.

일이 잘 풀리다 보니 이 판매원은 이제 한 걸음 더 나아갈 유혹을 받을 수도 있다. 예컨대 할인 모델 사진은 고가 모델 사진보다 다소 흐릿해 보이도록 조작할 수도 있다. 그러면 보다 고가 모델을 팔기가 쉬워진다.

이런 식으로 설명하면 목표, 보상과 비윤리적인 행동 사이의 연결 관계는 아주 명확해 보인다. 아무도 판매원에게 명시적으로 비윤리적으로 행동하라고 말하지는 않았지만 그렇게 하도록 동기를 부여하는 요인들이 있었다. 경영진은 고가 모델에 더 높은 매출 목표를 세웠고 고가 모델에 수수료를 더 많이 지급함으로써 고가 모델 판매를 보상했다. 매장 매니저는 판매 방법에 대해서는 신경 쓰지 않는 것으로 보였고 판매원이 고객을 속이기 위해 화면을 조작하는 데 반대하지 않았을지도 모른다.

경영진은 고가 모델들을 팔기 원했고 이 모델들의 판매 목표를 더 높게 정했다. 그러나 목표에만 초점을 맞추다 보면 흔히 목표 달성 방법을 흐리게 한다. 매니저들이 윤리적인 행동에 관심이 있다면 목표 달성 방법에도 초점을 맞출 필요가 있다. 매니저들은 부하 직원들이 매니저가 목표뿐 아니라 윤리적 수단에도 관심이 있으며 양자 모두 평가하려 한다는 사실을 알게 해야 한다. 사람들이 어떤 수단을 사용하건 목표 달성에 대해 보상을 받는다면, 그들이 윤리적인 행동과 비윤리적인 행동 사이의 경계를 넘는 방법들을 시도할 가능성이 훨씬 크다.

많은 사람들이 자신의 매니저가 "나는 여러분이 그것을 어떻게 해내는 지는 상관하지 않으니, 어떻게든 해내세요." 또는 "나는 여러분이 어떻게 목표를 달성하는지는 알고 싶지 않습니다. 아무튼 목표를 달성하기만 하시오."라는 식으로 말하는 것을 들어보았다고 얘기했다. 이런 말들은 확실히 목표를 달성하기 위해 필요하다면 (윤리적이건 비윤리적이건) 어떤 방법이라도 사용하도록 허용한다. 이런 말을 내뱉은 매니저들은 종종 비윤리적인 행위가 자행된다 해도 놀라지 말아야 한다.

목표 설정과 인센티브가 결합하면 매니저들이 사용할 수 있는 가장 효과적인 동기 부여 방법이 된다. 도전적이면서도 달성할 수 있는 목표를 수립하고 목표를 달성한 사람에게 보상하면 사람들은 세워진 목표를 달성하기 위해 열심히 노력할 것이다. 그래서 책임감 있는 매니저들은 자신이 부하들에게 정해준 목표를 달성할 때 윤리적인 방법만 사용할 필요가 있음을 명확히 밝힐 필요가 있다. "나는 여러분이 그것을 어떻게 해내는지는 상관하지 않으니, 어떻게든 해내세요."라는 말은 윤리 인식을 촉발하는 적신호로 여겨져야 한다. 매니저들은 그렇게 말하지 말아야 하며 종업원들은 그런 말을 들으면 윤리적 지뢰를 조심해야 한다.

매니저들을 위한 실제적 조언: 목표, 보상과 징계

먼저 사람들은 보상되는 행동을 한다는 점을 기억하라. 그런데 이러한 보상이 명시적일 필요는 없다. 위의 전자제품 매장 예에서 이 회사는 자신들이 판매원의 비윤리적인 행동을 보상할 것이라고 말하고 있다고는 꿈에도 생각하지 않을 것이다. 사실 그들은 명시적으로 그렇게 하고 있지는 않았다. 그러나 보상 계획 설계자들이 이 계획의 잠재적 영향을 세심하게 생각했더라면(그들은 그렇게 할 책임이 있다.) 이 계획의 치명적인 결함을 식별했을 수도 있다. 이 계획은 목표에만 초점을 맞추고 목표를 달성하기 위한 방법은 판매원들에게 맡겨둔다. 매니저들이 종업원들의 입장에 서 보면 이러한 결함들을 미리 알아낼 가능성이 커진다. 보상 제도가 정해질 경우 평균적인 개인들이 어떻게 행동할지 생각해 보라. 어떤 종류의 태도와 행동이 명시적 또는 묵시적으로 보상되는가? 그것을 어떻게 알아내는가? 부하 직원들에게 물어 보라. 부하 직원들과 솔직하게 잘 소통하고 있다면 그들이 말해줄 것이다.

둘째, 당신이 당신의 부하들에게 책정한 목표들에 대해 세심하게 생각하라. 구체적이고 도전적이며 달성할 수 있는 목표와 목표 달성에 대한 보상이 결합하면 강력한 동기 부여 도구가 된다. 사람들은 이러한 목표들에 시선을 고정하고 목표를 달성하기 위해 열심히 노력한다. 발생 가능한 행동과 의도하지 않은 결과가 발생할 가능에 대해 생각하는 것은 매니저의 소관사항이다. 여기에서도 종업원들의 입장에 서서 어떤 결과가 발생할 수 있을지 물어 보라. 또한 목표뿐 아니라 수단(고객과 신뢰 관계 구축)에도 초점을 맞추도록 재무성과(TV 판매 대수)뿐 아니라 윤리적인 행동(안전, 고객에 대한 정직성)에 대한 목표도 세웠는지 스스로 물어 보라. 당신은 둘 모두를 측정하며 보상하고 있는가? 우리는 윤리의 '피그말리온 효과'를 믿는다. 보다 일반적인 피그말리온 효과 테스트에서 연구자들은 학교와 일터 환경에서 사람들이 일반적으로 기대가 높건 낮건 자신들에게 주어진 기대에 부응한다는 것을 발견했다.[13] 학생들과 노동자들은 교사나 상사의 높은 기대에 반응해서 좋은 성과를 냈지만 실패할 것으로 기대되면 나쁜 성적을 냈다. 윤리 피그말리온 효과에서는 (성과뿐 아니라) 윤리적 행동에 대한 기대가 높이 세워지고 사람들이 높은 기대를 충족할 것이라고 기대된다. 이 윤리 피그말리온 효과는 옳은 일을 하고자 하는 사람들의 욕망에 호소한다. 윤리 피그말리온 효과는 또한 사람들에게 목표 달성 여부만 아니라 목표 달성 방법에 대해서도 생각하게 할 가능성이 있다.

간접 보상과 처벌의 힘을 인식하라

종업원들에게 개인적으로 보상(또는 처벌)을 해야만 메시지가 영향을 주는 것은 아니라는 점을 인식할 필요가 있다. 강화 이론을 강력하게 확장한 이론이 사회 학습 이론이다.[14] 사회 학습 이론에 따르면 사람들은 다른 사람들에 대한 보상과 처벌을 관찰함으로써 배운다. 직접 뜨거운 난로를 만져 봐야 그렇게 하면 데인다는 사실을 배울 수 있다고 상상해 보라. 다행히도 우리는 다른 사람들을 관찰함으로써 우리의 삶과 일에서 무엇이 통하고 무엇이 통하지 않는지 알 필요가 있는 것들의 대부분을 배울 수 있다. 그래서 종업원들이 직접 보상이나 처벌을 경험하지 않아도 그들의 행동이 영향을 받는다. 만일 종업원들이 다른 사람들이 거짓말하거나 속이거나 훔치더라도 아무 일없이 넘어가는 것을 보거나, 보다 심하게는 그런 사람들이 승진하거나 거액의 보너스를 받는 것을 보게 되면, 그들도 그런 행동을 하려고

---

13) D. Eden, "Self-fulfilling Prophecy as a Management Tool : Harnessing Pygmalion," Academy of Management Review 9권 (1984), 64-73쪽.
14) A. Bandura, Social Foundations of Thought and Action: A Social-Cognitive Theory (Englewood Cliffs, NJ : Prentice-Hall, 1986).

할 가능성이 훨씬 커진다. 반면에 종업원들이 누군가가 고객에게 거짓말해서 곧바로 해고되는 것을 보게 되면, 그들은 그런 행동은 용납되지 않는다는 것을 배운다.

테일후크 사례 사람들이 어떻게 다른 사람들을 관찰함으로써 보상과 처벌에 관해 배우는지에 관한 하나의 예로 1991년의 테일후크 스캔들을 고려해 보자. 테일후크 협회는 1991년에 미국 해군과 공식 제휴를 맺은 해군 항해사들의 비영리 조직이다. 여러 내부 관계자들에 따르면 1991년에 라스베이거스 힐튼호텔에서 개최된 테일후크 협회 연례 회의에서 발생한 (약 90명의 여성에 대한) 것과 같은 유형의 성희롱은 해군에서는 상당 기간 동안 암묵적으로 보상받았다(또는 최소한 처벌되지 않았다). 이러한 성희롱 의식은 남성 참석자들이 재미(보상)로 경험한 정규 행사였다. 해군 장교들은 보고에 눈감고 '남자 애들은 남자 애들답게 행동하기 마련'이라는 태도를 보인 것으로 알려졌다. 조사는 느려 터졌고 이렇다 할 처벌도 이루어지지 않았다. 이 보상 시스템은 잘 알려졌으며, 따라서 그 남성들은 처벌되지 않고 '보상받는' 이런 행동에 계속 참여했다.

많은 사람들(특히 여성들)은 테일후크 스캔들에 대한 해군의 대응이 그런 행동이 더 이상 용납되지 않는다는 메시지를 보낼 기회라고 생각했다. 초기의 일부 조짐은 고무적이었지만 장기적인 결과는 많은 여성들을 실망시켰다. 이 스캔들이 터진 직후 해군 장관이 사임했으며, 미국 해군은 1991년 말에 테일후크 협회와의 제휴를 철회했다. 범죄 행위 가능성에 대한 조사도 착수되었다. 그러나 해군은 1,500명의 남성과 면담한 뒤에 겨우 2명의 용의자를 찾아냈다. 국방부가 넘겨받은 뒤에 140명의 항해사들이 공공장소 음란 행위, 폭행 또는 위증으로 기소되었다. 그러나 이들 중 80명만 벌금에 처해지거나 경미한 징계를 받았다. 90명의 여성에 대한 폭행에 관여한 사람들 중 아무도 군법회의에 회부되거나 중징계를 받지 않았다. 이 점이 가장 중요한

데 최초의 불만 제기자 파울라 코플린 대위는 1994년 초에 테일후크와 "그 이후에 가해진 은밀한 공격이 내가 계속 복무할 힘을 빼앗아 갔다."라고 설명하면서 해군에서 전역했다.[15] 코플린 대위는 '신뢰성을 비난하려는 장교들이 소문 캐내기에 열중'하고 '증오 우편물 더미'가 쌓이는 가운데 해군을 떠났다. 그러나 1994년에 연방 배심원은 코플린 대위에게 170만 달러의 보상적 손해배상금과 5백만 달러의 징벌적 손해배상금을 지급하라고 결정했으며, 힐튼 호텔이 책임이 있다고 판단했다.[16] 테일후크 협회는 계속 연례 회합을 개최하고 있지만 현재는 훨씬 소박한 행사가 되었다. 1999년에 테일후크 협회와 리노에서 개최된 1999년 컨벤션에 대해 조사한 뒤에, 해군은 이 협회와의 제휴를 회복했다. 해군부 장관 리처드 댄지그는 이렇게 말했다. "1991년 테일후크 컨벤션에서 발생한 수치스러운 사건들로 인해 우리 해군은 이 협회에 대한 지원을 철회했습니다. 그러나 지난 8년 동안 이 협회는 그 지위에 대해 재고할 가치가 있는 몇 가지 긍정적인 조치를 취했습니다… [그리고] 우리는 제휴를 회복할 때가 되었다는 결론을 내렸습니다." 이 협회는 1991년에 발생한 것과 같은 형태의 비리를 예방하는 데 전력을 기울였다. (이 협회에 대한 보다 자세한 정보는 www.tailhook.org를 보라.)

남성(과 여성) 해군에 전달된 메시지는 확실히 혼합되었다. 이 사건은 많은 혼란을 야기했는데 아마도 남성 해군들에게는 이제 여성 동료들을 폭행하는 것은 예전처럼 '보상을 주지' 않을 것임을 암시하기에 충분했다. 실제로 이 사건이 발생한 뒤에 이 협회 회원 수가 급격히 감소했는데 특히 젊은 층의 감소가 두드러졌다.[17] 더구나 몇 명의 해군 제독들이 테일후크 사건 이후에 저지른 부적절한 성적 행동으로 해고되었다. 이제 해군에서는 성희롱

---

15) E. Goodman, "Nobody Deemed Accountable for Tailhook," (State College, PA) Centre Daily Times, 1994년 2월 15일, 6A면.
16) D. C. Waller, "Tailhook's Lightning Rod," Newsweek, 1994년 2월 28일, 31쪽.
17) A. Marshall, "Knowing What's Ahead Can Prevent Looking Back with Regret," Hotel and Motel Management, 2000년 3월 6일, 10쪽.

교육을 받도록 요구된다. 그러나 1996년에 「뉴스위크」 지는 테일후크 사건이 발생하고 나서 4년 동안 해군은 1천 건이 넘는 성희롱 민원과 3,500건이 넘는 성추행 주장을 접수했다고 보도했다. 여성들은 여전히 민원 제기에 대한 보복에 직면했다고 불평했다.[18] 요약하자면 조직들은 성희롱 민원에 대응해서 결정을 내릴 때마다 모든 사람에게 강력한 메시지를 보낸다. 모든 사람들이 지켜보고서 가해자와 피해자에게 일어나는 일로부터 뭔가를 배운다.

성희롱과 성폭행 문제는 오늘날에도 계속되며 해군 밖에서도 일어난다. 예를 들어 가장 최근의 국방부 연례 설문 조사(2012년)는 성희롱과 성폭행이 군에서 여전히 심각한 문제로 남아 있으며 성희롱/성폭행 보고 건수가 급격히 증가하고 있음을 보여준다. 익명 조사에 의하면 2012년에 군대 내에서 벌어진 성폭행 추정 건수는 26,000건을 넘는다. 2013년에 미국 국방부 장관은 군대 내 성폭행을 '근절해야 할 사회악'이자 '신성한 선서와 신성한 신뢰에 대한 배반'이라고 불렀다. 확실히 군대 전체에서 그런 행동이 용인되지 않는 문화를 만들려면 훨씬 많은 노력이 요구될 것이다.[19]

매니저들이여 보상하고 처벌하는 (또는 처벌하지 않는) 행동을 통해 당신이 모든 부하 직원들에게 묵시적으로 보내고 있는 메시지에 주의하라. 종업원들은 끊임없이 이 실마리들을 지켜보고 있다. 그들은 당신이 관리하는 직장 환경에서 무엇이 괜찮고, 무엇이 괜찮지 않은지 알기 원한다. 만일 종업원들이 누군가가 다른 사람을 짓밟고, 고객에게 거짓말하고, 거짓 보고서를 작성함으로써 성공하는 것을 목격한다면 그것을 본 종업원들은 그런 행동이 보상받는다고 배울 것이기 때문에 자신도 그렇게 하는 성향이 더 많아

18) 18. G. L. Vistica, "Anchors Aweigh," Newsweek, 1996년 2월 5일, 69-71쪽.

19) P. Stewart. "Sexual assault is a 'scourge' on U.S. military: Hagel," Reuters online, 2013년 5월 25일; R. Lardner. "Sexual assaults in military rose to over 26,000 in 2012: Pentagon Survey." Huffingtonpost. com, 2013년 5월 5일.

질 것이다. 종업원들이 성희롱이 징계 받지 않는 것을 보게 되면 자신도 마음 놓고 그런 행동에 참여하게 될지도 모른다. 그들이 비리를 보고한 사람이 보복 당하는 것을 보게 되면, 문제가 있는 행동을 보고할 위험을 무릅쓰지 않을 것이다. 그러니 만일 당신이 관리하는 그룹에서 비윤리적인 행동이 발생하고 있음을 알게 된다면 그 행동이 어떤 방식으로든 보상되고 있을 가능성이 있다. 보상 시스템이 의도적 또는 비의도적으로 바람직하지 않은 행동을 보상하고 있는지 자문해 보고, 이를 책임지고 변화시키라. 반면 비윤리적인 사람이 해고되고 올곧은 사람이 승진한다면 이 상황의 윤리적 교훈도 명확하다. 즉, 올곧음이 중시되고 비윤리적 행동은 용인되지 않는다.

매니저들이 정말 윤리적 행동을 보상할 수 있는가?

경영학 저자들은 오랫동안 매니저들은 가능하면 처벌 대신 보상을 사용해야 하며 처벌은 본질적으로 나쁜 경영 관행이라고 설교해 왔다. 이 아이디어는 좋게 들리기는 하지만 윤리적 행동을 장려하고 비윤리적 행동을 단념시키는 것이 목표일 때에는 실제적이지 않다. 보상에 의존한다는 것은 윤리적인 행동을 보상함을 의미한다. 그렇다면 매니저가 일상적인 윤리적 행동을 어떻게 보상할 수 있을지 생각해 보자. 아마도 비용 보고서를 정직하고 정확하게 작성하거나 비서를 희롱하지 않은 매니저들에게 상이나 보너스를 줄 수도 있을 것이다. 이것이 어처구니없다고 생각하는가? 이는 물론 웃기는 짓이다. 노동자들은 모든 사람에게 기대되는 일, 즉 날마다 옳은 일을 한 데 대해 보상을 받을 것으로 기대하지 않는다. 따라서 단기적으로는 일상적인 윤리적 행동을 보상하기란 매우 어렵다. 그러나 6장에서 언급한 바와 같이 일부 조직들은 일상적인 수준을 넘어서는 이례적인 윤리적 행동을 보상한다. 그렇게 하면 모든 사람들에게 그런 이례적인 행동이 조직에서 매우 가치 있게 여겨진다는 강력한 메시지를 보낸다.

장기적인 관점에서는 옳은 일을 한 데 대한 보상이 있어야 한다. 예를 들어 대부분의 사람들은 자신이 속한 조직에서 어떻게 하면 성공하는지 알고 있다. 윤리 문화를 논의하면서 언급한 바와 같이 대규모 조직들은 성과 관리 시스템을 갖추고 종업원들에게 그들의 성과에 관해 정규적으로 피드백을 제공한다. 이 정보를 이용해서 보수와 승진에 관한 중요한 결정이 내려진다. 올곧음에 관한 정보가 이 시스템에 포함되어 있는가? 종업원이 해당 조직에서 성공하려면 올곧음이 최소한 재무적 성과만큼 중요할 정도로 올곧음에 충분한 가중치가 부여되는가? 또는 사람들이 윤리적 잘못에도 불구하고 거액의 보상을 받고 승진하는가? 그렇다면, 그 메시지는 명확하다. 이곳에서 성공하고 싶거든 무슨 수를 써서라도 성공하라. 어울리기 위해 무조건 동조하거나 심하면 남을 밟는 사람이 이 조직에서 성공할 가능성이 높다. 반면에 최고 수준까지 승진한 사람들이 올곧은 사람으로 알려졌는가? 그렇다면 그 조직은 올곧음의 중요성에 관한 메시지를 보내고 있는 셈이다. 보상은 일상의 구체적인 윤리적 행동을 보상하기에는 제한적인 도구일 수도 있지만 장기적으로 무엇이 기대되고 보상되는지에 대한 기조를 세우려면 보상이 사용되어야 한다.

징계의 역할

징계에 관해서 우리는 모두 책임감이 있는 부모가 버릇없는 아이들을 혼내 주리라고 기대되듯이 매니저들은 때로는 잘못을 저지르는 부하들을 징계해야 한다는 것을 알고 있다. 부하 직원이 잘못된 길로 들어설 때 개입하는 것은 매니저 직무의 중요한 부분이다. 사실 종업원에게 경고를 줘서 나쁜 행동을 고치고 심각한 부정적 결과를 피할 기회를 주는 것은 진정한 선물이 될 수 있다. 사람들이 자신의 비행이 발각되어 처벌되리라고 예상하면 나쁜 행동을 덜하게 될 것이다. 그러니 징계가 효과가 있다면 왜 징계를 사용하지 않겠는가? 그런데 매니저들은 종업원들이 처벌에 자동으로 나쁘게 반응할 것이라는 믿음 때문에 가능하면 보상에 많이 의존하라는 말을 종종 듣는다. 그들이 상사를 싫어하거나 앙갚음하기 위해 은밀히 방해할 것이라고 말이다. 그러나 우리는 이제 징계가 특정 방식으로 사용될 경우, 즉 노동자들이 징계가 공정하다고 인식할 경우 징계가 좋은 결과를 낳을 수 있음을 안다.

처벌을 피해야 한다는 아이디어는 오래전에 쥐와 어린아이들을 상대로 수행된 심리 연구에 기초하고 있다. 그것은 공정한 징계(즉, 처벌받을 만하고 공정하게 집행된 처벌)와 불공정한 징계를 구분할 수 있는 성인 직장인과는 별로 관계가 없다. 성인이 "내가 그것을 초래했다. 나는 처벌 받을 짓을 했다."라고 말하는 걸 들어보았는가? 데니스 레빈이 내부자 거래로 체포되어 투옥되자 다음과 같이 말한 것처럼 말이다. "나는 우리나라 사법 시스템의 공정성에 대해 존경하게 되었다… 내가 법을 어겼을 때, 나는 처벌되었다. 우리나라 사법 시스템은 잘 작동하고 있다." 그는 이렇게도 말했다. "체포될 확률이 1천분의 1에 지나지 않는다고 생각했기 때문에 내 삶이 망가졌다."[20] 만일 레빈이 자기가 붙잡혀 처벌될 것이라고 생각했더라면 그 확률은 뒤집혔을 테고, 결코 내부자 거래에 손대지 않았을 것이다. 체포되어 처벌되자 그는 그 처벌이 정당하다고 인정했다.

징계는 공정하게 집행되어야 한다. 연구 결과는 처벌받는 사람이 처벌이 공정하다고 인식하면 긍정적인 결과로 귀결된다(즉, 행동이 개선되고 종업원들이 보다 착한 기업 시민이 된다)고 암시한다.[21] 이러한 긍정적인 결과는 주로 적절한 처벌 수위 및 종업원 의견과 관련이 있다. 처벌은 '범죄에 부합' 해야 하며 유사한 위반에 대해 다른 사람들이 받은 처벌 수준과 일관성이 있어야 한다. 종업원에게 의견 진술 기회, 즉 자기 입장에서 이야기할 기회를 주는 것도 중

---

20) D. B. Levine, "The Inside Story of an Inside Trader," Fortune, 1990년 5월 21일, 80-89쪽.
21) G. Ball, L. K. Treviño, and H. P. Sims Jr., "Just and Unjust Punishment Incidents," Academy of Management Journal 37권 (1994), 299-322쪽.

요하다. 또한 처벌에 건설적인 방식으로 접근하고 처벌 이유를 주의 깊게 설명해 주면 징계 받는 종업원이 그 처벌에 보다 긍정적으로 반응할 것이다. 만일 누군가를 처벌할 경우 비공개적으로 처벌하라. 처벌은 창피한 경험이 될 수 있는데 공개 처벌은 설상가상이다.

처벌의 간접 효과를 인식하라. 처벌받은 종업원이 매니저의 유일한 관심 대상이어서는 안 된다. 사회 학습 이론은 다른 노동자들도 영향을 받는다고 시사한다. 우리는 다른 사람들의 보상과 처벌을 관찰함으로써 많은 것을 배운다는 점을 기억하라. 그런데 처벌이 비공개적으로 이뤄진다면 다른 사람들이 이에 대해 어떻게 아는가? 실제로 조직 생활을 해 본 사람은 조직의 뉴스를 부서 또는 조직 전체에 실어 나르는 소통 네트워크인 입소문에 대해 안다. 좋은 매니저들은 입소문의 힘을 알며 이에 의존해서 중요한 정보를 전달한다. 연구 결과 사람들이 비윤리적인 행동이 발생했음을 알게 되면 위반자가 처벌되기를 원한다.[22]

사람들은 자신의 직장이 '공정하다', 즉 이 조직이 착한 사람을 보상하고 악한 사람을 처벌한다고 믿고 싶어 한다. 사람들은 또한 규칙을 어기는 사람들은 빠져 나가는 반면 자신은 규칙을 따른다는 이유로 처벌받는 봉이 아니라고 느끼기 원한다. 그것이 바로 매니저가 비윤리적인 행위가 발생하면 이를 징계해야 하는 중요한 이유 중 하나다. 예외가 있어서는 안 된다. 고위직 규칙 위반자도 같은 기준(또는 보다 높은 기준)을 적용받아야 한다. 매니저들은 모든 규칙 위반자를 명확하게 징계함으로써 위반자와 모든 관찰자들에게 이 행동이 용납되지 않는다는 확실한 메시지를 보낸다. 그들은 또한 이 회사가 규칙을 공정하고 일관성 있게 적용하는 공정한 일터라는 주장을 지원한다.

(2001년에 이 회사가 공개적으로 몰락하기 훨씬 전인) 1980년대에 뉴욕에 근무하던 두

---

22) L. K. Treviño and G. A. Ball, "The Social Implications of Punishing Unethical Behavior: Observers' Cognitive and Affective Reactions," Journal of Management 18권 (1992), 751-768쪽.

명의 엔론 에너지 트레이더들이 대량의 사기성 에너지 트레이드를 해서 회사 돈을 자신의 개인 계좌로 빼돌렸을 때 이 회사의 정직한 종업원들이 어떤 생각을 했을지 상상해 보라. 간단히 말하자면 이 트레이더들은 이중장부를 작성하고 문서 추적을 못하도록 일상적으로 기록을 파괴했다. 엔론 이사회가 이 비리에 대해 보고받았을 때, CEO 켄 레이는 이사회 석상에서 공개적으로 그 트레이더들을 "내보내기에는 돈을 너무 많이 벌었다."라고 말했다. 그래서 그 트레이딩 사기꾼들은 내부 조사자들이 사기의 전모를 파악하고 회사가 손실을 커버하기 위해 세후 순이익에서 8,500만 달러를 상각할 때까지 계속 근무하도록 허용되었다. 레이는 전임직원 회의에서 자신은 이런 활동에 대해 전혀 몰랐다고 불평했다. 나중에 이 회사를 상대로 제기된 소송에 관여했던 한 변호사는 이렇게 말했다. "정직하고 유능한 경영자라면 1987년 1월에 보겟과 마스트로에니의 행동이 엔론 상위 경영진에게 알려졌을 때 이들을 지체 없이 해고했을 것이다."[23] 엔론 임원진이 회사의 사기꾼 종업원들을 정규적으로 징계했더라면 이 회사가 나중에 곤경에 빠지지 않았을 것이다.

IBM 창업자의 아들 토머스 왓슨 주니어는 자신의 저서 『IBM, 창업자와 후계자』(1990)에서 IBM이 한때 컴퓨터 산업을 지배했을 때 20년 동안 이 회사를 경영했던 자신의 경험을 묘사했다. 그는 올곧음 위반에 대한 신속하고 가혹한 처벌의 중요성과 처벌할 때와 처벌하지 않을 때의 간접 효과를 논의했다. 그는 이렇게 말했다. "매니저가 비윤리적인 행위를 한다면, 그런 짓을 저지른 노동자가 해고되듯이 그 매니저도 확실히 해고되어야 한다. 이것이 바로 상사의 권한을 건전하게 사용하는 것이다." 그러나 왓슨이 아래의 발췌문에서 설명하듯이 매니저들이 항상 그의 조언을 따른 것은 아니었다.

---

23) B. McLean and P. Elkind, The Smartest Guys in the Room (New York: Portfolio, 2003), 21-24쪽.

한번은 우리 공장 중 한 곳의 일부 매니저들이 미국 저축 채권에 관한 연쇄 편지(chain letter)를 시작했다. 그 아이디어는 한 매니저가 다섯 명의 다른 매니저들에게 편지를 쓰고, 이 다섯 명 각자는 또 다른 다섯 명에게 편지를 쓰며, 두 번째로 편지를 받은 매니저들은 최초의 매니저에게 약간의 채권을 보내고, 또 다른 다섯 명의 매니저에게 편지를 쓰는 식으로 계속 이어가는 것이었다. 곧 매니저들이 동나자 이 편지는 종업원들에게 보내졌다. 종업원들은 연쇄 편지에 가담해서 매니저에게 돈을 내라는 압력을 받게 되었다. 나는 이에 관한 민원을 듣고 이 부문의 장에게 알렸다. 나는 그가 최소한 "몇 명을 해고해야 합니다. 제가 처리하겠습니다."라고 말할 것으로 기대했다. 그런데 그는 단지 "알겠습니다. 그것은 실수였습니다."라고 말했다. 그는 잘못을 저지른 사람을 해고하라는 내 말에 설득되지 않았다. 그 부문장이 팀을 지킨 데 대해 그를 칭찬할 수도 있겠지만, 나는 팀에 대한 충성 대신 올곧음이 방향타를 잡아야 할 때가 있다고 생각한다. 하지만 나는 더 이상 그 문제에 관여하지 않았는데, 내가 그때 조치를 취하지 않은 것이 화근이 되었다.

몇 년 뒤에 그 부문에서 한 매니저가 설계도면을 훔쳐서 경쟁자에게 판 하위직 종업원을 해고했다. 그를 해고한 것은 괜찮았지만 그 매니저가 이를 잔인하게 처리한 것이 문제였다. 문제의 그 종업원은 자기 인생에서 한 가지 자랑스러워하는 것이 있었다. 그는 미국 육군 예비군 소령이었다. 매니저는 그 종업원에게 개인적으로 "당신이 설계도를 훔쳤으니 우리는 당신을 해고하겠다."라고 말하는 대신 하필이면 이 종업원이 군 부대에 소집된 주간을 골라서 벌을 주었다. 어찌어찌해서 군 당국도 관여하게 되었고, 그는 군에서의 지위를 잃었다. 그 굴욕으로 광분한 그는 몇 년 동안 나를 괴롭히는 데 몰두했다. 그는 톰 왓슨 주니어가 투옥된 사진을 자기 주 상하원 의원들과 모든 대법관들에게 보냈다. 그리고 그는 우리가 연쇄 편지에 책임이 있는 사람들을 용인했다는 것을 알았기 때문에 이 편지를 계속 들먹였다. 마침내 그는 흥분을 가라앉혔지만 그 사건은 내게 중요한 교훈을 가르쳐 줬다. 그 뒤로 나는 올곧음을 위반한 매니저들을 해고했다. 나는 아마 12번 해고한 것 같은데 상위 임원과 관련된 사안도 2번 있었다. 나는 그 사람이 없으면 비즈니스가 타격을 입을 테니 단지 좌천시키거나 다른 부서로 이동시키기만 해야 한다고 주장하는 많은 사람들의 말을 무시해야 했다. 그러나 회사는 그 결정과 모범으로 인해 확실히 더 나아졌다.[24]

때로는 옳은 일을 하려 한 종업원들이 처벌받는다. 예를 들어 오언 치버스는 몬트리올 은행의 경험 많은 연구원으로서 라디오 산업에 대한 우려를 표명하는 정직한 보고서를 썼다. 그 회사의 투자은행 부문 종업원들은 그에게 보고서를 보다 긍정적으로 작성하라고 요구했다. 치버스는 이를 거절해서 해고되었다. 확실히 그러한 처벌은 다른 모든 종업원들에게 동조하거나 해고된다는 강력한 메시지를 보냈다.[25]

매니저들을 위한 실제적 조언: 징계

톰 왓슨은 올곧음 위반이 신속하고 단호하게 징계되지 않으면 무슨 일이 일어날 수 있는지에 대해 값비싼 교훈을 배웠다. 노동자들은 연쇄 편지와 같은 사건들과 경영진이 이 사건들을 어떻게 처리했는지에 대해 오랫동안 기억한다. 그들은 그런 정보를 한쪽에 치워 놨다가 나중에 써 먹는다. 설계도면을 훔쳤던 IBM 종업원이 특히 굴욕적인 방식으로 해고되었을 때 그는 격분했다. 그가 받은 가혹하고 공개적인 처벌은 다른 사람들이 대우받은 방식에 비교하면 특히 불공정해 보였다. 그리고 그는 매니저들이 처벌받은 종업원들에게서 기대할 수 있는 바 대로 반응했다. 그는 처벌한 사람

24) Thomas J. Watson Jr., Father, Son & Co.: My Life at IBM and Beyond (New York: Bantam, 1990).
25) G. Morgenson, "The Enforcers of Wall St.? Then Again, Maybe Not," New York Times, 2002년 6월 20일, C1-C2면.

과 조직에 대해 화가 났다.

징계에 관해 중요한 요점은 성인들은 공정한 처벌과 불공정한 처벌을 구별한다는 것이다. 처벌을 일관성 있게 사용해서 규칙을 집행하면 종업원들은 자신이 규칙을 위반하면 처벌받으리라고 예상할 것이다. 그러나 그들은 범죄에 상응하고 다른 사람들이 받았던 것과 일치하는 처벌을 기대한다. 대부분의 경우 징계를 공정하게 부과하면 문제 행동이 개선되며 부하들은 계속 생산적인 조직 시민이 된다.

당신은 규칙 위반이 어떻게 처리되는지에 대해 큰 관심을 기울이는 관찰자들에 신경 써야 한다는 점을 기억하라. 연쇄 편지 사건을 저지른 사람들이 단호하게 징계되지 않았을 때 이 사건에 대해 알고 있던 모든 사람들에게 비리를 저질러도 처벌하지 않는다는 묵시적인 메시지가 보내졌으며 향후 부정행위에 대해 경영진이 느슨하게 반응하리라는 기대가 확립되었다. 정의로운 조직은 규칙 위반을 공정하고 일관성 있게 징계하며 옳은 일을 하려 한 사람을 처벌하지 않는다. 노동자들은 매니저들이 공정하게 징계하리라고 기대하는데 경영진이 이 일을 하지 않으면 도덕적으로 격분한다.

사람들은 집단의 규범을 따른다

"모두 그렇게 하고 있다"

비윤리적 행동을 합리화, 정당화 또는 심지어 장려하기 위해 "모두 그렇게 하고 있다."는 말이 너무도 자주 사용된다. 우리 모두는 이 말을 들어 보았을 것이다. 동료들에게 시험 내용에 대해 조언해 줄 것으로 기대되는 남학생 클럽 회원, 후원자의 돈을 받는 대학 풋볼 선수, 세금 신고 시 자신의 팁 수입 일부를 누락시키는 식당 종업원, 철저하게 점검되지 않은 재무제표에 서명하는 감사인, 다가오는 재무 거래에 관한 비밀을 공유하는 내부 거래자 등 다른 사람들도 그렇게 하고 있다고 확신하면 사람들이 비윤리적인 행위에 관여할 가능성이 훨씬 높아진다. 다른 사람들도 다 그렇게 하고 있다고 확신하면 그 행동에 대해 받아들일 만한 정당화와 근거가 제공되어서 행동에 족쇄가 풀리게 된다. 또한 3장에서 윤리 인식에 관해 배운 내용을 상기하라. 사람들은 자신이 소속한 집단에서 그 이슈가 윤리 우려를 제기한다는 사회적 합의가 있을 경우 해당 이슈에 윤리적 함의가 있음을 인식할 가능성이 높아진다. 그러나 모든 사람이 '모두 그렇게 하고 있기' 때문에 특정 행동이 문제가 되지 않는다고 동의하면, 윤리 우려가 제기되지 않을 가능성이 훨씬 커진다.

비윤리적 행동 합리화하기

일부 행동들에 대해서는 "모두 그렇게 하고 있다."라는 말은 주로 비윤리적인 집단 규범에 의해 인도되는 행동을 합리화하기 위해 사용된다. 비용 보고서를 부풀리는 종업원은 모두 그렇게 하고 있기 때문에 (그리고 그렇게 해도 처벌받지 않기 때문에) 그 행동이 정당화된다고 믿는다. 그 집단 안에서는 비용 부풀리기가 집을 떠나 있었던 데 대한 보상이나 조직의 공식적인 출장비용 정책에서 인정해 주지 않는 술값이나 영화 관람 비용을 보상하는 방법이라고 설명될 수도 있다. 이러한 합리화는 종종 그 행동을 제안했거나 자신이 그 행동에 관여하는 상사에 의해 명시적으로 또는 묵시적으로 지지된다. 어느 쪽이든 그 매니저는 규칙을 왜곡해도 무방하다는 강력한 메시지를 보내는 셈이며 그 메시지는 조직의 다른 규칙에도 쉽사리 일반화될 수 있다.

이 프로세스를 관리하는 더 좋은 방법은 규칙을 명확하게 표명하고 이를 집행하는 것이다. 달리 말하자면 출장 간 종업원의 술값, 영화 관람 비용, 또는 집으로 건 전화비용을 지급해 주는 것이 타당해 보이면 이런 비용들이 조직의 공식 출장 정책에 따라 합법적으로 지급되도록 규칙을 개정하라. 그리고 나서 이 시스템을 악용하면 징계할 수 있다.

동조하라는 압력

어떤 행동에 대해서 "모두 그렇게 하고 있다."라는 말은 단지 합리화만이 아니라 집단의 규범에 동조하라는 실제적인 압력이기도 하다. 이러한 논리를 사용해서 주저하는 사람을 독려한다. "에이, 모두 그렇게 하고 있는데 뭐!" 동조하지 않는 사람은 매우 윤리적이지만 좋아할 수 없고 신뢰할 수 없는 사람으로 인식되는 불편한 입장에 처해진다. 그 결과 해당 집단으로부터 따돌림을 당할 수도 있는데 우리들 대부분은 따돌림 당하기보다는 동조하는 편을 택한다.[26] 많은 사람들은 집단에서 받아들여질 필요를 강하게 느끼기 때문에 비윤리적인 행위에 동조하기 마련이다. 마음대로 하도록 내버려둔다면 그들은 규칙을 잘 따를 수도 있다. 그러나 집단 안에서는 다른 사람들이 하고 있는 일에 순응하거나 최소한 침묵하는 수밖에 없다고 느낀다.

매니저들을 위한 실제적 조언: 집단의 규범

그렇다면 집단의 규범이라는 개념이 매니저들에게 의미하는 바는 무엇인가? 무엇보다 공식적인 서면 규칙과는 일치하지 않을 수도 있는 집단의 규범(비공식 행동 기준)의 힘을 잘 알아야 한다.

집단 규범은 집단 내에서 실제로 무슨 일이 일어나고 있는지를 나타내는데 이 현실을 인식해야 한다. 새로 들어오는 종업원들은 재빨리 '이 집단에서 우리가 일하는 방식'을 배우게 되며 그 방식에 동조하도록 기대될 것이다. 아마도 집단에 대한 충성이 가장 강력한 규범일 텐데 이를 거스르기는 극히 어렵다. 집단의 규범이 윤리적인 행동을 지원하면 문제가 없지만 그렇지 않으면 매니저는 특히 어려운 상황에 직면한다. 그 집단이 강하고 결속력이 있을 경우 사용할 수 있는 한 가지 방법은 비공식 리더를 파악하고

---

26) 26. L. K. Treviño and B. Victor, "Peer Reporting of Unethical Behavior: A Social Context Perspective," Academy of Management Journal 353권 (1992), 38-64쪽.

그 리더에게 영향을 줘서 그 리더로 하여금 다른 사람들에게 영향을 주게 하는 것이다. 보상 시스템을 고려하는 것도 중요하다. 규범들은 종종 암묵적으로 보상되는 행동을 지원하기 위해 생겨난다. 만일 사람들이 뭔가를 하고 있다면, 그것은 대개 사람들이 이 행동이 보상을 받고 있으며 보상 시스템이 어떤 식으로든 이를 장려하고 있음을 발견하기 때문이다. 보상 시스템을 바꾸면 집단의 규범도 바뀔 수 있다.

문제가 있는 집단 규범의 예 강력한 비공식 리더가 있는 생산성이 매우 높은 제조 작업 집단이 어떻게 출퇴근 시간 기록에 관해 문제가 있는 집단 규범을 만들어 냈는지 설명해 주는 고전적인 조직 행동 사례가 있다. 감독이 퇴근한 뒤에 이 집단에서 한 명을 제외한 모든 사람이 퇴근한다. 남은 한 사람이 다른 구성원 모두의 퇴근 도장을 찍는다. 이런 식으로 이 집단 구성원들은 실제로 근무한 시간보다 더 많은 시간에 대한 급여를 받는다. 때로는 집단 구성원 중 한 명이 아침에 지각하면 이 집단이 출근 도장을 찍어준다. 그러나 이 과정은 세심하게 통제되었으며 이 집단은 이러한 관행이 악용되지 않도록 규범을 개발했다.

퇴근 도장을 찍는 시스템이 명백히 잘못된 것으로 보이지만 경영진은 이 집단의 급여는 낮지만 생산성은 매우 높음을 인정하기 때문에 사안이 복잡해진다. 더구나 이 집단은 결속력이 매우 높으며 촉박한 주문을 맞추거나 이례적인 생산 문제를 해결하기 위해 필요할 경우 기꺼이 열심히 일하고자 한다. 노동자들은 또한 근무일에 대해 어느 정도의 통제력을 가질 수 있음을 가치 있게 여긴다. 마지막으로 경영진은 이 관행에 대해 상당 기간 동안 알고 있었는데 이를 무시해 왔다.

이 사례에 대한 해법은 명쾌하지 않다. 이 사례의 저자는 경영진이 이를 내버려 두는 것이 나을 것이라고 제안했다. "망가지지 않는다면 고치지 마라."는 얘기다. 그러나 윤리 차원에 초점을 맞춘다면 내버려 둘 수 없다. 내버려 두는 것은 규칙 위반에 대한 암묵적인 용납과 승인을 시사하며 이 작업 집단뿐 아니라 다른 사람 모두에게도 이러한 메시지를 보낸다. 모종의 이유로 (결속력이 떨어지거나 상사가 늦게까지 남아 있어서) 이렇게 할 수 없는 다른 집단들은 분명히 불공평에 대해 분개할 것이다. 경영진도 오랫동안 이 관행을 암묵적으로 승인한 데 대해 어느 정도의 책임을 인정해야 한다.

'사람들은 보상되는 행동을 한다'는 점을 상기한다면 우리는 보상 시스템 조정을 통해 규범이 바뀔 가능성이 가장 크다고 생각한다. 예를 들어 시간급을 5일제 주급(현재 집에 가져가는 평균 급여보다 다소 높은 수준)으로 바꾸면 사람들이 평일에 직장에 남아 있는 일정 시간에 대해 보상하지 않고 진행한 일에 대해 보상하게 될 것이다. 집단 구성원들은 주말 근무에 대해서는 휴일 근무 수당을 받을 수 있고 지각 규범이 악용되지 않는다면 이를 제도화할 수 있다. 새 규칙에서는 만일 누군가가 지각해야 한다면 정해진 시간까지 해당 집단 내의 누군가에게 알리도록 요구할 수 있고 결석의 경우와 마찬가지로 일정 기간 동안 일정 횟수의 지각을 허용할 수 있을 것이다. 해법을 고안할 때 이 집단의 비공식 리더를 참여시키고 조직 내 다른 노동자들에 대한 공정성에 대해서도 주의를 기울여야 한다.

사람들은 부여된 역할을 수행한다

역할은 행동을 인도하는 강력한 힘이며 노동자들에게 부여된 역할이 윤리 딜레마 상황에서 그들에게 강력한 영향을 줄 수 있다. 역할과 이에 수반하는 기대에 주의를 기울이다 보면 개성이 감소될 수 있다. 누가 그 역할을 맡는지는 별로 중요하지 않다. 중요한 것은 역할에 요구되는 내용이다. 이처럼 역할에 초점을 맞추면 자신은 결과에 대해 개인적으로 책임이 있는 독립적인 존재라는 사람들의 자아 인식을 감소시킨다. 이러한 심리 과정을 몰개성화(deindividuation)라 한다.[27]

그래서 개인은 '역할을 수행'하며 기대된 바를 행한다. 역할 수행이 옳은 일을 하는 것을 의미할 때는 문제가 없다. 그러나 역할 수행이 불법적 또는 비윤리적으로 행동하는 것을 의미할 때에는 어떻게 되는가? 예를 들어 경찰관은 매우 특수한 상황에서만 공격성을 보이도록 기대되기는 하지만 공격성은 경찰관 역할의 필요한 부분 중 하나다. 그러나 때로는 경찰관이 윤리적인 선을 넘어선다. 그들은 부적절한 때에 지나치게 공격적으로 되어서 이유 없이 용의자를 공격한다. 최근에 그러한 몇 건의 사건들이 구경꾼에 의해 녹화되었다. 다른 경찰관에 대한 충성과 동료 보호는 경찰관 역할의 또 다른 중요한 부분이다. 경찰관들은 종종 짝을 이뤄 출동하며 생명을 위협하는 어려운 상황에서 서로 의지해야 한다. 따라서 조직 내에서의 충성, 보호, 신뢰는 중요하고 긍정적인 역할을 한다. 그러나 충성은 예컨대 한 동료 경찰관이 지나치게 공격적이고 그 행동을 목격한 동료가 이를 보고하지 않을 때에는 비윤리적인 행동을 지원하게 된다.

예전에 TV 시리즈에서 방송되었던 다음 예를 고려해 보라. 두 명의 여성 수사관이 동료 경찰 중 한 명이 헤로인을 훔칠 때 붙잡기 위해 잠복근무 중이었다. 이 수사관들은 동료 경찰이 암으로 죽어가는 자기 모친이 심한 고통을 겪고 있어서 헤로인을 훔쳤다고 말하자 복잡한 도덕 딜레마에 빠지게 된다. 그는 명백히 법을 어겼고, 규칙은 그를 심판에 넘기라고 명확히 말했다. 그러나 충성과 보호가 경찰직의 중요한 부분이었다. 그들의 동료는 죽어가는 모친을 도와주겠다는 좋은 의도를 갖고 있었다. 많은 토론과 각자의 고민 뒤에 그들은 동료를 보호하고 자신들이 아는 것에 대해 발설하지 않기로 했다. 그들이 옳은 결정을 했는지에 대해서는 동의하지 않을 수도 있지만 여기서의 요점은 경찰관의 동료 보호와 충성 측면이 그 결정의 중요한 부분이었다는 것이다.

---

27) Nebraska Symposium on Motivation, eds. W. J. Arnold and D. Levine 편 (Lincoln: University of Nebraska Press, 1969), 237-307쪽에 수록된 P. G. Zimbardo, "The Human Choice: Individuation, Reason, and Order versus Deindividuation, Impulse, and Chaos."

짐바도 교도소 실험

강력하고 널리 인용되는 사회 심리학 연구 하나가 역할이 행동에 미치는 힘을 보여준다.[28] 연구자들은 스탠퍼드 대학교 심리학 건물 지하실에 연출된 교도소 환경을 꾸몄다. 24명의 심리적으로 건강한 연구 대상자들이 모집되었고 무작위로 죄수와 교도관 역할이 배정되었다. 그 역할을 어떻게 해야 하는지에 대한 일반 규칙이 제공되었지만 연구 대상자들이 이 일반 가이드라인 안에서는 자유롭게 상호작용하도록 놔뒀다. 이 지역 경찰의 협조를 받아서 교도관 역할을 배정받은 사람들은 실제로 죄수 역할을 받은 사람들을 체포해서 기록하고 모의 감방으로 옮겼다. 죄수들에게는 죄수복이 주어졌고, 이들은 죄수 번호로 불렸다. 교도관들에게는 편안한 구역과 오락 장소가 주어졌다. 교도관들은 제복을 입고 선글라스를 끼었으며 8시간 교대제로 일했는데 근무 시간 중에는 죄수들에게 상당한 통제력을 행사할 수 있었다(신체 학대는 허용되지 않았다). 극히 드문 예외를 제외하고 교도관들은 이 역할의 사회적 힘과 지위를 즐겼다. 일부 '교도관'들은 이 경험에 신이 나서 공격성, 위협, 모욕으로 교도관 역할을 강화했다. '죄수들'은 곧바로 극심한 불안, 무력감, 완전한 노예근성에 가까운 수동성 등 극적인 감정 변화 신호를 보이기 시작했다. 일부는 극도로 고민하고 신체적으로 병에 걸리기까지 했다.

이 실험은 원래 2주간 계속될 예정이었지만 죄수들의 복지에 대한 우려 때문에 6일 만에 중단되었다. '겨우 6일이 지났을 뿐인데… 대부분의 연구 대상자에게 어디서 현실이 끝나고 그들의 역할이 시작되는지 더 이상 분명하지 않게 되었다. 대다수는 실제로 죄수나 교도관이 되어서 더 이상 역할 수행과 실제 자아를 명확히 구분할 수 없었다. 그들의 행동, 사고, 감정의 모든 측면에 극적인 변화가 일어났다.'[29]

---

28) C. Haney, C. Banks, and P. Zimbardo, "Interpersonal Dynamics in a Simulated Prison," International Journal of Criminology and Penology 1권 (1973), 69-97쪽.

이 실험이 끝난 뒤에 교도관들은 흥분과 동시에 자신의 어두운 측면이 드러난 데 대한 당혹감을 토로했다. 연출한 상황은 아주 빠르게 실제 상황이 되었고 죄수와 교도관 모두 각 집단 구성원에게 기대되는 역할을 쉽게 떠맡았다. 이 현상은 연구 대상자들이 불과 며칠 전에 자신의 '정상적인' 삶에서는 다른 역할을 한 경우에도 나타났다. 마지막으로 개인들이 역할 행동에서 벗어나려 할 때에는 집단의 다른 구성원들이 표명한 순응하라는 압력에 의해 그러한 일탈이 재빨리 억압되었다. 이 실험 결과는 교도소 행동에 대한 '상황상의' 설명을 지지하기 위해 사용되었다. 달리 말하자면 완전히 정상적인 사람도 잔인한 행동이나 공격적인 행동이 기대되거나 허용되는 역할에 처해지면 잔인하고 공격적으로 행동했다. 짐바도 실험은 2004년의 이라크 아부 그라이브 교도소 스캔들을 더 잘 이해하도록 도움을 줄 수 있다. 교육 수준이 낮은 미군 헌병들과 민간 계약자들이 2003년부터 아부 그라이브 교도소에서 이라크 포로들을 고문했는데 이 장소는 역설적이게도 사담 후세인의 가장 악명 높은 교도소들 중 하나였다. 잔인한 고문은 신체, 언어, 심리 폭력과 성폭행을 망라했다. 젊은 헌병 조셉 다비 덕분에 이러한 학대 사진이 인터넷에 게시되었을 때 미국 여론은 격분했다. 감독자 한 명이 두건을 쓴 나체의 이라크인들이 쌓은 인간 피라미드 옆에서 엄지손가락을 치켜든 사진이 가장 유명한 사진 중 하나였다. 또 다른 사진은 여군 사병 린디 잉글랜드가 벌거벗은 이라크인의 목에 가죽 끈을 매고 있는 모습을 보여주었다. 적십자에 의하면 대부분의 아부 그라이브 교도소 수감자들은 어떤 범죄도 저지르지 않았다. 그들은 단지 잘못된 시기에 잘못된 장소에 있었을 뿐이다.

그렇다면 무엇이 이 미국인 남녀 병사들에게 그렇게 끔찍한 행동에 참여하고 다른 인간의 굴욕을 보고 웃게 한 것일까? 아부 그라이브 교도소에서

---

29) P. Zimbardo, "Pathology of Imprisonment," Readings in Social Psychology: Contemporary Perspectives (2판), D. Krebs 편(New York: Harper & Row, 1982)에 수록된 글.

일어난 일은 복잡하며 많은 요인들에 의해 야기되었을 것이다. 그러나 이 중 일부는 짐바도 실험을 연상시킨다. 아부 그라이브의 교도관들은 재빨리 교도소 경찰 역할이라는 옷을 입고 이 역할에 수반되는 수감자들에 대해 행사할 수 있는 힘을 즐겼다. 이러한 역할 수행 행동은 심문 시 수감자들을 약화시키기 위해 공격적인 기법을 사용하라는 정보 장교들의 격려와 그런 기법들이 '통했을' 때 받는 칭찬에 의해 강화되었을 가능성이 있다.[30]

직장 내 역할

그러나 교도소는 독자들의 일반적인 근무 환경이 아니다. 이 실험의 결과를 어떻게 직장에 적용할 것인가? 사람들은 '역할 준비' 상태에서 직장에 들어간다.[31] 이 상태에서 사람들은 조직에서 규정한 역할 행동이 자신이 지지하는 다른 가치들을 위반할 경우에도 이러한 역할에 일치하는 행동에 관여할 가능성이 있다(이는 다중 윤리 자아에 대한 또 하나의 예다). 회사 소속 변호사, 의사, 회계사 같은 전문가들에 의해 특히 재미있는 예가 제공된다. 전문가들은 전문가 역할을 철저하게 지킬 것이라고 여겨진다. 사실 이는 전문가라는 말의 정의의 한 부분이기도 하다.

이에 관한 연구는 거의 없지만 많은 일화들은 회사 소속 의사, 변호사, 회계사들은 자신의 전문가 역할보다 조직 구성원으로서의 역할에 더 동일시한다고 시사한다. 예를 들어 석면이 아직 건물 단열재로 쓰이고 있을 때 존스 맨빌 의료진은 의학적 위험이 알려졌음에도 불구하고 회사 정책에 순응해서 석면 노출이 종업원 건강에 미치는 부정적인 영향에 계속 침묵했

---

30) J. Barry, M. Hosenball, and B. Dehghanpisheh, "Abu Ghraib and Beyond," Newsweek, 2004권 5월 17일, 32-38쪽; D. Jehl and E. Schmitt, "Dogs and Other Harsh Tactics Linked to Military Intelligence," New York Times, 2004년 5월 22일, A1면; S. Sontag, "Regarding the Torture of Others," New York Times Magazine, 2004년 5월 23일, 24-41쪽; P. V. Zelbauer and J. Dao, "Guard Left Troubled Life for Duty in Iraq," New York Times, May 14, 2004년 5월 14일, A11면.

31) D. Katz and R. Kahn, The Social Psychology of Organizations, 2판. (New York: Wiley & Sons, 1978).

다.[32] 의사와 조직 구성원이라는 두 개의 역할 중 조직 구성원 역할이 우세했다. 소속 전문가 단체인 미국 공인회계사 협회의 윤리 가이드라인을 준수해야 할 감사인들도 마찬가지다. 그들은 공익을 보호하고 재무제표가 변칙 기재된 것을 발견하면 이를 보고하게 되어 있다. 그러나 감사 스캔들에서 배운 바와 같이 많은 사람들에게는 회사 조직에서 부여된 역할이 우선하는 듯하다.

상충되는 역할들이 비윤리적 행동으로 이어질 수 있다

사람들은 때로는 직장에서 여러 역할을 맡도록 기대된다. 이러한 역할들의 요구가 경합해서 내적 갈등과 스트레스가 야기되기 때문에 거짓말과 같은 비윤리적인 행동을 통해 이러한 갈등을 해소하기도 한다. 예를 들어 일종의 전문가인 간호사들은 환자 교육과 환자 옹호가 간호 역할의 중요한 측면이라고 배운다. 그런데 이러한 간호사 역할에 대한 기대가 의사의 지시와 충돌할 수도 있고, 시간상의 압력이나 서류 작업 때문에 간호사가 환자 옆에 있을 수 없어서 이러한 역할 기대를 실행하기 어려울 수도 있다. 한 조사 연구에서는 간호사들에게 다양한 시나리오에 응답하게 했는데 그중 일부 시나리오에서는 간호사들을 역할이 충돌하는 상황에 처하게 했다.[33] 역할 충돌 상황에 놓인 간호사들은 환자의 차트에 자신의 행동을 허위 보고함으로써 거짓말할 가능성이 높았다.

매니저들은 역할의 요구들이 충돌하면 노동자들에게 부정직하게 행동하라는 압력을 가할 수도 있음을 알아야 한다. 이러한 유형의 부정직을 피하는 가장 좋은 방법은 충돌하는 역할 요구를 최소화하는 것이다. 부하 직

32) F. N. Brady and J. M. Logsdon, "Zimbardo's 'Stanford prison experiment' and the Relevance of Social Psychology for Teaching Business Ethics," Journal of Business Ethics 7권 (1988), 703-710쪽 P. Brodeur, Outrageous Misconduct: The Asbestos Industry on Trial (New York: Pantheon, 1985).
33) S. Grover, "Why Professionals Lie: The Impact of Professional Role Conflict on Reporting Accuracy," Organizational Behavior and Human Decision Processes 55권 (1993), 251-272쪽.

원들에게 자신의 직무들을 분석해서 이 직무의 일부 측면을 성공적으로 완수하기 위해서는 당신이나 누군가에게 거짓말해야 한다고 생각하게 하는 갈등의 원천을 파악하라고 요청하라. 그러고 나서 이러한 갈등을 최소화하기 위해 직무를 재설계할 수 있는지 알아보라.

역할은 윤리적 행동을 지원하기도 한다

역할은 윤리적 행동을 지원하는 방향으로 작용하기도 한다. 예를 들어 때로는 내부고발(다른 사람의 비행 보고)이 특정 직무 수행자의 역할로 지정되기도 한다. 그러면 어려운 행동을 수행하기가 쉬워진다. 내부감사인들을 대상으로 한 조사 결과 비리 보고가 감사인의 직무 요건일 때 내부고발을 할 가능성이 보다 높다는 점이 발견되었다.[34] 매니저들은 조직의 역할이 윤리적 또는 비윤리적 행동을 장려하는 정도를 고려해야 한다. 확실히 비윤리적인 행동을 지원하고 장려하는 역할은 바뀌어야 한다. 윤리적인 행동(내부고발)을 장려하는 역할은 강화되어야 한다. 예를 들어 연구 결과 동료의 비리를 보고하는 일은 불쾌하고 어려운 행동이지만 명예 헌장이나 윤리강령을 통해 비리 보고가 명시적으로 자신의 역할로 규정되어 있으면 사람들이 동료의 비리를 보고할 가능성이 높아짐을 발견했다.[35] 달리 말하자면 그들의 역할이 비리를 발견하면 이를 보고하도록 요구할 경우 그렇게 할 가능성이 더 높다. 많은 대학(교)들은 학생들에게 시험 부정행위를 목격하면 이를 보고하도록 요구하는 명예 헌장을 갖고 있다. 이 요구 조항으로 인해 부정행위를 보고하는 행동은 자발적인 윤리적 행동이 아니라 의무, 역할 책임이 되기 때문에 보고하기가 쉬워진다.

---

34) M. P. Miceli and J. P. Near, "The Relationships among Beliefs, Organizational Position, and Whistle- Blowing Status: A Discriminant Analysis," Academy of Management Journal 27권 (1984), 687-705쪽.

35) L. K. Treviño and B. Victor, "Peer Reporting of Unethical Behavior: A Social Context Perspective," Academy of Management Journal 353권 (1992), 38-64쪽.

매니저들을 위한 실제적 조언: 역할

매니저가 이해해야 할 핵심 개념은 역할이 행동에 영향을 준다는 점이다. 당신의 부서나 조직에서 사람들이 수행하는 역할들에 대해 생각해 보라. 그들에 대한 역할 기대가 윤리적 또는 비윤리적 행동에 어떤 함의가 있는가? 자신의 역할들 사이의 갈등을 경험하는 사람이 있는가? 예를 들어 전문가들에게서 조직 안의 역할과 전문가로서의 역할이 분리되지는 않는가? 또는 종업원들이 하나의 역할 안에서 갈등을 겪고 있는가? 예를 들어 간호사들이 종종 환자를 옹호하라는 역할과 의사의 지시에 복종하라는 상충하는 역할을 수행하도록 요구되지는 않는가? 다시 말하거니와 이런 일을 하고 있는 사람들이 자신의 역할 기대와 잠재적 충돌 가능성에 관한 가장 좋은 정보 원천이다. 역할과 역할 갈등을 분석하고 나면 갈등을 줄이기 위해 직무를 변경할 필요가 있는지 판단하라. 바꿀 수 없거든 최소한 이런 일을 하는 사람들에게서 발생할 가능성이 있는 문제들을 예기(豫期)하라.

권위에 대한 복종: 사람들은 명령받은 대로 한다

(미국 CBS TV 시사 프로그램) 식스티 미니츠의 한 꼭지에서 한 일본 회사에서 일하는 미국인들의 상사가 일본에서 만들어 미국으로 보내 온 기계 도구들의 포장을 풀어서 '일본산'이라는 표시를 제거하고 약간의 변경을 가한 뒤 '미국산'이라는 표시를 달아 다시 포장해 선적하라고 지시했다고 보도했다. 그리고 나서 이 제품들은 마치 미국에서 만들어진 제품인 양 도처의 미군에 납품되었다(미군에서는 미국산 제품이 필요 요건이다). 결국 미국인 회계사 한 명이 이를 제보했는데 이 작업을 했던 노동자들에게 왜 그렇게 했느냐고 물었더니 상사가 하라는 대로 했다고 대답했다. 이에 대해 항의하려 했던 한 종업원은 이 일이 마음에 들지 않으면 다른 일을 찾아보라는 말을 들었기 때문에 시키는 대로 하던 일을 계속했다.

이는 모든 직급의 노동자들이 매니저들이 시키는 대로 하고 있는 사례

중 하나일 뿐이다. 유명한 1972년 워터게이트 건물 침입 참여자들은 상원 조사위원회 증언에서 자신들은 상사의 명령에 무조건 복종할 수밖에 없었다고 말했으며 전쟁 범죄 재판에서 나치 친위대와 이란 콘트라 사건(1987년 미국의 레이건 정부가 스스로 적성 국가라 부르던 이란에 대해 무기를 불법적으로 판매하고 그 이익으로 니카라과의 산디니스타 정부에 대한 반군인 콘트라 반군을 지원한 정치 스캔들. 구글 사이트에서 인용함. 역자 주) 참여자들도 그렇게 말했다.[36] 조직(회사, 정치 조직, 또는 군대)은 구성원들이 좋은 구성원이 되려면 어느 정도는 독립성과 자율성을 포기해야 한다는 생각을 받아들이는 권위 체계다. 그들은 매니저들이 자신에게 할 일을 지시하리라고 기대한다. 그것이 매니저의 역할이다. 그들은 또한 자신에게 기대되는 바를 해야 한다고 가정한다. 그것이 부하의 역할이다. 이러한 가정과 기대는 조직이 혼란을 피하고 질서 있게 기능을 발휘할 수 있게 해준다. 또한 사람들은 자기 조직과 매니저에게 충성해야 한다고 느끼기 때문에 순응하라는 압력이 한층 강화된다.

밀그램 실험

1960년대에 스탠리 밀그램이 수행한 연구들은 역사상 가장 유명한 사회 심리학 연구일 것이다. 이 연구들은 일반 성인들이 권위자 밑에 놓여 있는 상황에서 어떻게 행동하는지에 대한 불편한 통찰력을 제공한다.[37] 대부분의 성인들은 권위자의 지시가 무엇이 옳은가에 대한 자신의 신념에 위배되고 다른 사람에게 해를 끼치게 되더라도 그 지시를 이행하려 한다.

여러 실험실 실험들에서 밀그램은 커네티컷 주 뉴 헤븐 지역에서 처벌이 학습에 미치는 효과에 관한 1시간짜리 연구에 참여할 유급 참가자를 모집했다. 연구 대상자들에게 학습 실험에서 '교사' 역을 하도록 요청했다. 교

---

36) H. C. Kelman and V. L. Hamilton, Crimes of Obedience (New Haven, CT: Yale University Press, 1989).

37) S. Milgram, Obedience to Authority: An Experimental View (New York: Harper & Row, 1974).

사/연구 대상자에게는 신원을 알려주지 않은 '학습자'는 연구팀의 일원이었다(리서치 용어로는 '공모자'로 알려져 있다). 학습자는 손목에 전극을 달고 의자에 끈으로 묶여 있었다. 교사/연구 대상자는 충격 발생기 앞에 앉혀졌고 학습자에게 질문을 던지도록 요청되었다. 학습자가 질문에 오답을 제공할 때마다 교사/연구 대상자에게 다이얼을 돌려서 점차 큰 충격을 발생시키게 했다(실제로는 충격이 발생하지 않았지만 연구 대상자는 충격이 발생하는 것으로 알았다). 외관상의 '충격'이 강해짐에 따라 학습자는 대본에 따라 커져 가는 불편을 말로 표현하다가 결국은 비명을 지르고 나서 잠잠해졌다. 실험 도중에 많은 교사/연구 대상자는 실험자에게 이의를 제기하고 실험을 중단하고 싶다고 말했다. 흰색 실험복을 입은 실험자는 대본에 따라 다음과 같이 대답하곤 했다. "그 충격이 고통스러울 수는 있지만 영구적인 조직 손상은 없을 테니 계속하십시오." 교사/연구 대상자가 계속 저항할 경우 실험자는 다음과 같은 세 번의 연속적인 대본에 따라 격려하곤 했다. "이 실험은 선생님께서 계속 진행해 주세요." "선생님께서 반드시 계속 진행할 필요가 있습니다." "선생님은 선택하실 권한이 없습니다. 계속 진행해야 합니다." 교사가 계속 저항하면 실험은 비로소 종료되었다.

밀그램과 다른 관찰자들은 이 실험의 교사/연구 대상자의 약 60%가 자신이 느끼고 표현한 갈등에도 불구하고 권위자의 지시에 복종해서 끝까지 실험을 계속한 데 놀랐다. 연구 대상자들은 자신이 하고 있는 일에 대해 괜찮다고 생각하지 않았다. 사실 실험자에 대한 그들의 감정적인 항의는 몹시 중단하고 싶어 했음을 시사했다. 그러나 대부분의 연구 대상자들은 중단하지 않았다. 그들은 계속하기를 거절하면 실험자의 권위에 도전하고 실험의 타당성에 영향을 주며 자신을 당황하게 할 것이라고 생각했을 수도 있다.[38] 그들은 어느 때라도 실험을 끝낼 수 있는 독립적인 성인이라기보다

---

38) H. C. Kelman and V. L. Hamilton, Crimes of Obedience (New Haven, CT: Yale University Press, 1989).

는 권위자의 말에 구속되는 것처럼 행동했다. 또한 보다 원칙에 기반한 인지 도덕 발달 단계(3장을 보라)에 있는 교사/연구 대상자들은 전기 충격 가하기를 중단할 가능성이 더 높을 뿐 아니라 실험자의 권위에 도전할 가능성도 더 높음을 주목해야 한다. 아무튼 일부 참가자들은 권위자의 명령에 저항했지만 대부분의 참가자들은 저항하지 않았다.

오늘날에는 사람들이 다소 다를 것으로 생각하는가? 즉, 사람들이 권위자의 지시를 덜 따른다고 생각하는가? 산타클라라 대학교 심리학 교수 제리 버거는 2009년에 원래의 밀그램 실험 일부를 복제해서 그 결과를 발표했다.[39] 밀그램이 했던 방식과 마찬가지로 그는 지역사회에서 실험 참가자들을 모집했다. 모집 과정에서 원래의 밀그램 실험을 알 수도 있는 사람들과 실험 참가에 부정적인 반응을 보일 수도 있는 사람들은 제외했다. 이렇게 설계해서, 이 연구는 원래의 연구와 매우 가깝게 수행되었다. 주된 차이는 조사 연구에서 인간 연구 대상자 보호에 관한 현대의 윤리 규칙에 따라서 (원래의 실험에서와 같이 전기 충격이 450볼트에 이르기까지 계속하지 않고) 교사/연구 대상자가 150볼트의 전기 충격을 가했다고 생각하면 실험이 중단되었다. 원래의 실험에서는 150볼트가 전환점인 듯했다. 이 지점을 넘은 대부분의 연구 대상자들은 끝까지 충격을 발생시켰다. 복제 실험에서는 연구 대상자들에게 언제든 실험을 중단하고 떠날 수 있으며 실험을 중단하더라도 50달러를 지급할 것이라고 말했다. 실험이 끝나면 학습자가 즉시 실험실로 들어와서 교사/연구 대상자에게 자신은 괜찮다고 말했다. 또한 실험자는 잘 훈련된 임상 심리학자로서 그는 심각한 스트레스 조짐이 보이면 즉시 실험을 중단시켰다. 이 모든 변화에도 불구하고 결과는 40여 년 전에 밀그램이 발견한 내용과 유사했다. 교사/연구 대상자의 약 2/3가 150볼트에 도달할 때까지 계속 충격을 가했다.

---

39) J. M. Burger, "Replicating Milgram: Would People Still Obey Today?" American Psychologist 64권, no. 1 (2009): 1-11쪽.

결과야 어떻든 이는 여전히 실험실에서 진행한 실험이다. 이 발견 내용이 실제 세계에 적용되는가? 물론이다. 몇 년 전에 ABC TV는 밀그램 실험의 소름끼치는 '실제 세계' 판을 소개했다. 2004년에 경찰관을 사칭하는 사람이 맥도널드 매장에 전화해서 부지배인(도나 서머스)에게 (그가 설명한) 한 젊은 여종업원이 지갑을 훔쳤으니 그 종업원을 사무실로 데려오라고 말했다. 그는 또한 서머스의 상사에게 다른 전화를 받게 했다고 주장했다. 서머스가 그 종업원을 사무실에 데려오자 전화를 한 사람은 서머스에게 종업원의 휴대 전화기와 자동차 열쇠를 빼앗고, 그 종업원에게 옷을 벗고 나체로 팔벌려 뛰기를 시키게 했다. 그 뒤에 서머스는 매장 일이 바빠서 매장에 돌아가야 한다고 말했다. 그러자 전화를 걸어 온 사람은 서머스에게 그녀의 중년 약혼자 월터 닉스에게 그 종업원을 감시하게 하자고 제안했다. 닉스는 추가로 경찰관 사칭자의 지시를 따랐으며 결국 그 젊은 여종업원을 성폭행했다. 이 모든 사건은 이 식당 감시 카메라로 녹화되었는데 그 중 많은 내용이 ABC 특별 방송에 방송되었다. 닉스는 성폭행으로 몇 년의 징역형을 선고받았다. 경찰은 전화를 한 사람이 월마트에서 산 전화 카드를 사용했음을 발견하고 그를 체포했다. 경찰은 월마트 감시 카메라를 이용해서 그의 신원을 파악했다(그는 교도관이었고 결혼해서 다섯 명의 자녀를 두고 있었다). 그는 체포되었지만 놀랍게도 유죄가 선고되지 않았다. 서머스는 해고되었고 집행유예를 선고받았다. 피해자는 맥도널드에 민사 소송을 제기했는데 2008년 말에 승소했다(이 사건은 항소가 제기되었고 합의로 해결되었다). 우리는 이 이야기가 두 단계에서 권위에 복종한, 너무도 생생한 (비현실적이라고 말하는 사람도 있을 것이다.) 예를 보여 주기 때문에 공유한다. 첫째, 그 젊은 여성 종업원은 자기 자동차 열쇠, 휴대 전화기, 그리고 옷을 넘기라는 상사의 지시에 복종했다. 자신의 상사라는 권위자가 한 요구라서 그녀에게는 이처럼 이례적인 요구에 저항할 생각이 나지 않았다. 서머스와 닉스가 단지 경찰관을 사칭한 사람이 그렇게 시켰다는 이유만으로 다른 사람에게 기꺼이 해를 입혔다는 사실은 훨씬 더 허무맹랑하다. 방송 인터뷰에서 서머스는 그가 경찰관이라고 믿었고 자신이 옳은 일을 하고 있다고 믿었다고 말했다.

일터에서 권위에 대한 복종

밀그램 실험과 이 실험의 현대판들에서 살펴본 복종하는 행동은 직장에서 거듭해서 관찰되는 행동과 유사하다. 적법한 권위 개념은 조직 생활에서 받아들여진 교의(tenet)다. 미군은 1968년에 베트남의 밀라이에서 죄 없는 민간인 수백 명을 학살했다. 그들은 의문을 제기하지 않았다. 그들은 군인들에게 부당한 권위에 복종하지 않는 것이 그들의 의무라고 교육시키는 군의 노력에도 불구하고 시키는 대로 했다.

보다 최근에는 이라크의 아부 그라이브 교도소에서 수감자 학대로 유죄가 인정된 린디 잉글랜드는 그녀와 다른 병사들은 자기 위의 권위자의 명령에 따랐을 뿐이라고 주장했다. 또한 그런 행동은 군대처럼 권위주의적이라고 생각되는 조직에만 국한된 것이 아니다. 전자업계의 가격 담합 관행에 대해 미국 의회에서 증언한 사람들에게 왜 이 관행을 보다 상위 직급의 상급자에게 보고하지 않았느냐고 물었더니, 그들은 미리 정해진 상사에게만 보고하기 때문에 그 위의 상급자에게는 보고할 수 없다고 생각했다고 대답했다.[40] O-링의 안전에 대해 의문을 제기하고 매니저들에게 우주 왕복선 챌린저 호 발사를 취소하라고 설득하려 했던 로저 보이스졸리는 결코 챌린저 호 발사를 항의하기 위해 자기 회사의 지휘 계통을 벗어나 외부로 나가지 않았다.[41] 그러니 우리는 현재 또는 장래의 조직 구성원인 당신에게 어떤 권위자가 다른 사람을 해치거나 다른 방식으로 옳지 않아 보이는 일

---

40) J. A. Waters, "Catch 20.5: Corporate Morality as an Organizational Phenomenon," Organizational Dynamics (1978년 봄 호), 319쪽.

41) H. C. Kelman and V. L. Hamilton, Crimes of Obedience (New Haven, CT: Yale University Press, 1989).

을 하라고 요구할 경우 멈춰서 열심히 생각해 보라고 독려한다. 스스로 생각해 보고 어려워 보일지라도 못하겠다고 말하라.

매니저들을 위한 실제적 조언: 권위에 대한 복종

매니저들은 또한 자신이 업무 조직에서 권위자로서 갖고 있는 힘을 깨달아야 한다. 과거의 개념들은 질긴 생명력을 갖고 있다. 팀을 지향하는 오늘날의 조직에서조차 대부분의 사람들은 지시받은 대로 할 것이다. 그러므로 권위자들은 윤리적 행동을 보여야 하며 모든 사람에게 높은 윤리 기준이 기대되며 종업원들은 권위자가 옳지 않은 일을 하라고 요구하면 이의를 제기하도록 기대된다는 강력한 신호를 보내야 한다. 이 메시지는 조직의 맨 위에서 시작되어서 모든 직급으로 내려가야 한다. 또한 비윤리적인 행위가 발견되면 조사 시 권위자에 의해 명시적 또는 묵시적 메시지가 보내지고 있는지 고려해야 한다. 그 행위가 단순히 한 사람에게만 국한되고 다른 사람에게 영향을 주지 않으리라고 가정하지 마라. 우리는 문제를 절연시키고 한 사람의 '범인'(나쁜 사과)을 찾아낸 다음 자신의 삶을 계속해 나가려는 경향이 있다. 그러나 그 범인은 상사에 의해 명시적 또는 묵시적으로 그렇게 하도록 장려되었을 수도 있는데 이 가능성이 조사되고 고려되어야 한다.

조직에서는 책임이 흩어진다

사람들이 옳다고 생각하는 것과 실제로 하는 것 사이에 관계가 있으려면 자신의 행동의 결과에 대해 책임을 느껴야 한다.[42] 그러므로 개인의 책임감은 도덕적인 행동을 위한 전제 조건이다. 만일 당신이 어린아이들이나 환

---

42) S. H. Schwartz, "Words, Deeds, and the Perception of Consequences and Responsibility in Action Situations," Journal of Personality and Social Psychology 10권 (1968), 232-242쪽; S. H. Schwartz, "Awareness of Consequences and the Influence of Moral Norms on Interpersonal Behavior," Sociometry 31권 (1968), 355-369쪽.

경에 해를 끼칠 수도 있는 어떤 제품을 팔기로 결정한다면 이 결정의 도덕적 함의를 훨씬 더 심각하게 고려할 것이다. 그러나 조직에서 개인들은 자신이 행동한 결과와 단절되고 그 결과에 개인적 책임을 느끼지 않게 된다. 책임이 흩어지게 되고 어떤 개인도 책임을 질 필요를 느끼지 않으며 결국 아무도 책임지지 않는다. 그래서 비윤리적인 행위가 발생할 가능성이 더 커진다.

최소한 4가지 이유로 개인들은 자신이 조직에서 한 행동에 대해 책임을 느끼지 않을 수도 있다. 다른 사람에게 책임이 떠넘겨지거나, 집단 의사 결정에서 다른 사람들과 책임을 공유하거나, 조직의 위계에 의해 책임이 모호해지거나, 잠재적인 피해자들에 대한 심리적 거리에 의해 책임이 희석되기 때문에 책임이 흩어진다.

걱정 마라-우리가 모든 것을 책임지겠다

직장에서 부하 직원들은 상사들에게 책임을 전가하도록 장려받는다. 이 행동은 앞에서 논의한 권위에 대한 복종과 관련이 있다. 그러나 이 경우에 직원들은 그저 그 문제 또는 결정은 누군가 다른 사람의 책임이니 염려하지 말라는 말을 듣는다. 예를 들어 안전 문제나 환경 문제에 대한 우려를 표명하는 직원은 이런 말을 들을 수도 있다. "자네의 우려는 이해하겠네. 그렇지만 자네는 염려할 필요가 없다네. 우리가 모든 것을 책임질 거라고." 이런 반응은 그 부하 직원이 조직의 행동의 결과에 대해 느끼는 책임감을 면해 준다. 누군가, 특히 상위 직급의 누군가가 책임을 떠맡았으니 그 종업원은 책임에서 벗어났다고 생각하는 것이다.

그러나 그 상사가 책임감이 강하고 매우 윤리적인 사람이라고 할지라도 부하 직원들의 책임을 면해 주면 그들의 이후의 윤리적 행동에 대해 중요한 함의가 있을 수 있다. 권위자가 시키는 대로 해야 한다는 생각 때문에 대부분의 사람들은 상사의 지시를 따를 수밖에 없다고 생각한다. 이 경우 의사 결정 책임을 넘기라는 지시를 받았으니 부하 직원은 책임을 넘기는 수밖에 없다고 생각한다. 이런 반응이 일상화되면 개인들은 윤리 위반을 경계하는 것은 자신의 책임이 아니라고 믿게 되고, 잠재적 문제들을 상사와 상의하는 것을 중단할 수도 있다.

집단에서는 책임이 흩어진다

조직의 중요한 결정들은 흔히 집단에 의해 내려지기 때문에 그 결정에 대한 책임이 해당 집단의 모든 구성원들에게 분산된다. 한 사람도 책임감을 느끼지 않는다. 집단에서는 책임이 분산된다는 사실이 구경꾼들이 발작 환자를 도울 가능성에 관한 고전적인 연구 결과를 설명해 준다.[43] 이 연구는 다른 사람들이 있을 때에는 책임이 모든 구경꾼들에게 분산되어서 개인들이 도움을 줄 가능성이 낮아진다고 주장한다.

집단적 의사 결정에서의 책임 분산은 또한 집단 사고라는 프로세스를 통해서 작동한다.[44] 존 에프 케네디 대통령 행정부의 피그스 만 침공 사건(1961년 4월 피델 카스트로의 쿠바 정부를 전복하기 위해 미국이 훈련한 1,400명의 쿠바 망명자들이 미군의 도움을 받아 쿠바 남부를 공격하다 실패한 사건. 위키 백과사전에서 인용함. 역자 주) 같은 역사상 수많은 집단 의사 결정 재앙이 집단 사고 개념을 통해 설명된다. 집단 사고는 구성원들이 해당 집단에 충성하고 그 집단 구성원으로 남기를 열망하는, 결속력이 강한 집단에서 일어날 수 있다. 집단 사고의 중요한 특징 하나는 개별 구성원들은 자신이 집단 구성원 대다수가 선호하리라고 생각하는 결정에 순응하는 경향이 있다는 것이다. 개별 구성원은 다른 의견을 표명하기 어려워서 집단의 결정에 동의하지 않는 경우에도 자신을 검열하는 경향이 있다.

---

43) J. M. Darley and B. Latane, "Bystanders' Intervention in Emergencies: Diffusion of Responsibility," Journal of Personality and Social Psychology 8권 (1968), 373-383쪽.
44) I. Janis, Groupthink, 2판 (Boston: Houghton Mifflin, 1982).

집단 사고의 한 가지 중요한 증상으로 '도덕성 환상'이 있는데, 도덕성 환상은 이 집단은 옳지 않은 일은 하지 않을 것이라고 생각하는 경향이다. 집단 사고에 대해 알려주는 고전적인 한 영화에서 어느 매니저 집단은 신약이 위험한 부작용을 야기할 수 있다는 꺼림칙한 증거가 있음에도 불구하고 판매하기로 결정한다. 이 집단의 한 구성원이 자기 회사는 좋은 평판을 얻고 있으며 고객을 해칠 만한 일은 절대 하지 않을 거라고 말하는 장면에서 도덕성 환상을 잘 보여준다.

확실히 윤리적 색조가 있는 결정이 집단적으로 이뤄질 때에는 특별한 주의가 필요하다. 매니저는 윤리적 함의가 식별되고 주의 깊게 분석되게 해야 한다. 집단 구성원들은 자신의 의견을 리더의 의견에 맞춰 검열하는 경향이 있기 때문에 리더는 미리 자기 의견을 말하지 않도록 조심해야 한다. 대안 의견을 말하게 하는 다른 기법들을 사용할 수도 있다. 예를 들어 집단 구성원들에게 고려하고 있는 결정에 대해 익명으로 비판하도록 요청할 수 있다. 컴퓨터 기반 집단 의사 결정 지원 시스템은 흔히 그런 특성을 제공한다. 한 사람을 지정해서 악역을 맡기거나 여러 사람을 지정해서 여러 다른 관점을 표명하게 할 수도 있다. 다른 입장을 취하는 역할을 맡은 사람들은 (집단이 선호하는 입장과) 다른 입장을 표명하기가 훨씬 쉽다. 집단을 외부 이해관계자들에게 개방해서 그들의 우려와 관점을 제시하게 하는 것도 또 다른 대안이 될 수 있다.

책임을 나누면 책임이 흩어진다

조직에서는 책임이 너무 나눠져 있다 보니 개인들은 큰 기계의 부속에 지나지 않는다고 느낀다. 또는 개인들은 좋은 결정을 내리기 위해 필요한 필수 정보를 갖지 못하기도 한다. 책임 분할은 현대 사회에서 요구되는 직업의 전문화에 필수적이다. 그러나 이는 조직 구성원들이 가리개로 눈을 가리고 일한다는 것을 의미한다. 그들은 자신의 바로 앞에 있는 것들만 보고 아무도 전체 그림을 보지 못한다(또는 전체 그림에 대해 책임지지 않는다).

스캇 펙은 정신과 의사이자 베스트셀러『아직도 가야 할 길』(1978)의 저자다.[45] 그는 1968년에 베트남 남부에서 발생한 밀라이 학살을 연구하기 위해 파견된 집단의 일원이었다. 미군은 밀라이에서 비무장 여성, 아동, 노인들을 참살했다. 이 학살은 오전 내내 계속되었으며 이를 지켜보던 헬리콥터 조종사 한 명만 이를 중지시키려 했다. 펙이 그 군인들을 면담해 보니 관료주의 조직 구조로 인해 개인들은 전체 문제 중 자신이 담당한 좁은 부분만 볼 수 있었고, 이로 인해 책임감을 느끼지 않을 수 있었음이 드러났다. 펙이 국방부 복도를 걸어가면서 네이팜을 만들어서 베트남에 가져가 폭탄으로 사용하게 한 지시와 관련된 사람들에게 물어 봤더니 다음과 같은 대답이 돌아왔다. "우리는 선생의 질문과 우려를 이해합니다. 하지만 우리는 선생이 원하는 부서가 아니에요. 우리는 보급부서입니다. 우리는 무기를 공급하지만 무기가 어떻게 사용되는지는 결정하지 않습니다." 복도에서 또 다른 집단은 넓은 이슈는 자신들의 영역이 아니라고 시사했다. "우리는 전쟁 수행 방법만 결정하고, 전쟁 수행 여부는 결정하지 않습니다."[46] 펙은 이 프로세스를 '양심의 파편화'라고 불렀다. '모든 집단 구성원 각자가 자신이 그 유기체의 일원인 집단 전체의 행동에 대해 책임을 지기 전에는 어떤 집단이라도 파렴치하고 악해질 가능성이 있다.'[47]

책임 분산 과정을 문서로 정리한 연구가 있다. 앞에서 설명한 밀그램의 권위에 대한 복종 실험을 변형한 연구에서 원래 실험에서의 교사 역할을 '전달자'와 '집행자'로 나눠서 책임의 분산을 모의 실험했다. 전달자가 집행자에게 언제 전기 충격을 가해야 하는지, 그리고 어느 정도로 가해야 하

45) M. S. Peck, M. D., People of the Lie: The Hope for Healing Human Evil (New York: Simon & Schuster, 1983).
46) 위의 책.
47) 위의 책.

는지 알려주곤 했다. 이 실험은 전달자는 집행자보다 지시에 복종할 가능성이 유의미하게 높음을 발견했다.[48] 전달자가 자신의 행동을 더 쉽게 합리화할 수 있었다고 생각할 수 있다. '나는 실제로 해를 끼치지 않았고 다른 사람이 그랬다.' 의사 결정자와 실제 결과 사이의 거리가 멀어질수록 이러한 합리화가 점점 더 쉬워진다.

책임의 분산은 보다 넓은 시스템 차원에서도 발생할 수 있다. 2011년 9월 11일의 테러 공격과 정부가 '점들을 연결'해서 테러분자들의 공격을 예상할 수 있었어야 하는지 여부에 대한 논의를 생각해 보라. 여러 부서의 여러 사람들이 관련성이 매우 높은 정보(구체적인 테러분자 신원, 비행 훈련 및 아이펠 타워와 같은 다른 주요 구조물로의 비행 계획 등 미국에서의 그들의 활동)를 갖고 있었다. 그러나 이 기관들은 정규적으로 소통하게 되어 있지 않았다. 사실 이들 중 일부(FBI와 CIA)는 통합 정보기관의 힘에 대한 우려 때문에 명시적으로 독립적으로 운영되도록 설계되었다. 따라서 조직이 어떻게 설계되었는지(그리고 누가 누구와 소통하는지에 관한 결정)가 개인이 조직에서 수령하는 정보의 성격과 책임질 수 있는지 여부에 영향을 준다.

마찬가지로 금융 산업의 여러 조직에서 많은 사람들이 최근의 금융 위기에 기여했다. 부동산 업자들은 집을 살 능력이 없는 사람들에게 집을 팔았다. 모기지 대출자들은 능력이 없는 주택 구입자들에게 위험한 대출을 해줬다. 투자은행가들은 이러한 대출을 유동화했다. 신용평가 기관들은 과거 성과에 근거해서 이 증권들에 높은 등급을 부여했다. 아무도 한 걸음 물러서서 계속 상승하는 부동산 가격에 기반을 둔 시스템이 지속될 수 없으며 붕괴되지는 않는다 해도 궁극적으로는 가격을 조정할 가능성을 고려하지 않았다. 책임이 넓게 분산되었다. 한 개인의 행동이 위기를 만들지는 않았

---

48) W. Kilham and L. Mann, "Level of Destructive Obedience as a Function of Transmitter and Executant Roles in the Milgram Obedience Paradigm," Journal of Personality and Social Psychology 29권 (1974): 696-702쪽.

지만 많은 사람들의 행동이 결합해서 위기를 만들어 냈다. 따라서 어떻게 하면 사람들에게 자신의 개별적인 행동이 다른 사람들의 행동과 결합되면 어떤 결과를 가져올 수 있는지에 대해 생각하게 만드는 방법을 고려해야 한다.

심리적 거리를 두면 책임이 흩어진다

의사 결정자와 잠재 피해자 사이의 심리적 거리 때문에 책임이 흩어질 수도 있다.[49] 잠재 피해자들이 심리적으로 멀리 떨어져 있거나 보이지 않으면 부정적인 결과에 대해 자신이 책임이 있는 것으로 보기가 더 어려워진다. 권위에 대한 복종 연구를 한층 더 변형시킨 연구에서 이 원칙이 예시되었다. 이 연구에서 밀그램은 '피해자'인 학습자와 교사 사이의 근접도를 변화시켰다.[50] 예를 들어 학습자를 교사와 같은 교실에 둘 때에는 복종 수준이 40%로 원래 연구에서의 수치보다 20% 넘게 하락했다. 다른 변형에서는, 교사에게 직접 학습자의 손을 충격 판에 갖다 대게 했더니 복종 수준이 추가로 10% 하락했다. 이런 상황들에서는 심리적 거리가 줄어듦에 따라 교사는 개인적 책임을 더 강하게 느꼈고 학습자에게 위해(危害)를 가하라는 권위자의 요구에 순응할 가능성이 낮아졌다.

복종 실험의 또 다른 변형에서 밀그램은 흰색 실험복을 입은 과학자가 아니라 보통 사람인 체 했다. 밀그램이 일반인 복장을 했을 때에는 연구 대상자들의 복종 비율이 60%에서 20%로 떨어졌다. (실험복 같은) 제복이 복종에 놀랄 만한 영향을 준다.

이 연구는 잠재적인 피해자들이 멀리 떨어져 있는 상황에서는 조직의 의사 결정 결과에 대한 개인의 책임이 덜 명확함을 시사한다. 예를 들어 공장

49) H. C. Kelman and V. L. Hamilton, Crimes of Obedience (New Haven, CT: Yale University Press, 1989).

50) S. Milgram, Obedience to Authority: An Experimental View (New York: Harper & Row, 1974).

이 미국에 있지 않고 멕시코나 아시아 국가에 있을 때에는 좋지 않은 잠재적인 결과가 보다 먼 곳에서 발생한다. 그래서 개인적인 책임을 덜 느끼고 다른 사람을 해치게 될 결정을 내릴 가능성이 보다 높다. 이와 유사하게 어떤 결정이 (내 일이 아니라) 다른 사람 책임이라고 생각하면 다른 사람을 해치게 될 결정에 동조할 가능성이 더 높아진다.

매니저들을 위한 실제적 조언: 개인의 책임

사람들은 자신의 결정과 행동의 결과에 대해 개인적으로 책임이 있다고 생각하면 윤리적으로 행동할 가능성이 훨씬 높다. 이는 그들에 적절한 정보가 필요하다는 것도 의미한다. 매니저로서 당신은 개인 책임이 당신 자신과 다른 사람들에게 매우 두드러진 이슈가 되게 해야 한다. 특정 지위와 관련된 책임을 명확히 설명하고 개인들에게 이 기대에 책임지게 하라. 어느 노동자가 윤리 이슈를 제기할 경우 그 사람이 이 문제에서 완전히 손 떼지 않게 하라. 그리고 이 문제는 누군가 다른 사람의 책임이라고 말하지 마라. 그럴 필요가 있게 되면 우려를 제기한 사람에게 진행 상황과 그 결정의 결과를 알려주라.

집단에 관해서는 집단의 결정 결과에 대해 해당 집단 구성원 모두 개인적으로 책임을 질 것이라는 점을 명확히 하라. 집단들에게 소수파의 보고서나 권고안을 제시하게 해서 집단에 동의하지 않는 사람을 위한 소통 장치가 있게 하라. 한 명 또는 여러 명의 악역 담당자를 지정해서 집단과 집단 결정의 가정 사항들에 대해 이의를 제기하게 하라.

당신 조직의 구조에 대해 생각하는 것을 잊지 마라. 일이 어떻게 나눠져 있는가? 일의 분화가 사람들을 관련 사실 관계에 대해 어둡게 해서 책임을 흩뜨리는 데 기여하는가? 조직 구조가 사람들이 자신은 단지 큰 바퀴의 톱니 하나에 지나지 않는다고 느끼게 하는가? 관료적인 부문 간의 정보와 책임 공유를 장려하라.

조직에서 위계 단계를 줄이려는 현재의 움직임에는 긍정적인 부수 효과가 있을지도 모른다. 사람들은 조직 전체적으로 보다 수평적으로 소통할 필요가 있음을 알게 된다. 또한 위계 단계가 적어지면 조직 구성원들이 상부에 책임이 있다고 합리화하기가 더 어려워진다. 마지막으로 지리적으로 멀리 떨어져 있는 업무 현장에 직접 출장 가보고 고객과 직접 접촉하면 심리적 거리가 줄어들고 이 지역 사람들에게 영향을 줄 결정이나 행동의 결과에 대해 매니저가 느끼는 책임감이 증가할 것이다.

요약

당신은 이제 당신이 조직에서 어떤 직급을 맡고 있건 윤리적 행동과 비윤리적 행동 관리에 적용할 수 있는 중요한 몇 가지 경영 관리 개념을 갖추게 되었다. 남아 있는 도전 과제는 당신이 옳은 일을 지원하고 비윤리적인 행동을 단념시키는 업무 환경을 조성하는 윤리적인 리더인지 판단하도록 도움을 줄 질문을 해 보는 것이다.

나는 윤리에 대해 언행이 일치하는가?

오늘날의 매니저들은 흔히 '언행일치'라는 말을 사용한다. 당신이 윤리적인 리더가 되고자 한다면 당신이 윤리에 대해 언행이 일치하는지 다음의 질문을 해 보라.

1. 나는 부하 직원들과 고용하려는 후보자들에게 의사 결정의 윤리적 함의에 대해 말하는가? 이에 대해 동료들과 얘기하는가? 내 매니저와 얘기하는가?
2. 나는 부하들에게 나쁜 소식을 듣지 않기를 원하지 않는다는 점을 분명히 밝혔는가? 내 부하 직원들은 보복당할까 봐 두려워하지 않고 내게 무엇이든 말할 수 있다고 알고 있는가? 바로 아래 부하 직원은 내

게 윤리 우려 사항을 나와 상의하러 오는가?

3. 나는 윤리 의사 결정에 관한 지침을 제공하는가? 나는 부하 직원들의 윤리 교육에 참여한 적이 있는가?

4. 나는 부하 직원의 성과를 평가할 때 윤리 목표를 최소한 실적과 품질 목표만큼 가치 있게 여기는가? 나는 성과평가 시 의사 결정의 목적뿐 아니라 수단에도 초점을 맞추는가?

5. 나는 윤리적인 행동을 보상하고 비윤리적인 행동을 징계하는가?

6. 나는 부하 직원들에게 자신의 결정에 대해 책임지도록 요구하는가?

7. 나는 부당한 권위에 도전하는 종업원을 지원하는가?

8. 부서의 비공식적인 규범은 무엇인가? 부하 직원들에게 나와 함께 일하는 '규칙'을 열거하도록 요청한다면 그들은 뭐라고 말하겠는가? 윤리적인 행동을 목표로 한다면 이 중 문제될 만한 요소가 있는가?

9. 직속 부하들은 내가 그들에게 신경을 쓰고 있으며 좋을 때나 나쁠 때 모두 그들 곁에 있으리라는 것을 아는가?

10. 내가 내일 죽는다면 부하 직원들은 내가 올곧은 사람이었다고 말할 것인가? 동료들은 나를 뭐라고 묘사하겠는가? 상사는 뭐라고 말하겠는가?

이 질문들에 대한 답이 당신의 업무 집단과 보다 넓은 윤리 문화에서의 윤리적 행동 이해와 관리를 위한 건전한 출발점이 되어야 한다.

토론 문제

당신이 직장 경험이 없다면 직장 경험이 있는 사람을 면담하고 그들에게 이 질문들에 답하게 하라. 직장 경험이 있거든 스스로에게 물어 보라.

1. 당신은 규범이 윤리적이건 비윤리적이건 특정 행동을 지지해서 당신

이 이에 동조해야 한다고 느낀 상황, 특히 직장에서 그런 상황에 처해 본 적이 있는가? 이에 대해 설명하라.

2. 당신은 보상이 명시적 또는 묵시적으로 비윤리적인 행동을 지지한 상황에 처해 본 적이 있는가? 이에 대해 설명하라.

3. 당신은 비윤리적인 행동이 적절하게 처리되었거나(공정하게 처벌받았거나) 부적절하게 처리된 상황을 기억할 수 있는가? 조직의 다른 사람들은 어떻게 반응했는가?

4. 당신은 테일후크 스캔들에서 성폭행이나 음란 행위에 유죄가 인정된 사람에 대한 적절한 처벌은 무엇이라고 생각하는가? 왜 그렇게 생각하는가?

5. 당신은 권위 있는 위치에 있는 사람이 그렇게 하라고 했기 때문에 자신이 옳지 않다고 생각한 일을 해야 한다고 생각한 적이 있는가? 그 상황에 대해 설명하라.

6. 일을 어떻게 설계하면 노동자들이 자신의 행동의 결과에 대해 최대한 책임지게 할 수 있을지 생각해 보라.

7. 위의 '언행일치' 질문을 사용해서 당신 자신 또는 당신이 아는 매니저를 평가해 보라.

사례

시어스 뢰백 사: 자동차 수리 센터 스캔들

시어스 뢰백 사는 1800년대 말에 농산품과 기타 소비자 상품을 파는 우편 주문 회사로 시작했다. 이 회사 최초의 소매 매장은 1920년대 중반에 개장했다. 그동안 농장에서 공장으로 이동하고 많은 가정의 자동차 보유와 같은 미국 사회의 변화에 대응해서 수백 개의 소매 매장이 개장되었다. 이 회사는 급속히 확장되었으며 보험(올스테이트 보험), 부동산(콜드웰 뱅커), 증권(딘 위터 레이놀즈), 신용카드(디스커버) 등 다른 비즈니스로 다각화했다. 소매 매장, 전자제품, 자동차 서비스 센터를 포함하는 유통 그룹에 더해 각각의 비즈니스는 독자적인 부문이 되었다. 1990년대 초에 이 회사는 수십억 달러의 매출액과 이익을 올리고 있었다.[51]

이 회사는 오랫동안 높은 이익을 내 왔고 미국 시장에 널리 진출해 있음에도 불구하고 시어스 소매 비즈니스는 1980년대에 심각한 재무상의 어려움을 경험하기 시작했다. 월마트와 같은 할인 소매상들이 시장 점유에서 앞서고 시어스는 뒤처지게 되었다. 시어스는 시어스 이름을 쓰지 않는 브랜드 추가와 '상시 할인 정책'으로 대응했다. 그러나 이런 노력에도 불구하고 시어스는 1990년에 이익이 40% 감소했으며 유통 그룹에서는 60%나 급감했다. 모든 직급에서 인원을 감축하고 이익에 초점을 맞추는 등의 비용 절감 조치가 계획되었다.[52]

1991년에 시어스는 전국의 자동차 수리 센터에서 이익을 늘리기 위해 생산성 인센티브 계획을 발표했다. 자동차 정비사들은 전통적으로 시간급을 받았고 생산량을 맞추도록 요구되었다. 1991년에 수수료 부분을 포함하도록 보상 제도가 변경되었다. 정비사들은 기본급과 시간당 생산 할당량을 채운 데 대한 고정금액을 지급받게 되었다. 자동차 서비스 상담사(계산대에서 주문받고, 정비사와 상의하고, 고객에게 조언하는 사람)는 전통적으로 월급을 받았다. 그러나 매출을 늘리기 위해 그들에게도 수수료와 제품별 판매량이 도입되었다. 예를 들어 서비스 상담사에게는 자신의 근무 시간 중 일정 수의 앞바퀴 정렬이나 브레이크 수리와 같은 매출목표가 주어졌다.[53]

1992년 6월에 캘리포니아 소비자 보호국은 캘리포니아 주 자동차수리법을 위반한 혐의로 시어스 뢰벅 사를 고소하고 캘리포니아 주의 모든 시어스 자동차 수리 센터 면허 취소를 청구했다. 이 혐의는 소비자 불만 증가

51) M. A. Santoro, Sears Auto Centers (Boston: Harvard Business School, 1993).
52) K. Kelly, "How Did Sears Blow This Gasket?" Businessweek, 1992년 6월 29일, 38쪽.
53) M. A. Santoro, Sears Auto Centers (Boston: Harvard Business School, 1993).

와 비밀리에 수행한 브레이크 수리 조사에서 비롯되었다. 본질적으로 이 기소는 시어스 자동차 수리 센터들이 고객들을 체계적으로 오도하고 불필요한 수리비용을 부과했다고 주장했다. 캘리포니아 주의 조사는 이 문제의 원인을 시어스 자동차 수리 센터의 보상 시스템으로 돌렸다.[54]

이 혐의 내용에 대해 시어스 CEO 겸 이사회 회장 에드워드 브레넌은 기자 회견을 열어서 사기 발생을 부인하고 시어스가 낡은 차량에 대한 예방적 정비에 초점을 맞췄다고 방어했다. 그는 간헐적인 오류를 인정하고 '실수'가 발생한 환경을 조성한 데 대한 개인적인 책임을 받아들였으며 이 이슈를 해결하기 위해 회사가 계획한 조치를 설명했다. 이러한 조치에는 다음 사항이 포함되었다.

- 서비스 상담사에 대한 인센티브 보상 프로그램 제거
- 수수료를 고객 만족에 기초하도록 대체
- 특정 부품과 수리에 대한 매출 할당 제거
- 매출액 할당 대체

브레넌은 "우리는 성과를 측정할 모종의 방법이 있어야 합니다."라고 말했다.[55] 시어스는 또한 자사 자동차 수리 센터에 '쇼핑 감사'를 도입했으며 (이 감사 시에 종업원들이 고객으로 가장해서 수리 센터를 방문했다) 브레넌은 1992년 6월 25일에 「월스트리트 저널」과 「유에스에이 투데이」에 자사 고객에 대한 설명 서한을 게재했다.

수행한 작업 수와 교체된 부품 수에 기초한 정비사 보상 시스템은 유지되었다. 1992년 여름에 캘리포니아 주의 시어스 정비사 처크 패브리는 미

---

54) K. Kelly, "How Did Sears Blow This Gasket?" Businessweek,, 1992년 6월 29일, 38쪽.
55) D. Gellene, "New State Probe of Sears Could Lead to Suit," Los Angeles Times, 1992년 6월 12일, part D, 1쪽.

국 상원 의원 리처드 브라이언에게 시어스의 정비사 급여 정책에 관한 편지를 보냈다. 패브리는 이렇게 말했다.

저는 시어스가 의원님 소속 위원회에게 이 회사 자동차 수리 센터의 모든 검사는 수수료는 없이 시급만 받는 종업원들에 의해 수행되고 있다고 확신시키려 한다고 알고 있습니다. 그러나 그것은 사실이 아닙니다. 사실은 조사를 수행하는 종업원의 대다수는 여전히 수수료에 기초해 보상받고 있습니다… 서비스 상담사들은 …고객에게 수리 작업을 팝니다… 그들이 파는 수리는 그들의 검사에만 기초한 것이 아니라 더 많은 부분이 수수료를 받는 정비사들의 권고에 기초합니다…

1991년 1월 1일부로 정비사, 부품 설치자, 타이어 교체자들의 시간급이 삭감되고 시어스가 고정 금액(fixed dollar amount; FDA)이라고 부르는 부분이 도입되었는데 시간당 FDA는 분류에 따라 다릅니다. 현재 시어스의 최소 생산 할당량에 기초한 FDA 금액은 3.25달러로 제 수입의 17%입니다. 이는 제가 시어스가 정한 1시간 분량의 작업을 마칠 때마다 3.25달러와 제 시간당 기본급을 받는다는 것을 의미합니다. 만일 제가 1시간 안에 2시간 분 작업에 해당하는 일을 하면 3.25달러를 더 받아서 제 수입이 늘어납니다.

시어스는 이러한 유형의 보상을 인센티브 급여 또는 실적급이라고 부르지만 장미는 어떻게 부르든 장미이듯이 이러한 보상은 수수료일 뿐입니다. 저는 일을 빨리 마칠수록 돈을 더 많이 벌고 시어스가 의도한 바 대로 시어스의 이익도 증가합니다. 그래서 정비사가 수입을 늘리기 위해 수리작업을 마치는 데 필요한 절차를 대충 해치우거나 완전히 생략할 수도 있습니다. 이에 덧붙여서 정비사는 차량을 검사하거나 진단을 수행하기 때문에 필요한 수준보다 과도하게 팔거나 더 많은 수리 작업을 권할 기회가 있습니다. 특히 실적이 별로인 날이나 주에는 그런 유혹이 더욱 큽니다. 부분적으로는 탐욕이 비윤리적인 상황을 만들 수도 있지만 시어스 경영진이 정한 할당량을 채우라는 높은 압력도 이런 상황에 상당히 기여합니다. 저는 최근에 제 생산성이 최소한 시어스의 최소 할당량에 미달되면 해고될 거라는 위협을 받았습니다. 참고로 말하자면 경영진은 새 임금 정책이 도입되기 전에는 제 생산성에 대하여 긍정적인 반응만 보였습니다. 제 기록이 이를 증명합니다…

저는 시어스가 자동차 수리 센터 종업원들에게 수수료 임금 제도를 도입하기 전에는 고객의 신뢰를 받았다는 데 추호의 의심도 없습니다. 지금은 다릅니다. 해법은 시어스에 대해서 뿐만 아니라 이 업계에 대해서도 명백합니다.[56]

시어스는 캘리포니아 주를 포함하여 유사한 소송을 제기한 41개의 다른 주와 수백만 달러의 합의금을 지급하는 데 동의했다. 이 회사는 캘리포니아에서 3년의 집행 유예를 받았다. 이 회사는 또한 여러 건의 소비자 집단 소송에 합의했다. 1992년 7월에 미국 의회는 자동차 수리 산업의 사기에 관한 청문회를 개최했다.

이 스캔들의 장기적인 영향은 불명확하다. 시어스는 증권 회사, 디스커버 카드, 대부분의 부동산과 모기지 비즈니스, 그리고 올스테이트 보험 지분 20%를 매각했다. 1992년 말에 자동차 수리 센터 매출은 이전 수준에 미달했다.[57] 또한 1992년에 「비즈니스 위크」는 보험 및 전자제품 판매와 같은 시어스의 다른 비즈니스 부문 종업원들도 같은 종류의 판매 할당량 압력을 느끼고 있다고 보도했다.[58]

56) 상원 상업, 과학, 운송 위원회의 소비자 소위원회 청문회, 102회차 의회 2회차 세션, 1992년 7월 21일 (상원 청문회 102972), 83쪽.
57) M. A. Santoro, Sears Auto Centers (Boston: Harvard Business School, 1993).
58) J. Flynn, "Did Sears Take Other Customers for a Ride?" Businessweek, 1992년 8월 3일, 24-25쪽.

사례 문제

1. 결과주의와 목적론의 관점(2장을 참조하라)에서 이 사례와 관련된 윤리 이슈들을 적시하라.

2. 이 사례와 관련된 경영 관리 이슈들을 적시하라. 예를 들어 이 사례를 다중 윤리 자아, 규범, 보상 시스템, 책임 분산, 권위에 대한 복종의 관점에서 생각해 보라. 서비스 상담사와 정비사의 비윤리적 행동 혐의에 가장 크게 기여한 요인들은 무엇인가?

3. 당신은 혐의내용에 대한 시어스의 대응과 이 회사가 시행한 변화에 대해 어떻게 평가하겠는가? 시어스는 문제를 해결했는가? 왜 그렇게 생각하는가?

4. 이 스캔들이 시어스의 품질과 서비스에 대한 평판에 어떤 영향을 주었다고 생각하는가?

5. "우리는 성과를 측정할 모종의 방법이 있어야 합니다."라는 브레넌의 말에 답변하라. 종업원의 과도한 판매를 방지하기 위해 경영진은 어떤 조치를 취할 수 있는가? 경영진이 자동차 수리 센터 종업원의 성과를 측정하고 그들이 윤리적으로 행동하도록 장려할 수 있는 경영 관리 계획(보상 시스템 포함)을 제안하라. 구체적으로 제안하라.

6. 누군가를 징계해야 하는가? 그럴 경우 누구를 언제 징계해야 하는가? 어떤 징계를 해야 하는가?

7. 보다 일반적으로 시어스의 재무 문제에 대한 이 회사 경영진의 대응에 대해 생각해 보라. 그들은 어떻게 종업원에게 특정 부품을 파는 데 대한 인센티브를 제공하지 않으면서 자동차 수리 센터의 매출을 늘릴 수 있었겠는가?

사례 연구

당신은 최근에 당신 회사 커뮤니케이션 부문의 마케팅 매니저로 승진했다. 당신의 새 직무는 부하 직원들을 관리하고 3개 지역의 보험 판매원들이 사용할 인쇄물과 마케팅 자료를 만드는 일과 관련이 있다.

당신은 이들 3개 지역의 판매 담당 이사들을 만나 적이 있는데 이들에게 당신의 팀이 필요를 잘 충족시켜 줄 수 있을지 깊이 있게 논의하기 위한 회의를 요청했다. 판매 이사들 중 2명은 매우 정중했으며 각자 자기 영역에서의 기술적 요구 사항이 무엇인지, 그리고 당신의 부서가 어떻게 그들의 필요를 가장 잘 충족시켜 줄 수 있는지 설명했다. 그러나 세 번째 지역의 판매 담당 이사이자 당신 회사에서 가장 돈을 많이 버는 사람 중 하나인 빌과 회의를 하는 중에 그가 거드름을 피운다. 그는 자기 부문이 세 지역 중 가장 크며 두 지역을 합한 것보다 훨씬 많은 매출을 올린다고 말한다. 그는 "당신과 당신의 부하 직원은 내가 '점프하라' 고 말하면 '얼마나 높이 점프할까요?' 라고 물을 필요가 있다." 라고 말한다.

그는 이에 대한 보답으로 회사가 주는 상마다 당신과 당신의 부하를 추천하겠다고 말한다. 그는 또한 연말에 당신 팀의 성과에 기초해서 자기가 개인적으로 당신에게 금전상의 보너스를 주겠다고 말한다. 당신은 어떤 매니저도 자기 주머니에서 누군가에게 보너스를 준다는 말을 들어 본 적이 없지만 당신의 회사는 그런 관행에 눈살을 찌푸릴 거라고 생각한다.

사례 문제

1. 이 사례에서 윤리 이슈는 무엇인가?
2. 이 사례에서 의사 결정자가 동조하기로 할 이유는 무엇인가? 동조하지 않을 이유는 무엇인가?
3. 당신이 의사 결정자라면, 이 상황을 어떻게 다루겠는가?
4. 당신은 이 대화를 당신의 상사에게 보고하겠는가? 그 이유는 무엇인가?

Chapter 8

매니저들의 윤리 문제

개요

좋은 매니저는 좋은 사람들을 채용하고 기대(윤리적 기대 포함)를 명확히 정의하며, 탁월함을 인정하고 칭찬하며, 부하 직원들에게 자신이 그들에게 신경 쓰고 있음을 보여주는 4가지 일을 정말 잘한다.[1] 매니저는 채용, 해고, 징계, 성과평가와 같은 전 범위의 인사 관리에 책임이 있기 때문에 이번 장에서는 이러한 관리의 '기본 사항'에 초점을 맞출 것이다. 따라서 매니저와 종업원의 윤리 책임이 다른 경우도 있으며 특별한 사고와 준비가 필요하다. 또한 매니저들은 종업원을 감독할 책임이 있기 때문에 법원은 부하 직원들의 활동 및 행동에 대해 매니저에게 책임을 물을 수도 있다. 마지막으로 매니저들은 자기 부서 종업원들의 역할 모델이기 때문에 의사 결정의 윤리적 함의를 논의하고 윤리적 어려움에 처한 종업원에게 조언을 제공할 수 있어야 한다. 많은 매니저들은 직장 생활의 이러한 측면에 당황한다. "내가 관리하는 사람들의 윤리 또는 도덕성을 어떻게 관리할 수 있는가? 윤리를 관리한다는 것이 가능한 일인가? 매니저인 내게 어디에 특별한

---

1) M. Buckingham, The One Thing You Need to Know (New York: Free Press, 2005), 73-85쪽.

함정이 있는가?" 이번 장에서는 매니저들에게 어떤 책임이 있는지 매니저가 어떻게 종업원들의 참여를 장려하고 부하 직원이 윤리적인 결정을 하도록 영향을 줄 수 있는지에 대해 살펴본다. 또한 조직 문화가 매니저의 의사 결정에 어떻게 영향을 주는지 매니저들이 어떻게 자기 조직의 윤리 문화를 강화하도록 도움을 줄 수 있는지도 살펴본다.

매니저들과 종업원 참여

조직 매니저들의 질은 회사가 시행하는 모든 노력(윤리 프로그램이든 생산성 향상 노력이든 종업원 참여 제도든 기타 모든 노력)에서 매우 중요한 한 가지 요소다. 종업원들에게는 매니저들이 회사이며, 매니저들이 기본적인 사항을 잘 관리할 수 없다면 사람들에게 비즈니스 목표를 달성하거나 조직의 가치대로 살아내도록 고취하기가 매우 어려울 것이다.

더 많은 회사들이 일하는 방식과 노동자들의 생산성을 높이는 요인들에 대해 연구할수록 종업원들에게 동기를 부여하기도 하고 동시에 윤리적인 행동을 장려하기도 하는 요인들이 점점 더 명확해지고 있다. 우리는 종업원의 참여 장려와 윤리적인 행동 장려라는 외관상으로는 연결되지 않은 활동들이 실제로는 밀접한 관련이 있다고 생각한다. 연구 결과는 종업원 참여를 강화하도록 구축하고 매니저들의 질을 핵심 요소로 삼는 조직 문화를 만드는 것이 윤리적 행동을 장려하는 가장 좋은 방법임을 암시한다.

'종업원 참여(employee engagement)'는 무엇을 의미하는가? 간단히 말해서 이는 자발적 노력 또는 종업원들이 자신의 일에 얼마나 헌신하는가를 의미한다. 그들은 기꺼이 탁월한 고객 서비스를 제공하려 하는가? 마감일을 맞추기 위해 필요하면 기꺼이 초과 근무하려 하는가? 그들은 해법을 제공하기 위해 추가 노력을 기울일 의향이 있는가? 종업원을 참여 정도에 따라 세 집단으로 나눌 수 있다. 논의 목적상 그들을 적극 참여, 미참여, 적극 이탈로 부르기로 하자. 이 세 집단의 특징을 다음과 같이 묘사할 수 있다.

적극적으로 참여하는 종업원 ←	참여하지 않는 종업원 ←	적극적으로 이탈된 종업원
• 열정적이고 열렬함 • 회사에 충심으로 연결되었다고 느낌 • 혁신을 견인함 • 회사를 앞으로 나가게 함 • 열성적으로 '추가 노력을 기울임'	• '더 이상 볼 일이 없음' • 몽유병 증세를 보임 • 일에 시간은 투입하지만 열정이나 에너지는 쏟지 아니함 • 추가 노력을 기울일 수도 있고 그렇지 않을 수도 있음	• '그것은 내 일이 아니다' • 문화에 부정적인 장애물임 • 회사에 대한 충성심이 별로 또는 전혀 없음 • 참여하는 동료가 이룩한 성과를 훼손함 • 회사의 조치와 종업원의 선의를 방해할 수도 있음

종업원 참여 정도 제고의 중요성은 아무리 강조해도 지나치지 않다. 최초로 종업원 참여 연구에 착수한 회사 중 하나인 갤럽은 적극적으로 이탈된 종업원들로 인해 전 세계적으로 매년 수십억 달러의 비용이 소요된다고 주장한다.[2] 그러나 긍정적인 쪽에서는 적극적으로 참여하는 종업원들은 이직률과 결근율이 낮고 고객 충성도가 높으며 종업원당 이익이 높고 사고가 적어서 조직에 도움이 된다.[3]

종업원 참여와 생산성 사이의 연결 관계는 알기 쉽지만 참여와 윤리적인 행동 사이의 연결 관계는 명확하지 않을 수도 있다. 참여 정도에 따른 각 집단을 묘사하는 특징들에 대해 생각해 보라. 당신은 어느 집단이 비윤리적인 행동에 관여할 가능성이 가장 높다고 생각하는가? 어느 집단이 회사 자원을 남용할 가능성이 더 높은가? 어느 집단이 윤리적 행동에 대한 역할 모델이 될 가능성이 더 높은가? 어느 집단이 (회사의 과제가 아니라) 자신의 의제를 갖고 있는 괴짜를 포함할 가능성이 더 높은가? 어느 집단이 비리가 의심될 때 이슈를 제기할 가능성이 더 높은가? 어느 집단이 비리를 알게 되면 감독 당국, 신문 기자 또는 다른 외부인에게 알리는 경향이 높겠는가?

---

2) A. Gopal, "Disengaged Employees Cost Singapore $4.9 Billion," Gallup Management Journal, 2003년 10월 9일, www.gallup.com.

3) J. Shaffer, "Communicating for Business Results: How to Choose and Execute Communication Projects That Dramatically Help the Company," Journal of Employee Communication Management, 2003년 3-4월호, www.ragan.com.

우리는 종업원 참여 정도를 개선하면 조직의 윤리 문화도 개선할 수 있다고 확신한다(5장을 보라). 그렇지만 회사가 어떻게 종업원 참여 개선을 시작할 수 있는가? 첫째, 참여의 네 가지 동인에 초점을 맞출 필요가 있다. 둘째, 훌륭한 매니저를 파악하고 개발할 필요가 있다. 소통과 종업원 참여 전문가 제임스 쉐퍼에 따르면 참여의 4가지 동인은 다음과 같다.[4]

1. **시선**(Line of sight) 종업원들이 회사의 전략적 방향과 회사가 돈을 버는 방법, 그리고 자신의 노력이 그 수익 창출 활동에서 어떤 역할을 하는지 이해한다. 주: 비즈니스 목표와 윤리에 관한 가치는 조직의 전략적 방향의 중요한 요소임.

2. **관여**(Involvement) 종업원들이 사업에 관여한다. 종업원들이 적극적으로 참가하고 그들의 아이디어가 수용된다. 주: 이런 유형의 종업원 관여는 윤리 이슈 파악과 해결에 매우 중요한 양방향 소통을 장려한다.

3. **정보 공유** 사람들이 효과적으로 일하기 위해 필요한 정보를 필요한 때 입수하며 정보가 필요에 따라 조직의 위, 아래, 수평 등 모든 방향으로 흐른다. 주: 정보 공유를 장려하는 문화는 윤리 이슈를 덮어 버리기보다는 이를 파악해서 해결하는 열린 조직일 가능성이 높다.

4. **보상과 인정** 비즈니스 목표와 가치가 명확히 표시되고 종업원들은 보상받으려면 무엇을 할 필요가 있는지, 어떻게 행동할 필요가 있는지 알고 있다. 주: 목표와 가치가 윤리적 (또는 비윤리적) 행동에 제공하는 인센티브에 세심한 주의를 기울일 필요가 있다.

많은 종업원 참여 모델이 있지만 우리는 이 모델이 무척 일리가 있으며 종업원 참여의 네 가지 동인들은 윤리 문화의 중요한 요소라고 생각한다.

---

4) 앞의 글.

참여의 네 가지 동인에 초점을 맞추는 것 외에도 조직은 종업원 참여 증대와 윤리적인 문화 구축에서 매니저들이 수행하는 역할을 인식할 필요가 있다. 국제적인 인사 컨설팅 회사 타워스 왓슨에 따르면 아래와 같은 핵심적인 상위 매니저의 행동이 종업원 참여에 영향을 준다(그리고 우리는 상위 매니저들이 행동의 모범을 보이고 이러한 행동을 재가하면, 차츰 하위 매니저와 감독자에게 흘러 내려가 종업원의 윤리적인 행동에 큰 영향을 줄 수 있다고 생각한다).[5]

- 상위 경영진이 종업원의 복지에 진지한 관심을 보인다.
- 상위 경영진이 솔직하고 정직하게 소통한다.
- 상위 경영진이 눈에 보이고 접근할 수 있다.
- 상위 경영진이 주요 비즈니스 결정에 대한 이유를 효과적으로 소통한다.
- 상위 경영진의 행동이 표명된 가치와 일치한다.

이러한 매니저 행동에 대해 생각해 보라. 위에 열거한 행동 중 어떤 행동이 윤리적인 문화 구축에 직접적이거나 간접적인 역할을 한다고 생각하는가? 어떤 행동이 참여는 이끌어 내지만 윤리적인 문화에 영향을 주지 않는다고 생각하는가? 매니저의 어떤 행동이 둘 모두에 영향을 주는가?

'기본' 관리하기

매니저의 중요한 책임은 조직에 좋은 사람들을 데려와서 좋은 사람들이 조직에 계속 머물고 싶도록 관리하는 것이다. 새로 들어오는 사람들은 정규직, 파트타임, 임시직, 또는 컨설턴트일 수 있다. 효과적인 매니저는 조직 문화에 맞는 최고의 사람을 채용하고 그들의 성과를 평가하며, 탁월함을 인정하고 칭찬하며, 성과가 나쁜 사람을 징계 또는 해고하는 일을 능숙

---

5) Towers Perrin, "Global Workforce Report" (2008), http://www.towerswatson.com/.

하게 해낼 필요가 있다.

채용과 업무 배정

채용 사례

당신은 세일즈 매니저를 새로 채용하려 하는데 가장 유력한 지원자가 정말 못 생겼다. 당신은 고객과 심지어 동료들이 그에게 어떤 반응을 보일지 걱정된다. 그가 지원하고 있는 직무는 빈번한 고객 접촉을 요구하는데 외모는 솔직히 형편없다. 다른 면에서 그의 경력은 탁월하며 명백히 매니저 직무에 대한 자격이 있다.

연방 법률은 인종, 종교, 성별, 피부색, 출신 민족, 연령에 근거한 차별을 금지하며, 임신 여성과 장애인을 보호한다.

추남 후보에 관한 이 사례의 해답은 모호하다. 그는 명백히 해당 직무에 대한 자격을 갖추고 있는데 매력적이지 않은 외모는 보호 조항에 포함되지 않아서 법률은 도움이 되지 않는다. 그러나 더 큰 이슈는 어떤 특질이 특정인 채용 여부를 결정해야 하는지 그리고 채용 지원자의 외모를 고려하는 것이 윤리적인지 여부다.

모든 보호 조항들은 공정성 개념과 같은 답을 제시한다. 채용, 승진, 해고는 자격에 근거해야 한다. 그러나 당신의 편견 때문에 누군가를 무시하는 것과 누군가를 고객과 같이 당신의 통제 밖에 있는 외부인에게 차별을 당할지도 모르는 상황에 두기를 주저하는 것은 다른 문제다. 누군가를 적대적인 환경에서 실패할 수도 있는 처지에 두는 것이 그 사람에게 호의를 베푸는 것인지의 여부는 알기 어렵다.

편견은 극복하기 어렵다. 앞의 장들에서 본 바와 같이 누구에게나 편견이 있다. 키 큰 사람이나 작은 사람, 뚱뚱한 사람이나 마른 사람, 나이든 사람이나 젊은 사람을 좋아하지 않는 사람이 있다. 눈이 갈색이거나 파란 사람, 눈가에 주름이 있는 사람, 코가 크거나 매부리코인 사람, 대머리이거나 머리카락이 너무 긴 사람에 대한 편견이 있는 사람도 있다. 특정 학교나 특정 지역 출신을 선호하는 사람도 있다. 어떤 사람이 취업 면접을 보는데 이 사례처럼 단지 못 생긴 남자라면 어떻게 할 것인가? 아니면 지원자가 청각 장애 여성이거나, 3년 전에 암에 걸린 남성이거나, 영어 억양이 독특한 남성이라면 어떻게 할 것인가? 이런 특성들이 해당 직무 수행 능력이나 재능과 관련이 있는가? 황금률은 어떤 반응을 처방하겠는가? 칸트의 정언 명령은 뭐라고 말하겠는가? 롤스의 무지의 베일은 어떻게 말하겠는가?

일부 고용주들은 채용할 때 특히 '빈번하게 대중을 접촉하는' 직무 담당자를 채용하려 할 때 '회사 프로필'을 염두에 둔다. 「포춘」 100대 기업 중 일부 회사는 특정 유형의 종업원을 채용하는 경향이 있다고 알려져 있다. 그들은 일반적인 용모, 적당한 신장, 중간 체격에 독특한 억양이 없는 영어를 구사하는 건강한 젊은 사람들을 찾는다. 의식적 또는 무의식적으로 '회사 프로필'을 갖고 있는 고용주들은 대중이나 자신의 고객들이 동질적이라고 생각하는가? 만일 역사가 회사 프로필을 척도로 사용했더라면 에이브러햄 링컨, 벤저민 프랭클린, 메리언 앤더슨, 앨버트 아인슈타인, 새미 데이비스 주니어, 프랭클린 루스벨트는 '대중과 접촉하지 않는' 자리로 좌천되었을지도 모른다.

재능과 능력은 형태가 다양하다. 매니저들이 재능과 능력 이외의 다른 요인들을 사용해서 채용, 승진, 또는 업무 배정을 위한 자격을 평가할 경우 그들은 평가 대상자들뿐만 아니라 자신의 고용주와 고객들(이들은 명백히 다양한 계층으로 구성되어 있다)에게도 부당하게 대우하는 것이다. 그들은 또한 실생활을 반영하는 노동력을 구축하기 위해 노력하는 것이 아니라 고정관념을 영속화하는 데 도움을 준다. 좋은 채용 방법 중 하나는 조직 문화를 깊이 이해하고 지원자가 기존 문화에 얼마나 잘 '맞는지'에 기초해서 채용하는 것이다. 조직 문화와 지원자의 특성이 잘 맞으면 조직과 종업원 모두 더 만족한다. 예를 들어 자사 종업원들에게 큰 관심을 보이려는 스타벅스와 같이 가족 지향적인 조직을 생각해 보라. 매니저가 관계에 대해서는 신경 쓰지 않는 예리하고 매우 유능한 사람을 고용하면 어떻게 되겠는가? 그런 유형의 사람이 '따뜻하고 두루뭉술한' 회사에서 어떻게 지내겠는가? 회사의 가치와 동일한 특질을 보이는 사람이 그 회사에서 성공할 가능성이 있기 때문에 매니저가 그런 사람을 채용하는 것이 훨씬 현명한 처사일 것이다. 반면에 회사 프로필을 엄격히 고수하는 회사들은 차별한다는 비난을 받을 위험이 있다. (아버크롬비 앤 피치에서 이런 일이 발생했는데 그들이 달성하려 했던 '외양'이 자격을 갖춘 특정 소수 집단 출신을 배제하려는 것으로 보였다). 또는 너무 동질적으로 되어서 필요한 변화에 저항할 수도 있다. 그러므로 매니저들은 정교한 균형을 이뤄야 한다. 매니저들은 현재의 문화에 맞는 사람을 채용할 필요가 있지만 한편으로는 회사 프로필과 다를 수도 있는 사람들에게도 개방적이어야 한다. 조직이 성공하려면 혁신과 균형을 장려하기에 충분한 차이가 있고 '회사 프로필'에 부합하는 사람만 채용하려는 경향에 대항하는 강한 문화를 배양할 필요가 있다.

성과평가

당신은 최근에 다섯 명의 전문가와 두 명의 사무종업원을 두고 있는 부서의 매니저로 승진했다. 전문가 중 한 명인 조우는 호인이지만 부서 내 다른 전문가들의 성과에 미치지 못하고 있다. 조우가 당신에게 회사의 다른 부서 직무에 면접을 보고 있다고 말하자 당신은 그의 인사 파일을 찾아보고 당신의 전임자들이 조우의 인사 고과를 '우수 또는 탁월'로 부여한 것을 발견한다. 당신은 솔직히 이 평가에 동의하지 않는다. 조우는 당신에게 추천서를 써 달라고 부탁했다. 당신이 직접 경험한 조우는 전임자가 작성한 서면 평가와 다른데 그 평가에 기초해서 좋은 의견을 써 줄 수 있는가? 조우의 새 매니저가 될 수도 있는 사람인 다른 부서 동료가 당신의 의견을 요청했다. 당신은 뭐라고 말할 것인가?

성과평가에는 두 가지 측면이 있다. 첫째, 종업원의 성과에 대한 서면평가가 있다. 대부분의 대기업에는 공식 성과평가시스템이 있고 평가 프로세스를 표준화하기 위한 양식이 있으며 (대개 연 1회) 모든 종업원에 대해 서면평가를 완료하도록 요구한다. 이 서면평가는 대개 급여 조정에 다소 영향을 주며 해당 종업원의 영구적인 인사 파일의 일부가 된다. 둘째, 이상적으로는 연중 지속되는 프로세스인 비공식 성과평가 프로세스가 있다. 매니저가 계속 피드백을 주면 (목표를 말해 주고 이 목표에 비춰 성과가 측정되면) 종업원들은 일반적으로 연례서면 성과평가 결과에 놀라지 않는다.

지속적인 평가가 왜 중요한가? 첫째, 보상과 인정은 종업원 참여의 네 가지 동인 중 하나다. 탁월한 매니저들은 낮은 성과를 보이는 노동자들의 성과를 관리하고 향상시킬 뿐 아니라 탁월한 성과를 보이는 종업원을 인정하고 보상하기도 한다. 뉴욕 시에서 일하는 한 교육 매니저는 정확하고 계속적인 성과평가의 중요성에 관한 이야기를 들려준다. 그는 이렇게 말한다. "당신이 볼링을 하고 있다고 상상해 보라. 레인을 가로질러 천이 가려져 있고 당신은 당신이 어떻게 하고 있는지 모른다. 당신의 매니저가 당신이 어떻게 하고 있는지 알려 줄 수 있는 유일한 사람이다. 당신의 매니저가 당신이 어떻게 하고 있는지에 대해 가끔씩 또는 1년에 한 번만 말해 주면 어떻게 되겠는가? 매니저가 당신이 공을 고랑에 빠뜨렸을 때만 성과에 대해 말해 준다면 당신의 성과에 어떤 영향을 주겠는가? 매니저가 당신이 잘했을 때만 말해 준다면 어떻게 되겠는가?"

매니저가 (잘했건 못했건 당신의 모든 행동에 대해) 일관성 있게 피드백을 해줄 때에만 당신의 성과를 개선할 수 있을 것이다.

5장에서 살펴본 바와 같이 성과 관리 시스템은 조직이 무엇에 관심을 두는지(윤리 관련 행동이 정말 중요한지 여부 포함)에 대해 다른 어떤 것보다 많은 신호를 보내며 바람직한 행동이 조직 문화로 형성되게 한다. 매니저들이 종업원들을 코치하고 그들의 성과에 영향을 주는 일을 잘하지 못하면, 문화와 성과를 견인하는 이 귀중한 도구가 손상된다. 그리고 매니저들이 윤리와 관련된 성과가 중요하다고 명확히 말해 주지 않으면, 종업원들은 중요하다고 들은 사항들에 집중한다.

　성과평가에서 실제적인 문제는 대부분의 매니저들이 평가를 싫어한다는 것이다. 매니저들은 특히 부정적인 피드백을 전달하기 싫어한다. 확실히 누군가의 성취를 인정하기가 단점을 지적하기보다 쉽다. 아무튼 많은 매니저들은 너무 바쁜 나머지 양쪽을 하지 못한다. 대부분의 매니저들은 미흡한 성과 지적하기를 어려워한다. 「포춘」 500대 기업 4,000명의 임원을 대상으로 실시한 설문 조사에서 7명의 임원 중 5명이 성과 문제로 종업원들을 다그치기 보다는 거짓말을 하겠다고 말할 만큼 미흡한 성과를 지적하기는 어려운 일이다.[6] 우리는 심지어 불편을 피하기 위해 전자우편을 통해 성과평가를 하려 한 매니저들도 알고 있다. 그러나 성과 평가는 매니저들이 하는 일 중 가장 중요한 일 중 하나이며 정기적으로 평가 대상자와 대면해서 실시하여야 한다. 대부분의 종업원들은 피드백이 명확하고 정직하며 신경 써서 전달되고 애초에 기대가 명확히 전해졌다면 정직한 피드백을 받아들일 수 있으며, 또한 이를 기꺼이 받아들일 것이다. 종업원에게 문제가 되는 행동이 있을 경우 그 구체적인 내용, 즉 시한과 후속 조치를 포함한 명시적인 개선 목표를 제공하는 것이 매우 중요하다.

　임시직 종업원에게도 규칙적인 평가는 중요한 행사다. 어떤 여대생이 유명한 회사에서 여름 방학 때 인턴으로 일했는데 두 달이 넘도록 아무런 피

---

6) J. Halper, Quiet Desperation: The Truth about Successful Men (New York: Warner Books, 1988).

드백도 받지 못했다. 마지막 근무일에 매니저가 그녀를 따로 부르더니 이렇게 말했다. "학생은 절대로 이곳에서 잘 해내지 못할 걸세. 우리는 기본적으로 자네가 일하는 방식을 참을 수 없었다네." 이 학생은 큰 충격을 받았고 이 경험이 그녀의 자신감에 엄청난 타격을 가했다. 그러나 이 실패가 그 학생 책임인가? 우리는 그렇게 생각하지 않는다. 대부분의 학생들은 회사 환경에서 어떻게 일하는지 또는 회사가 그들에게 어떤 행동을 기대하는지 잘 모른다. 매니저는 신입 직원, 특히 인턴에게 업무와 행동 규범을 가르칠 책임이 있다. 이 학생이 출근 첫날부터 매니저에게 코치를 받았더라면 결과는 크게 달라졌을 것이다. 여기서의 중요한 교훈은 피드백이 없는 것을 긍정적인 신호로 해석해서는 안 된다는 것이다. 매니저로부터 피드백을 받지 못하거든, 피드백을 달라고 요청하라. "제가 어떻게 하고 있나요? 제가 바꿔야 할 게 있나요? 어떻게 개선할 수 있을까요?"

조우가 등장하는 사례에서 당신은 매니저로서 조우가 과거에 부정확하게 (그리고 아마도 부정직하게) 평가되었다고 의심한다. 대부분의 고용주들은 특정 종업원이 다른 부서로 이동할 수 있으려면 '우수' 또는 '양호' 등급을 받아야 한다고 요구하기 때문에 조우가 이동 자격을 갖추도록 그런 추천을 제공할 압력을 느낄 수도 있다. 이는 보편적인 문제다. 많은 조직에는 조우처럼 성과가 신통하지 않지만 결코 낮은 성과에 대해 지적받고 개선 지침을 들어보지 못한 종업원들이 있다. 조우의 회사에서는 어떤 매니저도 용감하게 총대를 메고 조우에게 성과를 개선하게 하거나 해고 절차를 개시하지 않았다. 나중에 결국은 조우를 다른 부서에 떠넘길 것이다. 조우를 탁구공 넘기듯이 이 부서에서 저 부서로 떠넘기면 아무도 그에게 사실을 직시하게 해 주지 않기 때문에 성과는 결코 개선되지 않는다. (일부 조직에서는 저성과자를 조직의 여러 부서로 떠넘기는 것을 '칠면조 사육'이라고 부른다. (칠면조를 뜻하는 turkey라는 영어 단어에는 매력 없는 사람이라는 뜻도 있음. 역자 주))

조우의 이전 서면 평가가 정직하지 않았기 때문에 조우를 데려가려는 부서의 매니저들은 거짓 정보를 받고서 조우의 성과가 적절하다고 생각했다. 이 악순환은 해당 종업원, 동료, 그리고 조직 모두에게 해를 끼친다. 일을 잘하는 동료들은 조우처럼 일을 잘하지 못하는 사람이 자기와 비슷한 등급을 받으면 이 조직의 성과평가 시스템이 불공정하다고 인식할 것이다. 그들은 조우의 부족한 부분을 메워야 할 수도 있다. 이런 문제로 가장 큰 불이익을 보는 당사자는 그 조직 자체와 조직문화일 것이다. 조우의 매니저는 '미흡' 또는 '보통'이면 충분하다는 메시지를 보낸 것이다. 이는 품질, 올곧음, 윤리에 관한 조직의 노력을 갉아먹는 부정직한 메시지다.

조직이 그렇게 요구하든 하지 않든 당신의 부하 직원들과 공식적인 시스템을 만들어서 이를 반드시 연 2회 이상 사용하는 것이 계속적인 성과평가를 확보하는 좋은 방법이다. 모든 종업원들과 규칙적으로 만나서 직무 목표와 목표 달성 성공 여부 측정 방법에 대해 서로 합의하라. 반드시 당신 부서의 목표가 회사의 목표와 직접 연결되게 하고 당신의 부하 직원들의 목표가 당신 부서의 목표와 직접 연결되게 하라. 또한 목표와 평가 논의에 윤리와 관련된 성과 기대가 포함되게 하라. 예를 들어 당신은 당신이 동료들과의 상호존중, 고객과의 신뢰 관계, 부하 직원들에 대한 공정한 대우, 모든 비즈니스 거래에서의 정직성과 올곧음을 기대한다는 점에 대해 얘기했는가?

종업원 참여를 이끌어 내는 것의 중요성을 기억하라. 개인의 목표와 조직의 목표, 그리고 조직의 결과와 개인의 결과가 명확히 연결되게 하라. 다음에는 각각의 종업원들과 매주 또는 매월 만나서 그 종업원의 중간 진행 결과가 어떤지 논의하라. 목표와 측정 기준이 미리 정해지고 진행 상황이 추적 관리되면, 종업원들이 성과를 내기가 훨씬 쉬워진다. 종업원들은 목표가 무엇인지, 어떻게 그 목표에 도달하는지, 그리고 목표 달성 여부를 아는 방법을 안다. 그들은 가치 창조가 무엇을 의미하는지 이해하고 내면화할 것이다. 성과평가 프로세스를 계속적으로 수행하면 저성과자를 해마다

한 번씩 혹평할 필요가 없어지고 오해, 분개, 또는 차별이나 편견이라는 주장을 줄일 수 있다.

아마도 조우와 만나서 허심탄회하게 애기하는 것이 조우의 상황을 다루는 최선의 방법일 것이다. "나는 다음과 같은 이유로 자네가 원하는 식의 추천서를 써 줄 수 없다네. [성과 문제를 명확히 밝히라.] 자네의 성과가 나아질 때까지 기다리거나 이번에 자네의 업무에 대한 내 정직한 평가를 반영한 편지를 써 줄 수 있네. 어떻게 할지 자네가 결정하게." 당신이 조우에게 성과에 대해 줄곧 정직한 평가를 제공해 오고 있었다면 확실히 이 접근법이 훨씬 쉬워진다.

징계

스티븐은 사무용품 공급회사의 지역 세일즈 담당 이사인 당신에게 보고한다. 그는 훌륭한 실적을 내고 있으며 늘 판매 목표를 초과하고 있지만 한 가지 커다란 흠이 있다. 시간 약속을 제대로 지키지 않는다. 그는 당신과의 회의나 고객과의 점심 약속 시간에 늦게 나타나며, 이 문제는 그의 서류 작업까지 이어진다. 그의 비용 보고서, 판매 보고서 등 모든 서류가 1주일 늦게 제출된다. 매니저로서 당신은 그의 게으름에 대해 상담했고 상당히 개선되었다. 이전에는 회의에 15분 늦었는데 이제 5분만 늦는다. 그리고 비용 보고서를 1주일 늦게 제출하지 않고 2일만 늦게 제출한다. 그의 늑장은 실적에 비하면 경미해 보이지만 이로 인해 당신과 그의 동료들이 미칠 지경이다.

대부분의 매니저들은 종업원 징계를 가급적 연기할 수 있는 것으로 생각한다. 많은 직장인들은 특정 노동자의 단점을 무시하고 그저 상황이 나아지기를 바란다. 그러나 징계는 노동자의 생산성을 확보하기 위해서뿐만 아나라 모든 종업원들에게 특정 행동이 기대된다는 기준을 세우고 미국 양형 가이드라인의 요건을 충족하기 위해서도 중요하다. 6장에서 논의한 바와 같이 양형 가이드라인은 조직의 모든 종업원들은 유사한 위반에 대해 일관성 있는 징계를 받아야 한다고 명시한다. 예를 들어 임직원 절도의 경우 비서와 부사장이 같은 방식으로 다뤄져야 한다. 사람들이 직무에 따라 달리 다뤄지면 (어떤 사람은 가볍게 꾸짖기만 하고, 또 어떤 사람은 정직되거나 해고된다면) 이는 양형 가이드라인 위반이다.

항상 늦는 판매원 스티븐의 경우 매니저인 당신은 늑장부리기를 징계하는 것이 트집이라는 유혹을 받을 수도 있다. 그는 어쨌건 스타가 아닌가? 그러나 다른 모든 종업원에게는 신속한 업무 처리를 기대하면서 스티븐에게만 예외를 두는 것은 비현실적이고 불공정하다.

7장에서 본 바와 같이 가장 효과적인 종업원 징계 방법에 대하여 실마리를 주는 연구 결과가 있다. 첫째, 징계는 건설적이고 전문적으로 가해져야 한다. 예를 들어 당신이 화를 참지 못하고 스티븐에게 고함을 지르면서 무분별한 얼간이라고 욕하고 싶은 유혹을 받더라도 그렇게 한다고 그의 행동이 바뀌지는 않을 것이다. 스티븐과 만나서 늑장부리기의 결과를 설명하고 논의의 초점을 스티븐 개인이 아니라 그의 행동에 맞추는 것이 훨씬 더 효과적이다.

둘째, 징계는 개인적으로 가해져야 한다. 종업원을 다른 종업원 앞에서 야단쳐서는 안 된다. 그것은 부모님이나 배우자에게 공개적으로 야단맞는 것만큼이나 당황스러운 일이며 악감정만 키울 뿐이다. 이런 논의는 언제나 문을 닫고서 해야 한다.

셋째, 종업원들에게 징계 프로세스에 대해 의견을 제시하고 자기편에서 이야기를 설명하도록 해야 한다. '팀' 관리라는 아이디어 자체가 개인들이 특정 상황에 대해 자신의 의견을 공유하도록 격려하는 것에 기초한다. 진짜 문제는 당신이 징계하고자 하는 종업원에게 있는 것이 아닐 수도 있다.

예를 들어 스티븐은 자기 부하들이 데이터를 늦게 제출해서 어쩔 수 없이 보고서를 늦게 제출하고 있을 수도 있다. 가장 간단하게 문제를 해결하기 위해서는 종업원에게 물어 보는 것이 현명한 처사다.

넷째, 징계는 수위가 적절해야 하며 다른 종업원들이 유사한 위반에 대해 받았던 수준과 일관성이 있어야 한다. 징계의 이 측면이 아마도 향후의 좋은 성과를 확보하는 데 가장 중요한 요소일 것이다.[7]

예를 들어 어느 대형 금융 서비스 회사에서 매우 존경받는 재무 전문가(그녀를 베스라고 부르자)가 상위 경영진에게 제출하는 보고서에 부정확한 계산 내용을 제공해서 해고되었다. 인사 담당 이사는 베스에게 새 공식을 사용해서 현재 재직 중인 모든 종업원에 대한 회사의 연금 의무를 계산하라는 거의 불가능한 임무를 부여했다. 이 임무는 화요일 오후 6시에 주어졌고 다음 날 오전 9시에 열릴 상위 경영진 회의를 위해 보고서를 작성하고 복사해야 했다. 베스와 그녀의 비서는 사무실에서 밤을 꼬박 세워가며 계산하고 보고서를 써서 다음날 아침 회의 자료를 준비했다. 상위 매니저 중 한 명이 복잡한 계산 중 하나에서 오류를 발견하자 베스는 인사 담당 이사에 의해 약식 해고되었다. 이 사건은 베스에게만 아니라 인사부서 전체에 커다란 메시지를 보냈다. 다른 실수들도 있었는데(이사 자신도 실수를 저질렀다) 이런 실수들이 벌을 받는다면 해고가 아니라 견책을 받았었다. 그리고 불가능한 마감시한은 인사 담당 이사를 제외한 모든 사람의 의견으로는 정상 참작 사유였다.

불합리한 징계(와 불합리한 임무 부여)의 영향은 심대하다. 그렇기 때문에 징계수준은 위반 내용에 비례하고 다른 사람이 받은 징계수준과 일치할 필요가 있다. 고질적으로 늦는 판매원인 스티븐의 경우 일관성을 유지하기 원하고 다른 모든 종업원의 지연을 받아들일 용의가 없는 한 그의 행동은 적절한 징

---

7) G. Ball, L. Treo, and H. P. Sims Jr "Just and Unjust Punishment Incidents: Influence on Subordinate Performance and Citizenship," Academy of Management Journal 37권 (1994), 299-332쪽.

계를 받아야 한다. 베스를 해고한 인사 담당 이사의 예를 따르지 마라. 그 인사 담당 이사는 임원이 될 가능성이 매우 높은 사람들을 위한 회사 인재 양성 프로세스의 일환으로 그 일을 맡았었는데, 그녀가 일을 잘 해냈더라면 확실히 더 중요한 일들이 맡겨졌을 것이다. 그러나 임원진은 인사 담당 이사가 베스와 다른 사람들에게 한 처사가 도리를 벗어났으며 무분별하다고 보았다. 그녀는 몇 년 뒤에 인사부서를 떠나 (이 일이 있기 전에 맡았던 전사 차원의 역할이 아니라) 자회사 중 한 곳에서 시니어 판매원 일을 하게 되었다.

회사가 '스타' 종업원을 관리하는 방식은 그 회사 윤리 문화의 가장 뚜렷한 특징 중 하나다. 조직이 스타들을 그 조직의 가치와 일치하는 방식으로 다루면 조직의 문화는 강화될 것이다. 반면에 조직이 스타 종업원에게 가치 선언문에서 표명한 내용에서 벗어나는 행동을 하도록 허용하면 문화 전체가 훼손될 수 있다. 예를 들어 사람 관리와 존중이 핵심 가치라고 표명한 조직에서 어떤 스타 종업원이 동료를 함부로 대하는 것을 허용한다면 이 가치들이 의심받을 것이다. 종업원들은 그 스타를 바라보고 (가치 선언문에 뭐라고 쓰여 있든) 스타 종업원의 행동이 조직에서 실제로 중시되는 가치라고 인식할 것이다. 아마도 문화에 관한 가장 의미있는 질문은 애초에 "누가 스타로 인정받는가?"일 것이다. 양적 성과만 중요한가, 아니면 (우리가 권고한 사항과 같이) 윤리적 가치에 근거한 성과도 관계가 있는가? 윤리 문화가 강한 조직에서는 이익 면에서 좋은 성과를 낼 뿐만 아니라 그 성과를 사람 존중이나 올곧음과 같은 다른 가치들에 일치하는 방식으로 달성하는 사람이 스타가 된다.

해고

당신은 대형 상업 은행의 매니저다. 당신은 당신에게 보고하는 대출 책임자 패트리샤가 두 명의 대출 책임자 서명을 필요로 하는 소비자 대출 승인 서명을 위조한 사실을 발견했다. 패트에게 위조를 추궁하자 그녀는 깊이 사과하면서 자기 남편이 큰 병에 걸렸다고 말한다. 그녀가 위조하던 날에 남편이 수술받기로 되어 있어서 그 대출 승인서에 서명할 다른 대출 책임 자를 찾을 시간이 없었다고 한다. 패트는 이 은행에서 15년간 일해 왔고 그동안 아무 흠이 없었다.

해고에는 여러 형태가 있는데 어떤 형태의 해고도 유쾌하지 않다. 본인 귀책 해고, 즉 종업원이 즉시 해고될 수 있는 규칙 위반을 저지른 경우도 있다. 귀책 '사유'는 회사마다 다를 수 있지만, 일반적으로 대부분의 조직 에서 절도, 폭행, 비용 보고서 부정, 위조, 사기, 중대한 규칙 위반(비즈니스 사 안에 대한 거짓말 포함)이 해고 사유에 해당한다. 많은 회사들은 종업원 핸드북에 서 해고 '사유'를 정의한다.

위의 사례에서 패트리샤는 본인 귀책으로 해고될 가능성이 높다. 은행에 서는 서명만큼 신성한 것이 없으며, 확실히 15년의 은행 근무 경험이 있는 전문가라면 이를 안다고 기대한다. 금융기관에서는 어떤 종류의 위조도 용 납될 수 없다. 이는 슬픈 사례이며 어떤 매니저라도 패트리샤에게 동정심 을 느낄 것이다. 그러나 금융기관에서는 용서할 수 없는 위반들이 있는데, 위조가 그 중 하나다.

저성과로 인한 해고도 있다. 이러한 유형의 해고는 대개 성과평가나 출 근 기록과 같은 문서에 근거한다. 많은 고용주들은 저성과로 인해 실제로 해고되기 전에 공식 경고하는 시스템을 갖추고 있다. 대개 처음에는 말로 경고하고, 그래도 개선되지 않으면 서면으로 경고한 다음에 해고한다. 이 절차는 회사마다 다르다.

다운사이징, 즉 정리해고도 있다. 정리해고는 합병, 인수, (공장이나 사무소) 이전과 같은 조직 변경 때문일 수도 있고 경제적 이유나 비즈니스 전략 변 경의 결과일 수도 있다. 정리해고는 한 부서의 종업원을 줄이기로 한 결정이나 회사 전체적으로 인원을 줄이기로 한 결정에 기인할 수 있다. 어떤 이유이건 정리해고는 직장을 잃게 될 종업원뿐 아니라 남게 될 동료들도 고통스럽다. 살아남은 동료들은 사기가 저하되고 생산성이 떨어지며 경영진을 불신하고 극도로 조심하는 반응을 보인다.[8]

또한 정리해고 생존자들은 일반적으로 정리해고의 공정성에 큰 관심을 가진다. 그들은 다운사이징이 합당한 경영상의 이유로 필요했으며, 회사의 문화와 일치하게 실행되었고, 정리해고 피해자들이 충분한 기간을 두고 사전 통보받았으며, 정리해고자들이 존엄성을 유지하고 존중받으며 해고되었다고 느낄 필요가 있다. 경영진이 '명확하고 적절한 정리해고 이유를 설명'했다면 생존자들이 그 정리해고를 공정하다고 볼 가능성이 높아진다.[9] 다시 말하지만 회사가 가치 선언문이나 임원 연설에서 종업원 존중과 돌봄을 신봉한다고 말해 놓고서 잔인하게 정리해고하면, 조직에 대한 종업원의 신뢰가 무너진다. 정리해고와 기타 사유의 해고는 그 조직 문화가 무엇을 진정으로 가치 있게 여기는지에 대해 많은 것을 말해 준다. 정리해고가 잘 다뤄져야 하는 이유도 그 때문이다. 영리한 회사는 자사의 행동이 자사의 가치와 일치하게 한다.

어떤 이유로 해고하든 당신은 매니저로서 해고 대상자와 당신에게 해고가 훨씬 쉬워지도록 다음과 같은 조치를 취할 수 있다.[10] 다시 말하지만 여기서의 목표는 정리해고가 공정하고, 정리해고 소식을 당신의 조직 문화와 일치하는 방식으로 전달하며, 해고되는 종업원이 개인적인 존엄성을 유지할 수 있도록 실행하는 것이다.

8) D. Rice and C. Dreilinger, "After Downsizing," Training and Development Journal (1991년 5월), 41-44쪽.

9) J. Brockner, "Managing the Effects of Layoffs on Survivors," California Management Review, 1992년 겨울호, 928쪽.

10) Kenneth Labich, "How to Fire People and Still Sleep at Night," Fortune, 1996년 6월 10일 65-71쪽.

1. 해고 대상자를 만나기 전에 미리 준비하라. 왜 이 해고가 필요한지에 대한 간략한 설명을 준비하고, 이 종업원에게 제공되는 재정과 기타 복지 사항을 비롯한 퇴직 보상 패키지에 대한 설명 자료를 준비하라. 달력을 점검하고 회사 홍보 담당 부서와 상의해서 특정 종업원을 자신의 생일이나 업계협회나 전문가 단체로부터 상을 받는 날 해고하지 않는 것도 도움이 된다.

2. 가능하면 당신이 해고 대상자에게 해고 예정 사실을 통보한 뒤에 재취업 상담사나 인사 전문가가 그 종업원과 만나도록 주선해야 한다. 대부분의 재취업 상담사들은 매니저에게 가능하면 나쁜 소식을 아침 일찍 또는 주초에 말해 주라고 충고한다. 그러면 종업원이 필요할 경우 상담자를 만날 시간을 낼 수 있다. (이 조언은 본인 귀책으로 해고되는 종업원에게는 해당되지 않는다.)

3. 매니저의 사무실보다는 회의실 등 중립 지대에서 해고하는 것이 좋다. 그러면 상황이 격해지면 회의실을 나갈 수 있다. 가능하면 그 종업원이 어떻게 반응할지 예상해 보라. (동료 종업원 폭행과 같이) 난폭한 종업원의 귀책사유로 해고하려 할 경우 해고 소식을 전달할 때 보안 요원이나 인사 전문가를 대동할 수도 있다.

4. 해고 소식을 전자 우편, 전화 또는 회의나 기타 공개 석상에서 전하지 말고 개인적으로 만나 직접 전하라. 해고 소식을 전달할 때 객관성을 유지하고 어떤 식으로든 폭언하지 말고 동정심을 보이고 (가능하면) 신속하게 전달하고 결코 개인감정을 개입시키지 마라. 이는 비즈니스 결정이며 가능하면 가장 전문적으로 전달되어야 한다.

5. 마지막으로 해고에 대한 모든 정보의 비밀을 유지하라. 알아야 할 필요가 없는 사람과 해고 이유에 대해 절대로 논의하지 마라. 정리해고 인원이 많을 때에는 이 조언이 적용되지 않는다. 생존자들(뒤에 남게 되는 사람들)에게는 왜 정리해고가 필요했는지 설명할 필요가 있다. 이 경우

정리해고가 필요하게 된 경영상의 이유에 대해서는 말할 수도 있을 것이다. 하지만 왜 어떤 종업원은 해고되었고 다른 종업원은 해고되지 않았는지에 대해서는 절대로 설명하지 마라. (다운사이징에 대한 추가 정보는 10장을 보라.)

귀책사유에 의한 해고는 종업원들이 눈치채게 되고 입소문이 조직에 해고 소식을 실어 나를 것이다. 종업원들이 나쁜 행동은 벌을 받는다고 이해하는 것이 중요하기 때문에 이는 좋은 일이다. 그러나 어떤 종업원이 왜 처벌받았는지 공개적으로 설명하는 것은 일반적으로 적절하지 않다. 처벌받은 사람의 존엄성과 프라이버시를 보호하는 것이 그렇게 하는 주된 목표다.

위의 사항들이 왜 윤리 문제인가?

채용, 성과평가, 징계, 해고는 모두 정직, 공정성, 개인의 존엄성에 관계되기 때문에 윤리 이슈가 될 수 있다. 라이스와 드라일링거[11]는 정의에 대한 욕구는 "인간의 기본적인 특성이다. 사람들은 세상이 공정성의 원칙에 따라 운영된다고 믿기 원한다. 사람들은 그 믿음이 깨지면 격하게 반응한다."라고 말한다. 사실 회사 윤리 핫라인에 걸려오는 대부분의 전화는 (이에 대해서는 6장에서 보다 자세히 논의하였다.) 이러한 유형의 인사 이슈와 관련이 있다.

비용

채용, 성과평가, 징계, 해고와 관련된 상황에서 개인의 권리를 보호하기 위한 다수의 연방 법률과 차별 당했다고 느끼는 종업원들을 위한 여러 법적 구제책도 있다(차별 비용에 대한 보다 자세한 정보는 4장을 보라). 그와 더불어 소송 증가에 대응해서 고용 관행 책임 보험이 인기를 끈다. 이 보험은 종업원에게

---

11) D. Rice and C. Dreilinger, "After Downsizing," Training and Development Journal (1991년 5월), 41-44쪽.

성희롱, 차별, 또는 부당 해고와 같은 사유로 제소된 조직에 보험금을 지급한다. 15년 전에는 존재하지 않았던 이 보험은 이제 「포춘」 500대 기업에 속하는 많은 회사들이 가입한다. 이는 확실히 소송과 합의가 크게 증가한 결과다. 평등 고용 기회 위원회는 2011년에 거의 1만 건의 직장 차별 민원을 접수했으며 피해자에 대한 금전 보상액은 총 3억 6천 6백만 달러를 초과했다.[12]

차별 혐의로 피소된 조직은 법률 비용과 벌금을 지불하는 것 외에도 종업원 사기와 조직 평판 측면의 대가를 치를 것으로 예상할 수 있다. 연구 결과에 의하면 불공정하게 대우받았다고 인식하는 종업원들은 추가 노력을 기울일 가능성이 낮고 조직에서 횡령이나 절도의 가능성이 높다.[13]

영리한 조직들은 매니저들이 고용주-종업원 관계의 '기본'을 관리하도록 교육시키는 문제에 있어서는 금전상의 비용만 보지 않는다. 현명한 회사들은 기본 관리가 조직 문화 중 종업원들에게 가장 가시적인 측면임을 이해한다. 채용, 해고, 징계, 보상, 칭찬 등과 같은 이러한 일상 활동들은 조직이 종업원들을 실제로 얼마나 중시하고 있는지 알 수 있는 구체적인 신호다. 조직이 이 기본 사항에 주의를 기울이지 않고, 이를 제대로 관리할 수 있는 매니저를 식별해서 교육시키지 않으면, 종업원들에게 탁월한 결과를 내도록 고취하고 조직 문화가 종업원들과 그들의 노력을 가치 있게 여긴다고 확신시키기 어렵다.

다양한 노동력 관리

전문가들은 노동력이 점점 더 다양해짐에 따라 다양한 집단이 잘 조율된 합창을 부르도록 얼마나 설득할 수 있느냐가 매니저들의 성공 열쇠가 될

---

12) 평등 고용 기회 위원회 웹사이트 (2010), http://www.eeoc.gov.
13) J. Greenberg, "Employee Theft as a Reaction to Underpayment Inequity: The Hidden Cost of Pay Cuts," Journal of Applied Psychology 75권 (1990), 56-64쪽.

것이라고 예측한다. 다양한 인구 집단의 필요를 제대로 충족시키는 회사는 이 현실을 무시하는 회사보다 성공하기에 좋은 위치에 있다. 매니저들은 남녀노소, 인종, 종교, 민족, 성적 지향성에 관계없이 모든 사람들을 다룰 능력을 갖추어야 하고 팀원들에게도 사람을 다루는 능력을 갖추도록 장려해야 한다. 매니저들은 팀의 성과를 지휘하는 '지휘자'가 되어서 때로는 가르치고, 때로는 코치하고, 항상 종업원들과 소통하며, 종업원들이 배우고 좋은 결정을 내리도록 권한을 부여 한다.

새 매니저에게 요구되는 두 번째 역량은 다른 팀원들 사이의 관계에 긍정적인 영향을 주고 개인의 생산성을 향상시키는 윤리적인 업무 환경을 조성하는 것이다. 함께 일하는 사람들은 누구나 자신이 좋은 성과를 낼 수 있는 능력에 영향을 줄 수 있는 일련의 이슈들을 갖고 있다. 자녀, 부모, 또는 기타 친척들을 부양할 책임이 있는 사람들, 고질적인 질병 또는 장애나 알레르기가 있는 노동자들, 갑자기 병에 걸리거나 부상당한 사람들, 약물이나 알코올 중독과 같이 화학물질에 의존하는 종업원들 등등 다양한 사람들이 있다. 매니저들은 때로는 팀원들의 주의를 빼앗을 수도 있는 고통스런 사건들과 상황에도 불구하고 부서 또는 팀의 과제와 사명을 수행할 수 있어야 한다.

편견에서 자유로운 사람은 없기 때문에 매니저들은 팀원들 간의 관계에 대해 상담할 수 있어야 한다. 모든 팀은 다양한 성격의 사람들로 구성되기 때문에 매니저는 빈번히 중재하고 분쟁을 해결하는 심판이 되고 특정 업무를 가장 잘 수행할 수 있는 사람에게 업무를 배정하고 팀원들의 업무 관계에 공정성이 내장되도록 할 필요가 있다.

이번 섹션에 나오는 예들은 4장에 나온 예들과 비슷하지만 개인의 관점이 아니라 매니저의 관점에서 제시되었다. 그리고 앞에서 얘기한 바와 같이 매니저들의 책임 수준은 다양하다.

다양성

당신 회사의 최우수 고객 중 한 명은 매우 보수적인 조직으로 진짜 '화이트 컬러' 회사 소속이다. 당신의 부하 직원인 아프리카계 미국인 데이빗은 재능이 있으며 이 고객을 담당함으로써 큰 이익을 얻을 수 있고, 그 고객도 데이빗의 전문성과 창의성으로 큰 도움을 받을 수 있다. 문제는 데이빗이 화려한 색상의 옷을 입고 아프리카의 테두리 없는 모자 쿠피를 쓴다는 점이다. 당신의 회사는 오래전에 데이빗의 탁월한 재능을 인식했으며 회사에서 그의 복장은 문젯거리가 아니다. 그러나 당신은 고객이 데이빗의 복장에 이마를 찌푸릴 거라는 것을 안다.

다양한 노동력은 남성과 여성, 여러 인종, 민족, 종교, 성적 지향을 지닌 사람들로 구성된다. 매니저의 역할은 각 개인의 기여를 최대화하는 환경을 조성하는 것이다. 미국의 인구 구성은 다양하기 때문에 미국인들에게 제공되는 상품과 서비스도 다양한 노동력에 의해 개발, 생산, 판매되어야 한다고 믿는 것은 일리가 있다.

어느 화학 회사 임원과의 인터뷰는 다양성을 무시할 때의 위험을 보여주었다. 벽지는 이 회사 상품 중 하나다. 이 회사 벽지는 품질이 좋고 가격도 경쟁력이 있었지만 매출이 줄어들었다. 주택 수리와 수선, 특히 자가 장식이 역사상 최고치를 기록했기 때문에 이 회사 벽지 매출 하락은 더 큰 수수께끼였다.

당황한 몇몇 고위 마케팅 매니저들은 고객 설문조사를 수행해서 회사의 벽지 무늬가 문제임을 알아냈다. 고객들은 이 회사 벽지의 패턴과 스타일이 구식이라고 생각했다. 그래서 매니저들은 회사가 벽지 무늬 패턴과 스타일을 선택할 때 사용하는 프로세스를 조사했다. 다음 시즌에 판매할 패턴을 위해 어떤 종류의 시장 조사가 수행되었는가?

그들은 여성 소비자들의 벽지 구매가 총 판매액의 90%를 넘는 데도 불구하고 벽지 패턴을 결정하는 팀에 여직원이 한 명도 없다는 사실을 발견했다. 남성 종업원들이 벽지 스타일에 관하여 모든 결정을 내리고 있었다. 마케팅 매니저들과 기타 임원들은 벽지 스타일 선정 위원회에 여성과 기타 다양한 목소리가 포함되어야 한다고 주장했다. 이런 조치는 즉각적인 결과가 나타났다. 새로운 벽지 스타일이 매장에 나타나자마자 매출이 큰 폭으로 증가했다.

이번 섹션을 시작할 때 나온 예에서 데이빗의 복장은 일부 매니저들에게는 문제가 있는 것으로 비춰질 수 있다. 이와 같은 사례에서는 정직이 최선의 방책이다. 당신은 데이빗의 능력이 이 고객에게 도움이 될 수 있으므로 데이빗이 고객을 맡았으면 좋겠다고 솔직하게 말할 수 있을 것이다. 당신은 그 고객이 보수적이어서 데이빗의 복장 때문에 능력이 가려질까 염려된다고 말할 수 있다. 데이빗에게 그 고객과 만날 때 무슨 옷을 입을지 결정할 수 있도록 하라.

당신은 고객에게도 솔직하게 말할 수 있다. 그 고객에게 데이빗은 역량이 매우 출중하며 고객에게 가치를 부가할 수 있는 최상의 종업원이라고 말하라. 첫 만남에서 덜 놀라도록 미리 데이빗은 종종 민속 의상을 입는다고 말해 주라. 이 접근법은 데이빗에게 고객이 그의 의상을 어떻게 해석할 수 있는지 알려 주기는 하지만 그를 비좁은 회사의 틀 안에 가두지 않는다. 이 접근법은 또한 고객에게 다양성을 다루도록 준비시키기도 한다. 요점은 고객이 데이빗의 개성을 어떻게 생각할지에 대한 당신의 해석과 다양한 목소리의 균형을 유지하는 것이다.

복장 규정에 분노하는 사람들도 있다. 복장 규정의 대부분 의도는 개성을 제한하려는 것이 아니라 직장에서 전문가다운 모습을 확보하기 위함이다. 민속 의상은 수수한 경우에는 문제가 되지 않아야 한다. 복장 규정의 목적은 고객에게 부적절하거나 너무 캐주얼하다고 여겨질 수 있는 의상을 피하기 위함이다. 복장 규정은 또한 조직 문화를 가시적으로 보여 주는데 종업원들에게 복장이 조직 문화의 다른 요소들과 조화되어야 한다고 알려줘야 한다. 예를 들어 어떤 회사가 격식을 차리지 않고 평등주의적이라면 평상복은 그 문화의 일부다. 매니저들은 특정 상황(종업원들이 보수적인 고객을 만날 때 등)에서는 정장 차림을 하도록 권장할 수도 있지만 그 이유를 설명해야 한다.

희롱

당신의 직업은 전통적으로 남성이 지배해 왔으며 마르샤는 당신 부서에서 유일한 여성이다. 부서 회의를 할 때 회사의 선임 엔지니어 샘과 부서의 다른 남성 종업원들은 마르샤를 자기들 방식으로 칭찬한다. 그들은 "사무실에 당신과 같은 여자가 있으니 업무에 집중하기 어렵다."거나 "당신이 우리에게 계속 눈웃음치면 실내 온도가 올라가 에어컨을 켜야 할 것이다."와 같은 말을 하며 마르샤의 옷, 외모, 다리, 말투를 칭찬한다. 아첨하는 말이기도 하지만 마르샤는 불편하다. 그녀는 당신에게 여러 차례 불편함을 얘기했고, 당신은 샘과 다른 사람들에게 그런 말을 그만두라고 했다. 하지만 그들은 그냥 웃기만 할 뿐 마르샤가 너무 예민하다고 말한다. 당신은 마르샤가 예민하기는 하지만 동료들의 말에 화를 낼만도 하다고 생각한다(성희롱의 법적 정의는 4장을 보라).

칭찬이 희롱에 해당하는가? 칭찬이 누군가를 당황하게 하고 동료들 앞에서 특정인의 입장을 난처하게 한다면 희롱에 해당한다. 마르샤가 동료들의 말에 불편을 느낀다면 당신은 그녀의 매니저로서 이에 대해 뭔가 조치를 취할 책임이 있다. 이런 사례에서는 때로는 입장을 바꿔보면 도움이 된다. 당신의 부서에서 여성이 지배적이고 여직원들이 유일한 남성 동료에게 끊임없이 "자기 정말 섹시하다," "자기가 눈웃음치면 우리는 모두 흥분돼,"

"당신 옷 정말 근사하다. 이 바지 입으니까 멋진 허벅지가 다 드러나잖아."
라고 말한다고 상상해 보라. 이런 친근한 농담이 얼마나 우스꽝스럽게 들
리는가?

이 사례에서는 마르샤의 불편함이 문제다. 당신 또는 다른 사람들이 그
녀가 '다소 예민하다'고 생각하는지의 여부는 중요하지 않다. 그녀는 먼저
동료들에게 그만두라고 말했고, 그들이 말을 듣지 않자 당신에게 와서 말
함으로써 이미 적절한 조치를 취했다. 당신은 즉시 당신 부서의 팀원들을
개별적으로나 전체적으로 만나야 한다. 여성들이 그런 말을 남성들에게 하
면 얼마나 우스꽝스럽게 들릴지 보여 주기 위해, 상황을 뒤집어 볼 수도 있
다. 그들에게 부적절한 칭찬은 용납되지 않으며, 앞으로 그런 부적절한 행
동을 하는 사람은 징계 받을 것이라고 단호하게 설명해 주라. 모든 팀원이
편안하게 느끼고 존중받을 권리가 있음을 명확히 하라. 신속하고 단호하게
조치를 취하고, 향후의 위반에 대해 징계 조치를 취하지 않으면 소송이 제
기될 수도 있다.

또 다른 형태의 괴롭힘을 살펴보자.

당신의 직속 부하 중 한 명인 로버트는 활동주의 교회에 다닌다. 당신은 다
른 사람의 신앙에 대해 아무런 관심이 없지만 로버트는 자기 종교에 대해
목소리를 너무 높여서 당신 부서의 다른 종업원들에게 문제가 되고 있다.
그는 다른 동료 종업원들에게 전도할 뿐만 아니라 일부 여성 동료들의 복
장을 비판하며 직원회의에서 끊임없이 성경 구절을 인용한다. 당신은 몇
명의 종업원들로부터 그의 행동에 관한 불만을 접수했다. 당신은 몇 주 전
에 전도 수위를 낮추라고 얘기했는데 그는 당신이 신앙을 박해하는 이교도
인 것처럼 반응했다. 그 후 그의 행동은 더 과격해졌다.

매니저는 개인의 권리와 집단의 권리 사이의 균형을 유지할 책임이 있

고, 조직은 공정성과 상호 존중을 목표로 한다. 이 경우 한 사람이 자신의 의견이나 행동을 다른 팀원에게 강요하려 한다.

로버트는 다양한 견해의 선을 넘어 괴롭힘으로까지 나아간 듯하다. 다양한 배경의 가치를 인정하는 것이 중요하기는 하지만 한 개인이 다른 팀원에게 끊임없이 자신의 신앙을 강요할 수 없는 환경을 갖추는 것도 이에 못지않게 중요하다. 로버트는 당신과 동료들의 요청을 무시하고 계속 전도한다. 로버트의 행동은 의심할 나위 없이 팀의 성과와 팀원들 사이의 관계를 해칠 것이다. 이런 경우, 당신은 이미 로버트에게 구두로 경고했기 때문에 성과를 문서화하는 것이 합리적이다. 적대감과 자신의 상사와 동료들의 의견을 존중하지 않는 그의 태도는 반항으로 여겨질 수도 있다. 적절한 징계 절차가 있는 조직에서 취할 수 있는 다음 조치로는 그에게 종교에 영향을 주려는 시도를 억제하지 않으면 해고될 수 있다고 서면으로 경고하는 것이다. 그 뒤에도 로버트가 계속해서 동료들을 괴롭히는 행동을 멈추지 않으면 그를 해고할 수 있다.

가족과 개인 문제

당신의 직속 부하 중 한 명인 엘렌은 방금 전에 출산 휴가를 마치고 업무에 복귀했다. 그녀는 이제 4개월짜리 유아와 3살짜리 아이를 두고 있다. 엘렌은 재능 있는 노동자일 뿐 아니라 멋진 사람이다. 그녀는 둘째 아이를 출산하기 전에는 업무 처리와 시간 관리에 문제가 없었다. 입주 보모를 두고 있어서 그녀가 언제 퇴근하더라도 보모가 아이를 돌볼 수 있었다. 그러나 최근에 보모가 일을 그만두어서 엘렌은 자녀들을 문 여는 시간과 닫는 시간이 매우 엄격한 어린이집에 보내고 있다. 엘렌은 사무실에서는 생산성이 매우 높지만 이제 더 이상 근무 시간이 유연하지 않다. 그녀는 늦어도 오후 다섯 시에는 퇴근해야 한다. 그래서 그녀가 사무실에 있건 없건 팀에 부여된 업무를 마쳐야 하는 동료들에게 어려움이 야기되고 있다. 당신은 그녀에게 문제를 일으키고 싶지 않지만 상황이 그녀의 동료들에게 불공정한 것 같다.

가족 문제와 개인 문제는 일과 직접 관련이 없지만 업무 수행 능력에 영향을 줄 수도 있는 상황과 조건이다. 사람들이 회사에 출근했다고 해서 개인 문제와 가족 문제를 그저 제쳐둘 수 만은 없다. 이런 상황에서 노동자의 프라이버시 권리 유지와 동료들에 대한 공정성 확보의 균형을 달성하기는 어려운 일이다. 누군가가 좋은 업무 성과를 내고 있고 업무 참여가 만족스럽다면 그 종업원이 원하는 도움을 제공하는 것 외에 매니저가 별도의 조치를 취할 이유가 없다는 기준이 적용되어야 한다.

엘렌의 경우는 일시적으로 동료들의 스케줄을 따라가지 못하고 있다. 모든 노동자들은 조만간 특정 근무 시간을 유지할 능력을 제한하는 상황을 다뤄야 한다. 질병, 가족을 돌볼 책임, 자택 건축, 출퇴근 시간 등 다양한 이유로 유사한 상황이 생길 수 있다. 여기서의 문제는 성과나 생산성이 아니라 참여의 공정성이다. 많은 사람들은 자녀가 있고 따라서 특정 시간에 퇴근하거나 아픈 자녀와 함께 집에 머물러야 할 수 있으므로 '항상 남아서 일하는' 책임은 독신이나 자녀가 없는 종업원들에게 떨어지는데 이는 그들에게 공정하지 않다. 모두가 동료들에게 관대하기를 원하지만 매니저로서 자녀가 없는 사람들의 희생 하에 자녀가 있는 사람들을 도와주지 않도록 해야 한다.

엘렌뿐 아니라 팀원 전체에게 보다 유연한 근무 시간제를 적용하면 이상적인 해법이 될 수도 있다. 부하 직원들에게 머리를 맞대고 협력해서 이 문제의 해결 방법을 찾게 하는 것도 좋은 방법이다. 예를 들어 전체 직원회의를 모든 종업원이 참석할 수 있는 오전에 개최하도록 조정할 수 있을 것이다. 엘렌이나 다른 사람들이 늦게까지 남아서 일하는 것이 필수적이지 않도록 개별적인 활동들은 오후로 미뤄 둘 수도 있을 것이다. 회사에 유연 근무시간제가 있다면 매니저에게 당신이 책임을 맡고 있는 영역에서 종업원들의 출퇴근 시간을 달리 적용할 수 있는 유연근무제를 시행할 가능성이 있는지도 얘기해 볼 수 있다. 그러나 정규 근무 시간에는 항상 사무실을 지킬 수 있도록 누군가를 배치하라. 개별 종업원들의 삶을 쉽게 하고 집단 전체의 공정성을 도모해서 그 결과 팀의 전반적인 생산성을 향상시키는 것이 목표다.

개인의 질병과 종업원의 화학 약품 의존은 다른 종류의 문제를 제기한다. 이 상황은 업무 시간뿐 아니라 개인의 업무 수행 능력에도 영향을 줄 수 있다. 대부분의 회사들에는 명시적인 종업원 질병 관리 정책이 있다. 일반적으로 종업원들은 일정 일수의 질병 휴가를 사용할 수 있으며 그 뒤에는 정해진 장애 프로그램에 돌입해야 한다. 그러나 어떤 종업원이 공식 진단을 받지 않은 채 질병 휴가를 쓰고 이상하게 행동하거나 업무수행 성과가 달라질 경우 신체적 질병 또는 정신질환을 의심할 수도 있다. 어느 종업원의 건강에 대해 계속 우려할 경우, 그 종업원에게 의사를 만나보거나 회사 의료 부서가 있을 경우 의료 부서와 상담하도록 권장하라. 모든 종류의 질병(우울증, 암, 후천성 면역 결핍증 등)은 사적인 정보로 비밀이 유지되어야 한다. 이러한 질병들은 다른 동료에게 위험을 야기하지 않으며 병을 앓고 있는 사람들에게는 일반적인 업무를 배정하거나 업무 스케줄을 조정해 줄 수도 있다. 매니저들은 그들의 프라이버시를 보호하고 공정하게 대하고 동정심을 보임으로써 도와줄 수 있다.

약물이나 알코올 남용은 다른 문제다. 대부분의 회사는 회사 설비에서 어떤 종류의 약물이나 알코올도 금지하는 정책을 갖고 있으며 알코올이나 약물의 영향 하에서 일하다 발각된 종업원들에게 엄한 처벌을 가한다. 알코올 중독과 약물 중독 모두 남용자의 건강에 엄청난 악영향을 주고 직장에 큰 위험을 야기할 수 있다. 회사 채권 트레이더가 코카인에 취하면 자신과 고용주, 고객에게 큰 재앙을 끼칠 수 있다. 비행기 조종사가 술에 취하면 비행기와 승객들이 큰 위험에 처한다. 당신은 방금 전에 마리화나를 피운 기관사가 조종하는 열차를 타거나 술에 취한 부동산 중개인이 협상한 부동산 매매 계약서에 서명하거나 각성제에 취한 의사에게 자녀의 다리 골절을 치료하도록 맡기고 싶겠는가?

당신의 종업원 중에 직장에서나 퇴근 후에 약물을 오용하는 사람이 있다고 의심된다면 그 종업원의 행동과 업무 수행성과에 변화가 있는지 서면으로 추적 관리하라. (종업원이 회사 설비 밖에서 약물을 투여하거나 술을 마시더라도 잔여 효과가 업무 수행성과에 영향을 줄 수 있다. 또한 오락으로 사용하는 약물 비용이 당신의 조직에 위험을 끼칠 수도 있다.) 알코올 비슷한 냄새가 나는 약들도 있기 때문에 종업원의 행동과 업무성과 서면 추적 관리는 매우 중요한 단계다. 당신은 건강 상태가 아니라 약물 또는 알코올 오용을 다루고 있음을 명심하라. 오용이 문제라는 확신이 서면 인사 부서에 연락하라. 약물 오용은 (최소한 많은 대기업에서는 일반적으로 해당 종업원을 해고할 사항이 아니라) 질병으로 간주되며 해당 종업원은 대개 인사 부서의 상담을 받게 된다. 대부분의 대규모 조직은 약물 오용 치료 프로그램을 제공하며, 약물을 오용하는 종업원이 있으면 그 종업원에게 치료 프로그램에 참여하도록 요구할 것이다. 그리고 종업원들에게 약물에서 손 뗄 한두 번의 기회가 주어진다. 문제가 재발하면 약물 오용자는 해고될 수 있다. 예를 들어 어느 자산 관리 회사에서 한 종업원이 규칙적으로 코카인을 사용하고 코카인에 취한 상태에서 트레이딩하다 발각되자 회사는 그 종업원을 회사에서 비용을 지급하는 재활기관에 보냈다. 그 트레이더는 재활기관에서 90일간 치료받고 난 뒤에 직장에 복귀했는데 그 뒤로 약물에서 손을 떼고 매우 높은 생산성을 보였다. 그는 다시 약물을 사용하지 않는지 확인하기 위해 규칙적으로 회사가 관리하는 약물 테스트를 받기는 했지만 이전의 약물 중독으로 인해 해고되지는 않았다. 여기서 중요한 이슈는 그 종업원, 회사, 그리고 회사의 고객을 위해 그 종업원에게 신속한 도움을 주는 것이다.

위의 사항들이 왜 윤리 문제인가?

위의 사항들은 모두 공정성과 개인 존중과 관련이 있기 때문에 윤리 문제다. 기업에서 발생하는 윤리 문제들의 많은 부분은 인사와 관련이 있으며 관련 부서 매니저가 신속하고 공정하며 동정심을 갖고 조치를 취하면 해결될 수 있다.

비용

차별과 성희롱의 개인적 비용, 직업상의 비용, 그리고 회사의 비용은 이번 장의 앞부분과 4장에서 설명했다. 다양성과 연결된 대부분의 이슈들을 잘못 다룬 비용은 명확하지 않으며 수치로 나타내기 어렵다.

그런 사안이 알려지면 얼마나 비싼 대가를 치를 수 있는지 대략적으로 파악하고 싶다면 5장의 뒷부분에 나오는 텍사코 사례에서 살펴볼 수 있다. 텍사코 임원들이 유대교 축제일 하누카와 아프리카계 미국인 축제 콴자가 크리스마스 축하를 방해한다고 불평하고 계류 중인 차별 소송과 관련된 서류 파괴에 대해 얘기한 녹음테이프가 공개되었다.[14] 여론의 비난이 빗발치는 가운데 텍사코는 이 사건을 1억 7천 6백만 달러에 합의할 수밖에 없었다. 확실히 텍사코는 재정적으로나 평판 상으로 무거운 대가를 치렀다. 그러나 이러한 비용은 빙산의 일각일 뿐이다.

성과평가 시스템, 희롱, 미묘한 차별과 명백한 차별, 매니저들이 가족·약물·질병 이슈를 다루는 방식 등 모든 공정성 이슈에서 종업원들이 불공정하게 대우받으면 기업이 얼마나 큰 비용을 지불해야 하는지 이해해야 한다. 그 결과는 천문학적일 것이며 대가는 재정상 비용과 평판 손상에만 국한되지도 않을 것이다. 얼마나 많은 종업원들이 동료와의 문제가 해결되지 않아 직장을 떠나겠는가? 조직이 자신을 공정하게 대우하지 않기 때문에

---

14) J. Leo, "Jellybean: The Sequel," U.S. News & World Report, 1997년 2월 10일, 20쪽.

추가 노력을 기울이지 않겠다고 결심하는 종업원들이 얼마나 많겠는가? 최고의 성과를 내는 얼마나 많은 사람들이 자녀나 연로한 부모를 보살피기 위해 유연 근무 시간을 허용하는 회사에서 일하기로 결심하겠는가? 얼마나 많은 사람들이 고질적인 알코올 중독자가 일을 제대로 처리하지 못한 부분을 처리하느라 열 받고 짜증나겠는가? 인간적 고통, 사기, 충성심, 생산성, 기회 상실 면의 비용은 헤아릴 수 없을 만큼 막대하다.

렌즈 역할을 하는 매니저

매니저는 조직에서 회사 정책을 해석하고 회사의 지시를 실행하며 자신이 책임을 맡고 있는 영역의 모든 인사 관리 필요를 충족하고 상위 경영진의 메시지를 지휘 계통상 하부에 전달하고 종업원의 피드백을 지휘 계통의 상부로 소통하는 중요한 역할을 수행한다. 무엇보다도 매니저는 부하 직원들의 바로 가까이에서, 그리고 현장에서 조직 문화를 소통한다. 매니저는 조직의 성공에 가장 중요한 요소인데도 불구하고 가장 간과되는 존재다. 그러나 실수하지 마라. 매니저는 종업원들이 그들을 통해 회사를 보는 렌즈이자 상위 임원들이 그들을 통해 종업원들을 보는 여과기다. 이번 장의 앞에서 언급한 바와 같이 매니저는 종업원 참여를 증가시키는 데 있어 매우 중요한 요소다. 종업원들에게는 매니저가 회사 자체다. 매니저는 누군가에게는 그 조직에 남아 있도록 감화하는 존재이고 어떤 사람에게는 조직을 떠나게 하는 계기가 된다. 매니저는 많은 영향을 끼치기 때문에 다른 어떤 종업원 집단보다 더 많은 상위 경영진의 주의, 교육, 소통 기술을 필요로 한다.

매니저가 최종 책임을 진다

매니저들의 깊은 생각을 들여다볼 수 있다면 아마 이런 정서와 만나게 될 것이다. '나는 우리 팀이 일을 잘 해내고, 이에 대해 인정받기를 바란다.

그러나 나는 무엇보다도 내가 모르는 난처한 일이 진행되고 있지 않기를 바란다.'

매니저로서 당신은 곧 종업원들이 당신을 큰 문제에 빠지게 할 수도 있고 당신에게 영광을 가져다줄 수도 있음을 알게 될 것이다. 그러나 다행히도 당신은 난처한 일이 일어나지 않게 해 주거나 난처한 일이 발생한다 해도 문제가 통제 불능 상태로 커지기 전에 이를 발견하는 데 도움이 되도록 장기적으로 투자할 수 있다. 매니저로서 문제를 일으킬 수도 있는 종업원들로부터 자신과 조직을 보호하는 데 도움을 줄 자체 보험을 고안할 수도 있다.

매니저는 자신에게 보고하는 사람이 자신의 지침과 승인을 기대한다는 점을 이해하고 이를 내면화함으로써 스스로를 보호해야 한다. 이는 매니저가 윤리를 적극적으로 관리할 필요가 있음을 의미한다. 종업원들은 매니저의 규칙이 무엇인지 알기 원하기 때문에 매니저는 자신의 기준이 무엇인지 주의 깊게 생각하고 이를 의식적으로 소통하고 집행하도록 노력할 필요가 있다. 매니저는 역할 모델이며 종업원들이 자신의 모범을 따르게 된다는 점을 이해하는 것이 가장 중요하다. (5장에 나오는 윤리적 리더십의 중요성에 대해 더 읽어 보라.)

전 콜롬비아 대학교 경영대학원장이자 몇몇 곳의 대기업 이사회 위원인 보리스 야비츠는 매니저들에게 현명한 충고를 했다. 첫째, 당신의 기대와 기준을 공적, 사적으로 소통하라. 종업원들은 단지 정책 매뉴얼에 수록되기만 하는 기대보다는 당신이 직접 "우리는 똑바로 하고 있습니까?"라고 말로 도전하는 데 더 잘 반응할 것이다. 둘째, 매니저들은 개인적인 모범을 통해 자신의 의지를 증명해야 한다. 그들은 '언행이 일치' 할 필요가 있다. 그렇지 않으면 아무도 그들의 기대를 진지하게 받아들이지 않을 것이다. 마지막으로 종업원들은 자연적으로 매니저에게 나쁜 소식을 알리려 하지 않는 경향이 있기 때문에 매니저들은 종업원들에게 자신은 그런 보호를 원하지 않는다고 명시적으로 말할 필요가 있다. "내게 모든 것을 말해 주세요." 당신이 매니저라면 그런 보호를 원하지 않는다고 크고 명확하게 소통하는 것이 최선의 방책이다. 물론 이는 당신이 나쁜 소식을 가져오는 사람에게 불이익을 줘서는 안 된다는 점을 의미한다. 그렇지 않으면 다시는 부하 직원들로부터 나쁜 소식을 듣지 못할 것이다.

명확한 기준으로 시작하라　모든 조직에는 기준이 있다. 서면 기준이 있는 조직도 많다. 대개 사명 선언문 또는 지도 원리 형태의 서면 기준은 양날의 칼이 될 수 있다. 조직이 실제로 어떻게 비즈니스를 수행하는지를 안내하는 서면 기준을 갖고 있으면 좋은 일이다. 그러나 서면 기준이 단지 장식에 지나지 않으며 실제 기준은 인쇄해서 벽에 걸어 둔 기준과 아무 관계가 없다면 이는 큰 문제다. (5장에서 묘사한 정렬되지 않은 문화에서와 같이) 서면 기준과 현실이 괴리되면 신뢰가 파괴되는데 신뢰가 없으면 회사가 장기적으로 효과적일 수 없다.

매니저에게도 마찬가지다. 모든 종업원은 특정 매니저와 일하려면 지켜야 하는 규칙이 무엇인지 말할 수 있어야 한다. "이곳에서는 진실을 말하지 않으면 해고될 것이다," "평지풍파를 일으키지 마라," "내게 어떻게 해야 하는지는 말하지 말고 그저 해내기만 하라." 매니저가 종업원들에게 신뢰와 존중을 받는 최선의 방법은 의도적으로 명확한 기준을 세우고 이 기준에 따라 살며 이를 소통하고 모든 사람에게 이 기준을 지키도록 요구하는 것이다. 그리고 당신의 부하들이 '어떻게' 행동하기 원하는지에 대하여 윤리 기준을 세우는 것을 두려워하지 마라. 재무 목표는 종업원들의 관심을 결과 달성 방법보다는 협소하게 재무적 성과에만 초점을 맞추게 할 수 있으므로 균형을 잡기 위해서는 윤리 기준이 필요함을 기억하라.

사실 종업원들은 늘 매니저의 말이 진실인지와 매니저가 자신이 알고 있는 회사 가치를 지원하는지를 알고 싶어 한다. 다음과 같은 사례를 생각해 보라. 어느 식품 가공 공장의 매니저는 끊임없이 품질의 중요성에 대해 이야기한다. 그는 "고객이 언제나 최우선이어야 한다."라고 말한다. 그런데 어느 날 식품 가공 재료가 배달되어 왔다. 공장 설비를 가동할 준비를 마치고 종업원들은 재료가 배달되기를 기다렸는데 배달된 식품 가공 재료가 막 부패가 시작되려 한다. 매니저는 "이만 하면 됐다. 가공하면 오염원이 없어질 테고 가공 처리한 뒤 급속 냉동되므로 소비자들은 차이를 알지 못할 것이다. 우리는 지금 뭔가를 가동하지 않으면 큰 손실을 입을 것이다."라고 말한다. 이 매니저는 방금 전에 종업원들에게 어떤 메시지를 보낸 것인가? 한 달 뒤에 어떤 종업원이 식품 가공 장치에 쥐똥이 있는 것을 발견했다고 가정하자. 기계를 멈추고 청소하려면 많은 돈이 들 것이고 이미 차에 실은 식품들도 폐기해야 할 것이다. 당신은 이 종업원이 어떻게 하리라고 생각하는가? 당신은 그 종업원에게 고객이 우선일 것으로 생각하는가? 아니면 그 종업원은 돈을 아끼기 위해 필요한 절차를 생략해도 괜찮다고 생각하겠는가?

매니저로서 당신은 항상 기준을 세우고 조직 문화를 소통하고 있음을 이해할 필요가 있다. 사실 의도적으로 윤리 기준을 세우지 않으면 종업원들은 당신에게는 어떤 기준도 없다고 해석할 것이기 때문에 그 자체가 하나의 기준 역할을 한다. 요즘과 같이 팀으로 운영되고 종업원에게 권한을 부여하는 시대에 매니저들은 그들이 무엇을 지지하는지, 그리고 '이곳에서 일이 어떻게 수행될지'에 관해 매우 신중하게 밝혀야 한다. 매니저가 이러한 윤리 기준을 몸소 실천하면서 이 기준이 집행되어야 한다. 그렇지 않으면 사람들은 기준을 믿지 않을 것이다. 이것이 바로 '언행일치'가 의미하는 바다. 또한 종업원들은 매니저의 행동을 관찰함으로써 실제로 조직에 무엇이 중요한지 알게 된다. 문화는 바로 이런 방식으로 조직 안에서 굳어진다. (그리고 종업원의 인식이 한번 굳어지면 그러한 인식은 좀처럼 바꾸기 어렵다.)

당신의 기준을 계속 소통하기 위한 계획을 수립하라 양호한 소통 기술은 효과적인 윤리 관리의 핵심이다. 소통 기술이 없으면 윤리적인 행동을 장려하기가 사실상 불가능하다. 당신의 직급이 무엇이든 당신이 효과적인 소통에 최우선 순위를 두지 않았다면 깜짝 놀라는 일이 발생할 수도 있다고 각오해야 한다. 당신이 부하 직원들과 소통하지 않는다면 그들도 당신과 소통하지 않는다. 그러면 당신은 무슨 일이 벌어지고 있는지 모르게 되고, 즉 당신은 소식 전달 경로에서 제외되고, 업무 현장에서 벌어지는 일을 모르게 되고 윤리 위반을 자초하게 될 것이다. 비즈니스에서는 모르는 게 약이 아니다.

특정 집단의 종업원과만 소통하면 그들에게 일어나고 있는 일만 알 수 있기 때문에 그것으로는 충분하지 않다. 그러면 당신은 그 집단의 여과기를 통해서만 다른 집단의 종업원들에 관한 정보를 얻게 될 것이다. 그래서 '현장 경영'이 언제나 경영 전문가들에게 높은 점수를 받는 것이다. 매니저는 다양한 직급의 다양한 사람들과 규칙적으로 만나서 그들의 이야기를 들을 때에만 제대로 알 수 있다. (이것이 간단한 일이라고 생각할지 모르지만 얼마나 많은 최고위 임원들이 자신에게 보고하는 임원들과만 소통하면서 모든 계층의 종업원들과 잘 소통하고 있다고 생각하는지 생각해 보라.)

이 예를 생각해 보라. 새로 지명된 젊은 새 CEO가 최고위 임원들 사이의 소통을 개선하고 협력하기 쉽도록 모든 최고위 임원을 한 층에 모으기로 결정했다. 이런 일은 전 세계에서 늘 일어난다. 이것이 좋은 아이디어인가? 그는 사실상 자기 자신뿐 아니라 다른 고위 임원들도 고립시킨 셈이기 때문에 이 결정은 좋은 아이디어가 아닐 수도 있다. 그는 또한 조직 안에 엘리트주의 분위기도 조성했다.

당신의 부서에서 정기 회의를 개최하고 그 회의에서 회사 사명, 비즈니스 실적, 당신이 일을 수행하기 원하는 방식에 대해 논의함으로써 부서 내 소통을 개선할 수 있다. 당신이 무엇을 지지하는지, 그리고 당신의 부서가 무엇을 지지하기 원하는지에 대해 얘기하라. 윤리에 관련된 언어를 사용하라. 예를 들어 종업원들이 새 프로그램이나 상품을 고안할 때, 직원회의에서 그들의 계획에 의해 영향을 받을 수도 있는 모든 사람들을 고려했는지 물어 보라. 그들에게 옳은 일을 하고 있는지 물어 보라. 비즈니스 결정을 윤리적인 언어로 표현하면 도덕 인식 증가, 기준 소통, 윤리적인 행동의 중요성 강조에 큰 도움이 된다. 그러면 윤리적인 문화 강화에도 도움이 된다.

당신의 기준을 종업원 각자에게 개인적으로나 당신의 팀 앞에서 공개적으로 명확히 소통한 뒤에는 당신이 얼마나 접근하기 쉬운 사람인지에 대해 생각해 볼 필요가 있다. 사람들이 문제를 제기하거나 질문하거나 비판할 때 당신이 어떻게 반응하는지에 대해 깊이 생각할 필요가 있다. 당신이 소식을 가져오는 사람을 죽이거나 누군가가 질문할 때 적대적으로 대하거나 너무 바빠 명확한 방향을 제시할 수 없어 보인다면, 당신은 문제를 자초하고 있는 셈이다. 부하 직원들은 당연히 당신이 접근할 수 없는 사람이라고 생각할 것이다. 그런데 접근할 수 없는 매니저는 사각지대에 놓이게 되는 토대를 쌓게 된다. 매니저가 어떤 문제에 대해 종업원에게서 최초로 듣게 되는 것이 아니라 변호사, 신문 기자, 또는 감독 당국으로부터 최초로 듣게 될 수도 있다. 그러므로 당신이 매니저라면 접근할 수 있는 사람이 되도록 열심히 노력하라. 당신의 영역에서 일하는 사람들을 찾아가 그들과 담소를 나누라. 그들이 직장 안팎에서 무슨 일을 하고 있는지 물어 보라. 부하 직원들을 점심 식사에 초대하고 그들의 생각과 감정에 관심을 보이라. 서로 알게 하라. 관계를 형성하라. 서로 신뢰하기를 배우라. 틀림없이 언젠가는 문제가 발생할 텐데 이러한 관계는 문제가 발생할 때 매우 귀중한 자산이 될 것이다.

매니저들은 역할 모델이다

몇 년 전에 유명한 프로 농구 선수 찰스 바클리는 "나는 역할 모델을 하라고 돈을 받는 것이 아니다."라고 선언해서 스포츠면 머리기사에 등장했다.[15] 농구 코트의 동료 칼 말론은 「스포츠 일러스트레이티드」 기사에서 이렇게 응답했다. "찰스, 자네가 원한다면 역할 모델이 되는 것을 거절할 수 있겠지만 그것은 자네가 내릴 결정이 아니라고 생각하네. 우리는 역할 모델이 되겠다고 선택한 것이 아니라, 역할 모델이 되라고 선택된 거라네. 우리는 좋은 모델이 될지 나쁜 모델이 될지에 대해서만 선택할 수 있을 뿐이라네." 바클리처럼 역할 모델이 되고 싶지 않은 매니저들도 있을 것이다. 그러나 바클리와 매니저들은 그들이 원해서가 아니라 지위 때문에 역할 모델로 기능한다. 매니저와 좋은 역할 모델이 된다는 것은 단지 옳은 일을 하는 것 이상을 의미한다. 그것은 당신의 종업원들이 옳은 일을 하도록 도와주는 것을 의미한다. 좋은 역할 모델인 매니저는 종업원들에게 영감을 주고, 그들에게 모호한 영역을 정의하도록 도움을 주며, 그들의 우려를 존중한다.

매니저들은 윤리 딜레마에 직면한 종업원들에게 모든 사실 관계를 수집하고 2장의 충고를 사용해서 상황을 평가하도록 격려함으로써 그들에게 지침을 제공한다. 이렇게 한 다음에 매니저들은 여기서 더 나아갈 필요가 있다. 당신의 부하 직원 중 한 명이 당신에게 이슈를 제기했는데 당신은 문제가 있다고 생각하지 않는다면 어떻게 되겠는가? 그 종업원은 잘못된 것이 없다는 당신의 대답에 일시적으로 만족하면서 돌아갈 것이다. 그러나 그 종업원은 여전히 그 상황이 옳다고 생각하지 않기 때문에 머지않아 다시 올 것이다. 그러면 이번에는 어떻게 할 것인가? 아마 그 시점에서는 그 종업원에게 문제가 없는지 더 알아보게 하는 것이 당신이 할 수 있는 가장 책임 있는 처사일 것이다. 이렇게 하면 그 종업원과 그(녀)의 동료들에게 중요한 메시지를 보낸다. 첫째, 당신은 그 종업원이 이 이슈를 제기했다는 사

---

15) D. Gelman, "I'm Not a Role Model," Newsweek, 1993년 6월 28일, 56쪽.

실에 대해 기쁘게 생각한다고 말하고 있다. 둘째, 당신은 그 종업원의 말에 동의하지 않지만 그럼에도 불구하고 그(녀)의 말을 진지하게 듣고 있다고 말하고 있다. 셋째, 당신은 그 종업원의 직관을 믿고 있으며, 그(녀)도 그래야 한다고 말하고 있다. 넷째, 당신은 종업원의 말에 동의하지 않지만 그(녀)의 마음을 편안하게 해 주기 위해 이 이슈를 더 알아볼 용의가 있을 만큼 윤리가 당신과 당신의 조직에 중요하다고 말하고 있다. (당신은 그 종업원의 의심이 옳다는 것을 알게 될 수도 있다.)

매니저들이 자신의 역할 모델 직무에 대해 기억해야 할 가장 중요한 점은 자신의 행동이 자신의 말보다 훨씬 중요하다는 것이다. 매니저들은 윤리에 대해 마음껏 설교할 수 있지만 자신이 그 메시지대로 살지 않는 한 부하 직원들도 그렇게 살지 않을 것이다. 모든 사람들이 매니저인 당신과 당신의 행동을 주시하고 있다. 당신의 행동은 당신의 말보다 훨씬 더 큰 영향을 주기 때문에 당신의 말과 행동이 일치하지 않으면 신뢰받지 못할 것이고 종업원들은 조직의 신뢰성에도 의문을 제기할 수 있다.

상사와 동료 관리

바로 위 직급의 경영진에게만 좋은 인상을 줌으로써 조직에서 성공할 수 있었던 시절은 지나갔다. 새로운 팀 구조는 노동자들이 모든 사람에게 잘 대우하도록 요구한다. 일부 회사들이 이러한 접근법을 제도화하는 한 예로 다면평가라 부르는 성과평가 방법이 있다. 다면평가에서는 한 종업원의 성과평가 시, 매니저가 그 종업원의 동료와 부하 직원들에게 의견을 요청한다. 모든 방향에서 오는 이런 종류의 피드백은 아마도 사람들이 상사가 보기에 얼마나 잘하고 있는지만 측정하는 이전 방식보다 훨씬 효과적인 성과 척도일 것이다. 물론 이는 노동자들이 상하 관계와 동료 관계의 모든 업무 관계를 주의 깊게 고려할 필요가 있음을 의미한다. 이는 또한 노동자들이 늘 알고 있던 내용(누가 당신의 상사가 될지, 또는 앞으로 당신의 성공에 누가 가장 중요한 사람이 될지 결코 알 수 없기 때문에 당신의 모든 업무 관계를 효과적으로 관리하는 것이 매우 중요하다)에 대한 지표이기도 하다.

팀 구조에서도 매니저들은 여전히 당신의 미래에 심원한 영향을 준다. 그들은 성과평가, 급여 인상, 이동을 합의 또는 승인하며 일반적으로 당신의 경력 이동 가능성에 큰 영향을 미친다. 당신의 매니저 위 직급의 인사와 돈독한 관계를 유지하고 있지 않는 한, 매니저와의 관계가 나쁠 경우 이를 극복하기는 쉽지 않다. 따라서 당신의 매니저로부터 존중받도록 노력해야 한다.

동료들은 매니저보다 당신의 경력에 직접적인 영향을 덜 미치는 것으로 보일 수도 있지만 향후 성공에 중요한 영향을 준다. '주는 대로 받기' 때문에 당신이 동료들과 협조하지 않으면 동료들도 당신과 협조하기를 거부할 것이고, 심지어는 뒤에서 당신을 방해할 수도 있으며, 이러한 협조 결여가 당신을 무력하게 만들 수도 있다. 또한 동료들이 경영진 지위로 승진할 수도 있는데 당신이 그들과 좋은 관계로 발전시키지 않았다면 이는 불행한 일이다.

정직이 최고의 규칙이다

마이클은 화학 회사의 법무본부장 폴라에게 보고한다. 특별히 바쁜 기간에 폴라는 마이클에게 상위 경영진에게 보고할 계류 중인 모든 소송들과 기타 법률 활동들의 요약 보고서를 준비하라고 요청한다. 마이클은 몇 건의 법정 출두와 증언 건으로 일정이 꽉 차 있어서 자신의 법률 보조 종업원(paralegal) 중 한 명에게 보고서를 작성하도록 할당했고, 그 종업원은 며칠 걸려서 보고서 작성을 완료한다. 마이클은 너무 바빠서 이를 검토하지 않은 채 곧바로 폴라에게 제출한다. 폴라가 마이클에게 이 보고서에 대해 어떻게 생각하느냐고 묻자 그는 보고서가 문제없다고 그녀를 확신시킨다.

다음날 폴라는 마이클을 자기 방으로 불러서 보고서에 중요한 내용이 누락된 것을 발견했다고 말한다. 마이클은 이 보고서를 검토할 시간이 없었다고 실토할 수밖에 없었다.

거짓말을 하거나 진실을 왜곡하려는 유혹은 사람을 실수하게 하는 가장 큰 유혹이다. 그리고 거짓말이나 과장보다 당신의 직장 경력을 더 빠르게 망치는 것도 없다. 비즈니스에서는 평판이 모든 것이며 거짓말이나 과장은 일거에 평판을 훼손한다.

마이클은 기본적으로 자기의 매니저에게 거짓말했다. 보고서를 철저하게 검토할 시간이 없었다고 말함으로써 그 순간을 모면할 수 있었다 하더라도 마이클은 폴라에게 지울 수 없는 인상을 남겼다. 폴라는 마이클의 향후 보고서뿐만 아니라 그의 활동 전반에 대해서도 의문을 제기할지 모른다. 마이클은 폴라에게 미리 보고서를 작성할 시간이 없다고 말하거나 법률 보조 종업원 중 한 명에게 보고서를 작성하게 하자고 제안할 수도 있었다. 아니면 세심하게 보고서를 검토할 수 있도록 시간을 더 달라고 요청하는 것도 방법이었다. 그러면 폴라는 그의 상황 분석에 기분이 좋지 않을 수도 있었겠지만, 이 상황을 이해하고 그를 도와서 다른 해법을 모색했을지도 모른다. 그러나 마이클은 실제로 보고서를 검토하지 않았음에도 불구하고 자신이 보고서를 작성하고 검토했다고 암시함으로써 자기 매니저에게 자신의 평판을 심각하게 훼손했다. 문제를 파악하고 해법을 제안하는 것도 노동자의 책임에 포함된다. 우려를 보고할 때 해법도 제시하면 당신의 아이디어가 실행될 가능성이 높다. 해법 없이 문제만 보고하면 해법을 찾아낼 책임이 당신에게 떨어질 가능성이 높다.

매니저나 동료들은 자신에게 보고하는 사람과 자신과 함께 일하는 사람들에게 받는 정보에 의존한다. 그 정보는 신뢰할 수 있고 정확해야 한다. 그렇지 않으면 누군가의 일이 왜곡될 것이다. 누군가가 당신의 진정성을 의심할 수 있는 이유를 갖게 되면 이를 회복하는 것은 불가능할지도 모른다. 어느 임원이 "만일 누군가가 내게 거짓말하면 그 사람과의 관계는 그걸로 끝이다."라고 말한 것처럼 말이다. 여기서 중요한 메시지는 이것이다. 당신의 능력, 당신이 제공하는 정보, 그리고 당신이 시한을 맞출 능력 등 직장에서의 모든 측면에서 완전히 정직하라. 약속을 지키라.

기준은 양방향으로 작용한다

브루스가 앤디에게 자기 아내에게 자신의 행방에 관해 거짓말해 달라고 부탁하면서 이 일은 시작됐다. 브루스는 앤디에게 "마르샤가 전화하거든 피닉스에 출장 갔다고 말해 주게."라고 말했다. 그러면서 앤디에게 회사에 긴급한 사태가 발생하면 지방의 골프 토너먼트나 다른 여성과 묵고 있는 인근 호텔에 연락하라고 했다. 앤디는 상사인 브루스가 부서에 크게 기여하고 있기 때문에 그의 요청에 동조했다. 마르샤에게 전화가 왔을 때 앤디는 브루스가 피닉스에 있다고 거짓말했다. 브루스는 앤디에게 몇 가지를 더 부탁했고, 앤디는 부탁을 들어주었다. 그 뒤에 브루스는 어려운 부탁을 했다. 그는 앤디에게 상위 경영진에게 보고할 보고서에 매출액을 부풀리라고 지시했다. 앤디가 이에 반대하자 브루스는 이렇게 말했다. "이보게, 앤디. 우리는 자네의 기준이 어떤지 알고 있네."

매니저들이 자기 부서 안에서 기준을 세우는 게 중요하듯 직원들도 자신의 매니저와 동료들과의 관계에 적용할 윤리 기준을 정하고 이를 준수할 필요가 있다. 당신의 가치를 타협하라는 부탁을 받지 않도록 하는 가장 좋은 방법은 자신이 어떤 사람인지에 대해 명확히 소통하는 것이다.
앤디의 경우 브루스가 자기 아내에게 거짓말하는 데 동조함으로써 첫 번째 실수를 저질렀다. 동료, 특히 유력한 상사를 도와주려는 유혹을 받기 쉽지만 그것이 거짓말을 해야 하는 경우라면 당신은 경사를 따라 미끄러지고 있는 것이다. 브루스가 앤디를 조종할 수 있다고 생각할 수 없었더라면 앤디에게 월간 매출액에 관해 거짓말을 하라고 요청하지 않았을 공산이 크다. 앤디가 첫 번째 부탁받은 거짓말을 거절했더라면 브루스가 앤디에게 거는 기대는 크게 달라졌을 것이다. 앤디는 브루스가 자기 아내에게 거짓말해 달라고 부탁했을 때 이렇게 말을 할 수도 있었다. "브루스, 저를 여기에 끌어들이지 마세요. 그녀에게 당신이 사무실에 없다고 말하겠지만, 노골적인 거짓말은 하지 않을 겁니다." 앤디는 공손하면서 정중하게 거절할 수 있었을 테고, 그랬더라면 아마도 브루스는 이를 이해했을 것이다. 그러나 앤디가 일단 브루스의 공범이 되고 나자 브루스는 앤디가 다른 거짓말에도 동조할 것으로 생각했다. 여기서 주는 교훈은 다음과 같다. 공손하게 말하되 단호하고 명확하게 말하라. 동료나 매니저가 당신에게 (그것이 아무리 사소할지라도) 당신의 기준을 위반하라고 요청하거든 양보하거나 타협할 수 없다고 거절하라. 그렇지 않으면 점점 더 어려운 윤리 딜레마 상황에 빠져들 것이다.

요약

종업원들은 경영진의 행동에 의해 큰 영향을 받는데 매니저들은 그들의 모든 말과 행동으로 조직 문화를 구축하고 강화한다. 따라서 개별 매니저들이 종업원들에게 어떻게 보이는지 이해할 필요가 있다. 또한 매니저들은 자신이 높은 기준을 세우고 양호한 소통을 강화하며 윤리 역할 모델로 행동하면 자신이 종업원들에게 윤리적으로 행동하도록 장려하는 환경을 만들 힘을 갖게 된다는 점을 이해할 필요가 있다. 좋은 매니저들은 부하들에게 영향을 주고 윤리적인 문화를 구축하며 종업원 참여를 배양하고, 사람들에게 최선의 결과를 내도록 고취하는 데 자신이 중추적인 역할을 한다는 점도 이해한다. 종업원들도 자신의 매니저나 동료들과의 관계 관리의 중요성을 이해하고 비리를 상위 경영진에게 가장 안전한 방법으로 알리는 일의 중요성을 이해할 필요가 있다.

토론 문제

1. 종업원 참여가 왜 중요한가? 종업원 참여는 윤리와 어떤 관계가 있는가?

2. 종업원 참여는 조직 문화와 어떤 관계가 있는가? 매니저들은 윤리적인 문화에 어떻게 기여하는가?

3. 좋은 매니저를 찾아내 교육시키는 것 외에 조직은 종업원 참여 수준을 높이기 위해 어떤 일을 할 수 있는가?

4. 매니저가 종업원 참여 수준을, 예컨대 미참여에서 적극 참여로 높이도록 도와주기 위해 구체적으로 어떤 행동을 취할 수 있는가?

5. 왜 성과가 연 1회 실시하는 행사가 아니라 계속적인 과정으로 측정되어야 하는가?

6. 고성과자는 다른 노동자들에게 적용되는 규칙과는 다른 규칙이 적용되도록 허용되어야 하는가? 왜 그렇게 생각하는가?

7. 당신을 200명의 정리해고가 예정된 공장의 매니저라고 상상하라. 정리해고를 어떻게 실시할지에 관한 실행 계획을 수립하라. 당신은 해고 대상자와 생존자들을 어떻게 다루겠는가?

8. 매니저들이 자신에게 보고하는 종업원들 사이의 괴롭힘 문제를 피할 수 있는 방법이 있는가? 당신이라면 어떤 전략을 세우겠는가?

9. 부하 직원이 술 냄새가 나는 처방약을 먹고 있다고 상상하라. 당신은 이 문제를 어떻게 다루겠는가?

10. 부하 직원 중 한 명이 동료에게 괴롭힘을 당했다고 불만을 제기했다고 상상하라. 그리고 당신은 불만 제기자의 동기를 의심한다고 상상하라. 당신은 이 상황을 어떻게 다루겠는가? 동기를 분간할 방법이

있는가? 동기가 중요한가? 당신은 어느 시점에 인사부서와 접촉하겠는가?

11. 매니저로서 어느 노동자의 성과가 저하되었는데 당신은 가정사가 그 이유라고 생각할 경우 어떻게 대응하겠는가? 술이나 약물 문제가 원인이라고 생각하면 어떻게 대응하겠는가? 그 종업원과 만나서 어떤 언어를 사용하겠는가? 그 종업원과의 대화에 동석시키고 싶은 사람이 있는가?

12. 당신의 윤리 기준을 종업원들과 동료들에게 소통할 수 있는 몇 가지 방법을 열거하라. 종업원으로서, 당신은 자신의 윤리 기준을 당신의 상사에게 어떻게 소통할 수 있는가?

사례 연구

기본 고용 관계

최근에 당신은 감독자 지위로 승진되었기 때문에 이제 다른 직원 4명의 업무 조정 책임을 맡고 있다. 이들 중 두 명은 당신보다 스무 살 이상 나이가 많고 당신보다 회사에 오래 재직 중이다. 당신은 그들을 지지하고 그들의 일을 칭찬하기 위해 비상한 노력을 기울이고 있음에도 불구하고 그들은 의견이 일치하지 않을 때마다 그 문제를 당신의 상사에게 가져간다. 당신은 어떤 문제든 당신에게 가져오라고 그들에게 여러 차례 얘기했다. 그들은 당신을 깡그리 무시하고 다른 직원들에게 당신처럼 어린 사람에게 보고해야 한다고 불평한다. 이 직원들과 당신의 매니저를 다루기 위한 전략을 수립하라.

다양한 노동력 관리

2년간의 판매 전화와 설득 끝에 다국적 석유 회사 빅 오일은 당신의 고용주 시큐어 은행과 서명하기로 결정한다. 빅 오일은 사우디아라비아에 본사를 두고 있고 그 고객과의 대부분의 회의는 중동에서 열리기 때문에 시큐어 은행의 석유 회사 담당 상위 임원 줄리는 회의에 참석하지 않았다. 빅오일 사와 만난 시큐어 은행 종업원들은 빅 오일 임원들에게 시큐어 은행의 빅 오일 담당 책임자는 여성이 될 것이라고 얘기했지만 언어상의 어려움으로 이 사실이 기록되지 않은 듯하다. 오늘 빅 오일 대표들이 시큐어 은행과의 계약서에 서명하기 위해 시카고에 와서 시큐어 은행의 상위 경영진을 만나고 물론 줄리도 만났다. 당신의 판매 팀원 중 한 명이 당신에게 전화해서 빅 오일 방문 팀의 고위직 인사가 자신은 줄리가 자기 회사를 맡는 것을 원하지 않는다고 말했다고 보고한다. 문화 문제로 빅 오일 임원들은 어느 나라에서든 여성과의 거래를 불편해 한다. 줄리의 매니저인 당신은 어떻게 하겠는가? 당신은 줄리의 기대와 빅 오일의 기대를 존중할 수 있는 방안을 생각할 수 있겠는가?

상사와 동료 관리하기

운영 전문가인 당신은 본사 매니저부터 현장 요원에 이르기까지 많은 내부 고객들과 효과적으로 교류할 능력을 갖출 필요가 있다. 당신의 동료 제시카는 재능 있는 운영 전문가이지만 내부 고객들에게 무례하다. 그녀의 태도가 아주 나쁘다 보니 회사의 모든 사람들이 제시카 대신 당신이 처리해 주기를 특별히 요청한다. 당신은 제시카의 빈정거림과 다른 종업원들에게 꼭 필요한 최소한의 수준으로만 처리해 주려는 태도에 대해 많은 얘기를 들었다. 당신은 상사인 브루스에게 얘기해 볼까도 생각했지만, 브루스와 제시카가 사귀고 있다는 사실을 모두가 알고 있다. 그러는 동안에 제시카의 나쁜 평판 때문에 당신의 업무 부담이 가중되고 있다. 당신은 제시카와 브루스를 어떻게 다루겠는가?

PART 4
조직 윤리와 사회적 책임

Managing **B**usiness **E**thics

Chapter 9

기업의 사회적 책임

개요

지금까지 우리는 조직 '내부'의 윤리적 행동을 강조했다. 직장에서 윤리적인 행동이 왜 중요한지와 윤리적이기를 원하는 개인들이 어떻게 윤리적인 결정을 내릴 수 있는지 살펴보고 좋은 의도를 가진 개인이 왜 옳은 일 하기가 어려울 수 있는지를 포함한 윤리 의사 결정의 심리학도 논의했다. 또한 종업원의 윤리적 행동을 지원하는 강한 윤리 문화를 만들기 위해 조직이 무엇을 할 수 있고, 해야 하는지 그리고 매니저들이 조직 문화 안에서 종업원들을 윤리적인 방향으로 이끌기 위해 무엇을 할 수 있고, 해야 하는지에 대해서도 검토했다.

기업의 사회적 책임(corporate social responsibility; CSR)에 대해 논의하는 이번 장에서는 조직을 넘어서 조직과 외부 이해관계자들 사이의 관계로 초점을 넓힌다. 오늘날과 같이 서로 연결되어 있고, 세계화되고, 투명한 세상에서는 기업의 사회적 책임이 기본적인 비즈니스 전략에 필수적이다. 그리고 기업의 '내부' 조직 윤리를 '외부' 사회적 책임과 분리하기 어렵다는 사실도 충분히 증명되었다. 대부분의 대기업에서는 '내부' 윤리와 '외부' 사회적 책임 문제를 다루는 사람과 부서가 다르지만, 양쪽 모두 건실한 일련의 윤리 가치와 옳은 일 하기를 지원하는 조직 문화에 의존하기 때문에 이 둘은 점점 더 겹쳐지고 있다. 예를 들어 오늘날 환경적으로 지속 가능한 비즈니스 관행에 투자하려는 결정은 종업원들에게 조직이 사람과 공동체, 그리고 공동체의 오랜 유산을 돌본다는 신호를 보냄과 동시에, 공동체와 자연 환경을 존중한다는 조직의 가치에도 일치하는 전략이다. 회사의 여러 사회적 책임 문제들은 오늘날의 비즈니스의 세계적 성격에서 나오기 때문에 우리는 글로벌 CSR 이슈에 대해서는 11장에서 보다 광범위하게 살펴볼 것이다.

기업의 사회적 책임이 왜 중요한가?

기업의 사회적 성과에 관한 깊이 있는 한 연구 문헌은 기업이 사회적 책임에 신경 써야 하는 세 가지 이유를 실용적 이유, 윤리적 이유, 전략적 이유로 제안한다.[1] 이 이유들은 상호 배타적인 것이 아니라 서로 겹칠 수 있고, 실제로 겹치기도 한다.

실용적 이유는 기업은 자신의 힘을 사회에서 책임 있게 사용해야 하며 그렇지 않으면 그 힘을 잃을 것이라는 인식에 근거한다. 기업은 사회가 그렇게 하도록 허용하기 때문에 (유한 책임과 같은) 일정한 이점을 누리는 법적 실체(legal entity)로 존재하는데, 무책임하다고 인식되는 기업은 이러한 권리와 이점이 박탈될 수 있다. '5대' 회계 감사법인이었던 아서 앤더슨이 엔론 스캔들에 연루된 뒤에 영업 인가를 잃었던 것처럼 말이다.

기업을 사회의 책임 있는 행위자로 보는 인식은 기업에 대한 이해관계자 관점에 의존한다. 1장에서 이해관계자를 '기업과 기업의 행동에 의해 영향을 받고 기업이 하는 일과 기업의 업무 수행 방식에 이해관계가 있는 모든 당사자(고객, 종업원, 공급자, 정부, 주주, 공동체)'로 정의했음을 기억하라.[2] 2장에서는

---

1) D. Swanson, "Addressing a Theoretical Problem by Reorienting the Corporate Social Performance Model," Academy of Management Review 20권 (1995), 43-64쪽.

2) E. Freeman, Strategic Management: A Stakeholder Approach (Boston: Pitman/Ballinger, 1984).

이해관계자 개념을 다소 달리 사용해서 특정 윤리 의사 결정에 의해 영향을 받는 사람 또는 집단을 가리켰다. 2장에서 우리는 좋은 윤리 의사 결정은 다양한 이해관계자들에 대한 피해와 혜택을 고려하며 최상의 윤리 의사 결정은 사회에 대한 최대의 선을 만들어 내는 결정이라고 말했다.

이곳에서 설명하는 기업에 대한 이해관계자 관점은 다른 과정에서 제공되는 것보다 훨씬 넓은 렌즈를 제공한다(마케팅에서는 고객을 강조하고, 재무는 주주를 강조하며, 경영관리는 종업원을 강조한다). 이해관계자 관점에서 책임 있는 임원들이 의사 결정시 다양한 이해관계자들을 고려하고 그들의 필요와 우려의 균형을 이룰 수 있는 방법을 발견할 것이라고 가정한다. 이해관계자 관점은 기업이 기업의 행동에 의해 영향을 받지만 자율성, 경제적 성공, 영업 인가에 개입해서 기업에 극적인 영향을 줄 수 있는 구성 집단(즉, 이해관계자; 그림 9.1을 보라)으로 구성된 그물의 중앙에 놓는다. 제대로 대우받지 못하는 종업원들은 파업을 할 수 있고, 불만을 품은 고객들은 불매운동을 할 수 있으며, 이해집단들은 해로운 여론을 조성할 수 있고, 주주들은 주주총회 결의를 할 수 있으며, 정부는 기업 활동을 제한하거나 폐업시킬 수도 있는 법률이나 감독 규정을 통과시킬 수 있다. 그러므로 기업이 사회적 책임을 수행해야 하는 실용적인 이유는 다양한 이해관계자의 관심사를 동시에 미리 생각하고 자신의 평판과 생존가능성을 보호하기 위해 방어적으로 행동해야 한다는 것이다.

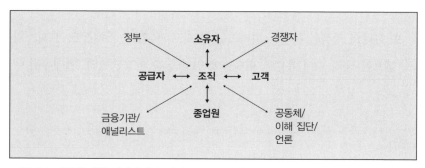

그림 9.1 기업에 대한 이해관계자 관점

이해관계자의 관심사를 미리 생각하지 않으면 값비싼 대가를 치를 수 있다. 즉각적인 전자 소통, 소셜네트워크, 휴대 전화기 카메라, 트위터, 유튜브의 힘으로 인해 비교적 소수의 이해관계자 집단도 자신들의 관심사에 관한 말을 신속하게 퍼뜨릴 수 있으며, 특히 대기업에 부정적인 영향을 줄 수 있다. 예를 들어 동물을 윤리적으로 대우하기 위한 사람들(People for the Ethical Treatment of Animals)이라는 단체가 웨스트 버지니아의 어느 육계(肉鷄) 도축장에서 노동자들이 닭을 밟아 죽이고, 죽인 닭을 벽에 내동댕이치는 모습을 촬영한 몰래 카메라 비디오 테이프를 보여주었을 때, 이 회사는 신속하게 대응해서 조사관을 보내 그 도축장을 소유한 계약자에게 문제를 시정하지 않으면 계약을 해지하겠다고 말했다. 그 계약자는 11명의 종업원을 해고하고, 25개 공장의 남은 종업원들에게 동물들을 인도적으로 대하겠다는 서약을 하게 했다.[3]

그런 혐의에 대해 기업들은 대부분 부인하거나 저항하는 반응을 보였지만 KFC와 모기업인 얌 브랜드는 중요한 이해관계자 집단의 도전에 신속하게 대응했다.[4] 멕시코 음식을 파는 즉석 요리 식당 타코벨도 얌 브랜드 회사의 일원이다. 타코벨은 토마토를 수확하는 멕시코인들이 불매운동과 단식 투쟁을 하며 식당 체인에 대한 시위를 주도하고 난 뒤에 플로리다 산(産) 토마토에 대해 파운드당 1센트를 더 지불하고, 공급자를 모니터하며, 농장 노동자를 학대하는 공급자들을 탈락시키는 윤리강령을 채택하는 데 합의했다.[5]

또 하나의 적절한 사례는 씨티그룹, 홈디포, 로위스, 스태플즈, 오피스디포, 쉐브론 등과 같이 유명한 회사들에 영향을 준 환경단체인 '열대우림 행

---

3) D. G. McNeil, "At Last, a Company Takes PETA Seriously," New York Times, 2004년 7월 25일, 4쪽.
4) 위의 글.
5) "First, They Took on Taco Bell. Now, the Fast Food World," New York Times, 2005년 5월 22일, 30쪽.

동 네트워크(Rainforest Action Network; RAN. www.RAN.org)'다. 단기적으로는 RAN 이 홍보하는 '녹색' 관행이 직접적인 사업상의 이익을 가져오기란 어려울 수도 있다. 그러나 회사 조직은 좋은 기업 시민으로서의 자신의 평판이 걸려 있다고 믿을 때에는 셈법을 재빨리 바꾼다. 기업이 일단 이런 시민 단체가 가진 관심을 심각하게 고려하고 나면 임원들이 종종 이 단체의 관심사를 자신들의 관심사로 채택한다. 예를 들어 RAN은 홈디포가 위험에 처한 숲에서 목재를 조달하는 것을 비난했다. 홈디포의 경영은 당시에 자사가 구매하는 목재가 어디에서 나는지도 모르고 있음을 깨닫게 되었다.[6] 이 회사는 이제 자사에서 사용하는 모든 목재의 원천을 알고 자사 웹사이트 (www.corporatehomedepot.com)에서 지속 가능한 삼림 관리 관행 및 재활용을 포함한 환경상의 계획을 자사의 비즈니스 안으로 통합하고 있다고 주장한다. 영리한 CEO들은 합리적인 개혁 집단과 대화를 시작함으로써 이익을 보았다. 그들은 RAN과 협력해서 개발한 홈디포의 환경 친화적 목재 공급 프로그램과 스타벅스가 컨저베이션 인터내셔널(Conservation International)과 협력해서 숲을 보존하는 농부들로부터 커피를 구매하는 프로그램을 좋은 사례로 들고 있다.[7]

그래서 기업의 사회적 책임에 대한 실용적 접근법에서는 회사 매니저들이 환경을 조사해서 경제적 피해를 회피하고 합법성을 유지하며 회사의 좋은 평판을 확보하는 방식으로 행동하도록 주의를 기울인다.[8] 그러나 이 접근법은 이해관계자들의 우려의 목소리가 나온 뒤에 대응하는 방식으로 진행되면 위험할 수 있다. 기업은 이해관계자들의 목소리에 의한 부정적인 여론이 회사와 회사의 평판에 상당한 피해를 줄 때까지는 주의를 기울일

6) M. Gunther, "The Mosquito in the Tent," Fortune, 2004년 5월 31일, 158-163쪽.

7) "Confronting Anti-globalism," Businessweek, 2001년 8월 6일, 92쪽.

8) K. Davis, "The Case For and Against Business Assumption of Social Responsibilities," Academy of Management Journal 16권 (1973), 312-322쪽; D. J. Wood, "Corporate Social Performance Revisited," Academy of Management Review 16권 (1991), 691-718쪽.

가치가 없는 것으로 여긴다. 그러면 그 회사는 피해를 복구하기 위한 따라잡기에 나서야 한다. 애플과 애플의 아이폰과 아이패드를 조립하는 중국의 공급자 팍스콘에서 발생한 사례가 여기에 해당한다.

2011년 5월에 팍스콘 설비에서 발생한 화재와 폭발 사고가 2명의 사망자와 여러 명의 부상자를 냈을 때, 애플은 과도한 초과 근무, 비좁은 주거 공간, 아동 노동, 해로운 화학물질 사용 등 팍스콘 설비의 근무 조건과 주거 조건에 대해 호된 비판을 받았다.[9] 그 결과 이해관계자들은 이 회사와 공급자들을 예의주시하기 시작했다. 애플은 공급자용 윤리강령을 갖고 있으며 공급자들의 윤리강령 준수에 대한 연례 보고서를 발간한다.[10] 위반이 시정되지 않으면 그 공급자는 계약이 해지된다. 그러나 다른 회사들이 배운 바와 마찬가지로 윤리강령과 감사만으로는 이 상황에서 애플이 직면했던 것과 같은 종류의 나쁜 평판을 피하기에 충분하지 않다.

회사에 대한 비판자들을 포함한 이해관계자들과의 건설적인 대화는 새롭고 점점 더 인기를 얻고 있는 접근법을 제공한다. 임원들은 "우리를 믿어달라."는 호소는 규칙적으로 발생하는 회사 스캔들로 오염된 세계에서는 좀처럼 효과를 발휘하지 못한다는 사실을 알고 있다. 그보다는 선제적으로 이해관계자들을 분석해서 건설적인 대화에 참여할 의향이 있는 이해관계자들을 선정하여 그들과 협력하는 것이 더 나은 접근법이다. 골드만 삭스는 실제로 열대우림 행동 네트워크를 자사에 초청해서 환경적으로 보다 책임 있게 행동하려는 계획을 세우는 데 도움을 받았으며, 델(Dell)은 재활용 전략을 짜기 위한 태스크포스에 환경주의자들을 포함시켰다.

이처럼 전향적인 노력들은 사회의 일원인 기업이 윤리적으로 행동할 책

---

9) C. Duhigg and D. Barboza, "In China, Human Costs Are Built Into an iPad," The New York Times, 2012년 1월 25일, http://www.nytimes.com/2012/01/26/business/ieconomy-apples-ipad-and-the-human-costs-for-workers-in-china.html.

10) "Compliance by the Numbers," The New York Times, http://www.nytimes.com/interactive/2012/01/26/business/apple-suppliers-compliance-by-the-numbers.html?ref = business.

임이 있다고 주장하는 기업의 사회적 책임에 대한 윤리적 이유와 맥을 같이 한다. 이 견해에서는 다양한 이해관계자에게 신경 쓰는 것이 옳은 일이기 때문에 책임감이 있는 임원들은 그렇게 할 윤리적 의무가 있다. 다양한 이해관계자에게 신경 쓰는 것은 실용적이기도 하지만 윤리적 접근법에서는 '옳은 일을 하려는' 의도에 초점을 맞춘다. 여기서는 사회적 책임이 기업에 경제적 성과만큼이나 필수 요소가 된다. 이 접근법에서는 회사가 어떤 이슈와 이해관계자들에게 우선순위를 두어야 하는지를 판단하는 작업이 임원들의 지속적인 윤리 의사 결정 과정이다. 임원들은 (윤리 의사 결정이 어떻게 이뤄져야 하는지에 대하여 앞에서의 논의와 일치하는 방식으로) 회사 활동이 주주를 포함한 다양한 이해관계자들에게 미치는 피해와 이익을 비교해서 사회적으로 더 큰 이익을 가져오는 결정을 내리고 조직의 윤리적 가치에 우선순위와 도덕 규칙을 적용한다. 또한 그들은 자신들의 의도와 사회 일반이 자신들이 하려는 행동에 대해 어떻게 반응할지, '덕망 있는 회사'라면 어떻게 할지를 고려한다.

이러한 윤리적 관점은 (이러한 상품이 가장 수익성이 좋은지 여부를 불문하고) 사회복지에 기여하는 고품질 상품 개발, 모든 종업원들을 공정하게 대우하고 모든 곳의 인권을 존중하는 인사 관행, 현행 정부 규제 수준보다 환경을 더 보호하는 비즈니스 프로세스, 공동체에 도움을 주는 자선 기부 등 현행 법률 또는 감독 규정의 요건을 넘어서는 전향적인 회사 정책과 관행을 지지할 가능성이 더 높다. 또한 이 접근법은 이해관계자들과의 건설적인 대화도 지지한다. 뒤에서 논의하는 바와 같이 이처럼 전향적인 정책과 관행은 장기적으로는 '보상' 받을 수도 있다. 예를 들어 종업원을 잘 대우해 주는 회사에는 충성심이 강한 최고의 종업원들이 모이게 되고 가치에 기반을 둔 방식으로 행동하는 조직은 법률 비용과 기타 부정적인 결과를 피할 수 있다. 그러나 한편으로는 의무에 기반을 둔 관점을 주장하는 사람들은 경제적으로 이익이 될 가능성 여부를 불문하고 윤리적으로 행동할 의무가 있다고

주장한다.[11]

브랜치 뱅킹 앤 트러스트 코퍼레이션(Branch Banking and Trust Corporation; BB&T)의 전 이사회 회장 존 앨리슨은 2009년 인터뷰에서 윤리적 가치가 자신의 비즈니스에 어떻게 영향을 줬는지 말했다.[12] BB&T의 가치에는 정직, 올곧음, 정의가 포함된다. 앨리슨은 자기 회사는 마이너스 상각 모기지 사업에 참여하지 않기로 결정했다고 말했다. (금융 위기 전에) 한동안은 (대출받은 사람의 납부액이 이자에도 미치지 못해서 모기지 원금이 증가하는) 이런 모기지가 인기를 끌었고 수익성이 매우 좋았다. 그러나 BB&T는 이러한 모기지가 고객들에게 옳지 않은 일이라고 생각했기 때문에 이 비즈니스를 피했다. 앨리슨에 따르면 "우리는 시장에서 몰매를 맞았습니다. 많은 모기지 대출자들이 컨트리와이드 사와 일해서 더 많은 이익을 내기 위해 우리 회사를 떠났습니다. 우리는 고객들이 올바른 금융 의사 결정을 하도록 최선을 다해 도와주는 것이 BB&T에게 좋다고 믿습니다. 나는 가치를 고수하면 단기적으로는 손해 볼 수도 있지만, 장기적으로는 결코 희생하는 것이 아니라고 믿습니다."[13] 이 회사는 자사의 가치를 고수함으로써 고객을 보호했을 뿐만 아니라 금융 위기의 위험도 피했다.

혼다는 비즈니스를 견인하는 강한 윤리 문화를 갖춘 회사의 또 다른 뛰어난 사례다. '꿈의 힘'이라는 창립자의 꿈을 품는 원칙이 이 회사의 방향을 인도한다. 혼다의 웹사이트(http://corporate.honda.com)에는 '혼다 철학'이 이렇게 설명되어 있다. "우리는 사물을 글로벌 관점에서 보고, 언제나 전 세계 고객이 만족하도록 합리적인 가격에 최고의 품질을 갖춘 상품을 창조해 생산하도록 노력한다… 우리는 전 세계에서 환경을 보호하고 안전을

---

11) D. Swanson, "Addressing a Theoretical Problem by Reorienting the Corporate Social Performance Model," Academy of Management Review 20권 (1995), 43-64쪽.

12) J. A. Parnell and E. B. Dent, "Philosophy, Ethics, and Capitalism: An Interview with BB&T Chairman John Allison," Academy of Management Learning and Education 8권 (2009), 587-596쪽.

13) 위의 글.

강화하도록 도와주는 일에 전심전력함으로써 인간을 섬기는 것이 우리의 책임이라고 생각한다… 우리의 모든 사업에서 우리는 전 세계 사람들이 우리가 존재하기를 원하는 회사가 되도록 노력한다." 2005년 인터뷰에서 혼다의 수석 엔지니어는 이렇게 말했다. "혼다의 모든 임직원은 동급 최고의 연료 효율성을 지닌 위대한 상품을 만든다는 꿈에 의해 고무됩니다."[14] 회사의 철학에 따라 혼다는 스포츠 유틸리티 차량(SUV) 판매가 호황을 누렸을 때에도 연료 효율성에 전력을 기울였다. 트럭 시장의 가장 후발 주자였던 혼다는 궁극적으로 트럭 시장에 진출할 때 연료 효율성 개선을 목표로 삼았다. 확실히 이 회사는 이익 기회를 잃었다. 그러나 이 수석 엔지니어에 의하면 "중요한 점은 고객이 연료 효율성을 요구하느냐 요구하지 않느냐가 아닙니다. 그것은 혼다의 관점이 아닙니다. 철학에 의해 견인되는 회사는 결코 고객에게 자사의 철학에 동의하느냐고 묻지 않습니다. …[혼다에서는] 동급 최고의 에너지 효율성을 증명하지 못하면 어떤 제품도 이사회 승인을 받지 못합니다. 그게 다입니다." 이와 같이 혼다에서는 자연 환경 보호가 비즈니스 의사 결정을 인도하는 핵심 원칙 중 하나인데, 이 원칙은 단기적으로는 값비싼 대가를 치르는 것으로 판명되었지만 장기적으로는 보상을 가져다줄 가능성이 있다.

사회적으로 책임 있게 행동해야 할 세 번째 이유는 전략적 이유다. 마이클 포터는 세계적으로 유명한 경영 학자이며 경영 전략 컨설턴트이기 때문에 많은 사람들이 그가 2006년에 「하버드 비즈니스 리뷰」[15]에 기업의 사회적 책임에 관한 논문을 쓴 것을 보고서 깜짝 놀랐다. 그러나 그는 공저자 마크 크래머와 함께 기업과 사회의 상호 의존성에 대한 강조로 시작하는 기업의 사회적 책임에 대한 전략적 접근법을 설명했다. 저자들은 건강한

---

14) "Counting the Miles," Newsweek, 2005년 6월 27일, 40-42쪽.
15) Michael E. Porter, Mark R. Kramer, "Strategy and Society: The Link Between Competitive Advantage and Corporate Social Responsibility," 2006년 12월 1일.

사회만이 생산적인 노동력과 상거래를 가능하게 해 주는 규칙을 제공할 수 있기 때문에 기업은 건강한 사회를 필요로 한다는 가정에 의존한다. 건강한 사회는 기업의 혁신이나 일자리·상품·서비스 창출·사회 활동을 지원하는 세금 납부를 필요로 한다. 그러므로 그들은 기업의 CSR 활동이 기업과 사회 모두에게 유익하다고 주장한다.

CSR에 대한 전략적 접근법은 매니저들이 다양한 대안 중 어떤 이해관계자들과 사회적 책임에 관심과 자원을 투입해야 할지에 관한 의사 결정을 해야 할 강력한 토대를 제공한다. 포터는 각각의 회사가 비즈니스를 주의 깊게 분석해서 자사가 피해를 끼치고 있는 부분과 회사와 사회 모두에 공유 가치를 창출할 독특한 기회를 제공함으로써 유익을 끼칠 수 있는 분야를 찾아내도록 제안한다. 그러자면 회사는 자사 가치 사슬의 사회적 영향을 조사해서 위의 분석에서 발견된 피해를 줄이는 일부터 시작해야 한다. 포터가 전략 경영에 도입한 개념인 가치 사슬은 상품 또는 서비스가 기업의 한 부분에서 다른 부분으로 넘어감에 따라 가치가 부가되는 회사의 일반적인 비즈니스 활동을 묘사한다.

예를 들어 제조 기업에서는 들어오는 물류(원재료 획득과 수송), 제조 공정, 나가는 물류, 마케팅과 판매 활동, 판매 이후의 지원을 고려할 것이다. 전체 가치 사슬을 떠받치는 인사 기능이나 회사 인프라스트럭쳐와 같은 기능도 고려해야 한다. 회사의 일상 운영에 관여하는 매니저들에게 가치 사슬을 세심하게 살펴보고 가치 사슬의 어디에서 회사가 피해를 끼치고 있는지 또는 그럴 가능성이 있는지, 그리고 어떻게 그러한 피해를 줄일 수 있는지 고려하도록 요청한다. 그러므로 천연자원 회사는 환경 문제에 더 집중할 필요가 있는 반면 장난감 판매 회사는 아동 건강 문제나 해외 공장의 노동 조건에 보다 집중할 필요가 있을 것이다.

가치 사슬 활동들은 피해를 줄임으로써 (또는 사회적 선을 행함으로써) 사회를 이롭게 하고 비용을 줄이거나 회사의 평판을 개선함으로써 회사에 도움이 될 수도 있기 때문에 회사 CSR 활동의 주요 후보로 간주되어야 한다. 포터와 크래머에 의하면 회사는 이런 문제들을 다루는 모범 실무 관행을 연구하고, 명확한 목표와 평가 기준을 정하고, 필요한 조치를 실행해야 한다. 저자들은 이런 접근법을 '반응하는 CSR(responsive CSR)'이라고 부른다.[16]

전략적 CSR의 두 번째 부분은 회사가 자신의 독특한 지식과 전문성 때문에 사회적 선을 행할 수 있는 잠재력이 있는 곳을 파악하고자 한다. 예를 들어 페덱스는 신뢰성 사업을 하고 있다고 말할 수 있다. 날씨 상태나 기타 긴급 사태 발생 여부에 관계없이 화물이 목적지에 도착할 필요가 있기 때문에 페덱스는 예상되는 각종 긴급 사태에 대비한다. 실제로 페덱스는 허리케인 카타리나가 닥쳤을 때 매우 귀중한 역할을 수행했다. 주요 장소에 얼음, 물, 발전기, 설비 수리 도구들을 비축해 두고 60톤의 적십자 보급품을 수송했던 일은 페덱스가 그 재난이 발생하기 전에 일상적으로 하던 일이다. 뿐만 아니라 뉴 올리언즈의 페덱스 라디오 안테나를 수리하고 이를 통해 구조자들에게 며칠 동안 끊겼던 신뢰할 수 있는 라디오 방송을 제공했다.[17]

포터와 크래머는 사회적 유익 창출에 대한 전략적 접근법을 진척시키기 위해 기업의 잠재적인 CSR 활동들을 회사가 경쟁 환경 속에서 성공하도록 도움을 주는 방식으로 활용하는 방안도 모색해야 한다고 주장한다. 그런 활동들이 회사의 경쟁 지위를 강화하면서 사회의 유익에도 기여한다고 보는 것이다. 가장 전략적인 CSR 활동들은 단순히 피해를 줄이기만 하는 수준을 넘어서 회사의 전반적인 경쟁 전략에 사회적 측면을 추가시킨다. 예를 들어 포터와 크래머는 토요타가 하이브리드 자동차인 프리우스 개발에 상당한 자원을 할애함으로써 이를 성공적으로 수행했다고 언급한다. 에너지 고효율 차량과 탄소 배출 감소에 대한 사회의 필요에 비춰 볼 때 자동

---

16) 앞의 글.
17) E. F. Kratz, "For FedEx It Was Time to Deliver," Fortune, 2005년 10월 3일, 83-84쪽.

차 회사가 환경 친화적이고 지속 가능한 자동차를 개발하고 이를 통해 고객들에게 혁신하는 기업이라는 이미지를 심어 주는 전략에 투자 자원을 집중한 선택은 참으로 합리적인 결정이었다. 토요타는 이 일을 할 수 있는 전문성을 갖추고 있었을 뿐만 아니라 합리적인 가격에 하이브리드 자동차를 공급한 최초의 회사들 중 하나가 됨으로써 회사의 경쟁 지위와 이익에도 도움을 받았다. 물론 정부, 언론 매체, 고객 등 다양한 이해관계자들의 많은 질타를 받은 여러 건의 차량 안전 문제로 토요타의 CSR 상황은 복잡하게 꼬여 있었다(토요타 사례는 10장에서 보다 자세히 논의된다). 그러나 이 회사는 그 문제들을 시정한 것으로 보이며 프리우스는 전략적 CSR의 좋은 예로 남아 있다.

전략적 접근법은 회사에 피해를 끼칠 수 있는 (또는 특히 도움이 될 수 있는) 회사 활동을 식별하고 인정하도록 요청하며 자사의 가치 사슬 활동들에 초점을 맞춤으로써 자사의 관행을 정밀 조사하고 잠재적 피해를 다루도록 장려하기 때문에 실용적 접근법보다 전향적이고 긍정적이다. 이 접근법에서는 회사가 이해관계자들이 문제를 제기하기를 기다렸다가 대응할 필요가 없다. 이슈들이 평판 문제화하기 전에 선제적으로 대응할 수 있다. 전략적 접근법은 또한 조직이 어디에 자원을 집중할 것인가라는 어려운 선택을 할 수 있는 지침을 제공해서 회사가 단순히 대중을 따르기만 하는 것이 아니라 자신의 전문성에 비춰 할 수 있고 해야 하는 사회적 책임 이슈를 겨냥할 수 있게 해준다. 기업이 가치 사슬에 초점을 맞추려면 자사가 야기하는 피해들을 다뤄야 하기 때문에, 이러한 전략적 접근법을 따르는 회사들은 자사의 CSR 노력을 순이익을 증가시키는 활동에만 제한하지 않는다. 이 접근법은 기업들에게 혁신하고, 자사의 독특한 전문성을 활용해서 기업과 사회 모두에게 유익한 방식으로 기업의 사회적 책임 활동을 수행할 수 있는 방안에 대해 생각하도록 도전하며, 자사의 노력이 사회에 미치는 영향을 측정하라고 독려한다.

그러나 우리는 한 가지 주의할 점을 제시하고자 한다. 전략적 접근법은 사회적 책임 활동은 언제나 수익성이 좋을 가능성이 있다는 잘못된 인상을 줄 수 있다. '윤리' 관리에 관한 책에서는 사회적으로 책임이 있는 비즈니스 관행이 때로는 값비싼 비용을 수반하지만 윤리적인 이유에서 기업은 조건없이 이를 수행해야 한다는 점을 인정해야 한다. 학생들은 많은 회사들이 자사의 가치와 일치하기 때문에, 그리고 옳은 일을 하자고 결정했기 때문에 최소한 단기적으로는 재무적 이익을 감소시킬 결정을 내린다는 사실을 알면 놀라곤 한다. 마이너스 상각 모기지를 취급하지 않기로 한 BB&T의 결정은 이에 대한 하나의 예다. 해외 비즈니스 환경에서 그런 많은 예들이 나온다. 예를 들어 어떤 회사가 잠재적으로 수익성이 좋은 해외시장(가령 러시아나 나이제리아)에 진출하기 위해서는 부패에 참여해야 할 수도 있는데, 그런 행동은 정직과 투명성이라는 자사의 가치와 어긋나기 때문에 해외시장에 진출하지 않기로 결정할 수 있다. 또는 지속 가능한 비즈니스 관행을 준수하기로 서약한 회사는 자사가 진출해 있는 개발도상국에서는 유해 물질 처리에 관한 규정이나 감독이 별로 없더라도 보다 값비싼 비용이 수반되는 미국의 가이드라인을 준수할 것이다. 그들은 인간의 건강 존중은 국경이 없는 근본적인 가치이기 때문에 그렇게 한다. 그러므로 우리는 회사가 자신의 가치 사슬과 경쟁 환경을 평가하는 것 외에도 자신이 어떤 일은 하고 어떤 일은 하지 않을 것인가, 그리고 어디에 사회적 책임 자원을 집중할 것인가에 대한 어려운 윤리 결정을 내리도록 도움을 줄 핵심 가치들을 정할 필요가 있다고 생각한다.

마지막으로 전략적 접근법에 대하여 주의해야 할 점을 제시하고자 한다. 대중이 회사가 CSR 활동으로부터 이익을 볼 수 있을 때에만 CSR 활동에 참여한다고 인식하면 사회적 책임 활동은 역효과를 낳을 수 있다. 우리는 학생들이 이런 식으로 인식된 CSR 활동들에 대해 냉소적인 반응을 보이는 것을 일상적으로 목격한다. 당신이 회사의 그런 사회적 책임 노력을 어떻게

인식하는지, 그리고 무엇이 자신과 동료들의 인식에 영향을 주는지에 대해
자문해 보면 (그리고 수업 시간에 토론해 보면) 재미있을 것이다. 당신은 기업의 사회
적 책임과 지속가능성을 자신의 DNA 안으로 통합하고 나서 자신을 그렇게
홍보하는 밴앤제리스나 파타고니아 같은 회사에 대해 어떻게 생각하는가?
기업의 사회적 책임을 고객의 호의를 얻기 위해 '할 수 있는 좋은' 일로 여
기는 듯한 회사들에 비해 이런 회사들을 다르게 생각하는가? 자신과 다른
사람들의 견해를 이해하면 나중에 이런 경영 의사 결정을 할 위치에 있게
될 때 도움이 될 수 있는 중요한 통찰력을 얻을 수 있다.

기업의 사회적 책임 유형

기업의 사회적 책임을 다양한 유형의 책임 측면에서 생각하는 것도 CSR
에 대해 접근하는 한 가지 방법이다. 이 방법은 CSR을 동시에 고려되어야
하는 경제적, 법적, 윤리적, 자선 책임이라는 네 가지 유형의 책임으로 구
성되는 피라미드 개념으로 이해한다(그림 9.2).[18]

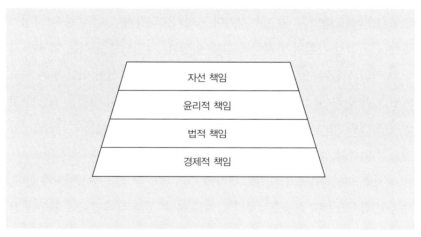

그림 9.2 기업의 사회적 책임 피라미드
출처: Archie B. Carroll, The Pyramid of Corporate Social Responsibility: Toward the Moral
Management of Organizational Stakeholders, Business Horizons, 1991년 7-8월호, 39-48쪽에 수록된 내
용을 Elsevier의 허락을 받아 게재함.

경제적 책임

기업의 경제적 책임은 만족스러운 이익을 내면서 소비자들이 필요로 하고 원하는 상품과 서비스를 생산하는 기업의 일차적인 기능과 관련이 있다. 재무적 생존 가능성이 없으면 다른 책임들은 논의할 필요가 없는 이슈가 되기 때문에 경제적 책임은 일차적이며 기업의 사회적 책임의 기초로 간주한다. 기업이 경제적 책임을 효과적으로 수행하면 좋은 일자리, 중요한 상품과 서비스를 제공하고 경제의 활력에 기여하기 때문에 기업의 중요한 윤리적 목적을 대표하는 것으로 이해한다.

서거한 경제학자 밀턴 프리드먼은 경영진의 유일한 책임은 주주들의 이익 극대화라는 40년 된 주장의 가장 유명한 옹호자다. 그러나 사람들은 프리드먼이 실제로는 경영진은 "법률과 윤리 관습에 구체화된 사회의 기본 규칙을 준수하면서 가능하면 많은 돈을 벌어야 한다."라고 말했다는 것을 잊어버린다.[19] 따라서 이익 극대화는 프리드먼과 같은 확고한 자유시장주의 경제학자에게도 유일한 책임은 아니다. 흥미롭게도 위의 말은 암묵적으로 CSR 피라미드의 다른 세 요소 중 법적 책임과 윤리적 책임이라는 두 요소를 포용한다. 이 말은 또한 이익 잠재력이 아무리 큰 기업이라도 사회가 그들을 해롭다고 여긴다면 존재해서는 안 된다는 것도 의미한다. 미국과 다른 여러 나라에서 불법인 아동 포르노가 한 사례가 될 것이다. 우리들 대부분은 아동 포르노가 아무리 많은 사람을 고용하거나 큰 이익 잠재력이 있다 해도 사회적으로 책임 있는 활동이 아니며 이에 관여하는 조직은 존재하도록 허용되지 않아야 한다는 데 동의한다.

---

18) A. B. Carroll, "The Pyramid of Corporate Social Responsibility: Toward the Moral Management of Organizational Stakeholders," Business Horizons 34권, no. 4 (1991), 39-48쪽.
19) M. Friedman, "The Social Responsibility of Business Is to Increase Its Profits," New York Times, 1970년 9월 13일, 122-126쪽.

법적 책임

CSR 피라미드는 우리 사회가 기업에게 경제적 책임을 넘어서 현행 법률과 정부의 감독 규정에 따라 일을 하도록 기대한다는 점을 보여준다. 기업의 실무를 지도하는 법률은 자유 기업 체제의 근본 수칙이며 경제적 책임과 공존하는 것으로 볼 수 있다. 1장에서 말한 바와 같이 법률은 사회에서 합의된 최소한의 기업 행동 규범이자 기준이라고 볼 수도 있다. 그러나 사회의 모든 기대가 법률로 규정되는 것은 아니다. 미국에서는 주마다 법률이 다르고 국가 간 법률 차이도 크다.

윤리적 책임

윤리적 책임은 법적 책임을 뛰어넘어 일반적으로 피해를 회피하고 옳은 일을 할 책임을 포함한다. 미국에서는 미성년자에게 담배를 광고하거나 파는 것이 불법이지만 그런 제한이 없는 국가에서는 회사가 미성년자에게 담배 광고나 판매를 할 수 있다. 실제로 담배 회사들은 여러 아시아 국가들에서 그렇게 하고 있다. 그러나 윤리적 책임을 심각하게 받아들이는 담배 회사라면 담배 중독으로 야기되는 건강에 대한 장기적인 피해 때문에 미성년자에게 광고하지 않을 것이다.

회사가 인식한 윤리적 책임을 수행하기 위해 법률의 요구를 넘어선 기업에 대한 좋은 예들이 많이 있다. 특수 건축자재 제조업자 존스 맨빌은 제품 안전에 관한 법적 책임을 뛰어넘고 있는데 이는 아마도 문제가 있었던 과거 역사(석면 노출에 기인한 건강 문제로 15만 건이 넘는 소송이 제기되었었다)에 비춰보면 놀랄 일이 아닐 것이다. 이 회사는 모든 유리섬유 제품에 경고 라벨을 부착하라는 미국의 법률을 준수할 뿐만 아니라 일본에 보내는 유리섬유 제품에도 경고 라벨을 부착한다. 일본의 법률에서는 그런 경고를 요구하지 않을 뿐 아니라 일본 정부로부터 경고 라벨을 부착하면 암에 대한 공포심을 유발할 수도 있으니 붙이지 마라는 조언을 받기도 했다. 전 이사회 회장이자 회사

사장 겸 CEO 톰 스티빈스는 이렇게 말했다. "그러나 일본인도 미국인과 다르지 않습니다. 우리는 그들에게 경고 라벨을 붙여야 한다는 정책이 있다고 말했습니다." 이 회사는 1년 만에 일본에서 매출이 40% 감소했지만 나중에 이를 회복할 수 있었다.[20] 이처럼 윤리적 책임은 법적 책임 범주와 교차해서 법적 책임의 한계를 넓히며 기업인들에게 한 차원 높게 행동하도록 기대한다.

레비 스트라우스는 자사 웹사이트(www.levistrauss.com)에서 자사의 가치에 대해 이렇게 말한다. "우리 회사의 가치는 우리의 성공에 매우 중요합니다. 우리의 가치는 우리 회사의 토대이며 우리가 누구인가를 정의하고 우리를 경쟁사와 구분시킵니다. 가치는 우리 회사의 미래 비전, 비즈니스 전략, 의사 결정, 조치와 행동의 기초를 이룹니다. 우리는 가치에 따라서 삽니다. 가치는 영속합니다." 이 회사의 네 가지 핵심가치는 동정, 독창성, 올곧음 그리고 용기다. 레비 스트라우스는 '세계 모든 곳의 노동자들이 안전하고, 존엄을 유지하고, 존중 받도록' 고안된 '광범위한 윤리강령을 제정한 최초의 다국적 회사'였다. 또한 이 회사의 다양성에 대한 전심전력은 1964년 미국 시민권법이 제정되기 전인 1940년대에 시작되었다. 용기(회사의 가치에서 잘 발견되지 않는 가치다)의 예를 보면 이 회사는 1992년에 「포춘」 500대 기업 중 최초로 종업원의 국내 동거인에게 완전한 의료 혜택을 부여했다. 당시에 그 혜택은 논쟁거리였지만 이 회사는 그것이 옳은 일이라고 믿었다.

자선 책임

자선 책임은 일반적으로 시간과 돈 또는 상품과 서비스 기부를 통한 인간의 복지나 호의 증진 활동에 대한 회사의 참여에 집중된다. 많은 사람들이 자선을 기업의 사회적 책임 활동 중 완전히 자발적 또는 재량적 측면이

---

20) C. Hess and K. Hey, " 'Good' Doesn't Always Mean 'Right'." Across the Board 38권, no. 4 (2001), 61-65쪽.

라고 간주하기 때문에 자선활동을 하지 않아도 일반적으로 비윤리적이라고 간주되지 않는다. 자선이 회사의 '책임'인지에 대해 의문을 제기하는 사람도 있을 것이다. 그러나 최소한 미국 사회는 부자들(부유한 기업 포함)이 부를 나누도록 기대하며 이에 대해 세금 혜택도 제공한다. 자선 단체에 수백만 달러(현재 금액으로 환산하면 70억 달러가 넘을 것이다)를 기부한 19세기 강철 거물 앤드류 카네기는 이렇게 말했다. "부자로 죽는 사람은 명예롭지 않게 죽는 것이다." 그는 부자들은 자신의 부를 공동체에 기부할 도덕적 의무가 있으며 살아 있는 동안에 기부해야 한다고 믿었다.[21]

이와 유사한 믿음을 갖고 있는 최근 예시로 마이크로소프트 공동 설립자 빌 게이츠와 그의 아내 멜린다가 세계 최대(수십억 달러)의 자선기금을 만든 것이다. 게이츠는 2008년에 마이크로소프트 경영 일선에서 물러나 전업으로 자선 사업을 벌이고 있다. 게이츠 부부는 자신들의 부의 95%를 기부하기로 결정했다. 그들은 특히 건강(에이즈, 말라리아, 결핵), 농업 개발, 교육에 관심이 있다. 이 재단은 최악의 사망 원인 중 하나인 말라리아 연구에 많은 진전을 이룬 것으로 알려져 있다. 워렌 버핏이 빌 게이츠가 재단 일에 전념할 것이라는 사실을 알고 자선활동을 지원하기 위해 수십억 달러를 기부하기로 약속함으로써 빌 게이츠 재단은 수십억 달러의 기금을 확충했다.[22] (www.gatesfoundation.org를 보라.) 현대의 이 자선가들은 세계적인 큰 질병들을 다루는 데 적극적으로 관여하고 있으며 책임성과 결과를 요구한다.[23]

위의 예들은 자선활동에 관심을 기울이는 기업인들의 예다. 재단을 만들어 자선활동에 일상적으로 참여하고 있는 회사들도 많다. 회사들의 기부액을 공개하도록 요구하고 있지 않기 때문에 실제로 회사들이 기부한 금액을 알기는 어렵다. 그러나 이제 많은 기업들이 자발적으로 자사의 CSR 보고서

---

21) J. A. Byrne, "The New Face of Philanthropy," Business Week, 2002년 12월 2일, 82-86쪽.

22) P. Sellers, "Melinda Gates Goes Public," Fortune, 2008년 1월 21일, 44-56쪽.

23) J. A. Byrne, "The New Face of Philanthropy," Business Week, 2002년 12월 2일, 82-86쪽.

에 이 정보를 공개하며, 「비즈니스위크」와 「포춘」은 연례 회사 기부 목록을 발표한다. 타겟이나 홀 푸드 같은 회사들은 이익 중 일정 비율을 자선 단체에 정규적으로 기부한다. 홀 푸드는 자사 사명 선언문에서 순이익의 5%를 기부하겠다고 선언했는데, 이는 이 회사가 1985년부터 해 오던 일이었다. 타겟은 1962년부터 같은 일을 해오고 있는데 흥미롭게도 이 회사는 자사 고객들을 대상으로 설문 조사를 실시해서 기부할 곳을 정하고 있다. 많은 회사들이 종업원의 기부액만큼 회사에서 추가로 기부하거나 종업원에게 공동체 봉사 휴가를 주기도 한다. 이런 회사들은 자선을 이해관계자 관점에서 생각할 수도 있다. 그들은 자선을 특정 명분에 기부함으로써 종업원, 공동체, 고객 또는 기타 이해관계자와의 관계를 개선할 수 있게 해주는 것으로 본다.

그리고 또한 기업의 자선활동은 회사 역량과 비즈니스 연계를 바탕으로 전략적으로 진행할 수도 있다. 비즈니스에 연계된 자선활동의 한 예를 보면 보스턴의 베인앤컴퍼니(Bain & Company)는 회사가 만든 비영리 기관을 통해 자선단체들에 큰 폭의 할인 가격에 경영 컨설팅을 제공하는데, 이 일은 이 회사가 전문 역량을 갖춘 분야다. 이와 유사하게 많은 제약회사들은 (정상 가격으로는) 약품을 살 여유가 없는 사람들에게 무상으로 주거나 가격을 대폭 할인해서 약품을 이용할 수 있게 하고 있다.[24]

2004년에 지진해일이 동남아시아를 덮쳤을 때 페덱스가 도움에 뛰어들었다. 이 회사는 신속하게 자사 비용으로 비행기를 전세내서 필요한 아동의 탈수를 막기 위해 344,000파운드의 페디아라이트를 보냈다. 100개가 넘는 회사들(대부분 미국 회사들)이 1억 7천 8백만 달러에 달하는 현금과 약품을 보냈다. 회사들은 또한 자신의 독특한 역량을 사용해서 도움을 주었다. 코카콜라는 자사 음료 포장 설비를 사용하도록 제공하고 태국에 50만 병의

24) H. Bruch and F. Walter, "The keys to rethinking corporate philanthropy," MIT Sloan Management Review, 2005년 가을 호, 49-55쪽.

물을 전달하기로 약속했다. 콜린 파월 장관은 이 원조가 무슬림 세계에 '행동하는 미국의 온정, 미국의 가치를 볼 기회'를 주었다고 말했다. 이때 도움을 준 많은 회사들은 자신의 기여에 대해 발표하거나 언급하지 않고 조용히 도와주었다.[25]

기업들은 2005년 9월에 루이지애나, 미시시피, 앨라배마 주의 허리케인 카트리나 피해자들에게도 유사하게 반응했다. 실제로 월마트가 허리케인 피해자들에게 매우 신속하고, 효율적이고, 관대하게 대응하다 보니 이를 본 많은 사람들은 이 회사가 물류 전문성이 있으므로 미국 연방 비상사태 관리에서 공식적인 역할을 해야 한다고 생각했다. 월마트는 허리케인 카트리나 구호에 2천만 달러의 현금을 기부했으며, 트럭 1,500대 분량의 무료 상품과 10만 끼 분량의 식품을 기부하고 모든 난민 노동자들에게 일자리를 약속했다. 월마트의 유례없는 대응을 본 어떤 목격자는 이렇게 말했다. "월마트는 이 나라의 모든 회사들에 대한 기대수준을 높였다. 이 사례는 회사 기부 양상을 바꿀 것이다."[26]

자선활동에 참여하는 회사가 자사의 자선 노력을 홍보해야 하는지 여부는 수업 시간에 흥미 있는 토론 문제가 된다. 예를 들어 버클리 경영대학원 학생들은 신발 회사 버켄스탁에게 수년간 해오고 있던 관례인 소아 에이즈 재단에 조용하게 기부하는 것을 중단하고 회사의 이미지를 강화하도록 홍보할 수 있는 분야를 후원하라고 조언했다. 그러나 당시 CEO는 이 조언을 거절해서 사회적 책임이 단지 돈벌이에 관한 것이라면 책임이라는 단어의 의미가 상실된다고 시사했다.[27] 이와 유사하게 우리는 렌즈 크래프터스사 CEO가 미국과 해외의 가난한 고객들의 오래된 안경을 수집해서 고쳐주는

25) C. Chandler, "A Wave of Corporate Charity," Fortune, 2005년 1월 24일, 21-22쪽.

26) M. Barbaro and J. Gillis, "Wal-Mart at Forefront of Hurricane Relief," Washington Post, 2005년 9월 6일.

27) M. Lewis, "The Irresponsible Investor," New York Times Magazine, 2004년 6월 6일, 68-71쪽.

이 회사의 노력에 대해 말하는 것을 들었다. 그는 종업원, 회사, 그리고 수령자들(이들 중 많은 사람들은 처음으로 또렷이 볼 수 있었다)에게 이 일과 그 의미에 관련된, 마음을 따뜻하게 하는 비디오를 보여 주었다. 그에게 이 비디오를 비즈니스 윤리 수업에 사용해도 되겠느냐고 묻자 자기 회사는 홍보 목적으로 이 일을 하는 것이 아니기 때문에 그러고 싶지 않다고 말했다. 자선은 렌즈크래프터스사 조직 문화의 중요한 부분이며 CEO의 견해로는 자선이 회사에 중요한 일치감과 종업원의 헌신을 고취한다.

우리의 강좌에서 우리는 자주 학생들이 회사가 명백히 해로운 활동을 보상하기 위해 자선에 관여한다고 인식할 때 회사의 자선 노력에 대해 냉소적인 반응을 보이는 것을 발견하곤 한다. 예를 들어 사람들은 (회계 분식으로 파멸한) 엔론이 휴스턴 지역사회에서 자선활동을 많이 했으며, 필립 모리스가 자사의 담배가 폐암을 일으키고 수백만 명을 죽인다는 사실은 숨긴 채 자신의 자선활동을 내세운다는 사실을 알고 있다. 회사가 단지 자사 이미지를 좋게 꾸미기 위해 노력하고 있다고 인식한다면 관찰자들이 냉소적인 반응을 보일 가능성이 있다. 그러므로 회사의 자선활동 참여 결정은 기부활동을 홍보할 것인지의 여부와 홍보 방법에 관해서는 경영 의사 결정과 별도로 내려져야만 한다. 당신은 어떻게 생각하는가? 회사는 자사의 자선 노력을 외부에 홍보해야 하는가? 아니면 자선을 보다 내부의 일로 다뤄야 하는가?

자선이 회사의 책임이라고 믿는다 해도 어떤 활동이 가장 합리적인가(예를 들어 자선이 회사 비즈니스에 얼마나 밀접한 관련이 있어야 하는가), 자선활동에 얼마를 투자할 것인가, 이를 어떻게 모니터하고 평가할 것인가, 자선활동을 회사 운영 경비를 통해 지불할 것인가 아니면 재단을 통해 지불할 것인가와 같은 많은 문제들이 남는다. 불행하게도 이런 질문에 답할 수 있도록 도움을 주는 연구가 별로 없다.[28] 「포춘」지는 기부가 매출액에서 차지하는 비율을 보도한다. 세전 이익이나 세후 이익 또는 순이익에서 차지하는 비율이 더 좋은 척도라고 주장하는 사람들도 있다. 어떤 척도가 가장 좋든 대부분의 미국 회사들은 자선을 통해 공동체에 되돌려줄 책임이 있다고 생각한다는 점은 확실하다.

트리플 바텀 라인과 환경상의 지속가능성

기업의 사회적 책임을 회사의 경제적, 사회적, 환경적 영향을 뜻하는 트리플 바텀 라인이라는 관점에서 생각하는 것이 점점 더 일반화되고 있다. 회사의 경제적 영향을 일컫는 경제적 바텀 라인에 대해서는 이미 논의했다. 사회적 차원은 종업원, 고객, 공급자, 보다 넓은 공동체와 같은 다양한 이해관계자에 대한 회사의 영향을 일컫는다. 트리플 바텀 라인의 세 번째 차원은 환경 차원이다. 환경에 대한 책임은 기업이 자연 환경에 미치는 영향을 인식한다. 지속가능성이라는 용어는 때로는 이 세 가지 차원의 조화를 나타내는 데 사용하고 어떤 때에는 환경상의 영향, 즉 '자연 자원을 고갈시키지 않고 온실 가스 배출을 낮추는 장기 성장'[29]과 관련된 용어로 사용하기도 한다. 지속가능한 개발은 '미래 세대가 그들의 필요를 충족시킬 수 있는 능력을 훼손하지 않고서 현재 세대의 필요를 충족시키는 것'[30]으로 정의한다.

일부 회사들은 지속가능성이라는 용어를 환경상의 노력을 포함해서 기업을 장기적으로 지속 가능하게 하는 모든 CSR 노력을 포함하는 포괄적인 용어로 사용한다. (우리와 같이) 기업의 사회적 책임을 포괄적인 용어로 사용하고, 지속가능성은 자연 환경 보호를 겨냥한 사회적 책임 노력을 지칭하는 데 사용하는 회사들도 있다. 어떤 용어를 사용하든 이러한 유형의 회사

28) J. D. Margolis and J. P. Walsh, "Misery Loves Companies: Rethinking Social Initiatives by Business?" Administrative Science Quarterly 48권, no. 2 (2003), 268쪽.

29) Z. Karabell, "Green Really Means Business," Newsweek, 2008년 9월 22일, E6면.

30) Brundtland Commission, Our Common Future: Report by the World Commission on Environment and Development (Oxford: Oxford University Press, 1987).

활동에 점점 더 많은 주의를 기울이고 있다는 점은 확실하다. 2008년에 「패스트 컴퍼니」는 포드 자동차의 한 번에 세 겹의 페인트를 칠하는 공정과 엔터프라이즈 렌터카의 임대 차량 연비 개선, 스테이플의 수천 개의 자체 브랜드 상품을 보다 환경 친화적 상품으로 전환한 사례 등 기업이 환경을 보호하는 방식으로 비즈니스를 영위하는 50가지 방법에 대하여 발표했다.[31]

2011년에 「포비스 매거진」은 에너지를 보존하고 친환경 동력에 대한 투자를 늘린 미국 상위 10대 '친환경' 기업 명단을 만들었다. 그들은 인텔이 경기 하락에도 불구하고 친환경 동력에 대한 투자를 거의 두 배로 늘렸는데 이는 주목할 만한 업적이라고 말했다. 인텔은 또한 모든 종업원의 연례 보너스를 회사의 지속가능성 실적에 연계한다. 5장의 문화에 대한 논의에서 언급한 바와 같이 이는 종업원들이 윤리와 관련한 특정 목표에 집중하게 하는 확실한 방법이다.[32] 홀푸드, 스타벅스, 시스코 시스템스, 코올스 백화점도 포비스 상위 10대 친환경 명단에 올랐는데 이 회사들 모두 '미국의 새로운 녹색 경제 추진' 노력의 일원이 되기 원한다고 말한다.

2012년에 「뉴스위크」는 「더 데일리 비스트」와 함께 두 곳의 연구 기관과 제휴해서 환경 발자국, 경영, 투명성에 근거하여 정한 세계 500대 상장 기업 순위를 '세계 최고의 친환경 기업' 명단으로 발표했다.[33] 정보기술, 전기통신, 소매, 제약 등 다양한 산업에 속한 회사들이 최고 등급을 받았다. IBM, 마이크로소프트, 엑센추어, 도시바, 스테플스, 노바티스와 같은 유명 회사들도 상위 50위에 포함되었다.

---

31) M. Borden, J. Chu, C. Fishman, M. A. Prospero, and D. Sacks, "50 Ways to Green Your Business," Fast Company, 2007년 11월 호, 90-99쪽.

32) D. McGinn, "The Greenest Big Companies in America," Newsweek, 2009년 9월 28일, 35-56쪽.

33) http://www.forbes.com/2011/04/18/americas-greenest-companies.html; http://www.thedailybeast.com/newsweek/galleries/2012/10/22/newsweek-green-rankings-2012-world-s-greenest-companies- photos.html.

많은 CSR 영역(노사 관계, 해외 뇌물)에서 비판을 받기는 하지만 월마트는 2009년에 고객들에게 상품의 지속가능성에 기초해서 상품을 평가하도록 도움을 주는 '지속가능성 지수'를 개발하고 있다고 발표함으로써 자사 공급사들의 지속가능성 조치에 큰 영향을 주었다. 이 회사는 2011년에 시범 프로그램으로 6개 상품 범주에 대한 지수와 이에 따른 범주 스코어카드를 개발했다. 월마트의 구매자들은 이 스코어카드를 사용해서 상품을 평가했으며, 월마트는 이 스코어카드에 따라 공급자들과 협력해서 상품을 개선했다. 이 회사는 2012년 말까지 100개 상품 범주를 다루는 스코어카드를 개발하는 것이 목표라고 말했다.[34]

초창기의 환경 보호 노력은 1960년대에 시작된 대기와 수질 오염에 대한 우려와 대기에 배출되면 지구의 오존층을 갉아먹는 프레온 가스라 불리는 화학물질에 관한 1970년대의 우려로 거슬러 올라간다. 계속되는 우려가 남아 있기는 하지만 서양에서는 오염을 줄이려는 노력이 상당히 성공적이었다. 보다 최근에는 세계적인 기후 변화에 주의가 집중된다. 세계적인 기후 변화는 실제적이며 인간이 유발한 온실 가스 배출에 의해 영향을 받고 있다는 데에 대해 (이 책의 제1 저자 트레비노가 재직하고 있는 펜실베이니아 대학교의 과학자들을 포함한) 세계적으로 존경받는 과학자들 사이에 점점 더 합의가 이루어지고 있다. 2007년 초에 기후 변화에 대한 세계의 선도적인 과학자들을 포함한 기후 변화에 관한 UN 정부간 패널은 기후 변화는 실제로 존재하고, 인간의 활동이 기후 변화의 주된 원인이며 물 부족, 곡물 생산 감소, 해수면 상승, 폭풍 강도 심화 등 인간에 대한 위협이 초래될 가능성이 있음을 밝히는 보고서를 발행했다. 이 보고서는 수백 건의 동료 검토를 거친 과학 연구들을 검토해서 만들어졌다. 보험회사들은 특히 최근의 폭풍 발생 건수와 강도가 증가한 뒤에 기후 변화를 실감하고 있다. 독일의 재보험회사인 뮌

---

34) "Sustainability Index," http://corporate.walmart.com/global-responsibility/environment-sustainability/sustainability-index.

헨 재보험이 발간한 보고서에 따르면 1980년부터 2011년까지 1조 달러가 넘는 손실을 야기한 극단적인 기상 사건 수가 증가했다.[35] 기후 과학자들은 어떤 폭풍도 기후 변화 탓으로 돌릴 수 없음을 인정하지만 미네소타 대학교 환경 연구소 조너선 폴리 이사는 2012년에 미국 북동부를 강타한 수퍼 폭풍 샌디가 발생한 뒤에 트위터에서 이렇게 말했다. "기후 변화가 없었어도 이런 종류의 폭풍이 발생할 수 있는가? 그렇다… 기후 변화 때문에 폭풍이 더 강해질 수 있는가? 그렇다."[36]

제너럴 일렉트릭, 월마트, 듀퐁 케미컬 등 미국의 많은 회사들은 지속가능성을 자사 비즈니스 전략의 필수적인 부분으로 삼는다. 이는 주로 이 회사들의 임원들이 과학자들의 합의에 동의하기 때문이다. 그러나 한편으로는 기업이 자원을 책임 있게 사용하고, 가능하면 재활용 및 재사용하고, 해로운 유해물질을 제거하고, 온실 가스 배출을 줄일 것이라는 이해관계자의 기대에 대한 반응이기도 하다.[37] 앞으로 에너지 비용이 계속 상승할 가능성이 있기 때문에 임원들도 자연히 관심을 보인다. 또한 다수의 기업이 진출한 여러 시장(예컨대 유럽 연합)에서는 탄소 배출에 대한 정부 규제가 강화되고 있다. 그러므로 글로벌 기업이 가장 엄격한 요건에 따라 운영하는 것이 합리적이다. 영리한 기업 임원들은 또한 이러한 변화 요구를 기업이 비즈니스를 혁신하고, 기후 변화 문제에 대한 해법을 제공하는 미래의 비즈니스와 일자리를 만들어 낼 기회로 본다. 포터와 크래머의 조언[38]에 따라서 일부 회사들은 환경상의 지속가능성을 자사의 보다 넓은 전략의 초석이자 경쟁 우위를 달성할 기회로 삼고 있다.

35) P.M. Barrett, "It's global warming stupid," Bloomberg Businessweek, 2012년 11월 5-11, 6-8쪽.
36) 위의 글.
37) A. A. Marcus and A. R. Fremeth, "Green Management Matters Regardless," Academy of Management Perspectives 23권 (2009), 17-26쪽.
38) Michael E. Porter, Mark R. Kramer, "Strategy and Society: The Link Between Competitive Advantage and Corporate Social Responsibility," 2006년 12월 1일.

자연 환경에 대한 이러한 관심은 제너럴 일렉트릭이 뉴욕의 허드슨 강에 유독성 화학물질을 버린 뒤 이를 청소하기 위해 분투하고, 듀퐁이 미국 최악의 공해 기업으로 간주되고, 월마트가 전국적으로 불도저로 땅을 고르는 것으로 유명했던 시절과는 완전히 달라졌음을 의미한다. 「포춘」지는 2007년에 환경상의 지속가능성 분야에서 리더하는 회사들을 발표했다.[39] 놀랍게도 듀퐁이 이 명단에 들었다. 공해기업으로 유명했던 듀퐁이 이제 지속가능성 리더로 등극한 것이다. 듀퐁은 이전의 프레온 가스 경험에서 큰 교훈을 얻었다. 정부의 프레온 가스 감축 노력에 저항하다가 회사 평판에 큰 타격을 입었다. 그리고 정부에 의해 프레온 가스를 대체하도록 강제되자 수익성이 뛰어나고 환경 친화적인 대체물을 개발했다. 듀퐁의 새 CEO가 이 문제에 관심을 집중한 1990년대부터 회사의 노력은 크게 강화되었다. 그 이후 듀퐁은 온실 가스, 발암물질, 모든 종류의 위험한 쓰레기를 크게 줄이기 위해 공정을 (약간 변경한 것이 아니라) 근본적으로 변경했다. 현재는 매니저들이 새 상품을 고려할 때 비즈니스 평가의 일환으로 신상품의 환경 발자국을 다루도록 요구한다. 또한 종업원들에게 재무상의 이익에 기여하면서도 세계의 문제들을 해결하도록 도움을 줄 수 있는 신상품을 개발하도록 촉구한다.

「포춘」이 적시한 또 하나의 선도 기업은 휴렛패커드인데 이 회사는 상세한 글로벌 시민 보고서에서 자사의 지속가능성 노력을 설명한다. 첨단 기술 회사들은 이 문제에 특히 민감한 경향이 있지만 휴렛패커드는 이 중 최고 회사 중 하나로 알려져 있다. 휴렛패커드는 회사제품들을 현재 완전히 재활용하며 '전자 쓰레기'의 해로운 영향을 완화하기 위해 막대한 노력을 기울인다.[40]

---

39) D. McGinn, "The Greenest Big Companies in America," Newsweek, 2009년 9월 28일, 35-56쪽. (미주 번호가 앞뒤로 연결되지 않으니 주의 요망. 32번으로 표시되어야 함. 9장 미주 번호 32번이 두 번 나옴).
40) "Green Is Good," Fortune, 2007년 4월 2일, 43쪽.

회사 건물을 통해 '녹색 경영'을 실천하는 방법도 있다. 소프트웨어 제조회사 어도비는 2006년에 캘리포니아 주 산호세에 있는 본사 건물이 미국 녹색 건물 위원회가 주는 백금 상을 받은 최초의 회사가 되었다. 이 업적이 특히 인상적인 점은 어도비가 새 건물 건축으로 상을 받은 것이 아니라 기존 건물을 정비해서 상을 받은 것이기 때문이다. 어도비는 1백만 달러가 넘는 돈을 투자해서 전기와 가스 사용을 상당히 줄이는 등 해마다 거의 1백만 달러 가까운 비용을 절감하고 있다.[41]

윌리엄 맥도너와 마이클 브론가트의 저서 『요람에서 요람까지: 물건 제조 방법 바꾸기』(2002)는 많은 조직들에게 자사의 비즈니스를 보다 지속가능하게 할 수 있는 방법에 관한 새로운 생각을 도입하게 하고 있다. 저자들은 자신들이 작명한 영리한 디자인이라고 부르는 상품 설계와 '쓰레기는 음식과 같다'라는 개념을 통해 산업을 변혁시키기 위한 선언을 제공한다. 이 방법에서는 어떤 물질도 실제로 버려지지 않고 다른 유기체에 의해 사용되거나 생물 분해를 통해 흙으로 돌아간다. 전체 프로세스는 자연 환경 시스템을 모방한다. 이에 대해서는 이 책 저자들의 웹사이트(www.mcdonough.com)에서 더 많은 내용을 배울 수 있다.****

카펫 타일을 생산하기 위해 레이 앤더슨이 1973년에 설립한 인터페이스 카펫은 지속가능성이 실행되는 뛰어난 예를 보여준다. 당신이 이 회사에 대해 들어보지 못했을 수도 있지만 도처에 깔린 인터페이스 카펫 타일 위를 걸어 보았을 것이다. 인터페이스 카펫은 100개가 넘는 나라에서 10억 달러의 매출을 올리는 글로벌 회사다. 앤더슨은 폴 호킨의 저서 『비즈니스 생태학』(1994)을 읽은 뒤 개인적인 통찰력을 얻었다. 그는 지속가능성에 장기적으로 헌신하고 다른 회사들에게 '지구로부터 자연적으로 그리고 신속

---

41) "It's Easy and Cheap Being Green," Fortune, 2006년 10월 16일, 53쪽.
**** 『요람에서 요람까지』에 관해 보다 자세한 내용을 연암사에서 출간한 노동래 역, 『비즈니스 윤리와 지속가능경영』 10장에서도 볼 수 있다. 역자 주.

하게 재생 가능하지 않은 물질은 취하지 않으며, 생물권에 아무런 해도 가하지 않는' 방식으로 회사를 운영할 수 있음을 보여준다는 목표를 지닌 환경 복원 기업이 되는 새로운 길에 들어서게 했다.[42] 이 목표는 회사의 미션제로 약속과 '지속가능성 산'에 오르겠다는 다짐에 요약되어 있다. 인터페이스 카펫은 자신의 노력을 통해서만이 아니라 다른 사람들도 그렇게 하도록 도와줌으로써 환경을 복원하는 기업이 되고자 한다. 회사 웹사이트(www.interfaceglobal.com)는 쓰레기 제거, 피해가 없는 배출 도모, 재생 가능 에너지 사용, 허점 메우기, 자원 효율적인 수송 달성, (공급자와 투자자를 포함한) 이해관계자들을 민감해지게 하기, 상거래 재설계라는 지속가능성 산의 7개 영역을 포함하여 회사의 중요한 이정표와 회사가 무엇을 가장 큰 업적으로 여기는지를 열거한다. 몇 가지만 예를 들면 다음과 같다. 매립지로 보내는 쓰레기가 77% 감소했다. 현재 회사가 사용하고 있는 원재료의 1/3 이상을 생물 또는 재활용 물질로 조달한다. 1996년 이후 제조 시 물 사용은 80% 감소했고, 에너지 강도는 43% 떨어졌다. 9개 공장 설비 중 8개는 완전히 재생 가능 에너지로 생산한 전기로 작동한다. 인터페이스 카펫은 이러한 노력을 계속되는 장기 여행이라고 부른다. 회사 웹사이트를 방문해서 놀라운 업적에 대해 더 많이 알아보라.

우리는 뒤에 회사 임원들은 추가적인 정부 규제에 자동 반사 반응을 보인다는 점을 언급할 것이다. 그러나 흥미롭게도 환경 분야의 정부 규제 강화를 미래에 관한 불확실성을 줄이고 공정한 경쟁의 장을 만드는 방법이라며 이를 지지하는 임원들이 많이 있다. 예를 들어 영향력 있는 미국 자동차 제조회사와 유틸리티 회사 임원들은 기후 변화 위협으로 인해 온실 가스 배출 감소를 위한 국가적인 입법 조치가 요구된다고 공개적으로 표명했다.

---

42) R. C. Anderson, "Doing Everything Right the First Time, Every Time," American Way, 2007년 10월 1일, 53-56쪽.

2009년 1월에 12개가 넘는 회사(제너럴 일렉트릭스, 제록스, 코노코필립스, 카터필라, 듀크 에너지 등) 임원들이 공동으로 미국 의회가 기후 법률을 통과시키도록 장려했으며 그들 자신의 정책 권고안을 제시했다. 많은 회사들(애플 컴퓨터, 퍼시픽 가스 전기회사(PG&E), 엑셀론, PNM 자원 등)이 미국 상공회의소가 기후 변화 입법에 격렬히 저항하는 데 동의하지 않아서 상공회의소를 탈퇴한 것은 2009년의 또 다른 놀라운 사건이다.

다른 사회적 책임 노력과 마찬가지로 기업의 환경 보호 노력은 때로는 냉소적인 반응을 촉발하기도 한다. 환경에 대한 피해를 줄이거나 좋은 일을 하려는 진지한 노력이 아니라 홍보를 위한 기업의 부정직한 시도를 환경 세탁이라고 부른다. 그린피스는 심지어 사람들에게 적절한 환경상의 이익을 전달하는 회사와 환경을 보호하는 체 가장하는 회사와 구별하도록 도움을 주는 전용 웹사이트(stopgreenwash.org)를 개설하기까지 했다. 그러므로 기업은 자신의 노력을 대중에게 어떻게 보일지에 대해 신중하게 생각할 필요가 있다. 이 분야에 관심을 기울이는 이해관계자들은 단순히 회사의 이익을 도모하기 위해 대중의 관심을 이용하려는 불순한 시도에 대해 집중 공격을 가한다.

보다 긍정적인 측면을 언급하자면 우리는 우리 수업을 듣는 학생들이 지속가능성 노력에 큰 관심을 보인다는 점을 발견했다. 실제로 다수의 학생들이 지속가능성 운동을 자신의 가치와 일치하는 직업을 발견할 기회로 보기 시작했다. 그런 관심이 있는 학생들은 지속 가능한 기업에서 학생들이 일하도록 도와주거나, 전통적인 기업이 환경에 대한 책임을 보다 잘 수행하도록 도와주는 지속가능성 교육 프로그램(MBA 프로그램 포함)을 개발하는 대학과 대학교들을 더 많이 찾고 있다. 보스턴 대학의 캐럴 경영 대학에서는 학생들로 구성된 팀들이 회사들에게 독특한 사업 기회를 창출하면서도 좋은 일을 할 수 있는 아이디어를 제공하는 경쟁을 벌이고 있다. 2009년 우승팀은 재활용 가능한 전화와 고객들이 탄소 발자국을 줄이고 환경 이슈를 인식하는 데 사용할 수 있는 프로그램 등 녹색 상품과 서비스를 제공한 '부러움을 받는 친환경(Green with Envy)' 이라는 프로그램을 만들었다.[43] 우리는 앞으로 그런 프로그램들이 더 많이 나오기를 기대한다.

사회적 책임 활동이 비즈니스에 도움이 되는가?

이 질문은 아주 오래된 질문으로서 예전에 비해서 우리는 이에 대해 훨씬 더 많이 알지만 완벽한 대답을 갖고 있지는 않다. 이와 관련된 일화들은 아주 많다. 아마 무책임한 방법으로 최소한 단기적으로는 '앞서 나간' 것으로 보이는 회사들의 이름을 댈 수 있을 것이다. 2008년 금융 위기 촉발에 기여한 금융 회사들을 떠올릴 수도 있고 또한 자신의 무책임한 행동에 대해 값비싼 대가를 치른 회사들을 적시할 수도 있다. 마지막으로 사회적 책임의 토대 위에 세워진 많은 성공적인 회사들도 적시할 수 있다. 일화들을 넘어서 증거들이 있는지 살펴보자.

좋은 평판의 이점

사회적 책임이 '이익이 된다' 는 주장의 한 가지 논거는 주요 이해관계자들에 대한 회사 평판의 가치에 초점을 맞춘다. 최대 군수품 납품업체 중 하나인 록히드 마틴의 은퇴한 이사회 회장 노먼 어거스틴은 회사의 윤리와 사회적 책임이 위험에 처한 상황을 들려줬다. 록히드 마틴은 정부 계약 건으로 경쟁하고 있을 때 경쟁사의 입찰 조건이 담긴 서류를 받았다. 회사는 즉시 이 서류를 미국 정부에 넘기고 경쟁사에게 이에 대해 알려줬다. 록히드는 이 경쟁에서 졌고, 종업원들은 일자리를 잃었으며, 주주들은 돈을 잃었다. 실로 큰 손해를 보았다. 그러나 어거스틴은 그 손해는 단기적이었을

43) "Boston College MBA Students Compete to Propose Socially Responsible Business for Verizon," The Corporate Social Responsibility Newswire (January 6, 2010년 1월 6일), www.csrwire.com 게시 자료.

뿐이라고 확신한다. "그 일은 장기적으로 우리에게 비즈니스를 영위하게 하는 평판을 쌓는 데 도움이 되었습니다… 그것은 장기적으로 언제나 이익이 됩니다."

그런데 평판이 정말 중요한가? 「비즈니스위크」에 따르면 "기업들은 사회가 그 기업의 윤리 기준을 어떻게 인식하는지에 큰 이해가 걸려 있다." 부정적인 측면에서 스캔들은 기업의 '눈에 멍이 들게' 하고[44] 돈이 들어가게 한다. 예를 들어 엑손은 엑손 발데즈 기름 유출 이후 여러 해 동안 언론의 부정적인 관찰 대상이 되었다. 긍정적인 측면을 보자면, 우호적인 회사 평판은 "회사에게 더 높은 가격을 책정하고 우수한 입사 지원자를 끌어들이고 자본 시장에의 접근을 강화하고 투자자들을 유치하게 해줄 수도 있다."[45] 일반적으로 연구 결과는 회사 평판이 좋으면 낮은 비용, 높은 매출, 평판이 나쁜 회사들에게는 불가능한 높은 가격 책정 능력의 형태로 이익이 된다는 아이디어를 지지했다.[46] 노동자들이 사회적 책임에 대한 평판이 좋은 회사들에 더 끌린다는 연구 결과들도 있다.[47] 유럽과 북미의 11개 일류 경영대학 MBA 졸업생 800명을 대상으로 한 스탠퍼드 대학교 연구에서 학생들의 94%는 윤리와 기업의 사회적 책임 평판이 좋은 조직에서 일하기 위해 재정상의 혜택을 포기할 의사가 있다고 말했다.[48] 고용되고 나서도 사람들은 '풍토가 호의적인' 조직, 즉 종업원과 공동체의 복지에 집중하는 조

---

44) "Yes, Business and Ethics Do Go Together," Business Week, 1988년 2월 15일, 118쪽.

45) C. Fombrun and M. Shanley, "What's in a Name? Reputation Building and Corporate Strategy," Academy of Management Journal 333권 (1990), 233-256쪽.

46) M. Rhee and P. R. Haunschild, "The Liability of Good Reputation: A Study of Product Recalls," Organization Science 17권 (2006), 101-120쪽.

47) D. W. Greening and D. B. Turban, "Corporate Social Performance as a Competitive Advantage in Attracting a Quality Workforce," Business & Society 39권, no. 3 (2000), 254-280쪽.

48) D. B. Montgomery and C. A. Ramus, "MBA Graduates Want to Work for Caring and Ethical Employers" (January 2004년 1월), www.gsb.stanford.edu/news/research/hr_mbajobchoice.shtml에서 검색함.

직에 더 충성하는 반면 (사람들이 자기 이익에 따라 행동하고 기를 쓰고 자기 이익을 추구하는) '이기적인' 풍토에서는 조직에 대한 충성도가 낮다.[49]

사회적 책임을 고려하는 투자자들은 기업의 사회적 책임 활동을 보상한다

특히 중요한 이해관계자 집단인 주주들에게 초점을 맞추고 주주들이 사회적 책임을 보상해 주는지 여부를 물어 보는 것이 이 질문에 관해 생각하는 또 다른 방법이다. 우리는 여기서 사회적 책임에 대해 보상해 주는 특별한 주주 집단에 초점을 맞추고 주주들은 단일 집단이 아니라는 점을 주목한다. 사회적 책임을 고려하는 투자자들은 기업의 재무성과와 사회적 책임성과에 관심을 기울이는 주주들이다. 이들은 자신의 투자는 재무 기준뿐 아니라 윤리 기준도 충족해야 한다고 주장한다. 그들은 '양심이 있는 곳에 돈을 투입한다.'

사회적 책임 기준은 다양하지만 이러한 투자자들은 담배와 같은 특정 유형의 산업은 기피하는 반면, 에너지를 현명하게 사용하고 환경을 보호하며 좋은 거버넌스에 참여하고 안전한 상품과 서비스를 파는 회사들을 지원한다. 그들은 또한 여성과 소수자 지위 향상, 근무 시간 중 자녀 돌봄, 이익 공유, 임원 보수 정책 등의 회사 인사 관행을 고려하기도 한다. 몇 가지의 사회 책임 주식 지수(KLD, FTSE4Good, 다우존스 지속가능성 그룹 지수, 도미니 사회 지수 400)가 등장했으며 이러한 지수 편입은 회사 평판 면에서 가치가 있다. 다수의 브로커, 재무 설계사, 뮤추얼 펀드들도 미국과 사회적 책임 투자가 성장하고 있는 해외에서 이러한 투자자들의 필요에 봉사한다. 비영리 경제 단체인 사회 책임 투자 포럼(www.socialinvest.org)의 보고에 의하면 사회 책

---

49) L.K. Treviño, K. Butterfield, and D. McCabe, "The ethical context in organizations: Influences on employee attitudes and behaviors," Business Ethics Quarterly, 1998, 8 (3), 447-476쪽.

임 투자는 1984년에는 400억 달러였는데 2012년에는 4조 달러로 성장했다. 이 협회는 사회적 책임 투자를 하는 140개 뮤추얼 펀드 명단을 제공하는데, 이 펀드들은 일반적으로 다른 펀드들보다 투자자들을 더 잘 유지했다.[50] 사회적 책임 활동을 잘 하는 기업에 대한 투자의 성장은 기관 투자자와 개인 투자자들 모두 그러한 상품을 요구하고 있고, 자연 환경에 대한 관심이 증대하고 있기 때문이다. 기관 투자자들의 사회적 책임에 대한 관심도 커졌다. 예를 들어 캘리포니아 주 공무원 연금은 자신이 투자하는 회사들에게 좋은 기업 거버넌스와 인권, 환경상의 책임과 같은 분야에서 사회적으로 책임 있는 관행을 실천하라고 압력을 가한다(www.calpers.ca.gov를 보라). 이러한 사실이 윤리와 사회적 책임에 어떤 의미가 있는가? 최소한 이러한 투자자 집단에게는 주주의 관심이 종업원, 고객, 공동체의 관심과 구분되지 않는다. 이들은 모두 연결되어 있다.[51]

불법적인 행동의 비용

우리는 앞에서 법적 책임 이행은 기업의 사회적 책임의 한 유형이라고 말했다. 이 책임을 이행하지 못하면 기소된 개인과 회사는 매우 값비싼 범죄 행위자가 된다.[52] 사베인-옥슬리법이 통과된 이후 수백 건의 회사 사기 건이 심리되었다. MCI(스캔들로 이름이 높았던 종전의 월드콤) 장부 분식 관여 혐의로 25년 징역형을 선고받은 버니 에버스와 센단트의 회계 사기로 2007년에 12년 7개월 징역형과 32억 7천 5백만 달러의 벌금을 선고받은 월터 포비스 같은 상위 임원들이 장기 징역형을 선고받았다. 사무직 범죄자들은 여

---

50) S. Scherreik, "Following Your Conscience Is Just a Few Clicks Away," Businessweek, 2002년 5월 13일, 116-118쪽.

51) J. Melton, "Responsible Investing: $639 Billion and Counting," Co-Op America Quarterly, 1996년 봄 호, 13쪽.

52) 비즈니스 윤리에 관한 컨퍼런스 보드 1992년 뉴욕 회의에서 변호사 스티븐 앨런 라이스가 한 연설에서 채용함.

름휴가 캠프 같은 '호화 교도소'에 간다는 신화가 있지만 이는 전혀 사실이 아니다. 금융 범죄자들은 강간범, 미성년자 성 추행범, 마약상과 같은 흉악 범들과 같은 교도소에서 형기를 보낸다.

예를 들어 타이코의 전 CEO 데니스 코즐로우스키와 타이코의 전 CFO 마크 스와츠는 (연방 법원이 아닌) 뉴욕 주 법원에서 8년과 25년 징역형을 선고 받았다. 그들은 아티카 교도소처럼 최고 보안 등급의 교도소에서 형기를 보내야 할 텐데 이런 교도소들은 어느 모로 보나 호화 교도소는 아니다.[53] 보안 등급이 가장 낮은 연방 교도소조차 유쾌한 장소는 아니다. 그곳에 레이저 울타리는 없지만 재소자들에게는 프라이버시가 없고 알몸 신체 수색을 받아야 하며 교도소 음식을 먹어야 한다.[54] 밴더빌트 대학교와 와튼 대학교 학위, 사막의 폭풍 작전(이라크 전쟁의 작전 명. 역자 주) 훈장, 커네티컷 해안의 집, 사랑스러운 아내와 세 명의 자녀를 두고 조지아 주 제수프 연방 교도소의 수감 번호 59449-054의 재소자가 된 전직 씨티그룹 파생상품 트레이더 찰스 가일에게 물어 보라. 그는 보너스를 많이 받기 위해 에너지에 기초한 파생상품의 가치를 부풀리고 리스크를 축소 표시한 혐의로 기소되었다. 그는 이렇게 말했다. "호화 교도소라는 개념은 아주 부정확하다… 그런 곳은 없다. 우리가 몇 주 전에 먹었던 형편없는 볼로냐 수프를 근사한 식사라고 여기지 않는 한 근사한 식사는 없다. 나는 야외의 콘크리트 벽돌 건물에서 살고 있으며 3단 침대에서 잔다. 75명의 남성 재소자들이 있는데 화장실 변기는 6개뿐이고 샤워기는 7개뿐이다." 그는 안경과 결혼반지만 지니도록 허용되었다.[55] 대부분의 재소자들은 징역형을 사는 것보다 범죄 조사와 기소가 가족에게 가져다주는 수치가 더 견디기 어렵다고 말한다. 범죄

53) A. R. Sorkin, "Ex-Tyco Executives Get 8 to 25 Years in Prison," New York Times, 2005년 9월 20일, www.nytimes.com/2005/09/20/business/20tyco.html.

54) G. Colvin, "Whke-Collar Crooks Have No Idea What They're in For," Fortune, 2004년 7월 26일, 60쪽.

55) "Trader, Father, Veteran, Convict," Fortune, 2008년 6월 9일, 92-102쪽.

자들은 그 결과 가족을 잃기도 한다. 마지막으로 이런 임원들은 형사 범죄로 기소되지 않는 경우에도 다른 소송의 결과 개인의 부를 잃게 될 가능성이 있다. 어느 전직 CEO 출신 재소자는 이렇게 말했다. "당신이 알던 인생은 끝났다."[56]

회사 관점에서 보면 회사 범죄 혐의 발표와 벌금 발표에 대응해서 단기 주가가 하락한다.[57] 기소 이후 5년 동안 재무 실적도 상당히 악화된다.[58] 기업들은 때로는 지루한 소송을 피하기 위해 검사들과 합의한다. 예를 들어 2002년 말에 미국의 10대 증권 회사들은 14억 4천만 달러의 벌금을 납부하고, 주식 리서치 부문을 투자은행 업무와 완전히 분리하고, 독립적인 주식 리서치에 비용을 지불하기로 합의했다. 메릴 린치는 2002년 초에 1억 달러의 벌금을 지불하기로 합의했다. 전통적으로 기업은 불법 행위에 대해 충분한 대가를 치르지 않는다고 여겨졌다. 그러나 한 연구는 20년이 넘는 기간 동안 허위 재무제표 정보를 발표한 거의 600개 회사들에 부과된 벌칙을 조사했다. 연구자들은 평균 2,350만 달러에 달하는 벌금 외에도 법률상의 벌금이 발표된 뒤에 시장에 의해 이보다 훨씬 큰 평판 상의 벌칙이 가해졌음을 발견했다. 이들 기업은 비리 소식이 전해져서 시장 가치의 41%를 상실했는데 시장 가격 하락의 대부분은 평판 상실 때문이라 할 수 있다.[59]

흥미롭게도 처벌은 비즈니스 파트너에게서도 온다. 언론을 통해 불법적이거나 비윤리적인 행동이 드러나면 그 기업은 비즈니스 파트너에 대한 정통성을 상실해서 불법적인 행동이 드러난 회사 임원들이 전보다 명성과 수

56) G. Burns, "White Collars, Prison Blues," (State College, PA) Centre Daily Times, 1월 18일, El, E6면.

57) J. L. Strachan, D. G. Smith, and W. L. Beedles, "The Price Reaction to (Alleged) Corporate Crime," Financial Review 18권, no. 2 (1983)년, 121-132쪽.

58) M. S. Baucus and D. Baucus, "Paying the Piper: An Empirical Examination of Longer-Term Financial Consequences of Illegal Corporate Behavior," Academy of Management Journal 40권 (1997), 129-151쪽.

59) J. M. Karpoff, D. S. Lee, and G. S. Martin, "The Cost to Firms of Cooking the Books," Journal of Financial and Quantitative Analysis 43권, no. 3 (2008), 581-611쪽.

익성이 낮은 회사 이사회 위원으로서 봉직할 가능성이 높으며, 회사 자체의 이사회 위원도 명성과 수익성이 낮은 회사 출신으로 채워질 가능성이 높다. 보다 심각한 불법적인 행동이나 비윤리적인 행동을 저지르면 영향은 더 커진다. 수익성이 양호하고 평판이 좋은 회사들은 불법적이거나 비윤리적인 행동을 저지른 회사들을 멀리하기 때문에 그런 회사들은 양질의 네트워크로부터 단절된다.[60]

정부 규제의 비용

정부 규제 증가는 기업의 무책임한 행동에 대한 또 하나의 값비싼 대가다. 정부는 (금융 서비스 및 전기와 같은 산업을 규제함으로써) 시스템에 대한 심각한 리스크를 예방하고 회사들이 만들어 내는 '외부 효과'에 대해 책임지게 할 책임이 있다. 외부 효과는 환경에 대한 피해처럼 기업에 의해 가해지지만 회사 비용 구조에 반영되지 않으면서 사회에 끼치는 비용이다.[61] 소비자인 우리는 정부가 기업들이 자신의 행동에 책임지게 해주기를 원한다. 우리는 공기, 식품, 물이 안전하기를 원하고, 항공사가 정비·보안·조종사 훈련을 아끼지 않기를 원하며, 민간 의료보험 회사를 위해 일하는 의사들이 환자를 돌보는 것을 이익보다 우선시하기를 원하고, 대형 금융기관들이 경제 전체를 무너뜨릴 수 있는 커다란 리스크를 취하지 않기를 원한다.

많은 기업 스캔들이 발생한 뒤에 기업들은 규제상의 반발을 경험했다. 당신은 아마 규제가 완화된 비즈니스(에너지, 전기통신, 금융 서비스)가 최근의 기업 스캔들의 선봉에 섰음을 알아차렸을 것이다. 모기지 담보부 증권 비즈니스의 규제 결여는 최근의 금융 위기에 기여했으며 새로운 금융 산업 규제로 이끌었다. 금융 위기 이전의 스캔들을 보면 엔론은 확실히 에너지 트레이

60) B. N. Sullivan, P. Haunschild, and K. Page, "Organizations Non Gratae? The Impact of Unethical Corporate Acts on Interorganizational Networks," Organization Science 18권 (2007), 55-70쪽.
61) R. Kuttner, "Everything for Sale," Fortune, 1997년 3월 17일, 92-94쪽.

딩 비즈니스의 규제 결여를 이용해서 정부 관리에 영향을 주고 숫자를 갖고 장난쳤다.[62] 그리고 월드콤과 같은 회사들은 전기 통신 산업 규제 완화를 이용했다. 이런 스캔들의 결과 사람들은 기업의 자율 규제 능력 또는 의지에 대한 신뢰를 상실했으며 더 많은 정부 규제를 요구했다.

1990년대의 재무 보고 스캔들은 뉴욕 주식 거래소 개혁 요구로 이어졌다. 2002년에 통과된 거래소 개혁법은 회사 이사회와 감사의 독립성을 강제하며 회원사들에게 윤리강령을 갖추도록 요구한다. 의회는 2002년 7월에 회사 거버넌스와 회계개혁을 입법화한 사베인-옥슬리법(흔히 SOX라 한다)을 통과시켰다. 이 법은 회계 산업에 새로운 감독 위원회를 설치했으며, 기업들에게 5년마다 주된 회계 감사인 또는 조정 파트너를 변경하도록 요구하며, 감사인이 제공할 수 있는 서비스 범위를 축소하고, 상위 임원들에게 일정 기간 동안 주식을 팔지 못하게 한다.[63] 또한 상장 회사 CEO와 CFO에게는 자사 재무제표의 정확성을 인증하도록 요구한다. 이 법에 따른 최초의 인증은 2002년 8월에 이뤄졌다. 허위로 인증하면 해당 임원은 5백만 달러의 벌금과 최고 20년 형에 처해질 수 있다. 증권 사기는 최고 25년의 징역형에 처해질 수 있으며, 연방 조사 시 문서를 파쇄하거나 파괴한 사람은 최고 20년 징역형에 처해질 수 있다.[64]

사베인-옥슬리법 섹션 404는 회사들에게 가장 부담이 되는 것으로 알려져 있다. 이 섹션은 기업들에게 자사 내부 재무 통제 시스템이 건전하고 사기를 예방할 수 있음을 증명하도록 요구한다. 이 요건은 충족하기가 어려우며 「월스트리트 저널」에 따르면 감사를 수행하는 회사들만 살찌우고 혁신과 일상의 비즈니스로부터 관심을 빼앗았다.[65] 따라서 일부 임원들(GE,

62) B. Nussbaum, "Can You Trust Anybody Anymore?" Business Week, 2002년 1월 28일, 31-32쪽.

63) C. Murphy, "D.C. Gets It Right," Fortune, 2002년 9월 2일, 38쪽.

64) H. Fineman and M. Isikoff, "Laying Down the Law," Newsweek, 2002년 8월 5일, 20-25쪽.

65) "Sox and Stocks," Wall Street Journal, 2005년 4월 19일, A20면.

유나이티드 테크놀로지스)은 이 법이 자사 내부 통제 시스템에 가치 있는 개선을 가져왔다고 인정하지만 이 규제는 (특히 소규모 기업들에게는) 비용이 과도하기 때문에 기업들이 미국 주식 거래소를 떠나게 했다고 불평하는 비즈니스 리더들도 있다. 그러나 「비즈니스위크」는 이 개혁이 시장의 신뢰를 높였고, 심각해지기 전에 많은 문제들을 잡아냈기 때문에 성공적이었다고 평가한다.[66] 더욱이 회사들이 프로세스를 간소화하고 효율적으로 수행함에 따라 비용도 차츰 줄어들었고, 다른 나라들(프랑스, 일본, 중국, 캐나다)도 비슷한 법률을 채택했다. 마지막으로 「비즈니스위크」에 따르면 외국 회사들이 계속 미국 주식 거래소에 모여들고 있다. 보다 엄격한 규제 환경이 재무 보고에 대한 주주들의 신뢰를 높여서 실제로는 기업에 도움이 많다고 말하는 애널리스트들도 있다.[67]

이 책을 집필하고 있는 현재 증권거래위원회는 2008년 금융 위기에 대응하여 통과된 도드-프랭크 월스트리트 개혁 및 소비자 보호법에 의해 요구되는 규칙을 제정하고 시행하는 과정에 있다. 이 법의 기본 취지는 유가 증권에 기초한 스왑 및 헤지 펀드와 같은 다양한 시장의 투명성 제고다. 또한 투자자들은 이제 임원 보수에 대한 발언권이 높아졌으며 SEC는 증권법 위반에 관한 정보 제보자에게 인센티브를 부여하는 새 내부고발자 프로그램을 시행했다(자세한 내용은 www.sec.gov를 보라).

상장 회사 이사회는 주로 위원 자신의 개인 책임에 대한 우려와 새로운 규제 때문에 감독 책임을 보다 심각하게 받아들이고 있다. 그 결과 이사회들은 (보잉의 해리 스톤시퍼, 보험회사 AIG의 행크 그린버그 등) 여러 CEO들을 해고했다. MCI에서는 이사회가 자신의 의무에 관해 보다 넓은 이해관계자 관점을 취했다. 이 회사 거버넌스 가이드라인은 이사회가 '종업원, 고객, 공급자, 정

---

66) D. Henry and A. Borrus, "Governance: Death, Taxes & Sarbanes-Oxley?" Businessweek, 2005년 1월 17일, 28-31쪽.
67) J. Weber, "SarbOx Isn't Really Driving Stocks Away," Businessweek, 2007년 7월 2일, 87쪽.

부와 규제당국, 공동체와 일반 대중을 포함한 다른 이해관계자들의 관심사를 책임 있게 다룸으로써 주주를 위한 회사의 장기 가치를 '극대화' 해야 한다고 말한다. MCI 이사회가 2005년에 인수 가격을 (3억 달러) 높게 제시한 퀘스트의 제안을 거절하고 10억 달러를 제시한 버라이즌을 택해서 단기 투자자들을 화나게 했을 때 이 가이드라인이 제 역할을 했다. 이사회는 앞을 내다보고 장기적으로는 버라이즌의 제안이 더 가치가 있을 것이라는 결론을 내렸다.[68] 이 이야기가 지적하는 바와 같이 상장 회사는 1차적으로 주주들에게 책임을 져야 한다고 주장하는 사람들은 어느 주주에 대한 책임인가라는 중요한 질문에 답해야 한다. 일중 단타 매매자들의 이해관계는 주식을 장기 보유하려는 사람들의 이해관계와 다르다.

추가 정부 규제를 피하기 위해 특정 산업 소속 회사들이 자율 규제를 하는 경우도 있다. 2002년 7월에 미국 약품 연구 및 제조 협회(Pharmaceutical Research and Manufacturers of America; PhRMA)는 제약사 판매원들이 의사들에게 어떻게 판매 활동을 할 수 있는지에 관한 새로운 자발적 가이드라인을 수용했다. 이 분야는 수십 년 동안 이해상충의 비옥한 토양이었는데 PhRMA의 가이드라인은 이를 해소하는 출발점이다. 2009년부터 효력을 발휘한 개정 강령이 이 조직 웹사이트에 게시되어 있는데 개정 강령은 특히 제약사 판매원이 처방약 결정 권한이 있는 의사들에게 접근하기 위해 이전에 사용했던 일련의 향응 제공을 금지한다. 저녁 식사, 스키 휴가, 스포츠 경기, 유람선 탑승, 그리고 지정한 주유소를 통한 의사의 자동차 주유 대금 지급 등과 같은 향응은 모두 의사들과 시간을 보내려는 시도다. PhRMA는 강제 조항을 두고 있지 않지만 많은 제약회사들이 새 가이드라인을 진지하게 받아들이도록 권유한다. 머크, 글락소스미스클라인, 와이어스 아이어스트 등의 임원들은 공개적으로 이 가이드라인을 지지했으며,[69] 현재는 다수의 회사

68) K. Belson, "Why MCI Is Turning Up Its Nose at $1.3 Billion," New York Times, 2005년 4월 10일, 3쪽.

들이 공개적으로 이 강령을 준수하기로 서약했다.

그러나 정부는 기업들이 이 문제에 대해서 자율 규제하도록 맡겨두는 데 만족하지 않았다. 2002년 9월에 보건후생부는 제약사들이 자사 약품 처방이나 구매에 보답하기 위해 인센티브 지급이나 기타 '가시적인 혜택'을 제공하지 못하도록 하는 유사한 가이드라인을 발표했다. 새 기준을 위반하는 기업은 조사를 받고 연방 '사기 및 뇌물 법령'에 따라 기소될 수 있다.[70] 또한 PhRMA는 2005년에 처방약의 인쇄물 광고와 TV 광고를 위한 자발적 행동 수칙도 발표했다. 이 중 중요한 원칙으로는 회사들이 소비자를 대상으로 광고하기 전에 의사들을 교육시키기로 한 서약이 있다(www.phrma.org를 보라).

화학 산업의 자발적 조치인 책임 있는 돌봄(Responsible Care)은 1984년의 인도 보팔 지역의 유니온 카바이드 공장 참사와 같은 대형 사고에 대한 대응으로 1988년에 미국에서 출범했다. 이 프로그램의 목적은 책임 있는 기업 시민 정신을 보여줌으로써 화학 산업에 대한 대중의 신뢰를 확보하는 것이다. 회원사들은 화학 제조업자 협회에 의해 감시와 집행되는 자발적인 윤리강령을 채택한다. 이 강령은 공동체의 인식과 긴급 사태 대응, 오염 방지, 운송 중인 화학물질의 안전한 배송, 종업원 건강과 안전, 화학물질을 제조부터 처분까지 안전하게 취급하는 것을 다룬다. 이 강령과 정책들은 법규 준수를 넘어서 지속적인 개선, 외부 이해관계자들과의 소통, 공급자들에 대한 교육에 초점을 맞춘다.[71]

69) J. George, "Big Pharma Kills Doc Giveaways," Philadelphia Business Journal 21권, no. 19 (2002), 1쪽.

70) R. Pear, "Drug Industry Is Told to Stop Gifts to Doctors," New York Times, 2002년 10월 1일, A1면.

71) A. Prakash, "Responsible Care: An Assessment," Business & Society 39권, no. 2 (2000), 183-209쪽.

사회적 책임과 회사 성과의 관계에 관한 리서치 결과

학계에서는 기업의 사회적 책임이 재무 성과와 관계가 있는지 여부에 대해 논쟁을 벌이고 있다. 일부 학자들은 CSR이 다수의 중요한 이해관계자들이 회사에 대해 보다 긍정적인 태도를 가지게 해서 순이익에 긍정적으로 기여하는 것이 당연하다고 주장한다. 사회적 책임은 이익에서 자원을 빼앗아가는 비용이라고 주장하는 학자들도 있다. 사회적 책임과 재무 성과의 관계는 측정하기 어렵지만 지난 몇 년 동안 이 질문에 대한 연구가 더 정교해졌으며, 질문에 대한 답을 제공하고 있다.

착한 윤리와 회사 재무 실적 사이에 긍정적인 관계가 있음을 보여주려는 초기의 간단한 시도에서 존슨 앤 존슨의 전 CEO 제임스 버키는 윤리와 사회적 책임으로 명망이 있는 주요 회사들의 목록을 작성했다. 존슨 앤 존슨, 코카콜라, 거버, IBM, 디어(Deere), 3M, 제록스, J.C. 페니, 피트니 보우스 등이 목록에 포함된 유명 회사들은 1950년부터 1990년까지 연 11.3% 성장한 반면, 같은 기간 동안 다우존스 산업 평균지수는 6.2% 성장에 그쳤다.[72]

유사한 연구에서 연구자들은 주요 이해관계자들의 관심사에 대한 반응에 기초해서 S&P 500 지수 편입 회사들의 사회적 평가 책임을 평가하는 독립적인 서비스인 킨더, 리덴버그, 도미니(Kinder, Lydenberg, Domini; KLD)의 순위를 종합해서 측정한 2001년 '100대 최고 기업 시민'을 「비즈니스위크」의 재무 순위와 비교했다. 100대 최고 기업 시민의 평균 재무 실적이 S&P 지수에 편입된 나머지 기업들의 평균 재무실적보다 확실히 좋았다(10% 포인트 넘게 높았다).[73] 이 회사들은 또한 「포춘」지의 2001년 평판 설문 조사에서도 더 높은 순위를 차지했다. 기업 시민 정신은 주주, 공동체, 소수자와 여성, 종업원, 환경, 외국의 이해관계자들, 고객 등 일곱 개 이해관계자 집단에 대

72) K. Labich, "The New Crisis in Business Ethics," Fortune, 1992년 4월 20일, 167-176쪽.
73) C. Verschoor and E. Murphy, "Best Corporate Citizens Have Better Financial Performance," Strategic Finance 83권, no. 7 (2002), 20쪽.

한 회사의 서비스에 순위를 매김으로써 측정되었다.[74)]

과거 약 30년 동안 더 많은 학자들이 사회적 책임과 재무 실적 사이의 관계를 엄격하게 규명하고자 노력했다.[75)] 52개의 그런 연구들에 대한 최근의 통계 검토(메타 분석)는 CSR과 재무 실적 사이의 긍정적인 관계를 발견했는데, 특히 평판에 기초한 기업의 사회적 성과 척도와 회계에 기초한 재무 실적이 사용될 경우 그러한 관계가 두드러졌다. 또한 연구자들은 기업의 사회적 책임 평판이 높은 기업은 회사 재무 리스크가 낮다는 사실도 발견했다.[76)] 마지막으로 연구 결과 (강한 주주 권리 규정과 같은) 좋은 기업 거버넌스 구조와 정책을 갖춘 회사들이 그렇지 못한 회사들보다 주가가 높을 뿐 아니라 수익성, 매출 성장 및 시장 가치도 높음이 확인되었다. (회사 거버넌스 관행 평가 회사인) 거버넌스 매트릭스 인터내셔널의 가빈 앤더슨은 조심성 있는 투자자들은 투자하기 전에 이전의 소송과 규제상의 문제 양상(증권거래위원회 및 기타 공공 데이터에서 구할 수 있다.)이 있는지 살펴보아야 한다고 주장한다. 그런 양상은 그 회사가 비윤리적이고 불법적인 행동을 용인하는 문화를 갖고 있음을 시사하므로 투자를 피해야 한다.[77)]

연구 결과, 사회적 책임은 재무 실적을 향상시키고 재무 실적은 회사에

---

74) S. J. Graves, S. Waddock, and M. Kelly, "Getting There: The Methodology Behind the Corporate Citizenship Rankings," Business Ethics 16권, no. 2 (2000), 13쪽.

75) K. E. Aupperle, A. B. Carroll, and J. D. Hatfield, "An Empirical Examination of the Relationship between Corporate Social Responsibility and Profitability," Academy of Management Journal 28권 (1985), 449-459쪽; J. B. McGuire, A. Sundgren, and T. Scheeweis, "Corporate Social Responsibility and Firm Financial Performance," Academy of Management Journal 31권 (1988), 854-887쪽; A. H. Ullman, "Data in Search of a Theory: A Critical Examination of the Relationships among Social Performance, Social Disclosure, and Economic Performance of U.S. Firms," Academy of Management Review 10권 (1985), 3540-3547쪽; J. D. Margolis and J. P. Walsh, People and Profits? The Search for a Link between a Company's Social and Financial Performance (Mahwah, NJ: Erlbaum, 2001); Margolis and Walsh, "Misery Loves Companies."

76) M. Orlitzky and J. D. Benjamin, "Corporate Social Performance and Firm Risk: A Meta-analytic Review," Business & Society 40권, no. 4 (2001), 369-396쪽.

77) P. J. Lim, "Gauging That Other Company Asset: Its Reputation," New York Times, 2005년 4월 10일, 6쪽.

향후의 사회 책임 활동에 투입할 수 있는 여유 자금을 제공하는 상호 관계가 있다고 제안한다.[78] 이 연구는 KLD가 평가한 8개 CSR 특성 지수를 사용했다. 재무 실적이 좋은 회사들이 사회적 책임 실적에서 높은 순위를 차지했는데, 이는 재무 실적이 좋은 회사가 사회적 관심사에 더 많은 자원을 할애할 수 있다는 점을 시사한다. 재무 실적이 좋은 회사가 '돈을 잘 벌어서 좋은 일을 하고' 그렇지 못한 회사는 자선활동이나 기타 재량적인 사회적 책임 활동에 투입할 자금이 없다. 또한 이 연구는 재무 실적은 양호한 사회적 책임 실적에 의존함을 발견했는데, 이는 기업이 '착한 일을 해서 돈을 잘 번다.'라고 시사한다. 저자들은 이를 '착한 경영 이론'이라고 부르며 좋은 사회적 책임 활동 실적은 다른 좋은 경영 관리 관행과 관련이 있다고 주장한다.

이처럼 좋은 사회적 책임 실적이 재무 실적에 도움이 되고 좋은 재무 실적이 좋은 사회적 책임 활동을 계속할 수 있게 해주는 관계를 저자들은 '선순환'이라고 부른다. 그리고 적어도 사회적으로 책임 있게 기업을 운영한다 해서 과거에 일부 경제학자들이 주장한 바와 같이 회사의 재무 실적에 피해가 가지 않는다는 사실은 분명히 했다. 이 연구 결과는 회사의 (종업원, 공동체, 자연 환경 등) 주요 이해관계자들과의 관계가 회사 재무 실적에 중요함을 시사한다.[79]

CSR과 재무 실적 사이의 관계를 이해하기 위한 연구의 한 가지 어려움은 대부분의 연구들이 모든 유형의 사회적 책임을 하나로 통합한다는 점이다. 그러나 사회적 책임 활동 유형마다 다른 영향을 미칠 수 있다. 예를 들어 「워킹 마더」(Working Mother) 지가 발표한 '가장 가정 친화적인 회사' 명단

78) J. D. Margolis and J.P. Walsh, "People and Profits?"; Margolis and Walsh, "Misery Loves Companies"; M. Orlitzky, F. L. Schmidt, and S. L. Rynes, "Corporate Social and Financial Performance: A Meta- analysis," Organization Studies 24권, no. 3 (2003), 403쪽.
79) S. A. Waddock and S. B. Graves, "The Corporate Social Performance—Financial Performance Link," Strategic Management Journal 18권 (1997), 303-319쪽.

에 최초로 등재된 회사는 등재 사실이 발표된 이후 주식 시장 초과 수익률이 상승하는 경험을 했다.[80]

또한 많은 기업 임원들이 자선은 최고의 종업원을 유치하고 유지하도록 도움을 주고, 고객들이 돌봄 및 관대함과 관련시키는 회사 브랜드를 만들어 줌으로써 재무 실적에 기여한다고 믿는다. 그러나 이전 연구 결과는 갈린다. 한 연구에서 저자들은 단순한 선형 관계가 아니기 때문에 이처럼 상반되는 결과가 나올 수도 있다고 주장했다.[81] 흥미롭게도 이 연구는 회사의 자선활동과 재무 실적 사이에 역(逆) U자형 관계가 있음을 발견했다. 저자들은 이론이 제안하는 바와 같이 핵심 이해관계자들이 회사에 더 협조적이고 회사를 더 지지한다고 할 수 있기 때문에 기업들은 일정 지점까지는 자선을 통해 이익을 볼 수 있음을 발견했다. 저자들은 과도한 자선이라는 용어를 사용해서 자선이 최적 수준을 넘어가면, 비용 성격을 더 많이 띠게 되며 너무 많은 자원이 지출되어 이해관계자들 사이에 우려를 자아낼 수도 있다고 설명한다. 또한 이 연구는 보다 역동적인 비즈니스 환경에서 운영하는 회사들에게는 회사의 평판과 이미지가 가장 중요한데 그런 회사의 자선활동에서 가장 큰 이익을 본다는 점도 발견했다.[82] 그러므로 자선이 (재무 실적에) 이로울 수 있다는 점은 분명하지만 연구 결과는 임원들이 자선활동이 역효과를 낼 수 있는 최적 지점을 찾아내고 그 지점을 넘지 않도록 균형을 잡아야 함을 시사한다.

특정 유형의 사회적 책임 활동을 연구한 2008년의 연구는 '녹색' 활동(특히 배출과 오염을 줄이기 위한 전략적 투자)과 재무 실적 사이의 관계를 조사했다.[83] 이

---

80) R. Jones and A. J. Murrell, "Signaling Positive Corporate Social Performance: An Event Study of Family-Friendly Firms," Business & Society 40권, no. 1 (2001), 59-78쪽.

81) H. Wang, J. Choi, and J. Li, "Too Little or Too Much? Untangling the Relationship between Corporate Philanthropy and Firm Financial Performance," Organization Science 19권 (2008), 143-159쪽.

82) 위의 글.

83) M. P. Sharfman and C. S. Fernando, "Environmental Risk Management and the Cost of Capital," Strategic Management Journal 29권 (2008), 569-592쪽.

전 연구들은 일반적으로 환경 실적과 재무 실적 사이의 긍정적인 관계를 발견했으며 그 이유를 기업이 자원을 보다 효율적으로 사용한 것에서 찾았다. 267개 회사를 대상으로 한 이 연구에서 저자들은 그런 투자는 소송 위험을 줄이고, 회사가 자원을 보다 전략적으로 사용하게 해 주고, 궁극적으로 회사의 리스크 프로필에 대한 투자자의 인식을 개선한다고 주장했다. 저자들은 그 결과 그 회사의 부채와 자본 조달 비용이 감소할 것이라고 주장했으며, 이 관계를 지지하는 증거를 발견했다. 그러므로 환경상의 책임 활동은 내부 효율성을 높일 뿐 아니라 외부 이해관계자들도 회사의 자본 비용을 낮춤으로써 이에 긍정적으로 반응한다.[84]

또한 연구 결과 사회적 책임을 이행하지 않으면 값비싼 대가를 치른다는 사실이 발견되었다. 한 연구는 2,000건이 넘는 사회적으로 무책임하거나 불법적인 행동을 다룬 27개 연구 결과를 종합했다. 이 모든 연구들에서 사회적으로 무책임하거나 불법적인 행동에 대한 반응으로 주가가 하락해서 주주의 부를 감소시켰다.[85] 이 결과들은 사회적으로 무책임한 행동에는 확실히 비용이 따른다는 점을 시사한다.

그러나 뛰어난 사회적 책임 활동이 형편없는 비즈니스 전략을 보완할 수는 없다는 점을 기억할 필요가 있다. 레비 스트라우스는 오랫동안 회사의 가치와 CSR 활동으로 알려져 있다(www.levistrauss.com을 보라). 이 회사는 다양성에 대한 전념, 자선, 해외 제조업자들에게 적용할 윤리강령 조기 제정을 자랑스러워한다. 그러나 이 회사는 1990년대에 매출 하락을 경험했으며 이를 회복하는 데 상당한 기간이 소요되었다. 1999년에 새 CEO가 고용되었다. 그는 상품 혁신, 스타일과 사이즈 관리 시스템, 정보 기술 투자를 중심으로 하는 실적 전환 전략에 착수했다. 장기적으로 볼 때 기업이 성공하

---

84) 앞의 글.

85) J. Frooman, "Socially Irresponsible and Illegal Behavior and Shareholder Wealth," Business & Society 36권, no. 3 (1997)권, 221-249쪽.

기 위해서는 뛰어난 비즈니스 전략과 사회적으로 책임 있는 비즈니스 관행 모두를 갖춰야 한다는 점이 명백하다.

옳은 일이기 때문에 사회적 책임 다하기

마지막으로 우리는 기업인들이 '좋은 윤리'와 사회적 책임을 실천할 (재무 실적 외에도) 다른 이유가 있다고 제안한다. 그들은 기업인이기 이전에 먼저 좋은 평판과 친구, 가족, 공동체의 의견을 귀중하게 여기는 인간이기 때문이다. 기업인들은 특정 의사 결정이 비용과 효용을 고려하도록 가리키는 재무 나침반뿐 아니라 그들에게 윤리적 방향을 가리키는 도덕 나침반에 의해서도 인도된다.

매사추세츠 주의 폴라플리스와 폴라텍 원단 제조사 맬든 밀스를 고려해 보라. 1995년 12월 11일에 이 회사 CEO 70회 생일 축하 행사를 하고 있을 때, 참혹한 화재가 발생해서 매사추세츠 주 로렌스의 4개 공장 중 3개가 잿더미로 변했다. 네 번째 건물은 27명의 노동조합원들이 밤새도록 화재와 싸운 영웅적인 노력으로 화를 면했다. 출석부를 점검해서 인간 띠를 만들어 동료들을 안전하게 끌어 낸 종업원들 덕분에 사망자는 나오지 않았다. 이 화재가 진압된 뒤에 CEO 아론 포이어스타인은 종업원, 고객, 로렌스 지역사회의 복지를 자신의 어깨에 짊어졌다. "나는 절대로 3,000명의 노동자들을 길거리에 버려 둘 수 없다. 나는 절대로 매사추세츠 주 로렌스가 경제적으로 폐허가 되도록 놔둘 수 없다."[86] 그는 곧바로 일자리를 잃은 3,000명의 종업원들에게 한 달 분 급여를 지급할 것이라고 발표했으며, 공장이 다시 세워지는 동안 이를 2개월 연장했다가 다시 3개월 연장했다. 포이어스타인은 이 화재가 발생한 뒤로 실직한 종업원들에게 급여와 복지비용으로 1,500만 달러가 넘는 돈을 지급했다. 화재 이후 불과 몇 주 만에 종업원

---

86) A. Feuerstein, 경영학회 연례 총회 발표, Boston, 1997년.

들의 창의성과 '하루 25시간' 일하려는 의지로 인해 화재 전보다 생산성이 더 높아졌다.[87] 여름까지는 거의 모든 종업원들이 업무에 복귀했으며, 고용되지 않은 종업원들에게는 의료 혜택이 연장되고, 일자리를 찾도록 도와주고, 새 공장이 문을 열면 다시 고용하겠다고 약속했다. 포이어스타인은 노동자들과 언론으로부터 갈채를 받았으며, 빌 클린턴 대통령은 1996년 국정 연설에 그를 초대했다.

비즈니스계의 많은 사람들은 포이어스타인이 보험금을 챙기고 노동력이 싼 다른 곳, 아마도 해외로 회사를 이전했어야 했다고 생각했다. 그러나 「포춘」지는 나중에 포이어스타인이 이 재앙을 다룬 방식을 두고 그를 영리한 기업인이라고 칭찬했다. 그는 종업원들을 비용이 아니라 자산으로 대우했으며, 충성심을 배양했고, 회사의 미래에 모험을 걸었다. 그리고 보험은 공장이 재건설될 경우의 대체 비용만을 지급하기 때문에 공장을 다시 짓기로 한 결정도 합리적이었다. 포이어스타인이 공장을 다시 짓지 않았더라면 타버린 건물의 상각 후 잔존 가격과 그 안의 내용물들의 가치를 합의해야 했을 것이다. 그리고 공장을 해외로 이전했더라면 품질 우위를 상실할 리스크가 있었다. 마지막으로 포이어스타인은 무료로 「피플」과 「퍼레이드」지, 「데이트라인」과 같은 TV 시사 잡지 등으로부터 많은 관심을 받는 이점도 활용했다.[88]

「포춘」지에 따르면 "아무거나 먹어대는 바보라도 비용을 삭감하고 고객, 종업원, 또는 회사의 평판을 쥐어 짜냄으로써 빨리 돈을 벌 수 있으며, 때로는 큰돈을 벌수도 있다. 그러나 그것은 확실히 장기적으로 큰돈을 버는 방법이 아니다. 큰돈을 버는 방법은 고객이 결코 다른 공급자를 찾아갈 꿈도 꾸지 않을 큰 가치를 창출하는 것이다. 실로 이 아이디어는 뛰어난 상품, 서비스, 팀워크, 생산성, 그리고 구매자와의 협력이라는 가치 창출 시

---

87) M. Ryan, "They Call Their Boss a Hero," Parade, 1996년 9월 8일, 4-5쪽.
88) T. Teal, "Not a Fool, Not a Saint," Fortune, 1996년 11월 11일, 201-204쪽.

스템을 구축하는 것이다."[89] 이 견해는 포이어스타인의 철학과 일치한다. 1997년 경영학회 연례 총회에 참석한 경영학 교수들을 대상으로 한 발표에서 포이어스타인은 자사의 목표는 경쟁사들의 제품과는 다른 고성능, 고품질 상품을 만들어 냄으로써 이기는 것이라고 말했다. 이를 위해서는 올바른 사람, 신뢰, 이해가 있어야 한다. 당신은 종업원들이 당신에게 보여주기 원하는 충성을 그들에게 보여줘야 한다. 확실히 포이어스타인은 뛰어난 기업인이다. 그러나 그는 또한 확고한 도덕적 신념에 의해 움직이는 사람이기도 하다. 경영학 교수들을 대상으로 한 그 발표에서 그는 부자에게 재물 때문에 자신을 칭찬하지 말고 공동체에 친절과 정의, 자선을 베풀라는 성경 구절을 (히브리어로) 인용했다. 그의 도덕적 신념에 비춰볼 때, 그에게는 공장을 다시 짓는 것 외에는 다른 대안이 없었다.

불행하게도 1995년의 참혹한 화재 이후 공장 재건축 비용으로 인해 맬든 밀스는 2001년 말에 현금이 고갈되어 파산을 신청해야 했다. 그러나 핵심 고객들(L. L. 빈, 판타고니아, 노스 페이스, 미군)이 여전히 거래를 계속했고, 노조 조합원들이 자발적으로 큰 양보를 하고, (해당 지역 주민을 포함한) 일반 대중이 격려 편지와 때로는 수표를 보냈기 때문에 포이어스타인은 회사의 미래에 대해 낙관적이었다. 식스티 미니츠는 2002년 3월 24일에 포이어스타인과 이 회사를 칭찬하는 방송을 내보냈으며, 이 회사는 열심히 일해서 미군 등 커지는 시장을 위해 특별한 신상품을 개발했다.

이 회사는 2003년에 파산 보호를 졸업했다. 타미 힐피거 사 임원 마이클 스필레인이 2004년 8월에 새 CEO로 지명되었으며, 대략 그 무렵에 이 회사는 미국 의회가 미군을 위한 폴라텍 의복 구매와 전투 중인 군인의 신체 상태를 원격 모니터할 수 있는 전자 섬유 연구 개발을 계속 수행하기 위한 비용 2,100만 달러를 승인했다고 발표했다. 그러나 이 회사는 2007년에 또

---

89) 앞의 글.

다시 파산을 신청했다. 파산 보호를 벗어난 새 회사는 폴라텍 LLC로 개명했으며 베르사 캐피털 매니지먼트가 소유하고 있다. 이 회사는 다양한 폴라텍 상품을 공급하는데 주요 구매자는 미군과 파타고니아, 노스 페이스, 랜즈 엔드, L. L. 빈 같은 유명 회사들이다.

포이어스타인은 2004년 6월에 자신의 회사 지배권을 상실했다.[90] 그러나 그는 1995년의 자신의 관대한 행동에 대해 어떤 대가도 기대하지 않았다고 말했다. 그는 재무상의 이익을 기대해서가 아니라 그것이 옳은 일이기 때문에 그렇게 했다.[91] "사업에서는 재무상의 결과가 아니라 인간적인 결과를 생각할 때가 있습니다."[92] 그래서 포이어스타인에게는 "사회적 책임을 수행하는 기업이 좋은 기업인가?"라는 질문은 잘못된 질문이다. 좋은 기업은 단지 재무 실적만 참고하지 않는다. 좋은 기업은 고객의 필요를 충족시키는 상품을 생산하고 동시에 종업원들과 보다 넓은 공동체에 책임 있게 행동함으로써 재무적으로 좋은 실적을 내는 기업이다.[93]

요약

이번 장은 기업의 사회적 책임(CSR) 개념을 소개하기 위해 고안되었다. 우리가 당신에게 CSR은 기업에게 좋은 것이며 신경 쓸 가치가 있음을 확신시켰기 바란다. 다음 장은 기업의 사회적 책임과 무책임에 대한 고전적인 사례와 최근의 사례를 제공하며 마지막 장은 글로벌 비즈니스 환경에서의 예를 제공한다.

---

90) S. Malone, "Spillane: Malden's Next Chapter," New York Magazine, 2005년 4월 18일, 24쪽.

91) J. Seglin, "The Right Thing: A Boss Saved Them. Should They Save Him?" New York Times, 2002년 1월 20일, 섹션 3, 4쪽.

92) L. Browning, "Fire Could Not Stop a Mill, but Debts May," New York Times, 2001년 11월 28일, Cl, C5면.

93) M. Porter and J. Rivkin, "What business should do to restore U.S. competitiveness," Fortune, 2012년 10월 29일, 168-169쪽.

토론 문제

1. 당신은 기업의 사회적 책임이 중요하다고 생각하는가? 왜 그렇게 생각하는가?

2. 한 회사를 선택해서 그 회사의 CSR 보고서를 분석하라. 분석하면서 그 회사가 사회적 책임 활동을 하고 있는 이유에 관해 생각해 보라. 그 회사가 사회적 책임 활동을 하는 이유는 실용적, 윤리적, 전략적 이유 중 어디에 해당하는가? 또는 이 이유들이 결합한 것인가? 이 회사의 핵심 이해관계자들은 누구인가?

3. 같은 회사의 예를 사용해서 네 가지 유형의 사회적 책임에 관해 생각해 보라. 당신은 이 회사가 어떻게 하고 있다고 평가하겠는가?

4. CSR 피라미드와 관련해서 특정 피라미드 수준에서 멈출 때의 함의는 무엇인가? 예를 들어 어느 회사가 자신의 유일한 책임은 주주들에 대한 재무적 책임이라는 입장을 취해도 괜찮겠는가? 재무적 책임과 법적 책임만 다하면 된다고 생각하는 기업에 대해서는 어떻게 생각하는가? 당신은 CSR이 피라미드로 가장 잘 나타내질 수 있다는 데 동의하는가? 왜 그렇게 생각하는가? 당신은 회사의 사회적 책임을 시각적으로 나타내는 더 좋은 방법을 생각할 수 있겠는가?

5. 최근에 본 TV 프로그램이나 영화 중 어떤 식으로든 기업의 사회적 책임(또는 책임 결여)이 묘사된 프로그램이나 영화에 관해 생각해 보라. 기업과 기업가가 어떻게 묘사되었는가? 그 기업이 언론에 비친 이미지를 개선하기 위해 할 수 있었던 일 또는 해야 할 일이 있는가? 일부 기업들은 언론의 조명을 받지 않으려 노력한다. 왜 그렇게 한다고 생각하는가? 당신은 그 전략에 대해 어떻게 생각하는가?

6. 당신은 종업원들은 사회적 책임을 이행하는 회사들에 더 많이 모여들고 더 헌신한다고 생각하는가? 왜 그렇게 생각하는가? 당신의 경우는 어떤가?

7. 당신이 자신의 회사를 경영한다면 당신의 CSR 전략을 종업원, 외부 이해관계자들에게 어떻게 소통하겠는가? 그 이유는 무엇인가?

사례

머크와 회선사상충증

뉴저지 주에 본사를 둔 머크 사는 세계 최대 제약회사 중 하나다. 1978년에 머크 제품 중 가장 잘 팔리는 처방약 두 개의 특허 보호가 끝나가고 있었다. 이 약들은 20억 달러에 달하는 머크 연 매출액의 상당 부분을 차지했다. 막대한 매출 상실로 인해 머크는 신약 개발에 수백만 달러를 투입하기로 결정했다. 1970년대의 불과 3년 동안에 이 회사는 연구개발에 10억 달러가 넘는 돈을 쏟아 부었고, 여기서 4개의 강력한 신약을 발견하는 결실을 거뒀다. 그러나 머크는 이익에만 신경을 쓴 것이 아니다. 1950년에 당시 부친이 설립한 이 회사의 이사회 회장이던 조지 W. 머크는 이렇게 말했다. "우리는 약이 사람을 위한 것이라는 점을 잊지 않으려고 노력합니다. 약은 이익을 위한 것이 아닙니다. 이익은 이에 따라오는 것입니다. 우리가 그 점을 기억했을 때 이익은 반드시 따라왔습니다. 그리고 우리가 그 점을 확실히 기억할수록 이익은 더 컸습니다." 이 철학은 머크 사 가치 시스템의 핵심이었다.

회선사상충증

하천 실명이라 알려진 회선사상충증은 중동, 아프리카, 라틴 아메리카 개발도상국의 빠르게 흐르는 강과 그 주변에서 번식하는 작은 흑파리에 의해 야기된다. 사람이 이 파리에 물리면(어떤 사람들은 하루에 수천 번 물린다) 유충이 사람 몸 안으로 들어갈 수 있다. 이 곤충은 거의 2피트까지 자랄 수 있으며 감염된 사람에게서 엄청나게 커질 수 있다. 그러나 진짜 문제는 곤충들이 번식해서 인체에 수백만 개의 유충을 낳아 놓을 때 찾아온다. 감염자 중 자살한 사람이 있을 정도로 심한 가려움이 동반한다. 시간이 지남에 따라 이 유충은 계속해서 실명 등 심각한 문제를 야기한다.

1978년에 세계 보건 기구(WHO)는 이 질병 때문에 30만 명이 넘는 사람이 시력을 상실했고 1,800만 명이 감염되었다고 추정했다. 1978년에는 이 병을 치료할 안전한 약이 없었다. 두 가지 약만 이 기생충을 죽일 수 있었지만 두 약 모두 심각한, 때로는 치명적인 부작용이 있었다. 회선사상충증과 싸우기 위해 취해진 유일한 수단은 감염된 강에 살충제를 뿌려 파리를 죽이는 것이었다. 그러나 파리가 이 화학물질에 면역력을 키웠기 때문에 이마저도 효과적이지 않았다.

머크의 윤리적 딜레마

약을 출시하려면 평균적으로 2억 달러의 연구비와 12년이 소요되기 때문에 약품 개발을 위한 연구 결정은 복잡하다. 자원이 한정되어 있기 때문에 인간의 고통을 완화할 뿐 아니라 회사가 계속 존재하기 위해서는 돈을 벌 가능성이 가장 큰 프로젝트에 돈과 시간이 투자되어야 한다. 희귀 질환의 경우 이 약을 살 사람이 너무 적어서 제약회사가 투자 금액을 회수할 수 없을 가능성이 크기 때문에 특히 미묘한 문제다. 하천 실명과 싸우기 위한 약을 개발할 때의 문제는 희귀 질환 약 개발과 관련된 딜레마와는 다른 양상이다. 이 질병으로 고통당하는 사람의 수는 연구를 정당화하기에 충분했지만 이 병은 세계에서 가장 가난한 지역에 사는 사람들을 괴롭히는 질병이었기 때문에 환자들은 약값을 지불할 수 없었다.

1978년에 머크는 이버멕틴이라는 동물 약이 기생충과 곤충들을 효과적으로 죽일 수 있는지 테스트하고 있었다. 이를 위한 임상 실험 중에 머크는 이 약이 인간에게서 하천 실명을 일으키는 곤충과 흡사한 기생충을 죽이는 것을 발견했다. 그래서 이 사실이 머크에게 딜레마가 되었다. 연구원들은 이버멕틴이 인간에게 사용해도 안전한지 결정할 수 있는 추가 연구에 투자

하라고 건의했지만 머크는 이 약이 수익성이 없는 상품이 될 가능성이 있다는 점을 알고 있었다.

출처: D. Boilier, Merck & Company (Stanford, CA: The Business Enterprise Trust, 1991).

사례 문제

1. 조직의 행동 또는 실적에 이해관계가 있는 모든 당사자라는 이해관계자의 정의에 대해 생각해 보라. 이 상황에서는 누가 이해관계자인가? 당신은 얼마나 많은 이해관계자를 열거할 수 있는가? 무엇을 기초로 이들의 중요성에 순위를 매기겠는가?

2. 그런 투자에는 어떤 잠재적 비용과 효용이 수반되겠는가?

3. 안전하고 효과적인 약이 개발될 수 있다 해도 머크가 투자금액을 회수할 가능성은 0에 가까웠다. 머크가 그런 투자를 주주들과 금융계에 정당화할 수 있었겠는가? 머크에게 그런 결정을 내리도록 돕기 위해서는 어떤 기준이 필요하겠는가?

4. 머크가 추가 연구를 수행하지 않기로 결정한다면 연구원들에게 그 결정을 어떻게 정당화할 수 있겠는가? 그 약을 개발하기로 하는 결정 또는 개발하지 않기로 하는 결정이 종업원의 충성심에 어떤 영향을 주겠는가?

5. 언론은 머크가 그 약을 개발하기로 결정한 것을 어떻게 다루겠는가? 개발하지 않기로 결정한 것은 어떻게 다루겠는가? 개발하거나 개발하지 않기로 하는 결정이 머크의 평판에 어떤 영향을 주겠는가?

6. CSR 피라미드 면에서 그 결정에 관해 생각해 보라. 머크는 그 약 개발을 진행할 윤리적 의무가 있는가? 그 약이 하천 실명을 치료할 가능성이 아주 낮다면 윤리적 의무 존재 여부와 관련이 있겠는가? 윤리적 의무가 있는지는 머크가 치료제 개발에 얼마나 가까이 다가가 있는가, 또는 그들이 치료제 개발을 얼마나 확신하고 있는가에 의존하

는가? 아니면 이 질문은 자선상의 책임 문제에 지나지 않는가?

7. 머크의 가치 시스템은 이 결정에 어떻게 부합하는가?

8. 당신이 머크의 상위 임원이라면 어떻게 하겠는가?

사례 연구

당신은 소비자 상품 제조 대기업과 오랫동안 컨설팅 관계를 맺고 있다. 이 회사는 당신의 컨설팅 수입의 50%를 점하고 있으며 당신의 가장 중요한 의뢰인이다. 이 회사 CEO가 당신에게 전화를 걸어와 향후 몇 달간 중요한 합병 프로젝트를 지원하기 위해 상당한 시간을 할애해 달라고 요청했다. 이 회사는 담배 제품 판매와 유통을 주력 사업으로 삼고 있는 큰 그룹사와 합병을 진행 중이다. 이 회사 CEO는 당신이 두 회사의 원활한 통합 촉진에 도움을 주기를 기대한다. 하지만 당신의 부친이 폐암으로 사망했기 때문에 당신은 담배 회사를 위해서 일하지 않겠다고 다짐했다. 이 컨설팅 일을 받아들이면서도 자신에 대한 약속을 지킬 수 있는 방법이 있는가? 당신이 담배 회사를 위해 일할 수 없다고 결정한다면 이 딜레마를 어떻게 다루겠는가?

Chapter 10

조직의 윤리 문제

개요

2009년 8월에 국제 통화 기금(IMF)은 2008년~2009년의 세계 금융 위기가 전 세계에 11조 9천억 달러의 피해를 입힌 것으로 추정했는데, 이 금액은 전 세계의 모든 사람에게 2,880달러씩 나눠줄 수 있는 금액이다.[1] 이 금액은 한 마디로 경악할 만한 거액이다. (이 금융 위기에 관한 자세한 내용은 1장을 보라.)

이 금융 위기가 발생하기 이전은 물론 2001년에 엔론이 몰락하기 훨씬 전에 많은 비즈니스 윤리 학자들과 비즈니스 전문가들은 월가 애널리스트들이 주가 상승을 뒷받침하기 위해 점점 더 양호한 기업 재무 실적을 요구하는 것을 우려의 눈으로 지켜보았다. 동시에 이 회사들을 경영하는 최고위 임원들의 거대한 보상 패키지(주식 옵션 포함)는 주가와 밀접하게 연결되어 있었다. 1973년에 주요 회사들의 CEO 평균 급여는 노동자 평균 급여의 27배였는데[2] 2012년에는 평균적인 CEO는 평균적인 노동자보다 380배를 벌

---

1) E. Conway, "IMF Puts Total Cost of Crisis at £7.1 Trillion," Telegraph, 2009년 8월 8일, www.telegraph.co.uk.
2) L. Mishel, The State of Working America 2008/2009, Economic Policy Institute (2009), www.stateofworkingamerica.org.

었다.[3] 전문가들은 거품을 경고했다. 심지어 연방 준비 위원회 앨런 그린스펀마저 시장의 '비이성적 충일(充溢)'에 주의를 촉구했다.[4] 그러나 사정이 얼마나 나빠질지에 대해서는 아무도 예측하지 못했다.

증권거래위원회 전 위원장 아서 레빗은 2002년 6월에 PBS 프런트라인 프로그램 인터뷰에서 주가가 임원들과 그들의 윤리적 (또는 비윤리적) 의사 결정에 어떻게 영향을 주는지 설명했다. "단기 이익과 단기 결과에 대한 강박증이 있는데 우리나라 주식 시장은 그 강박증을 반영합니다… 우리는 미국 기업에게 임원들이 자기 회사 주가에 집착하게 된 단기적인 문화를 발전시켰습니다. 그들은 정확한 그림을 제시하기보다는 애널리스트의 기대를 충족시키기 위해 할 수 있는 일은 무엇이든 다 하는 방식으로 이익을 독려합니다."[5]

엔론, 아서 엔더슨, 월드콤, 아델피아, 씨티그룹, 타이코와 같은 은행과 기타 회사들의 가늠할 수 없는 탐욕과 비행, 얼빠진 바보짓에 관한 뉴스를 접하고 나면 옳은 일을 하고 있는 조직이 하나라도 있을지 의문을 품기 쉽다. 그러나 더 이상 의문을 품지 마라. 다른 장들에서 언급한 바와 같이, 수많은 조직들이 윤리 기준을 지키고 종업원들에게 이 기준이 무엇을 의미하는지 가르치기 위해 매일 열심히 노력하고 있다. 금세기 초의 많은 나쁜 뉴스들에도 불구하고, 매일 발생하고 있는 수십만 건의 거래 중 얼마나 많은 거래들이 불법적이거나 비윤리적이라고 알려지는지에 관해 생각한다면 실제로 나쁜 짓을 하는 사람의 비율은 아주 낮을 것이다. 그러나 나쁜 짓을 하는 사람의 수가 아무리 적을지라도 금융 위기에서 본 바와 같이 그들은

3) J. Liberto, CEO Pay is 380 Times Average Worker's-AFL-CIO, CNNMoney, 2012년 4월 19일, www.money.cnn.com.

4) A. Greenspan , "Remarks by Chairman Alan Green span at the Annual Dinner and Francis Boyer Lecture of the American Enterprise Institute for Public Policy," Washington, D.C. (December 5, 1996년 12월 5일),www.federalreserve.gov.

5) A. Levitt , "Bigger than Enron," PBS Frontline, 2002년 6월 20일, www.pbs.org.

경제에 엄청나게 큰 영향을 줄 수 있다. 이러한 위기들이 명백히 보여준 바와 같이, 윤리적인 행동과 장기적인 관점에서 경영할 필요는 아무리 강조해도 지나침이 없을 것이다.

이번 장에서는 조직의 행동이나 실적에 이해관계가 있는 개인과 집단을 의미하는 이해관계자 프레임워크 안에서 일련의 기업 윤리와 기업의 사회적 책임 사례들을 살펴볼 것이다. 여기에서 읽게 될 많은 사례들은 주요 기업 재앙으로 잘 알려져 있다. 당신은 우리가 왜 회사 내의 전형적인 윤리 문제들 대신 재앙에 초점을 맞추는지 의아할 것이다. 그 이유는 이렇다. 이 사례들을 주의 깊게 읽어 본다면 많은 사례들이 실수, 부인, 잘못된 동기 등의 작은 문제들로 시작해서 사소해 보이던 상황이 커다란 법적, 윤리적, 그리고 평판 관련 악몽으로 급격히 커졌음을 발견할 것이다. 우리는 또한 다른 사람의 실수를 연구함으로써 배울 것이 많다고 확신한다.

여기서 살펴볼 몇 가지 이슈들은 4장과 8장에서 본 이슈들과 유사하다. 그러나 이번 장에서는 이해관계가 훨씬 크고 훨씬 더 빠르게 재앙으로 번질 수 있는 조직 차원에 초점을 맞춘다. 비즈니스 윤리 악몽들과 더불어 몇 가지 긍정적인 예들과 생각해 볼 거리를 제공하는 몇 가지 가상 사례들도 살펴볼 것이다.

이해관계자 관리하기

기업이 항상 오늘날과 같이 복잡한 것은 아니었다. 19세기 말에 미국 최대 회사들 중 많은 회사들은 상장되지 않았다. 그래서 기업 소유자들에게는 답변해야 할 관계자 그룹이 별로 없었다. 1세기 전의 거물 기업인들과 신흥 벼락부자들은 자기 회사를 가혹하게 지배했다. 노동자들을 보호할 노동조합이나 법률은 존재하지 않았으며 그 당시에는 언론 매체도 간헐적으로만 기업 관련 기사를 내보내서 일반 대중은 대체로 대부분의 기업의 악습에 대해 알지 못했다. 그리고 대부분의 평균적인 중산층 시민들은 주식과 채권에 투자하지 않았다. 이 시기의 투자는 주로 부자들이나 누리는 사치였다. 물론 이 모든 것들이 변했다.

앞의 장들(특히 9장)에서 설명한 바와 같이 현대의 회사들에는 다양한 이해관계자들이 있으며, 때로는 이들의 이해관계가 상충하기도 한다. 오늘날에는 100년 전에 그랬던 것처럼 한 사람에 의해 일방적으로 경영되는 회사는 거의 없다. 마이크로소프트의 빌 게이츠, 애플의 스티브 잡스, 페이스북의 마크 저커버그처럼 창업자나 소유자가 특별한 존재감을 과시하는 소수의 회사에서조차 회사가 어떻게 관리되는지에 큰 영향을 주는 이사회, 규제 기관, 소비자 집단이 있다. 상장 회사들은 다양한 주식 거래소에서 거래되며 투자 공동체에는 다양한 (기관과 개인) 감독자들이 있다. 또한 주식 시장에 투자하는 개인들의 수가 불과 10년 전과는 비교할 수도 없을 정도로 급증했기 때문에, 언론은 회사의 비행이나 회사 이익에 영향을 줄 수 있는 기타 요인들을 열심히 다룬다.

기업은 이해관계자들에게 어떤 의무가 있는가? 특정 상황에서 누가 이해관계자인지 결정하고 나면, 조직이 그들에게 어떤 의무가 있는지 어떻게 결정하는가? 그리고 그 의무들이 충돌할 경우 어떻게 해결하는가? 이 질문들에 대한 간단한 해답은 없지만 이를 해결하는 것은 상위 임원들의 과제다. 이러한 과제에 대해 철저하게 생각하려면 2장에서 공부한 윤리 의사 결정 프레임워크가 유용하다. 또한 다양하고 때로는 경합하는 이해관계자들의 이해의 균형을 어떻게 유지할지에 관해서도 주의 깊게 생각할 필요가 있다.

아마도 다양한 이해관계자들을 1차 집단과 2차 집단으로 나누는 것이 이들에 관해 생각하는 가장 쉬운 방법일 것이다.[6] 1차 이해관계자들은 조직이 공식 계약 관계를 맺고 있는 집단 또는 개인들이다. 대부분의 경우에

---

6) R. E. Freeman, Strategic Management: A Stakeholder Approach (Boston: Pitman, 1984).

이는 고객, 종업원, 주주 또는 소유주, 공급자, 그리고 심지어 정부까지도 의미한다. 2차 이해관계자들은 조직이 의무를 지고 있기는 하지만 그 의무가 공식적, 계약상의 파트너 관계는 아닌 개인 또는 집단이다. 확실히 조직들은 1차 이해관계자들에 대한 의무를 만족시키기 위해 열심히 노력하는 한편, 2차 이해관계자들도 만족시키고자 노력해야 한다. 이의 균형을 맞추기는 어려운 일이기는 하지만 회사들이 자신이 영향을 줄 수 있는 사람들과 집단들을 고려하고 그들을 공정하게 대하고자 한다면, 이해관계자들의 균형을 유지하려는 노력은 유익한 작업이다.

이러한 접근법이 매우 유익하다 보니 런던 소재 마쉬 사의 매니징 컨설턴트 데이빗 에이브러햄스는 그의 기업 고객들이 자사 브랜드에 대한 리스크를 식별하고 계량화하도록 도움을 주기 위해 유사한 이해관계자 모델을 고안했다. 세계 최대 보험업자 중 하나인 마쉬는 회사가 평판 리스크와 기타 유형의 리스크를 경감하도록 도와주기 위한 도구 개발에 큰 관심을 보인다. 에이브러햄스의 모델은 3개의 1차 이해관계자 집단(비즈니스 파트너, 고객, 종업원)과 3개의 2차 이해관계자 집단(여론 형성자, 공동체, 관계 당국)을 적시한다. 그는 이 여섯 개 집단을 가이드 삼아 회사와 그 비즈니스를 분석함으로써 다양한 재앙이 회사의 평판과 브랜드 가치에 얼마나 큰 영향을 줄 수 있는지, 이 재앙들에 궁극적으로 얼마나 많은 비용이 들지 파악할 수 있다고 주장한다.[7]

이번 장의 뒤에 나오는 사례들은 많은 비즈니스 의사 결정에서 4개의 주요 이해관계자 집단을 대표하는 소비자 또는 고객, 종업원, 주주, 그리고 공동체의 범주로 나뉜다. 모든 사례에서 하나 이상의 이해관계자 집단이 영향을 받는다. 우리는 가장 큰 영향을 받는다고 생각하는 이해관계자를 대표하는 제목 아래에 사례들을 두었다. 따라서 이 사례들을 읽어 나갈 때 각 사례에서 모든 이해관계자들을 파악하고 각각의 조직이 다양한 모든 이해관계

---

7) Investing in Social Responsibility, Risks and Opportunities (London: Association of British Insurers, 2001), 41권.

605

자들에게 어떤 의무가 있는지 알아보도록 제안한다.

윤리와 소비자

1960년대 전에는 소비자를 보호하는 법률이 별로 없었다는 것을 말하면 놀랄 사람이 많을 것이다. 20세기 초에는 소비자들은 제품의 결함을 이유로 제조사를 고소할 권리도 없었다. 최초의 진정한 소비자법은 20세기 초에 맥퍼슨 대 제너럴 모터스 사건에서 어느 소비자에게 자동차 결함을 이유로 자동차 제조회사를 고소할 권리가 부여되었을 때 효력이 발생했다. 그때까지는 자동차 소유자의 유일한 구제책은 그 차량을 판 딜러에게 따지는 것이었다. 또 하나의 획기적인 법률은 식품과 의약품의 불순품을 금지하기 위해 1906년에 통과된 순수한 식품 및 의약품법이었다.[8]

20세기 전반에 더 많은 소비자 법률들이 통과되기는 했지만 소비자들을 주요 이해관계자 집단으로 자리 매김하게 한 진정한 소비자 보호 입법은 1960년대 초에야 등장했다. 오늘날 우리가 아는 소비자 보호 프레임워크는 케네디 행정부에서 만들어졌다. 존 F. 케네디 대통령은 1962년에 소비자에 관한 의회 연설에서 안전에 대한 권리, 의견을 제시할 권리, 선택할 권리, 정보를 제공받을 권리 등 네 가지 소비자 권리의 윤곽을 그렸다.[9] 이 메시지와 이에 따라 제정된 법률은 오늘날 소비자 운동의 토대를 닦았다.

회사와 조직들은 소비자들에게 정확히 어떤 의무가 있는가? 일부 학자들에 의하면 상품과 서비스는 '적절한 주의(due care)' 이론에 따라 생산 및 전달되어야 한다.[10] 이 이론은 적절한 주의는 다음 요소들과 관련이 있다고

---

8) O. C. Ferrell and J. Fraedrich, Business Ethics: Ethical Decision Making and Cases (New York: Houghton Mifflin, 1994), 76쪽.

9) R. D. Hay, E. R. Gary, and P. H. Smith, Business and Society: Perspectives on Ethics and Social Responsibility (Cincinnati, OH: South-Western Publishing, 1989), 288쪽.

10) J. R. Boatright, Ethics and the Conduct of Business (Englewood Cliffs, NJ: Prentice-Hall , 1993), 332-335쪽.

규정한다.

- **디자인** 상품과 서비스는 모든 정부 규제와 사양을 충족해야 하며 소비자의 오용을 포함한 모든 예측 가능한 상황 하에서 안전해야 한다.
- **재료** 재료는 모든 정부 규제를 충족해야 하며 합리적인 사용을 견딜 수 있을 정도로 내구성이 있어야 한다.
- **생산** 상품은 결함이 없게 만들어져야 한다.
- **품질 관리** 상품은 정규적으로 품질 검사를 받아야 한다.
- **포장, 상표 부착, 경고** 상품은 안전하게 포장되고 명확하고 쉽게 이해할 수 있는 사용 방법을 포함하여야 하며 위험이 있을 경우 이를 명확히 설명해야 한다.
- **통지** 제조사들은 제조 및 유통 후 위험하다고 판명된 상품 리콜 시스템을 갖춰야 한다.

이전 장들에서 조직의 책임을 몇 가지 언급하기는 했지만 이번 장에서는 소비자를 존중하고 확립된 소비자층의 이익과 상충하는 활동에 참여하지 않고, 알려진 결함이 없는 안전한 상품을 생산하고, 상품 또는 서비스를 정직하게 광고할 세 가지 의무에 집중할 것이다.

이해상충

우리는 대개 이해상충을 개인과 관련된 상황으로 생각하지만 조직과 관련될 수도 있다. 우리가 지난 몇 년 동안 보았던 것처럼 조직과 관련된 이해상충은 개인과 관련된 이해상충보다 더 큰 피해를 준다. 많은 사람들은 한때 의뢰인에게 회계 감사 서비스와 컨설팅 서비스를 모두 제공했던 아서 앤더슨과 기타 대형 회계 법인들을 이해상충의 전형적인 모델이라고 생각한다. 회사 임원들이 막대한 컨설팅 수수료가 감사인들의 판단에 어떤 영향을 줄 수 있는지 몰랐다는 말은 믿기 어렵다. 이러한 회계 법인들의 이해 상충이 아무리 큰 피해를 입혔다 해도 엔론에서 일어난 일에 비하면 무색 해진다. (엔론 사례는 '윤리와 소비자' 섹션에 나오지만 그 영향이 매우 광범위하기 때문에 '윤리와 종 업원' 또는 '윤리와 주주' 섹션에 나올 수도 있음을 주의하라. 엔론의 에너지 시장 가격 조종이 캘리포니아 에너지 소비자들에게 피해를 입혔음을 암시하는 명백한 증거가 있기 때문에 엔론은 '윤리와 공동체' 섹션 에도 나올 수 있다. 큰 윤리 재난의 경우 다양한 이해관계자들이 영향을 받는 듯하다.)

회사: 엔론
업종: 에너지

상황

2002년에 「포춘」 500대 기업이 발표되었을 때 엔론은 이미 미국 파산법 11장에 따른 파산 보호를 신청한 상태였지만 「포춘」지는 엔론을 미국에서 다섯 번째 큰 기업에 올려놓았다.[11] 엔론은 지방의 가스 송유관 트레이더 에서 세계 최대의 에너지 트레이더로 성장했다가 파산과 불명예의 나락으 로 굴러떨어지는 부침(浮沈)을 겪었다. 엔론은 자사와 거래하는 투자은행, 회계사 등의 도움으로 회사의 막대한 부채를 숨기고 주가를 부풀리는 데 사용할 일련의 부외 파트너십을 만들었다. 파트너십들은 이 거래들로 재 무상의 이익을 보게 되어 있는 엔론사 임원들에 의해 관리되었는데, 이는 명백한 이해상충이다. 엔론은 또한 이익을 늘리기 위해 매우 공격적인 회 계 관행을 사용했다. 이 파탄의 특히 슬픈 측면은 회사 주가 급락으로 많은 엔론 종업원들이 이 회사 주식에 투자했던 401(k) 개인 퇴직 연금 계좌에 서 큰 손실을 입었다는 점이다. 엔론은 2000년 가을에 자사 401(k) 연금 관리자를 변경했으며, 당연히 이 연금 계좌는 관리자 이전이 이루어지는 동안 '폐쇄' 되었다. 401(k) 연금 계좌가 폐쇄되면 지급 정지가 끝날 때까

---

11) "Fortune 500 List," Fortune online (2002), www.fortune.com.

지 아무도 자신의 401(k) 연금 계좌에서 매매 또는 트레이드를 할 수 없다. 슬프게도 지급 정지는 하필 회사 주식이 정말 나빠지기 시작할 때 시작됐으며 엔론 종업원들이 다시 자신의 401(k) 계좌에 대해 변경을 할 수 있게 되었을 때에는 주가가 크게 떨어져 일반 직원들의 은퇴 저축액이 증발되어 버렸다.

회사의 대응

임원들은 끝까지 문제가 있음을 부인했지만 실추는 급격하고 극적이었다. 최고위 임원들은 불명예 퇴진했고 그 중 한 명은 자살했다. 엔론은 2001년 12월에 파산법 11장의 파산을 신청했고 나중에 주력 에너지 트레이딩 부문을 매각했다. [12]

결과

엔론의 전 CFO 앤드류 패스토우는 2004년에 민사 소송과 형사 소송에 합의했다. SEC는 그가 "공개하지 않은 이면 거래를 하고 허위 거래를 통해 이익을 만들어 내고 엔론 투자 회사의 가치를 부풀림으로써 엔론 주주들을 속이고 자신과 다른 사람들을 살찌웠다."고 비난했다. 패스토우는 6년 징역을 살고, 2,300만 달러가 넘는 벌금을 납부하고, 엔론에 대한 정부 조사에 협력하고, 영원히 상장 회사 이사나 책임자가 되지 않기로 합의했다. [13] 또한 앤드류 패스토우의 아내이자 엔론의 전 경리부 차장 리 패스토우는 엔론 사태와 관련된 기소에서 유죄를 인정한 뒤 1년 징역을 선고받았다. [14] 전 CEO 케네스 레이와 전 사장 제프리 스킬링은 2006년 5월에 여러 항목의 사기와 공모로 기소되어 24년 징역형이 선고되었다. 켄 레이는 2006년 7월에 중증 심장마비로 사망했으며 제프 스킬링은 형을 살고 있는 중인데

12) "Enron Corporate Profile" (2002), www.hoovers.com.

13) "Andrew S. Fastow, Former Enron Chief Financial Officer, Pleads Guilty, Settles Fraud Charges and Agrees to Cooperate with Ongoing Investigation," U.S. Securities and Exchange Commission (2004), www.sec.gov.

최근에 항소심에서 14년으로 감형되었다.[15] 그는 또한 4,500만 달러의 배상금을 지급하라는 명령을 받았다.[16] 전 상무 매튜 코퍼는 자금 세탁과 전신 사기 공모에 유죄를 인정하고 SEC 민사 사기 소송을 해결하기 위해 8백만 달러를 납부하기로 했다. 회계법인 아서 앤더슨은 연방 법원에 사법방해죄로 기소되어 상장 회사 회계 업무 인가를 포기했다.[17]

엔론 몰락의 다양한 연루자들이 납부한 벌금액은 어마어마한 수준이다. 엔론은 캘리포니아 에너지 시장 조종에 대한 벌금 15억 달러를 포함해서 총 20억 달러가 넘는 벌금을 납부했다. 금융 서비스 회사들도 엔론과 연결된 투자자 소송을 해결하기 위해 거액을 납부했다. 씨티그룹은 24억 달러를 납부했고, JP모건 체이스는 22억 달러를 납부했으며, 다른 은행들도 유사한 소송을 해결하기 위해 수억 달러의 벌금을 납부했다.[18]

평가

전 SEC 위원장 아서 레빗은 엔론의 문제 범위를 다음과 같이 적절히 묘사했다.

나는 엔론 이야기는 단지 그 회사의 실패만이 아니라 이사회, 감사위원회, 변호사, 투자은행, 신용평가 기관 등 전통적인 문지기들의 실패 이야기이기도 하다고 생각한다. 이들 모두 이 사태에 일익을 담당했다.

신용평가 기관을 예로 들어 보자. 그들은 결코 일어나지 않을 수도 있음을

---

14) "Lea Fastow Arrives Early for Prison," USA Today, 2004년 7월 12일, www.usatoday.com/money/industries/energy/2004-07-12-lea-fastow_x.htm.

15) J. Carney, "The Truth About Why Jeff Skilling's Jail Sentence Got Downsized," CNBC, 2013년 6월 21일, www.cnbc.com.

16) A. Barrionuevo, "Judge Sentences Former Enron Chief to 24 Years in Prison," New York Times, 2006년 10월 23일, www.nytimes.com.

17) "Called to Account: The Enron Saga. Scandal Scorecard," Wall Street Journal (2002), www.wsj.com.

18) G. Draffan, "Multimillion Dollar Fines & Settlements Paid by Corporations" (2005), www.endgame.org.

잘 알고 있었던 합병을 기다리면서 엔론의 등급 강등을 미뤘다.

투자은행은 엔론이 모회사의 부채를 자회사에 숨기는 데 사용한 정교한 기법을 개발했다. 그것은 하늘에서 갑자기 떨어진 것이 아니라 투자은행과 엔론의 CFO가 만들어 낸 수법이었다.

회계 법인을 살펴보자… 엔론은 그들의 가장 큰 회계 감사 고객이었고 그들의 가장 큰 컨설팅 고객이기도 했다. 엔론은 그들에게 1주에 100만 달러가 넘는 수수료를 지급하는 고객이었다. 내 판단으로 그 회계 법인은 손상되었다. 그들의 감사는 손상되었다. 그 회계법인은 컨설팅 업무와 감사 업무를 결합해서 올곧음이 손상되었는데 그것이 사기적인 활동을 지적하지 않고 뭉갠 것과 관련이 있을 수도 있다.

막대한 수수료를 지급받은 변호사를 생각해 보자. 나는 여기서 미국 변호사 협회가 의뢰인의 금융사기를 규제 당국에 누설하지 못하게 하는 매우 흥미 있는 사례를 접하고 있다고 생각한다. 그리고 여기서 우리는 법무법인의 주요 의뢰인이 명백히 사기적인 것으로 판명된 활동에 관여하고 있는데, 그 법무법인이 이를 제보하지 않은 사례를 만나고 있다.

그리고 이 사건이 터지고 엔론이 파산을 선언한 뒤에도 엔론을 매수 추천한 애널리스트들을 살펴보자. 이들은 다양한 서비스를 제공해 주는 대가로 엔론에게서 거액의 수수료를 받는 투자은행으로부터 보수를 받는 애널리스트들이다. 그들의 리서치가 어떻게 독립적일 수 있었겠는가? 그리고 애널리스트의 고용주가 엔론으로부터 수백만 달러의 수수료를 받고 있는데, 그 투자은행 소속으로 엔론 주식 매수를 추천하는 애널리스트에게서 투자자가 무엇을 기대할 수 있었겠는가? 애널리스트가 사실을 있는 그대로 말할 가능성이 얼마나 있었겠는가? 내 판단으로는 그럴 가능성은 별로 없었다.[19]

19) A. Levitt, "Bigger than Enron," PBS Frontline, 2002년 6월 20일, www.pbs.org.

엔론은 대중의 이익을 보호해야 할 (감사인과 같은) 전문가들로부터 거대한 사기를 저지르는 데 많은 도움을 받은 듯하다. 엔론의 진정한 재무 실적은 부채를 숨긴 파트너십에 의해 가려져서 엔론의 장부에 나타나지 않았고, 그 결과 투자자들과 일반 종업원에게도 가려졌다.

그러나 회사의 이해상충에 관련된 기업은 엔론만이 아니다. 최근에 투자 은행 업계도 다수의 이해상충에 말려들었다. 사실 투자은행들은 사업의 성격상 커다란 잠재적 이해상충에 직면한다. 그들은 기업들이 시장에서 자금을 조달하도록 도움을 주기 때문에 가능하면 고객 회사의 주가를 높게 유지하려 한다. 그런데 이 투자은행들은 가능하면 주식을 싸게 사는 데 관심이 있는 투자자들에게도 서비스를 제공한다.[20] 우리는 이 업무들 사이에 필연적으로 내재하는 갈등에 관해 말하고 있다. 이 갈등이 1990년대 말과 2000년대 초에 일부 대형 회사로 번졌다. 메릴 린치는 이 회사 애널리스트가 다른 애널리스트에게 보낸 전자 우편에서 공개적으로는 투자자들에게 칭찬하고 있던 회사들의 주식을 사석에서 혹평해서 1억 달러의 벌금형에 처해졌다.[21] 투자 회사 찰스 슈와브는 나중에 TV 광고에서 이 사례와 이와 유사한 다른 사례들을 풍자했다. 이 광고에서 한 월스트리트 매니저가 자기 브로커에게 좋지 않은 주식을 팔도록 독촉하는 장면이 나온다. 그는 브로커 회사에 "이 돼지에게 립스틱을 칠합시다."라고 말한다. (찰스 슈와브는 주식 인수 업무를 하지 않으며, 따라서 다른 증권 회사들과 같은 이해상충에 직면하지 않는다.) 메릴 린치 임원 제임스 고먼은 슈와브의 광고를 '불난 데 부채질하는' '치사한 행동' 이라고 불렀다.[22] 우리는 투자자들이 슈와브의 광고를 치사한 행동이라고 생각했는지, 아니면 월스트리트 은행가들에 대한 아주 정확한 묘사라고 생

20) "Who Dropped the Ball?" PBS Frontline, 2002년 6월 20일, www.pbs.org.

21) G. Morgenson, "Settlement Is a Good Deal for Merrill. How about Investors?" New York Times, 2002년 5월 22일, www.nytimes.com.

22) P. McGeehan, "Washington Insider, but Wall Street Pariah," New York Times, 2002년 11월 24일, www.nytimes.com.

각했는지 궁금하다.

투자은행들은 또 다른 주요 이해상충, 즉 엔론, 월드콤, 아델피아 등의 사기 혐의에 대해 얼마나 많이 알고 있었는지 조사받았다. 예를 들어 엔론 사태에서 크레딧 스위스 퍼스트 보스턴, 씨티그룹, JP모건 체이스는 엔론이 부채를 숨기고 엔론 주가를 높게 유지하게 한 비밀 파트너십을 만들도록 도와주었다. 당시에 이 은행들은 부채를 구조화하도록 도와준 데 대해 수수료를 받았을 뿐만 아니라, 엔론 주식 투자에서도 돈을 벌었다.[23] 그리고 앞에서 살펴본 바와 같이 이 회사들은 엔론의 사기를 도와준 혐의로 거액의 벌금을 납부했다.

그러나 아마도 투자은행에서 지난 10년의 주택 거품 기간 동안 발생했던 것과 같은 엄청난 이해상충이 가장 큰 이해상충이었을 것이다. 투자은행들은 함께 묶은 모기지 상품들을 미친 듯이 만들어 팔았는데, 이 중 많은 상품이 서브프라임 모기지였다. 이 모기지들은 다른 모기지들보다 부도 위험이 높았고 더 위험했다. 골드만 삭스같은 회사들은 자사 고객들에게 이 펀드들을 열심히 파는 한편 동시에 이 펀드들에 대해 신용부도스왑 형태로 보험을 구입했다. 달리 말하자면 투자은행들은 그들이 고객에게 팔고 있던 모기지 상품들이 위험하다고 생각해서 고객들에게 이 상품을 사라고 광고하는 동시에 이 상품들의 가격이 떨어지리라는 데 돈을 걸었다. 또한 투자은행들은 고객들에게 이 상품들을 파는 한편 신용평가 회사들에게 투자자들에게 모기지 상품이 안전하다는 신호를 보내도록 높은 등급을 부여하라고 부추겼다. 물론 이 상품들은 전혀 안전한 투자가 아니었고 은행들은 이 사실을 알고 있었다. 그것은 거대한 이해상충이며, 우리는 정부의 신규 규제가 이를 잘 다루기를 바란다.[24]

---

23) A. R. Sorkin, "What the Financial Crisis Commission Should Ask," New York Times, 2010년 1월 10일, www.nytimes.com.
24) 위의 글.

뉴욕 주 전 검찰총장 엘리엇 스피처와 충돌한 보험 재벌 마시 앤 매클레넌과 관련된 매우 유명한 이해상충 사례를 소개한다.

회사: 마시 앤 매클레넌(마시, 푸트남 펀드, 머서 컨설팅)
업종: 보험(마시), **뮤추얼 펀드**(푸트남 펀드), **컨설팅**(머서)

상황

미국에서 가장 건실하고 잘 관리되는 회사 중 하나로 명망이 높은 마시 앤 매클레넌(MMC)은 2003년 말부터 일련의 윤리 스캔들에 휘말렸다. 최초의 스캔들은 보스턴의 뮤추얼 펀드 회사로서 전통적으로 MMC의 자금줄이었던 푸트남 펀드와 관련이 있었다. 푸트남 펀드는 우선 2000년에 주식 시장 거품이 터지자 기술주와 성장주 투자에서 거액의 손실을 입었다. 그러고 나서 뮤추얼 펀드 업계 전반에 관련된 마켓 타이밍 스캔들에서 최초로 언급된 뮤추얼 펀드가 되었다(마켓 타이밍은 한 가지 이상의 시장 지표 실적에 기초해서 뮤추얼 펀드에 현금을 넣었다 빼는 관행이다). 최근 스캔들에서 거액 투자자들은 늦게(즉 주식 시장이 종료된 뒤에) 거래함으로써 '거래 시간을 정하도록(time the market)' 허용되었는데, 이 관행은 거액 투자자들에게 확실한 이익을 주고 소액 투자자들에게 확실한 불이익을 주었다. 모든 뮤추얼 펀드 중에서 푸트남이 이 스캔들에 가장 크게 연루되었다는 점은 의심할 나위가 없는데, 이 회사는 아직도 그 후유증을 극복하기 위해 애쓰고 있다. 2000년 말에 3,700억 달러이던 이 회사 수탁고(수탁고는 뮤추얼 펀드 업계의 안정성과 중요성에 대한 주요 척도 중 하나다)는 2005년 1사분기에는 1,940억 달러로 줄어들었다.[25] 그러나 푸트남은 MMC 문제의 시작일 뿐이었다.

뉴욕 주 검찰총장 엘리엇 스피처는 2004년 10월에 세계 최대 보험 브로커 마시의 모회사 MMC에 대한 민사 소송을 제기했다. 이 소송에서 스피처는

---

25) E. Mason, "Putnam Chief Holds Out Hope for Solid, If Slow, Recovery," Boston Business Journal, 2005년 6월 17일, www.bizjoumals.com/boston.

마시가 자신들과 편안한 관계에 있는 보험 인수자들에게 보험을 넘겨주는 대가로 수백만 달러의 뒷돈을 받음으로써 의뢰인을 배신했다고 고발했다. 마시의 한 임원은 "우리는 2004년에 재무상태가 양호하고 다양한 보험을 취급하며 우리에게 가장 많이 지급하는 회사에게 비즈니스를 중개할 필요가 있다."고 말했다. 스피처의 고발은 업계 전반의 관행을 들춰냈는데, 마시가 이 관행의 주역이었다. AIG, 하트포드, ACE 같은 다른 회사들도 관여했지만. 마시가 이 관행의 큰손이었다.[26] (스피처가 소송을 제기할 당시 제프리 그린버그가 MMC CEO였으며, 그의 형제 에반 그린버그는 ACE CEO였다. 그리고 제프리와 에반의 부친인 전설적인 모리스 '행크' 그린버그는 AIG의 CEO였는데, 그는 나중에 자기 회사의 커다란 문제에 직면하게 된다.)

회사의 대응

푸트남에서의 출혈을 멈추기 위해 MMC는 푸트남의 도도한 CEO 로렌스 레서를 축출했는데, 그는 7,800만 달러의 퇴직금을 받고서 자신이 몇 년 동안 수장 노릇을 했던 회사를 떠났다.[27] MMC는 신속하게 깨끗한 찰스 '에드' 할데먼을 새 CEO로 고용해서 푸트남을 늪에서 건지게 했다. 2004년 4월에 푸트남은 SEC와 사건을 해결하고 새로운 종업원 트레이딩 제한을 받아들이고 정규적으로 컴플라이언스 검토를 수행 및 제공하기로 합의했다. 푸트남은 또한 다양한 벌금으로 1억 1천만 달러를 납부했다. (매사추세츠 주 등 다양한 원천으로부터 추가적인 고소, 합의, 벌금이 있었다.)[28] 할데먼은 새로운 경영진을 구성하고 기타 변화를 가했으며, 이 회사는 이전의 업계 리더 자리를 되찾기 위해 계속 분투하고 있다.

---

26) P. Elkind, "Spitzer's Crusade: Inside the Muckraker-in-Chief s Campaign against Insurance Companies and Why-Surprise, Surprise-This Investigation Is Just Getting Started," Fortune, 2004년 11월 1일, www.fortune.com.

27) M. Goldstein, "Putnam's Lasser Gets $78 million Good-Bye Kiss," 2004년 6월 10일, www.thestreet.com.

28) Marsh & McLennan, 2004년 연례 보고서, 62쪽.

모회사 MMC는 더 큰 어려움을 겪었다. 스피처는 매우 이례적으로 이 회사 경영진이 남아 있는 한 협상을 거부했다. 머지않아서 CEO 제프리 그린버그와 회사 최고위 변호사가 사임하고 마이클 처카스키가 권좌에 올랐다. 처카스키는 맨해튼 지방검찰청에서 스피처의 이전 상사였으며, MMC의 법률 재앙이 시작되기 직전에 MMC가 인수한 선도적인 리스크 컨설팅 회사 크롤의 CEO였다. 처카스키와 스피처의 관계는 MMC에 큰 도움이 되었다. 이 회사는 신속하게 8억 5천만 달러의 해결에 합의했으며 또한 보험업계의 보험 관행 개혁을 선도하기로 합의했다.[29]

주: MMC의 세 번째 회사 머서 HR 컨설팅도 어려움을 겪었다. 이 회사는 당시 뉴욕 주식 거래소 CEO 리처드 그라소의 1억 4천만 달러 보수 패키지에 관해 NYSE 이사회를 오도했음을 인정한 뒤에 NYSE에게서 받은 44만 달러가 넘는 수수료를 토해 냈다.[30]

결과

2004년에 MMC 주가의 52주 최고가는 47.35달러였는데 이 스캔들로 주가가 22.75달러로 하락해서 수십 년 동안 실적이 아주 좋았고 예측 가능했던 회사로서는 믿을 수 없을 정도로 위신이 추락했다.[31] 겨우 4거래일 만에 회사는 115억 달러의 시장 가치를 상실했다.[32] MMC 종업원들은 이 일이 일어나기 직전까지 그들의 MMC 퇴직 저축을 MMC 주식에만 투자할 수 있었기 때문에 이 주가 급락으로 인해 대부분의 투자자들보다 더 큰 손해를 봤다. MMC 상위 임원들은 종업원들의 퇴직 저축 전액이 MMC 저축에

29) P. Elkind, "Spitzer's Crusade: Inside the Muckraker-in-Chief's Campaign against Insurance Companies and Why-Surprise, Surprise-This Investigation Is Just Getting Started," Fortune, November 1, 2004년 11월 1일, www.fortune.com.

30) 위의 글.

31) Argus Analyst Report (Marsh & McLennan Companies, Inc., Argus Research Company, 2005).

32) P. Elkind, "Spitzer's Crusade: Inside the Muckraker-in-Chief's Campaign against Insurance Companies and Why-Surprise, Surprise-This Investigation Is Just Getting Started," Fortune, 2004년 11월 1일, www.fortune.com.

연계되면 탁월한 회사 재무 실적을 낼 동기가 부여될 것으로 생각했다. 진정한 도덕적 해이를 보여주기라도 하듯 상위 임원들은 다른 곳에도 투자할 수 있었고, 일반 종업원들만 투자 대상이 MMC 주식으로 제한되어 있었다. MMC의 머서 HR 컨설팅에는 종업원 퇴직 저축 분산 투자 대안 제공의 중요성에 대해 고객사들에게 일상적으로 조언하는 다수의 퇴직 전문가들이 있었다는 점을 고려하면 MMC의 전략은 특히 이해할 수 없었다. 몇 년 동안 분산 투자를 허용해 달라는 종업원들의 청원을 듣고서, 그리고 엔론의 주가 급락으로 엔론 종업원들이 알거지가 되는 꼴을 보고 나서 MMC 임원들은 마침내 제한적인 분산 투자를 허용했다. 2003년부터 MMC 종업원들은 퇴직 투자의 일부를 소수의 푸트남 펀드에 분산투자할 수 있었는데 이조차도 다른 대기업들이 종업원들에게 제공한 대안 수에 비하면 턱없이 적은 수준이었다. 분산투자에 충분할 정도로 신속하게 푸트남 펀드로 옮기지 않은 많은 MMC 종업원들은 MMC 주가가 폭락한 뒤에 큰 손해를 보았다.

학생들에 대한 주의 — 투자를 분산하고 결코 당신 회사 주식에 전액을 투자하지 마라. (완전한 공개를 위해 밝히자면 이 책의 저자 중 한 명인 캐서린 넬슨은 1998년부터 2001년까지 머서 HR 컨설팅에서 일했고, MMC의 '종업원 투자자'였다.)

상당한 금액의 합의금, 재무상 손실, 금융 애널리스트들의 비관주의, MMC 투자자들과 종업원들의 막대한 피해 외에도 5천 명이 일자리를 잃었고 회사 평판은 몇 년 뒤까지 손상된 채로 남아 있었다.[33]

평가

전 푸트남 펀드 CEO 찰스 할데먼의 다음과 같은 말은 MMC 위기에 관한 가장 현명한 논평 중 하나다. "부모님이 우리에게 우리의 평판 보호에 관해 하신 말씀은 맞는 말이다. 평판을 잃으면 이를 되찾기 어렵다." 할데먼은 자신이 부임하기 전에 푸트남은 고립되어 있었다는 말도 했다. 실제로

---

33) "Sentencing in Spitzer Insurance Probe Delayed," 2005년 9월 29일, www.reuters.com.

푸트남은 전통적으로 언론이나 정부와 관계를 맺지 않았으며 스캔들이 터졌을 때 의지할 친구가 없었다. 헬더만은 이를 변화시키기로 다짐했다. 그는 이렇게 말했다. "우리는 문제에 처했을 때 이런 관계가 없어서 어려움을 겪었다. 우리는 필요할 때 친구나 지원자가 별로 없었다. 우리는 다시는 그런 처지에 놓이고 싶지 않다."[34] 할데먼은 2004년에 위기가 발생한 때부터 2008년에 MMC가 푸트남을 파워 코퍼레이션에 매각해서 할데먼을 교체할 때까지 푸트남의 CEO로 재직했다.[35]

MMC를 뒤흔든 스캔들은 전 뉴욕주 검찰총장 엘리엇 스피처가 얼마나 업계 전반을 완전히 변화시키고 싶어 했는지에 대한 하나의 예다. 작가 피터 엘카인드는 스피처의 전략을 「포춘」지에 이렇게 소개했다. "그 전략은 매우 일관성이 있었다. 1단계: 구린내가 나지만 오랫동안 업계 관행으로 받아들여진 회색 지대를 검토한다. 2단계: 명백하게 지나친 행동에 대한 증거(대개 전자 우편 형태)를 잡고 이를 사용해서 대중의 분노를 일으킨다. 3단계: 이를 통해 밀려오는 스캔들의 쓰나미 속에서 신속하게 회색 지대의 행동을 포함한 업계 전체의 개혁을 부과한다." 기소한 지 2주 안에 마시와 마시의 최대 경쟁자들은 입찰 담합을 중단하는 데 동의했다. 이와 유사하게 스피처가 푸트남을 기소한 지 몇 주 안에 뮤추얼 펀드 업계 전체적으로 남용이 중단되었다.[36] 엘리엇 스피처에게도 자신의 윤리 일탈이 있었다. 뉴욕 주지사로 선출된 뒤 1년이 조금 지나서 그는 매춘 조직에 대한 연방 도청 수사에 걸려서 (그는 매춘 조직의 고객이었다) 2008년 초에 불명예 퇴진했다.[37]

34) E. Mason, "Putnam Chief Holds Out Hope for Solid, If Slow, Recovery," Boston Business Journal, 2005년 6월 17일, www.bizjoumals.com/boston.

35) "Ex-Fidelity Head Reynolds Becomes New Putnam CEO," Boston Business Journal, 2008년 6월 12일, http://boston.bizjoumals.com.

36) P. Elkind, "Spitzer's Crusade: Inside the Muckraker-in-Chief s Campaign against Insurance Companies and Why-Surprise, Surprise-This Investigation Is Just Getting Started," Fortune, 2004년 11월 1일, www.fortune.com.

37) D. Hakim and W. Rashbaum, "Spitzer Is Linked to Prostitution Ring," New York Times, 2008년 3월 8일, www.nytimes.com.

이처럼 아주 유명한 이해상충들의 결과는 오래도록 검토될 것이다. 다양한 규제 당국과 여러 주의 검찰이 아직도 은행들과 그들의 비즈니스 관행을 조사하고 있다. 은행 업계의 다양한 와해의 결과, 씨티그룹은 2003년 이후 55억 달러가 넘는 벌금에 처해졌고 JP모건 체이스는 40억 달러가 넘는 벌금을 선고받았다.[38] 다른 금융기관들도 수십억 달러의 벌금에 처해졌으며 많은 회사들의 이름이 더럽혀졌다. 그러나 그 모든 '정의'에도 불구하고 아직 시장에 대한 대중의 신뢰가 회복되지 못했으며, 이러한 사기들 때문에 알거지가 된 수십만 명의 개인 투자자들에게 도움이 되지도 않을 것이다. 2002년에 「비즈니스 위크」 독자들을 대상으로 실시한 조사에서, 응답자의 93%는 대기업을 경영하는 임원들에 대한 신뢰가 '아주 조금' 밖에 없거나 '거의 없다'고 응답했으며, 95%는 대형 감사 법인에 대해 그렇게 생각했다.[39] 보다 최근에는 2010년의 설문 조사에서 대중의 70%는 기업들과 금융 회사들이 2008년~2009년의 경기 침체 뒤에 '통상적인 비즈니스 수행 방식'으로 돌아갈 것이라고 믿는다고 응답했다.[40] 같은 조사에서 미국의 응답자 중 은행들이 '옳은 일을 할 것'으로 믿는 사람은 29%에 지나지 않았다. 이 비율은 2007년에는 68%였다.[41] 2012년 설문 조사에서 월가와 의회는 미국에서 가장 신뢰받지 못하는 기관 선두를 다퉜는데, 이들에 대한 대중의 신뢰도는 한 자리 수에 머물렀다.[42] 이는 참으로 서글픈 이야기다.

4장에서 우리는 이해상충은 누군가가 당신이 맺고 있는 관계 때문에 당

38) G. Draffan, "Multimillion Dollar Fines & Settlements Paid by Corporations" (2005), www.endgame.org.

39) 3 "Do You Trust Corporate America?" Businessweek 온라인 판, 2002년 6월 21일, www.businessweek.com.

40) 2010 Edelman Trust Barometer, Edelman Public Relations (2010), www.edelman.com/trust.

41) 위의 글.

42) Harris Interactive, "Current Confidence in Leaders of Institutions" (2012), 2012년 5월 12일, www.harrisinteractive.com.

신의 판단이 흐려질 수도 있다고 생각할 때 발생한다고 정의했다. 이 정의는 조직에 대해서도 마찬가지다. 어느 조직의 고객이나 이해관계자 집단이 조직이 다른 회사나 기업과 맺고 있는 관계 때문에 그 조직의 판단이 편향되었다고 생각한다면 이해상충이 있을 수 있다. 회사 또는 조직의 이해상충은 개인들 사이에 존재하는 이해상충만큼이나 위험하며 어떤 대가를 치르더라도 이를 피해야 한다.

제품 안전

고품질 제품 또는 서비스 제공은 모든 조직의 주요 윤리적 의무다. 위험하고 조잡하게 만들어지거나 품질이 낮은 제품을 내놓은 것보다 회사를 더 빨리 망하게 하는 것은 없다는 점도 명백하다. 시장 경쟁은 일반적으로 상품과 서비스가 소비자들에게 받아들여질 만해지도록 도움을 준다. 그러나 회사들은 때로는 (존슨 앤 존슨처럼) 외부 공격의 희생자가 되기도 하고 때로는 회사가 무모한 결정을 내리기도 하는데 그 결과 안전하지 않은 제품이 제공된다. 제품 안전에 관한 고전적인 사례를 살펴보자.

회사: 존슨 앤 존슨

업종: 제약

상황

1982년 9월에 시카고 지역에서 존슨 앤 존슨의 한 부문인 맥네일 연구소 (McNeil Labs)에서 만든 진통제 타이레놀 복용자 7명이 사망했다. 문제의 타이레놀에 청산가리가 섞여 있었는데 몇 주 동안 이 오염이 내부 소행인지 외부 공격 탓인지 밝혀지지 않았다. 이후 철저한 조사를 통해 독극물은 외부 공격의 결과로 밝혀졌으나 범인은 밝혀지지 않았다.

회사의 대응

먼저 이 회사는 시카고 지역 약국 선반에서 모든 타이레놀을 내려놓았다. 그 뒤 곧바로 전국적으로 모든 타이레놀을 회수했다. 회수된 3,100만 병의 타이레놀 소매가는 1억 달러가 넘었다. 존슨 앤 존슨은 50만이 넘는 의사, 병원, 배급사에게 전신 메시지를 보내 이 상황과 제품 회수에 대해 설명했다. 이 회사는 또한 소비자들이 이 제품에 관해 물어 볼 수 있도록 무료 위기 전화선을 설치했다. 또한 CEO 제임스 버키와 기타 임원들은 언론과 접촉해서 다양한 매체와 인터뷰했다.

독극물 사고가 발생하기 전에 타이레놀은 진통제 시장의 1/3이 넘는 점유율을 보였는데 존슨 앤 존슨은 타이레놀 브랜드와 지배력을 재구축하기로 결정했다. 독극물 사고 직후 소비자들의 두려움이 매우 커졌기 때문에 이 일은 쉽지 않을 터였다. 이 사고가 일어난 지 한 달 뒤에 실시한 설문 조사에서 응답자의 87%는 타이레놀 사망 사건에 대해 존슨 앤 존슨이 책임이 없다는 점을 이해했음에도 불구하고, 61%는 향후 타이레놀을 살 의사가 없다고 대답했다. 즉, 대부분의 소비자들은 독극물 오염은 존슨 앤 존슨의 책임이 아니라는 사실을 알았지만 다시는 이 제품을 사지 않으려 했다. 존슨 앤 존슨은 소비자들을 다시 타이레놀로 돌아오도록 쿠폰을 제공하고, 궁극적으로는 제품에 손대지 못하도록 타이레놀 포장 디자인을 변경함으로써 이 문제를 정면 돌파했다.

결과

존슨 앤 존슨의 타이레놀 독극물 사고에 대한 대응은 조직이 위기에 어떻게 대응해야 하는가에 대한 표준이라는 찬사를 받고 있다. 다른 장들에서 언급한 바와 같이 타이레놀 위기에 대한 이 회사의 대응은 고객, 종업원, 공동체, 주주들에 대한 책임을 요약하는 이 회사의 유명한 신조가 빈말이 아니라는 점을 증명했다. 위기에 대한 이 회사의 대응을 이끌었던 요소는 주요 이해관계자인 고객에 대한 관심이었다. 위기 시 또 다른 중요한 이해관계자인 언론과 접촉함으로써 존슨 앤 존슨 임원들은 책임을 피하거나 자사의 곤경을 남에게 돌리지 않음으로써 소비자에 대한 관심을 보여주었다.

이 위기의 파급력은 아주 컸다. 이 위기가 발생하고 나서 존슨 앤 존슨이 개척한 손댈 수 없는 포장은 식품에서 약품에 이르기까지 다양한 제품들에 보편적으로 사용되게 되었다. 존슨 앤 존슨은 이 위기가 발생한 지 20년 뒤에도 고품질 약품 생산자이자 고객을 돌보는 회사로서의 확고한 명성을 유지하고 있다. 이 회사의 전 CEO 제임스 버키는 윤리 이슈에 대한 관심으로 유명하며 윤리에 관한 다양한 주제의 인기 강사가 되었다. 그리고 타이레놀은 1980년대 중반 무렵에 이전의 시장 점유를 거의 모두 회복했다.

평가

아마도 존슨 앤 존슨의 전 CEO 제임스 버키의 배경이 이 회사가 타이레놀 위기에 봉착했을 때 보여준 행동에 중요한 영향을 주었을 것이다. 제임스 버키는 대중의 인식의 중요성과 적시의 정확한 소통의 가치를 이해한 마케팅 요원이었다. 많은 임원들이 열린 소통을 불편하게 생각하는데 임원들의 이러한 과묵은 위기 발생 시 조직에 큰 피해를 줄 수 있다.[43] 버키는 대중에게 열려 있었으며, 언론에게도 활짝 열려 있었고 그들과 신뢰 관계를 구축했다. 몇 주 동안의 조사에서 이 회사 공장에서 소량의 청산가리가 발견되었을 때, 이러한 신뢰 관계가 도움이 되었다. 언론 기관은 이 회사가 절대로 타이레놀 오염에 관련되지 않았음을 알았다. 언론은 이 정보에 관해 설명을 들었으며, 보도하지 말아달라는 요청을 받았다. 그리고 그들은 이에 대해 보도하지 않았다. 우리는 이 회사 홍보부문장 로렌스 포스터가 우리 학생들과의 대화석상에서 이 이야기를 전해 줘서 알게 되었다. 버키는 또한 리콜은 단기적으로는 큰 비용이 들지만 장기적으로는 브랜드 충성

---

43) 43. T. Donaldson and P. H. Werhane, Ethical Issues in Business: A Philosophical Approach (Englewood Cliffs, NJ: Prentice-Hall, 1988), 89-100, 414-424쪽; R. R. Hartley, Business Ethics: Violations of the Public Trust (New York: Wiley & Sons, 1993), 295-305쪽.

도와 신뢰를 재구축하는 데 도움이 될 것이라고 믿는 장기적인 관점을 취했다.

업데이트

존슨 앤 존슨은 타이레놀 위기 대응으로 오랫동안 존경받고 있지만 최근에 비틀거리고 있다. 예를 들어 존슨 앤 존슨의 라이프스캔 부문은 2000년에 결함이 있는 당뇨 환자 포도당 모니터링 장치를 판매하고 이후 연방 규제 당국에 이 문제에 관해 그릇된 정보를 제출한 혐의로 형사 기소된 사안에서 유죄를 인정하고 6천만 달러의 벌금을 납부했다. 라이프스캔에 대해 집단 소송을 제기했던 변호사들은 라이프스캔의 슈어스텝 모니터링 장치에서 오류 수치를 입수해서 사망한 당뇨환자들이 최소 3명이라고 추정했다. 라이프스캔은 법원에 제출한 서류에서 자사가 식품의약청에 제품 결함에 대해 적절하게 설명하지 않았으며 환자들에게 이 문제를 공개하지 않았고, 문제가 발생하기 시작했을 때 FDA에 알리지 않았음을 인정했다. 존슨 앤 존슨의 이 이미지를 타이레놀 위기 때의 이미지와 조화시키기 어렵다. 존슨 앤 존슨 회장 랄프 라센은 한 진술서에서 이렇게 진술했다. "실수와 판단 착오가 있었습니다. 우리는 이 실수들을 완전히 인정하고 이에 대해 진심으로 사과드립니다. 우리는 이 경험에서 배우기로 다짐합니다."[44] 보다 최근에 이 회사는 의사 처방 없이 팔 수 있는 제품 제조와 관련한 일련의 문제를 겪었다. 2008년과 2009년에 소비자가 구역질에 대한 불만을 제기해서 타이레놀 제품이 리콜되었다. 2010년에는 씹어 먹을 수 있는 (제산제) 로레이즈에서 금속 입자와 나무 입자가 발견되었다. 2011년에 존슨 앤 존슨은 생산 설비 청소와 관련된 안전 문제로 4,700만 단위의 감기약을 리콜했다. 이처럼 계속 이어지는 나쁜 뉴스들과 다수의 리콜들은 소비자들에게 심각한 질병이나 사망을 일으키지는 않았지만 우상과도 같은 이 브랜

---

44) M. Petersen, "Guilty Plea by Division of Drug Giant," New York Times, 2000년 12월 12일, C1면.

드의 신뢰를 잠식했다.[45] 머니 매니저들에 대한 바론의 연례 '가장 존경 받는 회사' 설문 조사에서 존슨 앤 존슨은 2010년에는 2위를 차지했는데 2011년에는 25위로 떨어졌다.[46]

회사: 토요타
업종: 자동차 및 트럭

상황

토요타가 1957년에 최초로 미국 시장에 진출했을 때 자동차 시장은 미국 3대 자동차 제조사인 크라이슬러, 포드, 제너럴 모터스에 의해 지배되고 있었다. 1961년에 이 3대 회사들은 미국에서 구입되는 자동차의 85%를 팔았으며 나머지 15%는 폭스바겐, BMW, 메르세데스 벤츠 같은 보다 작은 몇 개의 외국 (대개 유럽) 회사들이 팔았다.[47] 일본의 선도적인 자동차 회사 중 하나인 토요타는 1970년대에 유가가 미국인들에게 부담이 될 때까지는 미국 시장에서 의미 있는 점유를 차지하지 못했다. 토요타는 연비가 좋은 소형차를 만들었는데, 미국인들은 디트로이트에서 만든 연료 먹는 하마에서 연비가 좋은 차로 관심을 돌리기 시작했다. 그 뒤 1970년대 말부터 1980년대 중반까지 몇 년 동안 미국의 3대 자동차 회사들은 심각한 품질 문제를 겪었다. 소비자들은 이에 대해 짜증이 났고 연비가 높고 품질이 좋다는 평판이 있는 토요타 모델에 더 관심을 기울였다. 토요타 자동차로의 이동은 미국 자동차 구매를 혁명적으로 변화시켰다. 2008년에 토요타는 미국 최대 자동차 제조사가 되었다.[48] 그러나 문제가 싹트고 있었다. 2002

---

45) N. Singer and R Abelson, "Can Johnson & Johnson Get Its Act Together?" New York Times, 2011년 1월 15일, www.nyt.com.

46) M. Santoli, "The World's Most Respected Companies," Barron's, 2012년 6월 25일, www.online.barrons.com.

47) "U.S. Vehicle Sales Market Share by Company, 1961-2009," Ward's Auto Data (2010), http://wardsauto.com/keydata.

년부터 토요타와 도로교통안전국(미국의 자동차 안전을 감독하는 규제 기구)에 소비자 불만이 쏟아져 들어오기 시작했다. 2,000명이 넘는 소비자들이 토요타 자동차의 가속기가 들러붙는다고 보고했다. 토요타 자동차들은 갑자기, 그리고 경고 없이 가속되어서 운전자들은 자동차를 멈추기가 거의 불가능했다.[49]

회사의 대응

이 불만은 2002년에 시작되었지만 토요타는 굼뜨게 반응했다. 토요타는 자사 제품의 품질을 과신한 나머지 문제의 심각성을 거듭 과소평가했으며 초기 문제들을 완전히 무시하거나 진단과 해결책을 발표했지만 그 조치들이 불충분한 것으로 드러났다. 회사가 문제를 인식하기 시작했을 때 엔지니어들은 바닥 매트를 비난했다. 그들은 바닥 매트에 주름이 잡혀서 가속기 아래에 쐐기를 만들어 부지중에 차를 가속시킨다고 확신했다. 2009년 가을에 토요타는 수백만 명의 토요타 자동차 소유자들에게 운전자 쪽 바닥 매트를 제거하라는 통지문을 보내면서 돌발 가속에 대한 다른 원인을 "지지하는 다른 증거가 없다."라고 말했다. 이 회사는 도로교통안전국이 이 결론에 동의했다고 덧붙였다. 그런데 실상은 도로교통국은 이에 동의하지 않았고, 토요타를 질책했다. 2009년 9월에 캘리포니아 주의 고속도로에서 발생한 토요타 렉서스 모델 자동차 충돌 사고가 이 논쟁에 큰 변화를 가져왔다. (가속되는 자동차를 멈추는 법을 잘 알고 있었을 것으로 생각되는) 비번 고속도로 순찰 대원 한 명이 황망하게 911에 응급 구조 전화를 걸어왔다. 가속기가 바닥에 들러붙고 브레이크가 말을 듣지 않은 그의 렉서스 자동차가 고속도로를 질주했다. 911 시스템이 이 전화를 녹음했는데 순찰대원이 전화를 한

---

48) "World Ranking of Motor Vehicles 2008 by Manufacturers," OICA (2009년 7월), www.oica.net.
49) B. Vlasic, "Toyota's Slow Awakening to a Deadly Problem," New York Times,, 2010년 2월 1일, www.nytimes.com.

뒤 자동차가 충돌해서 운전자와 다른 승객 세 명이 사망했다. 텍사스 주 댈러스 외곽에서 발생한 또 다른 충돌 사고에서 네 명이 사망했다. 이 사고가 난 뒤에 조사관들은 자동차 트렁크에서 운전석의 바닥 매트를 발견했다.[50] 2010년 1월에 토요타는 770만 대가 넘는 차량에 대한 방대한 리콜을 지시했다.[51] 이 회사는 또한 (과거 11년 중 10년 동안 미국에서 가장 많이 팔린 승용차인 캠리를 포함한) 가장 인기 있는 모델 8종의 판매도 정지하고 문제가 해결될 때까지 이 모델들의 생산을 중단하기까지 했다. 그런데 토요타는 도로교통안전국이 생산을 중단하라고 지시하고 나서야 생산을 중단했음을 주목할 필요가 있다.[52]

결과

일부 애널리스트들에 의하면 가속기 문제는 토요타가 너무 빨리 성장하려 한 결과다. 너무 빠르게 성장하려다 품질이 저하되었는데 품질 저하는 토요타에는 특히 곤란한 문제다.[53] 토요타는 품질에 대한 서약으로 세계에서 큰돈을 벌어왔다. 토요타 브랜드 전체가 품질과 연계되어 있다. 예를 들어 토요타의 구호는 '치열한 완벽 추구'이며 이 회사의 제조 방법은 다른 자동차 제조회사들의 부러움을 사왔다.[54] 이 책의 집필을 마감하고 있는 현재 토요타 품질 문제는 아직도 진행 중이다. 토요타는 2010년에 비번 캘리포니아 순찰 공무원과 관련된 충돌사건을 1,000만 달러에 해결했으며 사건들이 추가로 해결되고 있다.[55] 2012년 말에 이 회사는 가속기 문제를 미

50) 앞의 글.

51) M. Chrysler, "Toyota Down but Not Out, Japan Analysts Say," Ward's Auto Data, 29, 2010년 1월 29일, www.wardsauto.com.

52) B. Vlasic, "Toyota's Slow Awakening to a Deadly Problem," New York Times, 2010년 2월 1일, www.nytimes.com.

53) P. Ingrassia, "Toyota: Too Big, Too Fast," Wall Street Journal, 2010년 1월 28일, www.wsj.com.

54) "Toyota History," 토요타 공식 웹사이트 (2010), www.toyota.com.

55) 관련 기사, Toyota Settles Bellwether Wrongful Death Lawsuit, National Public Radio, January 18, 2013년 1월 18일, www.npr.org.

국 규제 당국에 신속하게 보고하지 않고 리콜을 지연한 데 대해 1억 7천 4백만 달러라는 기록적인 벌금에 처해졌다.[56] 이 회사는 또한 급발진에 기인한 수백만 대의 리콜로 자신의 자동차 가치가 떨어졌다고 주장하는 토요타 자동차 소유자들이 제기한 집단 소송을 10억 달러에 합의했다.[57] 미국 토요타 새 CEO 짐 렌츠는 언제나 토요타의 핵심 강점이었던 제조의 기본을 강조함으로써 시장 점유를 회복하는 데 집중했으며 2012년에 이 회사는 제너럴 모터스로부터 세계에서 가장 많이 판 자동차 제조회사 타이틀을 되찾아 왔다.[58]

평가

당시 다수의 미디어 기사들은 이 사건을 '토요타 판 타이레놀 순간'이라 부르며 이 위기를 이번 장의 앞에서 설명했던 존슨 앤 존슨의 타이레놀 위기와 직접 비교했다.[59] 많은 애널리스트들은 토요타의 지난 몇 년간의 비용 삭감이 이 위기 배후의 진범일 가능성이 있다고 지적했으며 일부 소송에서는 이 문제는 가속기 결함만이 아니라 자동차 전자 장치와 관련이 있다고 주장했는데, 그렇다면 이는 훨씬 더 큰 문제였을 것이다.[60] 현재까지도 토요타는 문제나 적절한 해법을 완전히 파악하지 못한 듯하다. 한 딜러는 현재의 가속기 수리를 '일본의 엔지니어들이 지금껏 일반적으로 해 왔던 수준에 턱없이 못 미치는 촌뜨기 해법'이라고 혹평했다.[61] 오토컴퍼니

56) G. Risling, Toyota Settlement May Signal Future Legal Strategy, ABC News, 2013년 1월 18일, abcnews.go.com.

57) 위의 글.

58) A. Ohnsman, "Toyota as No. 1 Again Means Style Overhaul to Help Shares," The Washington Post, 2013년 1월 14일, http://www.bloomberg.com/news/2013-01-13/toyota-as-no-1-again-means-style-overhaul-to-help-shares.html.

59) B. Vlasic, "Toyota's Slow Awakening to a Deadly Problem," New York Times, 2010년 2월 1일, www.nytimes.com.

60) A. Taylor, "Toyota's Tylenol Moment," CNN Money, 2010년 1월 28일, www.cnnmoney.com.

61) B. Vlasic, "Toyota's Slow Awakening to a Deadly Problem," New York Times, 2010년 2월 1일, www.nytimes.com.

닷컴(산업 분석 회사) 사장 에릭 머클은 토요타의 판매상의 강점은 품질과 신뢰성에 대한 흠 없는 평판에 뿌리를 두고 있기 때문에 이 위기가 토요타에 큰 타격을 줄 것으로 예측했다. 그는 이렇게 말했다. "그들은 이 위기를 극복하겠지만, 나는 그들이 결코 빠르게 회복하지는 못할 것이라고 생각한다."[62] 솔직히 토요타의 수십 년에 걸친 품질에 대한 평판은 급발진 때 형성된 부정적인 여론에 대한 강력한 균형추 역할을 했다. 이는 좋은 평판과 신뢰받는 회사 브랜드가 조직이 스캔들을 견뎌내는 데 얼마나 큰 도움이 될 수 있는지에 대한 또 하나의 예다. 토요타의 이 문제 '수리'는 완벽하거나 완전하지 않았을지 모르지만 판매가 하나의 지표라면, 소비자들은 이 회사가 옳은 일을 한다는 데 대한 신뢰를 되찾은 듯하다.

2장과 3장에서 본 바와 같이 윤리 의사 결정에서 가장 흔한 잘못은 결정의 장기적인 결과를 무시하는 것이다. 대부분의 조직들이 (다른 이유가 없다 할지라도 계속 생존하기 위해) 고품질의 제품 또는 서비스를 생산하기 위해 열심히 노력하지만 많은 조직들이 시간을 내서 모든 이해관계자들을 식별하고 자신의 결정의 결과에 대해 장기적으로 생각하지는 않는다. 제품 안전 및 소비자에게 피해를 입힐 가능성과 관련된 이슈에서는 장기적으로 생각하는 것이 매우 중요하다. 이 제품이 누군가에게 피해를 줄 것인가? 잠재 피해는 얼마나 심각한가? 단지 한 사람에게만 피해를 준다 하더라도 이 피해를 피할 방법이 있는가? 피해 가능성에 대해 경고할 수 있는 방법이 있는가? 이 제품의 안전을 확보하기 위해 어떤 일을 할 수 있는가? 좋은 윤리 결정에 대한 다른 인지 장애가 토요타 매니저들의 사고에 영향을 주었을 수도 있다. 예를 들어 확인 편향, 너무 적은 결과들만 고려하기, 또는 탁월함에 대한 환상이 끼칠 수 있는 효과에 대해 생각해 보라.

---

62) C. Isidore, "Toyota's Reputation Takes a Huge Hit," CNN Money, 2010년 1월 27일, www.cnnmoney.com.

당신은 회사가 얼마나 신속하게 리콜을 시작할 필요가 있다고 생각하는가? 이 제품이 화가 난 내부자나 외부인에 의해 조작되거나 나중에 제품 또는 서비스의 문제가 발견될 경우 회사는 어떻게 대중, 소비자, 자신을 보호할 수 있는가? 회사는 위기관리 계획을 갖고 있는가? 당신은 고전적인 사례에 관련된 회사들이 앞에서 설명한 적절한 주의 이론을 얼마나 지켰다고 생각하는가?

광고

진실이 무엇인지, 책임이 있다는 것이 무엇인지에 대한 의견이 갈리기 때문에 광고 윤리는 모호한 주제다. 특정 수분 크림이 정말로 피부를 젊어 보이게 하는가, 아니면 젊고 청순한 20세의 모델이라서 그렇게 보이는가? 그 수분 크림이 50세 여성에게는 어떤 효과가 있는가? 자동차 제조회사와 맥주 제조회사가 자사 제품을 파는 데 꼭 끼는 수영복을 입은 젊은 여성 모델이 정말 필요한가? 회사들은 모든 고객을 존중할 책임이 있는가? 판매 기술에 관해서는 인구의 특정 부문에만 신경을 써도 되는가? 어린이들을 달콤한 시리얼 광고로부터 보호하거나 십대들을 비싼 운동화 광고로부터 보호해야 하는가? 광고가 윤리적이라는 자격을 얻기 위해서는 얼마나 진실하고 책임 있게 실행되어야 하는가? 약품을 소비자들에게 판매할 때의 윤리 이슈들을 보여주는 몇 가지 사례를 살펴보자.

업종: 제약

상황 1

스위스의 대형 제약회사 노바티스는 여배우 로런 버콜에게 대가를 지불하고 NBC의 투데이 프로에서 매트 로어와의 인터뷰 중에 자사 제품 중 하나인 비수다인에 대해 언급하게 했다. 비수다인은 많은 사람들에게 중년 이후에 눈에 일어나는 상태인 황반 퇴화를 다루기 위해 사용된다. 버콜은 자기 친구 중 한 명이 황반 퇴화로 실명했다고 말하고 이 프로 시청자들에게 황반 퇴화 검사를 받으라고 촉구하고 나서 비수다인에 대한 언급을 끼어 넣었다.[63] 무엇이 문제인가? 이것은 광고가 아니라 인터뷰였음을 기억하라. 이 프로를 보는 사람들은 버콜이 돈을 받은 노바티스 대변자라는 사실을 알 턱이 없었다. 버콜이나 노바티스만 이렇게 한 것이 아니다. 배우 캐슬린 터너와 롭 로우도 약들을 선전했으며 암젠, 쉐링 플라우, 화이자 같은 회사들에 의해 다른 약들도 로앤오더, 더웨스트, ER과 같은 프로와 굿 모닝 아메리카와 같은 아침 프로에서 이름이 언급되었다. 약품 마케팅이 아침 식사 시리얼이나 탈취제 마케팅과 같은가? 의료 제품 일반에 대해서는 더 높은 기준이 있어야 하는가?

상황 2

몇 년 전에 미국 정부 회계감사원은 몇 곳의 제약사들이 심지어 위반을 지적받은 뒤에도 TV와 인쇄물 광고에서 자사 처방약에 관해 반복적으로 오도하는 진술을 했다고 주장했다. 그 이유는 새삼스러운 것이 아니다. 광고를 하면 처방약 사용이 유의미하게 증가하고 약품 소비가 늘어난다. 회계감사원의 연구는 해마다 850만 명의 미국인들이 의사들에게 자신이 광고를 본 특정 약품을 처방해 달라고 요청하며 의사들은 그들이 바라는 대로 처방해 준다고 추정한다.[64] 그 수는 계속 증가하고 있다. 2012년에 영국 의학 저널에 실린 한 연구는 제약회사들이 연구 개발에 지출하는 비용보다 자기 홍보와 광고비로 19배를 지출한다고 묘사했다. 즉, 그들은 연구 개발에 1달러 지출할 때마다 광고에 19달러를 지출한다.[65] 처방약 비용과 사용이 최근의 천문학적인 의료비용 증가를 이끌었다. 왜 제약회사들이 의사

63) M. Petersen, "Heartfelt Advice, Hefty Fees," New York Times, 2002년 8월 11일, www.nytimes.com.

64) R. Pear, "Investigators Find Repeated Deception in Ads for Drugs," New York Times, 2002년 12월 4일, www.nytimes.com.

들뿐만 아니라 환자들에 대한 마케팅에 그토록 많은 돈을 쓰는가? 소비자들에게 직접 마케팅할 때의 장점은 무엇인가? 직접 마케팅의 불리한 점은 무엇인가? 제약사들은 광고와 연구 개발 사이에 보다 더 균형을 이룰 윤리적 의무가 있는가?

상황 3

2002년에 플로리다 주의 한 소비자가 우편을 통해 요청하지도 않은 항우울제 프로작 위클리 무료 견본을 받은 뒤 약국 체인 월그린스와 제약회사 엘리 릴리를 고소했다. 이 견본 수령인은 자신의 정신 상태가 알려지면 겪게 될 영향을 두려워해서 여러 해 동안 자신이 우울증을 앓고 있다는 사실을 가족, 친구, 고용주에게 숨겨 왔었다. 이 소비자가 우편물에서 월그린스 체인과 그녀의 주치의가 쓴 편지가 동봉된 항우울제 약품을 받았을 때 얼마나 놀랐겠는지 상상해 보라. 이 견본 자체는 제조회사 엘리 릴리에 의해 제공되었다. 그녀는 관련 당사자들에 대해 프라이버시 침해, 불공정 거래 관행, 그리고 비밀 의료 정보의 상업적 악용 혐의로 집단 소송을 제기했다.[66] 제약회사가 환자의 과거 기록을 그들이 특정 약품을 필요로 할지도 모른다는 지표로 사용해서 약국의 고객들에게 직접 제품을 마케팅해도 괜찮은가? 이 관행에 의해 환자들이 도움을 받는가? 환자들이 피해를 입는가? 그들의 프라이버시에 대한 권리는 어떻게 할 것인가? 제약회사가 약국 체인과 밀접하게 제휴하면 어떤 위험이 있는가?

상황 4

위산 역류 처방약 프릴로섹은 2002년부터 특허 보호 기간이 끝나자 프릴

---

65) A. Eichler, "Pharmaceutical Companies Spent 19 Times More on Self-Promotion Than Basic Research: Report," Huffington Post, 2012년 8월 9일, www.huffingtonpost.com.

66) V. S. Elliott, "Patient-Focused Drug Campaigns May Exploit Data, Invade Privacy," Amednews (American Medical News), 2002년 7월 29일, www.amednews.com.

로섹 OTC라는 이름의 일반 의약품으로 의사 처방 없이 판매될 수 있다고 고객들에게 광고했다. 유사한 처방약은 한 알에 몇 달러가 소요된 반면 프릴로섹 OTC는 한 달 분 구입 시 한 알에 7센트밖에 들지 않아서 소비자들에게 좋은 소식이었다. 그러나 2004년까지 1년 이상을 약국에서 프릴로섹 OTC를 살 수 없었을 때 소비자들이 얼마나 놀랐을지 상상해 보라. 프릴로섹 OTC 제조회사 프록터 앤 갬블과 그 파트너인 대형 제약회사 아스트라제네카는 그 약의 수요를 과소평가했으며 생산을 늘리기 위해 열심히 노력하고 있다고 주장했다. 물량 부족이 하도 심해서 북동부의 대형 약품 유통회사 임원이 날마다 프록터 앤 갬블에 접촉해서 프릴로섹 OTC를 더 달라고 요청했지만 좀처럼 이 제품을 받지 못했다. 그러나 프릴로섹 OTC 부족으로 아스트라제네카의 위산 역류 처방약 넥시움 매출이 크게 늘었기 때문에 프릴로섹 OTC의 부족은 이 회사로서는 좋은 일이었다. 아스트라제네카와 프록터 앤 갬블은 그들이 부족분을 만들지 않는다는 입장을 유지했지만 월가 에널리스트, 학계 연구자, 소비자 보호운동가들은 모두 이 회사들이 원하기만 하면 값싼 일반 의약품 수요를 충분히 충족시킬 수 있다고 주장했다.[67] 회사들은 소비자들이 덜 비싼 약을 구할 수 있도록 이를 계속 공급할 의무가 있는가? 당신은 대기업들이 소비자들이 보다 비싼 약을 사용하게 하려고 특정 제품의 공급 부족을 야기하는 것이 합리적이라고 생각하는가?

상황 5

미승인 약품 마케팅은 다수의 제약회사들이 규제 당국과 충돌했고 수억 달러의 벌금이 부과되었으며, 최소한 하나의 사례에서는 수십억 달러의 벌금이 부과된 영역이다. 영국 제약회사 글락소스미스클라인은 (아반디아, 웰부트린, 팍실 등) 자사 항우울제 계열 약품들을 우울증이 아닌 상태에 처방하거

---

67) A. Berenson, "Where Has All the Prilosec Gone?" New York Times, 2005년 3월 2일, www.nytimes.com.

나 (아동들과 같이) 이 약 사용이 시험되지 않은 소비자들에게 공격적으로 판촉 활동을 한 혐의로 30억 달러의 벌금이 부과되었다. 널리 퍼진 것으로 보이는 미승인 약품 판매 관행의 문제는 약품들은 질병의 특정 상태나 인구의 특정 부분에 대해서만 테스트된 뒤에 판매가 승인된다는 점이다. 약품을 시험되지 않은 용도로 사용하면 위험할 수 있으며 생명을 위협할 수도 있다. 예를 들어 글락소의 판매원들은 팍실이 성인용으로만 승인되었음에도 불구하고 아동들에게 이 약품을 사용하라고 독촉했다. 의사들이 아동에게 팍실을 처방하도록 장려하기 위해 글락소는 의사들에게 버뮤다와 자메이카 여행 경비를 대주었으며 온천욕과 사냥 여행 경비를 지급했는데, 이런 관행에 대해 대부분의 사람들은 매우 비윤리적이라고 생각한다. 청소년들의 우울증을 다루기 위해 승인되지 않은 팍실을 광범위하게 사용한 뒤에, 이 약은 젊은이들에게서 자살 충동 가능성과 실제 자살을 증가시킨 것으로 밝혀졌다. 나중에 라벨에 경고가 첨가되었다.[68]

또 다른 최근 사례를 살펴보자면 거대한 생명공학 회사 암젠은 빈혈약 아라네스프를 미승인 용도로 사용한 혐의로 민형사 소송에서 7억 6천 2백만 달러의 벌금을 납부했다. 암젠은 식품의약청이 이를 명시적으로 금지한 뒤에도 계속해서 이 약을 미승인 용도로 마케팅했을 뿐 아니라 암젠의 후속 연구에서 이 약을 승인 외 용도로 사용하면 환자들의 사망 위험이 높아진다는 점이 발견되었다.[69] 또 하나의 터무니없는 승인 외 용도 마케팅이 5장의 끝에 묘사되어 있다. 그 사례에서는 의료 장치 회사 신테스가 노르빈을 승인 외 용도로 마케팅했고 그 결과 사망 사고가 발생했다.[70] 왜 제약회사들은 자신이 규제를 무시할 수 있다고 생각하는가? 의사들은 제약회사 판매원들에게 후하게 대접받는 것을 어떻게 합리화하는가? 이 상황들에서

68) K. Thomas and M. Schmidt, "Glaxo Agrees to $3 Billion Fraud Settlement," New York Times, 2012년 7월 2일, www.nytimes.com.

69) A. Pollack and M. Secret, "Amgen Agrees to Pay $762 Million for Marketing Anemia Drug for Off-Label Use," New York Times, 2012년 12월 18일, www.nytimes.com.

70) M. Kimes. "Bad to the Bone," Fortune, 2012년 10월 8일, www.fortune.cnn.com.

의 이해상충에 대해 묘사하라.

회사의 대응

제약회사들은 자신들의 마케팅 전술이 소비자를 교육시키는 데 도움이 된다고 주장하는데 이 주장은 설득력이 있다. 이제 소비자들은 그런 약품 광고가 보편화되기 전보다 처방약에 대해 훨씬 많이 알게 되었다. 그러나 우리는 이러한 약들의 비용이 의료비 전체를 어떻게 상승시켰으며, 제약업계의 광고와 마케팅 전술의 결과 의사, 환자, 제약사들의 관계가 어떻게 변했는지에 대해서도 생각해 봐야 한다.

결과

지난 20년 동안 제약사들을 상대로 제기된 소송을 살펴보면 광고와 마케팅 이슈를 다루는 소송이 많다. 많은 제약회사들은 윤리에 대한 평판으로 존경받아 왔는데 약품 광고와 약품 출시 시스템은 제약회사에 커다란 윤리이슈를 부과한다. 제약회사들의 마케팅 전술에 관한 소송이 계속 쌓이고 있는데 이러한 소송으로 세계에서 평판이 가장 뛰어난 몇 회사들의 명성이 실추되었다. 문제가 얼마나 큰가? 2009년에서 2012년 사이에 6건의 부적절하거나 불법적인 처방약 마케팅 사건에서 6개 제약사(엘리 릴리, 화이자, 머크, 글락소스미스클라인, 애보트, 아스트라제네카)에 대해 부과된 벌금이 거의 100억 달러에 달했다.[71] 「월스트리트 저널」 칼럼 기사 면(이 면이 반드시 회사 비판의 요새인 것은 아니다)은 제약업계의 실상을 보여 주는 '모두 미워하기 좋아하는 회사들'이라는 제목의 몇 년 전 기사를 다뤘다. 이 기자는 한 영화(콘스턴트 가드너)가 제약업계가 어떻게 약품 실험을 조작하고 있으며 불법 무기 거래보다 나을 것이 없다고 묘사하는지 설명했다. 그 기자는 또한 최근 조사에서 석유·가스 산업만 제약회사들보다 신뢰도 순위가 낮았다고 설명했다. 이

---

71) L. Groeger, "Big Pharma's Big Fines," Pro Publica, 2012년 7월 3일, www.propublica.org.

조사에 따르면 제약회사들이 말하는 내용을 신뢰할 수 있다고 말한 성인 비율은 과거 7년간 절반 가까이 떨어졌다.[72] 제약업계에 대한 소비자 신뢰 하락은 제약업계에게 소비자들에게 직접 광고할 수 있도록 허용한 1997년 규제 완화와 정확히 일치함을 주목하면 흥미롭다. 소비자에 대한 직접 광고가 제약회사들의 평판을 해친 듯하다. 물론 이는 제약업계에 좋은 소식이 아니다.

그러나 일부 제약회사들은 소비자들에게 어떻게 광고할지에 대해 재고하기 시작했다. 예를 들어 존슨 앤 존슨은 2005년에 광고 시 약의 효용 설명에 할애하는 만큼 약의 위험에도 할애하기 시작했다. 그들은 또한 경쟁사들에게 자사의 본을 따라 처방약의 위험에 대해 보다 솔직해지라고 도전했다.[73] 화이자는 2004년 주주 앞 연례 보고서에 소비자들의 질문에 정면으로 답변한 36쪽짜리 소책자 『10가지 질문: 열린 대화』를 포함시켰다. 화이자가 다룬 질문 몇 가지를 소개한다. "왜 작은 알약이 그렇게 비싼가?", "화이자의 약이 해외에서는 더 싸다면 그 약들을 해외에서 들어오면 안 되는가? 그 약들이 해외에서는 왜 더 싼가?", "나는 내 처방전을 쓸 수 없는데 왜 내게 광고하느라 돈을 쓰는가?"[74] 화이자와 존슨 앤 존슨의 이러한 최근 조치는 제약업계가 진실로 새로운 마케팅 방향을 추구하고 있을 수도 있다는 중요한 신호다. 또한 제약업계 단체인 미국 약품 연구 및 제조 협회(9장에서 언급한 PhRMA)는 회원사들이 이를 따른다면 향후 이 업계의 많은 의문스러운 관행들을 없애게 될 가이드라인을 제정했다. 회사들은 업계 관행에 관한 나쁜 기사는 모두에게 해를 끼칠 수 있다는 점을 인식하기 때문에 이 가이드라인에 합류하고 있다.

그러나 승인 외 용도 마케팅을 일소하려는 모든 노력에도 불구하고 성공적

72) R. Bate, "The Companies Everyone Loves to Hate," Wall Street Journal, 2005년 9월 16일, http://online.wsj.com.

73) S. Hensley, "In Switch, J&J Gives Straight Talk on Drug Risks in New Ads," Wall Street Journal, 2005년 3월 21일, B1면.

74) "Ten Questions: An Open Dialogue," Pfizer 2004 Annual Review, 2005년, 4, 8, 28쪽.

인 약에서 얻을 수 있는 잠재적 이익에 비하면 벌금액이 작기 때문에 제약 회사들은 이를 계속하고 있다. 예를 들어 전 뉴욕 주 검찰총장 엘리엇 스피처가 2004년에 글락소가 팍실을 승인 외 용도로 마케팅한 혐의로 고소했지만, 그래도 이 회사는 그 관행을 중단하지 않았다. 글락소가 2012년에 30억 달러의 벌금을 부과 받은 뒤에 스피처는 이렇게 말했다. "우리는 돈이 회사의 위법행위를 막지 못한다는 점을 배우고 있다. 내 견해로는 유일하게 효과가 있는 방안은 CEO와 책임자들을 물러나게 하고, 책임이 있는 개인을 처벌하는 것이다."[75] 임원들을 감옥에 보내는 것이 이 회사들에게 규정을 준수하라고 설득하는 가장 강력한 전술일지도 모른다.

광고에서는 제품에 대한 열정과 고압적인 판매 전술, 낙관주의와 진실, 목표 시장에 대한 집중과 그 시장을 부적절한 활동으로 끌어들이려는 유혹 사이의 경계가 불명확하다. 담배 회사는 소비자들을 건강에 좋지 않은 활동을 하도록 유혹하는 전형적인 예다. 흡연의 위험은 수십 년 동안 잘 알려져 있지만 담배 회사들은 대부분의 시간을 흡연이 건강에 끼치는 위험을 부인하는 데 사용했으며, 조 카멜과 같은 '양성의(benign)' 광고 장치를 사용해서 자사의 매우 위험한 제품을 마케팅했다. 소비자들에게 룰렛, 블랙잭, 또는 슬롯머신 등을 하며 즐거운 시간을 보내라고 부추기는 카지노 도박장은 또 하나의 예다. 자신들이 충동적인 도박꾼들에게 흥청망청하도록 유혹하고 있을 수도 있음을 아는 카지노들에게 윤리적 의무가 있는가? 누가 담배 산업과 카지노 산업의 이해관계자인가? 이 회사들의 윤리적 책임은 무엇인가? 담배는 신체적으로 중독성이 있으며 대부분의 사람들은 어릴 때 담배를 피우기 시작한다는 것을 알면 담배 산업에 대한 우리의 기대가 바뀌고 이들의 의무에 대한 우리의 평가를 달라지게 하는가?

---

75) K. Thomas and M. Schmidt, "Glaxo Agrees to \$3 Billion Fraud Settlement," New York Times, 2012년 7월 2일, www.nytimes.com.

또 다른 예로는 대부분의 소비자들이 메인 주, 미네소타 주와 깨끗한 환경으로 명성이 높은 기타 지역의 샘물에서 나왔다고 믿는 다양한 생수 브랜드가 있다. 사실은 라벨에 들어 있는 산악 사진들에도 불구하고 일부 생수업자들은 미국의 여러 도시들에 공급하는 수돗물을 여과해서 포장한다. 라벨을 세심하게 읽는 것은 소비자 책임인가, 아니면 회사들이 모든 라벨과 광고에서 자사 제품을 정직하게 표시할 의무가 있는가?

당신은 터무니없는 주장을 하는 제품을 생각할 수 있는가? 특정 시장 부문의 정서에 호소하는 것이 정당한가? 그렇지 않다면 왜 그런가? 특정 소비자 집단에 호소하기 위해 사용되는 광고 장치나 상징을 생각할 수 있겠는가? 광고에서는 얼마나 심해야 '너무 심한' 것인가?

윤리와 종업원들

회사의 모든 상황에서 해당 사안과 관련된 조직의 종업원들은 확실히 핵심 이해관계자들 중 하나여야 한다. 조직들은 자신의 종업원에 대해 많은 윤리적 의무를 부담한다. 종업원에 대한 조직의 의무에는 종업원의 프라이버시 권리, 정당한 사유 없이 해고되지 않을 권리, 안전한 일터에 대한 권리, 정당한 절차와 공정 대우에 대한 권리, 언론 자유에 대한 권리(내부고발), 편견이 없는 환경에서 일할 권리가 포함될 수 있다.[76] 우리는 다른 장들에서 이들 권리 중 많은 부분을 다뤘다. 이 섹션에서는 안전한 일터와 정당한 해고 사유가 없으면 일자리를 유지할 권리의 두 가지 권리에 초점을 맞춘다.

종업원 안전

종업원의 가장 기본적인 권리는 직장에서 불구가 되거나 목숨을 잃지 않고 일할 수 있는 권리다. 1970년에 직장 내 위험으로부터 노동자들을 보호

---

76) Carroll, Business and Society.

하기 위해 직업안전건강관리청(OSHA)이 창설되었다. OSHA의 사명은 가능한 피해로부터 종업원들을 보호할 뿐만 아니라 종업원들이 자신이 종사하고 있는 특정 산업과 직무의 위험에 대해 통보받게 하는 것이다. 고전적인 종업원 안전 사례를 살펴보자.

회사: 존스 맨빌[77]

산업: 석면

상황

석면은 수십 년 동안 많은 건자재에서 선호되는 절연제였다. 석면을 함유한 자재가 3,000개가 넘는 것으로 추정되기도 한다. 수백만 채의 주택, 학교, 직장이나 기타 건물에 석면 절연제가 사용되었다. 2차 세계대전 때 수천 명의 조선 노동자들이 전함과 기타 선박에 석면을 장착했고, 수천 명의 자동차 기계공들이 석면이 발라진 브레이크를 달았다. 1970년대가 되어서야 석면을 조금만 흡입해도 위험하다는 사실이 널리 알려졌는데 이는 주로 석면과 관련된 폐질환과 암의 잠복기가 10년에서 40년이기 때문이었다. 그러나 1970년대 중반이 되자 석면 작업을 했던 수만 명의 사람들이 우리가 현재 석면 노출의 특징이라고 알고 있는 치명적인 병으로 고통당하기 시작했다.

회사의 대응

존스 맨빌은 20세기 대부분 동안 미국 최대의 석면 함유 제품 제조회사였다. 회사 문서에 의하면 존스 맨빌 경영진은 이르게는 1930년대 중반에 석면 노출이 건강에 미치는 악영향을 알게 되었다. (사실 푸르덴셜 보험은 1928년에 석면 노동자들의 생명 보험 취급을 중단했다.) 일부 임원들은 자사 제품과 노동자들의

---

77) Donaldson and Werhane, "Ethical Issues in Business."

질병 사이의 연관관계에 대해 신경이 쓰였지만 이를 무시하는 분위기가 팽배했다. 1964년까지 석면 포장재 위에 경고 표시가 부착되지 않았다. 또한 사내 의사들은 맨빌 설비에서 일하는 노동자들에게 아무런 건강 문제가 없다고 거짓말했다. 존스 맨빌 임원들은 과학 데이터를 숨겼고, 대중이나 정부, 자사 노동자들에게 거짓말했으며, 석면에 노출되고 있는 수만 명의 노동자들에게 석면 노출의 위험에 대해 침묵을 지켰다. 이 기간 동안 존스 맨빌이 고려한 유일한 이해관계자 집단은 상위 임원과 주주였으며 다른 이해관계자 집단에 대한 의무는 깡그리 무시한 듯했다.

결과

1982년까지 존스 맨빌을 상대로 17,000건이 넘는 소송이 제기되었다. 이 숫자는 빙산의 일각이었다. 더 많은 노동자들이 2차 세계대전 중에 석면에 노출된 결과 그들에게서 치명적인 질병이 진행되고 있었기 때문에 수천 건의 소송이 더 제기될 것으로 예상되었다. 석면 노출로 사망하기까지는 오랜 시간이 소요되었는데 그동안 환자의 삶의 질이 크게 악화되었다. 대량 소송의 결과 존스 맨빌은 손해배상 청구를 해결하기 위해 수억 달러의 기금을 설치했다. 이 회사는 1982년에 파산법 11장의 파산 보호를 신청했고 재조직되었으며 맨빌 코퍼레이션으로 사명(社名)을 바꿨다. 새 회사는 전신(前身) 회사를 상대로 제기된 청구액 비용 조달에 강한 의지를 보였으며 맨빌 임원들은 과거에 일어났던 일이 다시는 일어나지 않도록 노력하는 등 회사 내의 윤리에 진정으로 전력을 기울이는 듯한 목소리를 내고 있다.[78]

평가

이 사례와 관련한 진정한 수수께끼 중 하나는 어떻게 그렇게 많은 상위 임

---

78) B. Sells, "What Asbestos Taught Me about Risk," Harvard Business Review (1994년 3월-4월), 76-90쪽.

원들이 그렇게 오랫동안 석면과 관련된 질병의 비밀을 지키면서 살 수 있었느냐는 것이다. 몇 년 동안 숨기는 것은 그럴 수 있다고 생각할 수 있다. 그러나 40년이 넘는 기간 동안 여러 차례 경영진이 바뀌면서도 이 치명적인 비밀을 숨겼다는 것은 생각하기 어려운 경악할 만한 일이다. 존스 맨빌과 맨빌 코퍼레이션에서 30년 넘게 일했던 매니저 빌 셀스는 「하버드 비즈니스 리뷰」에 이 회사에서 발생한 일을 분석하는 글을 썼다.[79] 그는 경영진은 모든 것을 부정했다고 주장한다. "모든 직급의 매니저들은 알려진 이 위험들의 장기적인 결과를 믿으려 하지 않았거나 믿을 수 없었다… 이 회사가 석면과 폐암의 위험에 대해 방대한 의학 연구, 성실한 소통, 단호한 경고, 엄격한 분진 감소 프로그램을 시행했더라면, 생명을 구할 수 있었을 것이고, 이해관계자들, 이 산업, 그리고 이 제품을 구할 수 있었을 것이다… 그러나 맨빌과 업계는 의미 있는 일은 거의 아무것도 하지 않았다. 약간의 의학 연구를 하기는 했지만 후속 조치가 없었고, 안전 게시판과 분진 감소 정책이 있었지만 강제되지 않았으며, 위험에 대해 인식하기는 했지만 소비자들에게 경고하지는 않았다. 그리고 그들의 집단적인 부작위는 큰 피해를 가져왔다."[80]

셀스에 의하면 석면은 사용하지 않을 수 없는 필수불가결한 제품이라는 확신에 의해 이러한 부인이 배양되었다. 매니저들은 또한 맨빌의 공기 질 기준은 미국 정부 산업 안전 위생 컨퍼런스에서 정한 허용 한도보다 엄격하기 때문에 자신들은 할 만큼 하고 있다고 믿었다. 그러나 이 회사가 그 기준이 정말 안전한지 어떻게 알았는가? 그들은 이를 알아보려는 노력을 거의 기울이지 않았다. 그리고 브레이크 설치자들과 같이 석면 제품을 갖고 일하는 노동자들을 보호하기 위한 기준의 필요에 대해서는 어떠한가? 그들을 보호하기 위한 아무런 조치도 취해지지 않았다. 석면 노동자로서 흡연자이기도 한 사람들은 병에 걸릴 가능성이 훨씬 높았다는 사실이 이러한

---

79) 앞의 글.
80) 앞의 글, 76쪽.

부인을 배양한 또 다른 요인이었다. 매니저들은 담배 산업을 비난하고 자기 비난을 피할 수 있었다. 또한 경영 의사 결정에서 단기 재무 결과가 우선시되었다. 그리고 마지막으로 최고위 경영진은 "내가 듣고 싶지 않은 말을 하지 마라."라는 메시지를 보냈다. 최상위 매니저들은 실제로 그 문제들의 일부를 몰랐을 수도 있다. 그러나 셀스가 지적하는 바와 같이 배심원들은 반드시 회사가 알았던 것에 기초해서 그들의 유죄를 결정하는 것이 아니라 그들이 '알았어야 했을 것'[81]에 기초해서 결정한다.

2003년 1월에 「뉴욕 타임즈」와 공중파 TV에 나온 또 하나의 터무니없는 사례를 살펴보자.

회사: 맥웨인

업종: 상하수관 제조

상황

앨라배마 주 버밍햄 소재 맥웨인 사는 주로 낡은 공장을 사서 '규율 있는 경영 관행'이라 부르는 조치를 통해 수익성을 향상시킴으로서 지난 30년 동안 공격적으로 확장해 온 비상장 파이프 제조회사다. 금속을 녹이고 파이프를 주조하는 이 산업은 본질적으로 위험하지만 맥웨인 사는 맥웨인 가문(그들이 이 회사를 소유했으며 다른 주주들은 없었다)의 이익을 위한다는 명목 하에 노동자 안전을 희생시키면서 무자비하게 이익을 독려했다. 1995년 이후 몇 년 동안 맥웨인은 다른 경쟁사들의 안전 위반을 모두 합한 것보다 4배나 많은 안전 위반을 저질렀다. 1995년부터 2002년까지 (총 5,000명의 맥웨인 노동자 중) 9명이 업무상으로 사망했고 4,600명이 넘는 노동자들이 부상 당했는데 많은 이들이 소름끼치는 사고로 장애인이 되었다. 한 회사(텍사스

---

81) 앞의 글, 84쪽.

주 타일러 소재 타일러 파이프 컴퍼니)를 인수할 때 맥웨인은 거의 2/3에 해당하는 노동력을 감축하고 남은 노동자들에게 생산성을 향상하도록 요구했다. 노동자 안전 수호 책임을 지는 연방 감독 기관 OSHA에서 나온 한 검사관은 타일러 파이프에서 발견한 사실을 이렇게 묘사했다. "많은 노동자들의 흉터와 신체 손상을 몇 피트 떨어진 곳에서도 볼 수 있다. 화상과 신체 절단 사고가 빈번하다. 공장 전체, 감독자 사무소, 게시판, 생산 차트와 노동조합 메모 옆에 커다란 주황색 글씨로 쓴 '톤당 소요 시간 감축'이라는 표어가 붙어 있다."[82]

회사의 대응

「뉴욕 타임즈」와 프런트라인(PBS의 프로)에서 (신문과 PBS 방송국을 통해) 맥웨인의 끔찍한 상태를 폭로하는 충격적인 실태를 조사해서 시리즈물로 보도하자, 이 회사는 자사의 안전 기록에 관한 혐의를 부인하는 서면 진술로 응대했다. 회사 책임자들은 「뉴욕 타임즈」와 프런트라인에 보낸 서면 진술서에서 "생산에 대한 관심을 안전 및 환경 법규 준수보다 앞세우지 않는다."라고 말했다. 이 보도로 연방 조사가 촉발되었고 그 결과 여러 주(앨라배마, 뉴욕, 뉴저지, 텍사스, 유타 주 등)에서 여러 건의 기소로 이어졌다. 이 중에는 이 회사가 불법 폐기 및 기타 환경 범죄를 저질렀다는 25건의 기소 항목이 포함되었다. 다른 항목들로는 이 회사는 작업장 안전 및 환경 법규 위반 공모와 거짓말, 노동자 협박, 사고 현장 변경을 통한 정부 조사 방해 혐의로 기소되었다.[83]

결과

맥웨인은 2005년 3월에 텍사스 주 타일러 파이프 공장에서 범해진 환경 범죄에 유죄를 인정하고 450만 달러의 벌금에 처해졌다. 맥웨인은 2005년

---

82) "A Dangerous Business: Two Companies, Two Visions," PBS Frontline (2003), www.pbs.org.
83) D. Barstow, "U.S. Brings New Set of Charges against Pipe Manufacturer," 2004년 5월 26일, www.nytimes.com.

6월에는 앨라배마 주 공장들 중 한 곳에서 20건의 환경 범죄 유죄가 결정되었다. 이 회사는 2005년 8월에 앨라배마 주 공장들 중 한 곳에서 연방 안전 및 환경 범죄에 대해 유죄를 인정했다. 이 사안에서 맥웨인은 컨베이어 벨트에 요구되는 안전장치를 설치하지 않아서 젊은 노동자가 깔려 죽게 함으로써 고의로 연방 안전 규칙을 위반했음을 인정했다. 또 다른 보호 장치가 없는 컨베이어 벨트에서 두 달 전에 맥웨인 종업원이 사망했다.[84] 「뉴욕 타임즈」와 PBS는 맥웨인에 대한 기사와 프로그램 시리즈로 2004년 골드시미스 탐사보도 상을 받았다.[85]

평가

맥웨인에 관한 「뉴욕 타임즈」/ PBS 시리즈보다 소름끼치거나 비극적인 이야기를 드러낸 조사는 거의 없었다. 이 시리즈가 보도되기 전에 이 회사가 안전과 환경에 대해 관심이 있었다 해도 그 관심은 확실히 명백하지 않았다. 만약 이 회사에 맥웨인 가문 외의 주주들이 있어서 회사가 그 주주들에게 보고할 수 있었더라면 회사가 보다 책임 있게 행동했을까? 이 책의 집필을 마감하고 있는 현재 맥웨인의 웹사이트(www.mcwane.com)는 안전과 환경에 대한 다양한 진술을 포함하고 있다. 건강과 안전에 할애된 섹션에는 '안전하게 작업하지 않으려거든 아예 하지 마라.' 는 구호가 나와 있다. 환경에 할애된 섹션에서 맥웨인은 '미래 세대를 위한 환경 보호' 가 자사의 목표라고 말한다. 이 사이트의 보도 자료는 이 회사가 여러 주의 조직들에게서 받은 다양한 상들을 묘사한다. 이처럼 맥웨인은 자신의 행동을 문자적으로나 비유적으로 세탁하고 있는 듯하다. 그렇지만 '맥웨인 이야기' 에 관한 PBS 프런티어 웹사이트(www.pbs.org/wgbh/pages/frontline/shows/workplace/mcwane)에는 '두 회사, 두 비전' 이라는 제목이 붙은 섹션이 있다.

---

84) D. Barstow, "Pipe Maker Will Admit to Violations of Safety Law," New York Times, 2005년 8월 30일, www.nytimes.com.

85) "Times and PBS Win a Reporting Prize," New York Times, 2004년 3월 19일, www.nytimes.com.

이 섹션은 안전이나 환경상의 우려에 불구하고 수익성을 추구하는 맥웨인의 비전을 묘사하고 이를 미국 주철 파이프(ACIPCO)라는 버밍햄의 또 다른 파이프 회사 비전과 비교한다. 이 시리즈가 방송될 때 맥웨인의 이직률은 거의 100%였는데 ACIPCO의 이직률은 1%도 안 되었으며 이 회사 부상율은 맥웨인 부상율의 일부에 지나지 않았다. 맥웨인은 자사 종업원들에게 얼음 조각을 배급해 줬지만 ACIPCO는 노동자들에게 개인 에어컨을 제공했다. 이 시리즈가 방송될 때 ACIPCO는 「포춘」지의 '일하기 가장 좋은 100대 기업' 6위에 올랐다. 이 이야기의 재미있는 역설은 1905년에 존 이건이 ACIPCO를 설립했을 때 황금률에 기초해서 기업을 운영하겠다고 약속했다는 점이다. 그때 반대한 사람은 당시 ACIPCO 사장 단 한 명이었는데 그는 곧 ACIPCO를 떠나 도시 건너편에서 파이프 기업을 시작한 제이 알 맥웨인이었다.[86]

당신은 종업원 안전과 건강이 주요 이슈인 다른 산업을 생각할 수 있는가? 서비스 (비제조) 건강 및 안전 이슈가 있는가? 고용주들은 컴퓨터에 데이터를 입력하는 것과 같은 반복 동작의 결과 손목 부상을 입는 손목 터널 증후군과 같은 상태에 책임이 있는가? 업무 수행 자체가 부상을 야기할 수 있는 상황에서 고용주들은 어떤 조치를 취할 수 있는가? 회사가 자사 종업원들이 부상당할 위험이 있음을 발견하면 이를 일반 대중에 알릴 의무가 있는가?

종업원 다운사이징

종업원 다운사이징 또는 정리해고는 경기 침체, 운영을 통합해서 인건비를 줄이려는 결정, 경쟁 증가 및 회사 목표 미달 등 많은 상황에 기인할 수 있다. 정리해고가 얼마나 정당화될 수 있건, 그 결과는 항상 인간적인 고통을 가져온다. 조직들에게는 특정 규모의 인력을 유지할 윤리적 의무가 없

---

86) "A Dangerous Business: Two Companies, Two Visions," PBS Frontline (2003), www.pbs.org.

을 수도 있지만 책임 있게 채용하고 해고할 의무가 있다.

최근의 가장 논쟁적인 다운사이징 사례 중 하나는 미국 북동부의 주요 고용주와 관련이 있다.

회사: 스캇 제지
업종: 소비자 종이 제품

상황

1993년 말에 스캇 제지는 생산 설비가 낡고 사업 라인이 이질적이며 매출과 주가가 뒤처지고 있었다. 스캇의 이사회는 잠자는 거인에게 다소의 생기를 불어넣고 싶어 했다. 1994년 4월에 자칭 '가는 세로줄 무늬 정장을 입은 람보' 알베르트 던랩이 스캇 제지 CEO로 임명되었다. 던랩은 즉각적으로 이 회사를 움직이기 위해 자체 위기를 만들어 냈다. 그것은 그가 회사 본사 사무실들에 소이탄을 던진 것과 같았다.

회사의 대응

던랩은 먼저 20억 달러 가치가 있는 비주력사업 부문을 신속하게 매각했다.[87] 또한 신속하게 스캇의 전체 인력 중 1/3을 해고했다. 그 결과 11,000명이 넘는 사람이 일자리를 잃었다. 그러나 필라델피아 지역에 가장 큰 타격은 던랩이 스캇 본사를 116년 전에 세워진 도시에서 자기 집이 있는 플로리다 주 보카 레이턴으로 옮기기로 한 결정이었을 것이다. 일부 소식통에 의하면 던랩이 필라델피아의 기후를 좋아하지 않아서 본사를 이전했다고 한다.

---

87) A. Knox, "What Will Albert Dunlap Do Next at Scott?" Philadelphia Inquirer, 1995년 5월 16일, E4면.

결과

14개월만에 스캇 주가는 146% 올랐고 던랩이 취임한 지 1년 뒤에 이익은 두 배가 되었다. 이 회사는 1995년 중반에 킴벌리 클라크에 주식 교부 방식으로 68억 달러에 팔렸다.[88] 일부 이해관계자들은 매우 기뻐했다. 스캇의 주주들은 큰돈을 벌었다. 월가의 금융 기사는 이 조치를 칭찬했다. 그러나 급여, 주식에서의 이익, 그리고 기타 보상 패키지로 1억 달러를 챙긴 던랩보다 기분 좋은 사람은 없었다. 그는 15개월 일한 대가로는 나쁘지 않은 수입을 챙겼다.

평가

던랩 자신을 포함해서 많은 사람들이 던랩을 영웅이라고 생각했다. 그러나 그를 가장 나쁜 유형의 악당이라고 생각한 사람도 많았다. 비난하는 사람들 중에는 그를 '전기톱 알'이라고 부르는 사람들도 있었다. 다운사이징과 구조조정 조치가 고통스럽기는 하지만 다수의 사람들은 더 이상 경쟁할 수 없는 회사를 회생시키기 위해 왜 이런 조치가 필요한지 이해할 수 있다. 그러나 필라델피아 지역의 모든 사람들을 격분시킨 것은 던랩이 필라델피아의 기후를 좋아하지 않아서 스캇 본사를 옮겼다는 사실이었다. 확실히 그것은 그 지역에 100년 넘게 있었던 조직을 옮기기에는 변덕스러운 이유였다. 스캇은 단지 그저 그런 회사가 아니었다. 스캇은 지역사회의 문화 단체와 시민 조직에 인재와 자금을 제공하는 모범적인 기업 시민이었다. 하지만 던랩은 거만했으며 해고된 장기근속 종업원과 자신이 싫어한 필라델피아 지역에 대한 일말의 동정심도 보이지 않았다.

업데이트

스캇 제지를 매각한 뒤에 알 던랩은 1996년에 전기담요와 야외 그릴 제조

---

88) N. Gorenstein and C. Mayer, "Scott, Kimberly-Clark to Merge," Philadelphia Inquirer, 1995년 7월 18일, C1면.

업체 선빔의 CEO가 되었다. 던랩은 자신의 전형적인 방식대로 곧바로 선빔 공장 2/3를 폐쇄 또는 매각하고 12,000명의 종업원 중 절반을 해고하겠다고 발표했다. 선빔의 주가는 오르고 월가는 갈채를 보냈다. 1997년에 선빔은 콜맨(캠핑 장비), 퍼스트 얼러트(연기 경보), 시그니처 브랜즈(미스터 커피) 세 회사를 매입했다. 1년 뒤에 선빔 이사회가 보기에 인수한 회사들은 제대로 관리되지 않았고 선빔은 재무상의 어려움에 처해 있었다. 이사회는 또한 이 회사가 매우 공격적인 판매 전술과 회계 관행을 사용해서 매출액과 이익을 부풀렸음도 발견했다.[89] 1998년 6월에 전기톱 알 자신이 해고되었다. 던랩은 2002년에 자신이 1997년과 1998년에 선빔의 이익을 과대표시한 회계 관행을 주도했음을 인정하지도 부정하지도 않은 채, 50만 달러를 지급하고 SEC의 고소 사건을 해결했다. 그의 법률적 재앙은 거기에서 끝나지 않았다. 법무부는 던랩에 의해 관리되던 기간에 대한 조사를 시작했다.[90] 흥미롭게도 던랩은 전에 두 번 해고된 적이 있었음이 밝혀졌다. 회사 이사회가 던랩이 거액의 회계사기를 감독한 책임을 물어서 해고했었다. 던랩은 이 두 번의 해고를 자신의 공식적인 이력서에서 지웠으며 이에 관한 뉴스는 최근에야 표면화되었다. 또 하나의 재미있는 이야기가 있다. 그를 해고한 두 회사 중 한 곳에서는 동료와의 관계가 너무 나빠서 던랩보다 직급이 낮은 전체 임원진이 던랩을 내보내지 않으면 모두 사임하겠다고 위협했다.[91]

스캇 제지에 일어난 일을 오하이오 주 클리블랜드 소재 링컨 일렉트릭 컴퍼니의 철학과 비교해 보라.

---

89) J. A. Byrne, "How Al Dunlap Self-Destructed," Businessweek, 1998년 7월 6일, 58-65쪽.

90) F. Norris, "Justice Department Starts Inquiry at Sunbeam," New York Times, 2002년 9월 9일, www.nytimes.com.

91) F. Norris, "An Executive's Missing Years: Papering over Past Problems," New York Times, 2001년 7월 16일, www.nytimes.com.

회사: 링컨 일렉트릭 컴퍼니

업종: 전기부품

상황

존 링컨이 1895년에 링컨 일렉트릭을 창립한 이래 이 회사는 자사 종업원들과 이례적인 관계를 맺고 있다.[92] 이 회사는 노동자 친화적인 노력에서 선봉에 서 왔다. 링컨 일렉트릭은 1923년에 유급 휴가를 부여한 최초의 회사 중 하나가 되었고, 1925년에는 최초로 종업원 지주제를 시행하는 회사 중 하나가 되었으며, 1929년에는 최초의 종업원 제안 제도가 시행되었고 링컨 일렉트릭의 종업원들은 1934년부터 인센티브 보너스를 받기 시작했다. 그러나 이 회사 제도 중 가장 논쟁적인 제도는 고용 보장 제도다. 링컨 일렉트릭에 계속해서 3년을 근무하고 나면 노동자들은 일자리를 보장받는다. 그러나 1980년대 초에 이 회사는 극도의 어려움을 겪었다. 높은 물가 상승률, 높은 에너지 비용, 미국 경제 침체로 링컨 일렉트릭의 매출은 40% 급감했다. 회사 경영진은 그들이 고용 보장 약속을 지킬 수 있을지 알 수 없었다.

회사의 대응

이 회사는 심한 시련을 겪었다. 그러나 일감 부족으로 해고된 링컨 일렉트릭 종업원은 한 명도 없었다. 이 회사의 종업원들에 대한 충성은 1993년에 링컨 일렉트릭이 종업원들에게 기록적인 수준의 매출과 생산을 올리도록 촉구했을 때 종업원들로부터 보답을 받았다. 종업원들은 고객의 수요를 충족시키기 위해 자발적으로 614주의 휴가를 연기했다. 2008년과 2009년의 금융 위기 뒤에도 끔찍한 경제 상황에서 살아남기 위한 노력으로 모든 계층에서 고통을 분담할 수 있었던 것으로 보인다. 긴축 조치가 필요하기는 했지만 링컨은 이때에도 아무도 정리해고하지 않았다(그리고 이 회사는 1948

---

92) Lincoln Electric Company, www.lincolnelectric.com.

년 이후 한 번도 정리해고하지 않았다). 링컨 일렉트릭에 관해 『불꽃: 어떻게 구식 가치가 21세기 회사를 견인하는가』의 저자 프랭크 콜러로부터 몇 가지 인상적인 사실을 들어보자.

- 2011년에 링컨 일렉트릭은 78년 연속으로 이익을 냈다.
- 2011년에 종업원들에게 분배된 보너스 총액은 세전 이익 8,400만 달러의 32%였다.
- 링컨 일렉트릭 종업원의 평균 보수는 79,000달러였다.[93]

결과

인센티브 관리 시스템은 링컨 일렉트릭 문화의 초석이다. 미국 최초의 성과급 시스템 중 하나를 개발한 이 회사는 학계와 다른 회사들로부터 자주 연구 대상이 된다. 링컨 일렉트릭은 또한 종업원과 상위 매니저 사이의 직접적이고 열린 소통을 위한 선출직 종업원 자문 위원회를 두고 있다. 이 위원회는 1914년에 설치되었으며 그 이후 2주마다 회의를 개최한다. 그래서 이 회사에서의 충성심은 전혀 새로울 것이 없다. 링컨 일렉트릭 웹사이트(www.lincolnelectric.com)는 올곧음에 대한 이 회사의 다짐을 분명히 묘사한다. "100년도 더 전에 링컨 일렉트릭 창업자들은 절대적인 올곧음, 즉 편리하고 당시에 인기 있거나 유행하는 것이 아닌 옳은 일을 하는 정책을 채택했다. 오늘날 이 견고한 윤리 유산은 링컨 일렉트릭 기업 거버넌스 관행의 토대로 남아 있다."

8장에서 언급한 바와 같이 종업원들은 공정하고, 편견 없이, 특정 직무 수행 능력에 기초해서 대우받을 권리가 있다. 정리해고나 다운사이징이 필요할 경우 대상자가 한 명이건 여러 명이건 정리해고는 존중과 존엄, 동정

---

93) B. Richards (from The Motley Fool), "For the 63rd Straight Year (at Least), This Remarkable Company Says 'No' to Layoffs," Daily Finance, 2011년 12월 13일, www.dailyfinance.com.

심 있게 실행되어야 한다. 방금 전에 설명한 두 사례에서 당신은 무엇이 철학 상의 핵심적인 차이라고 생각하는가? 회사들이 어떻게 하면 링컨 일렉트릭과 비슷해질 수 있는가? 링컨 일렉트릭의 접근법의 함정은 무엇인가? 던랩의 함정은 무엇인가? 당신이 종업원을 정리해고해야 한다면 당신은 가능하면 모든 관련 당사자들에게 공정한 계획을 수립하기 위해 어떤 요인들을 고려하겠는가?

우리나라가 경기침체를 경험한다고 가정하자. 회사들은 예상 성장률을 유지하기 위해 정리해고를 시작해야 하는가? 월가의 이익 및 성장 예상치를 만족시키기 위해 정리해고를 실시해야 하는가? 다른 어떤 이해관계자 집단이 영향을 받는가? 주주들을 위해 이익을 내는 것이 회사들이 사업을 영위하는 유일한 이유인가? 종업원 이해관계자 집단이 소비자 이해관계자 집단보다 더 쓰다 버릴 수 있는 집단인가? 회사가 모든 이해관계자들에 대한 장기적 의무와 단기 금융 위기 사이에서 어떻게 조화를 이룰 수 있는가?

윤리와 주주들

조직들은 주주와 기타 '소유자'들에 대해 명확한 윤리적 의무가 있다. 이 윤리적 의무에는 소유자들의 이해에 봉사하고 단기적으로뿐만 아니라 장기적으로도 좋은 실적을 내기 위해 노력하는 것이 포함된다. 이는 또한 조직을 망하게 할 수도 있는 활동에 관여하지 않고 회사의 미래의 건강을 위험에 빠뜨릴 수도 있는 단기적인 결정을 내리지 않음도 의미한다. 코터와 헤스킷이 그들의 저서 『기업 문화와 성과』(1992)에서 말하는 바와 같이 "매니저들은 주주들의 적법한 이해에 신경을 쓸 때에만 장기적으로 좋은 경제적 성과를 내기 위해 노력하는데 경쟁적인 산업에서는 매니저들이 고객들을 돌볼 때에만 장기적으로 좋은 성과를 낼 수 있고, 경쟁적인 노동 시장에서는 고객들에게 봉사하는 사람들인 종업원들을 돌볼 때에만 고객들을 돌볼 수 있다."[94] 이처럼 주주들을 돌보는 것은 궁극적으로 다른 핵심 이해관계자 집단을 돌보는 것을 의미한다. 투자은행의 거인 샐러먼 브러더스의 윤리가 어떻게 이 회사 주주들에게 영향을 주었는지 살펴보자.

회사: 샐러먼 브러더스
업종: 투자은행

상황

1990년 12월에 샐러먼의 정부채 트레이딩 데스크 팀장 폴 모저는 미국 재무부의 규제 의지를 시험하기로 결심했다. 국채 공매에서 한 회사가 입찰할 수 있는 비율 연방 한도(이 한도는 35%였다)에 짜증이 난 모저는 이 규제를 피할 수 있는 계획을 고안했다. 그는 샐러먼 브러더스 이름으로 입찰서를 제출하고 고객 중 한 명의 이름으로 승인받지 않은 입찰서를 제출했다. 두 입찰 금액을 합하면 공매 금액의 46%로 명백한 규칙 위반이었다. 모저는 원하는 만큼 국채를 낙찰 받았고, 1991년 2월, 4월, 5월에도 이 수법을 되풀이했다.

회사의 대응

1991년 4월에 모저는 존 굿프로인드 회장, 토머스 스트라우스 사장, 존 메리웨더 부회장과 도널드 포이어스타인 법무본부장 등 4명의 샐러먼 임원에게 이 전술을 설명했다. 이 임원들은 모저에게 이 기법을 중단하라고 말했지만 당시에 이를 증권거래위원회에 보고하지 않았다. (5월에 모저는 다시 입찰 부정을 저질렀다.) 6월에 SEC는 샐러먼의 경매 기록을 압수수색했다. 8월에 샐러먼은 결국 SEC에 모저의 행위를 통보했다. SEC에 신고한 즉시 모저는 정직되었다. 그 직후에 샐러먼 이사회는 4명의 샐러먼 이사들에게 사임

---

94) J. P. Kotter and J. L. Heskett, Corporate Culture and Performance (New York: Free Press, 1992), 46쪽.

을 요구하고 샐러먼의 외부 법무 법인을 해고했다. 이사회는 이사회 위원들 중 한 명인 워렌 버핏을 임시 회장으로 선임했다.[95]

결과

샐러먼 스캔들이 알려지자 이 회사와 회사 주주들에게 파괴적인 결과가 초래되었다. 스캔들이 공개되고 나서 1주 만에 회사 시장 가치는 1/3(15억 달러)이 넘게 떨어졌다. 여러 신용평가 기관들은 이 회사 채권의 신용 등급을 내렸고 주요 은행들은 샐러먼의 대출 조건을 재검토했다. 회사의 유동성 악화로 이 회사의 트레이딩 능력은 극적으로 줄어들었다. 즉각적인 재무 상의 붕괴 외에도 샐러먼 브러드스의 인력이 회사를 떠났다. 위기가 발생하고 나서 1년 동안 금융지에는 고위직 샐러먼 종업원들이 다른 회사로 옮겨간 보도가 넘쳐났다. 이러한 인력 이탈이 이 회사에 여러 해 동안 피해를 줬음은 의심할 나위가 없다. 게다가 다른 투자은행들의 이익이 50%까지 치솟고 있는 동안 샐러먼의 인수(underwring) 수익은 줄어들어 크고 창피한 격차를 보였다. 회사는 이익이 급감하고, 고객들이 이탈하고, 약화된 재무 상태로 인해 특정 유형의 거래 참여가 금지되었다. 샐러먼이 정상적으로 회복하기까지는 몇 년이 걸렸다.[96]

평가

투자은행 업계에서는 평판이 모든 것이다. 평판은 고객들이 품질을 평가하고 회사의 비즈니스 영위 능력을 판단하기 위해 사용하는 잣대다. 금융 서비스 회사가 평판을 잃는 것보다 파괴적인 것은 없다. 샐러먼은 운이 좋게도 이 위기에서 살아남았다. 샐러먼도 휴튼과 드렉셀 번햄 램버트의 전

95) R. Charan and M Useem, "Why Companies Fail: Company CEOs Offer Every Excuse But the Right One-Their Own Errors," Fortune, 2002년 5월 27일, www.money.cnn.com/magazines/fortune.
96) C. W. Smith, Ethics and Markets: Restructuring Japan's Financial Markets (Homewood, IL: Business One Irwin, 1993), 335-45.

철을 밟을 수도 있었다. 휴튼은 부정 수표 발행 사건에서 2,000건의 사기 기소 항목에 유죄를 인정한 뒤 살아남지 못하고 다른 금융 회사에 인수되었다. (부정 수표 발행은 수표 인출 요구에 응하기 위해 불충분한 자금으로 돈을 계좌에 넣었다 뺐다 하는 유형의 사기다. 이 사기는 일반적으로 다수의 계좌와 관련된다.) 드렉셀은 부실 채권 시장에서의 부정행위로 기소되어 사실상 사업을 영위할 수 없게 되자 문을 닫았다. 두 경우 모두 이 회사들은 자신의 이익을 주요 이해관계자인 고객의 이익보다 앞에 두었다.

업데이트

샐러먼 브러더스는 1998년까지 독자적인 회사로 존속하다가 그 해에 트래블러스 그룹에 인수되었고, 궁극적으로는 씨티그룹의 일원이 되었다. 이 회사는 10년 넘게 씨티그룹의 투자은행 사업부문인 샐러먼 스미스 바니로 알려졌다. 전 뉴욕 주 검찰총장 엘리엇 스피처는 이 회사와 이 회사의 전 스타 텔레콤 애널리스트 잭 그루브먼을 조사했는데 이들은 약 62건의 집단 소송을 제기당했다.[97] 원고들은 샐러먼과 그루브먼이 비합리적인 리서치 보고서를 발행하고 월드콤, AT&T, 글로벌 크로싱, 윈스타와 기타 회사 등 이 리서치 리포트에 나오는 회사들과의 이해상충을 공개하지 않았다고 비난했다.[98]

이러한 관행은 업계 전반적인 현상으로 판명되었다. 2002년 말에 월가 투자은행들이 그루브먼에 의해 보여진 바와 같은 이해상충을 제거하도록 리서치 관행을 변경하기로 합의함에 따라 스피처의 조사가 해결되었다. 그 당시에는 씨티그룹 CEO 샌포드 웨일이 당시 AT&T CEO 마이클 암스트롱과 씨티그룹 이사회 위원들의 호의를 얻기 위해 그루브먼에게 AT&T의 등급을 재고하라고 요청하는 뻔뻔한 짓을 서슴지 않을 정도로 이해상충이

97) M. Gimein, "The Enforcer," Fortune, 2002년 9월 2일, 77-78쪽.
98) "Citigroup: Salomon, Grubman Face 62 Suits over Research," Dow Jones Newswire, Wall Street Journal, 2002년 11월 13일, www.wsj.com.

만연했다. 웨일이 그렇게 한 목적은 암스트롱에게 씨티그룹 이사회에서 자신의 편을 들어달라고 설득하기 위함이었다. 웨일은 나중에 그 혐의를 부인했다. 그러나 웨일, 씨티그룹과 기타 투자은행들은 14억 4천만 달러의 벌금을 납부하고 이해상충 소송을 해결하고 그들의 관행을 개혁하기로 합의했다. 씨티그룹은 이 벌금 중 3억 달러를 납부했으며 나머지는 크레딧 스위스 퍼스트 보스턴, 모건 스탠리, 메릴 린치 등 9개 은행들이 분담했다.[99] 샐러먼 스미스 바니는 또한 이해상충을 관리하지 못했고 사기성이 있고 오도하는 리서치를 발행했으며 내부 경고를 무시했고 부적절한 과당 매매와 신규 발행 주식 배분 관행에 관여했음을 인정했다. 샐러먼 스미스 바니는 벌금 부과 외에도 컴플라이언스 활동에 관해 씨티그룹 이사회에 정 규적으로 보고하라는 명령을 받았다. 씨티그룹은 이해상충을 다루지 못한 데 대해 공개 사과하라는 명령을 받았고 투자은행 부문의 상위 임원들이 투자은행 부문 고객을 담당하는 리서치 애널리스트들과 직접 소통하지 못하게 하라는 명령을 받았다. 이에 더하여 그루브먼은 1,500만 달러의 벌금에 처해졌고 평생 브로커, 딜러, 투자 자문, 또는 투자 회사나 지방채 딜러의 종업원으로 일하는 것이 금지되었다.[100] 씨티그룹에는 다행스럽게도 믿을 수 없는 윤리 기강 해이, 고강도 조사, 끔찍한 공론화, 거의 60억 달러에 이르는 벌금, 그리고 많은 종업원들(일부 최고위 인사 포함)에 의한 참으로 당황스러운 행동 뒤에 '무자비한' CEO 샌디 웨일이 2003년 7월에 씨티그룹의 일상 경영을 전 사내 변호사 찰스 프린스에게 넘겨주었다(프린스는 2006년 3월에 씨티그룹의 회장 겸 CEO가 되었다).[101] 그러나 이미 비윤리적인 행동의 씨앗이 뿌려졌으며 변호사인 프린스가 이 회사를 2006년부터 2008년까지 이끌었

99) A. Geller, "Wall Street Firms Agree to Pay $ 1.44 Billion to Settle Conflicts of Interest," Detroit News Business, 2002년 12월 21일, www.detnews.com.

100) "Conflict Probes Resolved at Citigroup and Morgan Stanley," 뉴욕주 검찰청, 2003년 5월 28일, www.oag.state.ny.us.

101) M. Der Hovanesian, P. Dwyer, and S. Reed, "Can Chuck Prince Clean Up Citi?" Businessweek, 2004년 10월 4일, 35쪽.

음에도 불구하고 그는 이 거대한 회사의 문화를 전혀 바꿀 수 없었다. 웨일에 의해 조장된 리스크를 취하는 문화는 완화되지 않았다. 프린스가 떠난 뒤 새 CEO 비크람 팬딧은 씨티그룹을 원래의 씨티그룹을 본뜬 글로벌 은행으로 축소시킴으로써 이 거함(巨艦)을 바로잡기 위해 애썼다.[102] 그는 2010년 초에 은행 감독 패널에게 자신은 이 조직의 수익성을 회복하기 위해 이 조직을 '분해'하려 한다고 말했는데 매각된 많은 비즈니스 부문 중에 샐러먼 스미스 바니도 포함되었다.[103] 이 회사는 지금은 모건 스탠리 스미스 바니가 되었다. 씨티그룹은 2008년 금융 위기 때 뱅크 오브 아메리카와 더불어 정부로부터 450억 달러를 지원받았다.[104]

이 구제금융이 상환되기는 했지만 씨티그룹은 여전히 취약한 상태다. 2012년 말에 이사회는 팬딧을 내보내고 마이클 코벳을 CEO로 선임했다. 이로써 이 은행은 거의 10년 만에 (프린스 같은 변호사나 팬딧 같은 헤지 펀드 임원이 아닌) 은행원 수장을 맞이했다.[105]

회사: AIG(AMERICAN INTERNATIONAL GROUP)
업종: 보험 및 금융 서비스

상황

AIG는 오랫동안 금융 안정성의 화신이었다. 2008년~2009년 금융 위기 전에 AIG는 거의 2조 달러의 가치가 있는 8,100만 건의 생명 보험 계약을 보유하고 있었다. 이 회사는 전 세계적으로 대략 1억 6백만 명을 고용하고

102) K. Booker, "Citi's Creator-Alone with His Regrets," New York Times, 2010년 1월 2일, www.nytimes.com.

103) E. Dash, "Citigroup's Chief Shrinks Company, Eyeing Growth," New York Times, 2010년 4월 5일, www.nytimes.com.

104) P. Kiel, "The Bailout: By the Actual Numbers," ProPublica, 2012년 9월 6일, www.propublica.org.

105) G. Morgenson, "Citi's Torch Has Passed. Now Find a Knife." New York Times, 2012년 10월 20일, www.nytimes.com.

있는 18만 개의 기업과 보험 계약을 맺었다. 회사는 제트기를 보유하고 이를 항공사와 기타 기업들에 임대했고 투자 계약과 상품의 지급을 보장해서 401(k) 퇴직 연금 참여자들을 보호했다. 이 위기 전에 AIG는 미국 최대의 건강 및 생명 보험사였고 두 번째로 큰 재산 및 재난 보험사였다. 그러나 AIG의 사업은 전 세계적으로 너무도 많은 개인, 회사, 정부들에 손을 대고 있었기 때문에 고전적인 '대마불사' 회사였다.[106] AIG를 망하게 놔두면 세계경제를 망치는 셈이 될 터였다. 그 영향은 전 세계에 미칠 것이다. AIG는 CDS(신용부도스왑)와 CDO(담보부 부채증권) 판매 비즈니스에 깊이 발을 들여놓음으로써 부지중에 나락의 소용돌이에 빠지기 시작했다. 이 회사의 거의 모든 손실은 런던과 그리니치(코네티컷 주)에 사무실을 둔 AIG 금융 상품(AIGFP)이라는 작은 비즈니스 부문(종업원 수 400명)에서 발생했다. 현 연방 준비위원회 의장 벤 버냉키는 AIGFP는 본질적으로 매우 크고 안정적인 보험회사에 덧붙여진 전혀 규제받지 않는 헤지펀드라고 말했다. AIGFP는 규제 시스템의 커다란 허점을 이용해서 2조 7천억 달러의 파생상품 포트폴리오를 구축했다.[107] (저명한 투자자 워렌 버핏은 전에 파생상품을 '대량 살상 무기'라고 불렀다. 위기가 발생하기 오래전에 버핏은 파생상품이 경제에 '대재앙적인 초특급 리스크'를 부과한다고 주장하고, 상품들이 '미치광이들'에 의해 만들어진다고 말했다.)[108] 금융회사들이 점점 더 위험한 투자 상품들(서브프라임 모기지들)을 매입하고 그 리스크에 대비해 AIG에 보험에 가입함에 따라 AIG는 문제에 빠져들게 되었다. 2008년 금융 위기 동안 이 증권들의 신용등급이 하락하자 보험을 구입한 회사들이 AIG에 보험금 지급을 청구했다. AIG는 갑자기 담보를 제공할 필요가 있게 되었지만 제공할 담보가 없었다. 회사는 파산에 직면했는데 AIG가 파산하면 이 회사뿐 아니라 경제 전체에 큰 재앙으로 작용할 게 확실했다.

106) B. Saporito, "How AIG Became Too Big to Fail," Time, 2009년 3월 19일, www.time.com.
107) 위의 글.
108) "Buffett Warns on Investment Time Bomb," BBC Business News, 2003년 3월 4일 http://news.bbc.co.uk.

회사의 대응

이 회사는 이 문제에 대응하지 않았다. 사실은 대응할 수 없었다. 문제가 하도 거대해서 미국 정부가 개입해 AIG에 1,800억 달러 규모의 구제 금융을 제공해야 했다.[109] 미국의 납세자들의 돈이 회사를 망하지 않게 해주기는 했지만 AIG는 이제 과거에 비해 빛이 바랬고 출혈이 끝나려면 아직 멀었다. 앞으로 더 많은 구제 금융을 필요로 할지도 모른다.

결과

AIG는 파선하지 않기 위해 필사적으로 자본을 조달하고 비용을 줄이기 위해 노력했다. 일부 비즈니스 부문에서는 정리해고가 단행되었고 자본을 마련하기 위해 일부 비즈니스 부문은 매각되었다. AIGFP의 금융 지도자 조우 카사노는 8년 동안 헤지펀드와 비슷한 이 비즈니스 부문을 경영한 대가로 2억 8천만 달러를 받았다. 그는 현재 은퇴해서 런던의 타운하우스에서 살고 있으며 끈질기게 접근하는 언론 접촉을 피하고 있다. 그들이 야기한 혼란을 해결하기 위해 AIGFP 트레이더들에게 1억 6천 5백만 달러의 보너스를 지급해야 하는 계약상의 의무가 있다는 또 다른 스캔들이 AIG를 따라 다녔다. 그들의 보너스(AIG의 위기를 일으킨 장본인들에게도 지급된 경우도 있었다)는 언론이 끊임없는 추적하는 주제였으며 실수를 고치기 위해 그 실수를 저지른 사람들에게 수백만 달러를 지급해야 하는 불공정에 대해 대중의 분노를 일으켰다.[110]

평가

위기가 발생했을 때 많은 전문가들은 AIG가 생존할 수 있을지 의심했다. AIG는 미국 정부로부터 1820억 달러의 대출과 망하지 않게 해 주겠다는 약속을 받았다.[111] 이 책의 집필이 마감될 무렵에 AIG는 미국 정부에 대출

---

109) L. Laughlin and R. Beales, "AIG's Big Debt to U.S. Taxpayers," New York Times, 2010년 1월 27일, www.nytimes.com.
110) B. Saporito, "How AIG Became Too Big to Fail," Time, 2009년 3월 19일, www.time.com.

전액을 상환했으며 위기 전의 평판을 회복하기 위해 열심히 노력하고 있다. AIG의 전 CEO 행크 그린버그는 AIG 이사회에게 미국 정부가 구제 금융을 제공해서 주주들에게 피해를 입힌 데 대해 자기와 함께 미국 정부를 상대로 소송을 제기하자고 요청해서 AIG의 회복 노력을 거의 무산시킬 뻔했다. 이 소송 소식이 알려지자 언론과 대중은 재앙으로부터 자신을 구출해 준 납세자들에게 소송을 제기하려는 회사의 역설에 격분했다. AIG 이사회는 회의를 개최하고 신속하게 그린버그의 소송에 동참하지 않기로 결정했다. AIG의 새 CEO 밥 벤모쉐는 이렇게 말했다. "AIG가 이 돈을 받고 난 뒤에 과거로 돌아가 정부에 소송을 제기할 수 있다고 생각하는 것은 사회적으로 용납될 수 없습니다."[112]

최근에 수많은 윤리 기강 해이들이 주식 시장을 붕괴시켜 주주들, 특히 개인 투자자들이 피해를 입었다. 앞 섹션의 '윤리와 소비자들'에서 설명된 몇 가지 사례들은 이 섹션에도 관련이 있다.

윤리와 공동체

많은 사람들이 알고 있듯이 회사는 진공 상태에서 존재하지 않는다. 회사는 개인과 마찬가지로 공동체의 시민이며 회사의 규모로 인해 소속 공동체에 큰 영향을 준다. 따라서 회사와 조직이 속해 있는 공동체가 기업의 중요한 이해관계자 중 하나여야 한다. 기업이 공동체에 미치는 명백한 영향은 아마도 환경에 끼치는 영향일 것이다.

레이첼 카슨의 저서 『침묵의 봄』(1962)[113]이 출판된 후 대중은 기업이 환경

---

111) T.G. Massad. "Overall $182 Billion Committed to Stabilize AIG During the Financial Crisis Is Now Fully Recovered." U.S. Department of the Treasury, 2012년 9월 11일, www.treasury.gov.

112) B. Berkowitz, "As Public Fumes, AIG Says Will Not Sue U.S. Over Bailout," Reuters, 2013년 1월 9일. www.reuters.com.

113) D.J. Wood, Business and Society (New York; HarperCollins), 664쪽.

에 끼치는 영향에 대해 진지하게 우려하기 시작했다. 카슨은 자기 책에서 살충제, 특히 DDT가 환경에 주는 위험을 개관했다. 이로 인한 대중의 항의로 1969년에 환경보호법이 제정되고 1970년에 EPA(환경보호국)이 창설되었다. 이 법과 기관의 목표는 모두 기업과 개인의 활동으로부터 환경(공기, 물, 지구)을 보호하는 것이다. 물론 우리 모두는 지구 및 우리와 우리의 자녀, 그리고 이후 세대의 지구의 장기적 건강에 대해 생각해야 한다. 이제 고전적인 환경 관련 사례를 살펴보기로 하자.

회사: 엑슨

업종: 석유

상황

1989년에 알래스카 발데즈 항에서 캘리포니아 주 롱 비치로 가던 엑슨의 유조선 발데즈 호가 프린스 윌리엄 사운드에서 좌초했다. 발데즈 호는 원유 5,200만 갤런을 싣고 있었는데 이 중 1,000만 갤런이 급속도로 알래스카의 청정 해역으로 유출되기 시작했다. 나중에 이 유조선 선장 조셉 헤이즐우드의 음주 측정을 해 보니 혈중 알콜 농도가 높았다. 그가 사고 당시에 취해 있었는지 증명되지는 않았지만 이 지역을 항해할 때에 함교(艦橋) 위에 올라가 있으라는 회사 규정을 어겼다.

또한 알래스카 횡단 파이프라인을 건설해서 알래스카를 석유 중심지로 만든 7개 석유 회사들의 컨소시엄 알예스카에게는 알래스카에서 그런 사고가 나지 않도록 지키고, 그런 재앙이 발생하면 즉시 도움을 제공할 책임이 있었다.

회사의 대응

엑슨은 즉각적으로 이 원유 유출(당시 역대 최대의 유출이었음)을 청소하기 위한 노력을 시작했지만 주요 장비가 손상을 입고 수리 중에 있거나 현장에 있지 않았다. CEO 로렌스 롤스는 사고 1주 뒤에 여러 신문에 전면 사과 광고를 냈지만 직접 알래스카를 방문하지는 않았으며, 이로 인해 둔감하다는 호된 비판을 받았다. 또한 엑슨은 자사의 문제에 대해 자신을 제외한 모든 사람을 비난하는 듯했다. 그리고 알예스카는 별 도움이 되지 않았다. 엑슨과 마찬가지로 이 컨소시엄도 엑슨 발데즈 유출과 같은 규모의 위기에 대처할 준비가 되어 있지 않았다. 그 결과 엑슨은 이 원유 유출에서 심각한 실수를 저지른 듯하다. 이 회사는 책임을 부인하는 것으로 보였다.

결과

처음에는 800마일의 알래스카 해안이 원유로 덮였지만 1990년까지는 85%가 청소되었다. 이 지역의 야생 생물들은 그다지 운이 좋지 않았다. 3만 마리가 넘는 새들과 최소 2천 마리의 수달이 죽었고, 물고기들도 오염되었다. 엑슨은 청소에 20억 달러가 넘는 돈을 지출했고, 발데즈 시와 알래스카 어민들에게 추가로 수억 달러를 지불했다. 조셉 헤이즐우드 선장은 유조선 함교 위에 있어야 한다는 규정을 지키지 않았다는 사유로 해고되었다.[114]

그러나 결정적으로 타격을 입은 것은 엑슨의 이미지였다. 환경보호주의자들은 공개적으로 이 회사를 공격했으며 약 4만 명의 소비자들이 항의 표시로 엑슨 신용 카드를 절단했다.

평가

엑슨 CEO 로렌스 롤스와 존슨 앤 존슨 CEO 제임스 버키의 성격 차이가 엑슨이 발데즈 위기를 형편없이 처리한 이유일 수도 있다. 롤스는 엔지니어였으며 언론 접촉을 불편해 했다. 그의 반응은 굼떠 보였고, 열의가 없어 보였으며, 언론은 그의 대응에 냉담한 반응을 보였다. 그러나 버키는 언론을 다루는 법을 알았다.

---

114) R. F. Hartley, Business Ethics: Violations of the Public Trust (New York: Wiley & Sons, 1993), 220-229쪽.

엑슨 발데즈 유출은 2010년에 멕시코 만에서 발생한 BP의 원유 유출에 이어 두 번째 큰 사고다. 딥 워터 호라이즌 석유 시추 시설이 폭발한 이 사고로 11명의 노동자들이 사망했고, 더 많은 부상자가 생겼으며, 2억 갤런의 원유가 멕시코 만에 유출되었다. 이미 240억 달러가 넘는 벌금과 청소비용을 지출한 BP는 2013년 초에 14개 형사 범죄 혐의에 유죄를 인정하고 추가로 40억 달러의 벌금을 납부했다. 그러고도 더 큰 금액의 민사 소송과 이 유출에 기인한 오염에 대한 벌금 납부에 직면해 있다. 또한 3명의 BP 종업원들은 과실치사 및 사법 방해 등 여러 범죄 혐의로 기소되었다. 멕시코 만의 환경 재해와 BP의 재무상 피해 정도는 유례가 없었다.[115] 흥미롭게도 이 사고는 엑슨의 발데즈 사고 이후의 상황에 관심을 기울이게 하는 역할을 했다. 엑슨은 발데즈 사고를 자사 비즈니스 수행 방식을 변혁시키라는 주의 촉구로 활용했다. 엑슨에서는 전사 차원에서 광범위한 노력을 기울인 결과, 발데즈 사고 이후 20년이 지나도록 한 건의 심각한 사고도 발생하지 않았다. 반면에 BP는 딥 워터 호라이즌 사고가 발생할 때까지 일련의 치명적이고 위험한 사고가 발생했음에도 불구하고 사고 예방과 자사 노동자 및 대중의 안전을 확보하는 데 필요한 조치를 취하지 않았다. 2005년에 텍사스 주 텍사스 시티에서 BP 정유 공장이 폭발해서 15명의 노동자가 사망하고 수백 명이 부상당했다. 2006년에는 BP의 파이프라인이 프루도 호에 만의 알래스카 청정 지역에 수천 갤런의 원유를 유출하기 시작했다. 실수에서 교훈을 얻은 엑슨과는 달리 BP는 교훈을 배우지 못했다. 회사는 안전에 관해 떠벌렸지만, 회사 임원들은 결코 안전에 우선순위를 부여하지 않았으며 가능하면 비용을 줄이고 안전에 관한 고려는 뒷전으로 밀어냈다.[116] BP는 지금은 안전에 새롭게 초점을 맞추고 있는 것으로 보이는데 그에 대한 진정성은 시간이 말해 줄 것이다.

---

115) C. Krauss "Judge Accepts BP's $4 Billion Criminal Settlement Over Gulf Oil Spill," New York Times, 2013년 1월 29일, www.nytimes.com.

116) J. Nocera, "BP Ignored the Omens of Disaster," New York Times, 2010년 6월 18일, www.nytimes.com.

몇 년 동안의 민사 소송 끝에 미국 알래스카 지방 법원은 2004년에 엑슨에게 1989년의 원유 유출로 영향을 받은 사람들에게 45억 달러의 징벌적 손해배상을 지급하라고 명령했다.[117] 데이브 레이처트 하원 의원은 2006년에 의회에 엑슨이 알래스카에게 지급해야 할 45억 달러의 징벌적 손해배상액을 지급하도록 압력을 가해 달라고 요청했다. 추가적인 법적 다툼과 무수한 항소 끝에 미국 대법원은 2008년에 50억 달러의 엑슨의 벌금을 5억 달러로 감액했다.[118]

환경 문제 외에 사회 구성원 모두에게 영향을 주는 비교적 새로운 것으로는 인터넷 프라이버시 문제가 있다. 예를 들어 전 세계의 많은 사람들은 구글의 프라이버시 정책과 관행에 우려하고 있다. 구글 스트릿 뷰가 등장함에 따라 전 세계의 모든 사람들은 컴퓨터에 접근하기만 하면 당신이 사는 곳을 확인할 수 있다. 그러나 구글의 스트릿 뷰 자동차들이 개인들의 주택 사진에 관한 정보만 수집하는 것은 아니다. 그들은 또한 전자우편, 암호, 채팅 메시지, 사진, 소셜네트워크와 웹사이트에 게재한 글 등도 수집해 왔다. 독일 규제 당국은 구글에 그런 관행에 관여했음을 인정하라고 했지만 연방 통신위원회(FCC)가 이 회사를 조사하려 하자 구글은 이에 완강히 저항하며 기본적으로 '우리를 믿어 달라'고 했다. FCC는 이 회사가 조사를 방해했다며 벌금을 부과했다.[119] 구글이 애플 아이폰 소프트웨어에 몰래 속임수를 써서 그런 식의 모니터링을 막아 놓은 사용자들을 추적할 수 있게 한 혐의에 대해 2,250만 달러를 지급하기로 합의한 사례도 있다. 이는 특히

---

117) "Re: the Exxon Valdez," #A89-0095CV, U.S. District Court for the District of Alaska, January 28, 2004sus 1월 28일, www.seattleclassaction.com.

118) A. Liptak, "Damages Cut Against Exxon in Valdez Case," New York Times, 2008년 6월 26일, www.nytimes.com.

119) D. Streietfeld and K. O'Brien, "Google Privacy Inquiries Get Little Cooperation," New York Times, 2012년 5월 22일, www.nytimes.com.

뻔뻔한 프라이버시 침해였지만 구글은 이는 고의가 아니었으며 피해도 없었다고 주장했다.[120]

한편 테크놀로지 거인 페이스북은 10개 주의 사용자들로부터 페이스북을 로그오프한 뒤에 그들의 인터넷 활동을 비밀리에 추적했다는 혐의로 집단 소송을 제기당했다. 구글과 마찬가지로 페이스북은 원고들이 피해를 입증할 수 없기 때문에 청구를 기각해 달라고 요청했다.[121] 그러나 현실은 많은 사람들은 자신이 온라인에 공유하는 내용과 예를 들어 회사, 마케터, 헤커 등이 그들이 구매하고, 글을 쓰고, 생각하고, 공유하고, 포스팅하는 정보들에 어떻게 접근할 수 있는지에 대해 그다지 많이 생각하지 않는다. 많은 사람들이 자신이 온라인상에 사적으로 포스팅하거나 온라인에서 구매하는 내용이 실제로는 공개된 자료라는 점을 깨닫지 못한다. 사용자의 개인 정보를 수집해서 이를 제3자에 팔면 큰돈을 벌 수 있다. 이 정보를 단지 마케팅 목적으로만 이용하려는 사람들도 있다. 그러나 무해한 목적이 아닌 것으로 악용하려는 사람들도 있을 수 있다. 인터넷 프라이버시는 윤리적 우려로 가득 찬 이슈이며 세상이 테크놀로지를 계속 포용할 것이기에 이 문제는 더 커질 것이다.

위의 사항들이 왜 윤리 문제인가?

위에 묘사된 상황들은 모두 주요 이해관계자 또는 핵심 이해관계자 집단에 대한 의무와 관련이 있기 때문에 윤리 문제다. 소비자, 주주, 종업원, 공동체는 진공 상태에서 운영하지 않는 모든 조직의 주요 이해관계 구성원들일 것이다. 어떤 집단이 회사의 상품과 서비스 제공에 필요한 돈을 지불하

---

120) J. Angwin, "Google, FTC Near Settlement on Privacy," Wall Street Journal, 2012년 7월 9일, www.wsj.com.

121) J. Rosenblatt, "Facebook Seeks Dismissal of $15 Billion Privacy Suit," Bloomberg News, 2012년 10월 5일, www.bloomberg.com.

는 사람들, 이 상품과 서비스를 만들거나 제공하는 사람들, 이를 구매하는 사람들, 그리고 상품과 서비스가 만들어지거나 수행되는 장소보다 회사에 더 중요하겠는가?

비용

이번 장에 묘사된 고전적인 사례에서 본 바와 같이 4개의 주요 이해관계자 집단 중 어느 한 집단에 대한 윤리적 의무라도 이행하지 않은 비용은 막대할 뿐만 아니라 치명적이다. 선을 넘은 개인들의 경력이 단절되거나 해고되거나 기소되는 것과 마찬가지로 조직들도 같은 종류의 대가를 치른다. 조직이 기능을 발휘할 능력이 심하게 제약될 수도 있고 심하면 문을 닫게 될 수도 있다. 최소한 조직의 비행이 발견되면 그들은 확실히 언론과 대중에게 혹평 받을 것이다. 그들의 평판이 고치기 어려운 장기적인 피해를 입을 수도 있다. 조직이 부담하는 비용도 어마어마하지만 이를 예방할 수도 있었던 개인의 비극은 특히 슬픈 일이다. 윤리에 관한 잘못된 판단(또는 보다 나쁜 행동)으로 장기 징역형을 선고 받은 개인들과 그들의 가족이 얼마나 큰 고통을 받았을지 생각해 보라.

여기서 이들 4개 이해관계자 집단들의 권리를 감시하는 모든 감독 기관들을 열거하는 것은 불가능하다. 특정 산업이나 회사에 들어가면 어떤 법률들과 기구들이 컴플라이언스를 규율하는지 배울 필요가 있을 것이다. 미국에서는 이해관계자 집단의 권리를 보호할 책임이 있는 연방, 주, 지방 정부 기관들이 있다. 증권거래위원회, 통화감독국, 연방 준비위원회와 같은 감독 기관들은 주주들의 권리를 보호한다. 식품의약국, 연방 통상위원회, 연방 통신위원회는 소비자 권리 감시 기관들이다. 종업원의 권리는 평등고용기회위원회, 노동위원회, 직업안전건강관리청 등 다수의 기관들에 의해 보호된다. 환경보호국은 주요 환경 보호자다.

요약

이번 장에서 우리는 몇 가지 기억할 만한 비즈니스 윤리 사례들을 설명했다. 어떤 산업이나 어떤 회사에도 윤리 문제나 비윤리적인 종업원이 없을 수 없다. 존슨 앤 존슨조차도 최근에 라이프스캔 소송과 기타 범법행위 때문에 일격을 당했다. 이런 사례들을 살펴본 요점은 영리한 매니저들은 남들의 실수로부터 교훈을 얻어야 한다는 것이다.

모든 이해관계자들은 연결되어 있으며 그들의 이해관계는 겹치는 경우가 있다는 점이 명백해졌다. 최근의 한 연구에서 응답자의 52%는 모든 이해관계자들(투자자, 종업원, 고객, 정부, 사회 일반)이 동등하게 중요하다고 믿었다.[122] 예를 들어 엔론과 AIG의 파멸은 소비자들뿐만 아니라 종업원, 주주, 이 회사들이 설비를 두고 있던 공동체에도 피해를 입혔다. 일부 상위 임원들에게 도덕성이 주입될 필요가 있다는 점도 명백하다. 신뢰 결여가 하도 심해져서 최근의 한 연구에서 응답자의 26%만 CEO들을 신뢰할 수 있다고 믿었다.[123] 이처럼 충격적인 결과를 상기시키는 내용이 피터 푸사로와 로스 밀러의 저서 『엔론에서 무엇이 잘못되었는가』(2002)에 수록되었다. 저자들은 나중에 엔론 사장이 된 제프 스킬링이 하버드 경영대학원 재학 시절에 자기 회사가 자사 제품을 사용하는 소비자에게 해를 입히거나 심지어 사망에 이르게 할 수도 있는 제품을 만들고 있는 상황이 있다면 이를 어떻게 다루겠느냐는 질문을 받았다고 주장한다. 그는 이렇게 말했다고 한다. "나는 계속 그 제품을 만들어 팔겠다. 기업인인 내 일은 수익 센터가 되어서 주주들에 대한 수익률을 극대화하는 것이다. 어느 제품이 위험할 경우 개입하는 것은 정부의 일이다."[124]

---

122) 2010 Edelman Trust Barometer, Edelman Public Relations (2010), www.edelman.com/trust.
123) 위의 글.
124) J. Plender, "Inside Track: Morals Pay Dividends," Financial Times, 2002년 9월 18일, www.ft.com.

21세기의 전환기에는 기업인들도 기로에 있다는 것이 확실하다. 우리는 어떤 종류의 전문가가 될 것인지 결정할 필요가 있다. 우리는 정직하고 공정하며 대중의 신뢰를 받을 자격이 있는 사람이 될 것인가? 아니면 우리 자신의 의제를 추구하고 정부가 우리를 제프 스킬링과 같은 식으로 다루게 하거나, 씨티그룹과 AIG처럼 우리를 구제해 주거나, BP처럼 뒤처리를 하게 하리라고 기대할 것인가? 최근의 연구에 의하면 대중에 대한 회사의 평판에서 가장 중요한 세 가지 요인은 (1) 투명하고 정직한 관행, (2) 신뢰할 수 있는 회사, (3) 고품질의 상품과 서비스임이 밝혀졌다.[125] 기업인들이 대중의 신뢰를 되찾으려면 그들이 올곧음, 솔직함, 그리고 품질에 초점을 맞출 필요가 있을 것이다. 또한 신뢰를 얻기 위한 이러한 노력은 아주 오랜 기간이 소요될 것이라는 점도 이해해야 한다.

기업 클라우드 컴퓨팅 분야의 리더인 세일즈포스 닷컴은 신뢰의 중요성을 이해하고 신뢰를 자사 비즈니스 모델에 구현하기 위한 대담한 조치를 취한 회사다. 몇 년 전에 이 회사는 급속히 성장하고 있었고 그 결과 성장통을 앓고 있었다. 고객들은 서비스 중단을 경험하고 있었고 세일즈포스 닷컴은 중단 없는 서비스를 제공하기에 충분할 만큼 성장하기 위해 필사적으로 노력하고 있었다. 서비스 정지와 기타 시스템 결함을 모니터하기 위해 이 회사는 어디에 문제가 있으며 무엇이 그 문제를 일으켰는지 보여주는 내부 추적 시스템을 갖고 있었다. 회사의 한 팀이 회장 겸 CEO 마크 베니오프에게 이 시스템을 회사 웹사이트에 올려서 고객들이 실시간으로 무슨 일이 일어나고 있는지 알게 하자고 제안했을 때 베니오프는 '고객이나 언론이 이를 회사 공격용으로 이용하지 않을까?' 라고 망설였다. 실시간 모니터링 시스템을 공개하는 투명한 회사는 아직 없었다.

베니오프가 이 모니터링 시스템을 자사 웹사이트에 올리자는 팀의 아이

---

125) 2010 Edelman Trust Barometer, Edelman Public Relations (2010), www.edelman.com/trust.

디어에 동의하는 데 일주일이 걸렸다. 이는 즉각적으로 히트를 쳤다. 언론이 고객들에게 솔직해지려는 노력에 관한 긍정적인 보도를 했을 뿐만 아니라 아마존이나 구글과 같은 다른 테크놀로지 회사들도 이를 알아차리고 보다 투명해지기 위한 자체 노력을 시작했다. 베니오프는 이제 투명성 운동에 대한 완전한 신봉자가 되었으며 모든 곳의 기업들에게 솔직함과 투명성을 비즈니스 모델 안으로 통합하면 신뢰가 생겨나고 그 결과 평판 상의 이점이 따라오니 그렇게 하라고 촉구하고 있다.[126]

지난 10년은 기업인들에게 고통스러운 시기였는데 당신은 이번 장에서 가장 당혹스런 많은 사례들에 대해 읽었다. 나쁜 소식은 언제나 많은 관심을 끈다. 다행히 대다수 회사들이 명예로운 방식으로 비즈니스를 수행하기로 다짐하고 있으며, 이들의 대부분은 그렇게 해 온 역사를 갖고 있다. 점점 더 많은 회사들이 자사의 가치를 기업 문화 전반과 연계하고 매니저들과 종업원들에게 혁신, 탁월한 서비스와 올곧음을 고취하는 더 많은 방법들과 더 좋은 방법들을 발견하고 있다.

사례 연구

이해상충

빅 컴퍼니는 의료 제품을 제조하는 대기업인데 정부로부터 비용을 낮추라는 압박을 받고 있다. 빅 컴퍼니는 평판이 좋고 국내에서 가장 잘 관리되는 회사 중 하나로 널리 인정되고 있다. 그러나 이 회사의 평판에도 불구하고 월가는 의료계 전반을 개혁하려는 정부의 노력에 부정적으로 반응했으며 빅 컴퍼니 주가는 지난 1년간 30% 하락했다. 정부가 개입할 경우에 대비해서 빅 컴퍼니는 조금 전에 할인 의료제품 공급업자인 리틀 컴퍼니를 매입했다. 월가는 이 인수를 열렬히 반겼으며 빅 컴퍼니 주가는 인수 소식

---

126) M. Benioff, "ATrust: A New Era of Business Values," Ethisphere, 2011년 10월 17일, www
.ethisphere.com.

이 발표된 이후 10% 넘게 회복되었다.

이 인수가 빅 컴퍼니에게 의료산업 중 성장하는 부문에 대한 발판을 마련해 줄 수는 있지만 진정한 문제는 리틀 컴퍼니의 사명에 놓여 있다. 리틀 컴퍼니는 고객들에게 객관적인 의료 조언을 제공함으로써 명성을 쌓았다. 빅 컴퍼니가 리틀 컴퍼니를 소유하게 되자 리틀 컴퍼니의 고객들은 의료업계의 거인이 소유하는 리틀 컴퍼니가 어떻게 객관적으로 의료제품을 추천할 수 있을지 의문을 표명했다. 리틀 컴퍼니는 모회사 빅 컴퍼니의 제품을 추천하도록 압력을 받을 것인가? 아니면 리틀 컴퍼니의 조언이 여전히 객관성을 유지할 것인가?

당신이 리틀 컴퍼니를 빅 컴퍼니 울타리 안으로 통합할 책임을 맡은 상위 임원이라면 이를 어떻게 진행하겠는가? 빅 컴퍼니, 리틀 컴퍼니, 그리고 이 두 회사들의 고객들에 대한 당신의 의무는 무엇인가? 주주들과 금융계에 대한 당신의 의무는 무엇인가? 다른 이해관계자들이 있는가? 있다면 그들에 대한 당신의 의무는 무엇인가? 당신은 리틀 컴퍼니의 윤리강령에 어떤 조항을 포함시키겠는가?

제품 안전

식품 제조 대기업 브랜드 매니저인 당신은 경쟁이 치열한 스낵 식품 시장에 신상품을 진입시키려 하고 있다. 이 제품은 지방과 칼로리가 낮으며 급격히 성장하고 있는 프레첼 시장에 맞서 이례적인 성공을 거둘 것으로 예상된다. 당신은 당신 회사의 주요 경쟁사 중 한 곳에서 대략 같은 시기에 유사 제품을 출시하기 위해 준비 중이라는 사실을 알고 있다. 시장 조사 결과 두 제품이 동일하다고 인식될 가능성이 크기 때문에 먼저 출시하는 제품이 상당한 시장 점유를 차지할 것이다.

독립적인 소형 연구소 그린 랩의 리서치 보고서는 당신 회사 제품이 소수의 개인들에게 현기증을 유발한다고 지적한다. 그린 랩은 평판이 좋으며 이 연구소의 과거 리서치는 언제나 신뢰할 수 있었다. 그러나 독립적인 다른 두 연구소의 리서치 보고서는 그린 랩의 결론을 지지하지 않는다. 당신 회사의 리서치 이사는 당신에게 부작용 주장은 근거가 없으며, 현기증 유발 가능성은 극히 드물거나 그린 랩의 잘못된 연구의 결과라고 장담한다. 당신의 부서는 감자 칩과 기타 고지방 스낵 푸드를 주력으로 삼다 보니 매출이 줄어들고 있기 때문에 돈을 벌어 줄 저지방 식품이 절실히 필요하다. 당신은 이 부문의 실적을 개선하기 위해 차출되어 왔으며 당신의 경력은 이 상품의 성공에 달려 있다.

당신의 대안은 무엇인가? 소비자들에 대한 당신의 의무는 무엇인가? 당신의 다른 이해관계자들은 누구이며 그들에 대한 당신의 의무는 무엇인가? 고용주와 회사의 다른 종업원들에 대한 당신의 의무는 무엇인가? 당신은 어떻게 처신해야 하는가? 당신은 이 사례에 적절한 주의 이론을 어떻게 적용할 수 있는가?

광고

천연 샘물 제조업체인 당신 회사의 광고 부서에서 최근에 제품의 순수성을 강조하는 광고를 시작했다. 이 업계는 경쟁이 치열하며 당신 회사는 노동조합 조합원들의 장기 파업으로 큰 피해를 입었다. 이 파업은 생산과 유통에 심각한 차질을 빚었고, 이로 인해 회사는 매출액과 시장 점유가 크게 하락했다. 이제 파업이 끝났으니 회사는 상실한 고객들을 회복하기 위해 분투해야 하며, 새 임금 협약에 따라 인건비와 복지후생비가 증가할 예정이다. 줄잡아 말해도 회사의 재무 상태는 불안정하다.

당신과 모든 상위 경영진은 새 광고에 큰 기대를 걸고 있으며, 이 광고에 대한 고객의 최초 반응은 긍정적이었다. 그런데 회사의 운영 부문장이 당신에게 화가 난 노동자 한 명이 샘물을 병에 담는 공장 중 하나에 파괴 행위를 했다는 보고를 받고 충격을 받았다. 이 노동자가 기계 한 대에 화학물질을 집어넣었고, 이로 인해 샘물 12만 병이 오염되었다. 다행히 소비자가 장기간에 걸쳐 하루 10갤런 넘게 화학물질로 오염된 샘물을 마시지 않는 한 피해가 없을 정도로 투입된 화학물질의 양은 아주 적다. 이 기계는 이미 청소되어서 장기 노출 위험은 사실상 제거되었다. 그러나 당신 회사의 제품이 순수한 샘물이라는 새 광고의 주장은 이제 사실이 아니다.

이 상황과 관련된 모든 이해관계자들을 열거하라. 다른 이해관계자 집단보다 더 많은 이익을 보거나 피해를 입을 이해관계자 집단이 있는가? 이 오염을 다룰 전략을 개발하라. 윤리 딜레마가 어떻게 처리되어야 하는지에 대해 결정할 때 회사의 재무 상황이 얼마나 많은 영향을 주는가?

제품 안전과 건강

고질적인 관절염 통증을 완화하기 위해 애드빌과 같은 비스테로이드성 항염증제(NSAIDs)를 장기 복용하면 장출혈 위험이 있다. 당신의 회사 빅 파마는 장에 영향을 주지 않고 통증을 다루는 COX-2 반응 억제제인 새로운 유형의 진통제를 개발했다. 이 소식을 소비자들에게 전하기 위해 빅 파마는 소비자들이 의사에게 이 약을 처방해 달라고 요청할 수 있도록 새 진통제를 직접 소비자들에게 마케팅하기로 결정했다. 이 마케팅은 매우 성공적이어서 궁극적으로 수십억 달러의 시장을 만들어 냈다. 겨우 5년 만에 1억 건이 넘는 처방전이 발행되었으며 이 약은 당신 회사의 이익에 크게 기여했다. 환자들과 의사들은 이 대안에 고마워하는 듯했고 의사들은 이 약을 모든 종류의 통증을 다루는 데 사용하기 시작했다. 그런데 새 약 복용과 관련된 심혈관 사건(심장 마비)에 관한 불평이 들어오기 시작했다. 이전에 실시한 과학 연구는 문제가 있을 수도 있음을 시사했지만 명확한 결론은 나지 않았다. 이 환자들 중 많은 사람들에게 다른 건강 문제가 있어서 심장 마비를 야기했을 수도 있는 듯했다. 그래서 당신의 회사는 보다 결정적인 이중 블라인드 위약 통제 연구(진정한 인과 관계를 보여 줄 수 있는 유일한 연구)를 실시했는데 이 연구는 당신 회사의 약을 18개월 이상 일관성 있게 사용하면 이 약과 심혈관 사건 리스크 증가 사이에 관련이 있음을 보여주었다. 식품의약청은 약품 포장지에 장기 복용하면 심혈관계 부작용이 있을 수 있다는 보다 강력한 경고 표시를 하라고 권고했다. 어떻게 할지 결정하기 위해 당신 회사의 상위 경영진이 모였다. 이 논의에는 회사의 가치와 올곧음과 인간의 복지에 대한 당신 회사의 강력한 의지가 포함되었다. 당신은 또한 유명한 존슨 앤 존슨의 타이레놀 사고와 리콜 조치의 성공에 대해서도 언급했다. 많은 논의 뒤에 당신은 이 약을 리콜하고 더 이상 이 약을 만들지 않기로 결정했다.

즉각적으로 부정적인 반응이 나왔다. 신랄한 언론 보도와 CEO가 출석해야 했던 의회 청문회에서 당신 회사는 보다 초기의 연구에 기초해서 더 일찍 리콜하지 않은 데 대해 비판받았다. 그리고 나서 소송이 시작되었다. 당신 회사의 약을 먹고서 심장 마비가 발생했던 사람은 모두 소송을 제기하는 듯했다. 역설적으로 다른 한편으로는 이 약을 성공적으로 사용하고 있던 환자들과 의사들도 불평했다. 그들은 당신 회사가 환자들과 의사들이 스스로 리스크 평가를 하도록 강력한 경고 표시를 해서 이 약을 다시 시장에 내놔야 한다고 생각했다. 이 약 외에는 다른 어떤 약도 효과가 없는 환자들도 있었는데 그들은 이 약이 더 이상 판매되지 않아 고통당하고 있었다. 그러나 심사숙고한 뒤에 당신은 리콜 결정을 고수하고 소송에 대해 (합의로 해결하기보다는) 끝까지 싸우기로 결정했다. 당신 회사는 소송전 초반에 일부는 승소하고 일부는 패소했지만, 잘못한 것이 없다고 확신했기 때문에 모든 소송에 끝까지 싸우기로 다짐했다. 이 싸움 때문에 비용과 평판 면에서 값비싼 대가를 치렀다. 궁극적으로 몇 년의 소송에서 패소보다는 승소가 더 많았지만 당신은 남은 소송을 모두 합의하고 앞으로 나아가기로 결정했는데 업계에서는 이를 현명한 결정으로 여겼다. 당신 회사의 재무 실적은 큰 타격을 입었지만 현재는 회복 중이며 몇 가지 촉망되는 신약들이 개발되고 있어서 미래는 보다 희망적으로 보인다.

이 상황에서 누가 이해관계자들인가? 전문가들은 사람들이 처방약을 복용할 때에는 언제나 리스크가 있다고 주장한다. 얼마나 큰 리스크가 너무 큰 리스크인가? 제약회사들은 처방약의 리스크를 얼마나 널리 알릴 필요가 있는가? 아니면 그것은 의사들의 책임인가? 소비자들은 이러한 리스크를 진정으로 이해하는가? 제약회사들은 의사들이 자사의 약품을 과잉처방하지 않게 할 의무가 있는가? 그것은 합리적인 기대인가? 이런 유형의 약에 대해 소비자에 대한 직접적인 마케팅이 적절했는가? 소비자에 대한 직접적인 마케팅은 언제 적절하고, 언제 부적절한가? 직접 마케팅을 많이 받는 소비자들은 의사들에게 그런 약을 처방해달라고 요청할 가능성이 더 높기 때문에 제약회사들은 그런 약의 리스크를 설명할 더 큰 의무가 있는가? 당신은 왜 이 사례에서의 리콜 결정에 대한 반응이 타이레놀 상황에서의 반응과 달랐다고 생각하는가? 상위 경영진은 그들이 받은 반응을 예상했어야 했는가? 그들이 반응을 변화시키기 위해 할 수 있었던 일이 있었는가?

주주들

당신은 기업 고객들에게 자문을 제공하는 투자은행에서 일하고 있다. 당신이 일하고 있는 딜 팀에는 마케팅 매니저 패트, 팀의 신용 매니저 조 및 기타 여러 명의 전문가들이 있다. 당신의 팀이 새 딜에 관한 세부사항을 상위 경영진에게 발표하기 직전에 패트는 조에게 그가 특정 재무 정보를 제시하지 않으면 이 딜을 승인받을 가능성이 더 높아질 것이라고 제안한다. 패트는 이렇게 말한다. "이 정보를 빠뜨릴 수 없다면 최소한 그들이 전체 딜을 팽개치지 않도록 이에 대해 긍정적인 견해를 표명하게나."

다른 팀원들도 이 딜은 두 고객들뿐 아니라 당신의 회사에도 커다란 잠재력이 있다고 동의한다. 패트가 반대하는 재무 정보는 처음 보기에는 심란하기는 하지만 어떤 당사자의 이익도 심각한 위험에 빠트릴 것으로 보이지는 않는다. 조는 재무 정보를 빠뜨리는 데 반대하며 완전한 공개가 정도(正道)라고 말한다. 그러나 그는 모든 팀원이 '긍정적인 채색'에 동의한다면 그 결정에 따르겠다고 덧붙인다. 팀원들은 모두 패트의 제안에 동의하기로 투표한다. 이제 당신이 마지막으로 투표할 차례다. 당신은 어떻게 투표하겠는가?

이 가상 사례에서 당신 회사의 주주들과 딜을 고려하는 두 조직의 주주들에 대한 당신의 의무는 무엇인가? 이 사례에서 주주들은 고려 대상인가? 고객들은 어떤가? 종업원들은 어떤가? 이 사례에서 세 회사 중 어느 회사라도 생존이 걸려 있는가? 이와 같은 상황에서 당신은 어떻게 주요 이해관계자 집단의 이익을 가장 잘 보호할 수 있겠는가?

공동체

당신은 조금 전에 동북부 지역에 있는 소규모 화학물질 정제업체 CEO로 임명되었다. 이 직책을 맡은 직후에 당신은 세 명의 전임자들이 무서운 비밀을 숨겼음을 발견했다. 당신 회사의 본사 건물은 단순한 석유부터 독성이 매우 강한 화학물질에 이르기까지 다양한 화학물질을 담았던 30개의 5천 갤런짜리 저장 탱크 위에 지어져 있다. 이 탱크들은 20년도 더 지난 과거에 비워졌지만 탱크들 자체가 부식하기 시작해서 다양한 화학물질 찌꺼기들이 새어 나왔다는 많은 증거가 있다. 당신의 회사는 100마일 떨어진 대도시에 물을 공급하는 지역에 위치해 있기 때문에 새어 나온 찌꺼기가 이미 큰 문제를 일으키고 있을지도 모른다. 청소 관련 비용은 천문학적으로 추정된다. 이 탱크들은 4층짜리 본사 건물 밑에 있기 때문에 청소를 시작하려면 먼저 건물을 철거해야 한다. 그 다음에 30개 탱크들을 모두 파내서 처분하고 주위의 모든 흙을 청소해야 한다.

당신은 솔직히 세 명의 전임 CEO들이 자신의 재임 중에 이 상황에 대한 시정 노력을 기울이지 않은 데 경악했다. 본사 건물을 짓기 전인 15년 전에 이 문제를 시정했더라면 청소비용이 지금보다 훨씬 덜 들어갔을 것이다. 그러나 이 상황을 수습할 책임이 당신에게 맡겨졌다.

회사의 기술 담당자와 더불어 재무 담당자와 함께 오래 논의한 후 당신은 2년 뒤에 청소를 시작할 수 있을 것이라고 결정한다. 확실히 청소 시작을 기다릴수록 물 공급에 더 큰 위험이 가해진다. 청소를 시작하기 전에 자본을 조달해야 하는데 추가 주식 발행이 최선으로 보인다. 그러나 오염 문제를 지금 공개하면 주식 발행이 위험해질 수 있다. 당신은 기자 회견을 열어 화학물질 오염 사실을 비밀로 한 데 대한 당신의 역할을 해명해야 할지도 모른다는 생각에 밤잠을 이룰 수 없다.

이 상황에서 누가 이해관계자인가? 화학물질 오염과 공개에 관해 당신은 어떤 전략을 개발하겠는가? 당신은 이 오염에 대해 즉시 공개할 의무가 있는가? 월가는 이 뉴스에 대해 어떻게 반응하겠는가? 이 상황을 시정하려는 당신의 욕구가 2년 더 비밀로 유지하는 것을 정당화하는가?

이번 장의 앞에서 제시된 적절한 주의 이론을 생각해 보라. 소비자에 대한 적절한 주의와 환경에 대한 적절한 주의 사이에 유사점을 도출할 수 있는가? 이 가상 사례에서 언급한 폐기된 석유 탱크의 오염이 미국 회사의 해외 자회사에서 발생했는데 그 나라에는 그런 폐기를 금지하는 법률이 없다면 어떠한가? 그 회사의 CEO에게 이를 청소할 의무가 있겠는가? 미국 회사들은 해외에서 미국의 환경법을 지켜야 하는가? 어느 정도의 보호가 충분한 보호인가?

토론 문제

1. 존스 맨빌이 석면의 위험에 대해 오랫동안 침묵하게 하는 데 어떤 요인들이 기여했는가?

2. 당신은 윤리 문제를 다룸에 있어서 CEO의 품성과 기타 특성이 어떤 역할을 한다고 생각하는가?

3. 업계의 다른 회사들이 비윤리적으로 행동할 때 당신은 어떻게 그 추세에 대항해서 당신의 회사가 윤리적인 행동을 중시하게 할 수 있는가? 그것이 왜 중요한가? 그것이 당신 회사의 경쟁력을 저해하겠는가?

4. 당신이 이번 장에 묘사된 것과 같은 대기업의 CEO라고 상상하라. 이 회사의 평판이 더럽혀졌다면 이를 회복하기 위해 당신은 어떤 구체적인 조치를 취하겠는가?

5. 신상품을 출시할 때 어느 정도의 시험이면 충분한가?

6. 어떻게 다양한 이해관계자들의 이해의 균형을 유지할 수 있겠는가?

7. 당신은 장기 징역형이 기업 범죄를 막는 데 도움이 될 것으로 생각하는가?

8. 당신은 구글이나 페이스북 같은 테크놀로지 거인들이 당신의 개인 정보를 보호해 줄 것이라고 생각하는가? 당신의 개인 정보를 온라인에 포스팅하는 것은 통행량이 많은 고속도로 게시판에 포스팅하는 것보다 안전한가? 당신은 어떤 종류의 개인 정보를 세상과 공유해도 무방한가? 민감한 정보를 온라인상에 공유하면 개인적으로 어떤 위험이 있을 수 있는가?

9. 당신의 구매 의사 결정에서 회사의 평판은 어떤 역할을 하는가?

Chapter 11

글로벌 환경에서 윤리와
사회적 책임 관리하기

개요

　기업의 세계화가 진전됨에 따라 점점 더 많은 매니저들이 윤리적 도전
들로 가득 찬 국제적 환경에 놓였다. 자국의 문화에서 윤리 관리와 사회적
책임 관리가 벅찬 도전과제라면 문화와 언어가 다르고, 매니저의 스트레
스가 증가하고, 이해관계자 수가 크게 증가하는 해외에서는 어려움이 훨
씬 더 가중된다. 주요 이해관계자들에는 법률, 규정, 정책이 다른 다수의
정부들, 국내 또는 해외 비즈니스 파트너, 외국의 종업원들과 고객들, 그
리고 글로벌 비즈니스 윤리에 관심이 있는 미디어 · 학계 · 비영리기관 ·
종교 단체 · 정치 단체를 아우르는 용어인 시민 사회를 포함한다. 매니저
들이 이처럼 많은 이해관계자들을 다뤄야 한다는 사실만으로도 의사 결정
이 매우 복잡해진다. 그리고 글로벌 매니저들이 직면하는 이슈는 그들에
게 완전히 낯선 이슈일 수도 있다. 이러한 이슈에는 부패, 자금세탁, 전체
주의 정권 하에서의 인권, 작업장 조건, 환경 이슈, 현지 관습과 문화 존중
등이 포함된다.

　특히 개발도상국에서 기업인들은 자국의 윤리 기준과 달라서 자국 기준
과 현지 기준 중 어느 곳의 가치를 지지할지 결정하도록 도전하는 상태, 문

화, 관습과 규범에 직면한다. 이번 장에서는 해외 부임의 일반적인 어려움에 대해서 다룬다. 또한 국제 비즈니스 맥락에서 발생하는 주요 윤리 이슈들을 다룰 때의 특수한 도전에도 초점을 맞춘다. 이 이슈들에는 다른 문화에서 비즈니스 수행에 관한 개인의 의사 결정과 외국에서 비즈니스 수행여부, 수행 방법과 글로벌 비즈니스 환경에서 일하는 종업원들을 어떻게 인도할 것인가와 같은 윤리와 사회적 책임에 관한 조직의 의사 결정이 포함된다.

파견 매니저 개인

우리는 파견 매니저 개인, 해외 부임에 내재된 어려움, 문화에 대한 이해 · 감수성 · 개방성의 중요성을 중심으로 이 장을 시작한다.

해외 부임의 어려움

기업의 세계화로 문화적 배경이 다른 사람들 사이의 교류가 크게 증가했다. 이러한 교류는 단기 출장이나 몇 년 동안 계속되는 해외 부임 중에도 일어난다. 불행하게도 파견 매니저(와 그 매니저의 가족)가 해외 업무 환경에 적응하지 못해 해외 부임이 조기에, 그리고 실패로 끝나는 경우가 많다. 최근의 연구에 의하면 파견 매니저의 적응은 만족도, 부임지에 계속 머무르겠다는 의지, 직무 성과에 영향을 준다.[1]

구조, 교육 훈련, 지침의 필요성

연구에 의하면 미국 기업들은 대부분 해외에 파견된 매니저들에게 적절한 지원과 파견국의 문화에 대한 교육 훈련을 제공하지 않는다. 리서치에

---

1) P. Bhaskar-Shrinivas, D. Harrison, M. A. Shaffer, and D. M. Luk, "Input-Based and Time-Based Models of International Adjustment: Meta-analytic Evidence and Theoretical Extensions," Academy of Management Journal 48권 (2005), 257쪽.

의하면 해외 파견 종업원들은 직무와 관련된 목표와 기대에 대한 명확한 지침[2]뿐만 아니라 새 근무지의 생활 조건에 대한 현실적인 사전 지식[3]이 필요하다. 윤리 이슈들은 적절한 행동에 관한 모호성과 혼란에 기여하기 때문에 지침과 지원은 발생할 수 있는 윤리 이슈까지 확장되어야 한다. 또한 관련 연구는 파견국에 대한 문화 교육이 매우 효과적일 수 있음을 발견했다. 예를 들어 교육은 다음과 같은 효과를 거둘 수 있다.

- 파견 매니저들의 복지와 자신감 증대
- 파견국 국민들과의 관계 개선
- 파견국 구성원들에 대한 올바른 인식 개발
- 새로운 문화에 대한 적응 향상
- 성과 향상[4]

최근의 연구들은 일반적으로 파견 매니저들은 가족을 동반하기 때문에 본인의 교육과 더불어 배우자에 대한 교육과 지원 제공이 매우 중요하다고 제안한다. 배우자와 가족의 복지는 파견 종업원의 적응과 해외 임무를 계속 수행하려는 의지에 큰 영향을 준다.[5] 그리고 매니저의 직급이 높을수록 배우자가 회사의 '대사' 역할을 할 가능성이 높다.[6] 따라서 배우자가 새로

---

2) 앞의 글.

3) K. J. Templer, C. Tay, and N. A. Chandrasekar, "Motivational Cultural Intelligence, Realistic Job Preview, Realistic Living Conditions Preview, and Cross-Cultural Adjustment," Group and Organization Management 31권 (2006), 154-173쪽.

4) J. S. Black and M. Mendenhall, "Cross-Cultural Training Effectiveness: A Review and a Theoretical Framework for Future Research," Academy of Management Review 15권, no. 1 (1990), 113-136쪽.

5) M. A. Shaffer and D. Harrison, "Expatriates' Psychological Withdrawal from International Assignments: Work, Non work, and Family Influences," Personnel Psychology 51권 (1998), 87-118쪽.

6) M. A. Shaffer, D. A. Harrison, K. M. Gilley, and D. M. Luk, "Struggling for Balance and Turbulence on International Assignments: Work-Family Conflict, Support, and Commitment," Journal of Management 27권, no. 1 (2001), 99-121쪽.

운 환경에 성공적으로 적응할 필요가 있다.

연구 결과는 다른 사람들보다 타문화에 성공적으로 적응하는 사람들이 있음을 시사한다. 문화가 다른 상황에서 효과적으로 일할 수 있는 능력을 묘사하기 위해 문화 지능(cultural intelligence; CQ)이라는 용어가 사용되고 있다.[7] 문화 지능은 지식 요소(새로운 문화에 대해 알고 있는 내용과 배움에 대한 태도), 동기 요소(새로운 문화에 적응하려는 자신과 동기), 그리고 행동 요소(지식과 동기를 행동으로 전환할 수 있는 능력)와 관련한다. 세 요소 모두에 높은 문화 지능을 보이는 흔치 않은 사람들은 새로운 문화 환경에 쉽게 적응할 수 있는 독특한 능력을 갖고 있기 때문에 '문화 카멜레온'이라고 불린다.[8] 회사도 새로운 문화에 관한 정보를 제공함으로써 문화 지능 구성 요소의 첫 번째 부분에 도움을 줄 수 있다. 연구 결과는 문화 지능의 동기 측면이 높은 사람들, 즉 다른 문화 탐구에 대해 동기가 더 부여되어 있고 새로운 환경에 적응할 수 있다고 자신하는 사람들이 해외 발령에 더 잘 적응한다는 사실을 발견했다.[9] 따라서 회사는 종업원을 해외에 보내기 전에 문화 지능 수준을 평가해야 한다.

유창한 외국어 실력

외국어 교육은 개인의 국제 비즈니스 능력을 향상시킬 수 있는 교육 중 하나다. 언어는 생산적인 국제 비즈니스 관계에 기여할 수 있는 문화 학습의 필수 부분이다. 흥미롭게도 외국어 학습은 영어를 사용하지 않는 사람들이 영어를 사용하는 나라에서 비즈니스를 할 때 특히 중요하다. 영어를 모국어로 사용하는 사람들이 영어를 하지 못하는 사람들을 수용하는 것보

7) P. C. Earley, and S. Ang, Cultural Intelligence: Individual Interactions across Cultures (Stanford, CA: Stanford University Press, 2003).

8) P. C. Earley and E. Mosakowski, "Toward Cultural Intelligence: Turning Cultural Differences into a Workplace Advantage," Academy of Management Executive 18권 (2004), 151-157쪽.

9) K. J. Templer, C. Tay, and N. A. Chandrasekar, "Motivational Cultural Intelligence, Realistic Job Preview, Realistic Living Conditions Preview, and Cross-Cultural Adjustment," Group and Organization Management 31권 (2006), 154-173쪽.

다 영어를 사용하지 않는 사람들이 영어가 모국어이면서 자국의 언어를 배우지 않는 사람들을 더 잘 수용한다. 그렇기는 해도 파견 현지 언어를 배우려는 매니저의 노력은 일반적으로 해당 국가에 대한 매니저의 관심과 이를 이해하려는 의지에 대한 상징으로 여겨진다. 영어를 모국어로 사용하는 미국인들은 교역 상대방보다 외국어를 말하는 사람이 적으며[10] 미국인들이 이러한 '한 언어만 사용하는 거만함'에 대해 비싼 대가를 지불하고 있다고 주장하는 사람도 있다.[11]

언어의 유창함은 단어를 아는 문제만이 아니라 단어들이 특정 문화의 맥락 안에서 어떻게 사용되는지 아는 문제다. 예를 들어 일본을 방문해서 일본인 집주인과 좋은 관계를 맺기 위해 열심히 노력한 어떤 스코틀랜드인의 이야기가 있다. 몇 주 뒤에 그 일본인 집주인은 (일본말로) "제가 당신과 같이 자도 될까요?"라고 물었다. 다행히도 이 스코틀랜드인은 다문화간 소통에 익숙한 사람이어서 마음속으로는 집주인의 말이 무슨 뜻인지 이해하기 위해 머리를 굴리면서도 그 질문에 부정적으로 반응하거나 거절하지 않았다. 그는 혼란스러웠지만 이상해 보이는 요청에 동의했다. 일본인 집주인은 방문자의 방에 담요를 가져왔고, 두 사람은 아무 일없이 편안하게 잠을 잤다. 그는 나중에 일본인 집주인이 자기에게 최고의 경의를 표했음을 알게 되었다. 일본인들은 잠자는 동안 쉽게 살해될 수 있다고 믿는다. 그러므로 같이 자자는 요청은 전적인 신뢰 관계를 나타냈다.[12] 주의: 이제 이런 시도를 하지 않는 게 좋다. 학생들이 우리에게 지금 일본에서는 "당신과 같이 자도 될까요?"라는 말은 미국에서와 같은 뜻이라고 말해 줬다.

---

10) N. Adler, International Dimensions of Organizational Behavior (Boston: PWS Kent, 1992).

11) P. Simon, The Tongue-Tied American: Confronting the Foreign Language Crisis (New York: Continuum Publishing, 1980).

12) H. C. Triandis, R. Brislin, and C. H. Hui, "Cross-Cultural Training across the Individualism-Collectivism Divide," International Journal of Intercultural Relations 12권 (1988), 269-289쪽.

문화에 대해 배우기

이 책의 앞부분에서 조직 문화에 대해 얘기했다. 여기서는 '집단적인 정신의 프로그래밍'[13]이라고 정의되는 국가의 문화에 초점을 맞춘다. 문화에 대한 정의는 믿음의 양상이 국가마다 다르며 개인들이 이것을 사용해서 세상을 해석하고 행동을 인도함을 시사한다. 해외에서 근무하는 개인이 그 나라의 특수한 믿음과 행동 양상을 이해하지 못하면 자신의 경험을 순전히 자국 문화의 관점에서 해석할 것이고 따라서 불가피하게 잘못 해석하고 오해할 수 있다.

이 집단적인 정신의 프로그래밍이 어떻게 오해로 이어질 수 있는지 이해하기 위해 헤이르트 호프스테드[14]가 개발한 국제 비즈니스 윤리 이해와 관련이 있는 문화의 두 측면에 초점을 맞출 것이다.[15] 해외 사업장을 이끄는 독자들에게는 해외 비즈니스 경험의 다른 측면들과 관련이 있는 또 다른 차원들에 대해 배우도록 권장한다.

개인주의/집단주의   개인주의는 사람들이 자신을 주로 자신과 직계 가족에 대해 책임이 있는 자율적인 개인으로 생각하는 정도를 나타낸다. 개인주의는 개인의 목표보다 집단의 목표를 강조하고 개인의 업적보다 집단의 화합을 강조하는 집단주의와 비교된다. 미국인, 캐나다인, 호주인, 그리고 대부분의 북유럽인들은 개인주의자들이다. 그들은 자신을 개인의 특성과 업적이라는 관점에서 정의하며 일반적으로 집단의 화합보다 개인의 복지를 중시한다. 예를 들어 미국인들은 개인의 성취와 독립적으로 좋은 결정

13) G. Hofstede, Culture's Consequences: International Differences in Work-Related Values (Beverly Hills, CA: Sage, 1980).

14) 위의 책.

15) N. Adler, International Dimensions of Organizational Behavior (Cincinnati, OH: South-Western College Publishing, 1997); S. J. Carroll and M. J. Gannon, Ethical Dimensions of International Management (Thousand Oaks, CA: Sage, 1997).

을 내리는 개인의 능력을 칭찬한다. 그들은 가장 높은 교육을 받고 직업상의 성취를 이룬 사람들을 고용하려 한다.

대부분의 아시아와 라틴 아메리카인 국가들은 집단주의 사회를 대표한다. 그들은 집단에 대한 순종을 중시하며 자신을 소속 집단과 이 집단의 성공에 대한 자신의 기여 측면에서 정의한다. '튀어 나온 못은 두드려 맞는다.'는 동양 속담은 이러한 집단주의에 대한 지향을 반영한다. 집단주의 문화에서의 채용도 자격에 기초하기는 하지만 동료들과 잘 화합할 수 있는 능력과 공동 의사 결정을 잘할 수 있는 능력이 개인의 기술적인 능력만큼이나 중요하다. 지원자 또는 지원자의 가족을 안다는 것은 중요한 '자격'의 하나로 여겨지며, 가족 구성원 채용이 보편적이고 또 그럴 것으로 예상된다. 문화적 지식이 없는 미국인은 채용에 대한 이러한 접근법을 옳지 않다(편견이 있고 차별적이다)고 여길 것이다. 실제로 많은 미국 회사들은 정실주의를 금지하는 규칙을 두고 있다. 그러나 집단주의자는 미국의 개인주의자적인 채용 방법을 옳지 않다(비효과적일 뿐 아니라 친구 및 가족에게 불충실하다)고 여길 것이다. 집단주의자에게는 누군가를 아는 것이 그 사람이 믿을 만하고 집단 안에서 다른 사람들과 잘 어울릴 것이라는 점을 담보하기 위한 가장 좋은 방법이다. 또한 일본과 같은 집단주의 문화에서는 선물을 주는 것은 관계 구축의 중요한 부분으로 간주된다. 선물을 주는 것은 해당 집단으로부터 받아들여지고 그 집단의 구성원이 되기 위한 중요한 단계일 수도 있다.[16] 개인주의 문화에서는 선물을 주는 것은 뇌물(개인의 비즈니스 의사 결정에 영향을 주려는 시도)로 간주될 가능성이 높다.

개인주의와 집단주의 사이의 차이가 윤리 관리에 어떻게 영향을 줄 수 있는지 고려해 보자. 많은 회사들은 윤리와 법규 준수 관리 차원에서 종업원들에게 그들이 목격하는 비리를 보고하도록 장려하는 공식 보고 시스템

---

16) H. C. Triandis, R. Brislin, and C. H. Hui, "Cross-Cultural Training across the Individualism-Collectivism Divide," International Journal of Intercultural Relations 12권 (1988), 269-289쪽.

(핫라인 또는 헬프 라인)을 두고 있다. 그런 시스템은 집단주의자들에게는 불쾌할 수도 있다. 집단주의자들은 이러한 시스템이 너무 비인간적이고 한 사람을 가려내 비난하는 데 초점을 맞추며 결과적으로 그 개인이 망신을 당하게 될 것이라고 생각할 것이다. 집단주의 문화에서는 규칙 위반자가 행동 방식을 바꾸고 생산적인 집단 구성원으로 돌아오도록 도와주기 위한 비공식 시스템이 더 좋은 효과를 낼 수도 있다.[17]

권력 거리　권력 거리는 사회 구성원들이 자기 조직과 사회에서 계층적 또는 불평등한 힘의 분배를 받아들이는 정도를 나타낸다. 사회에서 권력 거리가 멀다는 것은 불평등에 대한 수용 및 사회적 지위 또는 계급의 테두리에 대한 존중을 반영한다. 이런 문화에서 상사는 상사이기 때문에 권력을 갖는다는 아이디어를 받아들일 가능성이 높으며, 상사를 우회하는 것은 불복종으로 간주된다. 이런 사회에서는 직위, 지위, 공식성이 중요하며, 지위가 높은 사람들에게는 행동에 훨씬 많은 재량권이 주어진다. 예를 들어 미국 대통령 리처드 닉슨이 사임을 요구받았을 때, 권력 거리가 먼 문화의 구성원들은 이를 이해하기 어려웠다. 그들은 닉슨이 지위가 높은 대통령이라는 사실에 초점을 맞췄다.[18] 반면에 미국인들은 닉슨의 지위나 직책에 관계없이 워터게이트와 관련된 비리에 초점을 맞췄을 가능성이 있다. 권력 거리가 가장 먼 국가들은 인도, 필리핀, 멕시코, 베네주엘라 등이다.

　권력 거리가 가까운 문화들은 지위와 계급 구분을 덜 강조할 가능성이 있다. 미국, 이스라엘, 그리고 (프랑스와 벨기에를 제외한) 대부분의 북유럽 국가들은 권력 거리가 가깝다. 이들 국가에서 종업원들은 단지 상사라는 이유가 아니라 상사가 지식이 있기 때문에 상사의 권력을 받아들인다. 그러므로

---

17) G. Weaver, "Ethics Management in Multinational Firms: Culture-Structure Contingencies," 1993년에 조지아 주 애틀랜타에서 개최된 Academy of Management 회의 발표 논문.
18) H. C. Triandis, "A Theoretical Framework for the More Efficient Construction of Culture Assimilators," International Journal of Intercultural Relations 8권 (1984), 301-330쪽.

권력 거리가 가까운 국가의 종업원들은 보다 더 상사의 권위에 의문을 제기하거나 비윤리적인 매니저에 대해 내부고발을 할 수도 있다.

선택적 인식의 힘 깨닫기

인간은 끊임없이 정보의 폭격을 받고 있다. 따라서 정보를 선택적으로 인식하지 않으면 완전히 압도당할 것이다. 이러한 선택적 인식 과정은 문화에 의해 영향을 받는다. 예를 들어 집단주의 문화에서는 사람들이 행동보다 사회적 관계에 주의를 더 많이 기울인다. 그리고 유교 철학에서는 가족을 우선하는 것이 특히 칭찬받는다. 그렇다면 가까운 친척이 범죄를 저지르면 어떻게 해야 하는가? 연방 교도소 수감자 한 명이 펜실베이니아 주립대학교 학생들에게 자신의 수감 이유에 대해 얘기했다. 교육 수준이 높고 달변인 그는 성공적인 뉴욕의 임원이었다. 그와 아내는 아내의 조카가 약물을 복용하는 등 인생의 어려움을 겪고 있을 때 묵을 곳을 제공함으로써 도움을 주었다. 그런데 그 조카가 집 전화로 마약을 팔고 있었다. 이 부부는 마약 거래를 알면서 도왔다고 비난받았고, 공모했다는 혐의를 받았다. 두 사람은 기소되어 장기 징역형을 선고받았다. 이 말을 들은 아시아 출신 학생들은 조카를 도와줬다는 이유로 투옥된 것에 대해 놀랍다고 말했다. 아시아에서는 가족 관계가 범죄보다 더 중요했으며 이 사실이 아시아 학생들이 이 이야기를 받아들이는 방식에 영향을 주었다. 그러므로 다른 나라를 방문하는 사람은 본국에서는 중요하지만 그 나라에서는 중요하지 않을 수 있는 사항들을 알아차릴 수도 있다는 점을 인식해야 한다. 또한 방문자는 선택적 인식 때문에 자신이 방문한 나라에서는 중요한 행동, 역할, 가치를 간과할 가능성이 있다. 이런 사항들은 본국에서는 중요하지 않아서 알아차리지도 못한다. 또한 해당 국가의 구성원들도 똑같이 선택적으로 인식해서 방문자에게 매우 중요한 것으로 보이는 사항들을 알아차리지 못하는 경우도 있을 것이다.[19]

매니저들은 효과적인 다문화 교육을 통해서 그렇지 않았더라면 무시되었을 사항들에 조심하도록 준비할 수 있으며 자신의 국제 비즈니스 경험을 보다 더 특정 문화의 신념에 비춰 해석할 수 있게 될 것이다. 해석에 따라 행동이 달라질 가능성이 있기 때문에 이러한 해석은 매우 중요하다.[20]

행동의 일관성 가정

그러나 문화를 이해한다 해서 성공이 보장되지는 않는다. 국제 비즈니스 수행에 관한 많은 이론과 연구들은 문화적 행동(사람들이 그들 자신의 환경에서 생각하고 행동하는 방식)을 이해하면 특정 집단 구성원들이 문화적 이방인과 관련해서 어떻게 행동할지 이해할 것이라는 부정확한 핵심 가정에 근거하고 있다. 달리 말하자면 내가 일본 문화를 더 잘 이해하면 일본인 거래처들이 내게 어떻게 행동할지, 내게 무엇을 기대할지 등에 대해 예측할 수 있다는 것이다. 그리고 내가 이 모든 것을 이해하면 그들과의 관계에서 어떻게 행동할지 알게 된다는 것이다.

그러나 사람들은 놀라우리만큼 적응력이 높으며 당신이 그들을 이해했다고 생각할 바로 그때 그들이 행동을 바꿀 수도 있다. 다른 문화 출신의 사람들은 당신이 그들과의 관계에서 어떻게 행동해야 할지 이해하기 위해 노력하는 만큼 당신과의 관계에서 어떻게 행동해야 할지 이해하기 위해 노력하며, 그 결과 그들이 행동을 바꿀 수도 있다. 한 동료가 자기 대학의 경영학 교수들과 철학 교수들 사이의 회의에 관한 이야기를 들려줬다. 두 부서 사이의 문화 차이를 인식한 철학 교수들은 이 모임을 위해 간편복 대신 정장 차림을 했다. (빳빳한 셔츠를 입고 넥타이를 맸다.) 경영학 교수들은 모두 청바지를 입고 나왔다. 이 이야기의 교훈은 사람들은 다른 사람들이 자신에게 기

---

19) R. D. Albert, "Conceptual Framework for the Development and Evaluation of Cross-Cultural Orientation Programs," International Journal of Intercultural Relations 10권 (1986), 197-213쪽.
20) 위의 글.

대한다고 믿는 바에 따라 행동을 적응시키기 때문에 예측하기 어렵다는 것이다.

이러한 연구로부터 무엇을 배울 수 있는가? 다른 문화에 대해 배우는 것만으로 충분하다고 가정하지 마라. 당신이 비즈니스 관계에서 상대하는 외국인들은 당신을 대할 때 자기 나라 사람들을 대하는 것과 다르게 행동할 수도 있기 때문에 그들의 문화 규범과 행동에 대한 이해는 출발점일 뿐이다. 당신이 상대하는 외국인들은 당신에게서 기대하는 것에 근거해서 행동을 적응시킬 수도 있다. 그러므로 그때그때 상황에서 배울 수 있도록 유연하고 개방적이어야 한다. 다문화 경험에 대해 준비하면서 가장 중요한 배울 점 중 하나는 아마도 당신이 완전히 준비되지 못하리라는 점이다. 놀랄 일들이 있을 것이고 날마다 더 배우고 이해할 기회가 있을 것이다.[21] 성공적인 국제적 기업인은 개방적이고, 유연하고, 모호성에 대해 포용적이어야 한다.

문화적 동질성 가정

또한 한 문화 안에서의 동질성, 즉 특정 문화에 속한 개인들이 모두 같다는 가정도 하지 말아야 한다. 누군가가 미국인들은 모두 미국 영화에 나오는 인물들과 같다고 가정한다고 상상해 보라. 확실히 이런 종류의 단순한 사고와 고정관념화는 매우 부정확한 기대로 이어진다. 어떤 문화에서도 같은 문화 내에서 개인의 특성과 경험은 아주 다르고, 이는 행동상의 차이로 이어진다. 예를 들어 미국에서 MBA 학위를 취득한 일본인 사업가는 일본을 떠나 본 적이 없는 일본인 사업가와는 매우 다르게 행동할 수 있다.[22] 당신이 상대하게 될 개인들에 관해 가능한 많이 배우라. 가장 효과적인 국제적 매니저들은 반대 증거에 비춰 고정 관념을 수정하거나 완전히 버리는

---

21) 앞의 글.
22) 앞의 글.

사람들이다.

유사성 가정

문제가 있는 또 하나의 가정은 문화적 유사성 가정이다. 많은 회사들이 보다 익숙한 문화에서 보다 쉽게 성공할 것으로 믿기 때문에 자국과 유사하다고 믿는 국가에서 국제화 과정을 시작한다. 그러나 연구에 의하면 이처럼 문화가 유사하다고 인식한 매니저들은 문화 차이 존재에 대해 준비할 가능성이 낮아지기 때문에 좋은 성과를 내지 못할 수 있다.[23] 연구자들은 이를 심리적 거리의 역설이라고 부른다. '심리적으로 가까운' 국가에서 사업하는 것은 실제로 매우 어려울 수 있다. 미국 소매 시장에 진출하는 캐나다 소매업자에 대한 연구는 익숙함이 종종 부주의로 이어짐을 발견했다. 캐나다 소매 회사들의 의사 결정자들은 미국 시장은 캐나다 시장과 매우 유사하며 캐나다에서 통했던 방식이 미국에서도 통할 것이라고 예상했다. 그래서 그들은 미국 소매 문화를 이해하기 위해 열심히 노력하지 않았고 정보를 잘못 해석하는 경향이 있었다. 그러므로 당신이 당신의 나라와 유사하다고 생각하는 나라로 발령을 받더라도 두 나라의 문화가 유사하다고 가정하지 마라. 당신이 더 많이 다르다고 인식하는 나라에 발령받았더라면 준비했을 것과 같이 그 나라에서 사업을 하는 것에 관해 할 수 있는 한 많은 것을 알아보라.

윤리 관련 교육과 지침   해외에 부임하려면 윤리와 관련된 보다 구체적인 교육을 받을 필요가 있다. 해외 부임을 위한 윤리 교육은 특정 환경에서 발생할 가능성이 있는 윤리 이슈를 인식하는 방법, 특정 국가에서 협상하는 방법, 뒷돈과 뇌물 요구에 대처하는 방법, 그리고 그 나라에서 사업을

---

23) S. O. O' Grady and H. W. Lane, "The Psychic Distance Paradox," Journal of International Business Studies 27권 (1996), 309-333쪽.

윤리적으로 영위하는 방법과 관련 있는 사항 등의 주제들을 다뤄야 한다.

윤리 이슈 인식하기와 다루기　발령국가 문화 일반에 대한 교육을 넘어서 비즈니스 윤리 신념과 관행에 관한 교육이 필수적이다. 첫째, 파견 매니저는 특정 기업과 문화에서 발생할 수 있는 윤리 이슈를 인식할 준비가 되어 있어야 한다. 본국의 윤리 이슈가 산업(예를 들어 제조업, 은행업, 방위 산업)마다 다르고 직종(예를 들어 마케팅, 회계, 구매)마다 다소 다르듯이 발생할 수 있는 윤리 이슈는 문화마다 다르다. 어떤 나라에서는 종업원에 대한 처우(예를 들어 아동 노동, 노동자 안전)가 더 큰 문제인 반면 다른 나라에서는 유해 쓰레기 처분 문제가 발생할 가능성이 더 높을 수도 있으며, 또 다른 나라에서는 뇌물이 더 큰 문제일 수도 있다.

둘째, 파견 매니저는 보다 모호한 국제 비즈니스 맥락에서 윤리적인 결정을 내리게 해 줄 도움을 필요로 한다. 지역사회 공동체의 기준에 익숙한 본국에서는 「뉴욕 타임즈」 테스트 같은 간단한 가이드라인에 의존하기가 보다 쉽다. (2장에서 설명한 공개 규칙을 기억하라.) 그러나 본국 문화의 규범이 파견국 문화의 규범과 충돌할 때에는 간단한 가이드라인으로는 부족하다.[24] 개별 파견 매니저들이 낯선 상황에서 스스로를 방어하도록 방치되어서는 안 된다. 조직이 그들에게 지침을 제공하고 미지의 윤리 해역을 항해하도록 도움을 줘야 한다.

다른 문화권에서 협상하기　해외 무역, 합작 회사, 기타 조직 간의 합의가 많아짐에 따라 비즈니스 협상 빈도도 증가하고 있다. 자신의 언어와 문화권에서 일할 때에도 효과적인 협상자가 되려면 최고의 감수성, 이해력과

---

24) T. Donaldson, "When in Rome, Do . . . What? International Business and Cultural Relativism," The Ethics of Business in a Global Economy, P. M. Minus 편 (Boston: Kluwer, 1992), 67-78쪽에 수록된 글.

소통 기술이 필요하다. 국제 비즈니스 환경에서 협상할 때에는 이러한 요건들이 더욱더 필요하다.

문화 차이는 협상 목적에 대한 인식, 협상 스타일, 선호되는 갈등 해결 방법에 영향을 준다. 예를 들어 집단주의 문화에서는 사람들이 협상의 목적을 관계 구축으로 볼 수도 있고 협상자들이 갈등을 직접적으로 드러내기를 꺼릴 수도 있다. 요청을 받아들일 수 없다고 생각하는 일본의 협상자는 갈등이 있다는 인상조차 피하기 위해 "귀하의 요청을 신중하게 고려하겠습니다."라고 말할지도 모른다. 또 다른 집단주의자는 그런 말을 '안 됩니다.'로 인식할 가능성이 높지만, 미국인은 '이 문제를 나중에 다시 논의해야 한다.'는 뜻으로 해석할 수도 있다. 그 미국인이 나중에 이 문제를 제기해서 협상 상대방이 실제로는 '안 됩니다.'를 의미했다는 것을 발견하면 이 협상 전술을 정당하지 않다고 인식할 것이다. 마찬가지로 갈등이 일어났을 때 이러한 갈등이 어떻게 해결되어야 하는지에 대한 선호도 다르다. 예를 들어 집단주의자는 중재와 같은 방법을 선호하는데 이러한 접근법은 보다 조화로운 관계로 귀결될 가능성이 높기 때문에 어느 정도의 타협을 수반한다. 미국인과 같은 개인주의자는 판결이 보다 공정하다고 인식하기 때문에 판결을 선호한다.[25]

문화 간 협상 스타일과 전술의 차이를 상세히 조사한 연구들이 많이 있다.[26] 윤리에 초점을 맞추는 이 책의 내용과 가장 관련이 있는 연구는 '더러운 속임수'와 '반대자가 바람직하지 않은 양보와 합의를 하도록 압박하기 위한 전술'인 '심리전' 협상 전술 사용에 대한 이해다.[27]

---

25) R. Cropanzano (편), Justice in the Workplace: From Theory to Practice (Mahwah, NJ: Erlbaum, 2001); K. Leung, "Some Determinants of Reaction to Procedural Models for Conflict Resolution: A Crossnational Study," Journal of Personality and Social Psychology 53권 (1987), 898-908쪽.

26) N. Adler, International Dimensions of Organizational Behavior (Cincinnati, OH: South-Western College Publishing, 1997).

27) 위의 책, 219쪽.

어떤 협상에서든 더러운 속임수를 사용할 수는 있지만 오해 가능성 때문에 국제 협상에서는 문제가 더 복잡해진다. 예를 들어 브라질 사람들은 일반적으로 잘 알지 못하는 사람들과 협상할 때에는 속임수를 예상하기 때문에 초기 협상 단계에서는 미국인들보다 속임수를 사용할 가능성이 더 높다.[28] 따라서 미국인 협상자가 브라질인 상대방과 협상할 때에는 속임수가 초기 협상의 일부분이라고 예상하는 것이 현명할 수도 있다.

의도적인 속임수로 보이는 것이 사실은 그렇지 않을 수 있음을 아는 것도 중요하다. 동유럽 사람들은 일반적으로 뭔가 변화를 주려면 상사에게 확인을 받아야 한다. 그러나 미국인들은 협상 테이블에서 중요한 결정을 할 폭넓은 권한을 갖는다. 이런 지식이 없으면 미국인은 동유럽인이 자신의 권한은 한정적이라는 말을 사실은 그렇지 않은데 속임수를 시도하려는 것으로 해석하기 쉽다.

심리전('다른 사람을 불편하게 만들기 위해 고안된 전술'[29]로서 협상을 빨리 마무리하기 원하는 전술)도 문화마다 의미가 다르다. 예를 들어 미국인은 너무 많은 신체 접촉이나 눈 맞춤에 대해 극도로 불편해질 수 있다. 심리전과 전형적인 문화적 행동 표출을 구분할 줄 알아야 한다. 예를 들어 라틴 아메리카인은 미국인이나 캐나다인보다 신체 접촉을 더 많이 하고 미국인이나 캐나다인은 스칸디나비아인보다 신체 접촉을 많이 한다. 아랍인들은 미국인들보다 눈 맞춤을 더 많이 하고 미국인들은 일본인들보다 눈 맞춤을 더 많이 한다. 자신이 상대하고 있는 문화를 이해하면 협상자가 이런 유형의 행동을 올바르게 해석하도록 준비하는 데 도움이 된다. 각 당사자가 상대방의 문화를 더 많이 알수록 협상 스타일과 전략 면에서 더 많은 대안을 사용할 수 있다. 그러나 협상자들이 상대방의 문화에 문외한이라면 각각을 대표할 대리인을 고용하는 것이 최선일 것이다.[30]

---

28) 앞의 책.
29) 앞의 책.

뒷돈과 뇌물에 대처하기　아마도 해외에서 일하는 미국 기업인들에게 가장 빈번한 걱정의 원천은 뒷돈과 뇌물에 대한 기대일 것이다. 뇌물은 판매를 확보하거나 개인 또는 조직(흔히 정부 관료)으로부터 승인이나 도움을 얻기 위해서 누군가에게 금품을 지급하는 것이다. 뇌물은 아시아, 아프리카, 라틴 아메리카, 그리고 중동 문화에서의 상거래에서는 일상적이지만 이러한 국가에서도 뇌물 수수 관행은 대개 법률 위반이라는 점을 주목할 필요가 있다.

많은 기업인들은 외국 공항에 도착하자마자 정부 관리가 손을 내밀고 호텔에 상품 견본 배달을 촉진하기 위해서는 급행료를 지급할 필요가 있다는 말을 들었다. 급행료를 지급하지 않으면 상품도 배달되지 않는다고 한다. 준비를 제대로 하지 않으면 해외 파견 종업원은 어떻게 해야 할지 당황한다. 이 나라의 문화에서 이런 요청의 의미는 무엇인가? 뒷돈을 주면 미국 법률이나 현지 법률을 위반하게 되는가? 현지의 관습은 무엇인가? 얼마나 많은 돈이 기대되는가? 급행료를 지급하면 어떻게 되는가? 지급하지 않으면 어떻게 되는가? 이 돈을 지급하면 정말 일이 진척될 것인가? 지금 지급하면 다음번에는 더 많은 돈을 요구하게 되지는 않을 것인가? 이 문제를 해결하기 위해 중재인을 고용하는 것이 합법적인가?(일반적으로 그렇지 않다.) 내게 어떤 대안들이 있는가? 일이 지연되면 회사는 어떤 반응을 보일 것인가?

1970년대에는 미국의 다국적 기업들 사이에 외국 관리들에게 거액의 뇌물을 주는 관행이 만연한 것으로 밝혀졌다. 예를 들어 1960년대 중반에, 한국의 한 주요 정당이 걸프 오일에게 1천만 달러의 기부를 요구했다. CEO가 개인적으로 협상해서 지급액을 4백만 달러로 줄였지만 이는 그래도 큰 돈이다.[31] 이런 스캔들에 대응해서 미국 의회는 1977년에 해외부패방지법

---

30) 앞의 책.

31) H. M. Tong and P. Welling, "What American Business Managers Should Know and Do about International Bribery," Baylor Business Review, 1981년 11월-12월호, 8쪽.

을 통과시켰다.[32] 이 법은 미국 기업을 대표하는 자가 수령인이 권한 있는 지위를 남용하여 그 기업이 비즈니스를 획득, 유지, 보유하도록 지원하게 교사할 목적으로 해외 정당, 공직 선거 입후보자, 또는 정부 관리에게 '부패한 지급'을 제안하거나 제공하는 것을 금지한다.[33]

이 법은 하위직급 관리에 대한 소액의 지급을 허용한다. 관리들이 그들의 정상적인 사무 또는 행정 사무를 더 빨리 또는 더 잘 수행하도록 설득하기 위해 이러한 소위 급행료 지급이 필요할 수도 있을 것이다. 미국인들은 이러한 급행료 지급을 팁, 즉 정중하거나 효율적인 서비스를 확보하기 위해 관련된 개인에게 지급하는 소액의 웃돈으로 생각할 수도 있다. 급행료로 분류되기 위해서는 급행료 제공이 최종 결정 또는 결과를 중대하게 변경시키지 않아야 한다. 그러나 그러한 지급이 불법인 나라가 있기 때문에 당신이 사업을 영위하고 있는 국가에서 급행료 지급이 불법인지 여부에 대해서 아는 것이 중요하다. 돈을 지급하지 않았더라면 내리지 않았을 결정을 내리도록 고위직 관리에게 돈을 지급하면 이는 해외부패방지법 위반이며 자유 시장 시스템 파괴로 간주된다. 기업은 그런 거래의 모든 기록을 유지해야 하며 이런 거래들은 세법상 비용으로 인정되지 않는다.

이 법이 당신을 위해 대신 지급하는 중개인에게도 적용된다는 점에 주의하라. 따라서 이런 지급을 위해 대리인을 고용할 수는 없다. 강압에 의한 지급은 예외가 적용되며 해외부패방지법은 이를 금지하지 않는다. 예를 들어 회사 임직원이 소말리아 해적에게 납치되어 보석금을 지급할 때

---

32) Report to Congress: Impact of Foreign Corrupt Practices Act on U.S. Business, 1981년 3월 4일 (Washington, D.C.: U.S. Government Accounting Office, 1981).

33) J. Behrman, Essays on Ethics in Business and the Professions (Englewood Cliffs, NJ: Prentice-Hall, 1988); R. Grosse and D. Kujawa, International Business (Boston: Irwin, 1992); A. W. Singer, "Ethics: Are Standards Lower Overseas?" Across the Board, 1991년 9월, 31-34쪽, 그리고 Criminal Division of the U.S. Department of Justice와 the Enforcement Division of the U.S. Securities and Exchange Commission. 2012년. FCPA A Resource Guide to the U.S. Foreign Corrupt Practices Act. www.justice.gov/criminal/fraud/fcpa and www.sec.gov/spotlight/fcpa.shtml.

까지 억류되어 있을 경우 회사가 그 보석금을 지급하더라도 법률에 위배되지 않는다.[34]

최근에 해외부패방지법 집행이 강화되었다. 법무부의 조사는 비용과 시간이 많이 소요되기 때문에 많은 회사들은 부적절하다는 인상조차 피하기 위해 열심히 노력한다. 유죄 평결은 일반적으로 파괴적인 결과를 가져온다. 예를 들어 1995년에 록히드 코퍼레이션은 이집트의 한 국회의원에게 100만 달러의 뇌물을 주기 위해 공모한 데 대해 유죄를 인정했다. 이 회사의 벌금과 범칙금이 총 2,480만 달러에 달했다. 또한 록히드의 전 임원 한 명은 18개월의 징역형을 선고받았다.[35]

최근의 예로는 월마트 멕시코 법인에서 그렇지 않았더라면 불가능했을 매장 건물 부지를 얻기 위해 여러 해 동안 뇌물을 지급한 혐의로 월마트의 이름이 뉴스에 오르내렸다. 「뉴욕 타임즈」의 혹독한 한 보도에 따르면 "월마트 멕시코는 공격적이고 창의적인 매수자로서 그렇지 않았더라면 법률이 금지했을 것을 얻기 위해 거액의 뇌물을 제공했다." (아마 이에 관련된 매니저가 「뉴욕 타임즈」 테스트를 사용했더라면 이러한 관행에 관여하지 않았을 것이다.) 「뉴욕 타임즈」는 월마트가 "뇌물을 사용해서 민주적 거버넌스(대중의 투표, 공개 토론, 투명한 절차)를 파괴했다. 월마트는 뇌물을 사용해서 안전하지 않은 건축으로부터 멕시코 시민들을 보호하기 위한 규제상의 보호 장치들을 비켜갔다. 이 회사는 뇌물을 사용해서 라이벌들에게 선수를 쳤다."라고 보도했다. 이 신문은 또한 이에 대해 알게 된 월마트 임원들은 이 뇌물 스캔들을 당국에 보고해야 했음에도 불구하고 은폐를 시도했다고 주장했다. (이 책을 집필하고 있는 현재) 증권 거래위원회와 미국 법무부에서 이에 대해 조사 중이다. 월마트는 그 문제

34) J. Nelson, "29 Countries Commit to Pact against Bribery," Los Angeles Times, 1997년 11월 21일, 1쪽.

35) A. Carroll, Business and Society: Ethics and Stakeholder Management (Cincinnati, OH: South-Western Publishing, 1989).

를 인정하고 광범한 자체 조사를 진행 중인데, 이 회사는 다른 지역에서도 뇌물을 지급한 사실이 밝혀질지도 모른다고 말했다.[36] 또한 이 회사는 정부 조사관들에게 협조하고 있으며 교육, 감사, 그리고 해외부패방지법 준수 업무를 전담할 종업원 채용 등 내부 통제를 강화하고 있다.[37]

일반적으로 평판이 좋은 회사들도 뇌물 문제에서 면제되지 않는다. 대다수 회사들은 기소를 피하기 위해 문제를 알게 되면 이를 당국에 자진 보고한다. 예를 들어 존슨 앤 존슨은 2007년에 자사 의료 장치 부문에서 해외 관리에게 뇌물을 지급한 사실을 자진 통보했으며, 한 상위 임원이 해임되었다.[38]

미국 기업인들은 일반적으로 미국 법률과 현지 법률에 일치하고 누구에게도 불법적인 지급을 하지 않는 방식으로 비즈니스를 수행하는 것을 선호한다. 그러나 뇌물을 금지하는 현지 법률에도 불구하고 다수의 국가에서는 수백 년 묵은 뇌물과 뒷돈 지급 관행이 계속되고 있다.[39] 따라서 미국 기업인들은 종종 자신이 그런 지급을 하지 않을 경우, 특히 경쟁자들이 그런 지급을 하면 자신이 경쟁상 불리한 입장에 놓이게 된다고 생각한다. 미국 회사들은 해외부패방지법에 의해 제약되어 있는 반면 다른 나라 회사들은 그렇지 않기 때문에 미국 회사들이 효과적으로 경쟁할 수 없다고 주장하는 사람도 있다.[40] 예를 들어 해외부패방지법이 통과된 뒤 부패한 국가들에 대한 미국의 직접 투자와 수출은 감소한 반면 그 국가들에 대한 해외 경쟁국

---

36) http://www.nytimes.com/2012/05/18/business/wal-mart-concedes-bribery-case-may-widen.html?pagewanted=all.

37) A. Martin, "Wal-Mart Vows to Fix Its Controls," 2012년 4월 24일, http://www.nytimes.com/2012/04/25/business/wal-mart-says-it-is-tightening-internal-controls.html.

38) C. Bowe, S. Davoudi, and S. Kirchgaesner, "J&J Acts to Push Its Reputation Back into Joint," Financial Times, 2007년 2월 15일, 22쪽.

39) J. A. Fadiman, "A Traveler's Guide to Gifts and Bribes," Harvard Business Review, 1986년 7월-8월호, 122-134쪽.

40) G. Koretz, "Bribes Can Cost the U.S. an Edge," Businessweek, 1996년 4월 15일, 30쪽.

회사들의 투자와 수출은 증가했다.[41] 미국 다국적 기업들의 로비로 1988년에 FCPA가 개정되어서 미국 대통령에게 부패를 줄이기 위한 국제 협력을 추구하도록 요구하는 조항이 포함되었다. 그 결과 공정한 경쟁의 장을 만들기 위한 많은 국제적인 노력이 취해졌다(이에 대해서는 뒤에서 다룰 것이다).

2012년 12월에 미국 법무부와 SEC는 FCPA 집행에 관해서 각 회사들에게 지침을 제공할 목적으로 130쪽짜리 보고서를 발표했다. (이 보고서는 https://www.sec.gov/spotlight/fcpa/fcpa-resource-guide.pdf에서 구할 수 있다.) 이 보고서는 현행법 하에서 허용되는 행위와 허용되지 않는 행위에 대한 많은 예를 담고 있다. 해외에서 비즈니스를 하는 사람은 누구나 이를 읽어보는 것이 좋을 것이다.

다른 국가들, 특히 유럽 국가들도 반부패법을 통과시키고 있다. 예를 들어 영국은 해외 계약을 따내기 위해 인센티브를 지급하는 것을 범죄로 규정하며 테러, 범죄 방지 및 안전법에서는 정부 관리를 포함한 해외 관리들에게 뇌물을 주는 것도 불법으로 규정한다. 2010년에 제정된 보다 광범위한 영국 뇌물법은 FCPA보다 더 엄격하기 때문에 전 세계 회사 변호사들의 주목을 끌었다. 영국 뇌물법은 복잡하지만 여기에서 몇 가지만 강조한다. 이 법은 영국의 어느 곳에서라도 비즈니스를 수행하는 모든 자(즉, 대부분의 회사)에게 적용되며 정부 관리에 대한 뇌물뿐 아니라 상거래에서의 뇌물도 금지한다. FCPA가 허용하는 급행료 지급도 허용하지 않는다. 마지막으로 뇌물을 받거나 수락하는 것도 불법이다.[42]

1999년에 독일은 뇌물을 금지하는 국제 관습에 합류했다. 또한 프랑스와 독일은 현재 비즈니스를 따내기 위해 해외 관리나 임원들에게 지급한 '커미션'에 대한 세법상 경비 인정을 금지하는데 이는 종전에는 합법적이

---

41) 앞의 글.
42) M. Weinstein, R. Meyer, J. Clark, "The UK Bribery Act vs. the U.S. FCPA," 2011년 4월 22일, http:// anticorruption.ethisphere.com/the-uk-bribery-act-vs-the-u-s-fcpa/.

고 흔한 관행이었다. 이처럼 법률이 바뀌었음에도 불구하고 일부 회사들은 비즈니스 수행 방식을 바꾸지 않았다. 2008년에 독일의 지멘스는 뇌물에 대한 벌금으로는 사상 최대인 16억 달러를 납부했다. 고위 임원이 2002년 부터 2006년까지 연 4,000만 달러에서 5,000만 달러의 뇌물 예산을 감독했다고 증언했다. 이 회사 주식이 뉴욕 증권 거래소에서 거래되었기 때문에 독일 검사들과 미국 당국 모두 이 사안을 기소했다. 벌금 외에 내부 조사와 개혁에 소요되는 비용을 감안하면 지멘스에 대한 총 비용은 26억 달러에 달할 것으로 추정된다.[43]

정부가 늑장을 부리는 곳에서는 다국적 기업들이 전면에 나서서 강력한 윤리강령, 자신의 종업원들을 인도할 컴플라이언스 프로그램, 그리고 강력한 내부 재무 통제를 시행한다. 이 회사들은 오늘날과 같이 매우 투명한 세상에서 뇌물 스캔들이 자사 브랜드 이미지와 평판에 가져올 잠재적 피해를 인식하기 때문에 이렇게 한다.[44]

컨퍼런스 보드(독립적인 연구를 수행하는 뉴욕 기반의 비즈니스 리더 회원 조직)는 부패 관련 문제를 성공적으로 피하기 원하는 회사들은 뇌물을 명확히 금지하고, 상위 임원에게 감독 책임을 부여하고, 종업원들에게 법률의 요구사항을 교육하고, 위반자를 징계하고, 회사에 의해 고용된 합작회사 파트너 · 컨설턴트 · 기타 대리인들이 규칙을 준수하도록 적절한 주의를 기울이며, 그런 규칙을 파트너들과의 계약에 포함시키고, 비즈니스 파트너들이 회사의 승인 없이 하도급업자를 고용할 수 없음을 명확히 하는 전략을 채택하도록 권고한다.[45]

---

43) S. Schubert and T. C. Miller, "At Siemens, Bribery Was Just a Line Item," New York Times, 2008년 12월 21일, www.nytimes.com.

44) N. Clark, "In Europe, Sharper Scrutiny of Ethical Standards," New York Times, 2008년 5월 7일, C8면.

45) R. Berenbeim, Company Programs for Resisting Corrupt Practices: A Global Study, Research Report 1279-00-RR (New York: The Conference Board, 2000).

일부 미국 회사들은 뒷돈이나 뇌물을 달라는 압력을 받을 때 FCPA를 인용할 수 있기 때문에 이 법이 도움이 된다고 주장해 왔다. 그리고 더 많은 회사들이 현지인들에게 그 규칙에 따를 때의 유익을 설득하기 위해 노력하고 있다. 한 가지 명확한 유익은 비즈니스가 부패를 통제한 곳으로 흘러간다는 점이다. 예를 들어 국제통화기금의 한 연구는 부패 정도가 높을수록 해외직접투자 정도가 낮음을 발견했다.[46] 홍콩은 주로 규칙과 올곧음에 대한 평판 때문에 선도적인 국제금융센터 중 한 곳이 되었다. 홍콩에서는 부패와 화이트 컬러 범죄를 통제할 광범위한 권한이 부여된 염정공서(廉政公署, Independent Commission Against Corruption; ICAC)라는 강력한 현지 법집행기관에 의해 부패가 억제되어 왔다. ICAC는 1995년에 비영리 홍콩 윤리 개발 센터를 설치했다. 이 센터는 기업들에게 윤리강령 개발 상담, 종업원 교육, 윤리 세미나 등 많은 서비스를 제공한다(이에 대해 더 알고 싶으면 http://www.icac.org.hk/en/home/index.html을 방문해 보라).[47]

세계은행은 2004년에 세계적으로 연간 1조 달러가 넘는 뇌물이 지급된다고 보고했다. 그러나 세계은행은 부패를 줄인 국가들(보츠와나, 칠레, 코스타리카, 슬로베니아가 최근의 예다)은 1인당 소득이 다소 증가했음을 지적했다(www.worldbank.org를 보라). 부패는 국제 프로젝트에 막대한 비용을 덧붙일 수 있다. 런던의 국제 비즈니스 리스크 컨설턴트가 수행한 최근 설문 조사에서 응답자의 10%가 부패가 프로젝트 총 비용의 25%에서 50%를 차지할 수 있다고 말했으며, 그보다 높을 수도 있다고 말한 응답자도 있다.[48]

1993년에 설립된 비정부 국제기구인 국제 투명성 기구(Transparency International; TI)에 의해 부패에 대한 관심이 점점 높아지고 있다(www.transparency.org를 보라).

---

46) J. G. Kaikat, G. M. Sullivan, J. M. Virgo, and K. S. Virgo, "The Price of International Business Morality: Twenty Years under the Foreign Corrupt Practices Act," Journal of Business Ethics 26권 (2000), 213-222쪽.

47) K. Schoenberger, "Hong Kong's Secret Weapon," Fortune, 1997년 11월 25일, 141-142쪽.

48) "The High Cost of International Bribery," Business Finance, January 7-8, 2007년 1월 7-8일.

TI는 '국가와 국제적 수준에서 글로벌 올곧음 시스템을 지원' 하는 것을 목표로 한다. 이 기구는 1995년 이후 기업인, 정치 분석가, 일반 대중들에 대한 다수의 국제 설문 조사에 기초해서 공공 부문의 부패에 대한 인식을 측정하는 연례 부패 인식 지수(Corruption Perception Index; CPI)를 발표한다.[49] 2012년 지수에는 데이터를 구할 수 있었던 176개국이 포함되어 있다. 이 지수에는 0에서 100까지의 등급이 부여되어 있는데 100에 가장 가까운 국가가 가장 덜 부패했으며 0에 가장 가까운 국가가 가장 부패했다. (표 11.1은 2012년 조사에서 가장 덜 부패한 국가들과 가장 부패한 국가들을 선별한 목록이다.) 어떤 국가에서 비즈니스를 영위하려고 고려하기 전에 그 국가의 부패 지수 상태를 확인하는 것이 현명하다.

표 11.1 2012년 국제 투명성 기구 지수. 가장 덜 부패한 국가와 가장 부패한 국가

(전체 목록은 www.transparency.org를 보라.)

가장 덜 부패한 국가		가장 부패한 국가	
국가	2012년 점수	국가	2012년 점수
덴마크	90	소말리아	8
핀란드	90	북한	8
뉴질랜드	90	아프가니스탄	8
스웨덴	88	수단	13
싱가포르	87	미얀마	15
스위스	86	우즈베키스탄	17
호주	85	투르크메니스탄	17
노르웨이	85	이라크	18
캐나다	84	베네주엘라	19
네덜란드	84	하이티	19
아이슬란드	82	차드	19
룩셈부르크	80	부룬디	19
독일	79	짐바브웨	20
홍콩	77	적도 기니	20
바르바도스	76	리비아	21
벨기에	75	라오스	21

---

49) Transparency International, "Corruption Perception Index," 보도자료, Berlin, 1997년 7월 31일.

정부 리더들이 CPI 결과에 강하게 반응하기 때문에 CPI 발표는 종종 매우 부패한 것으로 표시된 국가에 심각한 정치적 영향을 주었다. 정부 리더들은 부패 인식 정도와 해외 직접 투자 사이의 관계를 안다. 그리고 투자자들이 거버넌스가 취약하고 부패 정도가 높은 국가에 투자할 가능성이 낮다는 것도 안다. 상품을 하역하려면 뇌물이 필요하고 계약이 이행되지 않으며 지적재산권이 일상적으로 보호되지 않는 국가에서 사업을 한다고 상상해 보라. 이들 중 일부 리더들은 국제 투명성 기구 국내 지부들과 협력해서 부패 수준을 줄이기 위한 조치를 취하고 있다.[50]

가장 부패한 몇 나라에서 참으로 재미있는 조치들이 나타났다. 인도네시아는 전통적으로 CPI 순위가 높지 않았는데 몇 가지 반부패 조치를 취했다. 예를 들어 인도네시아는 학교와 정부 사무실에 점원이 없는 '정직 카페'를 열었으며, 민간 부문에 더 많은 카페를 열 계획이다. 이 카페들은 참여자들에게 정직성을 함양할 목적으로 점원이 없이 자율적으로 운영된다. 고객들은 선반에서 음료와 식품들을 가져가고 상자 안에 돈을 넣는다. 대부분의 지역에서 상당히 잘 운영된다고 한다. 교사들은 정직 카페를 운영하는 학급에서는 시험 부정행위가 적다고 얘기하기도 한다.[51]

CPI에 대응해서 관찰자들은 '뇌물이 발생하려면 두 당사자를 필요로 한다'는 점에 주목하고 뇌물 제공자도 부패한 것으로 여겨야 한다고 제안했다. 그 결과 국제 투명성 기구는 상위 28개 수출국의 회사들이 해외에서 사업을 할 때 뇌물을 주고 있다는 인식에 따라서 이 수출국들의 순위를 매기는 뇌물 공여 지수(Bribe Payers Index; BPI)도 발표하기 시작했다. 국제 투명성 기구는 2011년 BPI에서 러시아, 중국, 멕시코, 인도네시아를 특히 뇌물을 준다는 인식 수준이 높은 국가로 지적했다. 미국은 뇌물을 줄 가능성이 가

---

50) 앞의 글.

51) N. Onishi, "Making Honesty a Customer Policy in Indonesia Cafes," New York Times, 2009년 6월 16일, A6면.

700

장 낮은 국가 중 10위를 차지했다(www.transparency.org). 여기서는 뇌물 공여가 공공 부문 계약이나 건설과 같은 산업에서 가장 문제가 있는 것으로 드러났다는 사실이 중요하다.

국제 투명성 기구는 또한 현재(이 기구 웹사이트에) 글로벌 부패 바로미터라는 보고서도 발표하는데 이 보고서는 100개 국가의 응답자들에게 자국의 민간 부문이 공공 부문의 의사 결정에 영향을 주기 위해 뇌물을 사용한다고 인식하는지에 대한 여론 조사다. 2011년 조사에서 10만 명이 넘는 응답자 중 절반 이상이 민간 부문의 부패가 증가하고 있다고 생각했다. 또한 부패를 줄이려는 정부의 노력이 효과적이지 않다고 생각하는 응답자도 많았다.

문화마다 윤리 기준이 다른가?

방금 전에 뇌물에 대해 논의하면서 봤던 것처럼 확실히 비즈니스 '관행'은 문화마다 다르다. 뇌물이 다른 지역보다 만연하는 지역이 있음은 부인할 수 없다. 하지만 그렇다고 해서 윤리적 가치와 기준이 다르다는 뜻은 아니다. 가장 부패한 국가에서조차 사람들에게 무엇을 가치 있게 여기느냐고 묻는다면 그들은 정직성을 가치 있게 여기며 덜 부패한 환경에서 살기를 선호한다고 말할 것이다. 앞에서 설명한 정직 카페는 이에 대한 좋은 예다. 우리의 국제 MBA 학생들도 우리에게 부패한 환경 한가운데에서 존재하는 강력한 윤리적인 문화에 대해 말해 줬다. 이들은 정직한 비즈니스 거래를 지원한 회사 환경에서 일했던 경험에 대해 자랑스럽게 이야기한다. 그러므로 우리는 보편적인 관행과 가치를 구분하는 것이 중요하다고 생각한다. 왜냐하면 매니저인 당신이 대부분의 사람들이 정직, 존중, 공정성 같은 가치들을 공유한다는 사실을 이해한다면 해외에서 비즈니스 윤리를 관리할 때 이러한 가치들과 열망에 호소할 수 있기 때문이다.

특정 윤리 기준과 가치들은 모든 인간 사회에서 받아들여지고 있다. 예를 들어 '살인하지 말라' '훔치지 말라' 와 같은 규정은 보편적이다. 또한

'다른 사람이 네게 해 주기 원하는 대로 다른 사람에게 해 주라.'라는 황금률도 불교, 유대교 등 모든 주요 종교에서 나타나고 있다.

불교: "당신에게 해가 된다고 생각하는 방식으로 다른 사람을 해치지 말라."

기독교: "사람들에게 그들이 네게 해 주기 원하는 대로 해 주라. 이것이 선지자의 율법이니라."

유교: 자공이 이렇게 물었다. "모든 사람이 일생동안 실천할 규칙 역할을 할 한 단어가 있습니까?" 선생이 이렇게 말했다. "호혜주의가 그 단어 아니더냐? 사람들이 네게 하기를 원하지 않는 바를 다른 사람들에게 하지 말라."

힌두교: "이것이 의무의 전부다. 네게 가해지면 고통스러울 일을 다른 사람에게 하지 말라."

이슬람: "자신에게 원하는 바를 자기 형제에게 원할 때에야 비로소 신자가 된다."

유대교: "네게 해로운 바를 동료 인간에게 하지 말라. 이것이 율법의 전부다. 나머지는 해설이다."[52]

이러한 공통성은 모든 문화에 공통의 이해를 위한 토대가 있음을 시사한다. 그러나 가치는 문화에 따라 다르게 해석될 수도 있음을 인식할 필요가 있다. 예를 들어 대부분의 문화는 정직을 중요시하지만 그 의미는 문화마다 다를 수 있다. 매수자 위험 부담 (구매자여 주의하라) 개념은 미국에서는 정직하지 않고, 따라서 옳지 않다고 간주되지만 다른 문화에서는 좋은 비즈니스로 간주될 수도 있다. 정의와 공정성도 인류의 보편적인 가치다. 그러나 무엇이 공정한 것인가에 관한 믿음과 선호는 다양하다. 예를 들어 어떤

---

52) J. A. Barach, "The Ethics of Hardball," California Management Review 27권 (1985), 2쪽.

문화의 사람들은 공평성 규칙(equity rule. 결과는 성과에 의존해야 한다.)을 따르는 반면 평등 규칙(equality rule. 같은 몫이 배분되어야 한다.)을 선호하는 사람들도 있다. 더욱이 자원이 필요에 따라 배분되어야 한다고 믿는 사람들도 있다. 따라서 반드시 가치의 의미와 가치가 문화 속에서 어떻게 해석되는지를 이해해야 한다.[53]

1992년에 데이빗 보겔은 나라마다 상당한 '윤리적 차이'가 존재하며 미국 회사들은 다른 선진국 회사들보다 윤리에 더 관심이 있다고 주장했다.[54] 그러나 최근의 상황은 다른 많은 나라들에서 비즈니스 윤리에 대한 관심이 증가하고 있으며 뇌물 방지, 환경, 성희롱 입법과 불법 행위 기소 면에서 국가 간 유사성이 증가하고 있음을 시사한다. 예를 들어 영국의 비즈니스 관행에 관한 보고서들은 비즈니스 윤리를 중요하다고 적시하며 다수의 조직들과 이해집단들이 비즈니스 윤리 이슈를 제기하고, 또 조사하고 있다.[55] 유럽과 스칸디나비아에서는 많은 회사들이 자사의 환경과 지속가능성 관행에 대해 정규적으로 보고한다.[56] 또한 1987년에 설립된 유럽 비즈니스 윤리 네트워크(European Business Ethics Network; EBEN, www.eben-net.org)는 현재 유럽의 여러 지역에 많은 지부를 두고 있으며 44개국에서 회원을 보유하고 있다. EBEN 회원들은 비즈니스 관행 개선뿐 아니라 윤리 인식 제고와 비즈니스 윤리 교육 훈련에 초점을 맞춘다. 1999년에 아프리카 비즈니스 윤리 네트워크(Business Ethics Network of Africa; BEN-Africa, www.benafrica.org)가 출범했

---

53) K. Leung and K. Tong, "Justice across Cultures: A Three-Stage Model for Intercultural Negotiation," The Handbook of Negotiation and Culture (15장), M. J. Gelfand and J. M. Brett 편 (Stanford, CA: Stanford Business Books, 2004)에 수록된 글.

54) D. Vogel, "The Globalization of Business Ethics: Why America Remains Distinctive," California Management Review (1992년 가을 호), 30-48쪽.

55) J. Mahoney, "An International Look at Business Ethics: Britain," Journal of Business Ethics 9권 (1990), 545-550쪽.

56) L. Nash, "The New Realities of International Business Ethics," The Accountable Corporation, M. J. Epstein and K. O.,Hanson 편 (Westport, CT: Praeger, 2006)에 수록된 글.

으며 현재 아프리카의 여러 나라에 국가별 지부와 회원들을 두고 있다. 이 조직은 회원들 사이의 비즈니스 윤리에 관한 정보 및 전문성 공유에 진력하고 있다.

유럽 회사들은 또한 사회적 책임, 특히 지속가능성을 매우 심각하게 여기는 경향이 있다. 그러나 환경에 대한 관심은 아시아에서도 증가했다. 커다란 환경 문제와 점점 더 커지는 부정적인 영향 때문에 중국은 최근에 환경 이슈에 특히 관심을 가지게 되었다. 중국은 태양 에너지, 풍력 터빈, 연료 전지 기술에 투자하고 있으며, 자동차에 대한 엄격한 연료 효율성 기준을 채택했다. 중국을 청정 석탄 기술과 에너지 절약 건축 재료 같은 기술에 대한 큰 고객으로 여기고 있는 회사들도 있다.[57] 국제적으로 비즈니스 윤리와 사회적 책임에 관한 관심이 증가하고 있으므로 국제적으로 비즈니스를 수행하는 사람들은 자신이 일하고 있고, 비즈니스를 수행하고 있는 국가에서 급변하는 정치적, 사회적, 법적, 윤리적 지형에 관해 잘 알고 이해해야 한다.

글로벌 비즈니스 윤리에 관한 전사 가이드라인과 정책 개발

법적 요건이 다양하고 문화 차이와 부패가 상존함에 비춰볼 때 해외에서 비즈니스를 영위하는 기업들은 자사 종업원들의 윤리적 행동을 안내할 가이드라인과 정책을 개발할 책임이 있다.

윤리 제국주의 또는 윤리 상대주의   우리는 7장에서 '다중 윤리 자아' 즉, 대부분 사람들은 상황에 따라 기꺼이 다른 규칙을 받아들인다는 생각에 대해 배웠다. 이 개념이 국제 비즈니스 윤리 환경에 적용되면 윤리 상대주의가 된다. '로마에서는 로마인들처럼 행동하라.' 는 '어떤 문화도 다른 문화보다 나은 윤리를 갖고 있지 않으며'[58] 우리의 기준을 다른 사람들에게 부

57) M. Gunther, "Cops of the Global Village," Fortune, 2005년 6월 27일, 158-166쪽.

과하지 않아야 한다고 주장하는 윤리 상대주의자들을 인도하는 구호다. 선도적인 비즈니스 윤리학자이자 국제 비즈니스 윤리 전문가인 톰 도널드슨은 극단적인 윤리 상대주의자는 다른 문화에서 인정되는 모든 관행을 존중해야 하기 때문에 윤리 상대주의는 거부되어야 한다고 설득력 있게 주장한다.[59] 순수한 윤리 상대주의자는 현지의 관행이 이를 요구할 경우 노예 노동, 유독성 쓰레기 폐기, 그리고 심지어 살인까지 받아들여야 할 것이다.

그러나 도널드슨은 윤리 상대주의의 반대인 윤리 제국주의도 거부한다.[60] 윤리 제국주의는 모든 문화에 똑같은 기준과 행동을 요구하는 절대적 진리를 가정한다. 절대주의자는 하나의 기준을 모든 상황에 가장 좋은 기준으로 선택해야 할 것이다. 그러나 개인의 자유가 공동체에 대한 충성보다 중요한 가치라고 믿는 미국인의 믿음과 충성이 자유보다 먼저라는 일본인의 믿음 사이에서 어떻게 선택할 수 있겠는가? 도널드슨은 또한 윤리 제국주의는 처참한 실수로 이어질 수도 있다고 지적한다. 그는 중국에서 운영하는 미국 대기업의 예를 제시한다. 매니저는 종업원이 도둑질을 하다 붙잡혔을 때 회사 정책을 따라 그를 지방 당국에 넘겼는데, 당국은 그 종업원을 즉시 사형시켰다.

그러면 회사는 어떻게 종업원들이 윤리 상대주의와 윤리 절대주의의 양극단 사이에서 균형을 유지하도록 도와줄 수 있는가? 첫째, 도널드슨은 회사가 예를 들어 황금률, 인간의 존엄성 존중, 기본적인 인권 존중, 선량한 시민 정신과 같이 모든 곳의 행동을 안내할 몇 가지 핵심 가치에 근거해서 해외의 회사 행동에 대한 '윤리 임계점'을 개발하라고 제안한다.[61] 다음에

---

58) T. Donaldson, "When in Rome, Do··· What? International Business and Cultural Relativism," The Ethics of Business in a Global Economy, P. M. Minus 편 (Boston: Kluwer, 1992), 67-78쪽에 수록된 글.
59) T. Donaldson, "Values in Tension: Ethics Away from Home," Harvard Business Review (1996년 9월-10월 호), 48-62쪽.
60) 위의 글.
61) 위의 글.

는 이러한 일반성을 보다 구체적인 가이드라인으로 전환해야 한다. 예를 들어 회사는 종업원, 고객, 공급자들을 내재적 가치를 지닌 인간으로 대우하고 안전한 제품과 안전한 일터를 만듦으로써 인간의 존엄성을 존중할 수 있다. 회사는 종업원과 고객의 권리를 보호함으로써 인권을 존중할 수 있다. 그리고 부패를 피하고 자연환경을 보호함으로써 선량한 시민이 될 수 있다.

기업의 일부 행동들은 윤리 임계점을 넘어서기 때문에 허용되지 않을 것이다. 레비 스트라우스의 글로벌 소싱 가이드라인들은 좋은 예가 된다. 이 가이드라인들은 제품이 회사의 가치와 일치하는 방식으로 생산되도록 만전을 기하기 위해 1992년에 채택되었다. 첫 번째 가이드라인은 아동 노동을 금지한다. 근무 시간을 제한하고 안전한 작업 조건과 환경상의 책임을 요구하는 다른 가이드라인들도 있다. 그러나 아동 노동 금지와 같은 회사 기준 시행은 매우 복잡하다. 예를 들어 레비 스트라우스는 방글라데시의 두 계약자들이 국제 기준으로 정한 14세 미만으로 보이는 노동자들을 고용했음을 발견했다. 회사는 이 상황을 분석하면서 아동들에게는 연령 증명이 없었고 가족 수입에 상당히 기여했음을 깨달았다. 아동들이 해고되면 구걸이나 매춘과 같이 더욱 비인간적인 일로 내몰릴 수도 있고 가족이 어려워질 수도 있었다. 회사 기준을 준수하기 위해 계약자는 의사를 고용했고 고용된 의사는 성장 도표를 사용해서 연령 미달 아동들을 식별했다. 식별된 아동들은 공장에서 내보냈다. 계약자는 이 아동들에게 여전히 일하는 것처럼 임금을 지급했고 레비 스트라우스는 이 아동들이 학교에 다닐 수 있도록 교복, 수업료, 책값을 지불했다. 이들이 14세가 되면 재고용하기로 했다. 또한 계약자는 더 이상 연령 미달 노동자를 추가 고용하지 않기로 합의했다. 계약자는 레비 스트라우스와 비즈니스를 계속하기 위해 기꺼이 이 회사의 기준을 준수하고자 했다.

그러나 경쟁자들의 기준보다 높은 기준을 준수하면 비용이 상승한다. 계약자들은 비상구와 계단을 추가하고, 환기시설이나 화장실 설비를 개선하고, 상하수도를 설치해야 한다. 이 비용들은 회사, 그리고 궁극적으로는 소비자들에게 전가된다. 그러므로 경영진이 비용에만 초점을 맞춘 결정은 회사의 장기적 이익에 도움이 되지 않는다고 믿어야 한다.[62]

또한 회사가 해외에서 어떤 가치를 유지할지 결정하고 나면 실제로 이를 어떻게 실행할지 결정해야 한다. 예를 들면 2013년에 유럽과 미국 회사들이 유명 브랜드 의복을 생산했던 방글라데시 공장이 붕괴하는 사고가 발행했다. 이들 회사들은 1,000명이 넘는 사망자가 발생한 라나 플라자 건물 붕괴의 여파를 처리하면서 자사 브랜드 이미지에 대한 잠재적 피해에 관해 값비싼 교훈을 얻었다. 이 공장은 (아마도 뇌물 때문에) 불법으로 증축된 층에 위치하고 있었으며 노동자들은 건물의 균열에 대해 두려워했음에도 불구하고 일하라는 지시를 받았다. 방글라데시의 최저임금은 월 38달러로 중국이나 다른 나라보다 훨씬 싸기 때문에 재무비용이 낮다. 그러나 (이 경우 인명) 비용은 매우 컸으며 사람들은 책임 있는 회사라면 불필요한 인명 손실을 피하기 원한다고 생각한다.

기업은 최소한 특정 지역의 공장을 사용할 때의 비용 절감 효과가 평판 리스크를 무릅쓸 가치가 있는지 평가해야 한다. 그리고 비용-효용 분석이 유리하게 나온다 해도 윤리 분석도 고려해야 한다. 윤리 분석은 확실히 회사에게 작업 조건에 대해 알도록 요구할 것이다. 또한 회사가 그곳에서 사업을 영위하기로 결정할 경우 회사 책임들에 대한 결정도 요구할 것이다. 방글라데시 공장 붕괴 여파로 일부 회사들은 경쟁사들과 공동으로 노동자 안전을 확보하기 위해 고안된 시스템을 설치하고 있으며, 독자적으로 노동자 안전 시스템을 시행하는 회사들도 있다. 이는 많은 고려를 필요로 하는 매우 복잡한 이슈다. 다른 종류의 윤리 상황에서는 가치들이 충돌하지만

---

62) R. Haas, "Ethics in the Trenches," Across the Board, 1994년 5월 호, 12-13쪽.

문화 전통들은 핵심적인 인간의 가치 중 어느 것도 침해하지 않을 수도 있다. 도널드슨은 이런 상황에서는 매니저들이 옳고 그름을 결정할 때 문화적 전통을 존중하고 맥락을 고려하라고 권고한다.[63]

예를 들어 선물 공여는 일본 문화의 중요한 부분이다. 절대주의자는 선물 공여가 옳지 않다고 판단할 것이다. 그러나 현지 전통을 존중하는 회사 윤리강령은 일정 형태의 선물 수수를 허용하고, 매니저들에게 받아들일 수 있는 선물 공여 상황과 받아들일 수 없는 선물 공여 상황을 구분하도록 도움을 주는 구체적인 지침을 제공할 수 있다. 선물의 범위와 의도에 제한이 있고 법률의 가이드라인 범위 내에 머무는 한, 선물 공여가 핵심 가치를 위반하지는 않는다. 예를 들어 다수의 회사들은 종업원들에게 소액의 선물을 받도록 허용하지만 선물은 조직을 대신해서 받는 것이며 모든 종업원들이 볼 수 있도록 전시하거나 자선 단체 등에 기부해야 한다는 점을 공지하고 설명해야 한다.

마찬가지로 다수의 미국 회사들은 가족 구성원 채용과 감독은 부적절한 이해상충을 제기하기 때문에 정실 인사를 금지하는 규칙을 두고 있다. 그러나 대가족 제도와 부족에 대한 충성심의 전통이 있는 문화(집단주의 문화)에서는 정실 인사가 승인될 뿐만 아니라 기대된다. 예를 들어 회사에서 종업원의 자녀를 채용하는 것이 상례(常例)다. 도널드슨은 정실 인사는 서양의 평등 고용 기회 개념과 충돌하지만 가족 관계를 중시하고 실업률이 높은 문화의 관점에서는 반드시 잘못은 아니라고 주장한다. 그러므로 가족 구성원이 이해상충을 일으킬 감독 관계를 맺지 않는 한 가족 채용이 적절할 수도 있다.

대다수 기업은 어느 곳에 위치하고 있든 조직의 모든 부문에 적용할 수 있는 세계적인 강령과 윤리 시스템과 그들이 운영하고 있는 문화에 채용

---

63) T. Donaldson, "Values in Tension: Ethics Away from Home," Harvard Business Review (1996년 9월-10월 호), 48-62쪽.

할 수 있는 강령과 윤리 관리 시스템을 만들기 위해 애쓰고 있다. 여러 국가에 진출한 기업의 윤리 관리에서 비리를 보고하기 위한 핫라인은 어려운 분야 중 하나다. 미국 종업원들은 보복과 같은 부정적인 결과가 두려워서 핫라인 시스템을 이용한 비리 보고를 주저하는데, 해외 종업원들은 더욱 주저한다. 우리는 앞에서 집단주의자는 그런 시스템을 너무 비인간적이라고 생각할 수 있다고 제시했다. 또한 많은 국가들(중국, 독일, 프랑스, 남아프리카)에서는 제보자들이 정보제공자가 친구나 가족을 고발하는 것과 같은 끔찍한 역사적 경험을 연상시킨다. 이로 인해 이런 국가에서는 회사의 (비리) 보고 시스템 도입에 저항한다. 그리고 직장 이동이 거의 없는 국가의 종업원들은 경영진의 결정에 이의를 제기하는 것에 대한 보복을 두려워할 가능성이 있다.

국제 비즈니스 윤리 전문가들은 종업원들을 보복으로부터 보호하는 것 외에도 (이는 해외에서뿐만 아니라 미국에서도 중요하다) (비리를 보고하기보다는) 지침 제공을 지향하는 헬프 라인을 도입해서 종업원들이 이 시스템과 운영하는 사람들에 대한 신뢰를 쌓을 수 있게 하라고 권고한다. 또한 그들은 본사 시스템 하나를 사용하기보다는 보고에 관한 메시지를 특정 문화와 역사에 맞추고 교육, 지침, 보고를 담당하는 현지 자원을 제공하도록 제안한다. 그리고 그들은 이런 시스템을 고안할 때 상위 국제 매니저들을 참여시켜서 현지의 문화와 필요에 맞게 하라고 조언한다.[64]

가장 중요한 것은 기업이 해외 종업원의 성과평가와 보상 시스템을 윤리 목표와 연결시키도록 주의를 기울여야 한다는 점이다. 윤리적인 행동을 목표로 한다면 기업은 파견 매니저가 회사의 윤리 기준을 지킬 경우 (그

---

64) L. T. Martens and A. Kelleher, "A Global Perspective on Whistleblowing," International Business Ethics Review 7권, no. 2 (2004); L. P. Hartman, D. R. Elm, T. J. Radin, and K. R. Pope, "Translating Corporate Culture around the World: A Cross-Cultural Analysis of Whistleblowing as an Example of How to Say and Do the Right Thing," Politeiia 25권, no. 93 (2009), 255-272쪽.

것이 기업의 비즈니스를 희생시킬지라도) 명시적 또는 묵시적으로 처벌받지 않을 것이라는 점을 명확히 해야 한다. 멀리서 파견 매니저 또는 요원들의 행동을 모니터한다는 것은 (불가능하지는 않다 해도) 어렵기 때문에 기업들이 파견 종업원의 성과평가 시 결과(재무 실적)에 초점을 맞추는 경향이 있다. 예를 들어 기업이 매출 목표나 생산 목표를 정하고 목표 달성 측면에서 성과를 평가할 때 결과에만 초점을 맞추고 그 결과가 어떻게 달성되었는지에 관심을 기울이지 않으면 파견 매니저도 그럴 가능성이 있으며, 윤리 목표가 손상될 가능성이 높다.

한 연구에 의하면 개인은 자신에게 가해진 재무적 제약이 강하고 비즈니스 경쟁이 치열할 때 자기 회사가 뇌물에 연루된다고 응답할 가능성이 높다는 것을 발견했다.[65] 그런 환경에서는 기업이 종업원이 직면할 가능성이 있는 윤리 딜레마를 인식하고, 종업원이 뇌물을 거부하면 비즈니스를 상실할 가능성이 있음을 공개적으로 인정하며, 종업원이 윤리 가이드라인 내에서 비즈니스를 영위한 데 대해 보상하는 것(또는 최소한 그렇게 한 이유로 처벌하지 않는 것)이 훨씬 더 중요하다. 모범적인 올곧음으로 최초로 연례 회장상을 받은 록히드 마틴의 매니저에게는 그런 메시지가 확실하게 전달되었다. 당신은 6장에서 해외 관리로부터 '지급 요구'를 받은 매니저가 그 요구를 거절했을 뿐만 아니라 록히드 마틴을 입찰에서 철수시키고(중요한 계약에서 발을 뺌), 이 문제를 상위 관리에게 보고하며, 미국 정부 관리들과 해외 정부와 협력해서 해외 관리를 의사 결정 과정에서 배제시켰음을 기억할 것이다. 이 매니저는 중요한 계약을 잃게 될 가능성으로 처벌받은 것이 아니라 회장에게 공개적으로 상을 받았다.

글로벌 윤리강령과 보상 시스템을 일치시키라는 말은 본질적으로 기업

---

65) K. D. Martin, J. B. Cullen, J. L. Johnson, and K. P. Parboteeah, "Deciding to Bribe: A Cross-Level Analysis of Firm and Home Country Influences on Bribery Activity," Academy of Management Journal 50권 (2007): 1401-1422.

이 종업원의 행동을 안내할 글로벌 윤리 문화를 개발하도록 권고하는 셈이다. 기업은 먼저 자신의 가치를 확립하고 다음에 선물 공여와 정실 인사와 같은 문화적 차이 영역에서 구체적인 행동을 규정할 때는 문화 차이를 고려해야 한다.

이 이슈들에 대해 우리와 얘기를 나눈 미국의 한 임원은 윤리강령, 헬프라인, 성과 관리를 통해 종업원에게 지침을 제공하는 것 외에도 해외 비즈니스 파트너들에게 왜 특정 방식으로 행동하도록 요구하는지에 관한 설명의 중요성을 강조했다. 당신 본국의 문화와 법률과 당신 회사의 가치와 윤리강령에 의해 이런 행동이 요구됨을 명확히 하고 비즈니스 파트너에게 이를 존중하고 협력해 달라고 요청하라. 당신의 회사가 특히 바람직한 제품을 만드는 대기업일 경우 성공할 가능성이 보다 높다. 그럴 경우 당신은 비즈니스 조건을 주도할 위치에 있게 될 것이다. 그러나 당신 회사가 활용할 무기가 없는 소기업일 경우 더 많은 어려움을 겪을 것으로 예상할 수 있는데 현지 문화가 특히 부패했을 경우 그 나라와 비즈니스 관련을 맺기 전에 오래, 그리고 깊이 생각해야 한다.

글로벌 비즈니스 환경에 있는 조직

다수의 소기업들이 글로벌 시장에 진출하고 있지만 대규모 다국적 기업이 여전히 해외 비즈니스의 많은 부문을 차지하고 있다. 다국적 기업의 규모와 가시성으로 인해 윤리적 기대가 훨씬 높다. 다국적 기업들은 나라마다 매우 다른 복잡한 비즈니스 윤리 환경에 직면한다. 윤리와 관련된 모든 비즈니스 결정에서 일반적으로 고려되는 이해관계자들 외에도 파견국 정부, 해외 공급자, 대리인, 기타 조직 등 이해관계자들의 수가 늘어난다. 국제법은 때때로 비즈니스 행동을 안내하기에 별 도움이 되지 않으며, 특정 국가의 법률 시스템이 글로벌 거래를 규제할 권한이 있는지 여부가 불명확한 경우가 흔하다.[66] 그러므로 회사의 윤리 기준이 자사 노동자들에게 중요한 안내가 된다. 또한 다국적 회사들은 자신이 해외에서 사업을 수행해야 하는지에 대한 여부까지 고민하게 만드는 적법성 문제에도 직면하게 된다. 다국적 회사들이 특정 해외 환경에서 사업하기로 결정할 경우 그들의 책임은 무엇인가?

해외 사업 영위 결정

미국 기업들은 공격적으로 해외 시장에 진출하고 있다. 그들은 글로벌 시장에서 치열한 경쟁에 직면하고 있기 때문에 제품을 해외에서 생산하거나 보다 싸게 생산할 수 있는 해외 공급자로부터 구매하는 등 다양한 방법으로 비용 효율성을 추구하도록 요구받고 있다.

적법성에 대한 도전　국제 비즈니스 환경으로 진입하는 데에는 많은 윤리 도전 과제들이 수반한다. 예를 들어 어떤 경우에는 특정 국가에서 사업 진행을 결정하면 회사의 적법성 자체가 도전받을 수도 있다. 특히 개발도상국에서는 그 회사의 동기에 문제가 제기될 수도 있다. 예를 들어 경영진의 생활방식이 지나치게 물질적이라고 인식될 수도 있고 현지 시장 임금 지급이 착취로 보일 수도 있으며 현지의 확장은 통제와 종속 심화로 인식될 수도 있다.[67]

때로는 좋은 의도를 가진 회사들이 해외에서 비즈니스를 수행할 때 단순히 해외 이해관계자들의 인식과 우려를 이해하지 못해서 실수하기도 한다. 몬산토가 유럽에서 진행한 유전자 변형 식품 판촉 활동 사례를 고려해 보라. 이 회사는 환경에 좋다고 믿고 이 식품들을 개발했다. (이 식품들은 살충제 사용을 줄이고 곡물 생산을 늘리고 효율적인 토지 사용을 증진한다.) 유전자 변형 식품 종자들은

---

66) T. Dunfee and R. C. Holland, "Viable Ethical Standards for Global Corporations: A Glimpse of What Might Emerge," 미발표 논문 (Philadelphia: Wharton School, 1993).

67) A. Carroll, Business and Society: Ethics and Stakeholder Management (Cincinnati, OH: South-Western Publishing, 1989).

더 비싸지만 생산량이 더 많고 농민들은 살충제와 제초제 비용을 절감한다. 몬산토는 미국에서 손쉽게 이러한 제품에 대한 규제 당국의 승인을 얻고 매출을 크게 늘리는 성공을 경험했다. 과학은 우호적인 태도를 보여서 유전자 변형 식품이 안전하다고 인정했으며 세계보건기구도 이에 동의했다. 이 제품을 유럽에 도입하는 것은 당연해 보였다.

그러나 유럽에 유전자 조작 식품을 도입하는 것은 재앙이었다. 몬산토는 해외 이해관계자들의 반응을 예상하지 못한 것에 대해 값비싼 대가를 치렀다. 장기적인 건강에 미칠 수 있는 영향에 대한 두려움으로 찰스 황태자와 폴 매카트니 같은 개인뿐만 아니라 그린피스 같은 비정부 기구들로부터 강력하고 부정적인 반응이 나왔는데 그들은 세계를 향해 "GMO(유전자 변형 식품)에 대해 아니라고 말하세요."라고 말했다. 유럽의 여론은 이 제품들을 금지하라는 환경 운동의 주장을 지지했다. 수퍼마켓들은 유전자를 조작한 곡물로 만든 제품을 취급하지 않았고, 유럽연합은 유전자 조작 종자를 심지 못하게 했다. 이해관계자들의 이러한 부정적인 반응과 효과적인 대응 실패로 몬산토는 막대한 재무적 손실과 주가 하락을 겪었다. 그 뒤에 몬산토는 이전에 부분적으로 비밀로 유지하던 리서치 결과를 동료들이 검토하는 학술지에 발표해서 과학자들이 그 연구를 평가할 수 있게 하는 등 입장을 완화하고 비판자들과 보다 적극적으로 교류해서 상황이 바뀌었다. 다른 영리한 회사들과 마찬가지로 몬산토는 현재 비판자들과 협력해서 공통점을 발견하고 해외에서 자사 제품을 보다 더 많이 수용하게 하고 있다. 회사가 소비자들에게 직접 판매하지 않고 다른 기업들에게 파는 (옥수수, 대두, 면화, 카놀라 등의) 상품(commodity)에 집중하기 시작했고 두려워하는 건강 문제가 아직 발생하지 않았다는 점도 회사에 도움이 되었다.[68] 요약하자면 첫째, 몬산토는 유럽의 환경과 유럽인들은 미국인들만큼 자국의 규제 당국을 신뢰하지 않

---

68) B. Hindo, "Monsanto: Winning the Ground War," Businessweek, 2007년 12월 17일, 35-41쪽.

는다는 사실을 이해하지 못했다. 유럽은 최근에 '광우병' 위기를 경험해서 식품 안전 규제의 적정성에 대한 의문이 제기되었다. 둘째, 몬산토는 유럽의 대중을 교육시키거나 활동가들과 상의하지 않았다. 유럽인들은 유전자 조작 식품을 반대하는 환경 기구인 그린피스로부터 유전자 조작 식품을 처음 들었다. 유럽인들은 강력한 미국 회사가 이 제품들을 자신들에게 강제할 것이라 믿고 격분했다.[69] 몬산토는 처음에는 유럽인들의 두려움과 우려를 이해하고 이를 진지하게 받아들이기보다는 과학에 의존해서 그들의 말에 귀를 닫았다.

사회정치 환경의 차이도 많은 윤리 문제를 제기한다. 미국 회사들이 공무원들이 부패하거나 인종 차별 정책을 실시하고, 성 차별을 허용하며, 환경을 오염시키고, 노예 노동이나 아동 노동 또는 비인간적인 노동 조건을 통해 자국 시민의 인권을 위반하는 회사들이 있는 국가에 투자하거나 그런 국가에서 사업을 영위해야 하는가? 또는 이런 조직들과 사업을 영위하면 그들과 관련이 있다는 이유만으로 회사의 윤리적 평판을 더럽히는가? 만약 기업이 비윤리적인 관행에 관여하지 않는 한 이러한 국가에서 사업을 영위해도 괜찮은가? 회사가 차별, 오염, 또는 안전과 같은 사안들에 대하여 자체 기준을 만들고 이를 준수하는 한, 이런 국가에서 사업을 영위해도 괜찮은가?

예를 들어 아동용 잠옷을 만드는 회사가 이 제품을 엄격한 기준이 없는 나라에 팔 때 미국의 안전 (화재 위험) 기준을 충족해야 하는가? 일부 회사들은 일상적으로 현지의 요구 수준을 넘어선다. 그러나 기준 부재를 비윤리적으로 행동할 인정으로 여기는 회사들도 있다. 예를 들어 대부분의 개발도상국들은 담뱃갑에 건강에 관한 경고 표시를 요구하지 않는다. 미국과 다른 선진국에서는 담배회사에 점점 더 많은 제약을 가함에 따라 필립 모

---

69) M. Skapinker, "How Monsanto Got Bruised in a Food Fight," Financial Times, 2002년 3월 8일, 13쪽.

리스 같은 회사들은 개발도상국에서 마케팅 투자 규모를 늘려왔으며 여성과 젊은이들을 겨냥하기도 한다. 이 현상은 특히 필립 모리스가 미국 모회사 알트리아로부터 필립 모리스 인터내셔널을 분리한 후 두드러지게 나타나고 있다.

또한 기업은 소비자들의 관심도 고려해야 한다. 관심이 있는 시민들과 조직들은 개발도상국 농민들의 곤경을 예의주시하고 있다(http://transfairusa.org 를 보라). 예를 들어 그들은 원두를 생산한 농민들이 공정하게 보상받았음을 의미하는 '공정 무역' 상표를 받은 커피를 홍보하고 있다. 그린 마운틴 브랜드 같은 공정 무역 커피 판매는 지난 몇 년 동안 상당히 증가했지만, 아직도 전체 시장에 비하면 비중이 낮다. 소비자들은 점점 더 기업 시민 정신이 자신의 구매 습관에 영향을 준다고 말하고 있다. 그러나 공정 무역 운동은 자신이 다른 인간의 불행에 기여하지 않는다는 사실에 대해 뿌듯함과 공정함을 느끼며 더 많이 지불할 용의가 있는 사람들에게 의존한다. 이러한 운동의 장기적인 결과는 아직 확실한 것은 아니지만 성장하고 있는 것은 분명하다.[70]

많은 회사들은 언론이 그들의 행동 방식에 관심을 기울이면 자사의 해외 윤리 기준을 재고한다. 예를 들어 해외 공장에서의 노동 착취 상태에 대한 언론의 관심은 많은 대기업들에 관한 적법성 문제를 제기했다. 세계화가 계속 확대되어 세계가 계속 작아짐에 따라 자사 공장이나 공급자 공장의 노동 조건을 무시하는 회사들은 그들의 귀중한 평판을 상실할 위험에 처하게 된다. 사실 이 영역의 가장 큰 변화 중 하나는 회사들이 확대된 공급 사슬에서의 윤리 이슈들에 주의를 기울이는 것과 관련이 있다. 회사들은 더 이상 자신은 무슨 일이 벌어지고 있는지 몰랐다거나 공급자들이 한 일에 대해 책임이 없다는 말로 상황을 모면할 수 없다는 것을 안다.[71] 비디오카

---

70) R. Walker, "Brewed Awakening? Coffee Beans, Globalization and the Branding of Ethics," New York Times Magazine, 2004년 6월 6일, 38쪽.

메라들이 소비자들에게 오랫동안 보이지 않아서 잊혀졌던 공장 내부 모습을 보여준다. 그리고 인터넷이 뉴스를 신속하게 퍼뜨리며, 활동가 집단과 언론 기관이 이런 뉴스들을 받아간다.

월마트는 2013년 초에 자사 글로벌 공급자들에게 자사가 허가하지 않은 공장과 하도급계약을 맺은 사실이 발견되면 거래를 단절하겠다고 경고했다. 이러한 무관용 정책은 방글라데시의 한 공장에서 화재로 인명 피해가 발생했을 때 이 공장이 월마트의 허가를 받지 않고서 월마트를 위해 의복을 만들고 있었다는 사실이 밝혀진 뒤에 나왔다. 이 화재로 월마트에 대한 대중의 감시와 공급 사슬을 훨씬 더 면밀히 모니터하고 공급자 공장의 안전 조치를 강화하라는 압력이 증가했다.[72]

소비자들이 생산 설비의 열악한 근무 조건을 알게 되면 변화를 요구한다. 그러나 해외 설비, 특히 회사가 소유하지 않는 설비의 노동 조건과 같은 이슈들을 어떻게 다룰지 결정하기란 간단한 문제가 아니다. 예를 들어 임금 문제를 고려해 보라. 많은 항의자들은 좋은 의도로 미국 회사들은 개발도상국 종업원들에게 선진국의 임금을 지급해야 한다고 주장한다. 그러나 개발도상국들은 다국적 기업의 경쟁 우위가 그들이 자국의 노동자들을 고용함으로써 달성할 수 있는 저비용에 의존한다는 점을 알기 때문에 이 입장에 반대한다. 미국이나 유럽의 임금 수준을 이 국가들에 적용할 경우 공장 문을 닫게 될 것이고 그러면 사람들에게 도움을 주는 것이 아니라 오히려 피해를 줄 것이다. 마찬가지로 고향을 떠나 온 중국의 노동자들은 자신이 원하는 만큼 많은 시간을 일하도록 허용하지 않는 규칙에 불평했다. 그들은 고향에 돌아가기에 충분할 돈을 모으기 위해 더 많이 일하기 원한다.[73] 그리

---

71) D. Neef, The Supply Chain Imperative: How to Ensure Ethical Behavior in Your Global Suppliers (New York: AMACOM, 2004), http://www.hp.com/hpinfo/globalcitizenship/environment/pdf/supcode.pdf.

72) A. D' Ionnocenzio, "Wal-Mart warns suppliers on measures," Centre Daily Times, 2013년 1월 23일, B9면.

고 아동 노동은 다수의 개발도상국 가정의 중요한 수입원이며 가족이 함께 살 수 있고 아동이 구걸하거나 매춘에 의존하지 않도록 도와줄 수 있다. 우리는 확실히 아동 노동이나 노동 착취 임금을 찬성하지 않지만 쉬운 답이 없다는 것도 분명하다.

기업들은 특정 국가에서 사업을 하거나 특정 공급자 또는 대리인과 관계 맺기를 결정하기 전에 윤리 이슈와 리스크를 평가할 필요가 있음을 점점 더 인식하고 있다. 휴렛패커드 같은 회사들도 공급자 윤리강령을 개발한다.[74] 동종 업계의 다른 회사들과 힘을 합쳐 공동의 문제들을 다루고 그와 관련된 비용을 줄이고 있는 회사들도 있다. 예를 들어 나이키, 갭, 타파고이나 및 다른 회사들과 비영리 기관들은 공동으로 안전 기준과 검사 (inspection) 시스템을 개발했으며 전자 산업 회사들은 공동으로 전자 산업 윤리강령을 제정했다.[75]

역사적 예: 남아프리카에서의 사업 영위　남아프리카가 오랫동안 유지하던 엄격한 인종 차별 정책을 폐지하기 약 20년 전에 그 나라에서 사업을 영위할 것인지 여부에 관한 문제가 다국적 기업들에게 주요 윤리 문제 중 하나였다. 일부 미국 회사들은 인종 차별 정책이 유지되는 동안에는 남아프리카에 발을 들여 놓지 않기로 결정했다. 많은 기업들이 남아프리카에서 사업을 영위하는 회사들에 대한 투자를 금지하는 연기금과 같은 기관투자자들로부터 남아프리카에 진출하지 말라는 압력을 받았다. 아프리카계 미국인 목회자 레온 설리반에 의해 기안된 미국의 다국적 기업들이 남아프리

---

73) M. Gunther, "Cops of the Global Village," Fortune, 2005년 6월 27일, 158-166쪽.

74) D. Neef, The Supply Chain Imperative: How to Ensure Ethical Behavior in Your Global Suppliers (New York: AMACOM, 2004), http://www.hp.com/hpinfo/globalcitizenship/environment/pdf/supcode.pdf.

75) HP Electronic Industry Code of Conduct, Version 4.01, 2012년 6월 12일, http://www.hp.com/hpinfo/globalcitizenship/environment/pdf/supcode.pdf.

카에서 사업을 영위하기 위한 기준 목록인 설리반 원칙을 준수하면서 사업을 영위하기로 한 회사들도 있었다. 이 원칙은 작업장에서의 인종 통합, 평등하고 공정한 고용 관행, 동일 노동에 대한 동일 임금, 백인이 아닌 사람들이 더 높은 직무를 준비하기 위한 교육 프로그램, 백인이 아닌 사람들의 더 높은 직무로의 이동, 그리고 일터 바깥에서의 삶의 질에 대한 기여를 요구했다.[76]

레비 스트라우스는 글로벌 윤리 교육의 일환으로 매니저들에게 원칙에 입각한 추론 방법이라는 의사 결정 도구 사용법을 가르쳤다. 몇 달 동안 운영된 여러 부문의 다국적 태스크포스가 이 방법을 사용해서 남아프리카 시장 진출 여부를 결정했다. 팀원들은 인종 차별 정책의 역사를 연구하고 이해관계자들을 식별하고 남아프리카를 방문하고 정부와 시민 사회조직 구성원들을 면담했다. 이 태스크포스는 자유선거 등 일정 조건 하에 남아프리카에 진출하는 것이 적절하다고 권고했다.[77]

그러나 그런 결정은 장기적인 영향을 미칠 수 있다. 인종 차별 정책이 철폐되고 나서 오랜 시간이 지난 2002년에 이 정책 피해자들이 남아프리카에서 인종 차별 시스템 하에서 사업을 영위했던 미국 은행들과 기타 회사들에게 소송을 제기하기 시작했다. 이 소송은 피소된 회사들이 남아프리카 정부가 남아프리카 시민들에게 범죄를 저지르도록 도와주었다고 주장했다. 대량 학살 희생자들을 대신해 스위스 회사들을 상대로 한 소송에서 확립된 선례에 기초해 제기된 이 소송은 12억 5천만 달러에 합의되었다. 개발도상국에서는 회사에 인권 유린 책임을 묻는 유사한 소송들이 제기되었다. 예를 들어 피해자들의 지지자들은 유노칼이 미얀마에서 농민들이 파이프라인 건설에 동원되도록 총으로 위협받았으며 이에 저항한 사람들은 고

76) A. Carroll, Business and Society: Ethics and Stakeholder Management (Cincinnati, OH: South-Western Publishing, 1989).
77) C. M. Solomon, "Put Your Ethics to a Global Test," Personnel Journal, 1996년 1월, 66-74쪽.

문당하거나 살해당했다고 주장했다. 유노칼은 이 주장을 부인했다.[78] 이 회사들이 '유죄' 여부를 떠나 몇 년 동안 그런 소송에 상당한 자원을 지출할 가능성이 있다.

역사적 예: 개발도상국에서의 유아용 조제분유 마케팅 기업은 해외에서 사업을 영위하기로 결정하면 본국에서 전혀 문제없이 받아들여질 수 있는 관행들이 해외 환경에서도 적절한지 고려해야 한다. 지금은 고전이 된 1970년대와 1980년대 초에 개발도상국들에서의 유아용 조제분유 마케팅 사례가 이에 대한 가장 좋은 예일 것이다. 이 나라들에서 산모들에게 모유 수유를 버리고 조제분유로 바꾸라고 권고하는 관행에 관여하고 있던 회사들 중에서 스위스 대기업 네슬레가 지목되었다.[79]

네슬레는 분유를 먹은 아기들이 더 건강할 것이라고 부정확하게 암시하는 일상적인 광고에 더하여 자사 제품을 홍보하기 위해 산부인과 병동에서 일하는 우유 간호사를 채용했다. 이 여성들은 간호사 복장을 하고 있었지만 분유 판매 수수료를 받는 판매원들이었다.

불행하게도 모유에서 분유 전환은 세 가지 이유로 유아들에게 심각한 건강 리스크를 부과했다. 첫째, 분유를 물에 타야 하는데 이 지역의 많은 곳은 물이 오염되었다. 따라서 유아들은 감염과 설사 리스크가 높은 분유를 먹었다. 둘째, 이 지역의 엄마들은 분유를 계속 살 여유가 없었다. 따라서 그들은 분유를 희석하거나 보다 값이 싼 제품으로 대체했는데, 이러한 실태가 아기들의 영양실조 같은 건강문제에 기여했다. 셋째, 가장 중요한 점으로서 모유 수유를 포기한 여성들은 마음을 바꾼다 해도 모유 수유로 돌아올 수 없다. 모유 수유를 중단한 여성들은 며칠 뒤에 자신의 모유 생산이

---

78) P. Magnusson, "Making a Federal Case Out of Overseas Abuses," Businessweek, 2002년 11월 25일, 78쪽.

79) J. E. Post, "Assessing the Nestle Boycott: Corporate Accountability and Human Rights," California Management Review (1985년 겨울 호), 115-116쪽.

줄어들어서 더 이상 아기에게 젖을 먹일 수 없다. 그들은 어쩔 수 없이 분유에 의존해야 한다. 많은 활동가 집단의 조직화된 항의와 불매운동에 대응해서 마침내 네슬레는 자사 마케팅 관행을 바꾸는 데 동의했다.

(알려진 모유의 건강상 유익에 비춰 볼 때) 위에서 설명한 마케팅 관행이 본국에서도 문제가 있다고 주장하는 사람도 있겠지만 본국에서는 깨끗한 물을 쉽게 구할 수 있기 때문에 이런 관행이 개발도상국에서만큼 아기들의 건강을 심각하게 손상지는 않을 것이다. 따라서 똑같은 관행이 (소비자들이 건실한 정보를 지니고 선택한다고 가정할 경우) 어떤 경우에는 윤리적이라고 여겨지는 반면 다른 경우에는 매우 비윤리적이라고 간주될 수도 있다.

현재의 예: 인권에 관해 어떻게 할 것인가   개발도상국에서 사업을 영위하기로 결정하면 인권 이슈에 주의를 기울여야 한다. 전 세계적으로 기업들이 강제 노동이나 아동 노동(특히 가족의 빚을 갚기 위해 어린아이들에게 일을 시키는 채무 인질 노동)을 금지하고, 노동자 안전 같은 이슈들을 다루는 방향으로 수렴하고 있기 때문이다. 그러나 (공급자들을 포함해서) 해외 사업장에서의 인권 보호에 스스로 책임을 지기로 결정하는 기업은 쉬운 답이 없는 어려운 임무를 짊어진다.

나이키는 스포츠화, 운동화, 의류, 장비, 장신구를 만들어 전 세계에 판매하기 위해 세계적으로 약 44,000명의 종업원을 두었으며, 공급자들은 더 많은 종업원들을 고용하고 있다. 1990년대에 나이키는 공급자들의 해외 공장 임금 착취 상황 때문에 인터넷과 언론 홍보, 대학 캠퍼스의 불매운동, 점포 밖 시위의 표적이었다. 1998년에 설립자 겸 CEO 필 나이트는 이 문제를 인정하고 해결하기로 결정했다. 나이키는 2001년 10월에 자사 최초의 회사 책임 보고서를 발간했다. 현재의 노동 조건을 개선하기 위해 취하고 있는 자사의 노력에 대한 설명에서 스스로를 비판하고 공장의 일이 힘들었고 때로는 노동자들이 괴롭힘을 당했으며 회사의 모니터링 시스템이 개선될 필요가 있음을 인정했다.

나이키는 이 문제에 계속 노력을 기울였으며 감사인들을 보내 상황을 평가하고 회사의 정책을 집행했다. 나이키는 완전한 투명성을 위해 2005년에 업계 최초로 공장의 이름과 위치를 공개했다. 이 회사는 또한 MIT 교수한 명을 초빙해서 자사의 감사 데이터를 평가하게 했는데 결과는 실망스러웠다. 대부분의 공급자들은 개선되지 않았고 일부는 오히려 악화되었다. 결국 모니터링은 그 자체만으로는 효과가 없었다. 같은 맥락에서 2008년의 「포춘」지 기사는 전혀 달라지지 않은 것으로 보이는 말레이시아의 티셔츠 공장을 다뤘다. 이주 노동자들은 비좁고 더러운 곳에 수용되어 있었고 모집 수수료가 완납될 때까지(임금에서 공제되었다) 여권을 돌려받지 못했다. 나이키는 신속하게 대응하고 자사 윤리강령이 심각하게 위반되었음을 공개적으로 인정했다. 나이키는 노동자들에게 변상하고 이사 비용을 지급했다. 그리고 말레이시아의 30개 계약 공장의 대표들과 회의를 개최해서 자사 기준 집행에 관한 힘겨운 대화를 나눴다. 이 회사는 자사가 특정 공급자와 거래를 끊으면 현지의 일자리가 사라져 종업원들이 더 큰 피해를 입을 수도 있음을 깨달았다. 현 CEO 마크 파커는 이렇게 말했다. "저는 우리가 이룬 성과를 자랑스럽게 생각하지만, 아직 있어야 할 곳에 도달하지 못했습니다. 이는 끝나지 않는 도전입니다." 「포춘」에 의하면 나이키의 구호 '한 번 해 보라(Just Do It)'가 적용된다.[80]

노동 문제를 다루기 위한 지속적인 노력으로 나이키는 자사 사회적 책임 담당 종업원들에게 표면적인 이슈를 넘어서 문제의 근본 원인을 찾게 했다. 그 과정에서 나이키는 장기 공급자와 수익을 주로 자사에 의존하는 공급자들에 대한 자사의 영향력이 더 크다는 점을 알게 되었다. 이는 회사가 보다 단기로 계약을 맺는 경향이 있는 의류 사업보다는 신발 사업에서

---

80) E. Levenson, "Citizen Nike," Fortune, 2008년 11월 24일, 165-170쪽.

영향력이 더 크다는 것을 의미했다. 나이키는 자사 아웃소싱 모델을 완전히 탈바꿈시키는 몇 가지 독특한 방법을 시도하고 있다. 이렇게 하는 목표 중 하나는 팀 기반의 간결한 생산 방식으로 전환하는 것인데 이 방식에서는 고숙련 노동력을 필요로 하고 공급자들은 이러한 노동력을 돌보기 원할 것이다. 또 다른 목표는 마지막 순간의 디자인 변경을 피해서 공급자들에게 과도한 초과 근무를 요구하는 등의 회사 규칙을 위반하도록 압박하지 않는 것이었다. 나이키는 2011년까지 자사 공급자의 공장에서 모든 초과 근무를 없앤다는 목표를 세웠다. 또한 이 이슈들을 다루기 위해 다른 브랜드들과의 협력을 강화하려고 한다. 「포춘」지는 나이키가 노동자 남용 문제와 싸우는 것 외에도 신발 디자이너들과 협력하고 쓰레기를 줄이고 보다 친환경적인 재료를 사용하도록 함으로써 지속가능성에서도 큰 진전을 이루었다고 보도했다. www.nikebiz.com에서 온라인으로 나이키 기업의 사회적 책임 보고서를 읽어 보면 이 회사의 노력에 대해 보다 자세히 알수 있다.

지난 몇 년 동안 회사들이 세계화 과정에서 비롯된 것으로 인식하는 도전에 대응하기 위해 마련한 모델 프로그램들을 다룬 연구가 있다. 예를 들어 (현재는 아디다스 그룹의 일원인) 리복은 파키스탄 아동들이 파키스탄 시알코트에서 자사 축구공을 만드는 일에 관여하지 않게 하는 프로그램을 시행했다. 천을 마을에서 꿰매는 대신(이런 방식에서는 종종 아동들이 관여했다.) 공장을 세워 생산을 모니터링할 수 있게 했다. 그리고 아동들이 노동력 풀에서 빠지도록 학교에 다니게 하는 프로그램도 만들었다(www.adidas-group.com을 보라).

이런 조치들이 좋아 보이는가? 아마도 그럴 것이다. 그러나 이와 관련해서는 복잡한 문제들이 있음을 고려해야 한다. 이들의 가족은 아동이 일해서 올렸을 수입을 상실했다. 많은 회사들은 이 도전을 인식하고 아동을 고용하는 공급자들에게 아동들을 학교에 보낼 뿐 아니라 학교에 다니는 동안 계속 평균 일당을 지급하도록 요구하고 있다. 아디다스는 베트남의 공급자

들에게도 이런 조치를 성공적으로 시행해 오고 있다.[81]

자사 제조 설비의 작업장 상태에 대해 우려하는 회사는 자사 혼자서 이 문제를 해결할 수 없음을 깨닫고 있다. 도움이 필요한 회사는 세계 인권 선언을 찾아볼 수 있으며 공정노동협회 및 국제 사회적 책임 기구와 같은 조직에서 지원을 받을 수 있다. 아디다스, 아메리칸 이글, H&M, 뉴 발란스, 파타고니아, 나이키 같은 다수의 저명 회사가 공정노동협회 회원이다. 이 협회에 가입함으로써 기업은 협회의 윤리강령을 지지하며 자신의 공급 사슬에서 국제 노동 기준을 준수하기로 서약한다. 많은 대학(교)도 자신의 로고가 새겨진 옷을 생산할 때 공정한 근로 조건을 증진하기로 공정노동협회와 합의했다. 대학(교)이 이렇게 하는 이유는 자기 학교의 옷들이 노동 착취 상태에서 생산되지 않도록 만전을 기하기 위함이다. 당신이 대학생이라면 당신의 학교가 이 협회에 가입되었는지 확인하고(www.fairlabor.org) 이 협회 라이센스 사용자들에게 어떤 의무가 있는지 알아보라.

국제 사회적 책임 기구(www.sa-intl.org를 보라)는 기업들이 작업장 상태 영역(예를 들어 아동 노동, 강제 노동, 건강과 안전, 차별 등)에서 사회적 책무를 다하도록 도움을 주기 위해 1997년에 설립되었다. 이 조직은 사회적 책무 8000(SA8000)라 불리는 기준과 이 객관적인 기준 준수를 확인하기 위한 사회적 감사 시스템을 개발했다. 잘 알려진 ISO 9000 품질 이니셔티브를 본뜬 이 시스템은 노동조합, 기업, 비정부기구 등 사회 여러 부문의 전문가들이 포함된 국제 자문위원회의 의견을 참조해서 개발되었다. 설비들은 감사를 받고 이 기준에 부합하는 것으로 파악되었음을 의미하는 SA8000 준수 '인증'을 받을 수 있다.

현재의 예: 보석 사업 청소　고급 보석 소매상 티파니는 1990년대 후반 이

---

81) L. Hartman, "Innovative Solutions to the Global Labor Challenge," 2002년 10월에 보스턴에서 열린 Ethics Officers Association meeting 발표 및 개인적인 의사소통.

후 인권단체들이 이 회사가 아프리카 반군 단체들이 내전 자금을 조달하기 위해 거래한 것으로 생각되는 '피의 다이아몬드'를 판다고 비난함에 따라 자사 공급 사슬에 관해 우려했었다. 금으로 주의를 돌린 티파니는 금의 출처를 알아내기는 지극히 어렵다는 사실을 알게 됐다. 금은 60개가 넘는 국가의 매우 소규모 산업에서 채굴된다. 티파니는 공급자들이 금이 어디에서 나왔는지 말해 주지 않기 때문에 모든 금을 하나의 광산에서 구매하기로 결정했다. 티파니의 CEO는 거기에서 그치지 않았다. 그는 활동가들과 보석상들의 회의를 주선하고 채굴 관행 연구를 지원하고 환경적으로 민감한 장소에서 새 광산을 개발하는 데 반대 의견을 표명했다. 보석상들이 이 이슈들을 다루도록 도움을 주기 위해 책임 있는 보석상 위원회와 책임 있는 채굴 보장 이니셔티브라는 두 개의 새 조직이 만들어졌다.

자사의 보석을 직접 생산하지 않는 회사들은 문제가 더 어렵다. 그러나 그들도 동참하고 있다. 예를 들어 월마트는 채굴업자들에게 확인할 수 있는 엄격한 환경과 사회적 기준을 따르도록 압박하고 있으며 공급 사슬 추적에 특화된 영국 회사의 도움을 받아 자사가 취급하는 금의 공급 사슬 전체를 추적 관리하고 있다. 월마트는 소박한 목표로 시작하고 있지만 보석 구매를 책임지고 있는 팸 모텐슨은 "손 놓고 아무 일도 안하고 있으면 죽도 밥도 안 된다."[82]라고 말했다.

어떤 윤리 이슈나 기업의 사회적 책임 이슈든 대기업과 소기업 모두 자사의 확대된 공급 사슬에 대해 책임을 져야 한다는 사실을 인지하고 있으며 전에는 전혀 접촉하지 않았을 상대를 포함한 공급 사슬 안에 들어 있는 상대들과 더 많이 접촉하고 있다. 지난 몇 년 동안 (특히 중국에서) 수입한 제품의 안전이 큰 이슈가 되었다. 미국에서는 치명적인 멜라민이 함유된 애완동물 사료, 납과 카드뮴에 오염된 장난감, 안전하지 않은 타이어, 오염된

---

82) M. Gunther, "Green Gold?" Fortune, 2008년 9월 15일, 106-112쪽.

수산 식품, 사람이 거주할 수 없게 한 석고판을 경험했다. 제품 안전 문제 목록은 계속 이어진다. 마텔은 2007년에 납에 오염된 장난감 거의 1백만 개를 회수해야 했다. 자신의 평판에 신경을 쓰는 수입상들은 더 이상 이 문제들을 자신과는 관계가 없는 일이라고 생각할 여유가 없게 되었다. 기업들은 누군가가 죽은 뒤에야 뒤늦게 행동에 나서면 안 된다. 그들은 자세한 계약서 작성, 공급자(및 그들의 공급자) 모니터링, 제품 판매 전 테스트 실시 등 점점 더 많은 사항에 주의를 기울여야 한다.[83]

현재의 예: 개발도상국을 위한 도움 세계은행은 세계인구의 거의 절반이 하루 2달러 미만으로 (간신히) 살고 있다고 추정하고 있다. 이들은 '부의 피라미드 밑바닥'에서 살고 있으며 이들의 곤경은 극복하기 어렵다는 것이 입증되었다.

방글라데시 경제학 교수 무함메드 유누스는 미소금융(microcredit)을 사용해서 부의 피라미드 밑바닥 계층 사람들이 자립하도록 도와주는 방식의 경제 개발을 촉진하자는 아이디어로 2006년에 노벨 경제학상을 받았다. 그는 또한 2009년에 버락 오바마 대통령으로부터 국제적인 변화의 주역이라는 이유로 대통령 평화 메달을 받았다. 이 아이디어는 사업가, 특히 가장 가난한 여성들에게 소기업 창업 자금용으로 소액의 대출을 해 주는 것이다. 유누스는 1976년에 그라민 은행을 설립했으며 자기 돈 27달러를 빌려 줌으로써 이 아이디어를 출범시켰다. 이 아이디어는 매우 성공적이었다. 현재 방글라데시 시골 지역에 2,500개가 넘는 그라민 은행 지점이 있으며 차입자는 800만 명이 넘고(그 중 96%가 여성이다) 대출 상환율은 90%이며(담보 없이 이 수준이다) 은행은 수익을 내서 실제로 배당금을 지급하고 있다. 차입자들은 (연대 책임은 없지만) 5명의 그룹을 구성해서 대출을 상호 감독한다. 이 아이디어

---

83) J. Quittner, "The China Code," Businessweek SmallBiz, 2007년 8월-9월호, 40-46쪽.

는 다수의 개발도상국에 퍼졌다. 씨티그룹 같은 회사들과 빌 게이츠 재단 같은 조직들이 참여하였으며, 미소금융은 현재 수십억 달러 규모의 산업으로 성장했다. 보다 자세한 정보를 원하면 www.grameen-info.org를 방문하라.

유누스는 자신의 원래 아이디어에 기초해서 미소금융에 대한 회사의 관심과 경제 발전을 결합한 아이디어인 사회사업기업 개념을 개발했다. 그는 요구르트 제조업자인 다논과 협력해서 방글라데시에서 사회사업기업을 시험했다. 이 회사는 영양실조를 막을 수 있고 구매할 수 있도록 값싸게 가격이 책정된 (한 개당 7센트) 요구르트를 만들었다. 공장은 그라민 미소금융 차입자들에게 의존하는데 차입자들은 암소를 사서 공장에 우유를 팔고 각 가정에 요구르트를 배달하고 판매한다. 다논은 수익을 재투자하고 3년 뒤에 최초 자본 비용만 가져가는 데 동의했다. 다논은 많은 사람을 고용해서 지역경제에 크게 기여한다. 유니세프는 이를 개발도상국에서 영양을 개선하기 위한 놀라운 방법으로 보고 다논은 미래를 위한 지속가능한 비즈니스 모델을 탐구하면서도 선을 행할 기회이자 사회적 책임을 글로벌 비즈니스 안으로 통합하는 방법으로 본다.[84]

문화를 초월한 기업 윤리 개발

다수의 기업인들은 글로벌 영역에서 행하는 적절한 비즈니스 행동에 대해 폭넓게 인정되는 날이 오기를 고대하고 있다. 정부 조직, 다국적 기업, 국제 비즈니스 윤리에 관심이 있는 민간 기구들의 노력을 통해 그 방향으로의 진전이 이루어졌다. 그러나 이러한 노력의 급증은 복잡성과 어디에 주의를 기울여야 하는지 결정하는 어려움을 증가시킨다.

---

84) S. Prasso, "Saving the World One Cup of Yogurt at a Time," Fortune, 2007년 2월 19일, 97-101; C. Seelos and J. Mair, "Social Entrepreneurship: Creating New Business Models to Serve the Poor," Business Horizons, 2005년 5월-6월호, 241-246쪽.

지난 50년 동안 도달한 정부 간 합의의 결과 '문화를 초월한 기업 윤리'를 향한 운동[85]이 일어났다. 다국적 기업의 비즈니스 행동을 위한 규범적인 가이드라인을 이 합의들은 제시한다. 합의들로부터 나오는 가이드라인은 고용 관행 및 정책, 소비자 보호, 환경 보호, 정치 자금 지급 및 관여, 기본 인권과 기본적인 자유 영역을 다룬다. 가이드라인은 다음과 같은 네 가지 원칙에 기초한다.

1. **국가의 주권 불가침**　다국적 기업들은 '파견국의 경제 및 사회 발전과 그 국가의 역사 및 문화적 전통'을 존중한다.[86]
2. **사회적 형평성**　급여 규모는 인종과 민족 집단들, 양성(兩性) 간 형평성을 고려하여 결정한다.
3. **상거래에서의 시장의 올곧음**　정치 자금과 뇌물에 대한 제한은 이러한 돈이 '상거래에 비시장적인 고려를 주입'한다고 가정한다.[87]
4. **인권과 기본적인 자유**　이 원칙은 모든 개인에게는 본질적인 가치와 위엄이 있으며 모든 인간의 권리는 평등하다는 믿음에 기초한다. 그러나 이 원칙은 종종 다른 원칙들, 특히 첫 번째 원칙인 국가의 주권과 경합한다. 예를 들어 남아프리카의 인종 차별 시스템은 흑인인 시민들의 인권에 대한 부인에 기초했으며 많은 문화와 정부 시스템에서는 여성들이 아직도 권리를 부인당하고 있다.

앞에서 언급한 바와 같이 뇌물이나 부패와 싸우기 위한 전 세계적인 많은 노력들도 진행 중이다. 아마도 이 중에서 가장 중요한 내용은 경제협력

---

85) W. C. Frederick, "The Moral Authority of Transnational Corporate Codes," Journal of Business Ethics 10권 (1991), 165-177쪽.
86) 위의 글.
87) 위의 글, 168쪽.

개발기구 뇌물 방지 협약일 것이다. 1997년 말에 33개국 대표들의 협상으로 이 협약이 통과되었다. 이 협약 참가국은 (북미, 서유럽, 태평양 지역의 선진 민주 국가를 포함하는) OECD 회원국과 아르헨티나, 브라질, 불가리아, 칠레, 슬로바키아 공화국이다. 이 협약은 서명국들에게 해외 공무원에게 지급한 뇌물을 범죄로 규정하도록 요구하며 이에는 형벌 적용도 포함된다. 2002년 10월에 OECD는 34개국이 이미 OECD 사무총장에게 자국의 '비준서'를 제출했다고 보고했다. 2005년까지는 해외 공무원에 대한 뇌물 지급을 범죄로 규정하는 부패방지법을 통과시켰다. 각국의 노력에 관한 정보는 OECD 웹사이트(www.oecd.org)에서 구할 수 있다. 역시 웹사이트에서 구할 수 있는 OECD의 한 보고서는 이 협약을 '해외 뇌물을 방지하는 가장 효과적인 도구들 중 하나'라고 언급한다.

한편 보고서는 이 협약이 '적절하고 효과적으로 적용'되도록 각국의 법률을 엄격하게 모니터해야 만 신뢰도를 확보할 수 있음을 인식했다. 이 조약은 최저형을 요구하지 않고 정당에 대한 선물을 금지하지 않으며 뇌물을 세금상의 비용 공제 항목으로 인정하는 것을 금지하지 않기 때문에 약하다고 주장하는 사람들도 있다. 그러나 이 협약은 분명히 올바른 방향을 향한 걸음이다.[88] 많은 다국적 기업에서는 모든 형태의 뇌물을 금지하는 추세는 법률들이 점점 더 엄격해지고 있기 때문이다(영국 뇌물법). 예를 들어 영국에 본사를 둔 BP의 정책은 미국 해외부패방지법 기준보다 더 엄격하다. 이 회사는 소액 급행료를 뇌물로 간주해서 급행료 지급을 금지하는 정책을 두고 있다.[89] 이 접근법은 확실히 종업원과 뇌물을 받으려는 사람에게 규칙을 명확하게 알려준다.

---

88) "Report by the Committee on International Investment and Multinational Enterprise: Implementation of the Convention on Combating Bribery of Foreign Public Officials in International Business Transactions and the 1997 Recommendation" (Paris: OECD, 2002).
89) A. B. Baker, "Are Standards Becoming Standard Operating Procedures?" International Business Ethics Review 8권, no. 1 (2005): 1, 3-7쪽.

미주 기구에는 쿠바를 제외한 아메리카 대륙의 모든 독립국을 포함하는 35개 회원국이 있다. 이 회원국 대부분은 1997년에 발효한 미주 부패 방지 협약에 서명했다(www.oas.org를 보라). 구속력이 있는 이 조약은 뇌물을 불법화하지는 않지만 회원국에게 부패를 줄이기 위한 정책과 관행을 개발하도록 요구한다.[90]

한 가지 중요한 질문이 남아 있다. 이 합의들이 다국적 기업이 다르게 행동하도록 영향을 주는가? 다국적 기업들은 이러한 정부 사이의 합의에 직접 구속되지 않는다. 그러나 다국적 기업들은 국가들이 회사들에게 준수를 요구하는 법률을 제정하는 한도 내에서 간접 영향을 받는다. 이 합의들은 여러 문화에 적용되는 인정된 기준 개발에 기여하기 때문에 보다 비공식적인 유형의 컴플라이언스에도 기여할 수 있다. 다국적 기업들이 이러한 기준을 알게 되면 이를 준수할 가능성이 높아진다.

비즈니스 리더들도 세계적으로 적용되는 자사 책임 기준을 개발하기 위해 노력하고 있다. 미국, 유럽, 일본의 다국적 기업을 대표하는 그룹인 코 라운드 테이블은 1986년에 스위스의 코(Caux)에서 모이기 시작했다. 이 그룹의 사명은 글로벌 기업의 책임에 주의를 집중하는 것이었다. 그들은 인간의 존엄성과 '서로 번영할 수 있도록 공동의 선을 위해 살고 협력한다는 이상'을 뜻하는 일본의 쿄세이 개념의 두 가지 원칙에 기초해서 글로벌 기업의 행동을 위한 일련의 기준을 개발했다. 이 기준들도 구속력은 없지만 전 세계의 기업들이 이를 기초로 자체 기준을 개발하도록 요구한다.[91] (이 그룹에 관한 보다 자세한 정보는 www.cauxroundtable.org를 보라.)

1999년 초 세계경제 포럼 연설에서 UN 사무총장 코피 아난은 UN 글로

---

90) F. Coleman, "World Leaders Try to Ban Business Bribery," USA Today, 1997년 11월 24일, 23B면.
91) K. A. Getz, "International Instruments on Bribery and Corruption," 1997년에 인디애나 주 사우스 벤드 노틀담 대학교 '글로벌 윤리강령: 강령의 시대가 도래했다는 아이디어' 컨퍼런스에서 발표된 미발행 논문.

벌 콤팩트를 제안했다(www.unglobalcompact.org를 보라). 코피 아난은 UN 기관과 가치에 기반한 세계 경영을 증진하는 데 관심이 있는 기타 기관들과 더불어 다국적 기업 리더들에게 이 국제 이니셔티브에 동참하라고 요청했다. 또한 코피 아난은 국제적으로 받아들여진 원칙에 기초한 국제 프레임워크는 세계 경제에서 자발적인 기업 시민정신을 실천하려는 회사에게 도움을 줄 수 있다고 말했다. 이 이니셔티브는 2000년 7월에 약 50개 대기업 상위 임원들과 정부, 시민 사회 회의에서 공식 출범했다. UN은 이 기관들을 소집하고 대화하는 정보 공유 촉진자 역할을 한다. 협약의 원칙들을 진지하게 받아들이는 조직은 모두 회원이 될 수 있다. 글로벌 콤팩트 웹사이트 (www.unglobalcompact.org)에 의하면 2013년 초에 145개 국가에서 7,000개가 넘는 조직들이 협약에 참여하고 있다.[92] 흥미롭게도 담배회사들은 건강에 대한 부정적인 영향 때문에 참여가 저조하다.

이 협약은 선량한 기업 시민정신을 회사 경영 전략 및 의사 결정에 내장하고 규제 접근법을 보완함을 목표로 한다. 또한 투명성과 대화의 힘을 사용하여 인권, 노동, 환경 및 부패 방지에서 10개의 공유된 원칙에 기초한 좋은 비즈니스 관행을 식별하고 보급한다.

인권

1. 국제적으로 선포된 인권 보호
2. 인권 유린에 연루되지 아니함
3. 결사의 자유 지지

노동

4. 강요된 노동 및 강제 노동 제거

---

92) "UN Global Compact Participants," UN Global Compact 웹사이트: http://www.unglobalcompact.org/ ParticipantsAndStakeholders/index.html.

5. 아동 노동의 실제적 폐지

6. 고용 차별 및 작업장 차별 제거

환경

7. 환경상의 도전에 대한 예방적 접근법 지지

8. 보다 큰 환경상의 책임을 증진하기 위한 이니셔티브

9. 친환경 기술 개발 및 보급

부패 방지

10. 부패 방지 노력

이 협약에 가입하려면 회사 CEO가 UN 사무총장에게 다음 사항에 동의하는 확약서를 보내야 한다. (1) 자기 조직에서 이 원칙들에 입각해 행동하기 위한 구체적인 조치를 취한다. (2) 자사의 경험을 글로벌 콤팩트 웹사이트에 공유한다. (3) 글로벌 콤팩트를 공개적으로 지지한다.

또 하나의 UN 이니셔티브인 UN 부패 방지 협약은 2003년 12월에 멕시코에서 서명되었으며 2005년 12월에 발효됐다. 부패 방지가 이 협약의 중요한 목표 중 하나다. 서명국들은 선거와 공공 서비스에서의 투명성 향상을 위해 노력해야 한다. 공무원들은 윤리강령에 의해 규율되어야 하며 비리를 저지르면 징계를 받아야 한다. 서명국들은 또한 뇌물, 자금세탁, 공금 횡령 등 다양한 유형의 부패를 범죄로 규정해야 한다. 서명국들은 또한 부패 방지 활동에서 서로 협력하고 자산 반환에 법적 지원을 제공하기로 동의한다.

회사는 21세기의 윤리강령을 고안할 때 이러한 국제 합의들을 고려한다. 하버드 대학교 연구자들은 다국적 조직들의 비즈니스 강령들(즉, 회사의 윤리강령과 코(Caux) 원칙, OECD 가이드라인, UN 글로벌 콤팩트, 글로벌 리포팅 이니셔티브 등과 같은 다

국적 노력들)을 연구해서 세계적인 수준의 기준을 충족하기 위해서 이 강령들이 갖춰야 할 요소들을 파악했다. 연구자들은 강령들이 다음과 같은 8가지 원칙을 다룬다는 것을 발견했다.

1. **수임인 원칙**   이 원칙은 매니저들이 자신의 이익이 아니라 주주들의 최선의 이익에 부합하도록 행동할 책임을 다룬다. 따라서 강령들은 이해상충과 조직의 희생 하에 이루어지는 자기 거래와 같은 행동을 금지한다.

2. **재산 원칙**   이 원칙은 재산 존중을 다룬다. 따라서 강령들은 절도(지적 재산권 절도 포함) 및 낭비와 같은 행동을 금지한다.

3. **신뢰성 원칙**   이 원칙은 협력이 발생하기 위해 필요한 신뢰와 약속을 준수하는 행동을 다룬다. 강령들은 종업원들에게 계약을 준수하도록 요구하고 계약 및 신뢰 위반을 금지한다.

4. **투명성 원칙**   이 원칙은 정직 및 진실과 솔직성 존중의 중요성을 다룬다. 강령들은 정확한 정보 표시를 요구하고 이해관계자들(고객, 공급자 등)을 오도하는 것과 같은 행동을 금지한다.

5. **존엄성 원칙**   이 원칙은 사람 존중을 다룬다. 강령들은 사람들의 건강, 안전 및 프라이버시 보호를 요구하고 인권 유린을 금지한다.

6. **공정성 원칙**   이 원칙은 보상과 부담의 공정한 분배를 다룬다. 강령들은 공정한 대우(동일 노동에 대한 동일 임금과 같은 아이디어 포함)를 요구하고 차별을 금지한다.

7. **시민 정신 원칙**   이 원칙은 법률 존중, '공유물(자연 환경과 같은 공유 자원)' 존중과 사회 전반에 대한 기여를 다룬다. 강령들은 법률을 존중하는 행동, 환경 보호, 자선과 같은 행동을 통한 사회 공헌을 요구한다. 금지하는 행동에는 뇌물, 자연 환경 파괴, 부적절한 정치 활동을 포함한다.

8. **반응성 원칙**   이 원칙은 회사의 결정에 의해 영향을 받는 이해관계자

들에 대한 조직의 반응성을 요구한다. 이해관계자들의 우려에 대한 반응과 공급자들과 같은 이해관계자들과의 대화가 이에 포함된다.

우리는 기업들이 오늘날의 글로벌 비즈니스 환경에서 사업을 영위할 때 발생하는 문제들을 다루기 위해 사용하고 있는 '핵심 글로벌 행동 기준'에 관해 떠오르고 있는 합의를 이 원칙이 대표한다고 생각한다. 그들은 기업이 이 원칙을 자사의 현행 강령을 평가하거나 새 강령을 개발하기 위한 출발점으로 사용하라고 권고한다. 또한 회사 자체의 독특한 가치에 원천을 둔 내용들로 이 원칙을 보완하라고 장려한다.[93]

요약

개인의 입장에서 보면 해외 발령은 윤리적 도전들로 가득 차 있다. 솔직함, 유연성과 더불어 교육 훈련과 지침을 갖추면 파견 매니저를 올곧음과 건전한 판단을 유지하면서 생존하도록, 그리고 국제 비즈니스 경험의 풍부함을 즐기도록 준비시키는 데 큰 도움이 될 수 있다. 기업은 일련의 광범위한 핵심 가치와 본국과 해외에서의 윤리적인 비즈니스 행동을 위한 구체적인 가이드라인과 지원 시스템을 개발함으로써 파견 종업원들을 도와줄 수 있다.

다국적 기업들은 투명하고 좁아진 세계에서 이러한 복잡한 이슈들을 관리하는 경험을 쌓고 있다. 비즈니스 윤리와 기업의 사회적 책임에 대한 관심 증대와 모든 문화에서 기업의 행동을 안내할 국제 가이드라인 개발은 경쟁의 장을 공평하게 하는 데 도움이 되고 국제 비즈니스 경험이 보다 풍부하고 만족스럽게 되는 데 기여할 것이다. 한편 이 모든 변화를 따라잡기란 벅찰 수도 있다. 그래서 우리는 당신이 복잡하고 역동적인 글로벌 비즈

---

93) L. Paine, R. Deshpande, J. Margolis, and K. E. Bettcher, "Up to Code: Does Your Company5s Conduct Meet World-Class Standards?" Harvard Business Review (2005년 12월), 1-12쪽.

니스 윤리 환경의 한가운데에 서 있을 수 있도록 도움을 주는 유용한 여러 웹사이트에 관한 정보를 제공했다.

토론 문제

1. 당신이 처음으로 해외 발령을 받으면 직면할 수도 있는 윤리 딜레마를 다룰 수 있도록 준비하기 위해 무엇을 하겠는가? 이 임무에 대비하기 위해 당신의 상사에게 어떤 질문을 하겠는가?

2. 당신의 회사는 세계적으로 확장하고 있으며, 최초로 해외에 임원들을 보내고 있다. 당신은 이들이 직면하게 될 윤리 딜레마에 대해 준비시키기 위해 무엇을 하겠는가?

3. 다른 나라에서 온 어떤 사람이 당신에게 당신 나라의 매니저들과 상대할 때의 비즈니스 윤리에 관한 정보를 제공해 달라고 요청했다고 상상하라. 당신은 뭐라고 말하겠는가?

4. 다른 나라 출신인 사람과 얘기해 보라. 당신이 그 사람의 본국에서 사업을 해야 할 때 도움이 될 정보를 요청하라. 전에 알지 못했던 어떤 내용을 배웠는가? 당신이 알게 된 내용 때문에 어떻게 다르게 행동할 것으로 생각하는가?

5. 당신이 문화의 '권력 거리'와 '개인주의/집단주의' 측면에서 당신의 나라와는 전혀 다른 국가에서 사업을 할 계획이라면, 어떤 도전에 직면할 것으로 예상하는가? 당신은 어떻게 준비하겠는가?

6. 당신이 누군가에게 뇌물을 주지 않으면 거래를 성사시키지 못할 상황에 처해 있다고 상상하라. 이에 대해 어떻게 생각하는가? 당신은 어떻게 할 것이라고 생각하는가? 왜 그렇게 생각하는가? 당신의 고용주는 무엇을 바라겠는가?

7. 당신이 특정 외국에서 사업을 영위할지에 관한 결정에서 의사 결정자 역할을 맡았다고 가정하라. 당신은 윤리와 사회적 책임 관점에서 결

정을 내리기 위해 어떤 기준을 세우겠는가? 왜 이 기준들이 가장 중요한가? 의사 결정에 도움을 받기 위해 어떤 정보를 사용하겠는가?

8. 문화를 초월한 기업 윤리를 개발할 때의 비용과 효용은 무엇인가? 그런 윤리 개발은 누구의 책임인가? 정부인가, 회사인가, 정부 간 조직인가, 이들 모두인가?

9. 다국적 기업 한 곳을 선택하라. 이 회사의 웹사이트에서 글로벌 비즈니스 윤리와 기업의 사회적 책임에 대한 이 회사의 접근법에 대해 알아보라.

10. 당신이 당신 회사의 글로벌 윤리강령을 기안해야 한다면 어떤 내용을 포함시키겠는가? 당신은 어떤 핵심 가치들을 표명하겠는가? 당신은 선물 공여 및 정실 인사 같은 행동들을 어떻게 다루겠는가?

사례 연구

선물

당신은 다국적 금융회사의 고객 담당 임원인데 당신의 가장 큰 고객 중한 곳은 그리스의 해운 거물이다. 당신이 이 고객의 새 유조선 선단 건설을 위해 아주 복잡한 자금 조달을 주선해 준 지 몇 달 뒤에 첫 번째 유조선 명명식에 부부가 참석할 수 있겠냐는 질문을 받았다. 물론 당신은 참석하는데 동의했다. 그러지 않았더라면 그 고객에게 모욕이 되었을 것이다. 당신이 도착하자 그는 당신의 아내에게 전통적인 행사인 유조선 뱃머리에서 샴페인 병을 따 달라고 부탁한다. 명명식 2주 뒤에 당신의 아내는 그 고객으로부터 소포를 받는다. 그 안에는 아내의 이름 첫 글자와 명명식 날짜를 다이아몬드로 새겨 넣은 금팔찌가 들어 있다. 이 선물을 반환하면 당신의 고객에게 모욕이 되겠지만 이를 받아들이면 확실히 회사의 정책을 위반하게된다. 당신은 어떻게 해야 하는가?

사례 문제

1. 이 사례에는 어떤 윤리 문제가 있는가?

2. 그런 선물을 받으면 왜 회사 정책에 반하는가? 당신은 회사 정책에 동의하는가? 왜 그렇게 생각하는가?

3. 각 당사자의 입장에 서 보라. 그들은 이 문제에 대해 어떻게 생각하겠는가?

4. 당신이 회사의 비즈니스 윤리와 수칙 담당 부사장이라고 상상하라. 당신은 이 정책을 변경할 생각이 있는가? 그 이유는 무엇인가?

사례

아시아에서 의료 초음파 기술 판매하기

사례 저자: 린다 트레비노와 알레산드로 구비니

한 젊은 엔지니어가 회사의 초음파 영상 진단 고객들과 협력하기 위해 최초로 아시아에 출장 갔을 때 놀라운 윤리 딜레마가 발생했다. 패트는 오랜 비행기 탑승 시간 동안 중국과 한국 문화에 대해 더 배우기 위해 여행 책을 읽다가 이 나라에서 초음파 기술이 어떻게 사용되고 있는지 알고서 충격을 받았다. 그가 병을 진단함으로써 사람들에게 도움을 주는 수단으로 알고 있던 기술이 의도적으로 태아의 성을 감별해서 딸일 경우 낙태시키는 데 사용되고 있었다. 엔지니어인 패트는 혁신과 문제 해결에 열정적으로 임하도록 훈련받았다. 그는 이 기술들을 심각한 건강 문제에 대한 혁신적인 첨단 기술 해법이라고 생각하는 데 익숙했다. 그는 또한 널리 사용될 수 있도록 보다 효율적이고 싼값에 이용할 수 있는 고품질 장비 개발에 전력을 기울이고 있었다. 인구 과잉과 딸보다 아들을 선호하도록 하는 강한 가부장적 문화가 결합된 일부 아시아 국가에서 자신이 혁신적이고 사람들의 복지에 도움을 주고 복지를 지원한다고 여겼던 이 기술이 딸들의 생명을 제거하는 데 사용되리라고는 전혀 생각하지 못했다.

초음파 기술이 진전되고 보다 이용하기 쉬워짐에 따라 아들을 선호해서 딸인 태아를 낙태시키는 결정에 널리 사용했다. 좀 더 조사한 뒤에 패트는 한 자녀만 두도록 허용함으로써 인구 증가를 제한하는 중국에서 이 관행이 아주 흔해졌다는 점을 알게 되었다. 인도에서는 딸의 결혼 비용과 지참금을 부담해야 하는 문화 때문에 딸은 가족들에게 더 부담이 된다. 이에 비해 초음파 검사는 가난한 가정에도 큰 비용이 아니다.

패트는 또한 초음파 기술을 사용해서 태아의 성별을 감별하고 그 정보에 기초해서 태아를 낙태시키는 것이 이 국가 대부분에서 불법임을 알고 한 번 더 놀랐다(예를 들어 의사들은 태아의 성별 공개가 금지된다). 그러나 그런 법률의 집행은 특히 도시와 감독 당국으로부터 멀리 떨어진 의원의 경우 어렵고 규칙적이지도 않다. 초음파 진단기가 중고 시장에서 판매되고 있기 때문에 이러한 의원들은 초음파를 점점 더 쉽게 이용할 수 있어 문제가 악화된다. 남성의 수가 여성의 수를 초과해서 국가의 성비 균형을 왜곡시키고 있기 때문에 여아 태아를 낙태시키기 위한 기술 사용 증가는 커다란 사회 문제를 만들기 시작했다.

성 선별 낙태와 여성 태아 살해의 결과 세계적으로 1억 5천만 명이 넘는 여성이 '부족한' 것으로 추정된다. 이처럼 부족한 숫자는 미국 여성 전부에 해당한다. 2001년 인도의 인구조사는 어린 아들 대비 딸의 수가 크게 줄어들었음을 보여주었으며(10년 전에는 1,000당 945명이었는데, 2001년 조사에서는 1,000명당 927명이었다), 초음파 기술 사용 증가로 이 문제가 악화되고 있다. 유니세프에 의하면 중국은 현재 0세에서 4세 사이의 아들 1,000명 당 딸이 832명에 지나지 않는다. 이 아이들이 성인이 될 때의 미래를 내다보면서 어떤 이들은 젊은 남성들이 적은 여성들을 놓고 경쟁함에 따라 매춘과 기타 폭력적인 범죄를 위한 여성 밀매가 증가할 것으로 예측한다.

패트는 자신이 알게 된 사실들을 곰곰이 생각하다가 환자, 의료 종사자,

의료 산업뿐 아니라 자기 회사와 기술 개발자, 그리고 보다 넓은 문화가 관련되어 있다고 생각했다. 환자들은 병을 조기에 발견해서 성공적으로 생명을 구하는 기술로부터 이로움을 얻는다. 그러나 자녀의 성별을 일찍 파악할 수 있기 때문에 많은 엄마들이 자신의 뜻에 반하여 낙태를 강요당한다면 환자들이 이 기술로부터 피해를 입을 수도 있다. 이러한 문화에서는 많은 엄마들이 딸인 태아를 낙태시키라는 문화적 압력 또는 가족의 압력을 느낀다. 의료 종사자들은 보다 빠르고 보다 정확한 진단을 얻을 수 있어서 이로움을 얻지만 그들 또한 이러한 시스템을 비윤리적인 목적에 사용하도록 압력을 받을 수도 있다. 업계와 개발자들(패트의 회사 포함)도 이 제품들을 더 많이 생산해서 판매함으로써 이익을 낸다. 그러나 회사와 업계가 불법 목적의 승인받지 않은 사용자들에게 이러한 시스템을 판 책임이 있는 것으로 드러나면, 그들의 평판을 훼손할 위험이 있다. 언론 매체가 그 이야기를 어떻게 보도할지 상상해 보라. 영국의 저명 의료 저널 「더 란체트」(2006)에 따르면 불법적인 진단 초음파 기술 사용이 매년 1백만 건으로 추정되는 여성 태아 낙태에 일조하고 있다. 그럼에도 불구하고 이러한 진단 기술들은 전 세계적으로 수백만 명의 환자들의 생명을 구하고 삶을 향상시키는 데 있어서 사회에 큰 유익을 주고 있다.

패트는 이에 대해 어떻게 생각해야 하는가? 이 기술이 사회에 주는 유익이 피해보다 월등히 큰가? 그렇다 해도 이 회사는 많은 사람들이 비도덕적이라고 생각하고 많은 국가에서 불법인 관행에 연결되기 원하는가? 패트는 이 관행은 특히 단순히 자신의 성별 때문에 태어나지 못하게 될 여성의 입장에서 볼 때 매우 불쾌하다고 생각했다. 패트는 이렇게 생각했다. '이 관행이 그들에게 정당한가? 우리는 모두 이를 외면함으로써 이 관행을 조장하고 있는 것이 아닌가? 그러한 성차별이 전 세계적으로 정상적인 관행으로 받아들여진다면 어떻게 될 것인가? 그것이 올바른 일이 될 수 있을 것인가?' 전 세계의 의사들에게 교육 훈련을 제공하는 세계초음파의학회 같은 국제 건강 기구는 그런 관행에 대해 뭐라고 말할 것인가? 패트는 자기 아내가 자신의 일이 이처럼 예기치 않은 결과를 가져왔음을 안다면 어떻게 생각할지 궁금했다. 그녀는 자신이 뭔가를 하도록 기대하고 있을까? 여기서 패트 개인의 책임은 무엇인가? 회사의 책임은 무엇인가?

패트는 자신이 읽은 내용에 대해 너무 혼란스럽고 법률 또는 문화 환경을 완전히 이해하지 못했기 때문에 아시아 고객들에게 이 주제에 대해 전혀 언급하지 않았다. 그러나 이 문제가 그의 마음속에 남아 있었다. 그는 본국에 돌아와서 이 문제에 대해 계속 생각했다. 회사 안에서는 이 이슈를 표면화할 공식적인 구조가 없었기 때문에 패트는 이 주제를 믿을 수 있는 몇 명의 동료와 논의하기로 결심했다. 그는 동료들이 이 이슈에 대해 알고 있는지, 그리고 어떻게 생각하는지 궁금했다. 그들도 자신만큼 곤혹스러워할 것인가? 알고 보니 그들은 이러한 관행들에 대해 패트만큼 알지 못했다. 그리고 그들은 아시아에 가 본 적이 없어서 이 이슈가 자기들과는 거리가 먼 문제로 보였고, 어떻게 해야 할지에 관해 합의할 수 없었다. 엔지니어들은 제품을 기술 관점(기술적 결함과 환자들에게 피해를 줄 수 있는 가능성)에서만 생각하는 경향이 있다. 그들은 궁극적인 최종 사용자를 접하지 않으며 문화적 함의에 관해 생각하도록 훈련받지 않는다.

특히 서양인인 패트는 이 모든 것들을 다루는 게 어려웠다. 무방비 상태였던 그는 스스로 이렇게 질문했다.

"내가 뭔가 해야 한다면 무엇을 해야 하는가? 나는 우리 고객들이 우리 기술을 사용하도록 지원하기 위해 이 나라들을 재방문하기로 되어 있기 때문에 이 이슈들을 영원히 회피할 수 없을 것이다. 내가 책을 통해 이 이슈들을 알게 되었다는 사실은 정말 우스워 보인다. 그 책이 아니었더라면 나는 아마도 그 이슈에 대해 생각하지 않았을 것이다. 회사는 전혀 나를 준비시키지 않았다. 회사는 해외에서 일하라고 보내는 종업원들에게 문화나 윤리 이슈들에 대한 특별 교육을 제공하지 않았다. 사람들에게 조기 진단 기회를 제공한다는 회사의 가치는 우리가 우리 회사 제품의 오용 가능성을 조사하지 못하게 하는 듯하다. 회사와 업계는 어떻게 생명을 위협하는 상태를 더 쉽게, 더 잘, 더 빨리 파악하는 기술을 개발할 것인가에 초점을 맞춘다. 우리는 우리 자신과 우리 기술이 생명을 구하고 생명을 위험에 빠뜨리지 않는다고 생각하고 싶다. 회사가 표명한 가치는 전 세계 환자들에게 의료 해법을 제공하는 것이다. 그러나 이 경우 우리 기술은 생명을 구하는 데도 사용되고 있고 생명을 끝내는 데도 사용되고 있다. 우리의 가치는 바뀔 필요가 있는가? 나는 우리 회사가 선하고 윤리적이라고 생각하지만 우리는 확실히 이 사례에 대해 준비되어 있지 않다. 우리는 우리의 숙제를 하지 않았다."

패트는 회사가 뭔가 하고 싶어 한다고 해도 무엇을 할 수 있을지 궁금했다. 이 회사는 주문자 상표 부착 상품 제조회사로서 자사 제품을 최종 사용자에게 직접 판매하지 않는다. 따라서 이 기술을 잘못된 손에 쥐어주는 책임은 다양한 제조회사, 유통 회사와 현지의 기관들에게 널리 분산된다. 패트는 자기 회사가 그렇게 하는 것이 옳은 일이라고 결정한다 해도 이러한 다양한 당사자들에게 조치를 취하도록 영향을 줄 수 있는지, 그리고 어떻게 영향을 줄 수 있는지 궁금했다. 게다가 패트의 회사는 미국에 있고 최종 사용자들은 지구 반대편에 있다.

사례 문제

1. 패트는 이 이슈를 경영진에게 제기해야 하는가? 그럴 경우 그는 무슨 말을 해야 하는가?
2. 패트가 이슈를 제기했는데 회사가 아무 조치도 취하지 않는다면 어떻게 할 것인가? 그럴 경우, 그는 어떻게 해야 하는가?
3. 이 기술 사용이 핵심 가치를 위반하는가? 아니면 이는 현지의 문화 관습을 존중해야 하는 사례인가? 중간의 타협점이 있는가?

4. 이 회사는 추가적인 정부 규제를 예상해야 하는가?

5. 아무 조치도 취하지 않을 때의 회사 평판에 대한 위험은 무엇인가? 뭔가를 할 때의 위험은 무엇인가?

6. 이 회사는 공급 사슬 관점에서 자사의 책임에 대해 어떻게 생각하겠는가? 그들은 이 이슈를 다뤄야만 했었던 업계의 다른 회사들로부터 교훈을 얻을 수 있는 있는가? 예를 들어 고객들에게 승인받은 사용자들에게만 판매하겠다고 서약하게 하는 정책을 시작하는 것이 적절하겠는가? 이 회사가 그렇게 한다 해도 고객들이 이를 준수하고 있음을 어떻게 확신할 수 있겠는가?

7. 이 회사는 종업원과 고객들에게 자사 제품의 윤리적 사용에 관한 교육과 훈련을 실시해야 하는가? 아니면 그것이 윤리적 제국주의로 보이겠는가?

8. 어떤 고객이 초음파 장비를 성 감별 목적으로 사용할 것으로 의심되면 판매원은 어떻게 해야 하는가?

9. 이 회사는 이 기계에 대한 서비스를 제공한다. 그것이 사용 용도를 모니터하는 하나의 방법이 될 수 있는가?

10. 이 회사는 문제의 근본 원인을 제대로 이해하고 이를 다루기 위해 어떤 일을 할 수 있는가?

사례

구글의 중국 사업

사례 저자: 르네 플레미시와 린다 트레비노

구 게(Gu Ge; 대략 '수확 노래'로 번역된다)는 구글이 자사의 중국판 인터넷 검색 서비스에 붙인 이름이다. 중국 본토는 성장하고 있는 거대한 인터넷 사용자를 자랑한다(현재 중국의 인터넷 사용자 수는 세계 최대이며 미국의 사용자 수보다 많다). 그러나 중국은 세계에서 가장 교묘한 정부 검열이 이루어지고 있는 국가라고 알려져 있다. 영화를 검열하고 TV 프로그램과 록 밴드를 금지하는 중국 정부는 핵심 단어, 사진, 뉴스 기사를 체계적으로 여과함으로써 검색 페이지를 정화한다. 중국 정부는 또한 모든 입력키를 기록하고 개인들이 찾아본 사이트들을 기록하며 정부 당국이 불쾌하게 여기는 내용이 있는지 검색한다. 또한 인터넷 카페에 감시원들을 두어서 아무도 금지된 내용을 보지 못하게 한다.

구글은 2006년에 성장하고 있는 거대한 중국의 인터넷 사용자 시장에 대하여 접근을 유지하기 위해(당시에 구글은 중국 시장의 26%를 차지한 반면 베이징 기반의 경쟁자 바이두 닷컴(Baidu.com)은 60%를 차지하고 있었다.) 민주주의, 인권, 티벳, 대만 독립, 파룬궁 명상 기법, 또는 달라이 라마에 관한 정보와 같이 중국 정부가 자국 시민들의 접근을 막아야 한다고 생각하는 주제의 정보가 포함된 인터넷 사이트를 차단하는 요구에 협력하기로 결정했다.[94] 그런 주제를 검색하면 '받아들일 수 있는' 정보를 보여주거나 아무 정보 없이 "작동 시간이 경과했습니다."라는 메시지만 떴다.

다음은 구 게에서 '지워진' 몇 가지 검색의 예다.

'천안문 광장'을 검색하면 모두 빈 광장이나 관광객들로 가득 찬 약 400장의 사진을 보여주는 반면 미국 구글에서 같은 단어로 검색하면 22,000장의 사진을 보여주는데 그 중 많은 사진들이 유혈 시위 모습이다. 1989년에 천안문 광장은 학생들이 주도한 정부 부패에 대한 반대 시위가 유혈 교착 상태에 빠진 장소였다. 시위자들은 해산 명령을 거부했고, 탱크와 보병이 진입해서 시민 2,600명이 사망하고 7,000~10,000명이 부상당했다. 이어서 많은 사람들이 체포되었고 언론 보도는 엄격하게 통제되었다.

---

94) C. Chandler, "Inside the Great Firewall of China," Fortune, 2006년 3월 20일, 149-158쪽.

'파룬대법'(파룬궁으로도 알려져 있음)을 검색하면 이를 비난하는 일련의 웹사이트들만 나오는 반면 미국 구글을 검색하면 파룬대법은 약 1억 명의 회원들이 수행하는 뉴에이지 스타일의 명상이라는 사실을 알게 될 것이다. 파룬대법은 1999년에 중국 중앙 항소법원 밖에서 1만 명의 회원이 평화 명상 시위를 벌인 이후 중국에서 억압받고 있다.

흔히 '성하'로 불리는 달라이 라마는 티벳 불교도들에게 1391년부터 시작된 혈통의 최근 존재인 부처의 현존 화신으로 여겨진다. 그러나 '달라이 라마'를 검색하면 중국이 티베트에 침공해서 정권을 빼앗고 달라이 라마는 인도로 도피해서 계속 망명 티벳 정부를 이끌었던 1959년 이전에 찍은 젊은 사진만 나온다. 달라이 라마는 티벳 문화와 교육을 보존한 공을 인정받아 왔으며 세계적인 자유 티벳을 위한 운동의 리더십으로 1989년에 노벨 평화상을 받았다.

미국 의회 의원들은 구글이 '중국 반대파 음성을 참수하고' '악에 힘을 실어주고' 중국 정부와의 '구역질나는 협력'을 통해 중국 시민들에 대한 압제를 촉진했다고 비난하며 그 결정을 비판했다. 또한 구글은 '모든 사람은 방해받지 않고 의견을 지닐 권리가 있다'와 '모든 사람은 표현의 자유에 대한 권리가 있다. 이 권리는 모든 종류의 정보와 아이디어를 구하고, 받고, 나눠주는 자유를 포함한다…'라고 명시된 UN 인권 선언도 위반했다고 비판받았다. 일부 비판자들은 미국 회사들이 컴퓨터 하드웨어를 중국 밖에 두도록 요구하고, 억압국에서 사업을 영위하는 미국의 모든 인터넷 회사들에게 적용될 법률을 제정하고, 검열 정책을 시행하는 국가에는 기술 수출을 줄이고, 국무부에 인터넷 자유국을 창설하는 법안을 제출하기까지 했다. 블로거들은 구글이 '중국이 원하는 바에 굴복하지 않을 도덕적 의무'가 있다고 주장했다.[95] 국경 없는 기자들 그룹은 중국 정부와 '협력'하기로 한 구글의 결정은 '진짜 수치'라고 말했으며 국제 사면 위원회는 구글의 자기 검열 정책을 규탄했다. 전자 프런티어 재단은 기업이 협상을 통해 사용자 들의 권리를 빼앗으려면, 최소한 회사들이 공동으로 업무 수칙을 만들어야 한다고 주장했다.

다른 한편 중국인들은 자기들도 나치와 관련된 내용을 제한하는 프랑스 와 독일 같은 서방국가들과 다르지 않다고 주장한다. 그리고 회사를 옹호 하는 사람들은 이런 회사들은 중국 사회가 장기적으로 개방하도록 도움을 주고 있다고 말한다.

2006년 구글의 입장

- 구글은 자사의 가치를 훼손했음을 인정하기는 했지만 참여를 통해서 중 국에서 더 유익한 역할을 할 것이라는 입장을 유지했다. 구글은 서비스 를 철회하는 것이 '더 큰 악'이 될 것이라고 말했다.[96] 중국에서 사업을 영위하기로 한 결정은 "손이 부들부들 떨리고 검열의 영향을 판단해야 하는 문제가 있기는 하지만… 중국의 사용자들에게 약간의 정보라도 제 공하는 것이 전혀 제공하지 않는 것보다는 낫다."[97]라고 말한 구글 CEO 는 어렵지만 원칙에 입각한 조치임을 밝혔다.[98]
- 구글 최고 경영자 에릭 슈미트는 자사가 사업을 수행하고 있는 모든 국 가의 법률을 지킬 책임이 있다고 말했다.[99] "우리는 그 나라에 들어가 그

95) H. Bray, "Google China Censorship Fuels Calls for U.S. Boycott," Knight Ridder Tribune Business News, 2006년 1월 28일, 1쪽.

96) 96. Internet Giants Try to Find a Way to Live and Grow in China," South China Morning Post, 2006년 2월 7일.

97) V. Kopytoff, "Google Defends Its China Policy: Decision to Comply with Government Censorship Was 'the Right One' says CEO," San Francisco Chronicle, 2006년 4월 13일, Cl면.

98) J. Yardley, "Google Chief Rejects Putting Pressure on China," New York Times, 2006년 4월 13일.

99) K. Chien, "Update 2: Google Sees Substantial Revenue Growth in China," New York Times, 2006 년 4월 12일.

나라 법을 지킬 것인가, 아니면 그 나라에 들어가지 않을 것인가를 선택
할 수 있습니다… 저는 우리가 운영을 갓 시작한 국가에 들어가서 그 나
라에게 국가를 어떻게 경영하라고 말한다는 것은 거만한 일이라고 생각
합니다."

• 구글은 웹 페이지의 맨 밑에 '현지 국가의 법률을 따르기 위해 일부 검
색 결과가 표시되지 않았습니다.'라고 게재함으로써 검열을 공개하기로
결정했다.[100] 또한 중국에서 제공하는 서비스에는 구글 채팅, 전자우편과
블로그는 포함되지 않았다. 구글은 전자우편 파일을 정부에 넘겨줘야 하
는 입장에 놓이기를 원하지 않았다. (최근에 이 회사는 사람들이 무엇을 검색하는지
에 관한 데이터를 달라는 미국 정부의 요청에 저항했다.)

구글이 표명한 목표와 가치

구글의 목표는 사람들이 보스턴의 책상 앞에 있든 본에서 운전을 하고
있든 방콕에서 걷고 있든 정보를 찾는 모든 사람들에게 훨씬 높은 수준의
서비스를 제공하는 것이다.

다음은 구글이 표명한 목표와 가치다.

1. 사용자에 초점을 맞추고 다른 모든 것은 부수적이다. 구글은 이 사이
   트를 방문하는 사용자들에게 유익을 제공하지 않는 어떤 변화를 가하
   는 것도 거부해 왔다.
2. 한 가지를 정말 잘하는 것이 최선이다.
3. 빠른 것이 느린 것보다 낫다.
4. 웹상의 민주주의가 작동한다. 구글은 웹사이트에 글을 올리는 수백만
   명의 개인에게 의존해서 다른 어떤 사이트들이 가치 있는 내용을 제

---

100) H. W. French, "Google's China Problem," New York Times Upfront, 2006년 4월 3일, 10-11쪽.

공하는지 결정하기 때문에 작동한다.

5. 책상 앞에 있어야만 필요한 답이 나오는 것은 아니다. 세상은 점점 더 이동성이 커지고 고정된 장소에 제약되기를 원하지 않는다.

6. 악을 저지르지 않고도 돈을 벌 수 있다.

7. 항상 더 많은 정보가 있기 마련이다.

8. 정보에 대한 필요는 모든 국경을 넘는다. 우리의 사명은 전 세계적으로 정보에 대한 접근을 촉진하는 것이다.

9. 정장을 입지 않아도 진지할 수 있다. 구글 창업자들은 검색 외에 어떤 것도 중요하게 생각하지 않는다고 말했다.

10. 훌륭한 것만으로는 충분하지 않다. 항상 기대한 것 이상을 전달하라.

다른 기술 회사들과의 비교

다른 기술 회사들이 유사한 이슈를 어떻게 다루었는지에 대한 몇 가지 예를 소개한다.

- 야후는 자사 전자우편 시스템을 사용하고 있던 '반체제' 저널리스트 두 명의 체포를 돕기 위해 중국 정부에 전자우편 파일을 넘겨줬다. 그 기자들은 중국의 감옥에 있다.
- MSN은 중국 정부의 명령에 따라 지방 정치인들에 비판적인 한 블로그를 폐쇄했다. MSN은 (현재는) 웹사이트를 내리라는 법적 명령이 있을 경우에만 그렇게 하고 단순히 해당 사이트를 삭제하기보다 왜 그 사이트가 내려졌는지 공개적으로 진술하는 명확한 정책을 두고 있다.
- 시스코는 인터넷 사이트를 막는 하드웨어를 제공함으로써 중국 정부가 검열이 심한 인터넷 시스템을 구축하도록 도와주었다는 비난을 받아왔다.
- MSN, 야후, 시스코와 구글은 미국 정부가 중국 정부에게 인터넷상의 표

현을 검열하려는 노력을 포기하도록 압력을 가하라는 성명을 발표했다.

- 스카이프도 구글과 유사하게 '파룬궁'과 '달라이 라마' 같은 어구들을 여과하는 데 동의했다.

최근 상황

2010년 1월에 구글은 중국 사업을 종료하겠다고 선언했다. 세계 최대의, 그리고 가장 급속히 성장하고 있는 인터넷 시장 철수는 값비싼 결정일 수 있었다. 비록 구글이 시장 점유를 잃고 바이두 닷컴(중국의 인터넷 검색 서비스로서, 당시에는 시장의 약 70%를 점유하는 것으로 추정되었음)에 한참 떨어진 2위를 유지하고 있기는 했지만 그 당시 중국에서 철수하면 2010년에 2억 5천만 달러에서 6억 달러의 수익을 상실할 것으로 추정됐다. 이는 총 220억 달러에 달하는 구글의 총 수익에 비하면 적은 금액이지만 중국의 인터넷 사용자들은 급속히 증가해서 2013년 초에 5억 명을 넘을 것으로 추정되었다. 따라서 이 회사는 거대한 미래 시장을 포기하기로 결정한 셈이었다.

구글의 결정은 중국에 기반을 둔 치밀한 조직의 해커들이 중국 인권 운동가들의 전자우편 계정을 침입함으로써 촉발되었다. 여러 부문에서 최소 20개의 대기업이 영향을 받았다. 구글은 이 사이버 공격을 정부의 검열과 연결시키는 성명으로 다음과 같이 발표했다. "이 공격과 공격으로 드러난 감시로 인해(이를 웹상의 언론 자유를 제한하려 했던 과거의 시도와 연계할 때) 우리는 중국에서 사업을 영위할 타당성을 재검토해야 한다는 결론을 내리게 되었다."

즉각적으로 이 주제에 관한 트위터 트래픽이 증가했다. 중국은 2009년 6월에 플리커(사진 편집 사이트), 마이크로소프트의 빙(인터넷 검색)과 더불어 트위터를 차단했다.[101]

구글은 중국 정부와 협력해서 검열이 없는 검색을 수행할 수 있는 방안

---

101) B. Acohido and J. Swartz, "Censorship May Spur Google to Exit China," USA Today, 2010년 1월 13일, B1면.

을 마련하기 위해 노력하겠지만 더 이상 Google.cn의 검색 결과를 검열할 의사가 없다고 말했다. 이 회사는 만일 합의에 이르지 못하면 Google.cn을 닫겠다고 했다.

주주들에 대한 재무상의 손실에 비춰 볼 때 임원들이 이 결정을 내린 것이 옳은 일인지 의문을 제기한 사람들도 있었다. 구글에는 두 종류의 주식이 있다. 구글 공동 창업자 세르게이 브린과 래리 페이지는 회사 CEO를 포함한 모든 사람들에 대한 거부권을 갖고 있기 때문에 그런 결정을 내릴 권리가 있다.

내셔널 퍼블릭 라디오의 한 프로그램에서는 구글의 2006년 결정에 대한 브린의 불안감은 가족사로 거슬러 간다고 보도했다. 공산주의 치하의 러시아에서 태어난 그는 억압적인 정책을 시행하는 정부에 강하게 반발해 왔다는 것이다.[102]

2010년 1월 14일에 NPR과 실시한 인터뷰에서 이 회사 최고 법률 책임자인 데이빗 드러먼드는 다소의 검열을 받아들이기로 한 구글의 최초 결정을 옹호했다. 구글은 중국 시장에 봉사해야 할 책임이 있다고 그는 생각했으며 자사가 중국 시장을 개방하는 하나의 세력이 될 수 있을 것으로 생각했다고 말했다. 그는 구글이 중국 시장에 들어간 이후 '중국 정부의 눈엣가시'였으며, "기회가 있을 때마다 검열 범위를 줄였다."라고 말했다.

전문가들은 구글의 반응은 "더 이상은 안 된다."라고 말하는 하나의 방법이라고 진단했다. 구글은 중국에서 더 이상 자사 서비스 사용자들의 보안을 보호할 수 없다고 결정했다. 인권운동가들과 인터넷 시민 자유 전문가들은 구글은 새로운 입장을 칭찬했는데 그들 중 한 곳은 이렇게 말했다. "이 결정은 비즈니스를 구글의 풍토와 다시 정렬시키는 데 도움이 된다."[103] 다른 사람은 이렇게 말했다. "어떤 회사도 자사의 핵심 가치나 자사 서비스

102) "Google's Decision on China Traces Back to Founders," NPR.org (2010년 1월 14일), www.npr.org.

사용자들의 권리나 안전에 대하여 정부의 위협 하에서 운영하도록 강제되어서는 안 된다."[104]

중국은 중국에서 사업을 영위하는 회사들은 중국법에 복종해야 한다고 반응했으며 이 입장을 굽히지 않았다. 구글은 검열되지 않은 정보를 더 많이 사용할 수 있게 되기를 희망하면서 2010년 3월에 연구 개발 인력과 판매 인력은 중국에 두면서 Google.cn을 폐쇄하고 중국 사용자들에게 검열받지 않는 자사의 홍콩 웹사이트를 이용하도록 안내하기로 결정했다. 국제 조약에 의해 홍콩이 만들어졌을 때 중국은 홍콩이 대부분의 중국 법률을 적용받지 않고 운영될 수 있다는 데 동의했다. 그러나 중국 사용자들은 곧바로 홍콩 웹사이트 상에서 정치적으로 민감한 정보에 대해 빈 페이지만 나온다고 보고했다.

2012년 5월에 구글은 사용자들에게 특정 검색은 검열되고 있다고 알리기 시작했다. 중국은 이에 대응해서 구글 사이트를 24시간 봉쇄하고 구글의 전자우편 서비스인 지메일에 대한 검열을 강화했다. 이는 구글 검색이 중국에서 통상적으로 느리다는 사실에 추가되어 내려진 조치였다. 이유는 명확하지 않지만 구글은 2012년에 사용자들에게 검열에 관한 정보를 알리는 것을 중단했다. 구글이 검열에 맞서 싸우려 할 때마다 중국 정부는 신속하고 압도적으로 대응했다. 구글은 중국 정부와 싸우려는 시도를 포기한 것으로 보인다.[105]

103) A. Jacobs, and M. Helft, "Google May End China Operation over Censorship," New York Times, 2010년 1월 13일, 1, 3쪽.

104) B. Acohido and J. Swartz, "Censorship May Spur Google to Exit China," USA Today, 2010년 1월 13일, B1면.

105) "Google in China. Mr. Kim, tear down that wall; Mr Xi, carry on," The Economist. 2013년 1월 11일, http://www.economist.com/blogs/analects/2013/01/google-china.

사례 문제

1. 당신은 왜 그토록 많은 미국 시민과 의회 의원들이 구글의 2006년 결정에 대해 부정적으로 반응했다고 생각하는가?

2. 구글이 인터넷 회사라는 사실이 정보의 개방성에 대해 사회가 이 회사에 대해 거는 기대를 변화시키는가?

3. 구글은 2006년에 윤리 딜레마(가치 충돌)에 직면하고 있었는가?

4. 이 딜레마를 결과주의자, 목적론자, 덕 윤리 관점(2장을 보라)에서 분석하라. 당신의 분석에 기초할 때, 당신은 어떻게 하는 것이 옳다고 생각하는가? 당신은 구글의 CEO가 이 회사는 '원칙에 입각한 결정'을 했다고 한 말에 동의하는가? 왜 그렇게 생각하는가?

5. 구글의 구호는 '악마가 되지 마라'다. 이 구호는 무슨 뜻인가? 이 상황에서 이 구호가 어떻게 적용되는가? 구글은 구호대로 실천하고 있는가? 이는 좋은 구호인가 아니면 보다 긍정적인 진술이 더 좋은가?

6. 민주의의, 악을 저지르지 않기, 사용자에 대한 초점, 정보 제공 등에 관련된 구글의 다른 가치들을 고려해 보라. 구글은 중국에서 사업을 영위하면서 이 가치들을 유지할 수 있는가? 유지할 수 있다면 어떻게 유지할 수 있는가? 유지할 수 없다면 왜 그런가?

7. 구글은 자사의 2006년 결정을 방어하면서 자신은 사업을 영위하고 있는 국가의 법률을 준수한다고 말했다. 그러나 『IBM과 학살』의 저자는 IBM도 1930년대에 아돌프 히틀러에게 '학살의 바퀴가 제 시간에 굴러가게' 해 준 도구들을 제공했을 때 같은 방어 논리를 사용했다고 말했다. 이 저자는 이렇게 말했다. "[그들은] 미국에서는 좋은 미국인이 되고 중국에서는 좋은 협력자가 되기 원한다. 그들은 두 가지 모두를 원하지만 우리가 해서는 안 되는 일들이 있다."[106] 당신은 이 회사

---

106) Black, E. 2001 IBM and the Holocaust. Crown.

의 입장에 동의하는가? 그렇다면 2010년에는 무엇이 바뀌었는가?

8. 구글이나 다른 회사들은 일상적으로 다른 유형의 내용들(특히 포르노와 증오 표현과 이슬람 국가의 성적 이미지 같은 다른 도덕적인 내용들)을 검열하는 정부 규칙을 준수한다. 일정 형태의 검열은 용납할 수 있는가? 그렇다면 어디에, 그리고 어떻게 경계선을 긋겠는가?

9. 톰 도널드슨은 윤리 상대주의(로마에서는 로마인들이 하는 대로 하라)와 문화 제국주의(모든 장소 모든 상황에서 똑같은 기준을 주장하기)를 거부한다. 대신 그는 해외에서 운영하는 회사들은 황금률이나 인권 존중과 같은 핵심 가치들에 기초한 윤리 임계점을 채택하라고 권고한다. 이 가치들은 구체적인 가이드라인으로 전환되어야 한다. 당신은 구글의 2006년 운영 기준이 도널드슨의 권고와 일치한다고 생각하는가, 일치하지 않는다고 생각하는가? 당신이 구글에게 기준을 제안한다면 무슨 말을 하겠는가? 그 이유는 무엇인가?

10. 글로벌 비즈니스 관행을 위한 문화를 초월한 윤리 기준들은 모두 인권 원칙을 포함하고 있다. 예를 들어 UN 글로벌 콤팩트는 기업들은 국제적으로 선포된 인권을 보호하고 인권 유린에 연루되지 않아야 한다고 말한다. 코 라운드 테이블 원칙은 기업들이 자사가 사업을 영위하고 있는 국가의 인권에 기여해야 한다고 말한다. 구글의 행동은 이런 기대들과 일치하는가? 당신은 이 회사가 2006년에 "협상을 통해 사용자들의 인권을 빼앗았다."라는 주장에 동의하는가?

11. 2010년에 중국에서 나가기로 한 구글의 결정에 대해서는 어떻게 생각하는가? 당신은 그 결정에 동의하는가? 이 결정이 중국에서 사업을 영위하는 다른 회사들에게 어떤 영향을 줄 수 있겠는가? 이 결정이 구글의 2006년 결정과 관련하여 당신이 어떻게 생각하는지를 바꾸는가?

미국 MBA 비즈니스 윤리 교과서

기업윤리 가이드

초판 인쇄   2020년 2월 15일
초판 발행   2020년 2월 28일

지은이   린다 트레비노 · 캐서린 넬슨
옮긴이   노동래
감수   연세대학교 반부패준법센터
발행인   권윤삼
발행처   (주)연암사

등록번호   제10-2339호
주소   서울시 마포구 양화로 156, 1609호
전화   02-3142-7594
팩스   02-3142-9784

ISBN 979-11-5558-044-8   93190

값은 뒤표지에 있습니다. 잘못된 책은 바꿔드립니다.

연암사의 책은 독자가 만듭니다.
독자 여러분들의 소중한 의견을 기다립니다.
트위터   @yeonamsa
이메일   yeonamsa@gmail.com

이 도서의 국립중앙도서관 출판시도서목록(CIP)은
서지정보유통지원시스템 홈페이지(http://seoji.nl.go.kr)와
국가자료공동목록시스템(http://www.nl.go.kr/kolisnet)에서 이용하실 수 있습니다.
(CIP제어번호: CIP2019010798)